中国社会科学院创新工程学术出版资助项目

中国社会科学院历史研究所专刊

土默特蒙古金氏家族契約文書整理新編

上卷

Newly Compiled Contract Documents of the Jin Clan the Mongolian Family in Tümed Area

李艷玲　青格力◎著

中国社会科学出版社

圖書在版編目(CIP)數據

土默特蒙古金氏家族契约文书整理新编：全二卷／李艷玲，青格力著．—北京：中國社會科學出版社，2018.12

ISBN 978－7－5203－0132－9

Ⅰ.①土…　Ⅱ.①李…②青…　Ⅲ.①蒙古族—家族—史料—內蒙古②地契—匯編—內蒙古　Ⅳ.①K820.9②F329.26

中國版本圖書館 CIP 數據核字（2017）第 074453 號

出 版 人　趙劍英
責任編輯　宋燕鵬
責任校對　馮英爽
責任印製　李寡寡

出　　版　中国社会科学出版社
社　　址　北京鼓樓西大街甲 158 號
郵　　編　100720
網　　址　http://www.csspw.cn
發 行 部　010－84083685
門 市 部　010－84029450
經　　銷　新華書店及其他書店

印　　刷　北京明恒達印務有限公司
裝　　訂　廊坊市廣陽區廣增裝訂廠
版　　次　2018 年 12 月第 1 版
印　　次　2018 年 12 月第 1 次印刷

開　　本　787×1092　1/16
印　　張　64
字　　數　1563 千字
定　　價　368.00 圓(全二卷)

前　言

國内現存契約文書尤以明清以後種類繁多，數量龐大，且涉及地域廣泛，對深入研究中國歷史具有重要的史料價值。第二次世界大戰前及戰時，日本為推行在華殖民統治，即通過舊慣和着眼於法慣行變動的調查，收集了大量清代東北、華北、江南和台灣的契約文書。國内學者在二十世紀二三十年代也已注意搜集調查和研究明清契約文書，如陳翰笙、馮和法、傅衣凌等先生。其中，傅衣凌利用福建永安縣的土地契約，撰寫《福建佃農經濟史叢考》（福建協和大學中國文化研究會，一九四四年），開創了中國社會經濟史研究的新途徑。五十年代，大批徽州文書的發現，極大增加了明清以來契約文書的數量，豐富了其内容。爾後，福建、廣東、江蘇、浙江、貴州、雲南、四川、江西、湖北等地也發現了大量明清民國時期的契約文書，其數目仍在不斷增加。這些文書既有官藏，也有許多是個人收藏。九十年代，各地積極開展契約文書整理工作，一些契約文書相繼面世。特别是近年來，對契約文書的搜集整理呈井噴式，出現刊佈熱潮。以下列出兼顧明清兩朝或及至民國時期契約文書的整理成果，舉其要者加以簡述。

目前刊佈的明清以來的契約文書，無疑徽州文書數量最為宏富。安徽省博物館編《明清徽州社會經濟資料叢編（第一集）》（中國社會科學出版社一九八八年版），收録安徽省博物館和徽州地區博物館所藏契約文書九百五十件，時間自明洪武至清宣統年間。中國社會科學院歷史研究所收藏整理，王鈺欣、周紹泉主編《徽州千年契約文書（清民國編）》（花山文藝出版社一九九二年版），主要收録安徽省清代和民國時期的契約文書，共二十卷，收録散件類文書一千四百餘件，簿册七十九册，魚鱗圖册三部。劉伯山主編的《徽州文書》（廣西師範大學出版社二〇〇五—二〇一五年版），已出版五輯，合計五十卷，收有約二萬五千件（册）文書，内含衆多契據文書。周向華編《安徽師範大學館藏徽州文書》（安徽人民出版社二〇〇九年版），文書時間從元至正五年（一三四五）至民國時期，其中近千件散件，以契約文書為主。黄山學院《中國徽州文書》整理出版工作委員會整理的《中國徽州文書（民國編）》（清華大學出版社二〇一〇年版），已出十卷，收録的都是契約文書。李琳琦主編《安徽師範大學館藏千年徽州契約集萃》（安徽師範大學出版社二〇一四年版），全十冊，第一冊收錄的是明清土地契約。關於福建地區的契約文書，福建師範大學編《明清福建經濟契約文書選輯》（人民出版社一九九七年版），輯錄的契約文書時間自明建文三年（一四〇一）到宣統三年（一九一一），這批契約是一九五八年以來福建師範大學歷史系從全省收集到的四七五〇份明清以來契約文書的一部分。陳娟英、張仲淳編著《廈門典藏契約文書》（福建美術出版社二〇〇六年版），選輯有關閩台地區的契約文書計一一一七件，訂契時間最早為康熙二十四年（一六八五），最晚的一件是一九五四年。陳志平主編《福建民間文書》（廣西師範大學出版社二〇〇七年版），全六冊收錄來自廈門、泉州、閩北地區壽寧及其他縣份民間文書近三千件，所屬時間自明萬曆二十年（一五九二）至二十世紀五十年代，內有大量買賣、租佃契約。張忠發主編《福建少數民族古籍叢書：畲族卷——文書契約》（海風出版社二〇一二年版），共選錄清、民國時期文書契約一〇六八件，其中民間契約八七七件。台灣地區公開出版的當地契約文書，包括：王世慶等輯《台灣公私藏古文書影本》（「中央」研究院傅斯年圖書館館藏，一九七七—一九八四年），共十輯一二〇冊，收集大量明清以來的契約文書；潘英海編著《「中央」研究院民族學研究所藏道卡斯古契文書（圖文冊）》（「中央」研究院民族學研究所，二〇〇五年），時間上起乾隆中期，下至日治時期；陳緯一、劉澤民編《力力社古文書契抄選輯》（「國史館」台灣文獻館，二〇〇六年），收入自雍正五年（一七二七）到明治年間崁頂力社陳喜家族古文書契抄；陳秋坤、蔡承維編著《大崗山地區古契約文書彙編》（「中央」研究院台灣史研究所，二〇〇六年），全書搜羅十八、十九世紀大崗山地區的土地開墾與契約典買文書記錄；台灣集成史料編輯委員會編《台灣總督府檔案抄錄契約文書》（行政院文化建設委員會、遠流出版事業股份有限公司，二〇〇五—二〇〇七），共二輯三十五冊，涉及時間為日據時期；等等，已刊佈的文書數量也頗為可觀。廣東地區的契約文書有科大偉監修、黃永豪主編《許舒博士所輯廣東宗族契據彙錄》（東京大學東洋文化研究所附屬東洋學文獻センター，一九八七—一九八八年），輯錄了東莞張氏、黎氏、袁氏和中山莫氏、宮氏，新會陳氏等宗族契約文書。另有劉志偉編《張聲和家族文書》（華南研究出版社二〇〇九年版），是張聲和在東莞牛眠埔村的財產關係文書，以土地買賣和典當契約最多，時間從道光年間到民國時期。蔡志祥編《許舒博士所藏商業及土地文書——乾泰隆文書》（東京大學東洋文化研究所附屬東洋學文獻センター，一九九五年），第一冊內收錄潮汕地區土地契約文書。譚棣華、冼劍民編《廣東土地契約文書（含海南）》（暨南大學出版社二〇〇〇年版），收集的近五百份土地契約除少量是明代外，大部分是清代的，個別收至民國初年，地域涉及廣東及海南、香港等。羅志歡、李龍潛主編《清代廣東土地契約文書彙編》（齊魯書社二〇一四年版）。廣西地區，廣西壯族自治區編輯組等編《廣西少數民族地區碑文契約資料集（修訂本）》（民族出版社二〇〇九年版），收有大量契約文書。江西地區的有黄志繁、邵鴻、彭志軍編《清至民國婺源縣村落契約文書輯録》（商務印書館二〇一四年版），全十八册，收集民間文書三千六百多份（套）九千餘張。湖北地區的契約有張建民編《湖北天門熊氏契約文書》（湖北人民出版社二〇一四年版），完整收入熊氏家族自康熙十年（一六七一）至民國二十七年（一九三八）的契約文書一七七八件。貴州契約文書包括孫兆霞等編《吉昌契約文書彙編》（社會科學文獻出版社二〇一〇年版），包含涉及貴州安順市吉昌村的四百三十八份契約文書，時間跨度從一七三三年到一九六一年。汪文學編《道真契約文書彙編》（中央編譯出版社二〇一五年版），收録清乾隆至民國時期契約文書三百七十四件。日益受到重視的清水江文書被逐漸刊佈，目前有唐立、楊有庚、武内房司主編《貴州苗族林業契約文書彙編（一七三六—一九五〇）》（東京外國語大學，二〇〇一—二〇〇三年），全三卷，收録八百五十四件契約文書。張應強、王宗勛主編《清水江文書（第一、二、三輯）》（廣西師範大學出版社二〇〇七、二〇〇九、二〇一一年版），共三十三册，收入貴州錦屏契約文書上萬餘件，以清代以來的山林契約為主。陳金全等主編《貴州文斗寨苗族契約法律文書彙編》（人民出版社二〇〇八、二〇一五年版），收録的主要是清代契約文書。高聰、譚洪市主編《貴州清水江流域明清土司契約文書》（民族出版社），分九南篇和亮寨篇，分别於二〇一三年、二〇一四年出版，各收契約四百四十八份、三百五十五份，内含大量民國時期文書。另有張新民主編《天柱文書（第一輯）》（江蘇人民出版社二〇一四年版），二十二册共著録黔東南天柱縣民間私藏文書近七千件，以清、民國土地買賣契約為主。吴曉亮、徐政蕓主編《雲南省博物館藏契約文書整理與彙編》（人民出版社二〇一三年版），全書共六卷八册，收録雲南地區契約文書共一千一百二十八件，從明嘉靖二十七年（一五四八）到一九五〇年，以清代、民國資料居多。四川地區的文書，自貢市檔案館編《自貢鹽業契約檔案選輯（一七三二—一九四九）》（中國社會科學出版社一九八五年版），彙編了八百五十件鹽業契約。四川省檔案館、四川大學歷史系編《清代乾嘉道巴縣檔案選編（上、下）》（四川大學出版社一九八九、一九九六年版），内含相當數量的契約文書。胡開全編《成都龍泉驛百年契約文書（一七五四—一九四九）》（巴蜀書社二〇一二年版），精選二百九十三件龍泉驛區檔案館藏清至民國時期地契。成都市國土資源局編《成都土地契證》（四川科學技術出版社二〇一四年版），收入地域涵蓋成都城鄉，時間上溯二百餘年的土地契證。浙江地區的契約文書，曹樹基、潘星輝、闕龍興編《石倉契約（第一、二、三輯）》（浙江大學出版社，二〇一一、二〇一二、二〇一四年版），共二十四册，收録浙江松陽石倉清代以來契約文書約有八千件，契約主要訂立於雍正元年（一七二三）至民國三十八年（一九四九）。紹興縣檔案局《紹興縣館藏契約檔案選集》（中華書局二〇〇七年版），精選紹興縣檔案館藏契約檔案中的二百三十件，時間從清初至民國。王萬盈輯校《清代寧波契約文書輯校》（天津古籍出版社二〇〇八年版），收錄清代寧波市檔案館藏契約文書四百一十五份。長興縣檔案館編《長興契約圖鑒（清代民國）》（中國檔案出版社二〇〇八年版），收錄清末民國時期各類契約一百多份。張介人編《清代浙東契約文書輯選》（浙江大學出版社二〇一〇年版），收錄浙東清代契約三百六十三份。上海地區，有上海市檔案館編《清代上海房地契檔案彙編》（上海古籍出版社一九九九年版）。蔡育天主編《上海道契》（上海古籍出版社一九九七—二〇〇五年版），全書三十卷，收錄了一八四七年至一九一一年間上海簽發給外國人的一萬多號地契。江蘇地區，汪智學主編《南京房地產契證圖文集》（南京出版社二〇〇八年版），收入的文書上至順治十四年（一六五七），下至二十一世紀初。鄭煥明編著的《檔案·無錫土地契證的歷史演變》（廣陵書社二〇〇九年版），收入二百多件土地契證，時間跨度自明朝中葉至二十一世紀初。余同元、唐小祥主編《蘇州房地產契證圖文集》（江蘇人民出版社二〇一四年版）輯錄自康熙二十一年（一六八二）至新中國時期，計二百五十件。

現出版的北方地區明清以來的契約文書相對較少。關於北京地區的包括：劉宗一主編《北京房地產契證圖集》（中國奥林匹克出版社一九九六年版），收有北京歷代房契百餘張。劉小萌主編《北京商業契書集》（國家圖書館出版社二〇一一年版），收錄中國社會科學院近代史研究所圖書館藏清代、民國時期契約文書各二百件。姬脈利、張蘊芬編《北京西山大覺寺清代契約文書整理及研究》（北京燕山出版社二〇一四年版），共一百二十八件契約，從康熙七年（一六六八）至民國三年（一九一四）。首都博物館編《窑契與經濟合同文書》（中華書局二〇一四年版），書中收錄首都博物館、門頭溝區博物館藏以清代為主的二百份窑契與經濟合同文書；《首都博物館藏清代契約文書》（國家圖書館出版社二〇一五年版），整理了自康熙至宣統年間四千餘件契約文書。天津地區，劉海巖主編《清代以來天津土地契證選編》（天津古籍出版社二〇〇六年版），共收錄各類契約文書六百三十七件，時限是從乾隆六年（一七四一）到民國三十六年（一九四七）。宋美雲主編《天津商民房地契約與調判案例選編（一六八六—一九四九）》（天津古籍出版社二〇〇六年版），所錄文書主要來自天津市檔案館，共二百零三件，大部分是清末民國年間的。河北地區的契約文書，劉秋根、張冰水主編《保定房契檔案彙編》（河北人民出版社二〇一二年版），全十卷共含晚晴、民國及新中國成立初期近六千份契約。童廣俊、張玉編著《滄州民間契約文書輯錄》（團結出版社二〇一四年版），收錄從乾隆時期到民國時期的滄州民間契約文書。山東地區，中國社會科學院近代史研究所中華民國史研究室、山東省曲阜文物管理委員會編《孔府檔案選編》（中華書局一九八二年版），全二冊，內録部分清、民國時期契約文書。山西地區，目前見有黃鑒輝等編《山西票號史料（增訂本）》（山西經濟出版社二〇〇二年版）和山西省政協《晉商史料全覽》編輯委員會編《晉商史料全覽》（山西人民出版社二〇〇六—二〇〇七年版），未見專門的契約文書類專著出版。陝西地區見王本元、王素芬編《陝西省清至民國文契史料》（三秦出版社一九九一年版）。甘肅地區，甘肅省臨夏州檔案館編《清河州契文彙編》（甘肅人民出版社一九九三年版），收集嘉慶二十四年（一八一九）至宣統三年（一九一一）契約五百八十八件。與本書密切相關的內蒙古地區，陳志强主編的《土默特歷史檔案集萃》（內蒙古人民出版社二〇〇七年版）選收清代、民國檔案，以公文為主，內有部分契約。整理出版的由不同機構和個人收藏的《清代至民國時期歸化城土默特土地契約》（內蒙古大學出版社二〇一一—二〇一二年版），共四冊。第一、二冊收録五百五十二件文書，第三冊收入契約七百五十九件，第四冊共三卷，收録契約一二九七件。這四冊中實際收有新中國成立后的契約，不只限於清民國時期。鐵木爾主編的《內蒙古土默特金氏家族契約文書彙集》（中央民族大學出版社二〇一一年版），刊佈了金氏家族收藏的本家族契約二百三十六件。本書整理的就是這批家族文書。

此外，有不少編纂成果涵蓋多個地區的契約文書。張傳璽主編《中國歷代契約會編考釋》（北京大學出版社一九九五年版），檢選北京大學圖書館、國家圖書館、天津市圖書館和博物館、中國社會科學院民族研究所和雲南省歷史研究所資料室等收藏的契約文書進行編排考釋，其中下冊收録的是明清及民國時期的契約；《中國歷代契約粹編》（北京大學出版社二〇一四年版）則比作者上書多收入近千條契約，時間從原始無文字契約到新中國土地改革時期。田濤、宋格文、鄭秦主編《田藏契約文書粹編》（中華書局二〇〇一年版），收集自明永樂朝至一九六九年不同地區的九百五十件契約文書。鮑傳江、郭又陵主編《故紙堆》（北京圖書館出版社二〇〇三年版），全十冊，輯録明清民國至新中國成立後各地多種契約文書。王支援、尚幼榮等主編《故紙拾遺》（三秦出版社二〇〇六—二〇〇八年版），共三卷，彙編自清代早期至民國初期各類地契近四百份，以洛陽地區為主，也包括山西、陝西、甘肅、雲南、東北、安徽、河北等地部分資料。張德義、郝毅生主編《中國歷代土地契證》（河北大學出版社二〇〇八年版），載録各時期土地契證實物圖片。臧美華編《五百年房地契證圖集》（北京出版社二〇一二年版），收録從明代萬曆年間到當代具有代表性的契證圖片二百一十六幅，涉及全國二十多個省市自治區。

不難發現，目前國內契約文書整理刊佈的成果在地域上是南多北少，南北相差懸殊。所用文字及所涉民族方面，以漢文和關涉漢族為主，以少數民族語言文字書寫和涉及少數民族的契約文書相對寥寥。與之對應的是，南方契約文書研究較為深入和成熟，北方相較薄弱。漢文與少數民族語言契約文書的研究也存在這種明顯差別。另外，契約文書內容具有明顯地域性只有通過綜合比較研究不同地域的契約文書，才能真正認識各區域歷史的共性和特殊性。因此，北方及其少數民族地區契約文書的整理及研究工作亟待加強。①

本書收錄整理的金氏家族契約文書共二百四十二件（其中一件民國時期文書是兩份合同粘貼在一起），由原國家民委政法司司長鐵木爾收藏。文書年代最早者為清代乾隆二十年（一七五五），最晚者是一九五七年八月二十七日。其中以光緒和民國年間的數量最多，分別是七十一、九十六件（內含蒙疆聯合自治政府時期十一件文書）。文書主要記載土地（包括耕地、地基、牧場）租佃、典押、買賣，少數的借貸、水資源買賣、法律判決文書也與土地租買、典押有關，另有房屋租賃、房產轉移、合夥經營煤窑等契約。這與已出版的《清代至民國時期歸化城土默特土地契約》的文書類別基本相同；在契約行文格式方面也大體一致，即一般先寫明立約雙方姓名、交易物的位置（或數量）、交易款項、立約雙方的權利義務，其次是騎縫書寫的一行文字，然後是立約時間（或包含立約人姓名），最後是中見人（或有書寫人）姓名，名字下多有畫押；民國以後的多份契約附有過約聯單。②但金氏家族文書亦與之存在差別，有其自身特點。大略說來，在契約文書關涉的地區及事主方面，各有側重：已出版的歸化城土默特土地契約，前兩冊輯錄的文書包括兩部分：一部分是內蒙古大學圖書館收藏的四百八十件屬於今土默特右旗及包頭地方的土地契約，起止時間為乾隆十九年至一九五三年，契約內容主要與一個身為土默特旗官吏的蒙古朝旺家族有關，該家族在第六代時有人員擔任驍騎校和前鋒校；③另一部部分是內蒙古社會科學院歷史所曉克收藏的七十二件土默特右旗三甲參領巴音吉爾格勒後人的

① 有關明清以來契約文書的整理研究情況，可參見［日］岸本美緒《明清契約文書》，載（日）滋賀秀三著《明清時期的民事審判與民間契約》，王亞新等編譯，法律出版社一九九八年版，第二八〇—三二六頁；陳支平、欒成顯、陳學文、岸本美緒《明清契約文書與歷史研究筆談》，《史學月刊》二〇〇五年第十二期；任吉東《近代中國契約文書及其研究》，《歷史教學》二〇〇七年第七期；吳麗平《明清契約文書的搜集和整理綜述》，《青島大學師範學院學報》二〇一一年第三期；欒成顯《明清地方文書檔案遺存述略》，《人文世界》二〇一二年。閆曉婷《二十世紀以來明清契約文書整理與研究綜述》，《赤子》二〇一五年第三期。

② 《清代至民國時期歸化城土默特土地契約》的第三、四冊收錄大量租單、照票，土地交易契約中多沒有中見人出現，且大部分合同約中沒有騎縫書寫行。

③ 黃時鑒簡單條列了該家族譜系，詳見黃時鑒《清代包頭地區土地問題上的租與典——包頭契約的研究之一》，《內蒙古大學學報》一九七八年第一期。

土地契約，數量較少，起止時間為乾隆五十一年至一九五一年，文書內容的發生地主要在今呼和浩特市區和土默特左旗鎖號村。第三冊收錄的是杜國忠收藏的屬於今包頭市土默特右旗西老將營村的文書，契約簽署時間上起乾隆十七年，下至民國二十四年，主要記載蒙古根慶家族的土地交易情況①。第四冊輯錄雲廣收藏文書，契約寫立時間自雍正八年（一七三〇）至一九五七年，文書內容主要涉及今呼和浩特市區，且主要記載了席力圖召（舍力兔召、延壽寺）、巧兒氣召、大召等寺廟的土地房屋等不動產類交易情況。另外，上述四冊文書中參與立契交易的人員主要是蒙古族和漢族。金氏家族文書反映的是一個世俗蒙古家族不動產的交易情況，該家族成員有擁有「台吉」爵位並任劄蘭章京（參領）者，可能屬於黃金家族後裔，主要涉及的地域包括呼和浩特市區，以及雲社堡、甲喇板申等村落，參與立契的人員有蒙古族、漢族，以及回族。文書使用文字方面：已出版的四冊契約文書皆以漢文書寫為主，內有不少文書簽注了蒙文，第四冊還有藏文簽注；另有少量是蒙漢雙語文書；第二冊出現了一件滿文文書。金氏家族文書不僅有以漢語（含蒙文簽注者）、漢蒙雙語寫就者，還有漢滿雙語文書和蒙文文書。除了這些差異，金氏家族文書與已出版的雲廣收藏的文書在內容上有直接關聯之處。雲廣藏九五五號「達木歉約」提到「立佃空地基永遠合同約人蒙古達木歉，今同中佃到蒙古巴彥尔名下祖遺島拉土木村中間空地基一塊」，同中人包括「穆成林」「成寶」等，立約時間為「民國六年」。②參之金氏家族契約文書達木歉作為立約人、穆成林、成寶（成保）的出現時間，以及達木歉在民國時期遷居搗拉土木村，可以確定這兩批文書中的達木歉是指同一人。因此，事涉地區及人物都有交集的金氏家族文書與雲廣所藏文書，在研究內容上可以相互助益。綜合來看，事主單一、時間連續、涉事地點較為集中、使用多種文字書寫的金氏家族文書，是研究可能為蒙古黃金家族後裔，以及歸化城土默特尤其是呼和浩特地區歷史的一個典型個案，同時進一步豐富了我國北方少數民族的文書資料。

歸化城土默特地區，北枕大青山，東部為烏蘭察布高原，西、西南與鄂爾多斯、河套平原相臨，南鄰黃土高原。以前又有「敕勒川」「白道川」「豐州灘」等名，其作為內陸歐亞區域的組成部分，是古代北方遊牧民族的重要活動場所，也是漢地農耕政權間以控制的地區，是古代遊牧文明和農耕文明碰撞交匯融合的前沿。土默特部首領俺答汗在控制這一地區後，招攬漢人，修築

① 牛敬忠對根慶家族代際關係進行了簡單梳理，見牛敬忠《清代歸化城土默特地區的土地問題及其它——對西老將營村地契的考察》，載《清代至民國時期歸化城土默特土地契約》（第一冊），第二二頁。

② 《清代至民國時期歸化城土默特土地契約》（第四冊下卷），內蒙古大學出版社二〇一二年版，第三三—三四頁。

板升，興辦農業，與明朝建立貢市關係，引進格魯派西藏佛教等。土默特地區社會經濟、文化得到明顯發展，成為漠南蒙古乃至整個蒙古的經濟、宗教中心，土默特也隨之樹立起在蒙古諸部中的威望，其地位僅次於宗主部察哈爾。明清鼎革之際，因遭兵燹，當地社會經濟文化一度遭到嚴重破壞。清朝最初將歸附的土默特部分為左右兩翼，每翼一旗，以異姓土默特人為都統統之。入關後，歸化城土默特地區的戰略地位愈加突顯，歸化城被視為「京畿之鎖鑰，晉垣之襟帶，烏伊諸盟之屏蔽，庫科烏諸城之門户」。①清廷進一步加強對該地的經營管控，逐漸削弱土默特部自治權，最終以綏遠城將軍轄之，直轄於理藩院，當地土默特蒙古的傳統政治優勢徹底瓦解。同時，這一地區作為四沖之要城，中外商賈雲集。隨着封禁政策鬆弛，大量漢族移民亦前來耕墾土地并居住於此。該地區成為蒙、漢、回、滿等多民族雜居之地，蒙民交涉事宜也隨之增多。清政府為此在土默特兩翼境內逐步設置道廳以管民事，歸山西歸綏道管理，當地形成了旗廳並存、蒙漢分治的格局。民國時期承繼清朝的基本治策，在土默特地區推行放墾和蒙漢分治政策，陸續設立綏遠省和各縣政府，土默特旗制幾經改革，旗權被日益削奪，地位驟降。一九三七年，日軍佔領歸綏，土默特改隸於蒙古聯合自治政府巴彦塔拉盟，一九四五年才恢復為土默特特別旗政府。新中國成立後，中央對土默特地區行政建置多次調整，根據民族區域自治政策，逐步撤銷綏遠省，一九五四年將其劃歸内蒙古自治區。②縱觀清代以來歸化城土默特歷史，這裏一直是北方社會變遷最為典型的地區，社會關係紛繁複雜。金氏家族文書在這一特殊地域和特定歷史背景下產生，真實地記錄了當時土默特基層社會生活實態，體現了當地民衆日常生活中的經濟關係、社會關係等，同時反映了國家層面實行的政策措施。其包含的歷史信息極為豐富，為研究歸化城土默特地區社會、政治、經濟、文化變遷等提供了重要依據和更為豐富的素材，對我們深入認識蒙古歷史、清朝至民國的歷史以及内陸歐亞歷史亦具有重要意義。另外，這批文書在筆觸、書體、字形、印記、紙質等方面也蘊含着重要信息，具有鮮明地域和民族文化特徵。金氏家族契約文書，無疑也為國内「文書學」提供了新的研究資料，對進一步豐富、完善文書學的研究内容具有重要價值。

關於歸化城土默特契約文書的研究利用，二十世紀七十年代，黄時鑒就内蒙古大學收藏的包頭契約，撰文《清代包頭地區土

① 高賡恩纂：《土默特旗志》卷四「城垣」，載内蒙古圖書館編《内蒙古歷史文獻叢書》之七，遠方出版社二〇〇九年版，第四二六頁。
② 關於歸化城土默特地區的歷史，詳見曉克主編《土默特史》，内蒙古教育出版社二〇〇八年版。

地問題上的租與典——包頭契約的研究之一》（《內蒙古大學學報》一九七八年第一期），考察土地契約包含的基本內容，較深入分析了清代包頭地區土地租佃制和典押制的形成過程、特徵，以及在此基礎上形成的蒙漢民族關係。之後幾不見新的研究成果。直到近年，才有相關論作再次出現。牛敬忠先後發表《清代歸化城土默特地區的社會狀況——以西老將營村地契為中心的考察》（《內蒙古大學學報》二〇〇八年第三期）、《清代歸化城土默特地區的土地問題——以西老將營村為例》（《中國近代社會史研究集刊（第四輯）》，社會科學文獻出版社二〇一〇年版）。後來這兩篇文章合在一起成為《清代至民國時期歸化城土默特土地契約（第一冊）》的代序。文中涉及當時西老將營村土地經營與退還、租佃雙方的身份、蒙古族的戶口地、土地價格及地租形態、地權觀念、民間組織神社等多個問題。田宓《清代歸化城土默特地區的土地開發與村落形成》（《民族研究》二〇一二年第六期）利用田野調查獲取的托克托縣土地契約文書，探討土地租佃與民人村落開發形成的關係。王旭《法律與資源：以清代包頭蒙租合同為中心分析規則的變遷》（《清史研究》二〇一〇年第四期），同樣利用內蒙古大學收藏的包頭契約，從法律與資源的角度闡述農牧交錯地帶土默特土地社會資源流變，及其對當地社會產生的影響。徐鑫《清代歸化城土默特地區土地交易中的地譜》（《內蒙古大學學報》二〇一四年第三期），利用金氏家族契約，結合檔案資料探討地譜產生過程及其作用和屬性。另有幾篇利用這些契約文書撰寫的碩士學位論文，如：鍾佳倩《蒙古金氏家族契約文書研究初探——以光緒年間土默特地區契約文書為例》（中國社會科學院研究生院，二〇一二年），從文書格式、俗體字、涉事人物等方面介紹金氏家族契約光緒部分的概況，根據內容將文書分類，并與漢族地區契約文書進行比較，指出文書反映的土默特土地租賃的一些特點及金氏家族契約文書的史料價值，另對光緒朝部分進行錄文。孫麗麗《從西老將營村地契看清朝土默特地區的地契制度》（內蒙古大學，二〇一三年），着重從法律角度分析契約內容，總結了該地地契制度的特點。程麗《清代至民國歸化城土默特土地契約研究》（內蒙古大學，二〇一三年），以前三冊《清代至民國時期歸化城土默特土地契約》為主，參之金氏家族文書，從土地制度的角度論述契約文書產生的背景，簡單歸納了土地契約幾種基本類型和內容構成，以及土地契約的社會學價值。可以看出，已有的成果側重當地社會經濟狀態，包括土地交易價額、形式、性質，以及交易體現的經濟關係。法律性分析和不同地域的比较研究也有所涉及，但尚未深入。相對歸化土默特重要的歷史地位，歸化城土默特契約文書資料的研究利用顯得較為薄弱，亟須加大該地區契約文書的搜集整理力度，同時加強對文書的跨學科多方位精深細緻研究，以發揮其最大價值。

本書收錄的金氏家族文書已有圖錄出版，即前面提到的《內蒙古土默特金氏家族契約文書彙集》，但該書實際收錄二百三十二件契約文書（有三份過約聯單原本粘貼在過租約背面，另有兩頁與契約文書無關的紙張①，遺漏十件）。本書將這批家族文書全部收入，并以圖文對照形式編排，希望能夠給研究者利用這些文書帶來方便。

這批文書的整理工作始於二〇一〇年。文書的珍藏者鐵木爾先生特意邀請青格力先生整理自己家族的文書，青格力先生鑒於這批文書具有重要價值，成立專門課題組，我有幸同當時青格力先生的碩士研究生一起成為課題組的成員。為更好地了解文書所蘊含的歷史信息，二〇一〇年底，課題組成員前往呼和浩特市和土默特左旗考察調研。因各種原因，該課題拖延至今，最終以這樣的形式呈獻給公衆。本書編寫過程中各成員具體工作如下：青格力制定本書的整體編纂體例，負責滿文、蒙文的錄入、翻譯和轉寫，製作清朝乾隆至宣統時期的文書附表、光緒時期以前的索引和蒙、滿文索引，截取民國以前文書圖片中的戳印。李豔玲確定錄文和索引的具體凡例，負責漢文文書錄文；將全部文書按時間編排，擬定題名，考察相互之間存在的聯繫，加以相應說明；製作完成民國以後的索引。在錄文過程中，參考了鍾佳倩碩士學位論文中光緒朝部分契約的錄文。

我自己的研究方向是西域史，而且偏重於唐代以前，與本書關涉的時間地域相去甚遠，所以對於整理這批契約文書而言我完全是個外行。雖然在整理過程中曾盡力補習歸化城土默特地區的歷史知識，但是我仍覺得力不從心，書中肯定存在很多疏漏和錯誤，謹請方家給予嚴厲批評和指正。

承蒙中國社會科學院創新工程學術出版基金的資助，本書得以出版。在整理文書的過程中，鐵木爾先生始終給予支持，李錦繡先生針對本書編纂體例提出寶貴建議，阿風、劉中玉、蘭素川諸位先生在文字、印文識別方面給予了無私幫助，在此，一併表示感謝。衷心感謝中國社會科學出版社宋燕鵬先生、馮英爽女士為編輯校訂本書所做的大量工作。

李豔玲

二〇一七年一月

① 鐵木爾主編《內蒙古土默特金氏家族契約文書彙集》，第二二四、二二六、二二八、二五〇—二五一頁。

凡例

一　本書所收文書為金氏家族後人私藏文書。

二　本書為圖文對照本。圖版呈現的是收藏者裱褙宣紙後的文書狀態。在錄文前或附表內標明文書紙張的横、縱尺寸。文書中鈐有印章者，在整圖旁附刊印章專圖，並在錄文前注明印文。另，因《內蒙古土默特金氏蒙古家族契約文書彙集》（鐵木爾主編，中央民族大學出版社二〇一一年版）已刊出本書大部分所收文書，為便於相互對照，本書或在錄文前，或在附表中，特以「原編號」一項標出每份文書對應的已出圖版書的頁碼。文書錄文力求保持原件格式，不連寫，版面不能容納時，轉行續寫，與前一行高低相同。

三　兩紙文書粘連在一起且為獨立合約者，將分別錄文，計為兩份文書。

四　本書所收文書，以初次書寫年代先後為序編列。年月日相同無法區分先後者，按拍攝照片順序編列。附有過約聯單的合同約，按約中標明的日期為準；若合同約日期不明，則按過約聯單寫立的日期排序；又若聯單寫立及過約日期相同，再以聯單內標明的立約日期為準。以成吉思汗紀元紀年者，列於民國時期，年號簡稱「成紀」。文書紀年殘缺的，根據內容和特點推定年代，仍按年代順序排列，并加以必要的說明。不能推知或確定年代者，置於有紀年文書之後。

五　根據文書內容對每件文書加以擬題。

六　文書本身字句有問題者，作出注釋，附於文書之後。

七　文書中異體、俗體、別體字，除人、地、度量衡名外，錄文基本用現在通行繁體字；同音假借字照錄，旁加（）注本字。其古寫簡體字與今簡寫相同者照錄。原文筆誤及筆劃增減，徑改。清朝時期文書中其他顏色的字，在注中提示。無法準確判斷的文字，則在旁邊用「？」表示。原文有勾勒處照描。

八　文書脫字者不補，只在注釋中說明。

九　文書有缺文時，按照缺文位置標明（前缺）、（中缺）、（後缺）。

十　文書中缺字用□表示。字數不明的缺文，上缺用［　　］、中缺用［　　］、下缺用［　　］表示，長度根據原缺內容長短而定。

十一　原文字形不全，但據殘筆可確知為某字者，補全後在外加□；無法擬補者為缺字。殘存半邊者照描，殘損部分以半框□表示。字跡清楚但不識者照描，字跡模糊無法辨識者亦用□。原文點去或抹去的廢字不錄，但在文書後面出注提示。

十二　文書中原書於行外的補字，錄文一般徑補入行內；不能確定應補在具體何處者，依原樣錄於夾行。

十三　文書中寫有蘇州碼子，照錄，順序為〡、〢、〣、〤、〥、〦、〧、〨、〩、十。

十四　文書內騎縫書寫存留的半邊文字，以全字錄入，後面注出。文書邊緣粘貼綫用……表示，該處騎縫書寫的文字，亦以全字錄入，後文注出。

十五　蒙、滿文文書，以及書寫在漢文文書的蒙文簽注，先列原文，後附漢譯。漢蒙、漢滿雙語文書儘量依原件格式錄文。滿、蒙文無法辨認或缺損者，以……表示。

十六　文書中出現與本文書內容無關的文字亦照錄，但在文末加注說明。

十七　所有文書大體依原件格式照錄，除原以空格表示標點者外，均加標點。

十八　鑒於新中國時期，以及部分民國時期的文書附有過約聯單，文書主要內容一目了然，本書對清朝及民國時期（含成吉思汗紀元者）無過約聯單的契約製作附表，附於錄文之後。附表內容大體參照過約聯單，主要名目包括文書編號、題名、類別、尺寸、保存狀態、原編號、紅白契、立約者、立約理由、交易雙方姓名、交易承當者、不動產交易物的坐落位置及四至、面積、交易用途、押地錢或過約錢、地譜或地租錢、年限、印章、稅票、書寫文字、中見人、書寫人、立約日期、附注等，具體名稱根據文書內容及對各名目的稱呼有所變化。其中「類別」根據文書中書寫的名稱確定劃分，但需要注意的是，涉及土地類不動產交易的契約，租、轉、典、賣等詞多混用，存在名實不副的情況。「附注」主要是後來批注而非最初寫立文書的內容；屬於最初寫立文書的批注內容，而無法歸入附表其他名目者，亦列入附注。

目錄（上）

清朝時期契約文書……一

乾1　乾隆二十年（一七五五）趙喜賃到王老爺房屋漢滿雙語約……二

乾2　乾隆三十七年（一七七二）蒙古袄木棟、民人陳如明合夥開採煤窰約……六

乾3　乾隆三十七年（一七七二）某人租到都老爺地約……九

乾4　乾隆四十七年（一七八二）策旺道爾吉質典地租借無量寺學僧格勒格加木素錢蒙文約……一二

乾5　乾隆五十一年（一七八六）圪令出租與袁喜地約……一六

乾6　乾隆五十五年（一七九〇）公慶出租與顧清地約……二〇

嘉1　嘉慶十一年（一八〇六）蘇木先鋒道爾吉質典地租借慈壽寺大倉格貴管家阿拉布坦錢蒙文約……二三

嘉2　嘉慶十四年（一八〇九）寡婦阿拉坦扎布同子卻丹巴出租與布顏岱房屋土地蒙文約……二七

嘉3　嘉慶十五年（一八一〇）丹津扎木蘇寡婦賣與阿拉坦扎布房院蒙文約……三一

嘉4　嘉慶十七年（一八一二）丹府三太太暨子惱旺林慶出賃與天亨店空地基約……三六

嘉5　嘉慶二十五年（一八二〇）揑圪登出租與楊光彥白地文約……四〇

道1　道光十二年（一八三二）聶圪登出租與玉成山沙地約……四三

道2　道光十三年（一八三三）聶圪登出租與玉成山沙地約……四七

道3　道光十三年（一八三三）三黄宝出租與玉成山沙地約……五〇

道4　道光十三年（一八三三）三黄宝出租與玉成山沙地約……五四

道5　道光十三年（一八三三）三黄宝出租與玉成山沙地約……五七
道6　道光十四年（一八三四）三皇寶出租與玉成山沙地文約……六〇
道7　道光二十三年（一八四三）驍騎校三皇寶出租與和盛碾房空地基約……六三
道8　道光二十四年（一八四四）三还宝老爺典地租與温光照文約……六七
咸1　咸豐元年（一八五一）費文玉賃到蒙古金貴同母空地基合約……七〇
咸2　咸豐元年（一八五一）金寶同母出租與劉範中空地基約……七四
咸3　咸豐元年（一八五一）劉範中租到蒙古金寶空地基合同約……七七
咸4　咸豐元年（一八五一）蒙古金貴出租與馬天喜空地基合同約……八〇
咸5　咸豐元年（一八五一）馬元租到蒙古金貴空地基合約……八四
咸6　咸豐二年（一八五二）馬元佃到金寶母子空地基約……八七
咸7　咸豐二年（一八五二）沙紅德佃到蒙孀婦同子金寶空地基合約……九一
咸8　咸豐四年（一八五四）董全福租到井寶同母井三太太空地基約……九四
咸9　咸豐四年（一八五四）馬子文租到井貴同母井三太太空地基合約……九八
咸10　咸豐四年（一八五四）三太太同子井玉、井宝出典與温泰和屋地約……一〇二
咸11　咸豐四年（一八五四）馬登亮租到蒙古井貴空地基合約……一〇六
咸12　咸豐四年（一八五四）三太太同子金寶出推與張拱辰空地基文約……一一〇
咸13　咸豐五年（一八五五）曹俊佃到井貴母子空地基約……一一三
咸14　咸豐七年（一八五七）郝品润賃到金貴同母空地基約……一一七
咸15　咸豐七年（一八五七）馬和租到金貴空地基約……一二〇
咸16　咸豐八年（一八五八）曹鳳喜佃到蒙古孀婦金氏同子金玉、金宝、金貴空地基合同約……一二三
同1　同治元年（一八六二）馮華租到蒙古金宝、金貴同母薩楞氏空地基約……一二六

同2 同治二年（一八六三）穆萬林佃到五十四同母空地基約……一三〇
同3 同治四年（一八六五）馬萬義佃到三太太同子五十四空地基文約……一三四
同4 同治五年（一八六六）樊存荣出轉與楊片尔地文約……一三七
同5 同治六年（一八六七）任玉旺租到金貴空地基合同文約……一四〇
同6 同治六年（一八六七）庫倉佃到馬花龍之妻馬氏地基約……一四四
同7 同治八年（一八六九）穆萬林佃到五十四同母空地基約……一四七
同8 同治十年（一八七一）趙亮佃到金印空地基約……一五一
同9 同治十年（一八七一）金宝、金印出佃與杜福、杜萬空地基漢蒙雙語約……一五五
同10 同治十年（一八七一）蒙古金寶、金印同母與顧姓重立賣房地約……一五九
同11 同治十年（一八七一）蒙古金寶、金印同母出典與顧清、顧存仁清水約……一六四
同12 同治十一年（一八七二）馬良俊佃到蒙古三太太同子金保、銀保空地基約……一六八
同13 同治十二年（一八七三）王泰公佃到蒙古金貴、金寶空地基約……一七一
光1 光緒二年（一八七六）文玉祥賃到蒙古金印空地基合同約……一七五
光2 光緒四年（一八七八）金貴出賃與孟書空地基約……一七九
光3 光緒四年（一八七八）曹禄佃到金保空地基文約……一八二
光4 光緒五年（一八七九）狄萬榮佃到蒙古金貴空白地基約……一八五
光5 光緒五年（一八七九）狄萬榮佃到蒙古金貴空白地基約……一八九
光6 光緒五年（一八七九）馬萬銀佃到金貴空地基文約……一九三
光7 光緒六年（一八八〇）李世榮承推金印同妻青墳地約……一九七
光8 光緒八年（一八八二）官印保出典與巴老爺地甫約……二〇〇
光9 光緒十一年（一八八五）拜印佃到金貴空地基約……二〇四

光10 光緒十三年（一八八七）宋治國出典與羅德威地約……二〇七
光11 光緒十三年（一八八七）宋治國出典與羅德威地約……二一〇
光12 光緒十五年（一八八九）唐貴佃到金印空地基約……二一三
光13 光緒十七年（一八九一）唐宗義佃到官應寶空地基約……二一六
光14 光緒十九年（一八九三）于明佃到蒙古孀婦石榴尔空地基約……二二〇
光15 光緒十九年（一八九三）观音保出佃與胡本固石頭荒灘地約……二二四
光16 光緒十九年（一八九三）官印保賣與楊继金地約……二二八
光17 光緒十九年（一八九三）官印保出租與王植槐地約……二三二
光18 光緒二十年（一八九四）官印保出租與王有智地過租約……二三五
光19 光緒二十年（一八九四）官應保佃賣與顧存綱房院約……二三八
光20 光緒二十年（一八九四）觀音保出租與賈栽沙地約……二四二
光21 光緒二十年（一八九四）白富佃到蒙古虎登山空地基約……二四五
光22 光緒二十年（一八九四）馬萬興佃到官音保空地基合約……二四九
光23 光緒二十年（一八九四）觀音保賣與賈威沙灘地約……二五二
光24 光緒二十一年（一八九五）馬花佃到官音保空地基約……二五六
光25 光緒二十一年（一八九五）唐宗明佃到官音保空地基約……二六〇
光26 光緒二十二年（一八九六）馬林買到林報空地基約……二六四
光27 光緒二十二年（一八九六）观音保出典與白祁公空地基約……二六七
光28 光緒二十二年（一八九六）達木氣出典與白祁公空地基約……二七一
光29 光緒二十二年（一八九六）白祁公典到蒙古观音保空地基約……二七五
光30 光緒二十二年（一八九六）具陽同祖母五十四寡婦、婿親虎必泰出租與賈栽地約……二七九

光31 光緒二十二年（一八九六）興陽同祖母五十四寡婦、婿親虎必泰出租與賈威沙地約……二八二
光32 光緒二十三年（一八九七）蒙古官音寶出佃與崔長威園圖地約……二八五
光33 光緒二十四年（一八九八）左錦先過租、買到官印宝地、樹約……二八八
光34 光緒二十五年（一八九九）蒙古官音寶出佃與賈義地約……二九一
光35 光緒二十六年（一九〇〇）周建基奉斷買到蒙古觀音保地合同約……二九四
光36 光緒二十六年（一九〇〇）賈六八奉断典到蒙古觀音保地約……二九八
光37 光緒二十六年（一九〇〇）賈義佃到蒙古觀音保地約……三〇二
光38 光緒二十六年（一九〇〇）官印宝寡婦同子達木氣出典與顧維業地約……三〇五
光39 光緒二十六年（一九〇〇）蒙古觀音保賣與陳有空園地約……三〇八
光40 光緒二十六年（一九〇〇）官印宝寡婦同子達木氣出典與顧長世地約……三一二
光41 光緒二十六年（一九〇〇）官印保出佃與賈鋭地基約……三一五
光42 光緒二十六年（一九〇〇）官印宝過與楊生娃地租約……三一八
光43 光緒二十七年（一九〇一）白起成佃到蒙婦香香空地基合同約……三二一
光44 光緒二十八年（一九〇二）拜永貴佃到蒙古達木欠同母空地基合同文約……三二四
光45 光緒二十八年（一九〇二）周啓明質典地增約據借錢與蒙婦香香同子達木氣合同約……三二八
光46 光緒二十八年（一九〇二）達木欠出典與张善地約……三三二
光47 光緒二十八年（一九〇二）達木欠出佃與韓茂林地約……三三五
光48 光緒二十九年（一九〇三）達木欠出典與边永寬地約……三三八
光49 光緒二十九年（一九〇三）蒙古寡婦香香同子達木齊出租與陳發榮空地基合同約……三四一
光50 光緒二十九年（一九〇三）任建堂退與蒙古達木欠地約……三四四
光51 光緒二十九年（一九〇三）官印宝出佃與刘澤空地約……三四七

光52　光緒三十年（一九〇四）馬根虎租到蒙古同母達木欠空地基約……三五〇
光53　光緒三十一年（一九〇五）唐宗明佃到蒙古噠木氣同母空地基約……三五三
光54　光緒三十一年（一九〇五）唐宗明佃到蒙古噠木氣同母空地基約……三五七
光55　光緒三十一年（一九〇五）唐宗財佃到蒙古噠木氣同母空地基約……三六一
光56　光緒三十一年（一九〇五）王永福佃到蒙古觀音保空地基合同文約……三六五
光57　光緒三十一年（一九〇五）官印宝寡婦同子達木氣過與趙成美地租約……三六九
光58　光緒三十一年（一九〇五）達木氣推佃與王昇地約……三七二
光59　光緒三十一年（一九〇五）達木欠同母出過與贾栽地過租約……三七六
光60　光緒三十一年（一九〇五）達木氣同母賣與賈德善、賈吉善地約……三七九
光61　光緒三十二年（一九〇六）同母達木歎佃賣與蘇木雅清水奉約……三八二
光62　光緒三十二年（一九〇六）同母達木歎出佃與張孖珠清水約……三八五
光63　光緒三十二年（一九〇六）達穆歎同孀母過與賈秉瑞、賈從政水俸約……三八九
光64　光緒三十二年（一九〇六）同母達木欠過租與賈栽地約……三九三
光65　光緒三十二年（一九〇六）于明租到蒙古虎登山岳父家空地基合同約……三九六
光66　光緒三十二年（一九〇六）達木氣賣與馬林空地基合約……四〇〇
光67　光緒三十三年（一九〇七）蒙古虎登山出佃與賈富地基約……四〇三
光68　光緒三十四年（一九〇八）達木歎出佃與王有仁地約……四〇六
光69　光緒三十四年（一九〇八）達木歎出佃與益羅圖清水奉約……四〇九
光70　光緒三十四年（一九〇八）達木歎出佃與富先子清水奉約……四一二
光71　光緒某年金貴出佃與馬珍空地基約……四一五
宣1　宣統元年（一九〇九）崇福堂拜姓佃到蒙古祥祥同子達木氣空地基約……四一九

目録

宣2　宣統元年（一九〇九）達木欠同母推與周建基地約……四二三

宣3　宣統三年（一九一一）馬大漢租到達木氣空地基合同文約……四二七

宣4　宣統三年（一九一一）胡天全租、買到蒙古達木氣同母香香空地基、榆樹約……四三一

宣5　宣統三年（一九一一）苗大慶租到達木氣空地基約……四三五

清1　清某年達木歎同母出佃與富先子清水奉約……四三九

清朝時期契約文書

清朝時期的文書共有一二五件，其中蒙文文書四件（乾4、嘉1、嘉2、嘉3），漢滿、漢蒙雙語文書各一件（乾1、同9）。有紀年者起自乾隆二十年（一七五五）至宣統三年（一九一一），其中乾隆、嘉慶、道光、咸豐、同治、光緒、宣統時期文書分別是六、五、八、一六、一三、七一、五件，另有一件文書紀年缺失。內容方面，除三份（乾1、嘉3、光19）涉及房屋賃賣、一份（乾2）關於合夥開採煤窑、五份（乾4、嘉1、道8、光8、光45）關於質典地租借錢、七份（同11、光61、光62、光63、光69、光70、清1）涉及佃賣清水約，餘者皆為土地（有包含樹木者）租佃賃賣典押合同約（其中，光32為出佃園圖地合同約）。

乾1

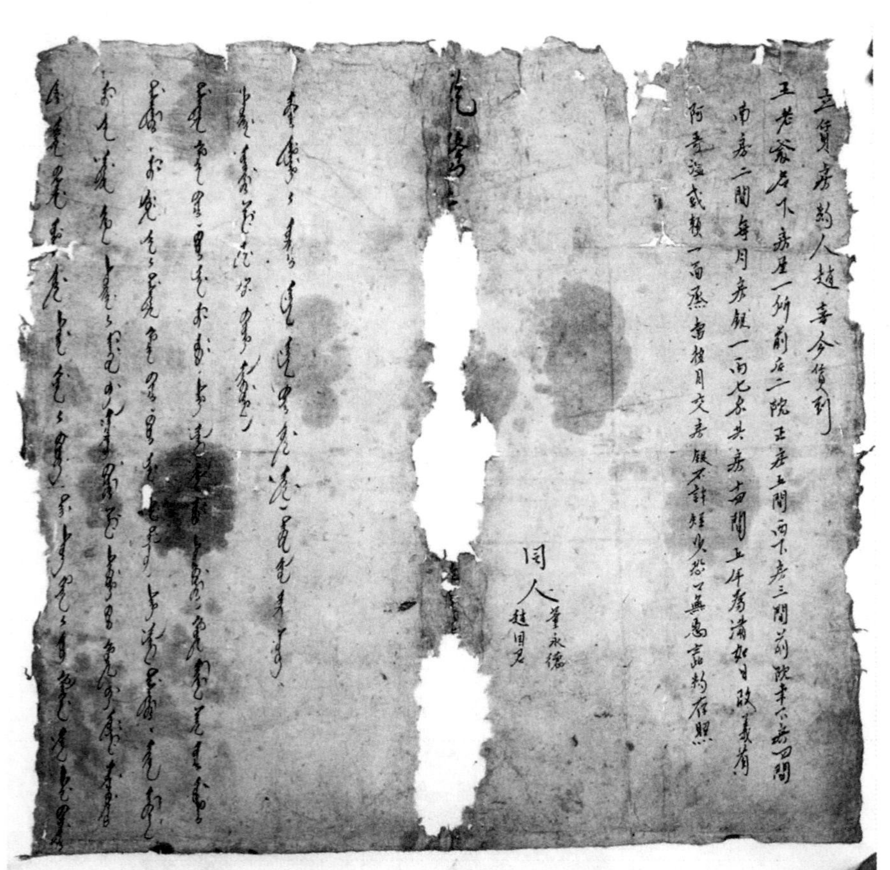

立賃房約人趙喜今賃到
王老爺名下房屋一所前后二院正房五間西下房三間前院東下房四間
南房二間每月房銀一兩七錢共房十四間五年為滿如日改[illegible]有
[illegible]額一兩憑中按月交房銀不許短少恐口無憑立約存照

同人 董永德 趙[illegible]

乾1　乾隆二十年（一七五五）趙喜賃到王老爺房屋漢滿雙語約

該賃房約中記載的漢文日期缺失，但滿文部分记載的日期是乾隆二十年正月十七日。

1 立賃房約人趙喜，今賃到

2 王老爺名下房屋一所。前后二院，正房五間，西下房三間，前院東下房四間，

3 南房二間。每月房銀一兩七分，共房十四間，五年為滿。如日改義（議），有

4 阿奇温貳？賴一面烝（承）當。按月交房銀，不許短欠。恐口無憑，立此約存照。

5 同人　董永德

6 　　　趙国君

7 乾隆［二］□　賃房　□〔一〕

13 [illegible]〔二〕

12 [illegible]

11 [illegible]

10 [illegible]

9 [illegible]

8 [illegible]

漢譯

西邊共十四間房屋，按月交房屋租金一兩七文（錢），給大同縣趙姓漢人居住，不許短欠。須維護好租住房屋院落，不得其損壞。若產生一二兩銀修繕款項，與房東無關，租房人負責修繕。如有大的維修，房東將承擔其一份，租房者承擔三份。若租房生意見好，將即刻提高房租費。為此立定此文書。乾隆二十年正月十七日。五年為滿。

注釋

〔一〕該行文字只存右半部分。

〔二〕第八至第十三行按照滿文書寫形式排列。

附表

編　　號	乾 1
題　　名	乾隆二十年（一七五五）趙喜賃到王老爺房屋漢滿雙語約
類　　別	賃到房屋約
尺　　寸	51 ×52. 2 釐米
保存狀態	有破損，文字殘缺
原 編 號	4
紅 白 契	白契
立 約 者	趙喜
理　　由	無
承 賃 者	趙喜
出 賃 者	王老爺
承 當 者	阿奇温貳賴
地點坐落及四至	無
面　　積	房屋一所：前后二院，正房五間，西下房三間，前院東下房四間，南房二間。共房十四間
用　　途	無
房　　銀	每月房銀一兩七分。若租房生意見好，將即刻提高房租費
年　　限	五年為滿
印　　章	無
稅　　票	無
文　　字	漢、满
同　　人	董永德、趙国君
書　　人	無
立約日期	乾隆二十年正月十七日
附　　注	

乾2

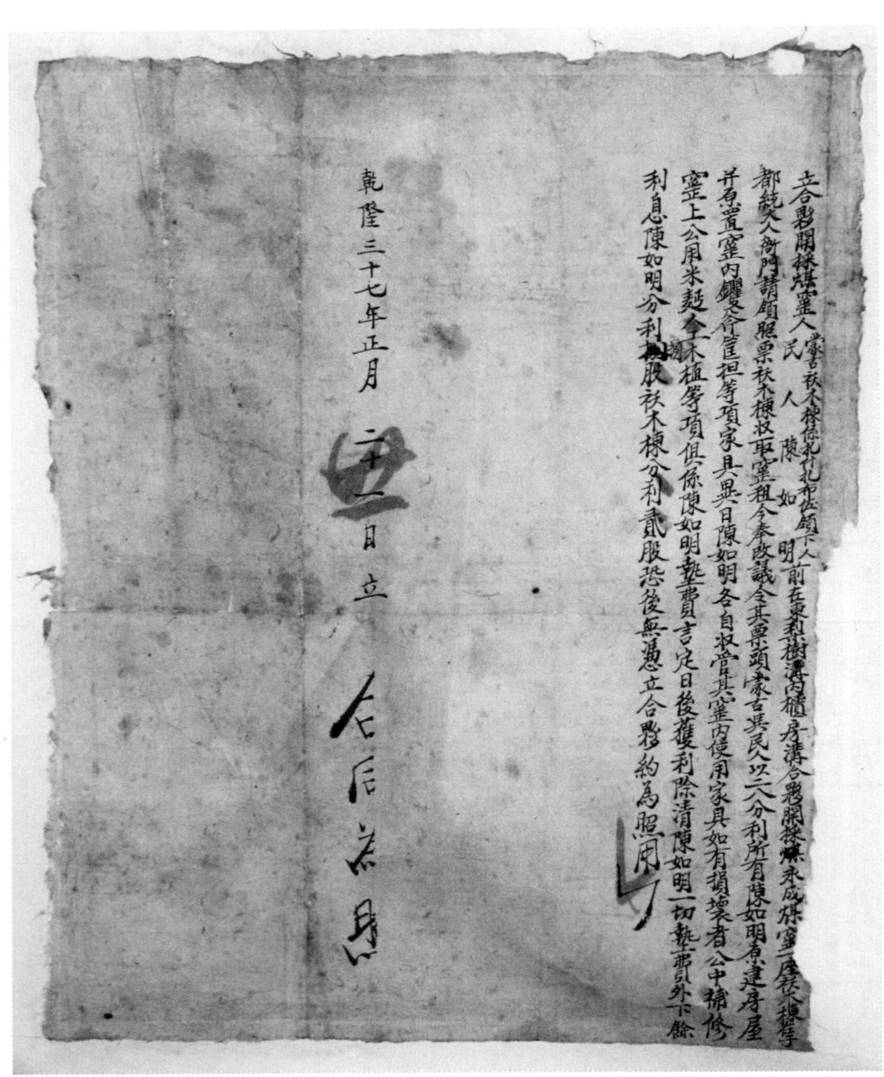

立合夥開採煤窰人蒙古祆木樓係扎什扎布佐領下人 民 人 陳 如 明前在東科爾樹溝內櫃房溝合夥開採煤永成煤窰一座祆木樓等
都統衙門請領照票祆木樓收取窰租今奉改議令其票頭蒙古異民人以二八分利所有陳如明原建房屋
并原置窰內钁斧筐担等項家具異日陳如明各自收管其窰內使用家具如有損壞者公中補修
窰上公用米麪全土木植等項俱係陳如明墊費言定日後獲利除清陳如明一切墊費另外下餘
利息陳如明分利捌股祆木樓分利貳股恐後無憑立合夥約為照用

乾隆三十七年正月 二十 日立

合同為照

乾2　乾隆三十七年（一七七二）蒙古袄木楝、民人陳如明合夥開採煤窰約

立合夥開採煤窰人，蒙古袄木楝係把什把布佐領下人，民人陳如明前在東梨樹溝内櫃房溝合夥開採[一]永成煤窰一座。袄木楝在于

都統大人衙門請領照票，袄木楝收取窰租。今奉改議，令其票頭蒙古與民人以二八分利所有。陳如明原建房屋，

并原置窰内钁、斧、筐、担等項家具，異日陳如明各自收管。其窰内使用家具，如有損壞者，公中補修。

窰上公用米麪、人工、木植等項，俱係陳如明墊費。言定日後獲利除清陳如明一切墊費外，下餘

利息陳如明分利捌股，袄木楝分利貳股[二]。恐後無憑，立合夥約為照用[三]。

乾隆三十七年正月廿一日[四]立合同為照[五]。

注釋

〔一〕「採」字下面勾去一「煤」字。

〔二〕「捌」字原在行間，其旁正行間的「捌」字被塗抹。「捌股」與「利貳」四字上皆有朱筆點記。

〔三〕「照用」二字下方有墨筆與朱筆兩種勾勒。

〔四〕「二十一」三字處有字體較大的朱書「廿一」二字。

〔五〕「合同為照」四字只存左半部分。

編號	乾 2
題名	乾隆三十七年（一七七二）蒙古袄木楝、民人陳如明合夥開採煤窰約
類別	合夥開採煤窰約
尺寸	33.2×42.1 釐米
保存狀態	部分殘缺，文字完整
原編號	2
紅白契	白契
立約者	蒙古袄木楝、民人陳如明
理由	前袄木楝在于都統大人衙門請領照票，袄木楝收取窰租，今奉改議，令其票頭蒙古與民人以二八分利所有
承租者	民人陳如明
出租者	蒙古袄木楝
承當者	無
地點坐落	東梨樹溝内櫃房溝永成煤窰一座
面積	無
用途	合夥開採，分利所有
資產所有及獲利分配	原建房屋、钁、斧、筐、担等項，異日陳如明各自收管。其窰内使用家具，如有損壞者，公中補修。窰上公用米麪、人工、木植等項，俱係陳如明墊費。日後獲利，除清陳如明一切墊費外，下餘利息陳如明分利捌股，袄木楝分利貳股
年限	無
印章	無
稅票	無
文字	漢
中見人	無
書人	無
立約日期	乾隆三十七年正月二十一日
附注	

乾
3

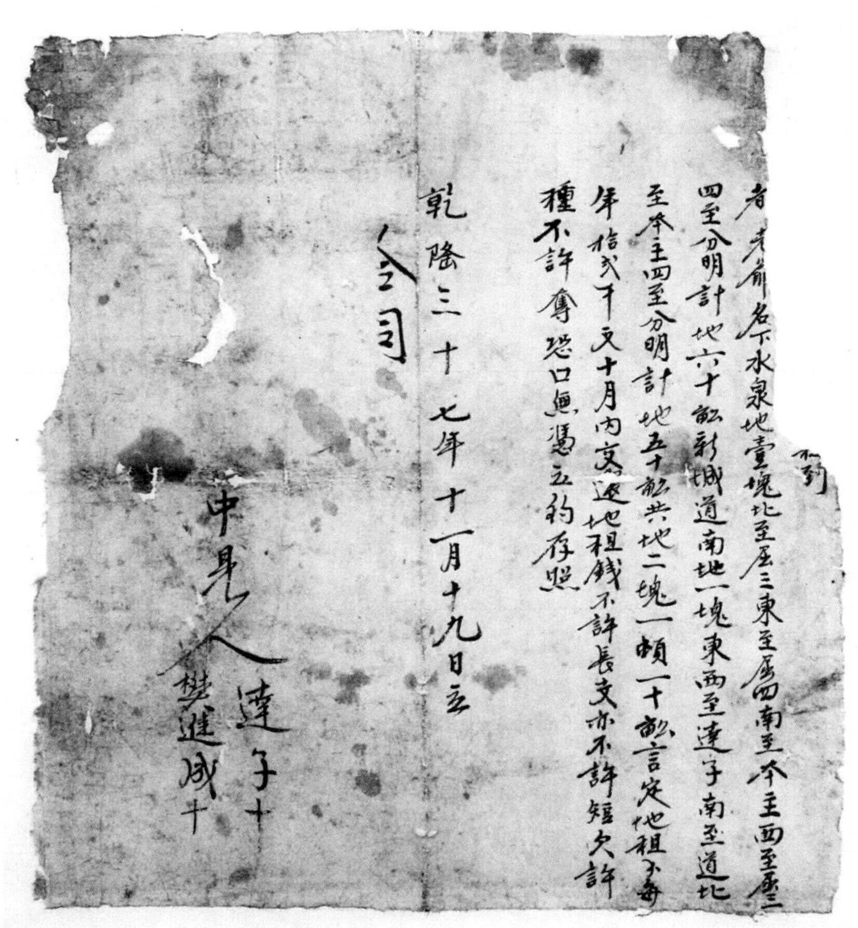

和劉
者老爺名下水泉地壹塊北至屋三東至屋四南至本主西至屋三
四至分明計地六十畝新城道南地一塊東西至達子南至道北
至本主四至分明計地五十畝共地二塊一頃一十畝言定地租每
年拾弍千文十月内交完地租錢不許長支亦不許短欠許
種不許奪恐口無憑立約存照

乾隆三十七年十一月十九日立

合同

中見人　達子十
樊進成十

乾3 乾隆三十七年（一七七二）某人租到都老爺地約

□租到：

都老爺名下水泉地壹塊，北至屈三，東至屈四，南至本主，西至屈三，

四至分明，計地六十畝；新城道南地一塊，東西至達子，南至道，北

至本主，四至分明，計地五十畝。共地二塊，一頃一十畝。言定地租錢每

年拾式千文，十月内交還地租錢，不許長支，亦不許短欠，許

種不許奪。恐口無憑，立约存照。

乾隆三十七年十一月十九日 立

合同〔一〕

中見人 達子十

樊進成十

注釋

〔一〕「合同」二字只存右半部分。

編號	乾 3
題名	乾隆三十七年（一七七二）某人租到都老爺地約
類別	租到地約
尺寸	38×43.4 釐米
保存狀態	部分破損，文字殘缺
原編號	3
紅白契	白契
立約者	缺失
理由	無
承租者	缺失
出租者	都老爺
承當者	無
地點坐落及四至	水泉地：北至屈三，東至屈四，南至本主，西至屈三；新城道南地：東西至達子，南至道，北至本主
面積	水泉地壹塊，計地六十畝；新城道南地壹塊，計地五十畝。共地二塊，一頃一十畝
用途	許種不許奪
押地錢	無
地租錢	每年拾弍千文，十月內交還
年限	無
印章	無
稅票	無
文字	漢
中見人	達子、樊進成
書人	無
立約日期	乾隆三十七年十一月十九日
附注	

乾4

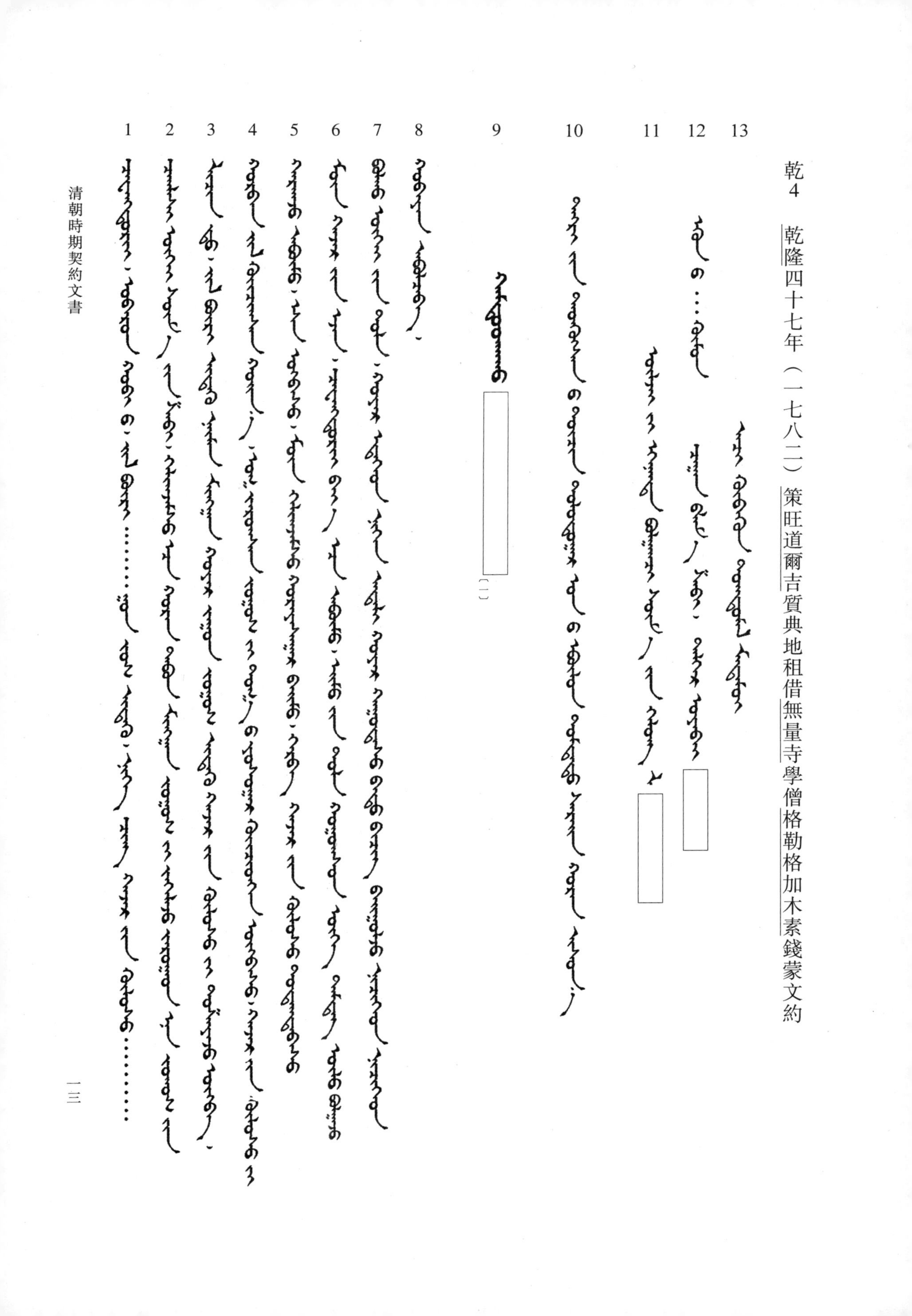

乾4 乾隆四十七年（一七八二）策旺道爾吉質典地租借無量寺學僧格勒格加木素錢蒙文約

漢譯

策旺道爾吉自己每年收取□□□□百錢。以一頃地之租金，借用無量寺學僧格勒格加木素之二十五千文（錢）。為此款項之利息，交付年收地租金八千二百文。三年後，借用錢款如數歸還，地租金將收回。不歸還時，仍由格勒格加木素收取。若地租金欠缺，將從地主策旺道爾吉處領取。為此，空口不為依據故，雙方立相同字據二張，各執一份。

合同約文各執一份

乾隆四十七年冬仲月二十九日

知見人：　延壽寺比丘喇嘛□□查幹喇嘛及學僧德利格爾見證、侄子陶克陶穆勒知了。

注釋

〔一〕該行文字只存左半部分。

附表

編　號	乾 4
題　名	乾隆四十七年（一七八二）策旺道爾吉質典地租借無量寺學僧格勒格加木素錢蒙文約
類　別	質典地租借錢約
尺　寸	44 ×52.6 釐米
保存狀態	部分破損，文字殘缺
原編號	248
紅白契	白契
立約者	策旺道爾吉
理　由	無
質典者	策旺道爾吉
承典者	無量寺學僧格勒格加木素
承當者	地主策旺道爾吉
地點坐落及四至	無
面　積	一頃
地租錢	缺失
借款額	二十五千文
利　息	交付年收地租金八千二百文，若地租金欠缺，將從地主策旺道爾吉處領取
年　限	三年後，借用錢款如數歸還，地租金將收回。不歸還時，仍由格勒格加木素收取
印　章	無
稅　票	無
文　字	蒙
知見人	延壽寺比丘喇嘛□□查幹喇嘛、學僧德利格爾、侄子陶克陶穆勒
書　人	無
立約日期	乾隆四十七年冬仲月二十九日
附　注	

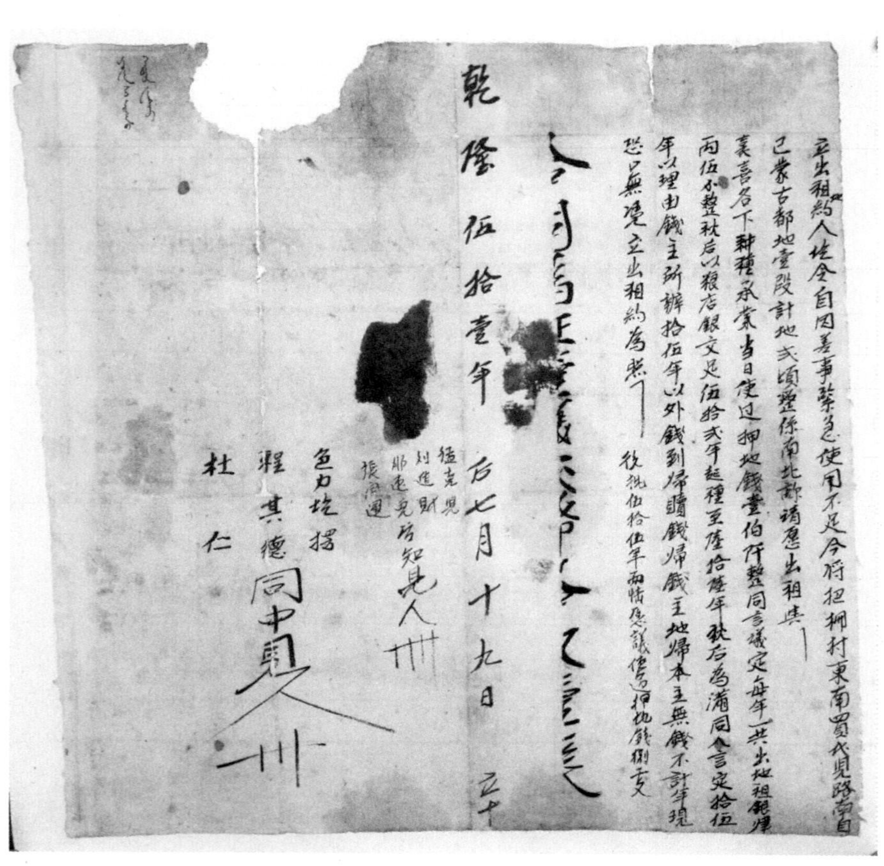

立出租約人佐令自因善事緊急使用不足今將把柵村東南買代見路南自
己蒙古都地壹段計地弍頃塏係南北畛情愿出租與
袁喜名下耕種承業當日使过押地錢壹伯仟整同言議定每年一共出地租銀肆
兩伍分整秋后以粮店銀文足伍拾弍年起種至陸拾肆年秋后爲滿同人言定拾伍
年以理由錢主所辦拾伍年以外錢到歸贖錢歸錢主地歸本主無錢不許年現
恐口無憑立出租約爲照
後批伍拾伍年兩情愿議使過押地錢捌千文

乾隆伍拾壹年 后七月十九日 立十

孟克兒
刘進財
那速克
張福通 知見人 十

色力圪摺
程其德
杜仁 同中見人 十

乾5 乾隆五十一年（一七八六）圪令出租與袁喜地約

立出租地〔一〕約人圪令，自因差事緊急，使用不足，今將把柵村東南買代兒路南自
己蒙古都地壹段，計地弌頃整，係南北畛，请(情)愿出租與
袁喜名下耕種承業。当日使过押地錢壹伯(佰)阡(仟)整。同言議定，每年一共出地租銀肆
兩伍錢整，秋后以粮店銀交足。伍拾弌年起種，至陸拾陸年秋后為滿。同人言定，拾伍
年以理(里)，由錢主所辨；拾伍年以外，錢到歸贖，錢歸錢主，地歸本主，無錢不計年現(限)。
恐口無憑，立出租約為照。 後批伍拾伍年，兩情愿議使過押地錢捌千文〔二〕。

合同為証，壹樣貳紙，各執壹張〔三〕。

乾隆伍拾壹年 后七月十九日 立十

猛克兒
刘進財
那速兒 后知見人〔四〕
張冋運
色力圪楞
程其德 同中見人
杜仁

17 [Mongolian script]

漢譯

袁喜民人之漢文文書。

注釋

〔一〕「地」字原寫於行外。

〔二〕由句意可以判斷，此句是後來寫入。

〔三〕該行文字只存右半部分。

〔四〕第9至12行字跡與注二處的相關字句相同，應是與之同時寫入。

附表

編　　號	乾 5
題　　名	乾隆五十一年（一七八六）圪令出租與袁喜地約
類　　別	出租地約
尺　　寸	45.8×47.5 釐米
保存狀態	有破損、污漬，文字完整
原 編 號	5
紅 白 契	白契
立 約 者	圪令
理　　由	差事緊急，使用不足
承 租 者	袁喜
出 租 者	圪令
承 當 者	無
地點坐落及四至	把柵村東南買代兒路南
面　　積	蒙古都地壹段，計地式頃整，係南北畛
用　　途	耕種承業
押 地 錢	当日使过壹佰仟整
地 租 錢	每年一共出地租銀肆兩伍錢整，秋后以粮店銀交足
年　　限	乾隆伍拾式年起種，至陸拾陸年秋后為滿。拾伍年以里，由錢主所辨；拾伍年以外，錢到歸贖，錢歸錢主，地歸本主，無錢不計年限
印　　章	無
稅　　票	無
文　　字	漢文，另有兩行蒙文
同中見人	色力圪楞、程其德、杜仁
書　　人	無
立約日期	乾隆伍拾壹年后七月十九日
附　　注	後批乾隆伍拾伍年，兩情愿議使過押地錢捌千文。后知見人：猛克旯、刘進財、那速兒、張闲運。蒙文批注“袁喜民人之漢文文書”

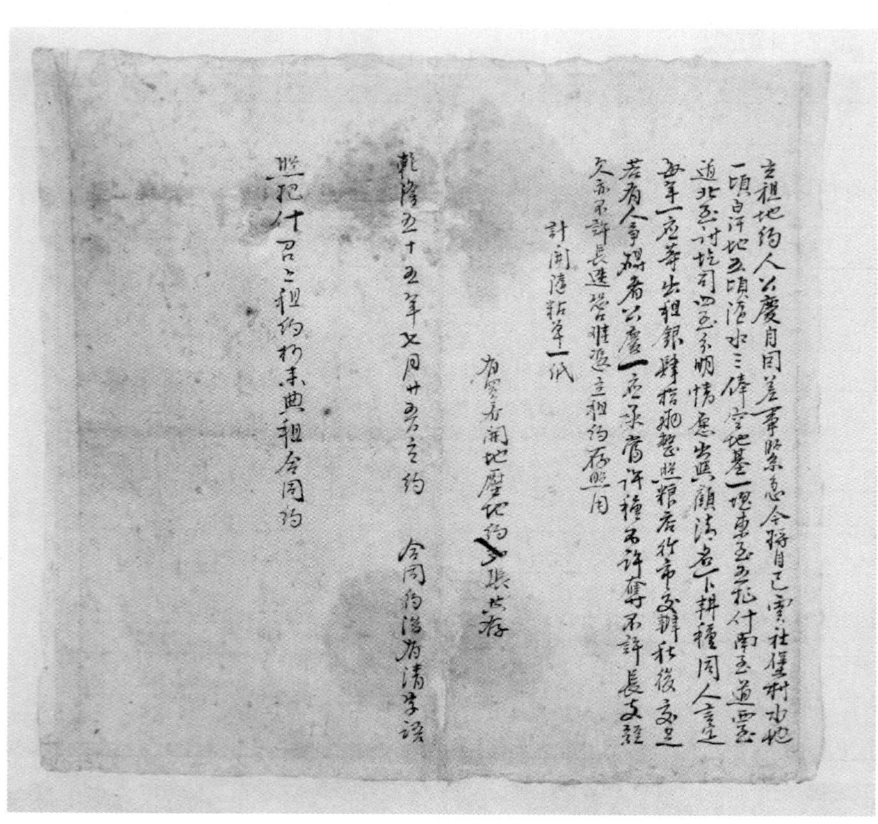
立租地約人六慶自因差事緊急今將自己實社堡村水地
一頃白汗地五頃隨水三俸空地基一塊東至五把什南至道西至
道北至討拉氣四至分明情愿出與顧清名下耕種同人言定
每年一應筆出租銀肆拾兩整照糧店行市交錢秋後交足
若有人爭碍者六慶一應承當許種不許奪不許長支錢
欠亦不許長迭恐口難憑立租約存照用
計開隨粘草一紙
內有開地壓地約一張出存
乾隆五十五年七月廿五日立約　合同約諾府清字語
照把什召之租約於未典租合同約

乾6　乾隆五十五年（一七九〇）公慶出租與顧清地約

1 立租地约人公慶，自因差事緊急，今將自己雲社堡村水地
2 一頃、白汗（旱）地五頃，隨水三俸，空地基一塊，東至五把什，南至道，西至
3 道，北至讨圪司，四至分明，情愿出與顧清名下耕種。同人言定，
4 每年一应等出租銀肆拾兩整，照粮店行市交辦，秋後交足。
5 若有人争碍者，公慶一应承當。许種不许奪，不許長支短
6 欠，亦不許長迭（跌）。恐口难憑，立租约存照用。
7 計開隨粘单一纸。
8 有買房開地（押）壓地约式張共存。
9 乾隆五十五年七月廿五日立约。　　合同约後有清字语。
10 照把什召上租约折来典租合同约

附表

編　號	乾 6
題　名	乾隆五十五年（一七九〇）公慶出租與顧清地約
類　別	出租地約
尺　寸	31×29.9 釐米
保存狀態	完整，有污漬
原編號	6
紅白契	白契
立約者	公慶
理　由	差事緊急
承租者	顧清
出租者	公慶
承當者	公慶
地點坐落及四至	雲社堡村：東至五把什，南至道，西至道，北至讨圪司
面　積	水地一頃、白旱地五頃，隨水三俸，空地基一塊
用　途	耕種
押地錢	無
租　錢	每年租銀肆拾兩整，照粮店行市交辦，秋後交足
年　限	無
印　章	無
稅　票	無
文　字	漢
中見人	無
書　人	無
立約日期	乾隆五十五年七月廿五日
附　注	計開隨粘單一纸。 有買房開地押地约弍張共存。 合同约後有清字语。 照把什召上租约折来典租合同约。

嘉1

嘉1　嘉慶十一年（一八〇六）蘇木先鋒道爾吉質典地租借慈壽寺大倉格貴管家阿拉布坦錢蒙文約

漢譯

立契約事由

道布東之蘇木先鋒道爾吉因手頭緊缺，將居住自己土地之趙義（音譯：趙記？）漢人之地租金，預先從慈壽寺大倉格貴管家阿拉布坦處取用八千文（錢）。此款錢之利息，已拿趙義漢人年地租金二千三百文（錢）交付。如數歸還借用之本錢後，地租金將收回。若不歸還時，借款主一直收取（地租金）。為此，空口無憑，各執一份契約文。

嘉慶十一年十二月十三日立約

合同約文各執一份

知見人：催領貢嘎、催領圖格吉、學僧巴圖

另有漢文文書一份。

注釋

〔一〕該行文字只存左半部分。

編　號	嘉 1
題　名	嘉慶十一年（一八〇六）蘇木先鋒道爾吉質典地租借慈壽寺大倉格貴管家阿拉布坦錢蒙文約
類　别	質典地租借錢約
尺　寸	47.7×48.6 釐米
保存狀態	有破損，文字基本完整
原編號	247
紅白契	白契
立約者	蘇木先鋒道爾吉
理　由	手頭緊缺
質典者	蘇木先鋒道爾吉
承典者	慈壽寺大倉格貴管家阿拉布坦
承當者	無
地點坐落及四至	無
面　積	無
地租錢	無
借款額	八千文
利　息	已拿趙義漢人年地租金二千三百文（錢）交付
年　限	如數歸還借用之本錢後，地租金將收回。若不歸還時，借款主一直收取（地租金）
印　章	無
税　票	無
文　字	蒙
知見人	催領貢嘎、催領圖格吉、學僧巴圖
書　人	無
立約日期	嘉慶十一年十二月十三日立約
附　注	另有漢文文書一份

嘉2

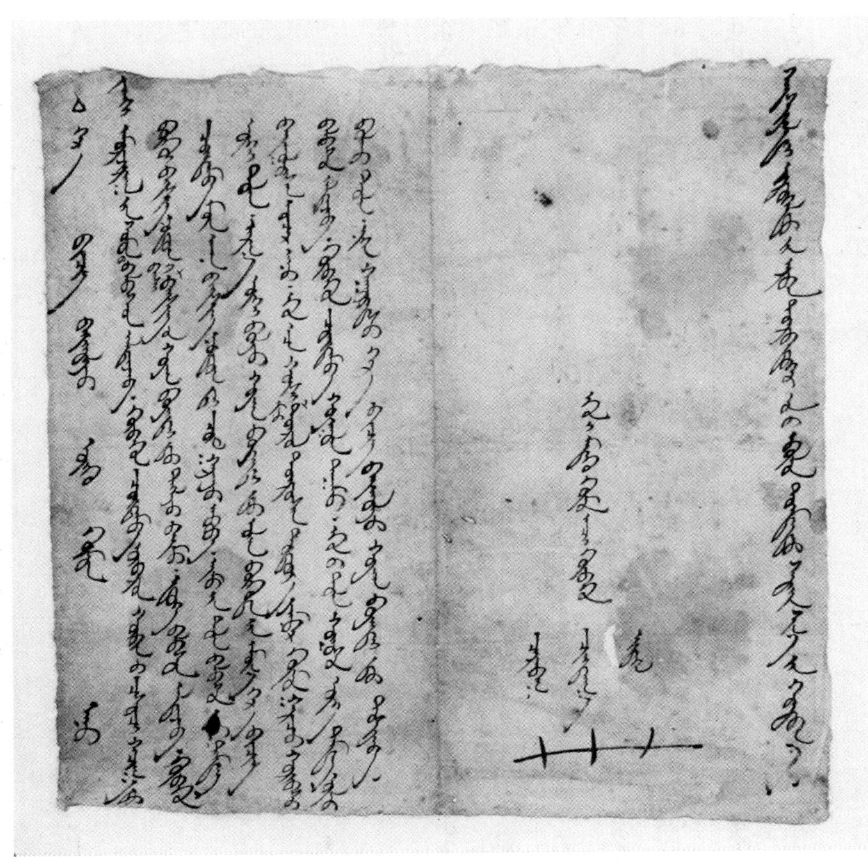

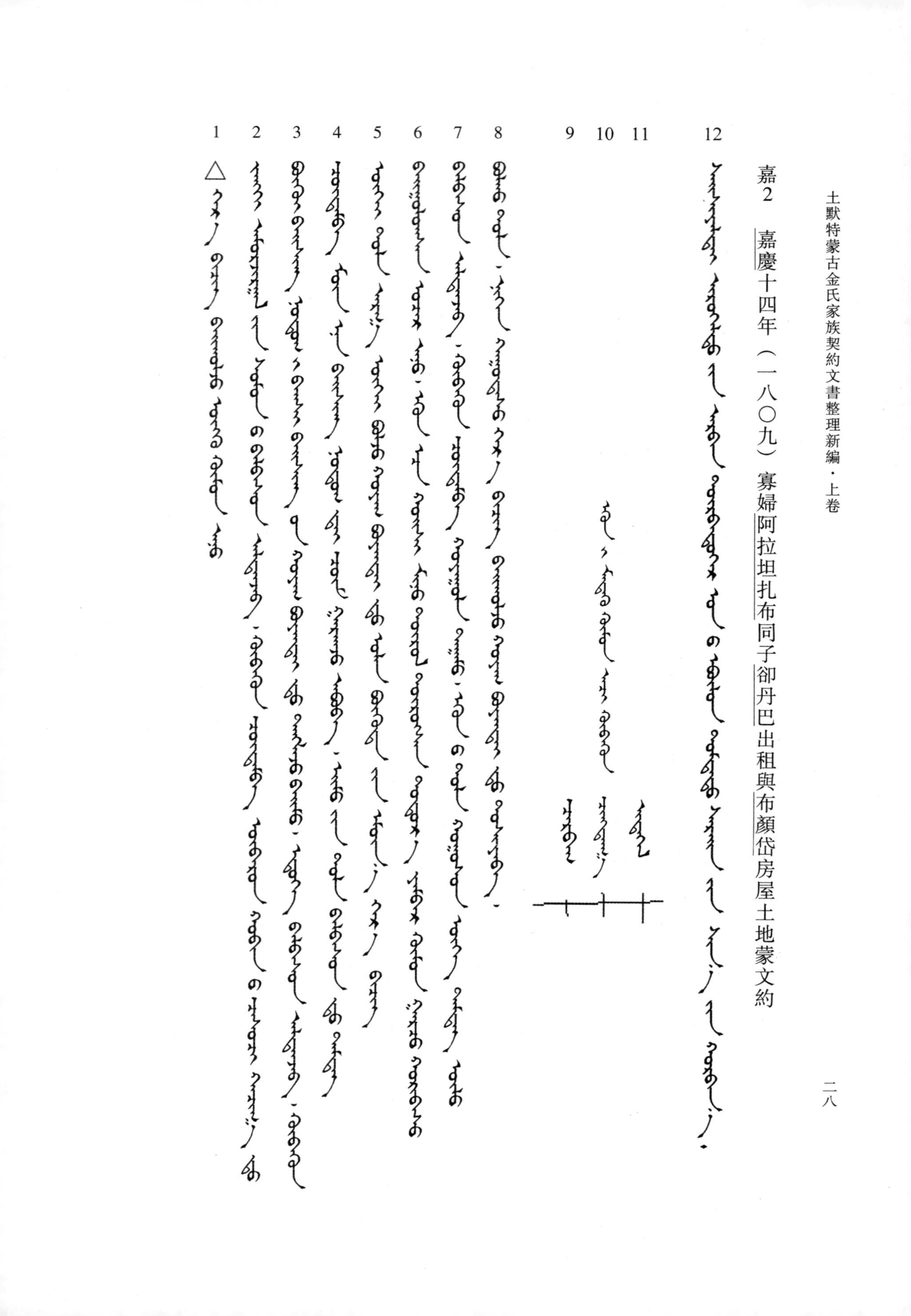

9 [illegible]

10 [illegible]

11 [illegible]

12 [illegible]

嘉2　嘉慶十四年（一八〇九）寡婦阿拉坦扎布同子卻丹巴出租與布顏岱房屋土地蒙文約

1 [illegible]

2 [illegible]

3 [illegible]

4 [illegible]

5 [illegible]

6 [illegible]

7 [illegible]

8 [illegible]

漢譯

立契約之人章京阿木爾吉爾嘎勒蘇木所屬寡婦阿拉坦扎布、子卻丹巴，正將自己於察素齊嘎查之房屋土地佃租與巴克什板升之隨丁布顏岱。現寡婦阿拉坦扎布、子卻丹巴將此房屋土地一同收回。為此，寡婦因無據證，不得不在衆人面前給布顏岱立契約。今後吾親戚之中任何人出來阻撓，將由寡婦阿拉坦扎布、子卻丹巴二人承擔。空口不為依據故，立字據一張，交與隨丁布顏岱。

此知人侄子：查爾巴格、欽達噶、伊特格勒

嘉慶十四年仲冬月初三日

附表

編　號	嘉2
題　名	嘉慶十四年（一八〇九）寡婦阿拉坦扎布同子卻丹巴出租與布顏岱房屋土地蒙文約
類　別	出租房屋土地約
尺　寸	32.0×32.0釐米
保存狀態	部分破損，文字完整
原編號	249
紅白契	白契
立約者	章京阿木爾吉爾嘎勒蘇木所屬寡婦阿拉坦扎布、子卻丹巴
理　由	寡婦無據證
出租者	寡婦阿拉坦扎布、子卻丹巴
承租者	巴克什板升之隨丁布顏岱
承當者	寡婦阿拉坦扎布、子卻丹巴
地點坐落及四至	察素齊之嘎查之房屋土地
面　積	無
地租錢	無
年　限	無
印　章	無
稅　票	無
文　字	蒙
知　人	侄子：查爾巴格、欽達噶、伊特格勒
書　人	無
立約日期	嘉慶十四年仲冬月初三日
附　注	

嘉
3

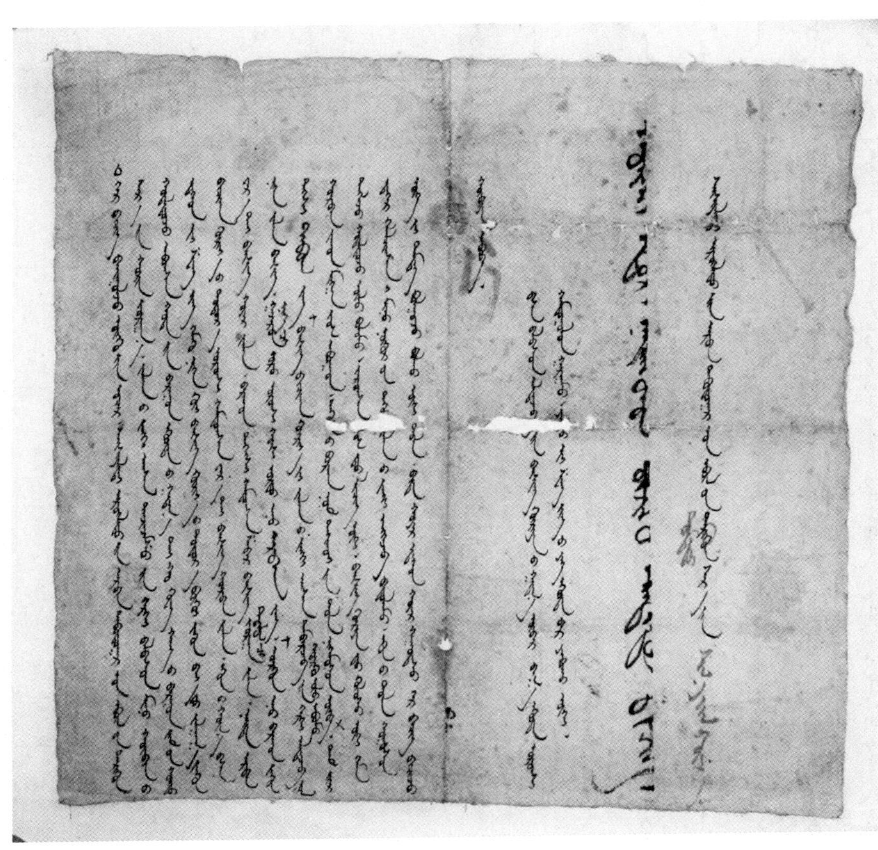

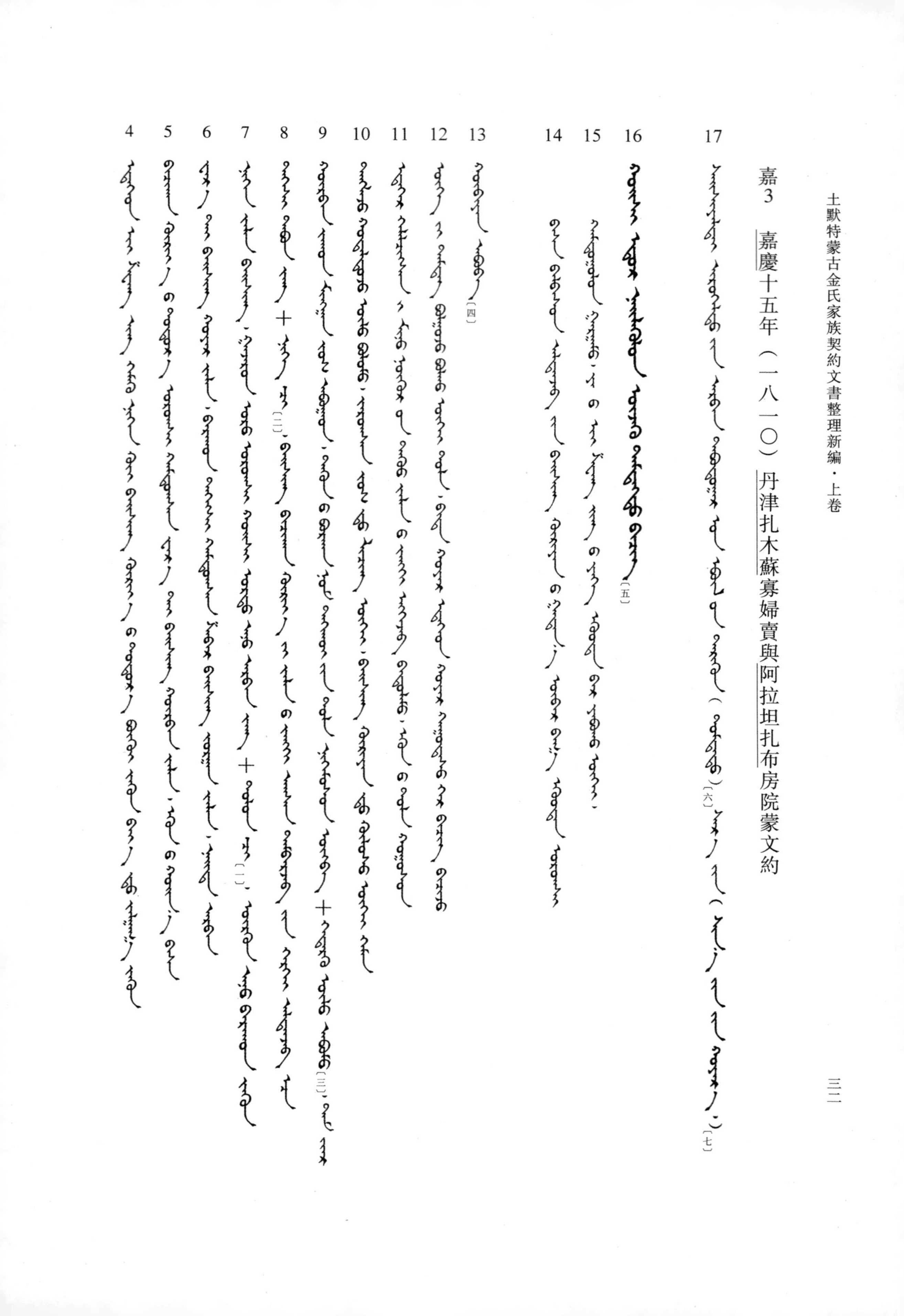

嘉3　嘉慶十五年（一八一〇）丹津扎木蘇寡婦賣與阿拉坦扎布房院蒙文約

1 △ [illegible]

2 [illegible]

3 [illegible]

漢譯

立契約之緣由

嘉慶十五年冬首月二十六日

扎蘭章京丹津扎木蘇寡婦我私人購買之城西門外太虎光行之西道北側稱頤盛景之一處房院中連接東側之小院內之朝南向瓦房三間，另其背面瓦房兩間，朝西向土房六間，共十一間房屋，地基南北長三丈七尺，東西寬五丈一尺。房屋小院，自愿從扎蘭章京丹巴爾扎布妻阿拉坦扎布處領收三十萬文錢，供其敬奉佛法之用，為此全部給之，不再收回。不許間接典當轉賣，無使用之利息，無房屋院子之租金，等等。合約由我丈夫弟弟之扎蘭章京恩和扎布作證。空口不為依據故，雙方立字據兩張，各執一份。

又，寡婦阿拉坦扎布在房院外側另造朝南小門，不由頤盛景大門出入。

後日查驗之證書

嘉慶十五年冬首（改：仲）月初二日

注釋

〔一〕該括号內文字原在第六和第七行間。

〔二〕該括号內文字原在第七和第八行間。

〔三〕該括号內文字原在第八和第九行間。

〔四〕該詞上面有朱筆勾勒。

〔五〕該行文字只存左半部分。

〔六〕[illegible]一詞為朱筆書寫，原寫于行間，其旁正行間的詞被塗去。

〔七〕[illegible]一詞為朱筆書寫。

編　　號	嘉 3
題　　名	嘉慶十五年（一八一〇）丹津扎木蘇寡婦賣與阿拉坦扎布房院蒙文約
類　　別	賣房院約
尺　　寸	43.4×41.5 釐米
保存狀態	稍有破損，文字基本完整
原 編 號	246
紅 白 契	白契
立 約 者	扎蘭章京丹津扎木蘇寡婦
理　　由	無
出 賣 者	扎蘭章京丹津扎木蘇寡婦
承 買 者	扎蘭章京丹巴爾扎布妻阿拉坦扎布
承 當 者	無
地點坐落及四至	城西門外太虎光行之西道北側稱頤盛景之一處房院中連接東側之小院內之朝南向瓦房三間，另有背面瓦房兩間，朝西向土房六間
面　　積	共十一間房屋，地基南北長三丈七尺，東西寬五丈一尺
用　　途	供其敬奉佛法之用
價　　錢	三十萬文錢，無使用之利息，無房屋院子之租金
年　　限	不再收回
印　　章	無
稅　　票	無
文　　字	蒙
證　　人	扎蘭章京丹津扎木蘇弟弟之扎蘭章京恩和扎布
書　　人	無
立約日期	嘉慶十五年冬仲月初二日
附　　注	寡婦阿拉坦扎布在房院外側另造朝南小門，不由頤盛景大門出入

嘉4

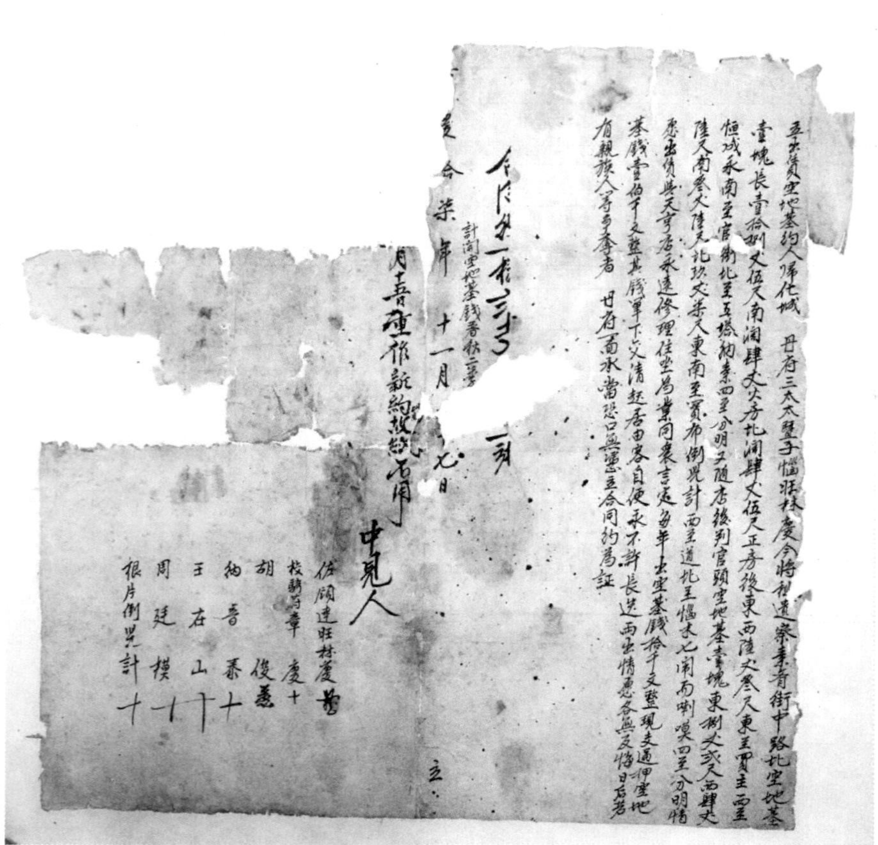
立出賃空地基約人歸化城　丹府三太太暨子惱旺林慶，今將祖遺察素齊街中路北空地基壹塊，長壹拾捌丈伍尺，南濶肆丈叁尺，北濶肆丈伍尺，正房後東西陸丈叁尺，東至買主，西至恒域永，南至官街，北至五塔納素，四至分明。又隨房後到官頭空地基壹塊，東捌丈貳尺，西肆丈陸尺，南叁丈陸尺，北玖丈柒尺，東南至買布倒兒計，西至道，北至惱木乞，南至喇嘛，四至分明。情愿出賃與天亨店永遠修理住坐為業，同衆言定每年出空地基錢拾千文整，現支過押空地基錢壹佰千文整，其錢筆下交清，起房由客自便，永不許長迭。兩出情愿，各無反悔，日後若有親族人等爭奪者，丹府一面承當。恐口無憑，立合同約為証。

計開空地基錢每秋二季

合同約一樣二張　一紙

嘉慶柒年十一月初七日　立

月十二日換新約故紙不用

中見人
佐領達旺林慶（押）
校騎校章　慶十
胡　俊蕙
納　音　泰十
王　在　山十
周　廷　模十
根片倒兒計十

嘉4 嘉慶十七年（一八一二）丹府三太太暨子惱旺林慶出賃與天亨店空地基約

該文書中「丹府三太太」在咸10《咸豐四年（一八五四）三太太同子井玉、井宝出典與温泰和屋地約》出現，有三太太出現的合同約集中在咸豐、同治時期的文書中，但這兩個時期的紀年皆無第十七年，與之相近且有第十七年紀年的衹有嘉慶和道光統治時期，而殘存的筆畫似是「嘉慶」，再查光39《光緒二十六年（一九〇〇）蒙古觀音保賣與陳有空園地約》中記「批有嘉慶十七年蒙古納旺尔林慶租与胡文富邢兆明原租合約」，其中的「納旺尔林慶」與該合同約中的「惱旺林慶」應是同一人，由此推知該契約寫立與嘉慶十七年（一八一二）。

立出賃空地基约人歸化城 丹府三太太暨子惱旺林慶，今將租(祖)遺察素斉街中路北空地基壹塊，長壹拾捌丈伍尺，南闊肆丈，火房北闊肆丈伍尺，正方後東西陸丈叁尺，東至買主，西至恒成永，南至官街，北至五塔納素，四至分明；又随店後判官頭空地基壹塊，東捌丈弍尺，西肆丈陸尺，南叁丈陸尺，北玖丈柒尺，東南至實布倒見計，西至道，北至惱木七鬧而喇嘆，四至分明，情愿出賃與天亨店永遠修理住坐為業。同衆言定，每年出空地基錢拾千文整，現支過押空地基錢壹佰千文整，其錢筆下交清，起居由客自便，永不許長迭(跌)。兩出情愿，各無反悔。日后，若有親族人等争奪者， 丹府一面承當。恐口無憑，立合同约為証。

合同约一樣弍張，□一張(二)。

計開空地基錢春秋二季□

嘉慶 拾柒年 十一月 □十七日

□月十五日重作新約，此約〔二〕故紙不用〔三〕。

中見人

佐領達旺林慶〔四〕

校騎（尉）蔚章　慶　十

胡　　俊〔五〕

纳　音　泰　十

王　在　山　十

周　廷　模　十

根片倒兒計十

注釋

〔一〕該行文字只存左半部分。

〔二〕「此約」二字原在行間。

〔三〕由句意及字跡可知該行為後來寫入。

〔四〕該人名下有墨色畫押。

〔五〕該人名下有墨色畫押。

附表

編　　號	嘉 4
題　　名	嘉庆十七年（一八一二）丹府三太太暨子惱旺林慶出賃與天亨店空地基約
類　　別	出賃空地基約
尺　　寸	54.5×53.5 釐米
保存狀態	有殘損，部分文字缺失
原 編 號	缺漏
紅 白 契	白契
立 約 者	丹府三太太暨子惱旺林慶
理　　由	無
承 賃 者	天亨店
出 賃 者	丹府三太太暨子惱旺林慶
承 當 者	丹府
地點坐落及四至	察素斉街中路北空地基：東至買主，西至恒成永，南至官街，北至五塔納素；店後判官頭空地基：東南至實布倒兒計，西至道，北至惱木七閙而喇嘆
面　　積	察素斉街中路北空地基壹塊，長壹拾捌丈伍尺，南闊肆丈，火房北闊肆丈伍尺，正房後東西陸丈叁尺；店後判官頭空地基：東捌丈弍尺，西肆丈陸尺，南叁丈陸尺，北玖丈柒尺
用　　途	永遠修理住坐為業
押空地基錢	壹佰千文整，其錢筆下交清
空地基錢	每年拾千文整
年　　限	無
印　　章	無
稅　　票	無
文　　字	漢
中 見 人	佐領達旺林慶、校騎尉章慶、胡俊、納音泰、王在山、周廷模、根片倒兒計
書　　人	無
過約日期	嘉慶拾柒年十一月□十七日
附　　注	計開空地基錢春秋二季…… ……月十五日重作新約，此約故紙不用

嘉5

立出租地文約人㮀圪亶，今因差事緊急，無處輾轉，今將自己雲社堡村祖遺戶口白地壹頃，隨水壹俸弍厘五毫，情愿出租與楊光彥名下耕種為業，同衆言定，現使過押地錢肆拾八千零柒拾文整，其錢當日交足，並不短欠。每年秋后出租地譜見共錢柒千五百文，同衆言定，許種不許奪，地租不許長支短欠，不許長迭。日后若有戶內人等爭奪者，有㮀圪亶一面承當。恐口無憑，立約為証用。

嘉慶弍拾伍年正月初八日立

合同約一張

中見

毛不陸 十

顧滄 十

八十八 十

哈不計 十

嘉5 嘉慶二十五年（一八二〇）捏圪登出租與楊光彥白地文約

立出租地文约人捏圪登，今因差事緊急，無處輾轉，今將自己雲社堡村祖遺户口白地壹頃，隨水壹俸弍厘五毫，情愿出租與楊光彥名下耕種為業。同衆言定，現使過押地錢肆拾八千零柒拾文整，其錢當日交足，並不短欠。每年秋后出租地地普兒，共錢柒千五百文。同衆言定，許種不許奪，地租不許長支短欠，不許長迭(跌)。自后，若有户内人等争奪者，有捏圪登一面承當。恐口無憑，立約為証用。

嘉慶弍拾伍年 正月初七日 立

合同约一張

毛不陸 十

顧 清 十

八十六 十

哈不計 十

中見人

附表

編　號	嘉 5
題　名	嘉慶二十五年（一八二〇）捏圪登出租與楊光彦白地文約
類　別	出租地約
尺　寸	31.5×29.5 釐米
保存狀態	部分缺損，文字基本完整
原編號	8
紅白契	白契
立約者	捏圪登
理　由	差事緊急，無處輾轉
承租者	楊光彦
出租者	捏圪登
承當者	捏圪登
地點坐落及四至	雲社堡村
面　積	祖遺户口白地壹頃，隨水壹俸式厘五毫
用　途	耕種為業
押地錢	肆拾八千零柒拾文整，其錢當日交足，並不短欠
租地普兒	每年秋后出，共錢柒千五百文
年　限	無
印　章	無
稅　票	無
文　字	漢
中見人	毛不陸、顧清、八十六、哈不計
書　人	無
立約日期	嘉慶式拾伍年正月初七日
附　注	

道
1

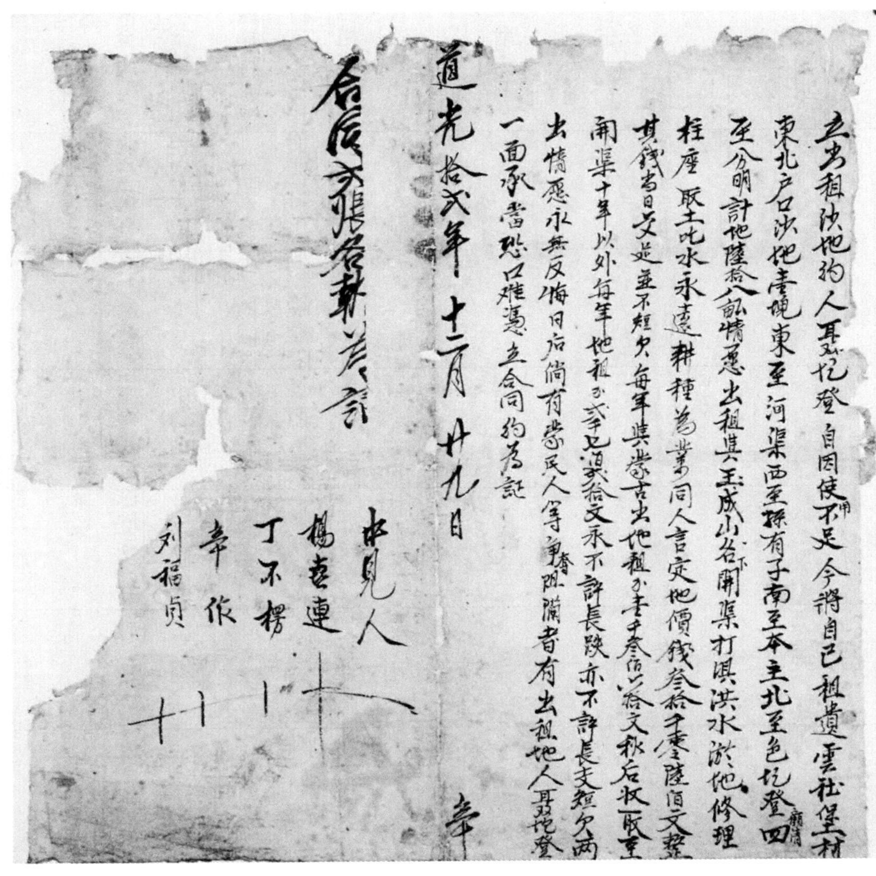
立出租汣地約人耳双圪登，自因使用不足，今將自己祖遺雲社堡村
東北户口汣地壹塊，東至河渠，西至孫有子，南至本主，北至色圪登，四廟清
至分明，計地陸拾八畝，情愿出租與王成小名下開渠打堰、洪水澆地、修理
椿壓，取土吃水，永遠耕種為業。同人言定地價錢叁拾千零陸佰文整
其錢當日交足，並不短欠。每年與蒙古出地租小麦壹千叁佰伍拾文，秋后收取
開渠十年以外，每年地租小麦貳斗，足錢貳拾文，永不許長跌，亦不許長支短欠。兩
出情愿，永無反悔。日后倘有蒙民人等爭奪阻擋者，有出租地人耳双圪登
一面承當。恐口難憑，立合同約為証。

道光拾弍年十二月廿九日　立

合同文張各執為証

中見人
楊喜連　十
丁不楞　｜
辛作　｜
刘福貞　十

道1　道光十二年（一八三二）聂圪登出租與玉成山沙地約

立出租沙地约人聂圪登，自因使用〔一〕不足，今將自己祖遺雲社堡村東北户口沙地壹塊，東至河渠，西至孫有子，南至本主，北至色圪登、顧清〔二〕，四至分明，計地陸拾八畝，情愿出租與玉成山名下〔三〕開渠打垻、洪水淤地、修理柱座（住坐）、取土吃水，永遠耕種為業。同人言定，地價錢叁拾千零陸佰文整，其錢当日交足，並不短欠。每年與蒙古出地租錢壹千叁佰六拾文，秋后收取。至開渠十年以外，每年地租錢弍千七佰弍拾文，永不許長跌，亦不許長支短欠。兩出情愿，永無反悔。日后，倘有蒙民人等爭奪〔四〕阻攔者，有出租地人聂圪登一面承當。恐口难憑，立合同约為証。

道光拾弍年〔五〕十二月廿九日　立十

合同弍張，各執為証〔六〕。中見人

楊喜連　十

丁不楞　十

辛作　十

刘福貞　十

注釋

〔一〕「用」字原寫於行外。

〔二〕「顧清」二字原寫於行間。

〔三〕「下」字原寫於行間。

〔四〕「奪」字原寫於行間。

〔五〕「光拾弍年」四字左側有四個朱色印跡。

〔六〕該行文字只存左半部分。

附表

編　號	道1
題　名	道光十二年（一八三二）聂圪登出租與玉成山沙地約
類　別	出租沙地約
尺　寸	46.5×46.5釐米
保存狀態	部分缺損，文字完整
原編號	10
紅白契	白契
立約者	聂圪登
理　由	使用不足
承租者	玉成山
出租者	聂圪登
承當者	出租地人聂圪登
地點坐落及四至	雲社堡村東北：東至河渠，西至孫有子，南至本主，北至色圪登、願清
面　積	祖遺户口沙地壹塊，計地陸拾八畝
用　途	開渠打垻、洪水淤地、修理住坐、取土吃水，永遠耕種為業
地價錢	叁拾千零陸佰文整，其錢当日交足，並不短欠
地租錢	每年壹千叁佰六拾文，秋后收取。至開渠十年以外，每年弍千七佰弍拾文
年　限	無
印　章	無，但有四個朱色印跡
稅　票	無
文　字	漢
中見人	楊喜連、丁不楞、辛作、刘福貞
書　人	無
立約日期	道光拾弍年十二月廿九日
附　注	

道2

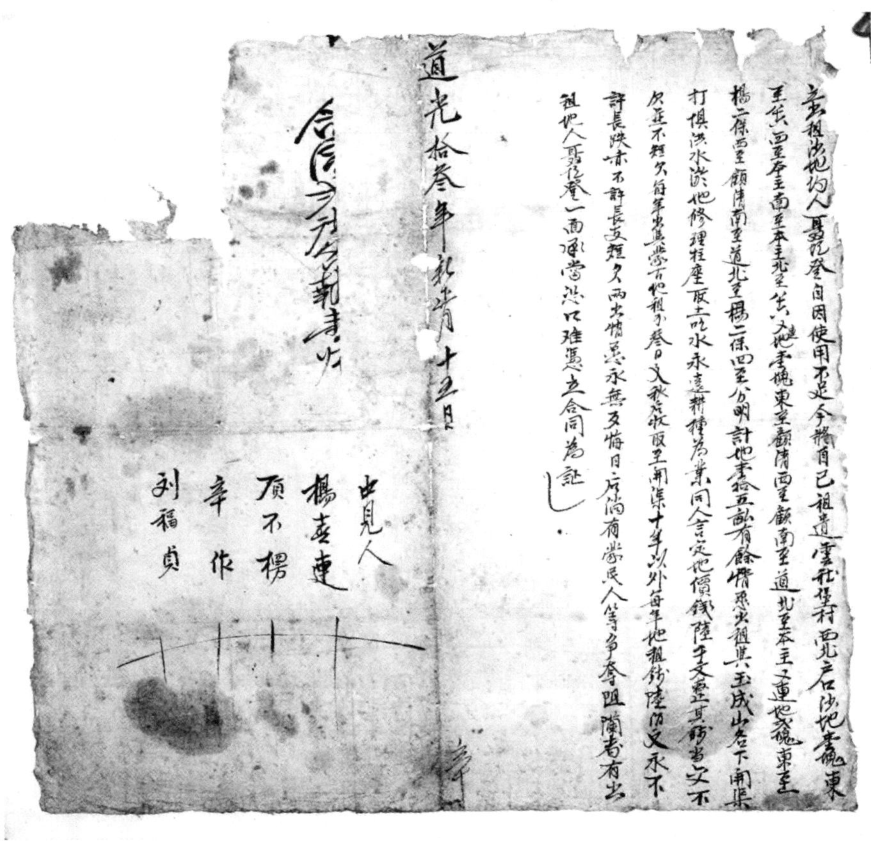

立租沙地約人聶萬登，自因使用不足，今將自己祖遺雲社堡村西北古口沙地壹塊，東至堡，西至本主，南至本主，北至堡；又地壹塊，東至顧清，西至顧□，南至道，北至本主；又連地貳塊，東至楊二保，西至顧清，南至道，北至楊二保，四至分明，計地壹拾五畝有餘，情愿出租與王成山名下開渠打堰，淤水淤地，修理柱座，取土吃水，永遠耕種為業。同人言定地價錢陸千文整，其錢當交不欠，並不短欠。每年出其帶古地租錢叁百文，秋后收取。至開渠十年以外，每年地租錢陸佰文，永不許長跌，亦不許長支短欠。兩出情愿，永無反悔。日后倘有業民人等爭奪阻攔者，有出租地人聶萬登一面承當。恐口難憑，立合同為証。

道光拾叁年新正月十五日

合同二張各執壹張

出見人　楊喜連　頂不楞　辛作　刘福貞

道2　道光十三年（一八三三）聶圪登出租與玉成山沙地約

立出租沙地约人聶圪登，自因使用不足，今將自己祖遺雲社堡村西北户口沙地壹塊，東
至八十六，西至本主，南至本主，北至八十六；又連[一]地壹塊，東至顧清，西至顧，南至道，北至本主；又連地弍
塊，東至
楊二保，西至顧清，南至道，北至楊二保，四至分明；計地壹拾五畝有餘，情愿出租與玉成山名下開渠
打垻、洪水淤地、修理柱座（住坐）、取土吃水，永遠耕種為業。同人言定，地價錢陸千文整，其錢当交不
欠，並不短欠；每年出與蒙古地租錢叁百文，秋后收取。至開渠十年以外，每年地租錢陸佰文，永不
許長跌，亦不許長支短欠。两出情愿，永無反悔。日后，倘有蒙民人等争奪阻攔者，有出
租地人聶圪登一面承當。恐口难憑，立合同為証。
道光拾叁年新正月十五日　立十
中見人
合同式張，各執壹張[二]。　楊喜連 ┼
頂不楞 ┼
辛　作 ┼
刘福貞 ┼

注釋

〔一〕「連」字原寫於行間。

〔二〕該行文字只存左半部分。

編　號	道2
題　名	道光十三年（一八三三）聂圪登出租與玉成山沙地約
類　別	出租沙地約
尺　寸	48×46.2釐米
保存狀態	部分缺損，文字完整
原編號	11
紅白契	白契
立約者	聂圪登
理　由	使用不足
承租者	玉成山
出租者	聂圪登
承當者	出租地人聂圪登
地點坐落及四至	雲社堡村西北：東至八十六，西至本主，南至本主，北至八十六；連地壹塊：東至顧清，西至顧，南至道，北至本主；連地弍塊：東至楊二保，西至顧清，南至道，北至楊二保
面　積	祖遺户口沙地壹塊，又連地壹塊，又連地弍塊，計地壹拾五畝有餘
用　途	開渠打壩、洪水淤地、修理住坐、取土吃水，永遠耕種為業
地價錢	陸千文整，其錢当交不欠，並不短欠
地租錢	每年叁百文，秋后收取。至開渠十年以外，每年陸佰文
年　限	無
印　章	無
稅　票	無
文　字	漢
中見人	楊喜連、頂不楞、辛作、刘福貞
書　人	無
立約日期	道光拾叁年新正月十五日
附　注	

道3

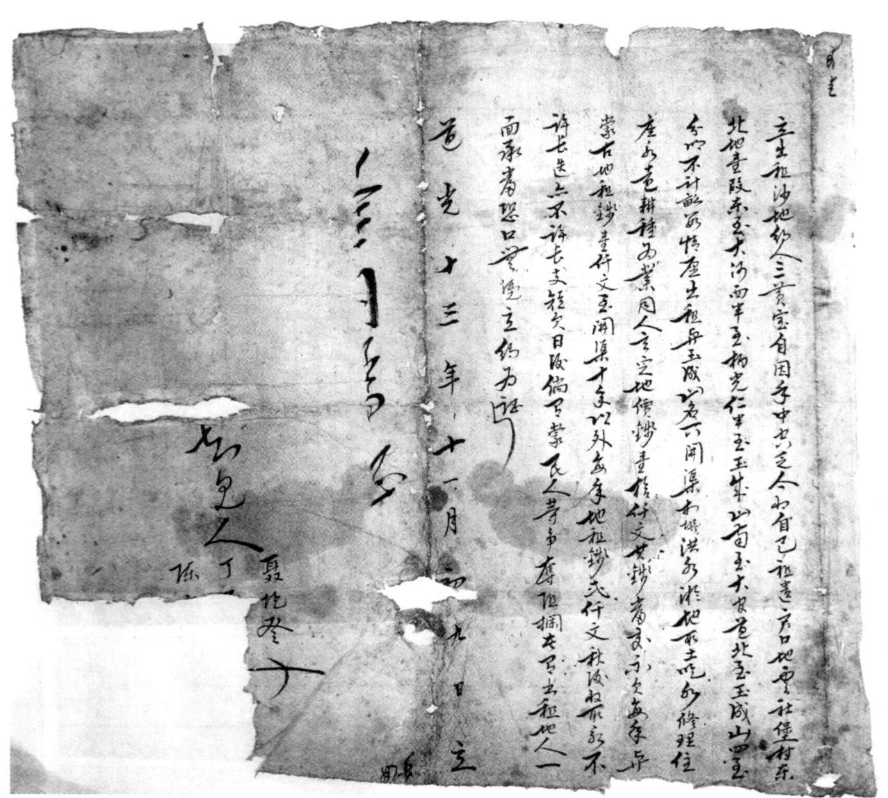

立出租沙地約人三貴宝，自因手中空乏，今將自己祖遺戶口地雲社堡村東北地壹段，東至大河，西半至楊光仁，半至王朱山，南至大道，北至王成山，四至分明，不計畝數，情願出租與王成山名下開渠打壩，洪水淤地，永遠修理，任產承耕種為業。同人言定地價錢壹拾仟文，其錢當交不欠。每年與蒙古地租錢壹仟文，至開渠十年以外，每年地租錢弍仟文，秋後收取。永不許長迭，亦不許長支短欠。日後倘有蒙民人等爭奪阻攔，有出租地人一面承當。恐口無憑，立約為証。

道光十三年十一月初九日 立

三貴宝 十

知見人 聶扎登 十

道3　道光十三年（一八三三）三黃宝出租與玉成山沙地約

漢譯

老三

立出租沙地约人三黃宝，自因手中空乏，今將自己祖遺户口地雲社堡村东
北地壹段，东至大河，西半至杨光仁、半至玉成山，南至大官道，北至玉成山，四至
分明，不计畝數，情愿出租與玉成山名下開渠打垻、洪水淤地、取土吃水、修理住
座（坐），永遠耕種为業。同人言定，地價錢壹拾仟文，其錢當交不欠。每年與
蒙古地租錢壹仟文，至開渠十年以外，每年地租錢弍仟文，秋後收取，永不
许長迭（跌），亦不许長支短欠。日後，倘有蒙民人等争奪阻攔者，有出租地人一
面承當。恐口無憑，立约为证。

道光十三年十一月初九日立〔一〕

合同為証〔二〕。

聶圪登　十

知見人丁

陈〔三〕

注釋

〔一〕「立」字左側有墨色勾畫。

〔二〕該行文字只存右半部分。

〔三〕根據後文道4、道5文書中的知見人姓名，推測該處缺文應是「丁不楞」、「陈定云」和十字畫押。

編　　號	道 3
題　　名	道光十三年（一八三三）三黄宝出租與玉成山沙地約
類　　別	出租沙地约
尺　　寸	50.5×47.8 釐米
保存狀態	有殘缺，部分文字缺損
原 編 號	12
紅 白 契	白契
立 約 者	出租地人
理　　由	手中空乏
承 租 者	玉成山
出 租 者	三黄宝
承 當 者	出租地人
地點坐落及四至	雲社堡村东北：东至大河，西半至杨光仁、半至玉成山，南至大官道，北至玉成山
面　　積	祖遺户口地壹段，不计畝數
用　　途	開渠打垻、洪水淤地、取土吃水、修理住坐，永遠耕種為業
地 價 錢	壹拾仟文，其錢當交不欠
地 租 錢	每年壹仟文，至開渠十年以外，每年弍仟文，秋後收取
年　　限	無
印　　章	無
税　　票	無
文　　字	漢，另有蒙文（人名）
知 見 人	聂圪登、丁不楞、陈定云
書　　人	無
立約日期	道光十三年十一月初九日
附　　注	出租沙地約首行有蒙文人名“老三”

道
4

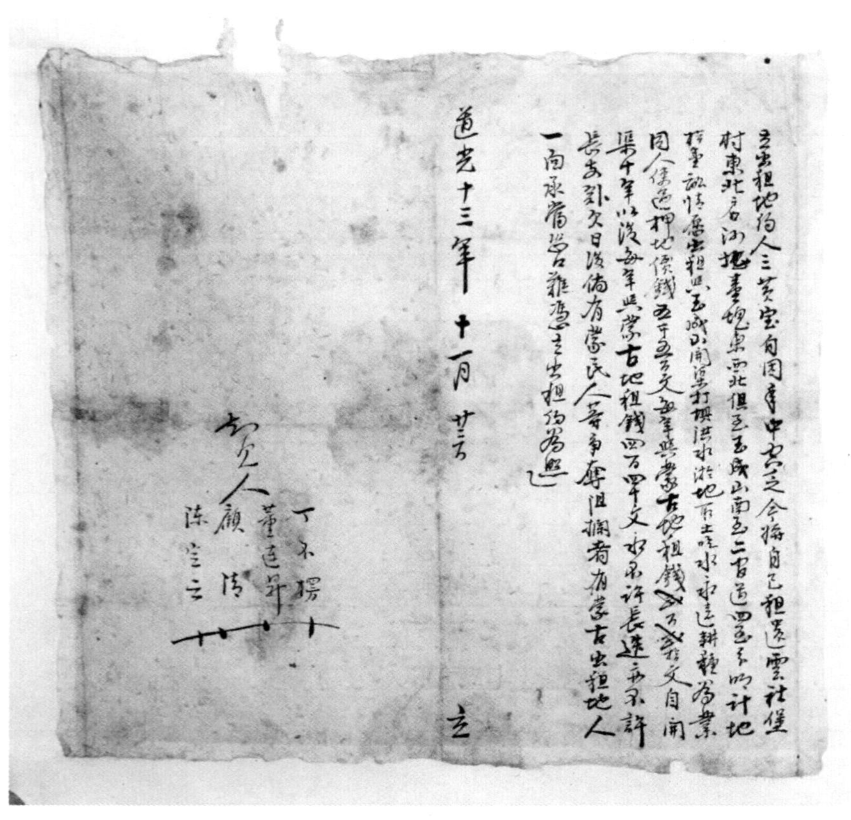
立出租地约人三黄宝，自因不中用，今将自己祖遗云社堡村东北名河壕地壹块，东西北俱至玉成，南至二百道，四至分明，计地拾叁亩，议情愿出租与王成以开渠打坝洪水淤地，取土吃水，永远耕种为业。同人言定押地价钱五千五百文，每年与蒙古地租钱八百五拾文，自开渠十年以后，每年与蒙古地租钱四百四十文，永不许长迭，亦不许长支短欠。日后倘有蒙民人等争夺阻拦者，有蒙古出租地人一面承当。恐口难凭，立出租约为照。用

道光十三年十一月廿三日 立

知见人 丁□阳 董连升 顾清 陈□云 十

道4　道光十三年（一八三三）三黃宝出租與玉成山沙地約

立出租地约人三黃宝，自因手中空乏，今將自己祖遺雲社堡村東北户口沙地[一]壹塊，東、西、北俱至玉成山，南至二官道，四至分明，计地拾壹畝，情愿出租與玉成山開渠打垻、洪水淤地、取土吃水，永遠耕種為業。同人使過押地價錢五千五百文，每年與蒙古地租錢弍百弍拾文。自開渠十年以後，每年與蒙古地租錢四百四十文，永不许長迭（跌），亦不許長支短欠。日後，倘有蒙民人等争奪阻攔者，有蒙古出租地人一面承當。恐口難憑，立出租约為照。

道光十三年　十一月　廿二日　　立

知見人
丁不楞　十
董连昇　十
顧　清　十
陈定云　十

注釋

[一]「地」字有塗改。

編　號	道 4
題　名	道光十三年（一八三三）三黃宝出租與玉成山沙地約
類　别	出租沙地約
尺　寸	30.5×30.5 釐米
保存狀態	少量缺損，文字完整
原編號	13
紅白契	白契
立約者	三黃宝
理　由	手中空乏
承租者	玉成山
出租者	三黃宝
承當者	蒙古出租地人
地點坐落及四至	雲社堡村東北：東、西、北俱至玉成山，南至二官道
面　積	祖遺户口沙地壹塊，計地拾壹畝
用　途	開渠打壩、洪水淤地、取土吃水，永遠耕種為業
押地錢	五千五百文
地租錢	每年弍百弍拾文，自開渠十年以後，每年四百四十文
年　限	無
印　章	無
税　票	無
文　字	漢
知見人	丁不楞、董连昇、顧清、陈定云
書　人	無
立約日期	道光十三年十一月廿二日
附　注	

道
5

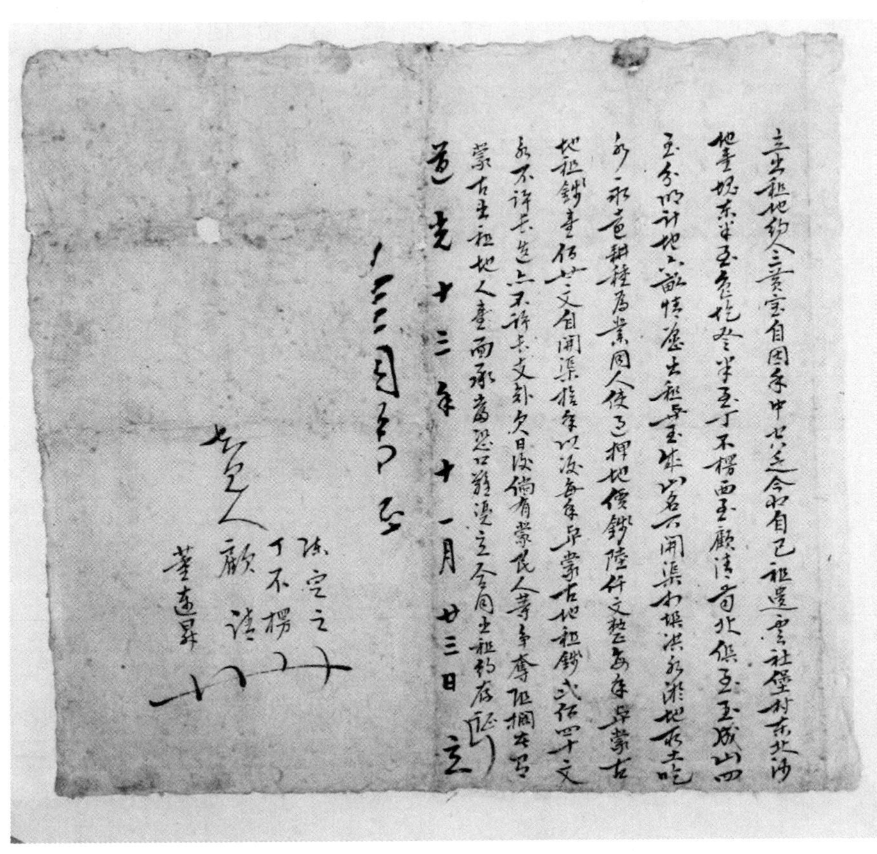
立出租地约人三贵宝自因手中[illegible]乏今将自己祖遗云社堡村东北河
地壹块东至[illegible]半至丁不楞西至顾清南北俱至王成山四
至分明计地六亩情愿出租与王毕山名下开渠打坝洪水淤地永土吃
水一承通耕种为业同人使过押地价钱陆仟文整每年与蒙古
地租钱壹佰廿文自开渠后以后每年与蒙古地租钱贰佰四十文
永不许长迭上不许长文外欠日后倘有蒙民人等争夺阻拦有出
蒙古出租地人壹面承当恐口难凭立合同出租约存照
道光十三年十一月廿三日　立
合同约存照
中见人　陈宝元　十
丁不楞　十
顾清　十
董连升　十

道5　道光十三年（一八三三）三黄宝出租與玉成山沙地約

立出租地约人三黄宝，自因手中空乏，今將自己祖遺雲社堡村东北沙地壹塊，东半至色圪登，半至丁不楞，西至顧清，南北俱至玉成山，四至分明，计地六畝，情愿出租與玉成山名下開渠打垻、洪水淤地、取土吃水，永遠耕種為業。同人使過押地價錢陸仟文整，每年與蒙古地租錢壹佰廿文。自開渠拾年以後，每年與蒙古地租錢弍佰四十文，永不许长迭（跌），亦不许长支短欠。日後，倘有蒙民人等争奪阻攔者，有蒙古出租地人壹面承當。恐口難憑，立合同出租约存证。

道光十三年十一月廿三日立

合同為証〔一〕。

知見人　陈定云　丁不楞　顧清　董连昇

注釋

〔一〕該行文字只存右半部分。

編　號	道 5
題　名	道光十三年（一八三三）三黄宝出租與玉成山沙地約
類　別	出租沙地約
尺　寸	31.5×30.5 釐米
保存狀態	完整
原編號	14
紅白契	白契
立約者	三黄宝
理　由	手中空乏
承租者	玉成山
出租者	三黄宝
承當者	蒙古出租地人
地點坐落及四至	雲社堡村东北：东半至色圪登，半至丁不楞，西至顧清，南北俱至玉成山
面　積	祖遺沙地壹塊：计地六畝
用　途	開渠打垻、洪水淤地、取土吃水，永遠耕種為業
押地錢	陸仟文整
地租錢	壹佰廿文，自開渠拾年以後，每年弍佰四十文
年　限	無
印　章	無
稅　票	無
文　字	漢
中見人	陈定云、丁不楞、顧清、董连昇
書　人	無
立約日期	道光十三年十一月廿三日
附　注	

道6

立出租地文約人三皇寶，自因手中空乏，今將自己祖遺
云社堡村東北沙地壹塊，計地玖畝，東南俱至五式山，西至顧清，北至
道，四至分明，同人言明，情願出租與五式山名下耕種、開渠、打壩、洪水澆
灌、取土吃水、修理、任坐，永遠為業。言定押地價錢伍仟肆佰文，整其錢即日
交足，並無短欠。其地與蒙古每畝出地租錢貳拾文，至開渠十年以后，每
畝出地租錢肆拾文，永遠不許長迪，亦不許長支短欠。其地倘有蒙民
爭奪攔阻者，有出租地人一面承當。各出情願，永無異說，恐口無憑，立
合同約為証。

道光拾肆年貳月拾六日　立約

合同

知見人　丁不楞　十
　　　　聶旺登
　　　　董速昇

書人　周住光　十

道6　道光十四年（一八三四）三皇寶出租與玉成山沙地文約

立出租地文约人三皇寶，自因手中空乏，今將自己祖遺
云社堡村東北沙地壹塊，計地玖畝，東、南俱至玉成山，西至顧清，北至二官
道，四至分明，同人言明，情願出租與玉成山名下耕種、開渠打垻、洪水澆
灌、取土吃水、修理住坐、永遠為業。言定押地價錢伍仟肆佰文整，其錢即日
交足，並無短欠。其地與蒙古每畝出地租錢貳拾文，至開渠十年以后，每
畝出地租錢肆拾文，永遠不許長迪（跌），亦不許長支短欠。其地倘有蒙民
爭奪攔阻者，有出租地人一面承當。各出情願，永無異說。恐口無憑，立
合同约為証。

道光拾肆年貳月拾　六　日立约

合同 式 紙，各執 壹 張[一]。

知見人　丁不楞　十
　　　　聶圪登　十
　　　　董連昇　十

書人　周鈺光　十

注釋

［一］該行文字只存左半部分。

附表

編　號	道 6
題　名	道光十四年（一八三四）三皇寶出租與玉成山沙地文約
類　別	出租沙地約
尺　寸	49.5×52.2 釐米
保存狀態	部分殘缺，文字基本完整
原編號	15
紅白契	白契
立約者	三皇寶
理　由	手中空乏
承租者	玉成山
出租者	三皇寶
承當者	出租地人
地點坐落及四至	云社堡村東北：東、南俱至玉成山，西至顧清，北至二官道
面　積	祖遺沙地壹塊，計地玖畝
用　途	耕種、開渠打垻、洪水澆灌、取土吃水、修理住坐，永遠為業
押地錢	伍仟肆佰文整，其錢即日交足，並無短欠
地租錢	每畝貳拾文，至開渠十年以后，每畝肆拾文
年　限	無
印　章	無
稅　票	無
文　字	漢
中見人	丁不楞、聂圪登、董連昇
書　人	周鈺光
立約日期	道光拾肆年貳月拾六日
附　注	

道7

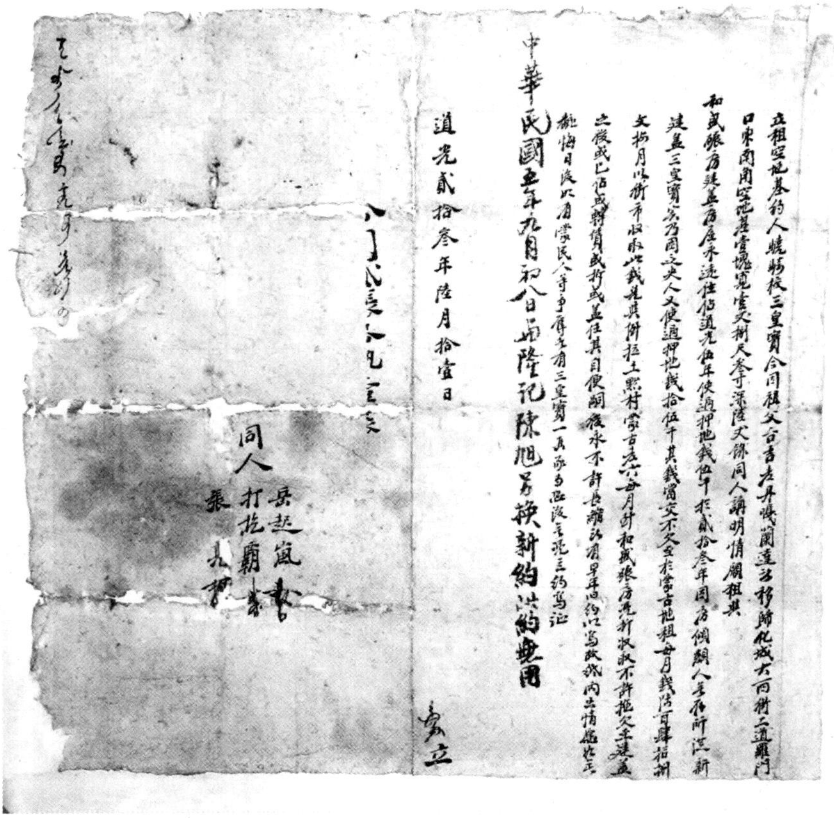

立租空地基約人蟯暢枝三皇寶合同租父台吉老丹噶蘭達尔移歸化城大南街三道罷門
口東南間空地基壹塊寬壹丈捌尺叁寸深陸丈餘同人講明情願租與
和盛張房建蓋房屋永遠住佔道光伍年使過押地錢伍千文於貳拾叁年因房倒塌人另行興新
建蓋三皇寶又乃因之央人又使過押地錢拾伍千其錢當交不欠今於當古地租每月錢陸百肆拾捌
文按月以街市收取此錢其將租土默村當古老六每月討和盛張房現錢收取不許拖欠至建蓋
之後或已佔或轉賃或拆或蓋任其自便開後永不許長租認須早年舊約以寫放紙內出情願永無
翻悔日後以有蒙民人等爭奪者有三皇寶一面承當恐後無憑立約為証

中華民國五年九月初八日易隆記陳旭另換新約此約無用

道光貳拾叁年陸月拾壹日　　立

[illegible]

同人　吳起嵐　書
打拉覇　書
張九　押

道7　道光二十三年（一八四三）驍騎校三皇寶出租與和盛碾房空地基約

1 立租空地基约人驍騎校三皇寶，今因祖父台吉麦丹嘎蘭達新移歸化城，大西街二道羅門

2 口東南角空地基壹塊，寬壹丈捌尺叁寸，深陸丈餘，同人講明，情願租與

3 和盛碾房建盖房屋，永遠住佔，道光伍年使過押地錢伍千。於貳拾叁年，因房傾頹，人無存所，從新

4 建盖，三皇寶实乃困乏，央人又使過押地錢拾伍千，其錢當交不欠。至於蒙古地租，每月錢陸百肆拾捌

5 文，按月以街市收取。此錢兑與倒拉土默村蒙古麦六，每月到和盛碾房憑折收取，不許拖欠。在建盖

6 之後，或己占、或轉賃、或拆或盖，任其自便，嗣後永不許長縮。此有早年旧约，以寫故紙。兩出情愿，各無

7 翻悔。日後，如有蒙民人等争奪者，有三皇寶一面承当。恐後無憑，立约為证。

8 中華民國五年九月初八日與隆记陳旭另换新約，此約無用[一]。

9 道光貳拾叁年陸月拾壹日　立[二]

10 合同貳張，各執壹張[三]。

11 岳起嵐

12 同人　打圪霸[四]

13 張亮

14 [illegible]

漢譯

三老爺之文書和盛碾房之

注釋

〔一〕從文字記載的時間可知該行文字為後來寫入。

〔二〕「立」字上方空白處有一墨色勾畫，應是畫押。

〔三〕該行文字只存右半部分。

〔四〕三位同人姓名下方皆有墨色勾畫，應是畫押。

編　號	道 7
題　名	道光二十三年（一八四三）驍騎校三皇寶出租與和盛碾房空地基約
類　別	出租空地基約
尺　寸	40.1×41 釐米
保存狀態	部分殘損，文字基本完整
原編號	16
紅白契	白契
立約者	驍騎校三皇寶
理　由	祖父台吉麦丹嘎蘭達新移歸化城，大西街二道羅門口東南角空地基壹塊租與和盛碾房，道光伍年使過押地錢伍千，於貳拾叁年，因房傾頹，人無存所，從新建盖，三皇寶实乃困乏
承租者	和盛碾房
出租者	驍騎校三皇寶
承當者	三皇寶
地點坐落	大西街二道羅門口東南角
面　積	空地基壹塊：寬壹丈捌尺叁寸，深陸丈徐
用　途	建盖之後，或己占、或轉賃、或拆或盖，任其自便
押地錢	道光伍年使過押地錢伍千。於貳拾叁年，又使過押地錢拾伍千，其錢當交不欠
地租錢	每月陸百肆拾捌文，按月以街市收取
年　限	無
印　章	無
稅　票	無
文　字	漢，一行蒙文
同　人	岳起嵐、打圪霸、張亮
書　人	無
立約日期	道光貳拾叁年陸月拾壹日
附　注	中華民國五年九月初八日與隆记陳旭另換新約，此約無用。 空地基約末尾批有蒙文“三老爺之文書和盛碾房之”

道8

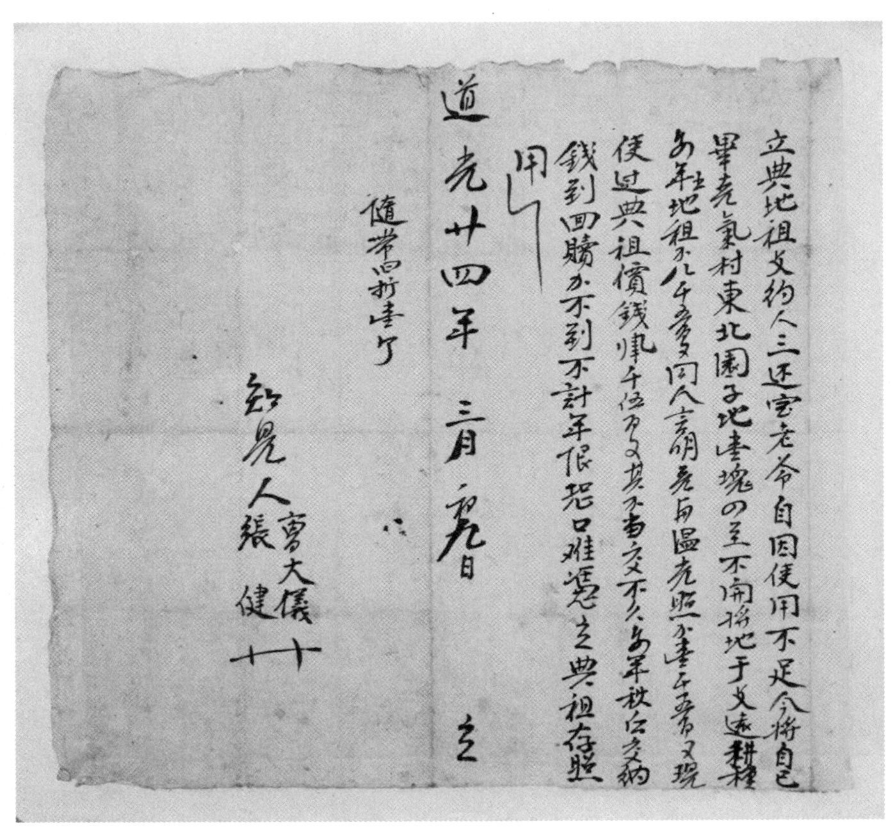
立典地租文約人三廷宝老爺自因使用不足今將自己
畢克氣村東北園子地壹塊四至不開將地于文遠耕種
每年地租錢八千文同人言明先后過先照錢壹千五百文現
使过典租價錢肆千伍百文其錢當交不欠每年秋后交納
錢到回贖錢不到不計年限恐口难憑立典租存照
用

道光廿四年三月初九日　立

隨帶四折壹个

知見人　曹大儀
張　健　十十

道8　道光二十四年（一八四四）三还宝老爺典地租與温光照文約

立典地租文约人三还宝老爺，自因使用不足，今將自己
畢克氣村東北園子地壹塊，四至不開，將地于文遠耕種，
每年出[一]地租錢八千五百文。同人言明，兑與温光照錢壹千五百文。現
使过典租價錢肆千伍百文，其錢当交不欠。每年秋后交纳。
錢到回贖，錢不到不許年限。恐口難憑，立典租存照
用。
道光廿四年　三月　初九日　立
隨帶旧折壹个
知見人　曹大儀十
　　　　張　健十

注釋

〔一〕「出」字原寫於行間。

編　號	道 8
題　名	道光二十四年（一八四四）三还宝老爺典地租與温光照文約
類　別	典地租約
尺　寸	31.5×30.5 釐米
保存狀態	完整
原編號	17
紅白契	白契
立約者	三还宝老爺
理　由	使用不足
承典者	温光照
出典者	三还宝老爺
承當者	無
地點坐落及四至	畢克氣村東北，四至不開
面　積	園子地壹塊
用　途	耕種
地租錢	每年八千五百文
典租錢	肆千伍百文，其錢當交不欠
兑　錢	兑與温光照壹千五百文，每年秋后交纳
年　限	錢到回贖，錢不到不計年限
印　章	無
稅　票	無
文　字	漢
知見人	曹大儀、張健
書　人	無
立約日期	道光廿四年三月初九日
附　注	隨帶旧折壹个

咸1

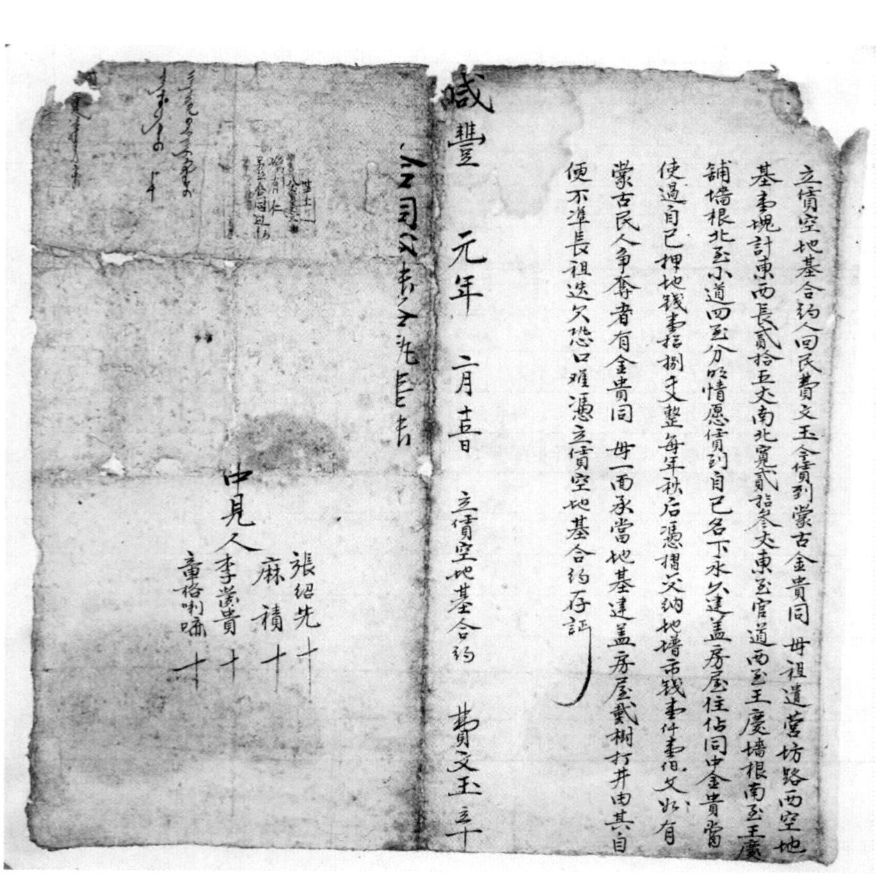
立賃空地基合約人回民費文玉今賃到蒙古金貴同毋祖遺營坊路西空地
基壹塊計東西長貳拾五丈南北寬貳拾叁丈東至官道西至王慶墻根南至王慶
舖墻根北至小道四至分明情愿賃到自己名下永遠建蓋房屋住佔同中金貴當
使過自己押地錢壹拾捌千文整每年秋后憑摺交納地譜市錢壹仟壹佰文以有
蒙古民人爭奪者有金貴同毋一面承當地基建蓋房屋栽樹打井由其自
便不準長祖送欠恐口難憑立賃空地基合約存証

咸豐元年二月十二日 立賃空地基合約 費文玉 立十

中見人 張绍先十 麻積十 李叢貴十 童格喇嘛十

咸1 咸豐元年（一八五一）費文玉賃到蒙古金貴同母空地基合約

該合約內附有「田房過約移轉證」，關於地基移轉的具體內容，見民84《民國三十五年（一九四六）孫有仁租到達木欠、婁全地基合同文約》。

1 立賃空地基合约人回民費文玉，今賃到蒙古金貴同 母祖遺營坊路西空地

2 基壹塊。計東西長貳拾五丈，南北寬貳拾叁丈，東至官道，西至王慶墻根，南至王慶

3 鋪墻根，北至小道，四至分明，情愿賃到自己名下永久建盖房屋住佔。同中金貴當

4 使過自己押地錢壹拾捌千文整，每年秋后憑摺交纳地增市錢壹仟壹佰文。如有

5 蒙古民人争奪者，有金貴同 母一面承當。地基建盖房屋、戴(栽)樹打井，由其自

6 便，不準長租迭(跌)欠。恐口难憑，立賃空地基合约存証。

7 咸豐 元年 二月十五日 立賃空地基合约 費文玉 立十

8 合同貳張，各執壹張[一]。

9 卅五年十一月一日

10 □□□八丈寬五丈六尺□

11 孫有仁

12 另立合同过約

每年仍出［ ］

［ ］[二]

中見人 張绍先十

麻 積十

李發貴十

章格喇嘛十

13 ᠶᠢᠩ ᠢᠷᠭᠡᠨ ᠪᠠᠶᠢᠰᠢᠩ ᠤ ᠲᠦᠯᠪᠦᠷᠢ

14 ᠶᠢᠩ ᠬᠤᠸᠠᠩ ᠲᠣᠣ

15 ᠭᠤᠴᠢᠨ ᠨᠢᠭᠡᠳᠦᠭᠡᠷ ᠬᠣᠤ〔三〕

漢譯

Ying 民人房屋之租金 ying huwang tao 第三十一 hou。

注釋

〔一〕該行文字只存右半部分。

〔二〕該表格為淡藍色，共六行，其中文字部分為墨書，部分為藍書，多漫漶不識。但參考其他文書中的類似表格，可知其為「田房過約移轉證」的內容。

〔三〕ying 和 ying huwang tao，hou 之漢字不能確定，似與本契約沒有聯繫。

編　號	咸 1
題　名	咸豐元年（一八五一）費文玉賃到蒙古金貴同母空地基合約
類　別	賃空地基約
尺　寸	54 × 53. 3 釐米
保存狀態	少量缺損，文字基本完整
原編號	20
紅白契	白契
立約者	回民费文玉
理　由	無
承賃者	回民费文玉
出賃者	蒙古金貴同母
承當者	金貴同母
地點坐落及四至	营坊路西：東至官道，西至王慶墻根，南至王慶鋪墻根，北至小道
面　積	祖遺空地基壹塊，計東西長貳拾五丈，南北寬貳拾叁丈
用　途	永久建盖房屋住佔。地基建盖房屋、栽樹打井，由其自便
押地錢	壹拾捌千文整
地增錢	每年秋后憑摺交納地增市錢壹仟壹佰文
年　限	無
印　章	無
税　票	無
文　字	漢，三行蒙文
中見人	張绍先、麻積、李發貴、章格喇嘛
書　人	無
立約日期	咸豐元年二月十五日
附　注	合約附有“田房過約移轉證”。 空地基約末有蒙文“ying 民人房屋之租金 ying huwang tao 第三十一 hou”。

咸2

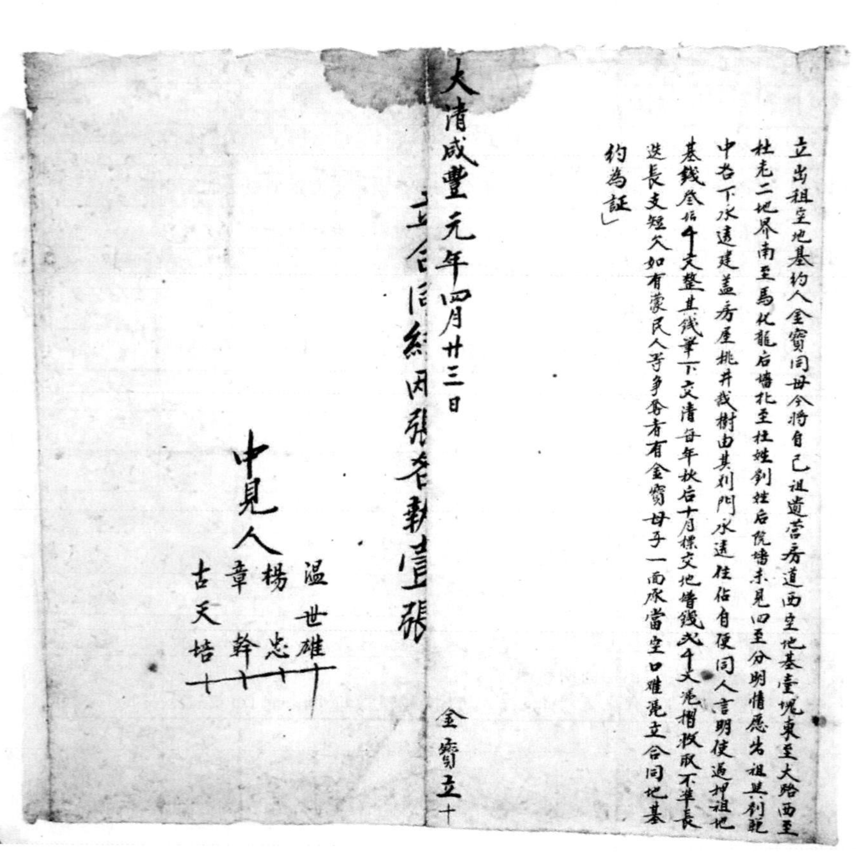
立出租空地基約人金寳同母今將自己祖遺营房道西空地基壹塊東至大路西至
杜光二地界南至馬化龍后墻北至杜姓劉姓后院墻未見四至分明情愿出租與劉旺
中名下永遠建蓋房屋挑井栽樹由其利門永遠住佔自便同人言明使過押祖地
基錢叁拾千文整其錢筆下交清每年秋后十月標交地譜錢弍千文憑摺收取不准長
迭長支短欠如有蒙民人等爭奪者有金寳母子一面承當空口難憑立合同地基
約為証

大清咸豐元年四月廿三日　　　金寳立十

立合同約兩張各執壹張

中見人　溫世雄十　楊忠十　章斡十　古天培十

咸2　咸豐元年（一八五一）金寶同母出租與劉範中空地基約

立出租空地基約人金寶同母，今將自己祖遺營房道西空地基壹塊，東至大路，西至
杜老二地界，南至馬化龍后墻，北至杜姓、劉姓后院，墻未見，四至分明，情愿出租與劉範
中名下永遠建盖房屋。挑井、裁（栽）樹，由其刘門永遠住佔自便。同人言明，使過押租地
基錢叁拾千文整，其錢筆下交清。每年秋后十月標交地増錢弍千文，憑摺收取，不準長
迭（跌）、長支短欠。如有蒙民人等争奪者，有金寶母子一面承當。空口难憑，立合同地基
約為証。

大清咸豐元年四月廿三日　　金寶立十

立合同約兩張，各執壹張〔一〕。

中見人　温世雄十
楊忠十
章幹十
古天培十

注釋

〔一〕該行只存左半部分。

編　號	咸 2
題　名	咸豐元年（一八五一）金寶同母出租與劉範中空地基約
類　別	出租空地基約
尺　寸	48.1×46.7 釐米
保存狀態	基本完整
原編號	21
紅白契	白契
立約者	金寶同母
理　由	無
承租者	劉範中
出租者	金寶同母
承當者	金寶同母
地點坐落及四至	營房道西：東至大路，西至杜老二地界，南至馬化龍后墻，北至杜姓、劉姓后院，墻未見
面　積	祖遺空地基壹塊
用　途	永遠建盖房屋，挑井、栽樹，由其刘門永遠住佔自便
押租地基錢	叁拾千文整，其錢筆下交清
地增錢	每年秋后十月標交式千文，憑摺收取
年　限	無
印　章	無
稅　票	無
文　字	漢
中見人	温世雄、楊忠、章幹、古天培
書　人	無
立約日期	咸豐元年四月廿三日
附　注	

咸3

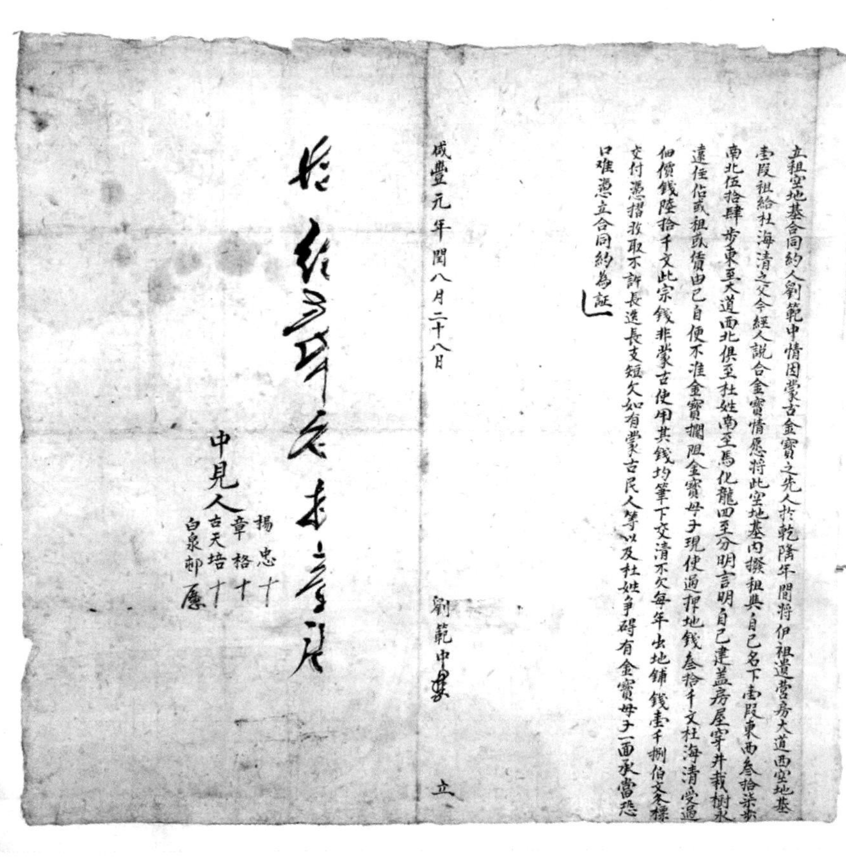

立租空地基合同約人劉範中情因蒙古金寶之先人於乾隆年間將伊祖遺營房大道西空地基
壹段租給杜海清之父今經人説合金寶情愿將此空地基内撥租與自己名下壹段東西叁拾柒步
南北伍拾肆步東至大道西北俱至杜姓南至馬化龍四至分明言明自己建蓋房屋穿井栽樹永
遠住佔或租或賃由己自便不准金寶攔阻金寶母子現使過押地錢叁拾千文杜海清受過
佃價錢陸拾千文此宗錢非蒙古使用其錢均筆下交清不欠每年出地鋪錢壹千捌伯文冬標
交付憑摺收取不許長迭長支短欠如有蒙古民人等以及杜姓爭碍有金寶母子一面承當恐
口難憑立合同約為証

咸豐元年閏八月二十八日　　劉範中　立

中見人　揚忠十　章格十　古天培十　白泉郁應

咸3　咸豐元年（一八五一）劉範中租到蒙古金寶空地基合同約

立租空地基合同約人劉範中，情因蒙古金寶之先人於乾隆年間將伊祖遺營房大道西空地基壹段租給杜海清之父，今經人説合，金寶情愿將此空地基内撥租與自己名下壹段。東西叁拾柒步，南北伍拾肆步，東至大道，西、北俱至杜姓，南至馬化龍，四至分明。言明自己建盖房屋、穿井栽樹，永遠住佔，或租或賃，由己自便，不准金寶攔阻。金寶母子現使過押地錢叁拾千文，杜海清受過佃價錢陸拾千文，此宗錢非蒙古使用，其錢均筆下交清不欠。每年出地鋪錢壹千捌佰文，冬標交付，憑摺收取，不許長迭（跌）、長支短欠。如有蒙古民人等，以及杜姓争碍，有金寶母子一面承當。恐口难憑，立合同約為証。

咸豐元年閏八月二十八日　　劉範中[一]　立

㕂約式紙，各执壹張[二]。

楊　忠十

章　格十

中見人　古天培十

白泉邨[三]

注釋

〔一〕「劉範忠」下面有墨色畫押。

〔二〕該行文字只存左半部分。

〔三〕「白泉邨」下面有墨色畫押。

編　號	咸3
題　名	咸豐元年（一八五一）劉箎中租到蒙古金寶空地基合同約
類　別	租空地基約
尺　寸	41×40.8 釐米
保存狀態	完整
原編號	22
紅白契	白契
立約者	劉箎中
理　由	蒙古金寶之先人於乾隆年間將伊祖遺營房大道西空地基壹段租給杜海清之父，今經人說合，金寶情愿將此空地基内壹段撥租
承租者	劉箎中
出租者	金寶
承當者	金寶母子
地點坐落及四至	營房大道西：東至大道，西、北俱至杜姓，南至馬化龍
面　積	祖遺空地基一段：東西叁拾柒步，南北伍拾肆步
用　途	建盖房屋、穿井栽樹，永遠住佔，或租或賃，由己自便
押地錢	金寶母子使過叁拾千文
過佃錢	杜海清受陸拾千文，此宗錢非蒙古使用，其錢筆下交清不欠
地鋪錢	每年壹千捌伯文，冬標交付，憑摺收取
年　限	無
印　章	無
税　票	無
文　字	漢
中見人	楊忠、章格、古天培、白泉郛
書　人	無
立約日期	咸豐元年閏八月二十八日
附　注	

咸4

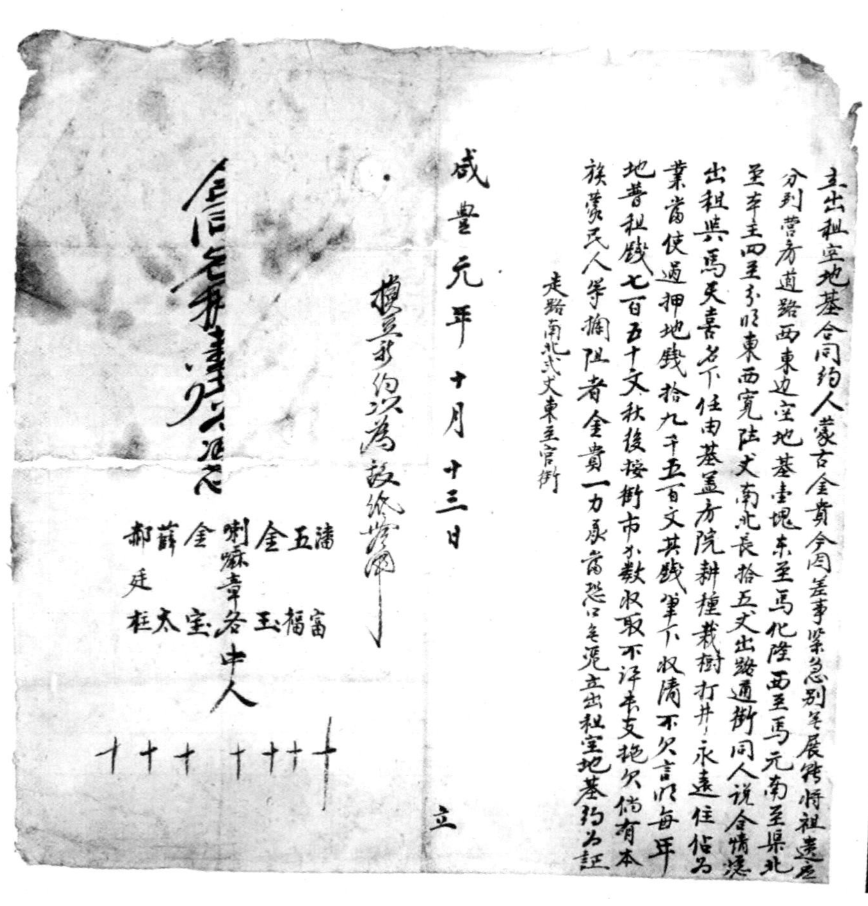

立出租空地基合同約人蒙古金貴今因差事緊急别無展轉将祖遺座分列營房道路西東边空地基壹塊东至馬化隆西至馬元南至県北至本主四至分明東西寬陆丈南北長拾五丈出路通街同人說合情愿出租與馬天喜名下任由基盖房院耕種栽樹打井永遠住佔為業當使過押地錢拾九千五百文其錢筆下收清不欠言明每年地普租錢七百五十文秋後按街市分數收取不許长支拖欠倘有本族蒙民人等攔阻者金貴一力承當恐口無憑立出租空地基約為証

走路南北弍丈東至官街

咸豐元年十月十三日 立

撥與新約以為證據存用

信行永遠大吉

潘富 五福 金玉 喇嘛章各 金室 薛太 郝廷柱 中人

十 十 十 十 十 十 十

咸4　咸豐元年（一八五一）蒙古金貴出租與馬天喜空地基合同約

1 立出租空地基合同约人蒙古金貴，今因差事紧急，别無展轉，將祖遺应
2 分到營房道路西東边空地基壹塊，东至馬化隆，西至馬元，南至渠，北
3 至本主，四至分明，東西寬陆丈，南北長拾五丈，出路通街，同人说合，情愿
4 出租與馬天喜名下。任由基盖房院、耕種、栽樹、打井，永遠住佔为
5 業。當使過押地錢拾九千五百文，其錢筆下收清不欠。言明每年
6 地普租錢七百五十文，秋後按街市錢数收取，不许長支拖欠。倘有本
7 族蒙民人等攔阻者，金貴一力承當。恐口無憑，立出租空地基约为証。
8 走路南北弍丈，東至官街。
9 咸豐元年　十月　十三日　立
10 換立新约，以為故纸無用〔一〕。
11 潘富　十
12 五福　十
13 金玉　十
14 合同各执壹張為憑〔二〕。　喇嘛章各　中人　十
15 金宝　十
16 薛太　十
17 郝廷柱　十

注釋

〔一〕由句意及字跡可知該行為後來寫入。

〔二〕該行文字只存左半部分。

附表

編　號	咸4
題　名	咸豐元年（一八五一）蒙古金貴出租與馬天喜空地基合同約
類　别	出租空地基約
尺　寸	45×47.1釐米
保存狀態	少量缺損，文字完整
原編號	23
紅白契	白契
立約者	蒙古金貴
理　由	差事緊急，别無展轉
承租者	馬天喜
出租者	蒙古金貴
承當者	金貴
地點坐落及四至	營房道路西東边：东至馬化隆，西至馬元，南至渠，北至本主。出路通街
面　積	祖遺应分到空地基壹塊：東西寬陆丈，南北長拾五丈，走路南北弍丈
用　途	基盖房院、耕種、栽樹、打井，永遠住佔为業
押地錢	拾九千五百文，其錢筆下收清不欠
地普租錢	每年七百五十文，秋後按街市錢数收取
年　限	無
印　章	無
税　票	無
文　字	漢
中　人	潘富、五福、金玉、喇嘛章各、金宝、薛太、郝廷柱
書　人	無
立約日期	咸豐元年十月十三日
附　注	走路南北弍丈，东至官街。 换立新约，以為故紙無用

咸5

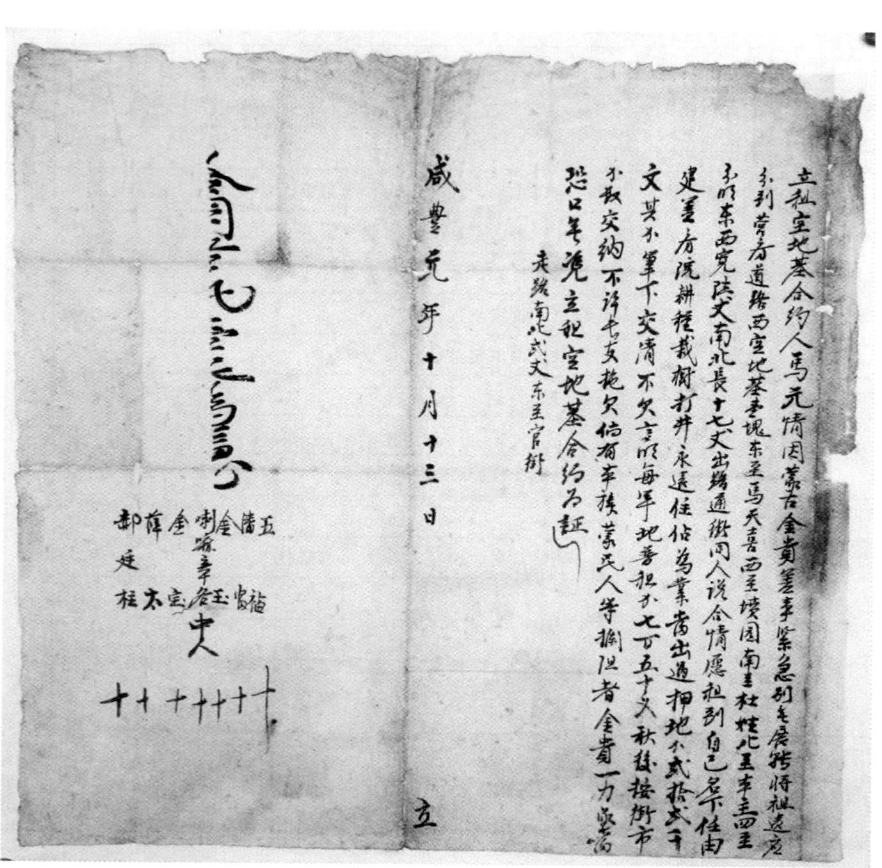

立租空地基合約人馬元情，因蒙古金貴峯、孝紫急別長將祖遺應分到營房道路西空地基壹塊，東至馬天喜，西至墳園，南至杜娃兒，北至本主，四至分明，東西寬陸丈，南北長十七丈，出路通街，同人說合，情願租到自己名下，任由建蓋房院、耕種栽樹、打井，永遠住佔為業。當出過押地錢貳拾貳千文，其錢筆下交清不欠。言明每年地普租錢七百五十文，秋後按街市錢交納，不許長支短欠。倘有本族蒙民人等攔阻者，金貴一力承當。恐口無憑，立租空地基合約為證。

走路南北貳丈，東至官街

咸豐元年十月十三日　立

中人　五福、潘富、金玉、喇嘛辛各、金宝、薛太、郝廷桂

咸5 咸豐元年（一八五一）馬元租到蒙古金貴空地基合約

立租空地基合约人馬元，情因蒙古金貴差事紧急，别無展轉，將祖遺应
分到营房道路西空地基壹塊，東至馬天喜，西至墳园，南至杜姓，北至本主，四至
分明，东西寬陆丈，南北長十七丈，出路通街，同人说合，情愿租到自己名下。任由
建盖房院、耕種、栽樹、打井，永遠住佔為業。當出過押地錢弍拾弍千
文，其錢筆下交清不欠。言明每年地普租錢七百五十文，秋後按街市
錢数交纳，不许長支拖欠。倘有本族蒙民人等攔阻者，金貴一力承當。
恐口無憑，立租空地基合约为証。
走路南北弍丈，东至官街。
咸豐元年十月十三日　立
五福　十
潘富　十
金玉　十
合同各執壹張為憑[一]。　喇嘛章各　中人　十
金宝　十
薛太　十
郝廷柱　十

注釋

[一] 該行文字只存右半部分。

編　號	咸5
題　名	咸豐元年（一八五一）馬元租到蒙古金貴空地基合約
類　別	租空地基約
尺　寸	47.5×47.1 釐米
保存狀態	完整
原編號	24
紅白契	白契
立約者	馬元
理　由	蒙古金貴差事緊急，別無展轉
承租者	馬元
出租者	蒙古金貴
承當者	金貴
地點坐落及四至	營房道路西：東至馬天喜，西至墳园，南至杜姓，北至本主。出路通街
面　積	祖遺应分到空地基壹塊：东西寬陆丈，南北長十七丈，走路南北弍丈
用　途	建盖房院、耕種、栽樹、打井，永遠住佔為業
押地錢	弍拾弍千文，其錢筆下交清不欠
地普租錢	每年七百五十文，秋後按街市錢数交纳
年　限	無
印　章	無
稅　票	無
文　字	漢
中　人	五福、潘富、金玉、喇嘛章各、金宝、薛太、郝廷柱
書　人	無
立約日期	咸豐元年十月十三日
附　注	走路南北弍丈，东至官街

咸
6

立[illegible]基約人馬元今因金寶母子將祖遺营房路西空地壹塊東
長十二丈五尺東至曹俊西至沙红德南至馬天喜馬登映北至官道四至分明出路朝東
東行大路同人說合情愿佃到建蓋房屋打井栽樹永遠為業當出過佃地價錢拾陸
千文筆下交清不欠言明每年地鋪錢弍百五十文秋後交納不許長支短欠倘有本族家
民人等爭碍者金寶母子一力承當恐口無凭立佃空地基合約為証

此約兩開

咸豐弍年十二月二十六日　　馬元十字

馮景熙十
韋扛中人十
杜海雅

咸6　咸豐二年（一八五二）馬元佃到金寶母子空地基約

1 立佃空地基约人馬元，今因金寶母子將祖遺營房路西空地壹塊，東□
2 長十二丈五尺，東至曹俊，西至沙红德，南至馬天喜、馬登映，北至官道，四至分明，出路朝東，
3 車行大路，同人説合，情愿佃到建盖房屋、打井栽樹，永遠為業。當出過佃地價錢拾陆
4 千文，筆下交清不欠。言明每年地鋪錢弍百五十文，秋後交纳，不許長支短欠。倘有本族蒙
5 民人等争碍者，金寶母子一力承當。恐口無憑，立佃空地基合约為証。
6 此约故紙不用[一]。
7 咸豐弍年　十二月　二十六日　　馬元　十　立
8 合同弍張，各執壹張为憑。□□ [illegible][二]
9 馮景照　十
10 章　扛　中人　十
11 杜海旺　□[三]
12 [illegible]

漢譯

善吉米杜之個人漢文張。

注釋

〔一〕從句意及字跡可知該行為後來寫入。

〔二〕該行文字只存左半部分。蒙文部分僅識别出「文書」二字。

〔三〕此處缺文應為十字畫押。

編　　號	咸 6
題　　名	咸豐二年（一八五二）馬元佃到金寶母子空地基約
類　　別	佃到空地基約
尺　　寸	49 × 49.5 釐米
保存狀態	少量破損，文字有殘缺
原 編 號	25
紅 白 契	白契
立 約 者	馬元
理　　由	無
承 佃 者	馬元
出 佃 者	金寶母子
承 當 者	金寶母子
地點坐落及四至	营房路西：東至曹俊，西至沙红德，南至馬天喜、馬登映，北至官道。出路朝東
面　　積	祖遺空地壹塊，東………長十二丈五尺
用　　途	建盖房屋、打井栽树，永遠為業
佃 地 錢	拾陆千文，筆下交清不欠
地 鋪 錢	每年弍百五十文，秋後交纳
年　　限	無
印　　章	無
稅　　票	無
文　　字	漢，蒙文一行
中　　人	馮景照、章扛、杜海旺
書　　人	無
立約日期	咸豐弍年十二月二十六日
附　　注	此約故紙不用。 約末批有蒙文“善吉米杜之個人漢文張”

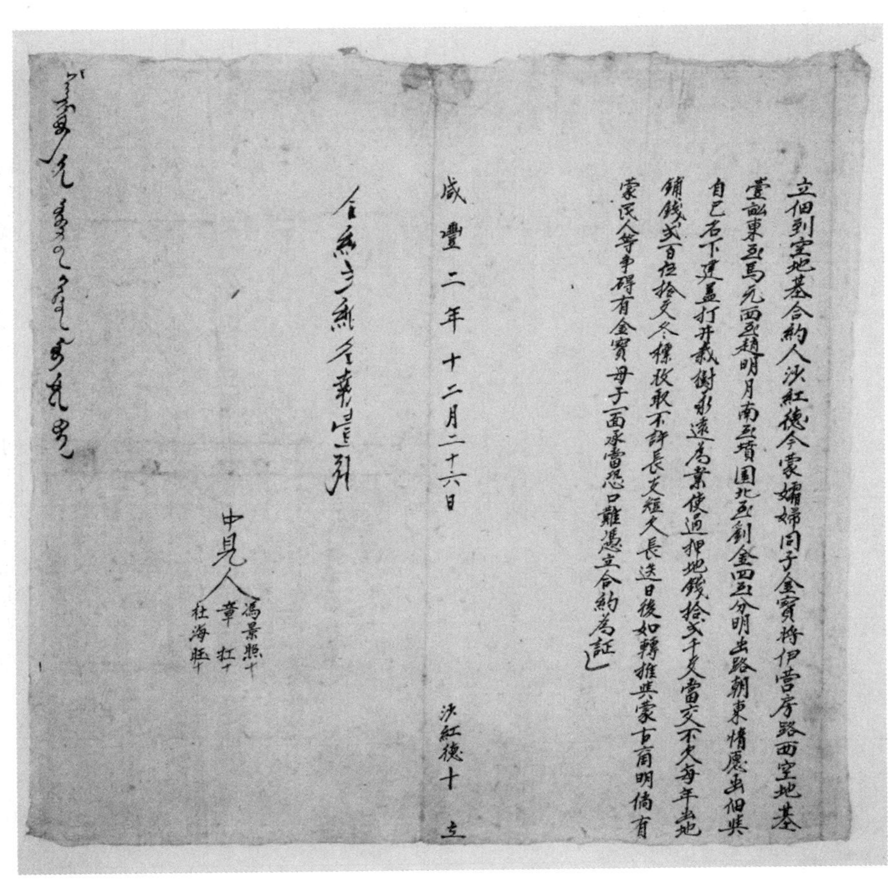

立佃到空地基合約人沙紅德今蒙孀婦同子金寶將伊營房路西空地基
壹塊東至馬元西至趙明月南至墳園北至劉金四至分明出路朝東情愿出佃與
自己名下建蓋打井栽樹永遠為業使過押地錢拾弍千文當交不欠每年出地
鋪錢弍百伍拾文冬標收取不許長支短欠長送日後如轉推與蒙古商明倘有
蒙民人等爭碍有金寶母子一面承當恐口難憑立合約為証

咸豐二年十二月二十六日　沙紅德十　立

中見人　馮景照十　章　壯十　杜海旺十

咸7　咸豐二年（一八五二）沙紅德佃到蒙孀婦同子金寶空地基合約

1 立佃到空地基合約人沙紅德，今蒙孀婦同子金寶將伊營房路西空地基

2 壹畝，東至馬元，西至趙明月，南至墳園，北至劉金，四至分明，出路朝東，情愿出佃與

3 自己名下建蓋、打井、栽樹，永遠為業。使過押地錢拾弍千文，當交不欠。每年出地

4 鋪錢弍百伍拾文，冬標收取，不許長支短欠、長迭（跌）。日後如轉推，與蒙古商明。倘有

5 蒙民人等爭碍，有金寶母子一面承當。恐口難憑，立合約約証。

6 咸豐二年十二月二十六日　　　　沙紅德　十　立

7 合約弍紙，各執壹張[一]。

8 馮景照　十

9 中見人　章　扛　十

10 杜海旺　十

11 [illegible]

漢譯

善吉米杜布有個人之漢文舊約。

注釋

〔一〕該行文字只存左半部分。

編　號	咸7
題　名	咸豐二年（一八五二）沙紅德佃到蒙孀婦同子金寶空地基合約
類　別	佃到空地基約
尺　寸	40.6×40.9 釐米
保存狀態	完整
原編號	26
紅白契	白契
立約者	沙紅德
理　由	無
承佃者	沙紅德
出佃者	蒙孀婦同子金寶
承當者	金寶母子
地點坐落及四至	營房路西：東至馬元，西至趙明月，南至墳園，北至劉金。出路朝東
面　積	空地基壹畝
用　途	建蓋、打井、栽樹，永遠為業
押地錢	拾弍千文，當交不欠
地鋪錢	每年弍百伍拾文，冬標收取
年　限	日後如轉推，與蒙古商明
印　章	無
稅　票	無
文　字	漢，蒙文一行
中見人	馮景照、章扛、杜海旺
書　人	無
立約日期	咸豐二年十二月二十六日
附　注	合約末尾批有蒙文“善吉米杜布有個人之漢文舊約”

咸8

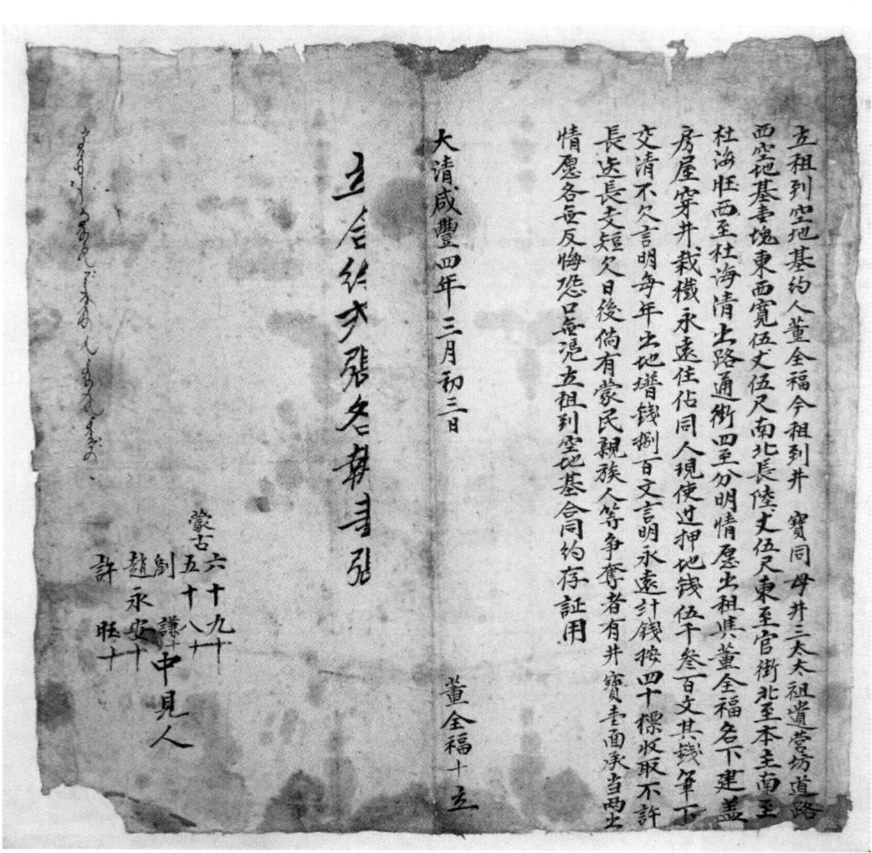

立祖到空地基約人董全福今祖到井　寶同母井三太太祖遺營坊道路
西空地基壹塊東西寬伍丈伍尺南北長陸丈伍尺東至官街北至本主南至
杜海旺西至杜海清出路通街四至分明情愿出祖與董全福名下建盖
房屋穿井栽樹永遠住佔同人現使過押地錢伍千叁百文其錢筆下
交清不欠言明每年出地増錢捌百文言明永遠社錢按四十標收取不許
長迭長支短欠日後倘有蒙民親族人等爭奪者有井寶壹面承当两立
情愿各無反悔恐口無憑立祖到空地基合同約存証用

大清咸豐四年三月初三日　董全福十立

立合約文字兩張各執壹張

蒙古六十九十
五十八十
劉謙十　中見人
趙永安十
許旺十

咸8　咸豐四年（一八五四）董全福租到井寶同母井三太太空地基約

1 立租到空地基约人董全福，今租到：井寶同母井三太太祖遺營坊道路
2 西空地基壹塊，東西寬伍丈伍尺，南北長陸丈伍尺，東至官街，北至本主，南至
3 杜海旺，西至杜海清，出路通街，四至分明，情愿出租與董全福名下建盖
4 房屋、穿井栽樹，永遠住佔。同人現使过押地錢伍千叁百文，其錢筆下
5 交清不欠。言明每年出地增錢捌百文，言明永遠卄錢按四十標收取，不許
6 長迭(跌)、長支短欠。日後，倘有蒙民親族人等争奪者，有井寶壹面承当。两出
7 情愿，各無反悔。恐口無憑，立租到空地基合同约存証用。
8 大清咸豐四年三月初三日　　董全福 十 立
9 立合约弍張，各執壹張[一]。
10 六十九 十
11 蒙古 五十八 十
12 劉 謙 十 中見人
13 趙永安 十
14 許 旺 十
15 [illegible]

漢譯

次子善吉米杜之個人文書。

注釋

〔一〕該行文字只存左半部分。

編　號	咸 8
題　名	咸豐四年（一八五四）董全福租到井寶同母井三太太空地基約
類　别	租到空地基約
尺　寸	46.5×47.8 釐米
保存狀態	稍有缺損，文字完整
原編號	27
紅白契	白契
立約者	董全福
理　由	無
承租者	董全福
出租者	井寶同母井三太太
承當者	井寶
地點坐落及四至	营坊道路西：東至官街，北至本主，南至杜海旺，西至杜海清。出路通街
面　積	祖遺空地基壹塊：東西寬伍丈伍尺，南北長陸丈伍尺
用　途	建盖房屋、穿井栽樹，永遠住佔
押地錢	伍千叁百文，其錢筆下交清不欠
地增錢	每年捌百文，永遠𠦃錢按四十標收取
年　限	無
印　章	無
稅　票	無
文　字	漢，蒙文一行
中見人	蒙古六十九、蒙古五十八、劉謙、趙永安、許旺
書　人	無
立約日期	大清咸豐四年三月初三日
附　注	地基約末尾批有蒙文“次子善吉米杜之個人文書”

咸9

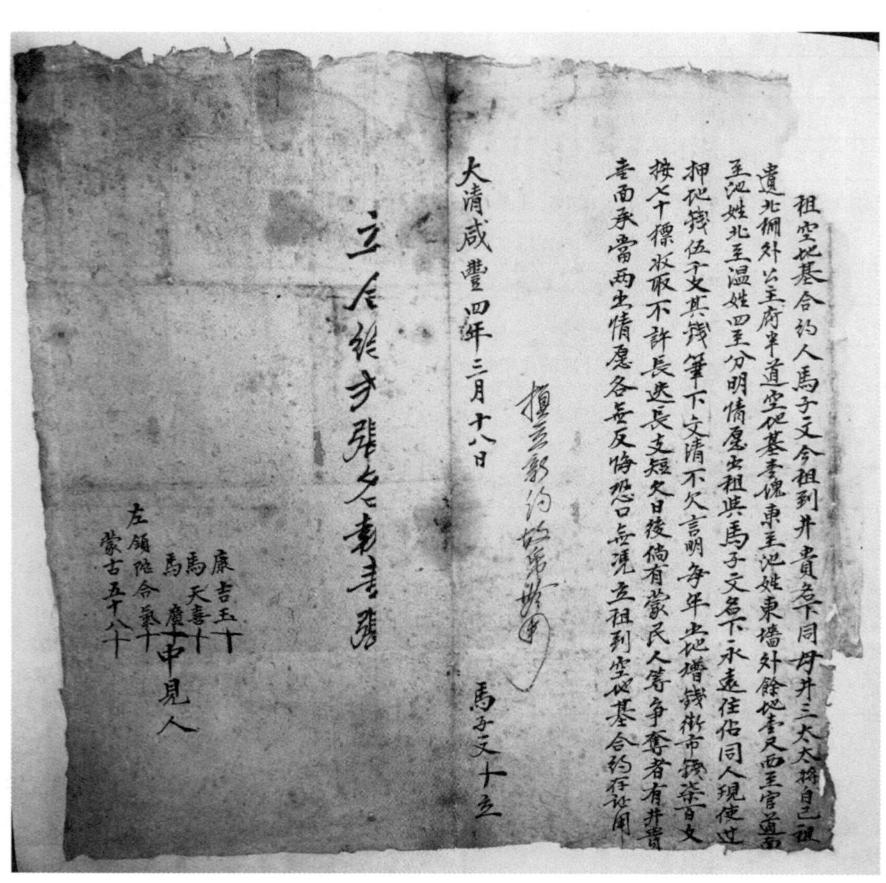

祖空地基合約人馬子文今祖到井貴名下同母井三太太將自己祖
遺北惘外公主府半道空地基壹塊東至池姓東墻外餘地壹丈西至官道南
至池姓北至温姓四至分明情愿出祖與馬子文名下永遠住佔同人現使过
押地錢伍千文其錢筆下交清不欠言明每年出地增錢街市錢柒百文
按七十標收取不許長迭長支短欠日後倘有蒙民人等爭奪者有井貴
壹面承當兩出情愿各無反悔恐口無憑立祖到空地基合約存証用

大清咸豐四年三月十八日

推立新約故紙無用

馬子文十立

立合約文書二張

康吉玉十
馬天喜十
馬慶十
左領隂合氣十
蒙古五十八十
中見人

咸9　咸豐四年（一八五四）馬子文租到井貴同母井三太太空地基合約

立租空地基合约人馬子文，今租到：井貴名下同母井三太太將自己祖遺北柵外公主府半道空地基壹塊，東至池姓東墻外，餘地壹尺，西至官道，南至池姓，北至温姓，四至分明，情愿出租與馬子文名下永遠住佔。同人現使过押地錢伍千文，其錢筆下交清不欠。言明每年出地增錢街市錢柒百文，按七十標收取，不許長迭（跌）、長支短欠。日後，倘有蒙民人等争奪者，有井貴壹面承當。两出情愿，各無反悔。恐口無憑，立租到空地基合约存证用。

換立新约，故紙無用[一]。

大清咸豐四年三月十八日　　馬子文十立

立合同约弍張，各執壹張[二]。

康吉玉十

馬天喜十

馬廣十　中見人

左領陀合氣十

蒙古五十八十

注釋

〔一〕從句意及字跡可知該行為後來寫入。

〔二〕該行文字只存左半部分。

附表

編　號	咸9
題　名	咸豐四年（一八五四）馬子文租到井貴名下同母井三太太空地基合約
類　別	租到空地基約
尺　寸	46×48.5釐米
保存狀態	稍有缺損
原編號	28
紅白契	白契
立約者	馬子文
理　由	無
承租者	馬子文
出租者	井貴同母井三太太
承當者	井貴
地點坐落及四至	北柵外公主府半道：東至池姓東墻外，餘地壹尺，西至官道，南至池姓，北至温姓
面　積	祖遺空地基壹塊
用　途	永遠住佔
押地錢	伍千文，其錢筆下交清不欠
地增錢	每年街市錢柒百文，按七十標收取
年　限	無
印　章	無
税　票	無
文　字	漢
中見人	康吉玉、馬天喜、馬廣、左領陀合氣、蒙古五十八
書　人	無
立約日期	大清咸豐四年三月十八日
附　注	换立新约，故紙無用

咸
10

立典地約人寧吉州奇三太太同子三太弟生因□□□便用不足今將自已公主道路東慶憲處
川地壹鈕整分半東西指畔文寬東北紫交五尺長書至牧地西至道南至□□□□
至公路鍚憲壯與□蕃知名下承□長注許佳不許聽起房蓋屋我樹打井省錢
主自復舉憑文情後帶古□□目道光指陸年輕典與人名下□□□□□份集
批嘉慶年民人杜新使已銀□□指五千文有嘉慶九年約永錢千兩奇三太太提子□□□
民人杜參使已錢又指千文半下文情後自咸豐四年州奇三太方同子三太善□□
急同人說余使已錢□□千百文堊其後筆下文言典□錢千文□□□永出□□□錢肆百文
州有言天同丁井玉之蕃州兌名年出地□□錢肆百文作月□□□民人言□□□
經失言□□□□立約為証用

大清咸豐肆年三月廿□日

中見人
曹俊生 五十八
討余貢 五十
王治
北達
佛壽吉
長命劑書

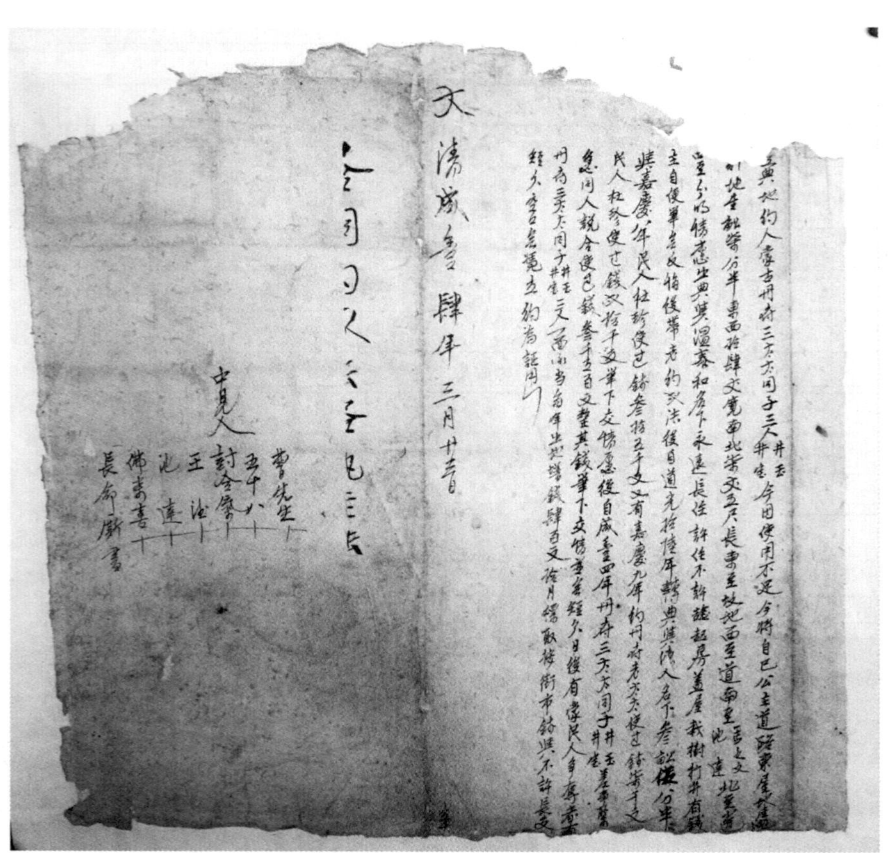

咸10　咸豐四年（一八五四）三太太同子井玉、井宝出典與温泰和屋地約

1 立典地约人蒙古丹府三太太同子三人井玉 井宝，今因使用不足，今將自己公主道路東屋地壹塊，

2 計地壹畝柒分半，東西拾肆丈寬，南北柒丈五尺長，東至坟地，西至道，南至馬之文 池達，北至小道，

3 四至分明，情愿出典與温泰和名下永遠長住。許住不許趍，起房盖屋、栽樹打井，有錢

4 主自便。筆無反悔，後帶老约弍张。後自道光拾陸年轉典與傍人名下叁畝伍[一]分半。

5 與嘉慶八年，民人杜珍使过錢叁拾五千文。又有嘉慶九年约，丹府老太太使过錢柒千文，

6 民人杜珍使过錢弍拾千文，筆下交情（清）愿[二]。後自咸豐四年丹府三太太同子井玉 井宝差事緊

7 急，同人説合，使过錢叁千五百文整，其錢筆下交情（清），並無短欠。日後有蒙古民人争奪者，有

8 丹府三太太同子井玉 井宝三人一面承当。每年出地增錢肆百文，拾月標取，按街市錢與，不許長支

9 短欠。空口無憑，立约為証用。

10 大清咸豐　肆年　三月廿三日　　立十

11 合同約貳张，各執壹张[三]。

曹先生
五十八
中見人　討合氣
王　德
池　達
佛来喜
長命厮　書

注釋

〔一〕「伍」字在他字上塗改寫就。
〔二〕「愿」字疑為衍字。
〔三〕該行文字只存右半部分。

編　號	咸 10
題　名	咸豐四年（一八五四）三太太同子井玉、井宝出典與温泰和屋地約
類　別	出典屋地約
尺　寸	49.8×50.5 釐米
保存狀態	部分缺失，文字稍缺損
原編號	29
紅白契	白契
立約者	蒙古丹府三太太同子井玉、井宝
理　由	因使用不足，差事緊急
承典者	温泰和
出典者	蒙古丹府三太太同子井玉、井宝
承當者	丹府三太太同子井玉、井宝
地點坐落及四至	公主道路東：東至坟地，西至道，南至馬之文、池達，北至小道
面　積	屋地壹塊，計地壹畝柒分半，東西拾肆丈寬，南北柒丈五尺長
用　途	許住不許�，起房盖屋、栽樹打井，有錢主自便
使过錢	叁千五百文整，其錢筆下交清，並無短欠
地增錢	每年肆百文，拾月標取，按街市錢與
年　限	無
印　章	無
税　票	無
文　字	漢
中見人	曹先生、五十八、討合氣、王德、池達、佛来喜、長命斯
書　人	長命斯
立約日期	大清咸豐肆年三月廿三日
附　注	

咸11

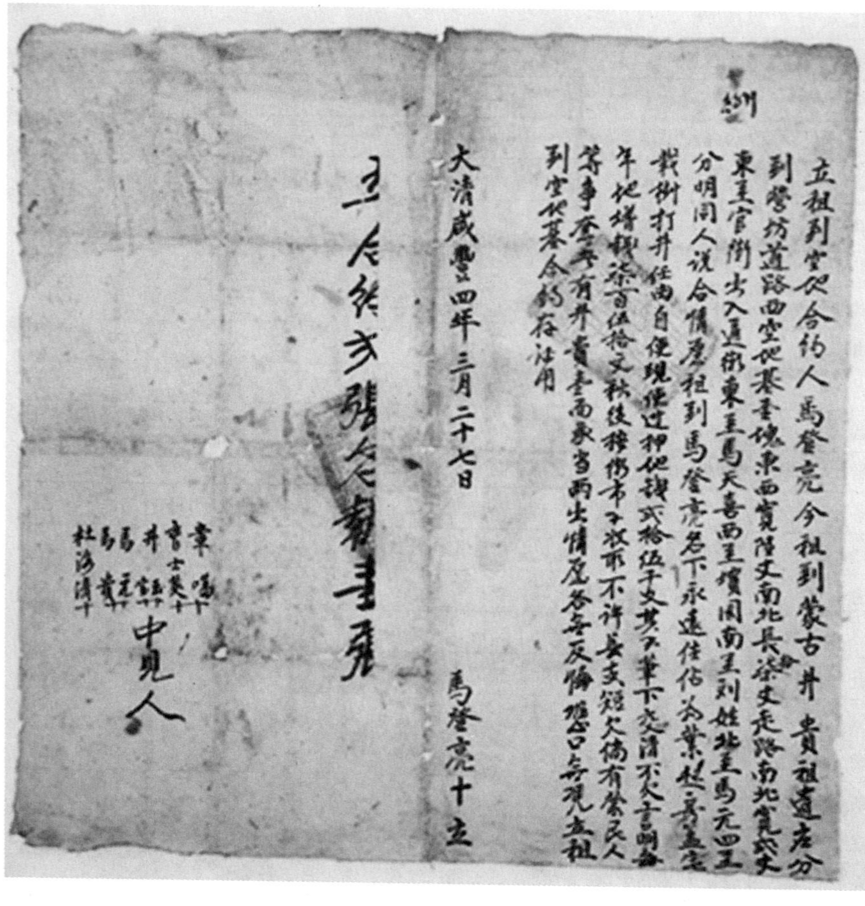

立租到空地合约人馬登亮今租到蒙古井 貴祖遺座分
到營坊道路西空地基壹塊東西寬陸丈南北長柒丈走路南北寬叁丈
東至官街出入通衢東至馬天喜西至殰同南至刘姓北至馬元四至
分明同人說合情愿租到馬登亮名下永遠住佔為業 任其蓋房
栽樹打井任由自便現使过押地錢弍拾伍千文其錢筆下交清不欠 言明每
年地增錢柒百伍拾文秋後付 不許長支短欠倘有蒙民人
等爭奪有井貴壹面承當兩出情愿各無反悔 恐口無憑立租
到空地基合约存证用

大清咸豐四年三月二十七日　　馬登亮十立

立合約弍張各執壹張

中見人 章鳴十 曹士英十 井鎮十 馬元十 馬貴十 杜海清十

2

1

咸11 咸豐四年（一八五四）馬登亮租到蒙古井貴空地基合約

該合約鈐有朱印兩方（1、2），印文為「歸綏縣知事之寶印」。

立租到空地合约人馬登亮，今租到：蒙古井 貴祖遺应分
到營坊道路西空地基壹塊，東西寬陸丈，南北長拾[二]柒丈，走路南北寬弍丈，
驗字ℓ號[一] 東至官街，出入通街，東至馬天喜，西至墳园，南至刘姓，北至馬元，四至
分明。同人说合，情愿租到馬登亮名下永遠住佔為業。起房盖宅，
栽樹打井，任由自便。現使过押地錢弍拾伍千文，其錢筆下交清不欠。言明每
年地增錢柒百伍拾文，秋後按街市錢收取，不許長支短欠。倘有蒙民人
等争奪者，有井貴壹面承当。两出情愿，各無反悔。恐口無憑，立租
到空地基合约存证用。

大清咸豐四年 三月 二十七日 馬登亮 十 立

立合约弍張，各執壹張[三]。

章 噶 十
曹士英 十

13 井玉十 宝十 中見人

14 馬元十

15 馬貴十

16 杜海清十

注釋

〔一〕該處「驗字號」三字為朱色。

〔二〕「拾」字原寫於行間。

〔三〕該行文字只存左半部分。

編　　號	咸 11
題　　名	咸豐四年（一八五四）馬登亮租到蒙古井貴空地基合約
類　　別	租空地基約
尺　　寸	44.6×46.4 釐米
保存狀態	基本完整
原 編 號	30
紅 白 契	红契
立 約 者	馬登亮
理　　由	無
承 租 者	馬登亮
出 租 者	蒙古井貴
承 当 者	井貴
地點坐落及四至	營坊道路西：東至馬天喜，西至墳园，南至刘姓，北至馬元。走路東至官街，出入通街
面　　積	祖遺应分到空地基壹塊：東西寬陸丈，南北長拾柒丈，走路南北寬弍丈
用　　途	永遠住佔為業，起房盖宅、栽樹打井，任由自便
押 地 錢	弍拾伍千文，其錢筆下交清不欠
地 増 錢	每年柒百伍拾文，秋後按街市錢收取
年　　限	無
印　　章	朱印兩方
稅　　票	無
文　　字	漢
中 見 人	章噶、曹士英、井玉、井宝、馬元、馬貴、杜海清
書　　人	無
立約日期	大清咸豐四年三月二十七日
附　　注	合約右上方標有“驗字夂δ刂號”

咸12

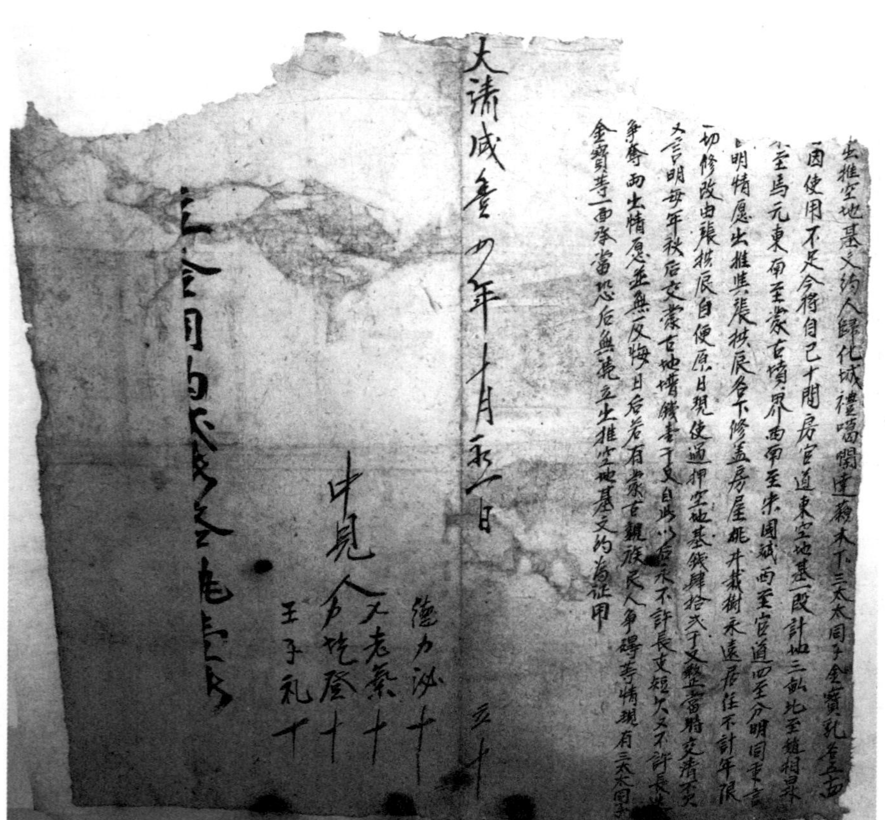

立出推空地基文約人歸化城禮嗡嘐達爾木下三太太同子金寶乳各立出
因使用不足，今將自己十間房官道東空地基一段，計地三畝，北至趙相昇
至馬元，東南至蒙古墳界，西南至宋國斌，西至官道，四至分明，同中言
明，情愿出推與張扶辰名下修蓋房屋、掘井、栽樹，永遠居住，不計年限，
一切修改由張扶辰自便。原日現使過押空地基錢肆拾弍千文，整當時交清不欠。
又言明每年秋后交蒙古地譜錢壹千文，自此以后永不許長支短欠，又不許長支
爭奪。兩出情愿，並無反悔。日后若有蒙古親族民人爭碍等情，現有三太太同子
金寶等一面承當。恐后無憑，立出推空地基文約為証用。

大清咸豐四年十月初一日　立十

中見人　德力沁十　又老藥十　多托登十　王子礼十

咸12　咸豐四年（一八五四）三太太同子金寶出推與張拱辰空地基文約

立出推空地基文约人歸化城禮噶蘭達蘊木下三太太同子金寶，乳名五十四，
自因使用不足，今將自己十間房官道東空地基一段，計地三畝，北至趙相昇，
東至馬元，東南至蒙古墳界，西南至朱國斌，西至官道，四至分明，同衆言
□明情愿出推與張拱辰名下。修蓋房屋、挑井栽樹，永遠居住，不計年限，
一切修改由張拱辰自便。原日現使過押空地基錢肆拾弍千文整，當時交清不欠。
又言明每年秋后交蒙古地增錢壹千文，自此以后，永不許長支短欠，又不許長迭（跌）、
争奪。兩出情愿，並無反悔。日后，若有蒙古親族民人争碍等情現，有三太太同子
金寶等一面承當。恐后無憑，立出推空地基文约為证用。

大清咸豐四年十月初一日　立十

德力泌十
七老氣十
中見人　力圪登十
王子礼十

立合同約弍張，各執壹張[一]。

注釋

[一] 該行文字只存右半部分。

編　號	咸 12
題　名	咸豐四年（一八五四）三太太同子金寶出推與張拱辰空地基文約
類　別	出推空地基約
尺　寸	47.5×48.7 釐米
保存狀態	部分残缺
原編號	31
紅白契	白契
立約者	歸化城禮噶蘭達蘊木下三太太同子金寶（乳名五十四）
理　由	因使用不足
承推者	張拱辰
出推者	三太太同子金寶（乳名五十四）
承當者	三太太同子金寶
地點坐落及四至	十間房官道東：北至趙相昇，東至馬元，東南至蒙古墳界，西南至朱國斌，西至官道
面　積	空地基一段，計地三畝
用　途	修蓋房屋、挑井栽樹，永遠居住
押空地基錢	肆拾弍千文整，當時交清不欠
地增錢	每年秋后交壹千文
年　限	不計年限
印　章	無
税　票	無
文　字	漢
中見人	德力泌、七老氣、力圪登、王子礼
書　人	無
立約日期	大清咸豐四年十月初一日
附　注	

附表

咸
13

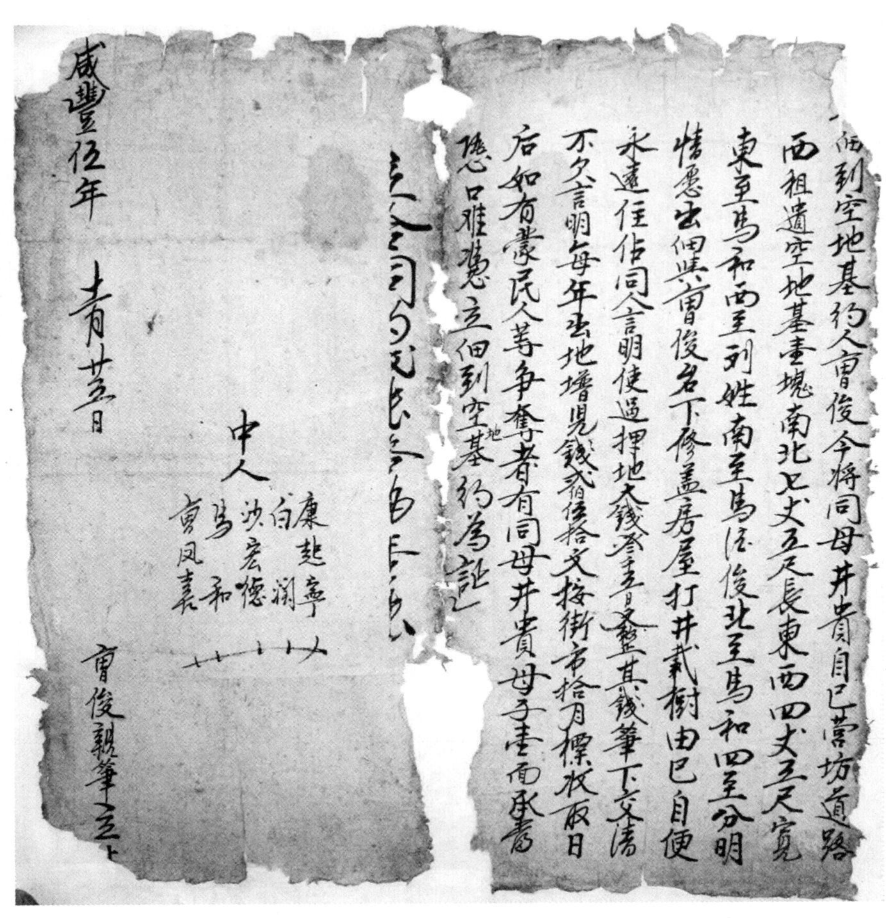

立佃到空地基約人曾俊今將同母井貴自己營坊道路西祖遺空地基壹塊南北七丈五尺長東西四丈五尺寬東至馬和西至劉姓南至馬任俊北至馬和四至分明情愿出佃與曾俊名下修蓋房屋打井栽樹由己自便永遠住佔同人言明使過押地大錢叁千五百文整其錢筆下交清不欠言明每年出地增見錢貳佰伍拾文按街市拾月標收取日后如有蒙民人等爭奪者有同母井貴母子壹面承當恐口難憑立佃到空地基約為証

中人 康趂亭 白潤 洪宏德 馬和 曹凤喜

咸豐伍年 十一月廿五日

曾俊親筆立

咸13　咸豐五年（一八五五）曹俊佃到井貴母子空地基約

立佃到空地基约人曹俊，今將：同母井貴自己营坊道路
西租(祖)遺空地基壹塊，南北七丈五尺長，東西四丈五尺寬，
東至馬和，西至刘姓，南至馬德俊，北至馬和，四至分明，
情愿出佃與曹俊名下。修盖房屋、打井栽樹，由己自便，
永遠住佔。同人言明，使過押地大錢叁千五百文整，其錢筆下交清
不欠。言明每年出地增兒錢弍佰伍拾文，按街市拾月標收取。日
后，如有蒙民人等争奪者，有同母井貴母子壹面承當。
恐口难憑，立佃到空地[一]基约為証。
立合同約弍張，各執壹張[二]。

中人　康起寧 十
白　潤 十
沙宏德 十
馬　和 十
曹凤喜 十

咸豐伍年　十一月廿五日　曹俊親筆　立十

注釋

〔一〕「地」字原在行間。

〔二〕該行文字只存右半部分。

编　　号	咸 13
題　　名	咸豐五年（一八五五）曹俊佃到井貴母子空地基約
类　　别	佃到空地基約
尺　　寸	50×52.5 釐米
保存狀態	部分殘缺，文字稍缺損
原 編 號	32
紅 白 契	白契
立 約 者	曹俊
理　　由	無
承 佃 者	曹俊
出 佃 者	同母井貴自己
承 當 者	同母井貴母子
地點坐落及四至	营坊道路西：東至馬和，西至刘姓，南至馬德俊，北至馬和
面　　積	祖遺空地基壹塊：南北七丈五尺長，東西四丈五尺寬
用　　途	修盖房屋、打井栽樹，由己自便，永遠住佔
押 地 錢	大錢叁千五百文整，其錢筆下交清不欠
地增兒錢	弍佰伍拾文，按街市拾月標收取
年　　限	無
印　　章	無
稅　　票	無
文　　字	漢
中　　人	康起寧、白润、沙宏德、馬和、曹凤喜
書　　人	曹俊
立約日期	咸豐伍年十一月廿五日
附　　注	

咸
14

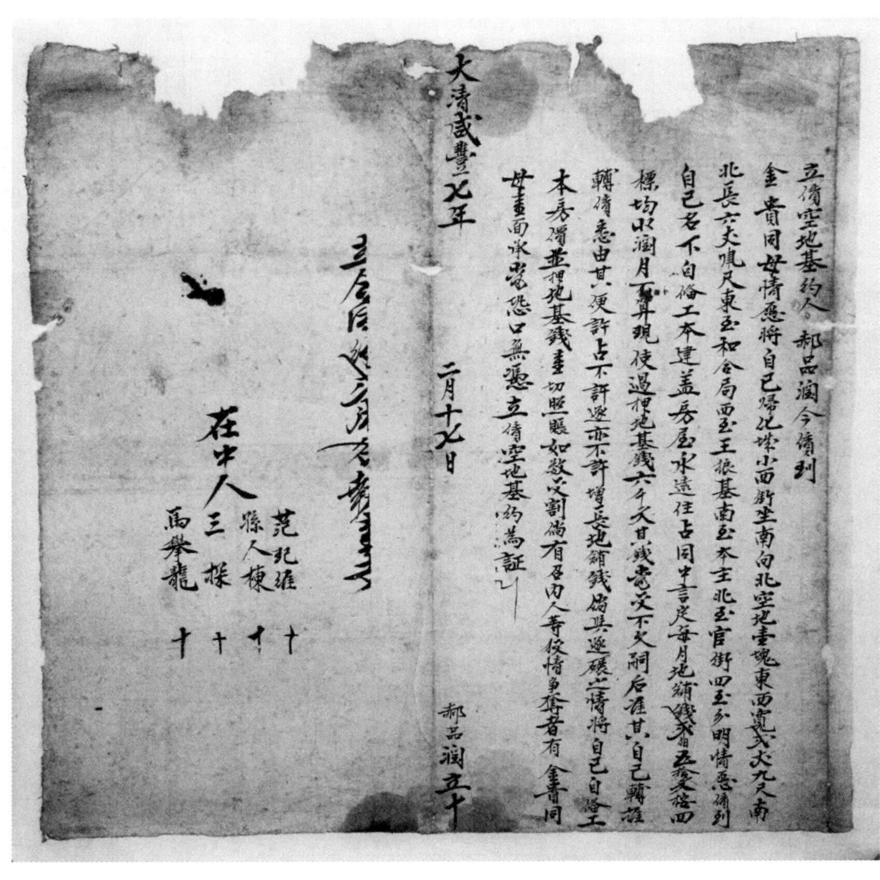

立賃空地基約人郝品潤，今賃到
金貴同母情愿將自己歸化城小西街坐南向北空地壹塊，東西寬弍丈九尺，南
北長六丈八尺，東至和合局，西至王姓基，南至本主，北至官街，四至分明，情愿賃到
自己名下自備工本建蓋房屋，永遠住占，同中言定每月地鋪錢弍佰五拾文，按四
標均收，閏月不算。現使過押地基錢六千文，其錢當交不欠。嗣后准其自己轉讓
轉賃，悉由其便。許占不許逐，亦不許增長地鋪錢，倘其遷移之時，將自己自備工
本房間並押地基錢壹切照賬如數交割，倘有房內人等仗情爭奪者，有金貴同
母壹面承當。恐口無憑，立賃空地基約為證。

大清咸豐七年二月十七日　　郝品潤立十

立合同約各執壹張

在中人　范兆璀十　孫人棟十　三探十　馬舉龍十

咸14 咸豐七年（一八五七）郝品润賃到金貴同母空地基約

1 立賃空地基约人　郝品润，今賃到：

2 金　貴同母情愿將自己歸化城小西街坐南向北空地壹塊，東西寬弍丈九尺，南

3 北長六丈肆尺，東至和合局，西至王振基，南至本主，北至官街，四至分明，情愿賃到

4 自己名下。自備工本建盖房屋，永遠住占。同中言定，每月地鋪錢弍佰五拾文，按四

5 標均收，润（閏）月不算。現使過押地基錢六千文，其錢當交不欠。嗣后准其自己轉推

6 轉賃，悉由其便。許占不許逐，亦不許增長地鋪錢。倘與逐碾之情，將自己自備工

7 本、房價並押地基錢，壹切照賬如数交割。倘有召内人等狡情争奪者，有金貴同

8 母壹面承當。恐口無憑，立賃空地基约為証。

9 大清咸豐七年　二月十七日　郝品润立十

10 立合同约弍張，各執壹張[一]。

在中人

11 范玘维十

12 孫人楝十

13 三　探十

14 馬攀龍十

注釋

[一] 該行文字只存左半部分。

編　號	咸 14
題　名	咸豐七年（一八五七）郝品润賃到金貴同母空地基約
類　別	賃到空地基約
尺　寸	46.7×47.5 釐米
保存狀態	部分殘缺，文字完整
原編號	33
紅白契	白契
立約者	郝品润
理　由	無
承賃者	郝品润
出賃者	金貴同母
承當者	金貴同母
地點坐落及四至	歸化城小西街坐南向北：東至和合局，西至王振基，南至本主，北至官街
面　積	空地壹塊：東西寬弍丈九尺，南北長六丈肆尺
用　途	自備工本建盖房屋，永遠住占。轉推轉賃，悉由其便。許占不許逐，倘與逐碾之情，將自己自備工本、房價並押地基錢，壹切照賬如数交割
押地基錢	六千文，其錢當交不欠
地鋪錢	每月弍佰五拾文，按四標均收，閏月不算
年　限	無
印　章	無
稅　票	無
文　字	漢
在中人	范玘维、孫人楝、三探、馬攀龍
書　人	無
立約日期	大清咸豐七年二月十七日
附　注	

咸15

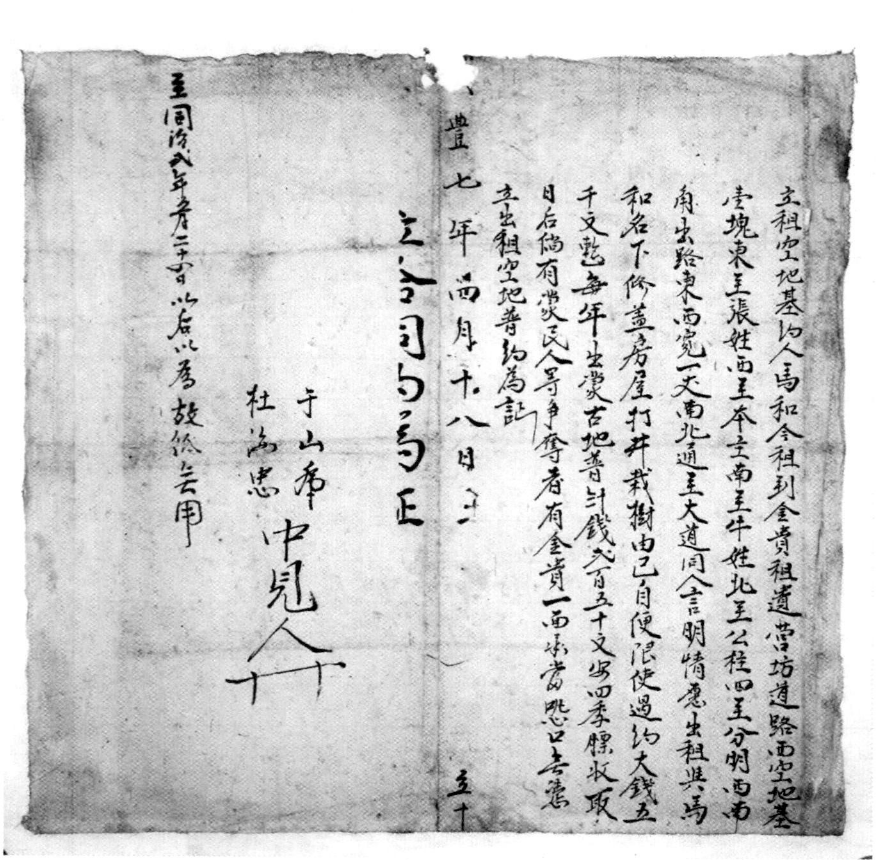
立租空地基約人馬和今租到金貴祖遺營坊道路西空地基壹塊，東至張姓，西至本主，南至牛姓，北至公径，四至分明。西南角出路，東西寬一丈，南北通至大道。同人言明情愿出租與馬和名下修蓋房屋、打井、栽樹，由己自便。限使過約大錢五千文整。每年出蒙古地普斗錢弍百五十文，按四季標收取。日后倘有蒙民人等爭奪者，有金貴一面承當。恐口無憑，立出租空地普約為証。

咸豐七年四月十八日　立

五十

立合同約為正

中見人　于山本　十
　　　　杜海忠　十

至同治弍年叁月二十四日以后以為故紙無用

咸15　咸豐七年（一八五七）馬和租到金貴空地基約

1 立租空地基約人馬和，今租到金貴租(祖)遺營房道路西空地基

2 壹塊。東至張姓，西至本主，南至牛姓，北至公柱，四至分明。西南

3 角出路東西寬一丈，南北通至大道。同人言明，情愿出租與馬

4 和名下，修盖房屋、打井栽樹，由己自便。限(現)使過约大錢五

5 千文整，每年出蒙古地普汁錢弍百五十文，安(按)四季膘(標)收取。

6 日后，倘有蒙民人等争奪者，有金貴一面承當。恐口無憑，

7 立出租空地普约為証。

8 咸豐七年四月十八日□[一]　　立十

9 立合同约為証[二]。

10 于山虎　中見人　十

11 杜海忠　　　　　十

12 至同治弍年五月二十四日以后，以為故紙無用[三]。

注釋

〔一〕此處一墨色字跡似是左側「証」字的部分反印。

〔二〕該行文字只存右半部分。

〔三〕從句意及字跡可知該行文字為後來寫入。

編　　號	咸 15
題　　名	咸豐七年（一八五七）馬和租到金貴空地基約
類　　別	租到空地基約
尺　　寸	47×46.7 釐米
保存狀態	稍有缺損，文字稍殘缺
原 編 號	34
紅 白 契	白契
立 約 者	馬和
理　　由	無
承 租 者	馬和
出 租 者	金貴
承 當 者	金貴
地點坐落及四至	營房道路西：東至張姓，西至本主，南至牛姓，北至公社。西南角出路，南北通至大道
面　　積	祖遺空地基壹塊，西南角出路東西寬一丈
用　　途	修盖房屋、打井栽樹，由己自便
過 約 錢	現使過约大錢五千文整
地 普 錢	每年卝錢弍百五十文，按四季標收取
年　　限	無
印　　章	無
稅　　票	無
文　　字	漢
中 見 人	于山虎、杜海忠
書　　人	無
立約日期	咸豐七年四月十八日
附　　注	至同治弍年五月二十四日以后，以為故紙無用

咸16

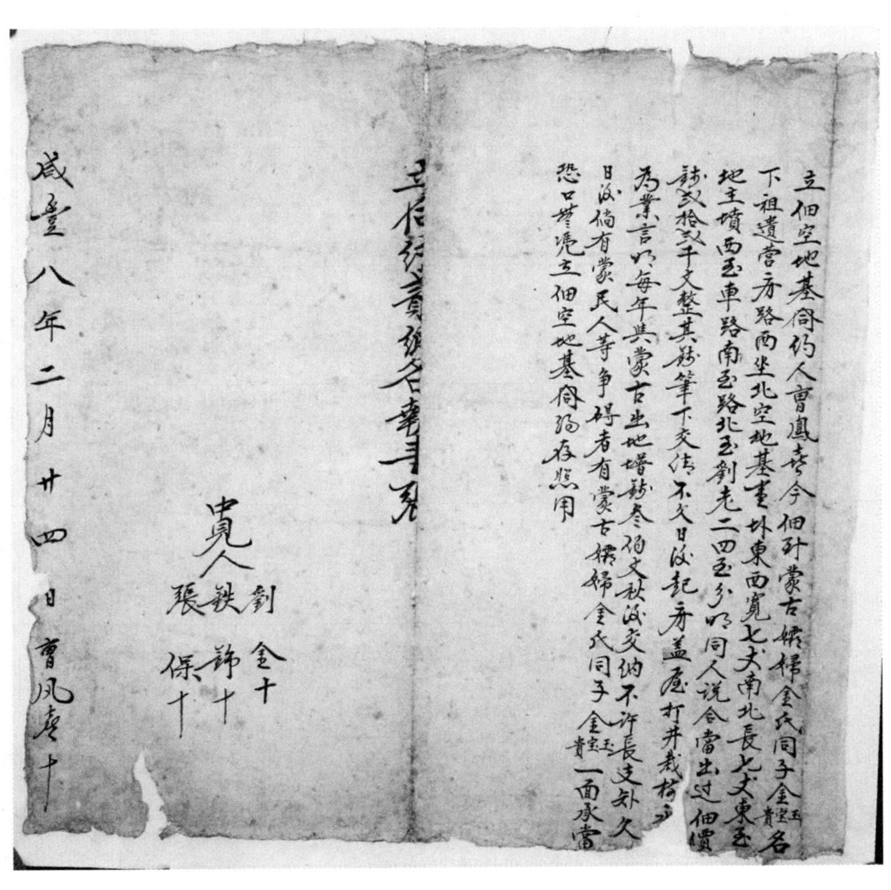
立佃空地基尙約人曾鳳喜今佃到蒙古鳏婦金氏同子金宝玉贵名下祖遺營房路西坐北空地基壹塊東西寬七丈南北長七丈東至地主墳西至車路南至路北至劉姓二四至分明同人說合當出过佃價銭叁拾叁千文整其銭筆下交清不欠日後起房蓋屋打井栽樹永為業言明每年與蒙古出地增銭叁佰文秋後交納不許長支短欠日後倘有蒙民人等爭碍者有蒙古鳏婦金氏同子金宝玉贵一面承當恐口無憑立佃空地基尙約存照用

立佃約貳紙各執壹紙

中見人 劉金十 鉄節十 張保十

咸豐八年二月廿四日 曾凤喜十

咸16　咸豐八年（一八五八）曹鳳喜佃到蒙古孀婦金氏同子金玉、金宝、金貴空地基合同約

1 立佃空地基奇约人曹鳳喜，今佃到蒙古孀婦金氏同子金宝[玉][貴]名
2 下祖遺营房路西坐北空地基壹塊。東西寛七丈，南北長七丈，東至
3 地主墳，西至車路，南至路，北至劉老二，四至分明。同人说合，當出过佃價
4 錢弍拾弍千文整，其錢筆下交清不欠。日後起房盖屋、打井栽樹，永遠
5 為業。言明每年與蒙古出地増錢叁佰文，秋後交纳，不許長支短欠。
6 日後，倘有蒙民人等争碍者，有蒙古孀婦金氏同子金宝[玉][貴]一面承當。
7 恐口無憑，立佃空地基奇约存照用。
8 立合约貳纸，各執壹張〔一〕。
9 劉金十
10 中見人　鉄鉔十
11 張保十
12 咸豐八年二月廿四日　曹凤喜十

注釋

〔一〕該行文字只存左半部分。

編　　號	咸 16
題　　名	咸豐八年（一八五八）曹鳳喜佃到蒙古孀婦金氏同子金玉、金宝、金貴空地基合同約
類　　別	佃到空地基約
尺　　寸	49.1×49.1 釐米
保存狀態	稍有缺損，文字少量殘缺
原 編 號	35
紅 白 契	白契
立 約 者	曹鳳喜
理　　由	無
承 佃 者	曹鳳喜
出 佃 者	蒙古孀婦金氏同子金玉、金宝、金貴
承 當 者	蒙古孀婦金氏同子金玉、金宝、金貴
地點坐落及四至	營房路西坐北：東至地主墳，西至車路，南至路，北至劉老二
面　　積	祖遺空地基壹塊：東西寬七丈，南北長七丈
用　　途	日後起房盖屋、打井栽樹，永遠為業
佃 價 錢	弍拾弍千文整，其錢筆下交清不欠
地 增 錢	每年叁佰文，秋後交納
年　　限	無
印　　章	無
稅　　票	無
文　　字	漢
中 見 人	劉金、鉄鍗、張保
書　　人	無
立約日期	咸豐八年二月廿四日
附　　注	

同1

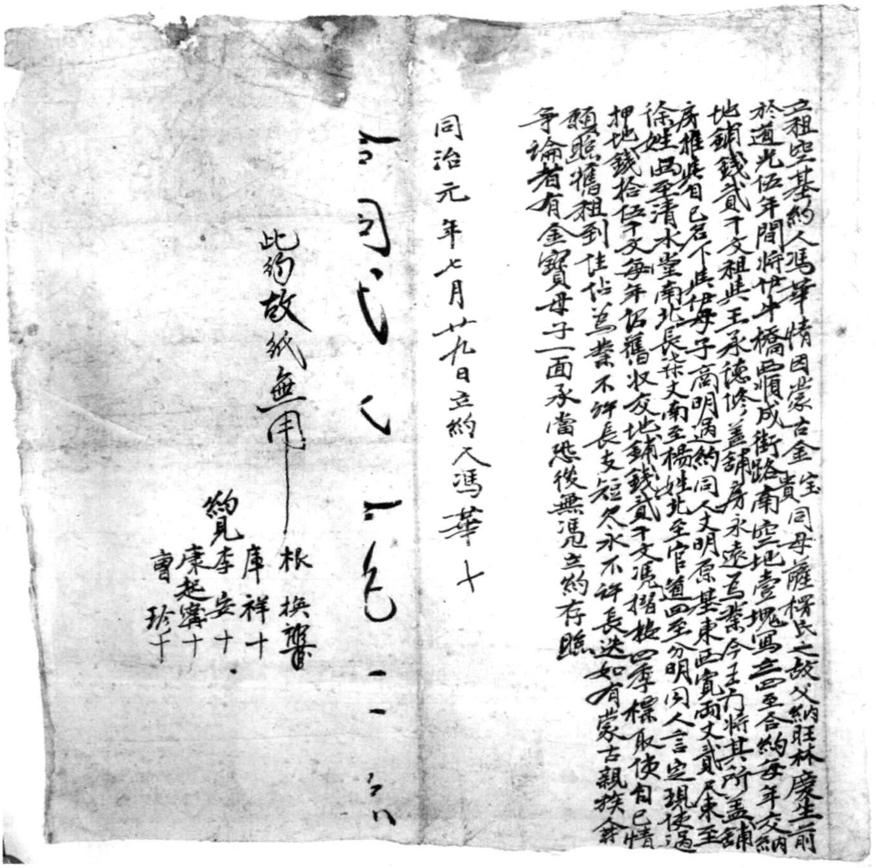
立祖空基約人馮華情因蒙古金寶同母薩楞氏之故父納旺林慶先前於道光伍年間將北牛橋西順成街路南空地壹塊寫立四至合約每年交納地鋪錢貳千文租與王承德修蓋鋪房永遠為業今王門將其所蓋鋪房推與自己名下與伊母子商明過約同人丈明原基東西寬兩丈貳尺東至徐姓西至清水堂南北長柒丈南至橋姓北至官道四至分明同人言定現使過押地錢拾伍千文每年照舊收取地鋪錢貳千文憑摺按四季標取使自己情願照舊租到住佔為業不許長支短欠永不許長迭如有蒙古親族人等爭論者有金寶母子一面承當恐後無憑立約存照

同治元年七月廿九日立約人馮華十

此約故紙無用

根換舊

約見
庫祥十
李安十
康起寧十
曹珍十

同1　同治元年（一八六二）馮華租到蒙古金宝、金貴同母薩楞氏空地基約

立租空基[一]約人馮華，情因蒙古金宝貴同母薩楞氏之故父納旺林慶生前
於道光伍年間，將伊牛橋西順成街路南空地壹塊寫立四至合約，每年交納
地鋪錢貳千文，租與王承德修盖鋪房，永遠為業，今王门將其所盖鋪
房推與自己名下，與伊母子商明過約。同人丈明，原基東西寬兩丈貳尺，東至
徐姓，西至清水堂，南北長柒丈，南至楊姓，北至官道，四至分明。同人言定，現使過
押地錢拾伍千文，每年仍舊收交地鋪錢貳千文，憑摺按四季標取使。自己情
願照舊租到住佔為業，不许長支短欠，永不许長迭（跌）。如有蒙古親族人等
争論者，有金寶母子一面承當。恐後無憑，立約存照。
同治元年七月廿九日立約人馮華十

合同貳紙，各執壹張[二]。

此约故纸無用[三]。

根换[四]
庫祥十
約見　李安十
康起甯十
曹珍十

注釋

〔一〕「基」字上面疑缺「地」字。

〔二〕該行文字只存右半部分。

〔三〕從句意及字跡可知該行文字為後來寫入。

〔三〕「根换」名字下的墨蹟應是畫押。

附表

編　號	同 1
題　名	同治元年（一八六二）馮華租到蒙古金宝、金貴同母薩楞氏空地基約
類　別	租到空地基約
尺　寸	44.4×46.7 釐米
保存狀態	完整
原編號	38
紅白契	白契
立約者	馮華
理　由	蒙古金宝、金貴之故父納旺林慶生前於道光伍年間，將空地壹塊租與王承德修盖鋪房，永遠為業，今王门將其所盖鋪房推與自己名下
承租者	馮華
出租者	蒙古金宝、金贵同母薩楞氏
承當者	金寳母子
地點坐落及四至	牛橋西順成街路南：東至徐姓，西至清水堂，南至楊姓，北至官道
面　積	原基東西寬兩丈貳尺、南北長柒丈
用　途	住佔為業
押地錢	拾伍千文
地鋪錢	每年貳千文，憑摺按四季標取使
年　限	無
印　章	無
稅　票	無
文　字	漢
約　見	根換、庫祥、李安、康起寗、曹珍
書　人	無
立約日期	同治元年七月廿九日
附　注	此约故纸無用

同2

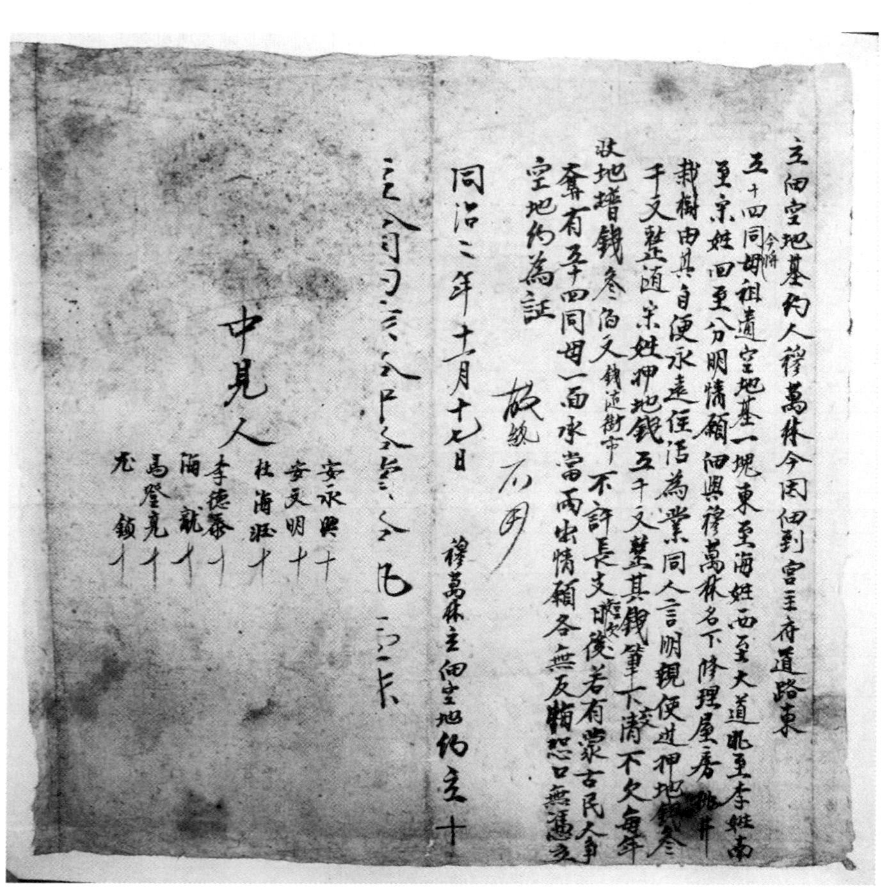
立佃空地基約人穆萬林今因佃到宮主府道路東
五十四同今將姆祖遺空地基一塊東至海姓西至大道北至李姓南
至宋姓四至分明情願佃與穆萬林名下修理屋房掏井
栽樹由其自便永遠住活為業同人言明現使過押地錢叁
千文整道宋姓押地錢五千文整其錢筆下交清不欠每年
攻地增錢叁佰文錢通街市不許長支埛後若有蒙古民人爭
奪有五十四同姆一面承當兩出情願各無反悔恐口無憑立
空地約為證
故紙不用
同治二年十二月十七日　穆萬林立佃空地約　立十
[illegible]
中見人　安永興十　安文明十　杜海瀛十　李德泰十　海　龍十　馬登亮十　尤　鎮十

同2　同治二年（一八六三）穆萬林佃到五十四同母空地基約

立佃空地基约人穆萬林，今因佃到：宫主府道路東
五十四同母今將〔一〕祖遺空地基一塊，東至海姓，西至大道，北至李姓，南
至宋姓，四至分明，情願佃與穆萬林名下。修理屋房、挑井
栽樹，由其自便，永遠住佔為業。同人言明，現使过押地錢叁
千文整，随宋姓押地錢五千文整，其錢筆下交〔二〕清不欠。每年
收地增錢叁佰文，錢随街市，不許長支短欠〔三〕。日後，若有蒙古民人争
奪，有五十四同母一面承當。兩出情願，各無反悔。恐口無憑，立
空地约為証。　　故紙不用〔四〕。
同治二年十一月十七日　　穆萬林立佃空地约　立十
立合同约二张，各？□壹？□，各執壹张〔五〕。

中見人
安永興十
安文明十
杜海旺十
李德泰十
海　龍十
馬登亮十

17

尤鎖十

注釋

〔一〕「今將」二字原在行間，附有表示增補插入的畫綫。
〔二〕「交」字原在行間。
〔三〕「短欠」二字原在行間，附有表示增補插入的畫綫。
〔四〕從句意及字跡可知此四字為後來寫入。
〔五〕該行文字只存右半部分。

附表

編　　號	同 2
題　　名	同治二年（一八六三）穆萬林佃到五十四同母空地基約
類　　別	佃到空地基約
尺　　寸	45.5×46 釐米
保存狀態	完整
原 編 號	39
紅 白 契	白契
立 約 者	穆萬林
理　　由	無
承 佃 者	穆萬林
出 佃 者	五十四同母
承 當 者	五十四同母
地點坐落及四至	宮主府道路東：東至海姓，西至大道，北至李姓，南至宋姓
面　　積	祖遺空地基一塊
用　　途	修理屋房、挑井栽樹，由其自便，永遠住佔為業
押 地 錢	叁千文整，隨宋姓押地錢五千文整，其錢筆下交清不欠
地 增 錢	每年叁佰文，錢隨街市
年　　限	無
印　　章	無
稅　　票	無
文　　字	漢
中 見 人	安永興、安文明、杜海旺、李德泰、海龍、馬登亮、尤鎖
書　　人	無
立約日期	同治二年十一月十七日
附　　注	故紙不用

同3

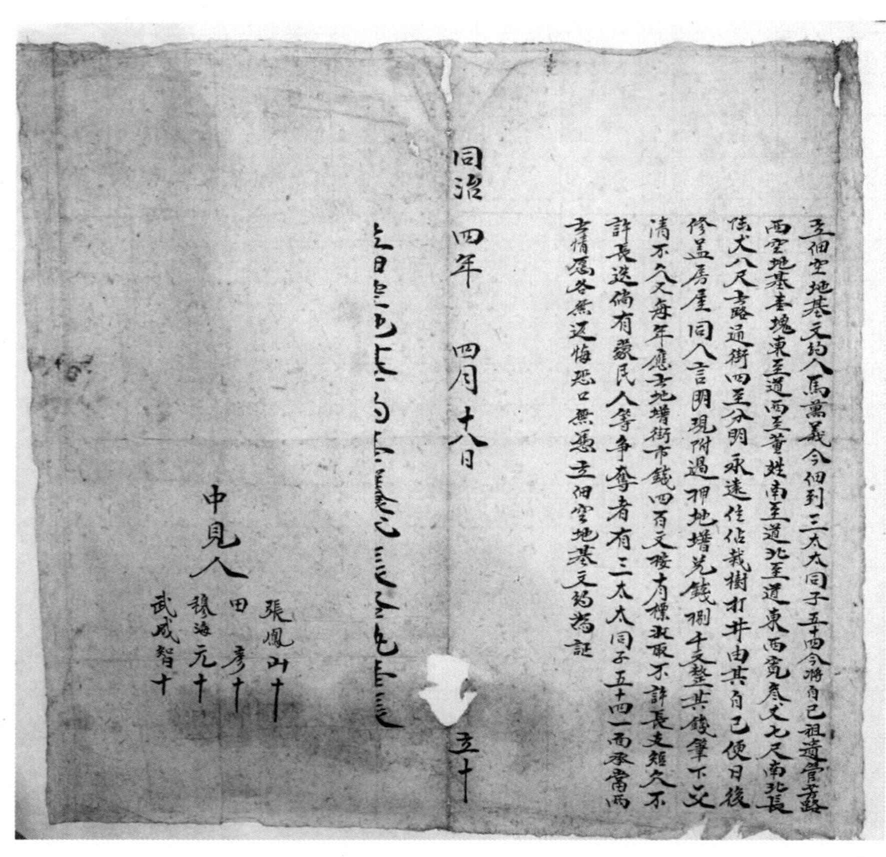
立佃空地基文约人馬萬義今佃到三太太同子五十四今將自己祖遺營盤
西空地基壹塊東至道西至董姓南至道北至道東西寬叁丈七尺南北長
陆丈八尺出路通街四至分明永遠住佔栽樹打井由其自己便日後
修盖房屋同人言明現附過押地増兒錢捌千文整其錢筆下交
清不欠文每年應出地增街市錢四百文按月標取不許長支短欠不
許長送倘有蒙民人等争奪者有三太太同子五十四一面承當兩
出情愿各無返悔恐口無憑立佃空地基文约為証

同治四年四月十八日　立十

中見人　張鳳山十　田彥十　穆海元十　武威智十

同3　同治四年（一八六五）馬萬義佃到三太太同子五十四空地基文約

1 立佃空地基文约人馬萬義，今佃到：三太太同子五十四今將自己祖遺營芳路
2 西空地基壹塊，東至道，西至董姓，南至道，北至道，東西寬叁丈七尺，南北長
3 陆丈八尺，出路通街，四至分明。永遠住佔、栽樹打井，由其自己便，日後
4 修盖房屋。同人言明，現附過押地増兑錢捌千文整，其钱筆下交
5 清不欠。又每年應出地増街市錢四百文，按十月標收取，不許長支短欠，不
6 許長迭（跌）。倘有蒙民人等争奪者，有三太太同子五十四一面承當。两
7 出情愿，各無返悔。恐口無憑，立佃空地基文约為証。
8 同治　四年　四月　十八日　　立十
9 立佃空地基约壹養（様？）貳張，各執壹張[一]。
10 　　中見人　張鳳山　十
11 　　　　　　田　彦　十
12 　　　　　　穆海元　十
13 　　　　　　武成智　十

注釋

〔一〕該行文字只存右半部分。

編　　號	同3
題　　名	同治四年（一八六五）馬萬義佃到三太太同子五十四空地基文約
類　　別	佃到空地基約
尺　　寸	46×47.5釐米
保存狀態	稍有破損，文字完整
原編號	40
紅白契	白契
立約者	馬萬義
理　　由	無
承佃者	馬萬義
出佃者	三太太同子五十四
承當者	三太太同子五十四
地點坐落及四至	營芳路西：東至道，西至董姓，南至道，北至道。出路通街
面　　積	祖遺空地基壹塊：東西寬叁丈七尺，南北長陆丈八尺
用　　途	永遠住佔、栽樹打井，由其自己便，日後修盖房屋
押地增錢	兑錢捌千文整，其錢筆下交清不欠
地增錢	每年街市錢四百文，按十月標收取
年　　限	無
印　　章	無
稅　　票	無
文　　字	漢
中見人	張鳳山、田彦、穆海元、武成智
書　　人	無
立約日期	同治四年四月十八日
附　　注	

同
4

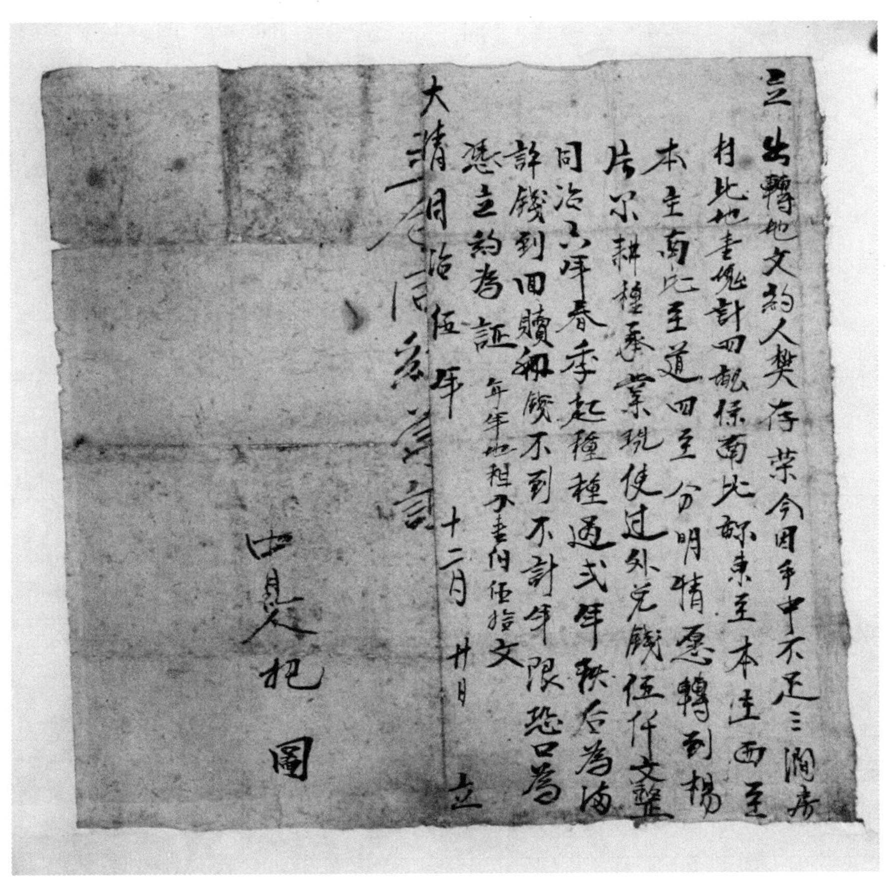

立出轉地文約人樊存榮，今因手中不足，三澗房村北地壹塊，計四畝，係南北畝，東至本主，西至本主，南北至道，四至分明，情愿轉到楊名下耕種為業，現使过外見錢伍仟文整，同治六年春季起種，種通弍年，秋后為满，許錢到回贖，錢不到不計年限，恐口為憑，立約為証。

年年地租下壹付伍拾文

大清同治伍年　十二月　廿日　立

三合居名義記

中見人　把　圖

同4 同治五年（一八六六）樊存荣出轉與楊片尔地文約

立出轉地文約人樊存荣，今因手中不足，三洞房
村北地壹塊，計四畝，係南北畛，東至本主，西至
本主，南、北至道，四至分明，情愿轉到楊
片尔耕種承業。現使过外兑錢伍仟文整。
同治六年春季起種，種過弍年，秋后為滿。
許錢到回贖，如[一]錢不到，不計年限。恐口為[二]
憑，立約為証。每年地租錢壹佰伍拾文。
大清同治伍年 十二月 廿日 立
立合同約為証[三]。
中見人 把圖

注釋

〔一〕「如」字有塗改。
〔二〕「為」應是「無」字之誤。
〔三〕該行文字只存左半部分。

編　　號	同 4
題　　名	同治五年（一八六六）樊存荣出轉與楊片尔地文約
類　　別	出轉地約
尺　　寸	27×27.5 釐米
保存狀態	完整
原 編 號	42
紅 白 契	白契
立 約 者	樊存荣
理　　由	手中不足
承 轉 者	楊片尔
出 轉 者	樊存荣
承 當 者	無
地點坐落及四至	三澗房村北：東至本主，西至本主，南、北至道
面　　積	地壹塊，計四畝，係南北畛
用　　途	耕種承業
外 兑 錢	伍仟文整
地 租 錢	每年壹佰伍拾文
年　　限	同治六年春季起種，種過弍年，秋后為滿。許錢到回贖，如錢不到，不計年限
印　　章	無
稅　　票	無
文　　字	漢
中 見 人	把圖
書　　人	無
立約日期	大清同治伍年十二月廿日
附　　注	

同5

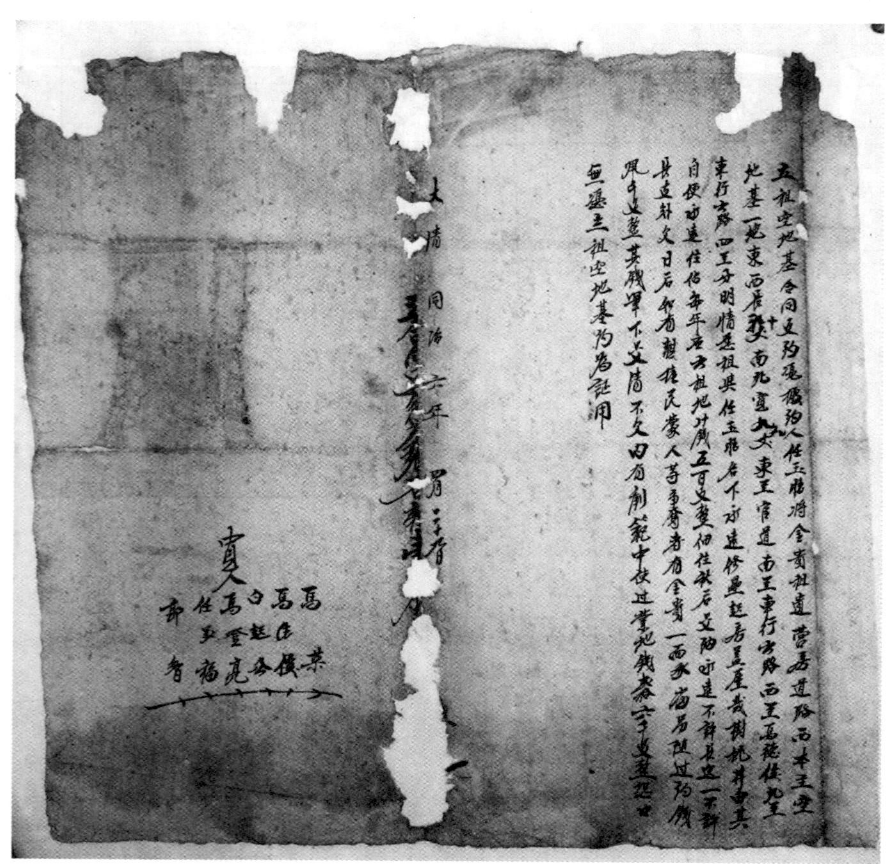

立祖空地基合同文約人任玉[illegible]將金貴祖遺營房道路西本主空
地基一塊東西長[illegible]丈南北寬九丈東至官道南至東行出路西至馬德俊北至
東行出路四至分明情愿祖與任玉[illegible]名下永遠修盖起房盖屋栽樹挖井由其
自便永遠住佔每年應出祖地小錢五百文整佃住秋后交納永遠不許長支一不許
長支[illegible]文日后如有親族民蒙人等爭奪者有金貴一面承當[illegible]過約錢
現中交整其錢筆下交清不欠因[illegible]中[illegible]過掌地錢[illegible]千文整恐口
無憑立祖空地基為證用

大清同治六年[illegible]月二十日立

見人
馬[illegible]
馬[illegible]
白[illegible]
馬登亮
任玉福
郝[illegible]

同5　同治六年（一八六七）任玉旺租到金貴空地基合同文約

立租空地基合同文约憑據约人任玉旺，將：金貴租（祖）遺营房道路西本主空地基一塊，东西長十[一]丈，南北寛九[二]丈，東至官道，南至車行出路，西至馬德俊，北至車行出路，四至分明，情愿租與任玉旺名下永遠修壘。起房盖屋、哉（栽）樹挑井，由其自便，永遠住佔。每年应出租地𠦑錢五百文整，佃住秋后交纳，永遠不許長迭（跌），一（亦）不許長支短欠。日后，如有親族民蒙人等争奪者，有金貴一面承當。另随过约錢肆千文整，其錢筆下交清不欠。内有劉範中使过業地錢弍拾六千文整。恐口無憑，立租空地基约為証用。

大清　同治　六　年　四月二十九日　□

立合同文约弍張，各执壹張[三]。

馬　荣　十
馬德俊　十
白起公　十
中見人　馬登亮　十
任萬福　十
郭　智　十

注釋

〔一〕「十」字原在行間，正行中的「拾」字被塗抹掉。

〔二〕此處正行中與行間都寫作「九」字，但前者有塗描痕跡。

〔三〕該行文字只存左半部分。

編　　號	同 5
題　　名	同治六年（一八六七）任玉旺租到金貴空地基合同文約
類　　別	租到空地基約
尺　　寸	53×53 釐米
保存狀態	部分殘破，文字稍有缺損
原 編 號	43
紅 白 契	白契
立 約 者	任玉旺
理　　由	無
承 租 者	任玉旺
出 租 者	金貴
承 當 者	金貴
地點坐落及四至	營房道路西：東至官道，南至車行出路，西至馬德俊，北至車行出路
面　　積	祖遺空地基一塊，东西長十丈，南北寬九丈
用　　途	永遠修壘，起房盖屋、栽樹挑井，由其自便，永遠住佔
过 約 錢	肆千文整，其錢筆下交清不欠。內有劉範中使过業地錢弍拾六千文整。
租 地 錢	每年卄錢五百文整，佃住秋后交纳
年　　限	無
印　　章	無
稅　　票	無
文　　字	漢
中 見 人	馬荣、馬德俊、白起公、馬登亮、任萬福、郭智
書　　人	無
立約日期	大清同治六年四月二十九日
附　　注	

同6

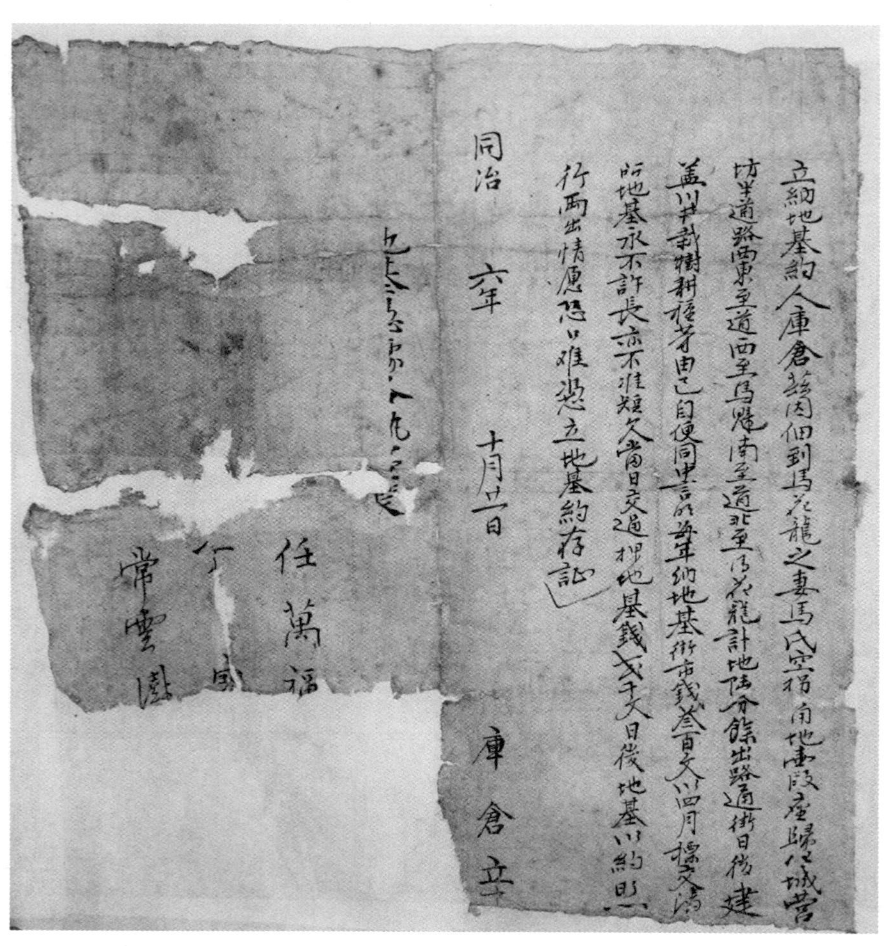

立約地基約人庫倉茲因佃到馬花龍之妻馬氏空宿南地壹段座歸化城營坊半道路西東至道西至馬姓南至道北至馬花龍計地陆分餘出路通街日後建蓋房井栽樹耕種等由己自便同中言明每年納地基街市錢叁百文以四月標交清所地基永不許長漲不准短欠當日交過押地基錢弍千文日後地基以約照一行兩出情愿恐口難憑立地基約存証

同治六年十月廿日　庫倉立

任萬福

丁國

常雲麟

同6 同治六年（一八六七）庫倉佃到馬花龍之妻馬氏地基約

立納地基約人庫倉，茲因佃到馬花龍之妻馬氏空拐角地一段。座歸化城營
坊半道路西，東至道，西至馬魁，南至道，北至馬花龍，計地陸分餘，出路通街。日後，建
蓋川（穿）井、栽樹耕種等，由己自便。同中言明，每年納地基街市錢叁百文，以四月標交清，
所地基永不許長，亦不准短欠。當日交過押地基錢弍千文。日後，地基以約照
行。兩出情愿，恐口难憑，立地基約存証。
同治 六年 十月廿一日 庫 倉 立十
地基憑據，各執壹張〔一〕。
任萬福
□ 寶
常雲澎

注釋

〔一〕該行文字只存右半部分。

編　　號	同 6
題　　名	同治六年（一八六七）庫倉佃到馬花龍之妻馬氏地基約
類　　別	佃到地基約
尺　　寸	42.3×47.4 釐米
保存狀態	部分缺損，文字有殘缺
原 編 號	44
紅 白 契	白契
立 約 者	庫倉
理　　由	無
承 佃 者	庫倉
出 佃 者	馬花龍之妻馬氏
承 當 者	無
地點坐落及四至	歸化城營坊半道路西：東至道，西至馬魁，南至道，北至馬花龍。出路通街
面　　積	空拐角地一段：計地陸分餘
用　　途	建盖穿井、栽樹耕種等，由己自便
押地基錢	當日交過弍千文
地 基 錢	每年街市錢叁百文，以四月標交清
年　　限	無
印　　章	無
稅　　票	無
文　　字	漢
中 見 人	任萬福、□寶、常雲澎
書　　人	無
立約日期	同治六年十月廿一日
附　　注	

同
7

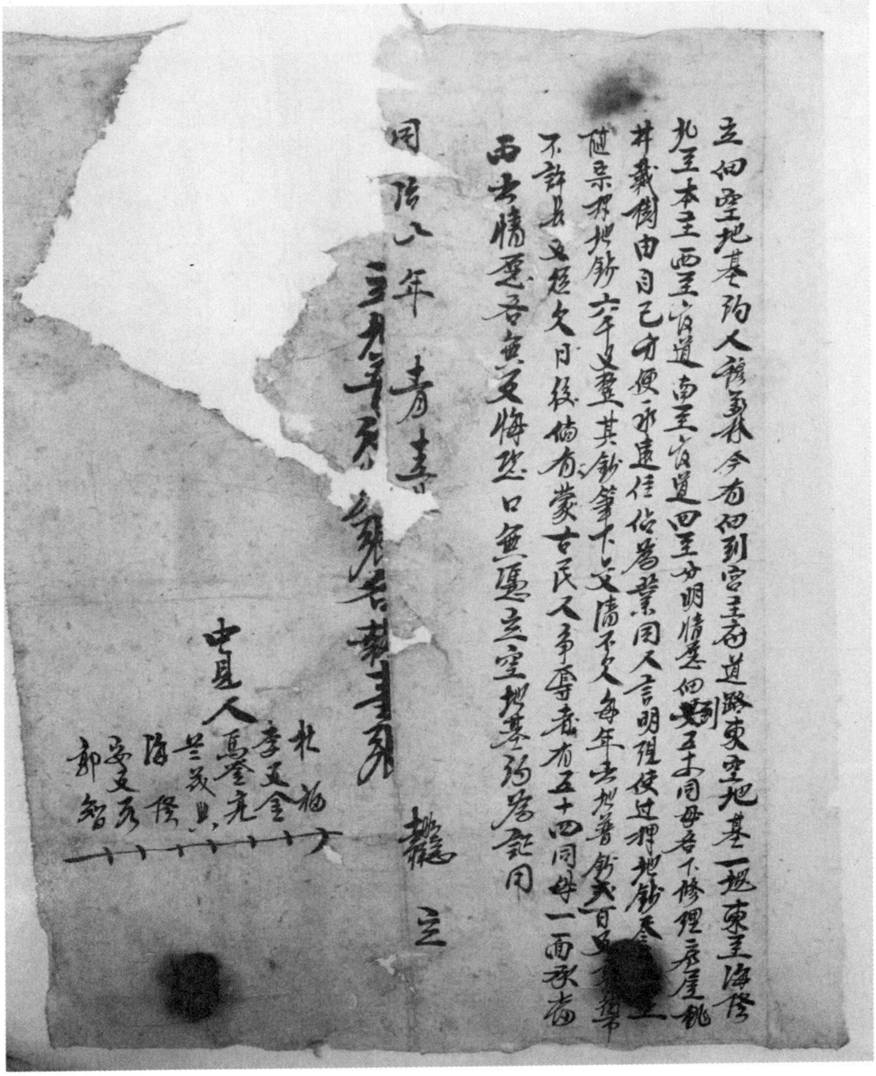

立佃空地基約人韓万春，今有佃到官主府道路東空地基一塊，東至海登，北至本主，西至官道，南至官道，四至分明，情愿佃到[illegible]五十同母吾不修理房屋耗并栽樹，由自己方便，永遠住佔為業，同人言明，使过押地錢叁[illegible]，随桌押地錢六千文整，其錢筆下交清不欠，每年出地普錢貳百文[illegible]，不許長支短欠，日後倘有蒙古民人爭奪者，有五十四同母一面承當，兩出情愿，吾無反悔，恐口無憑，立空地基約為証用。

同治八年 青[illegible]

[illegible]

韓[illegible] 立

中見人 朴福 李文全 馬登元 [illegible] 海登 李文彦 郝智

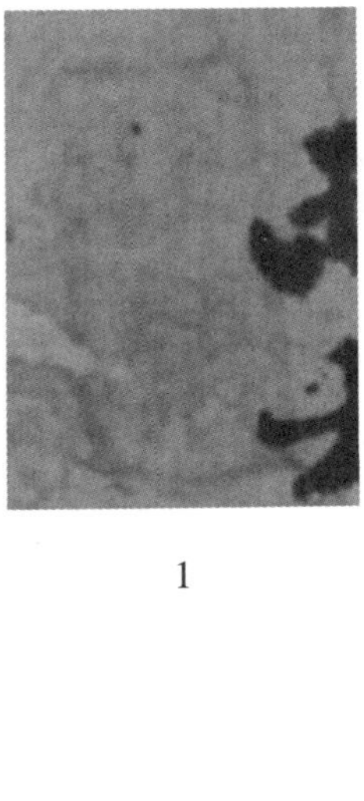

1

同7　同治八年（一八六九）穆萬林佃到五十四同母空地基約

該佃空地基約中鈐有朱印一方（1），印文為「註銷」。

立佃空地基约人穆萬林，今有佃到宫主府道路東空地基一塊。東至海隆，北至本主，西至官道，南至官道，四至分明。情愿佃到〔一〕五十四同母名下〔二〕，修理房屋、挑井栽樹，由自己方便，永遠住佔為業。同人言明，現使过押地錢叁千文整，随宗押地錢六千文整，其錢筆下交清不欠。每年出地普錢弍百文，錢随街市，不許長支短欠。日後，倘有蒙古民人争奪者，有五十四同母一面承當。兩出情愿，各無反悔。恐口無憑，立空地基约為証用。

同治八年　十一月　十五日　立〔三〕

立地普约弍張，各執壹張〔四〕。

中見人　杜　福
李文金
馬登亮
兰花興
海　隆
安文永
郭　智

注釋

〔一〕「到」字原在行間，正行中的字被塗抹掉。

〔二〕根據地基約整體内容可知，「情愿佃到五十四同母名下」一句表述有誤，原意應是從五十四同母名下佃到。

〔三〕「立」字上方空白處有一墨蹟勾畫，應是畫押。

〔四〕該行文字只存左半部分。

附表

編　　號	同7
題　　名	同治八年（一八六九）穆萬林佃到五十四同母空地基約
類　　別	佃到空地基約
尺　　寸	36.5×47 釐米
保存狀態	部分破損，有污漬，文字稍有殘損
原 編 號	45
紅 白 契	白契
立 約 者	穆萬林
理　　由	無
承 佃 者	穆萬林
出 佃 者	五十四同母
承 當 者	五十四同母
地點坐落及四至	宮主府道路東：東至海隆，北至本主，西至官道，南至官道
面　　積	空地基一塊
用　　途	修理房屋、挑井栽樹，由自己方便，永遠住佔為業
押 地 錢	叁千文整，隨宗押地錢六千文整，其錢筆下交清不欠
地 普 錢	每年弍百文，錢隨街市
年　　限	無
印　　章	朱印一方
稅　　票	無
文　　字	漢
中 見 人	杜福、李文金、馬登亮、兰花興、海隆、安文永、郭智
書　　人	無
立約日期	同治八年十一月十五日
附　　注	

同
8

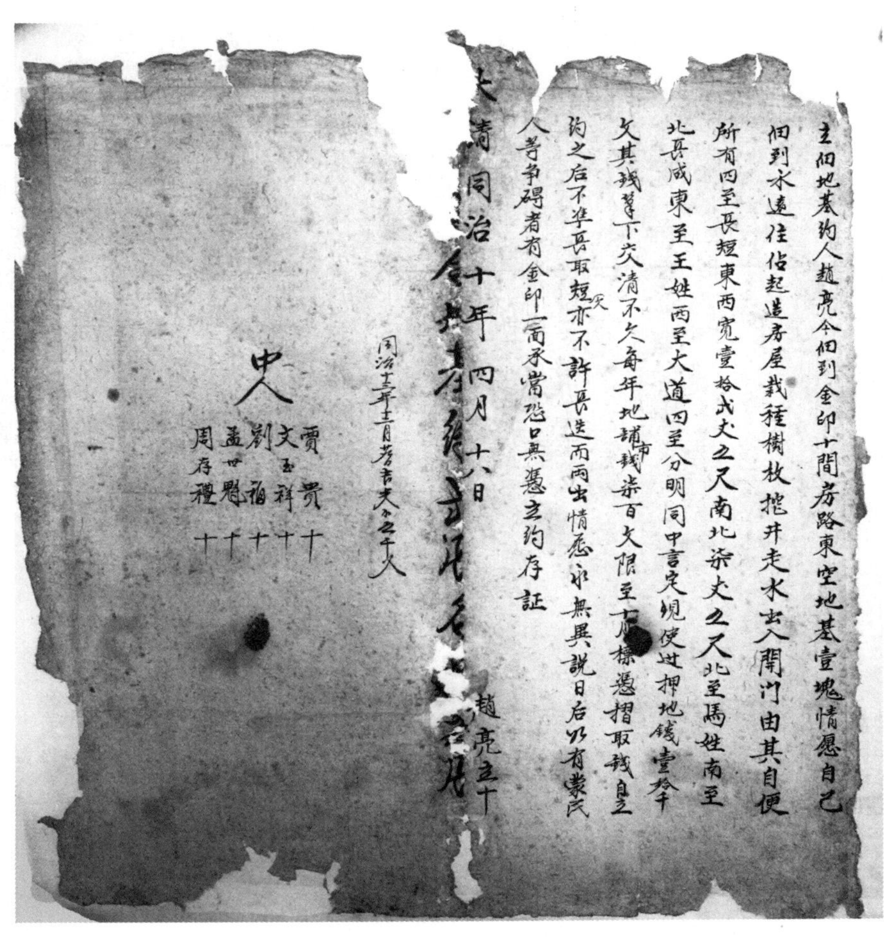

立佃地基約人趙亮今佃到金印十間房路東空地基壹塊情愿自己
佃到永遠住佔起造房屋栽種樹枝挖井走水出入開门由其自便
所有四至長短東西寬壹拾弍丈五尺南北柒丈五尺北至馮姓南至
北長成東至王姓西至大道四至分明同中言定現使过押地錢壹拾千
文其錢笔下交清不欠每年地鋪市錢柒百文限至十月標憑摺取錢息
約之后不準長取短欠亦不許長進兩兩出情愿永無異說日后以有蒙氏
人等爭碍者有金印一面承當恐口無憑立約存証

大清同治十年四月十八日　趙亮立十

同治十三年十二月考吉大人之千人

中人
賈貫十
文玉祥十
劉福十
孟世魁十
周存禮十

同8　同治十年（一八七一）趙亮佃到金印空地基約

立佃地基約人趙亮，今佃到金印十間房路東空地基壹塊。情愿自己佃到，永遠住佔。起造房屋、栽種樹枚、挖井走水、出入開門，由其自便。所有四至長短，東西寬壹拾弍丈五尺，南北柒丈五尺，北至馬姓，南至北長成，東至王姓，西至大道，四至分明。同中言定，現使过押地錢壹拾千文，其錢筆下交清不欠。每年地鋪市〔一〕錢柒百文，限至十月標憑摺取錢。自立約之后，不準長取短欠〔二〕，亦不許長迭（跌）。而兩出情愿，永無異説。日后，如有蒙民人等争碍者，有金印一面承當。恐口無憑，立約存証。

大清同治十年四月十八日　趙亮立十

合地基約弍張，各執壹張〔三〕。

同治十三年十二月廿九日长支錢五千文〔四〕。

賈貴十

文玉祥十

中人　劉福十

孟世魁十

周存禮十

注釋

〔一〕「市」字原在行間。

〔二〕「欠」字原在行間，附有表示增補插入的畫綫。

〔三〕該行文字只存左半部分。

〔四〕從句意可知該行文字為後來寫入。

編　號	同 8
題　名	同治十年（一八七一）趙亮佃到金印空地基約
類　別	佃到地基約
尺　寸	49×53.5 釐米
保存狀態	部分殘缺，有污漬，文字有缺損
原編號	46
紅白契	白契
立約者	趙亮
理　由	無
承佃者	趙亮
出佃者	金印
承當者	金印
地點坐落及四至	十間房路東：北至馬姓，南至北長成，東至王姓，西至大道
面　積	空地基壹塊：東西寬壹拾弍丈五尺，南北柒丈五尺
用　途	永遠住佔，起造房屋、栽種樹枚、挖井走水、出入開門，由其自便
押地錢	壹拾千文，其錢筆下交清不欠
地鋪市錢	每年柒百文，限至十月標憑摺取錢
年　限	無
印　章	無
稅　票	無
文　字	漢
中見人	賈貴、文玉祥、劉福、孟世魁、周存禮
書　人	無
立約日期	大清同治十年四月十八日
附　注	同治十三年十二月廿九日长支錢五千文

立writing細空地基約人金論三人今因使用不足今將自己祖遺當房路西安地基
壹塊東至路西至年庄北至曹庄南至路南北長壹拾五丈東西長壹拾五丈o
至分明情愿出細與杜萬三人名下塔蓋日后修蓋房屋打井栽樹由其白
便同人言明憑中使過押地壙價錢捌拾千文整共錢筆下交足不欠五年出
地壙錢盡數交還銜帶錢交納水不許長支短欠日后有業民人爭奪者有
金卯三人書面承當恐口無憑立此為証

同治拾年 有書日

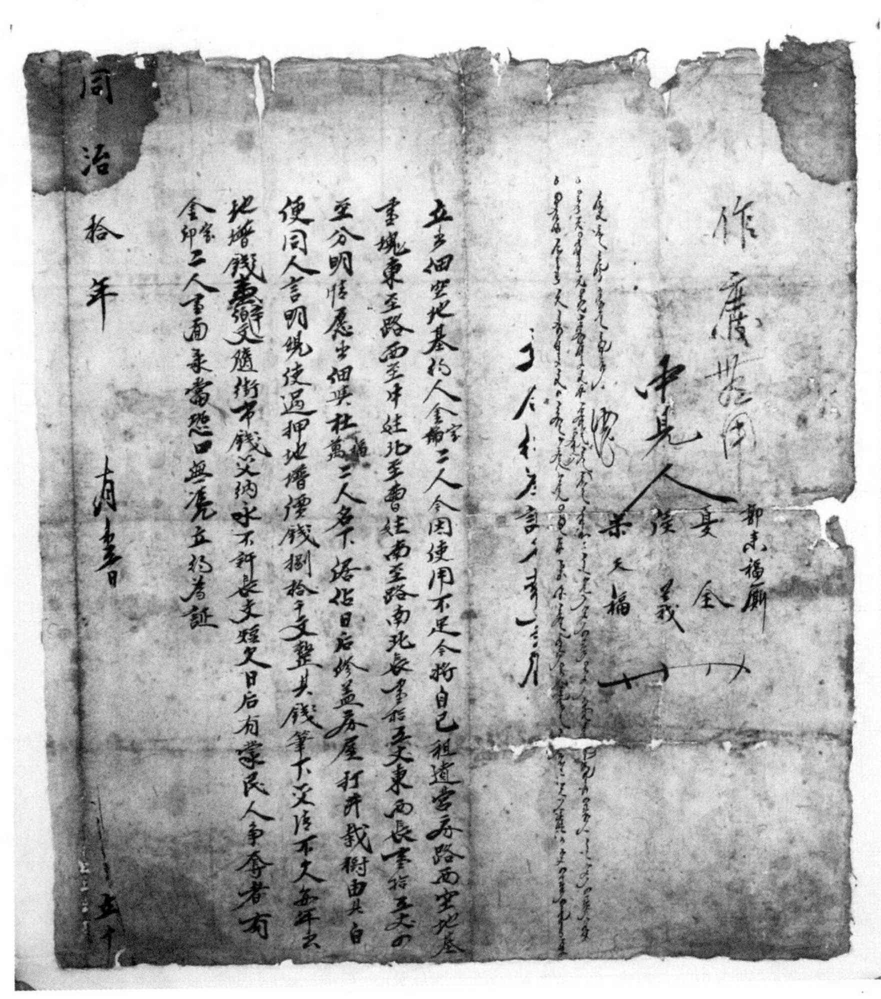

同9 同治十年（一八七一）金宝、金印出佃與杜福、杜萬空地基漢蒙雙語約

作廢無用[一]

1 郭来福斯

中見人

2 夏全

3 侯義

4 朱天福

5 [illegible][二]

6 [illegible]

7 [illegible]

漢譯

同治十年十月初五，與杜福民人就重新佔據之新地塊立約。為此將乾隆五十三年所押八拾仟文錢經使人商定後寫於新約上。此約各持相同一份。

8 立合约為証，各執壹張[三]。

9 立出佃空地基约人金宝 金印[四] 二人，今因使用不足，今將自己租（祖）遺營房路西空地基

10 壹塊，東至路，西至牛姓，北至曹姓，南至路，南北長壹拾五丈，東西長壹拾五丈，四

11 至分明，情愿出佃與杜福 杜萬二人名下倨（居）佔。日后，修盖房屋、打井栽樹，由其自

12 便。同人言明，現使過押地増價錢捌拾千文整，其錢筆下交清不欠。每年出

13 地増錢壹佰五十[五]文，隨街市錢交纳，永不許長支短欠。日后有蒙古民人争奪者，有

14 金宝印二人壹面承當。恐口無憑，立约為証。

15 同治拾年　十月初五日　立十

注釋

〔一〕從句意及字跡可知該行為後來寫入。

〔二〕該行末尾處有墨色勾畫，應是畫押。

〔三〕該行文字只存左半部分。

〔四〕「印」字有塗抹。

〔五〕「五十」原在行間，附有表示增補插入的畫綫。

編　　號	同9
題　　名	同治十年（一八七一）金宝、金印出佃與杜福、杜萬空地基漢蒙雙語約
類　　別	出佃空地基約
尺　　寸	46.5×55.7釐米
保存狀態	少量破損，文字基本完整
原 編 號	47
紅 白 契	白契
立 約 者	金宝、金印二人
理　　由	因使用不足
承 佃 者	杜福、杜萬二人
出 佃 者	金宝、金印二人
承 當 者	金宝、金印二人
地點坐落及四至	营房路西：東至路，西至牛姓，北至曹姓，南至路
面　　積	祖遺空地基壹塊：南北長壹拾五丈，東西長壹拾五丈
用　　途	修盖房屋、打井栽樹，由其自便
押地增錢	捌拾千文整，其錢筆下交清不欠
地 增 錢	每年壹佰五拾文，隨街市錢交納
年　　限	無
印　　章	無
稅　　票	無
文　　字	漢、三行蒙文
中 見 人	郭来福斯、夏全、侯義、朱天福
書　　人	無
立約日期	同治拾年十月初五日
附　　注	作廢無用。 約中有蒙文“同治十年十月初五，與杜福民人就重新佔據之新地塊立約。為此將乾隆五十三年所押八拾仟文錢經使人商定後寫於新約上。此約各持相同一份”。

同
10

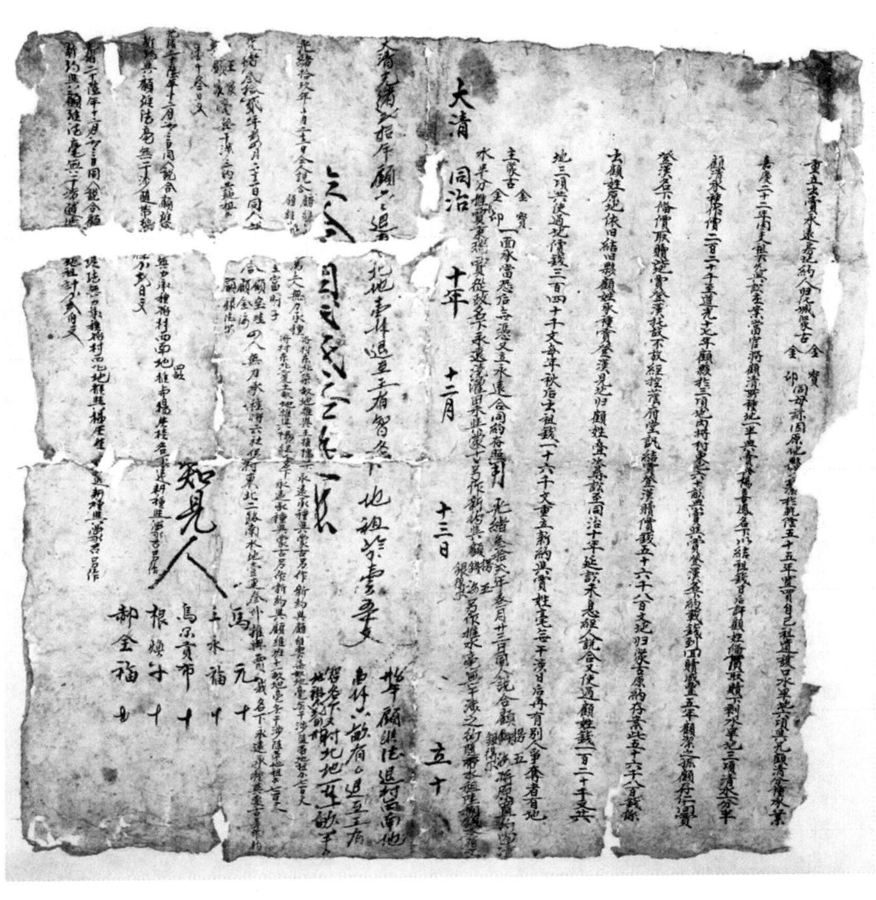

同10　同治十年（一八七一）蒙古金寶、金印同母與顧姓重立賣房地約

該合同約寫立於同治十年十二月十三日，約中光緒十九、二十、二十五、二十六、三十二年的土地變更信息當是後來補入，反映了金寶、金印同母名下土地的流轉情況。另參見後文光16、光17、光18、光42、光63號文書，但需注意光63號約的立約時間與該文書批注的時間並不一致。另外，合同約中提到乾隆五十五年顧潔置買到金寶、金印同母祖遺户口水旱地六頃，與兄顧清分種承業，具體當指乾6《乾隆五十五年（一七九〇）公慶出租與顧清地約》中的交易。

1　重立出賣永遠房地約人归化城蒙古金寶金印同母，茲因原地夥顧潔於乾隆五十五年置買自己祖遺護（戶）口水旱地六頃，與兄顧清分種承業，

2　嘉慶二十二年因支租欠，允興訟在案，當官將顧清所種地一半典賣與楊喜鳳名下，以結租錢，日后許顧姓備價取贖，下剩水旱地三頃、清水一分半，

3　顧清承種，作價二百二十千。至道光十七年，顧夥於三頃地内將村東北六十畝典賣與賈登漢名下，約載錢到回贖。咸豐五年，顧潔之孫顧存仁向賈

4　登漢名下備價取贖此地，賈登漢托故不放。經控薩府堂訊，結賈登漢贖價錢五十六千八百文，地归蒙古，原約存案，此五十六千八百錢係

5　出顧姓，原地依旧結旧夥顧姓承種。賈登漢見地归顧姓，叠次尋訟。至同治十年，延訟未息。經人説合，又使過顧姓錢一百二十千文，共

6　地三頃，共使過地價錢三百四十千文，每年秋后出租錢一十六千文。重立新約，與賈姓毫無干涉。日后再有別人爭奪者，有地

7　主蒙古金寶金印一面承當。恐后無憑，又立永遠合同約存照用。光緒叁拾弍年叁月廿三日，同人説合，顧楞五 錢海 銀得尔將原置約

内清

8 水半分推與[一]賈秉瑞、賈從政名下永遠澆灌田禾。與蒙古另作新约，與顧錢海（楞五、銀得尔）另作推水毫無干涉之约，隨帶水租陸

捌錢叁佰文。

9 大清 同治[二] 十年 十二月 十三日 立十

10 廿8年顧维德退村西南地

11 大清光绪弍拾年顧六々退東北地壹塊，退至王有智名下，地租亠三錢壹百五十文。壹塊六畝有△，退至王有

12 智名下。又，村北地一塊一畝半△，

13 立合同弍紙，各執一張[三]。 地租錢弍佰□。

14 光绪拾玖年十月二十三日，同人説合，顧维雲、顧维班兄弟二人無力承種，將村东北柒畝地推與王植槐名下永遠承種，與蒙古另作新約，與顧維雲柒畝地毫無干涉，隨帶地租錢七百文。將村东北二道十一畝地推與楊继金名下永遠承種，與蒙古另作新約，與顧維班十一畝地毫無干涉，隨帶地租錢七百文。

15 光绪叁拾貳年前四月二十二日，同人説合，王富明子、顧宝娃、顧金海、顧銀得尔四人無力承種，將云社堡村東北二路南水地壹連叁塊推與賈莪名下永遠種，與蒙古另作约

16 與王家、顧家毫無干涉。三约共地租錢

17 壹千叁百文。

18 知見人 馬元十 王永福十 烏尔貢布十

19 光绪二十陸年十二月初三日，同人説合，顧维德無力承種，將村西南地四畝〔四〕推與楊生桂名下永遠耕種，與蒙古另作　根煥子十

20 新约，與顧维德毫無干涉，隨帶地租錢弍百文。　郝全福书

21 光绪二十陸年十二月初三日，同人説合，顧维德無力承種，將村西北地推與楊生娃名下永遠耕種，與蒙古另作

22 新约，與顧维德毫無干涉，隨帶地租卄錢弍佰文。

注釋

〔一〕「與」字原在行間。

〔二〕「清」與「同」字左側有兩個朱色印跡。

〔三〕該行文字只存右半部分。

〔四〕「四畝」二字原在行間。

編　號	同 10
題　名	同治十年（一八七一）蒙古金寶、金印同母與顧姓重立賣房地約
類　別	重立出賣房地約
尺　寸	51.1×53.3 釐米
保存狀態	部分殘損
原編號	48
紅白契	白契
立約者	蒙古金寶、金印同母
理　由	原地夥顧姓將村東北六十畝典賣與賈登漢名下，約載錢到回贖。咸豐五年，顧姓備價取贖此地，賈登漢托故不放。經控薩府堂訊，地归蒙古，原地依旧結旧夥顧姓承種。賈登漢叠次尋訟，至同治十年，延訟未息。經人説合，重立新約。
承買者	顧姓
出賣者	蒙古金寶、金印同母
承當者	金寶、金印
地點坐落及四至	雲社堡村
面　積	祖遺地三頃
地價錢	三百四十千文
地租錢	每年秋后出一十六千文
年　限	無
印　章	無
税　票	無
文　字	漢
知見人	馬元、王永福、烏尔貢布、根煥子、郝全福
書　人	郝全福
立約日期	大清同治十年十二月十三日
附　注	約中批有光緒拾玖年十月二十三日、光緒弍拾年、光緒廿〥年、光緒二十陸年十二月初三日、光緒叁拾弍年叁月廿三日、光緒叁拾貳年前四月二十二日約

同11

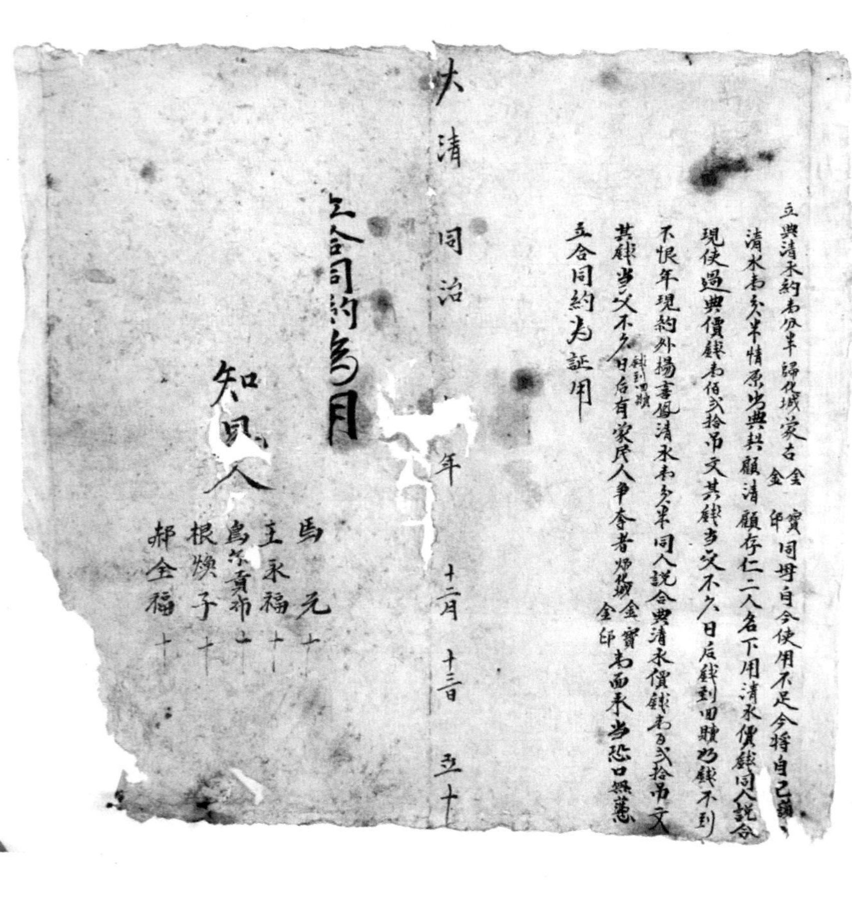

立典清水約人仝年歸化城蒙古金寶、金印同母自今使用不足，今將自己蒙、
清水壹分半，情願出典與顧清、顧存仁二人名下用清水，價錢同人說合，
現使過典價錢壹佰弍拾吊文，其錢當交不欠。日后錢到回贖，如錢不到，
不限年現。約外揚書屬清水壹分半，同人說合典清水價錢壹百弍拾吊文，
其錢當交不欠，錢到回贖。日后有家民人爭奪者，係有金寶、金印壹面承當。恐口無憑，
立合同約為証用。

大清同治　　年十二月十三日　立十

立合同約為用

知見人　馬元十　王永福十　烏尔貢布十　根煥子十　郝全福十

同11　同治十年（一八七一）蒙古金寶、金印同母出典與顧清、顧存仁清水約

該合同約紀年缺失，根據前文同10《同治十年（一八七一）金寶、金印同母與顧姓重立賣房地約》內容，可推知該文書亦於同治十年十二月十三日寫定。

立典清水約壹分半，歸化城蒙古金寶金印同母自今使用不足，今將自己護(戶)口清水壹分半情原(願)出典與顧清、顧存仁二人名下。用清水價錢，同人說合，現使過典價錢壹佰弍拾吊文，其錢当交不欠。日后，錢到回贖，如錢不到，不限年現(限)。約外，楊喜鳳清水壹分半，同人說合，典清水價錢壹百弍拾吊文，其錢当交不欠。日后，錢到回贖[一]，有蒙民人争奪者，歸化城金寶金印壹面承当。恐口無憑，

立合同約為証用。

大清　同治　十年　十二月　十三日　立十

立合同約為用[二]。

知見人　馬　元十　王永福十　烏尔貢布十　根煥子十

13

郝全福十

注釋

〔一〕「錢到回贖」四字或應補入「當交不欠」之後。

〔二〕該行文字只存右半部分。

編　　號	同 11
題　　名	同治十年（一八七一）蒙古金寶、金印同母出典與顧清、顧存仁清水約
類　　別	出典清水約
尺　　寸	48×47.4 釐米
保存狀態	少量破損，文字稍有殘缺
原 編 號	41
紅 白 契	白契
立 約 者	歸化城蒙古金寶、金印同母
理　　由	使用不足
承 典 者	顧清、顧存仁二人，約外：楊喜鳳
出 典 者	歸化城蒙古金寶、金印同母
承 当 者	歸化城金寶、金印
地點坐落	歸化城
數　　量	户口清水壹分半。約外，楊喜鳳清水壹分半
用　　途	無
典 價 錢	壹佰弍拾吊文，其錢当交不欠。約外楊喜鳳典清水價钱壹百弍拾吊文，其錢當交不欠
年　　限	錢到回贖；如錢不到，不限年限
印　　章	無
税　　票	無
文　　字	漢
中 見 人	馬元、王永福、烏尔貢布、根煥子、郝全福
書　　人	無
立約日期	大清同治十年十二月十三日
附　　注	

同12

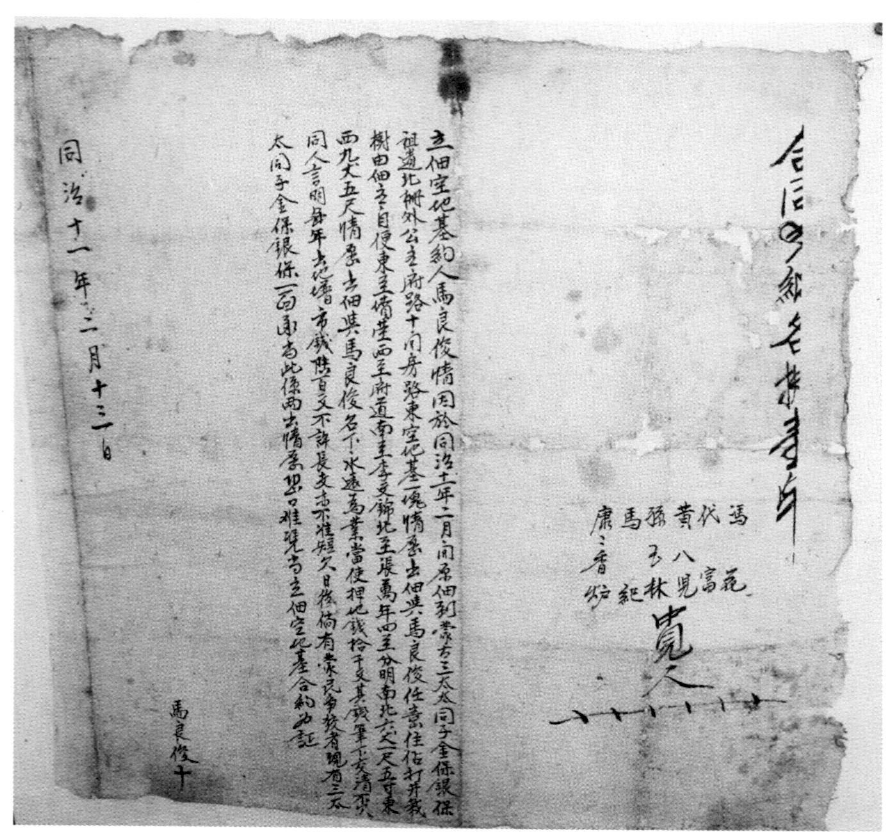
合同約各執壹紙
立佃空地基約人馬良俊情因於同治十一年二月間原佃到蒙古三太太同子金保銀保
祖遺北柵外公主府路十间房路東空地基一塊情愿出佃與馬良俊任意住佔打井栽
樹由佃主自便東至倘崖西至府道南至李文錦北至張萬年四至分明南北六丈一尺五寸東
西九丈五尺情愿出佃與馬良俊名下永遠為業當使押地錢拾千文其錢筆下交清不欠
同人言明每年出地譜市錢陆百文不許長支亦不准短欠日後倘有蒙民爭致者現有三太
太同子金保銀保一面承当此係兩出情愿恐口難憑立佃空地基合約為証
馮花
代富
黃八兒
孫玉林
馬紀
康二香[illegible]
中見人
同治十一年二月十二日
馬良俊十

同12 同治十一年（一八七二）馬良俊佃到蒙古三太太同子金保、銀保空地基約

合同式紙，各執壹張[一]。

中見人
馮花 十
代富 十
黄八皃 十
孫玉林 十
馬紀 十
康二香炉 十

立佃空地基約人馬良俊，情因於同治十一年二月间原佃到：蒙古三太太同子金保、銀保
祖遺北柵外公主府路十间房路東空地基一塊，情愿出佃與馬良俊任意住佔。打井栽
樹，由佃主自便。東至墳茔，西至府道，南至李文錦，北至张萬年，四至分明，南北六丈一尺五寸，東
西九丈五尺，情愿出佃與馬良俊名下永遠為業。當使押地錢拾千文，其錢筆下交清不欠。
同人言明，每年出地增市錢陆百文，不許長支，亦不准短欠。日後，倘有蒙民争狡者，現（限）有三太
太同子金保、銀保一面承当。此係两出情愿，恐口难憑，当立佃空地基合約为証。

馬良俊 十

同治十一年二月十三日

注釋

［一］該行文字只存左半部分。

編　　號	同 12
題　　名	同治十一年（一八七二）馬良俊佃到蒙古三太太同子金保、銀保空地基約
類　　別	佃到空地基約
尺　　寸	48×47.5 釐米
保存狀態	少量破損，文字完整
原 編 號	49
紅 白 契	白契
立 約 者	馬良俊
理　　由	情因於同治十一年二月间佃到蒙古三太太同子金保、銀保祖遺空地基一塊
承 佃 者	馬良俊
出 佃 者	蒙古三太太同子金保、銀保
承 当 者	三太太同子金保、銀保
地點坐落及四至	北柵外公主府路十间房路东：東至墳茔，西至府道，南至李文錦，北至张萬年
面　　積	祖遺空地基一塊：南北六丈一尺五寸，東西九丈五尺
用　　途	任意住佔，打井栽樹，由佃主自便
押 地 錢	拾千文，其錢筆下交清不欠
地增市錢	每年陆百文
年　　限	無
印　　章	無
稅　　票	無
文　　字	漢
中 見 人	馮花、代富、黄八皃、孫玉林、馬紀、康二香炉
書　　人	無
立約日期	同治十一年二月十三日
附　　注	

同13

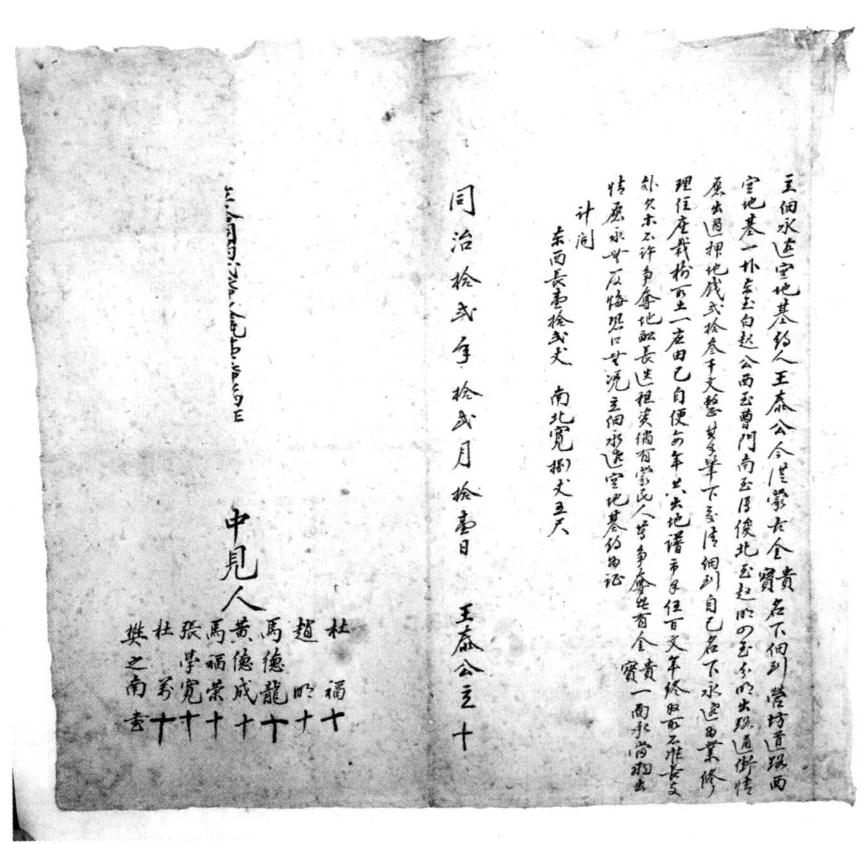
立佃永遠宅地基約人王泰公今從蒙在全貴寶名下佃到營坊道路西
宅地基一塊東至自趙公西至曹門南至馬像北至趙明西至小出路通街情
願出過押地錢貳拾叁千文整其錢筆下交清佃到自己名下永遠為業修
理住座栽樹下土一應由己自便每年出地譜市錢伍百文年終收取不准長支
外欠東不許爭奪地畝長遠租資備有當地人等爭奪俱有全貴寶一面承當此出
情願永無反悔恐口無憑立佃永遠宅地基約為證
計開
東西長壹拾貳丈　南北寬捌丈五尺

同治拾貳年拾貳月拾壹日　王泰公立　十

中見人
杜福　十
趙明　十
馬德龍　十
黃德成　十
馬福崇　十
張學寬　十
杜芳　十
樊之南　書

同13　同治十二年（一八七三）王泰公佃到蒙古金貴、金寶空地基約

立佃永遠空地基约人王泰公，今從蒙古金貴寶名下佃到營坊道路西
空地基一塊，东至白起公，西至曹門，南至傅俊，北至赵明，四至分明，出路通街。情
愿出過押地錢弍拾叁千文整，其錢筆下交清。佃到自己名下永遠为業，修
理住座、栽樹取土，一应由己自便。每年共出地谱市錢伍百文，年终收取，不准長支
短欠，亦不许争奪地畝、長迭（跌）租資。倘有蒙民人等争奪者，有金貴寶一面承當。兩出
情愿，永無反悔。恐口無憑，立佃永遠空地基约为证。
计開
东西長壹拾弍丈，　南北寬捌丈五尺。

同治拾弍年拾弍月拾壹日　王泰公立十

立合同约弍紙，各執壹紙為証[一]。中見人
杜　福十
趙　明十
馬德龍十
黄德成十
馬福荣十
張學寬十

16 杜萬十

17 樊之南書

注釋

〔一〕該行文字只存右半部分。

附表

編　號	同 13
題　名	同治十二年（一八七三）王泰公佃到蒙古金貴、金寶空地基約
類　別	佃到空地基約
尺　寸	45.8×46.8 釐米
保存狀態	完整
原編號	50
紅白契	白契
立約者	王泰公
理　由	無
承佃者	王泰公
出佃者	蒙古金貴、金寶
承當者	金貴、金寶
地點坐落及四至	營坊道路西：東至白起公，西至曹門，南至傅俊，北至赵明
面　積	空地基一塊，計開东西長壹拾弍丈　南北寬捌丈五尺
用　途	永遠为業，修理住座、栽樹取土，一应由己自便
押地錢	弍拾叁千文整，其錢筆下交清
地谱錢	每年市錢伍百文，年终收取
年　限	無
印　章	無
税　票	無
文　字	漢
中見人	杜福、趙明、馬德龍、黄德成、馬福荣、張學寛、杜萬、樊之南
書　人	樊之南
立約日期	同治拾弍年拾弍月拾壹日
附　注	

光1

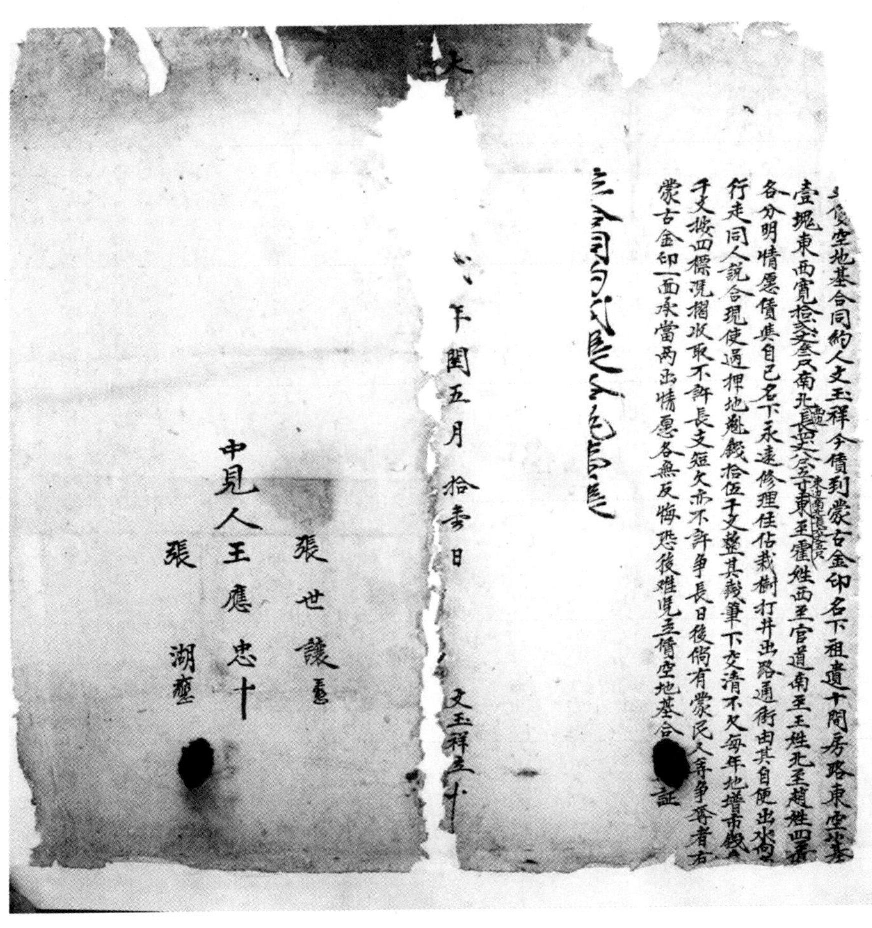

立賃空地基合同約人文玉祥，今賃到蒙古金印名下祖遺十間房路東空地基壹塊，東西寬拾丈叁尺，南北長四丈六尺叁寸，東至霍姓，西至官道，南至王姓，北至趙姓，四至各分明，情愿賃與自己名下永遠修理住佔，栽樹打井，出路通街，由其自便，出水尚□行走。同人說合，現使過押地欵錢拾伍千文整，其錢筆下交清不欠，每年地增市錢□千文，按四標現撥收取，不許長支短欠，亦不許爭長。日後倘有蒙民人等爭奪者，有蒙古金印一面承當。兩出情愿，各無反悔，恐後難憑，立賃空地基合□為証。

□□□□□□□□□□

光□□年閏五月拾叁日　文玉祥立十

中見人　張世讓　王應忠十　張湖壐

光1　光緒二年（一八七六）文玉祥賃到蒙古金印空地基合同約

該合同約中的統治年號及時間缺損，查賃地雙方均在同8「同治十年（一八七一）趙亮佃到金印空地基約」中出現，其中文玉祥為中人。出賃人金印出現在同治、光緒年間的合同約中。另結合本文書殘存年月有「貳年閏五月」，可推知其年代為光緒二年。

1 立賃空地基合同約人文玉祥，今賃到：蒙古金印名下祖遺十間房路東空地基

2 壹塊，東西寬拾弍丈叁尺，南北西边〔一〕長四丈八尺五寸，東边南北長六丈五尺〔二〕，東至霍姓，西至官道，南至王姓，北至趙姓，四至俱

3 各分明，情愿賃與自己名下永遠修理住佔。栽樹打井、出路通街，由其自便。出水向西

4 行走。同人説合，現使過押地⿰兑也錢拾五千文整，其錢筆下交清不欠。每年地增市錢叁

5 千文，按四標憑摺收取，不許長支短欠，亦不許争長。日後，倘有蒙民人等争奪者，有

6 蒙古金印一面承當。两出情愿，各無反悔。恐後难凭，立賃空地基合同約為証。

7 立合同約貳張，各執壹張〔三〕。

8 大清光緒貳年閏五月拾壹日　　文玉祥立十

9 張世讓〔四〕

中見人 王應忠 十

張　湖〔五〕

注釋

〔一〕「西边」二字原在行間，附有表示增補插入的畫綫。

〔二〕「東边南北長六丈五尺」九字原在行間，附有表示增補插入的畫綫。

〔三〕該行文字只存右半部分。

〔四〕該名字下方有墨色畫押。

〔五〕該名字下方有墨色畫押。

附表

編　　號	光 1
題　　名	光緒二年（一八七六）年文玉祥賃到蒙古金印空地基合同約
類　　别	賃到空地基约
尺　　寸	50×52 釐米
保存狀態	部分破損，有污漬
原 編 號	113
紅 白 契	白契
立 約 者	文玉祥
理　　由	無
承 賃 者	文玉祥
出 賃 者	蒙古金印
承 當 者	蒙古金印
地點坐落及四至	十間房路東：東至霍姓，西至官道，南至王姓，北至趙姓，出水向西行走
面　　積	祖遺空地基壹塊：東西寬拾式丈叁尺，南北西边長四丈八尺五寸，東边南北長六丈五尺
用　　途	永遠修理住佔，栽樹打井、出路通街，由其自便
押地艳錢	拾五千文整，其錢筆下交清不欠
地 增 錢	每年市錢叁千文，按四標憑摺收取
年　　限	無
印　　章	無
税　　票	無
文　　字	漢
中 見 人	張世讓、王應忠、張湖
書　　人	無
立約日期	大清光緒貳年閏五月拾壹日
附　　注	

光
2

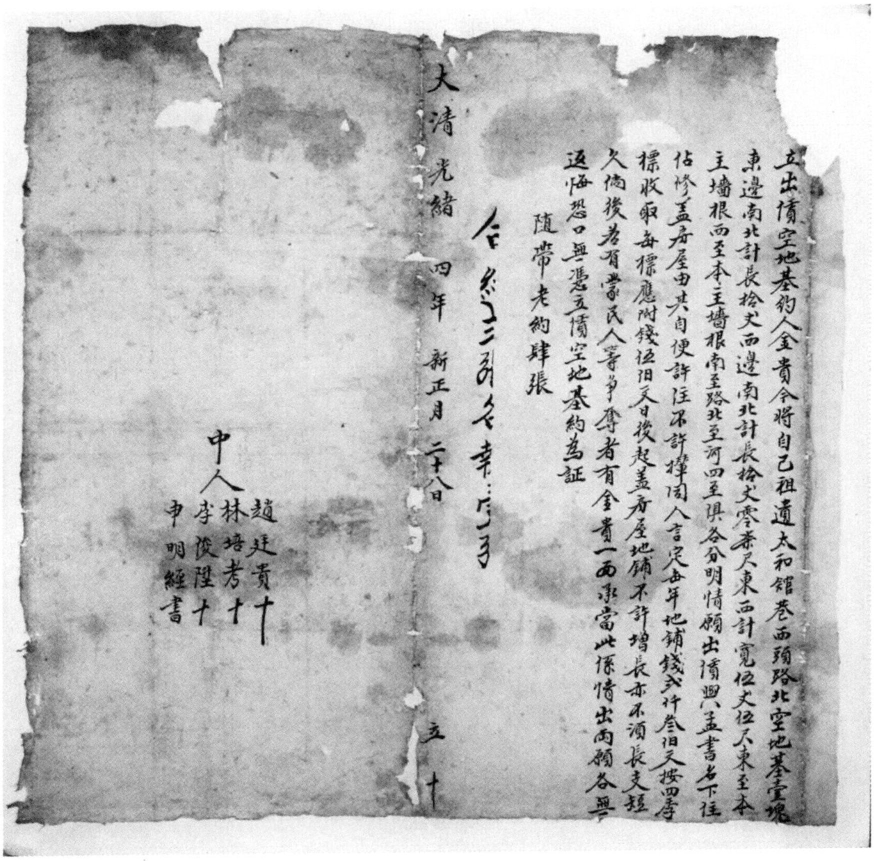

立出賃空地基約人金貴今將自己祖遺太和館巷西頭路北空地基壹塊
東邊南北計長拾丈西邊南北計長拾丈零柒尺東西計寬伍丈伍尺東至本
主墻根西至本主墻根南至路北至河四至俱各分明情願出賃與八孟書名下住
佔修盖房屋由其自便許住不許攆閃人言定每年地鋪錢弍仟叁佰文按四季
標收取每標應附錢伍佰文日後起盖房屋地鋪不許增長亦不須長支短
欠倘後若有當氏人等爭奪者有金貴一面承當此係情出兩願各無
返悔恐口無憑立賃空地基約為証
隨帶老約肆張

合約三張各執字

大清光緒四年新正月二十八日　立十

中人　趙廷貴十
　　　林培考十
　　　李俊陞十
申明經書

光2　光緒四年（一八七八）金貴出賃與孟書空地基約

1 立出賃空地基约人金貴，今將自己祖遺太和館巷西頭路北空地基壹塊，
2 東邊南北計長拾丈，西邊南北計長拾丈零柒尺，東西計寬伍丈伍尺，東至本
3 主墻根，西至本主墻根，南至路，北至河，四至俱各分明，情願出賃與孟書名下。住
4 佔、修盖房屋，由其自便，許住不許攆。同人言定，每年地鋪錢弍仟叁佰文，按四季
5 標收取，每標應附錢伍佰文。日後，起盖房屋，地鋪不許增長，亦不(許)須長支短
6 欠。倘後若有蒙民人等爭奪者，有金貴一面承當。此係情出兩願，各無
7 返悔。恐口無憑，立賃空地基約為証。
8 隨帶老約肆張。
9 合約弍張，各執壹張[一]。
10 大清光緒　四年　新正月　二十八日　立十
11 中人　趙廷貴十
12 林培考十
13 李俊陞十
14 申明經書

注釋

〔一〕該行文字只存左半部分。

附表

編　號	光 2
題　名	光緒四年（一八七八）金貴出賃與孟書空地基約
類　別	出賃空地基約
尺　寸	52.5×53.3 釐米
保存狀態	部分破損，文字完整
原編號	52
紅白契	白契
立約者	金貴
理　由	無
承賃者	孟書
出賃者	金貴
承當者	金貴
地點坐落及四至	太和館巷西頭路北：東至本主牆根，西至本主牆根，南至路，北至河
面　積	祖遺空地基壹塊：東邊南北計長拾丈，西邊南北計長拾丈零柒尺，東西計寬伍丈伍尺
用　途	住佔、修盖房屋，由其自便
押地錢	無
地鋪錢	每年弍仟叁佰文，按四季標收取，每標應附錢伍佰文
年　限	無
印　章	無
稅　票	無
文　字	漢
中見人	趙廷貴、林培考、李俊陞、申明經
書　人	申明經
立約日期	大清光緒四年新正月二十八日立
附　注	隨帶老約肆張

光3

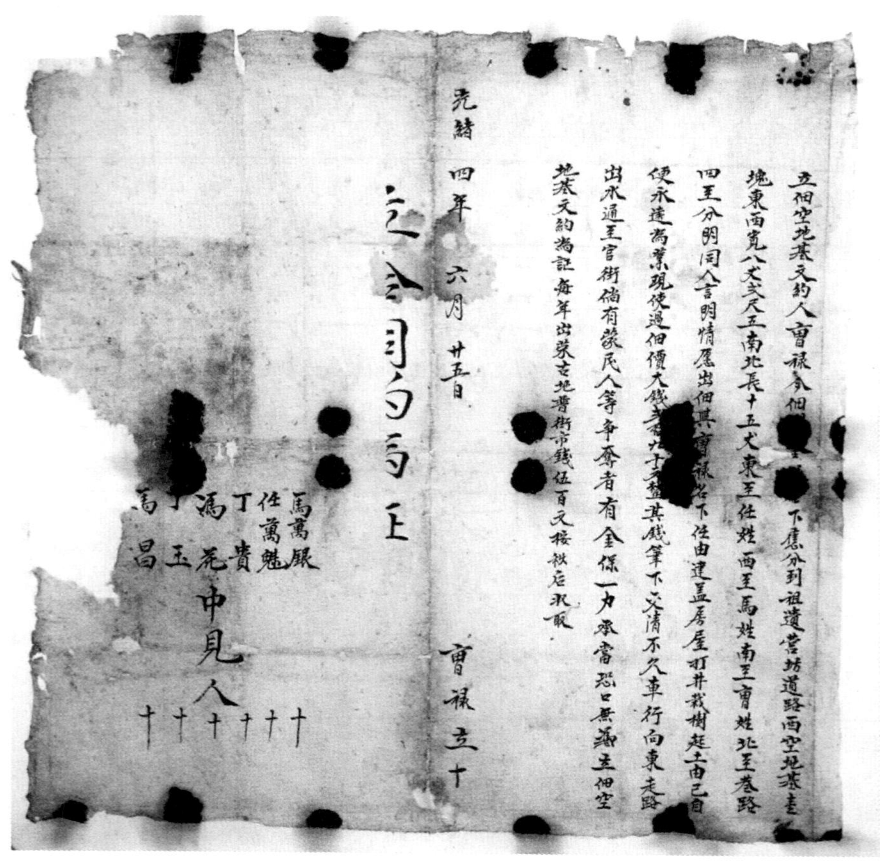
立佃空地基文約人曾祿今佃[illegible]下應分到祖遺營坊道路西空地基壹

塊東西寬八丈二尺五南北長十五丈東至任姓西至馬姓南至曾姓北至巷路

四至分明同人言明情愿出佃與曾祿名下任由建蓋房屋打井栽樹起土由己自

便永遠為業現使過佃價大錢[illegible]千文整其錢筆下交清不欠車行向東走路

出水通至官街倘有蒙民人等爭奪者有金保一力承當恐口無憑立佃空

地基文約為証每年出蒙古地譜街市錢伍百文按秋后收取

光緒四年六月廿五日　　曾祿立十

立合同約為証

馬萬賑十
任萬魁十
丁貴十
馮花十
丁玉十
馬昌十
中見人

光3　光緒四年（一八七八）曹禄佃到金保空地基文約

立佃空地基文約人曹禄，今佃到金保名下應分到祖遺營坊道路西空地基壹塊。東西寬八丈弍尺五，南北長十五丈，東至任姓，西至馬姓，南至曹姓，北至巷路，四至分明。同人言明，情愿出佃與曹禄名下，任由建盖房屋，打井、栽樹、起土，由己自便，永遠為業。現使過佃價大錢弍拾九千文整，其錢筆下交清不欠。車行向東，走路出水通至官街。倘有蒙民人等爭奪者，有金保一力承當。恐口無憑，立佃空地基文約為証，每年出蒙古地普街市錢伍百文，按秋后收取。

光緒　四年　六月　廿五日　　曹禄　立十

立合同約為証〔一〕。

馬萬銀　十
任萬魁　十
丁貴　十
馮花　中見人　十
丁玉　十
馬昌　十

注釋

〔一〕該行文字只存右半部分。

編　號	光 3
題　名	光緒四年（一八七八）曹禄佃到金保空地基文約
類　別	佃到空地基約
尺　寸	53 × 54 釐米
保存狀態	部分殘缺，有污漬，文字基本完整
原編號	53
紅白契	白契
立約者	曹禄
理　由	無
承佃者	曹禄
出佃者	金保
承當者	金保
地點坐落及四至	营坊道路西：東至任姓，西至馬姓，南至曹姓，北至巷路。車行向東，走路出水通至官街
面　積	祖遺空地基壹塊：東西寬八丈弍尺五，南北長十五丈
用　途	任由建盖房屋，打井、栽樹、起土，由己自便，永遠為業
佃價錢	大錢弍拾九千文整，其錢筆下交清不欠
地普錢	每年街市錢伍百文，按秋后收取
年　限	無
印　章	無
税　票	無
文　字	漢
中見人	馬萬銀、任萬魁、丁貴、馮花、丁玉、馬昌
書　人	無
立約日期	光緒四年六月廿五日
附　注	

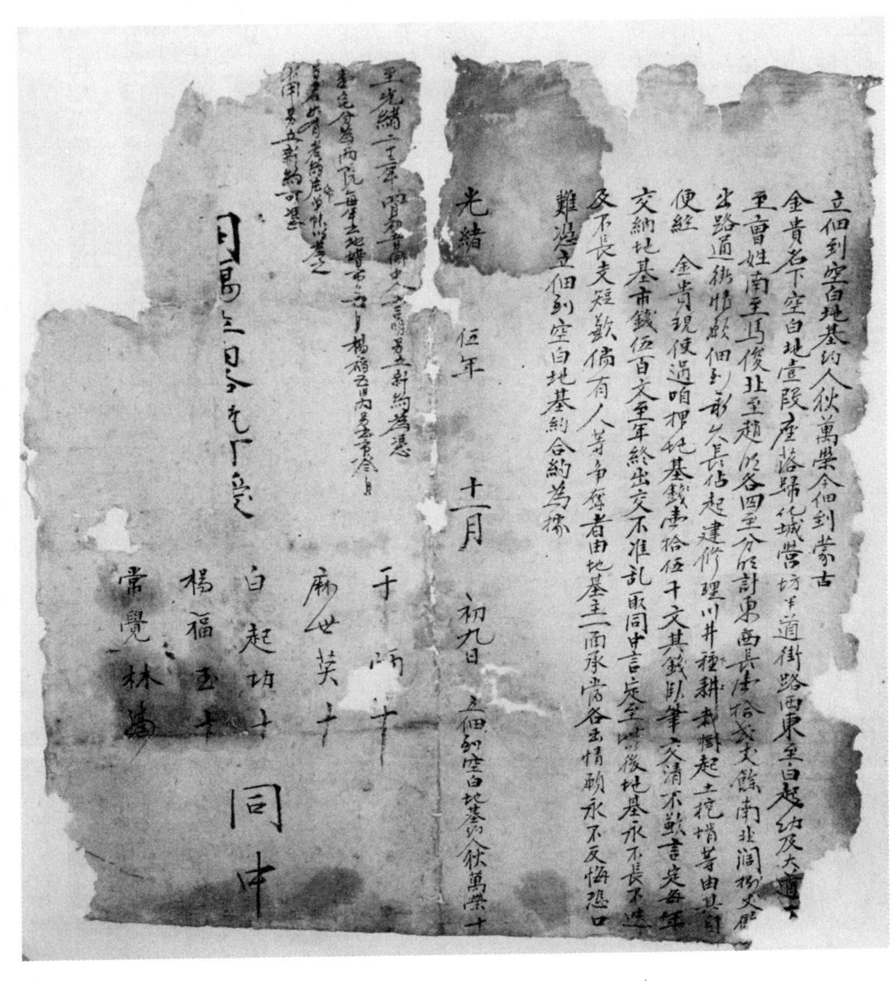

立佃到空白地基約人狄萬榮今佃到蒙古金貴名下空白地壹段座落歸化城營坊丁道街路西東至曾姓南至馬俊北至趙□各四至分許計東西長捌戈貳尺潤拾捌文佃□彰欠長佔起建修理川井種耕奄問起土挖□等由其回便經金貴現便過咱押祀基錢陸拾伍千文其錢即筆交清不欠言定每年交納地基市錢伍百文至年終出交不准乱歌同中言□後地基永不長不墊難過立佃到空白地基約合約為據

及不長支延歉倘有人等爭奪者由地基主一面承當各出情朝永不反悔恐口

光緒　伍年　十一月　初九日　立佃到空白地基約狄萬榮十

　　　　　　　　　　于丙申十
　　　　　　　　　　廓世芙十

　　　　白起坊十　　同中
　　　　楊福玉十
　　　　常覺林筆

至光緒二十年四月内此白地基轉市與曾吉徐□□□，□□會寫，內瓦並白土地轉市與吉貴徐永遠會與為內瓦並白土地轉市與吉貴徐今仝中言明賣五軒約為憑楊福玉筆中吉貴徐

光4 光緒五年（一八七九）狄萬榮佃到蒙古金貴空白地基約

立佃到空白地基约人狄萬榮，今佃到蒙古
金貴名下空白地壹段。座落歸化城營坊半道街路西，東至白起功及大道，西
至曹姓，南至馬俊，北至趙明，各四至分明，計東西長壹拾弍丈餘，南北闊捌丈餘，
出路通街。情願佃到，永久長佔。起建修理、川(穿)井耕種〔一〕、栽樹、起土挖堉(鑿)等，由其自
便。經　金貴現使過咱押地基錢壹拾伍千文，其錢臥筆交清不歉(欠)。言定每年
交納地基市錢伍百文，至年終出交，不准乱取。同中言定，至此以後，地基永不長不迭(跌)
及不長支短歉(欠)。倘有人等争奪者，由地基主一面承當。各出情願，永不反悔。恐口
難憑，立佃到空白地基約合約為據。

光緒　伍年　十一月　初九日　立佃到空白地基约人狄萬榮十

至光緒二十三年四月初五日，同中人言明，另立新約為憑。
壹宅分為兩院，每年出地增市五百，楊福五百内另出市叁百。
日后，如有老約片紙〔二〕单帐，以為之
不用，另立新約可憑。〔三〕

同□立約，各執可據〔四〕。

于炳十
麻世英十
白起功十　同　中
楊福玉十
常覺林〔五〕

注釋

〔一〕「耕種」原顛倒為「種耕」，但兩字右側分別寫有表示正確順序的「下」、「上」二字。

〔二〕「紙」字原在行間。

〔三〕從文意可知第10至13行小字部分為後來寫入。

〔四〕該行文字只存右半部分。

〔五〕該人名下面有墨色畫押。

編　號	光 4
題　名	光緒五年（一八七九）狄萬榮佃到蒙古金貴空白地基約
類　别	佃到空白地基約
尺　寸	47.5×53 釐米
保存狀態	有缺損，文字稍殘缺
原編號	54
紅白契	白契
立約者	狄萬榮
理　由	無
承佃者	狄萬榮
出佃者	金貴
承當者	金貴
地點坐落及四至	歸化城營坊半道街路西：東至白起功及大道，西至曹姓，南至馬俊，北至趙明
面　積	空白地壹段：計東西長壹拾弍丈餘，南北闊捌丈餘
用　途	永久長佔，起建修理、穿井耕種、栽樹、起土挖壑等，由其自便
押地基錢	壹拾伍千文，其錢臥筆交清不欠
地基錢	每年市錢伍百文，至年終出交
年　限	無
印　章	無
税　票	無
文　字	漢
同中人	于炳、麻世英、白起功、楊福玉、常覺林
書　人	無
立約日期	光緒伍年十一月初九日
附　注	光緒二十三年四月初五日另立新約為憑。

光
5

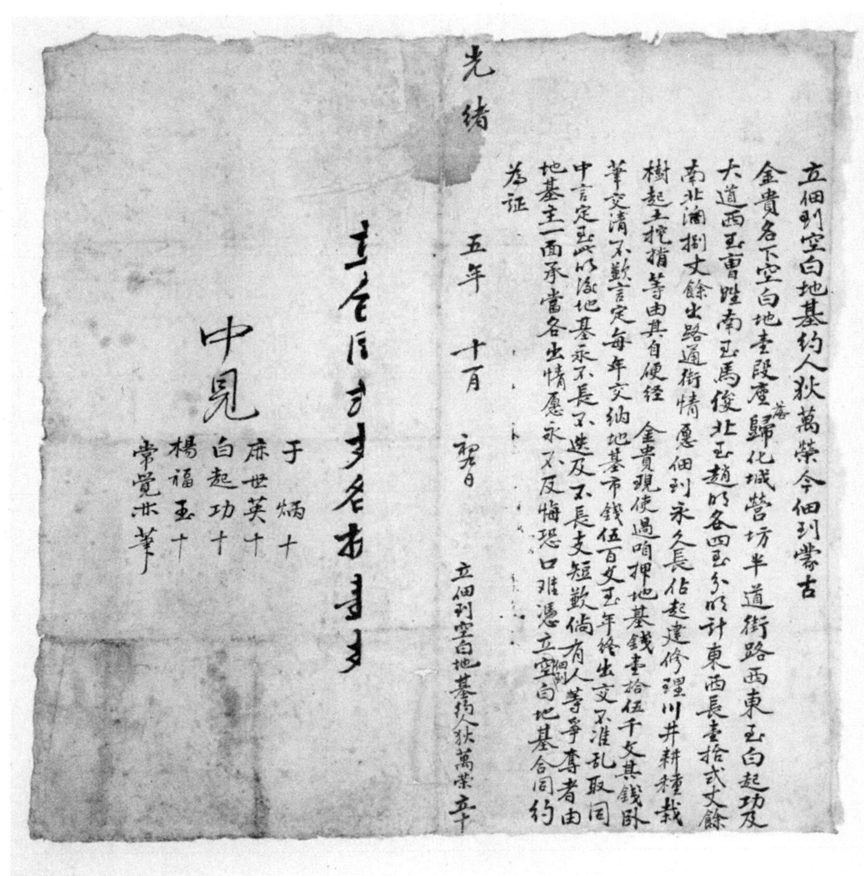

立佃到空白地基约人狄萬榮，今佃到營古
金貴名下空白地壹段，座落歸化城營坊半道街路西。東至白起功及
大道，西至曹姓，南至馬俊，北至趙姓，各四至分明。計東西長壹拾弍丈餘，
南北濶捌丈餘，出路通街。情愿佃到永久長佔，起建修理，川井耕種栽
樹，起土挖掘等，由其自便。經
金貴現使過啕押地基錢壹拾伍千文，其錢卧
筆交清不欠。言定每年交納地基市錢伍百文，至年終出交，不准乱取。同
中言定，至此以後地基永不長不迭，及不長支短欠。倘有人等爭奪者，由
地基主一面承當。各出情愿，永不反悔。恐口難憑，立佃到空白地基合同约
為証。

光緒五年十月初九日　　立佃到空白地基约人狄萬榮十

立合同文约各執壹張

中見　于炳十　康世英十　白起功十　楊福玉十　常覺洪筆

光5 光緒五年（一八七九）狄萬榮佃到蒙古金貴空白地基約

該合約與光4佃到的是同一空白地基，但文書內容表述不盡相同。

立佃到空白地基约人狄萬榮，今佃到蒙古
金貴名下空白地壹段。座落[一]歸化城營坊半道街路西，東至白起功及
大道，西至曹姓，南至馬俊，北至趙明，各四至分明，計東西長壹拾弍丈餘，
南北闊捌丈餘，出路通街。情愿佃到，永久長佔。起建修理、川(穿)井耕種、栽
樹、起土挖搰(鑿)等，由其自便。经　金貴現使過咱押地基錢壹拾伍千文，其錢臥
筆交清不歉(欠)。言定每年交纳地基市錢伍百文，至年终出交，不准乱取。同
中言定，至此以後，地基永不長不迭(跌)及不長支短歉(欠)。倘有人等爭奪者，由
地基主一面承當。各出情愿，永不反悔。恐口难憑，立佃到空白地基合同约
為証。
光绪　五年　十一月　初九日　立佃到空白地基约人狄萬荣　立十
立合同式□，各执壹□[二]。
中見　于　炳十
麻世英十
白起功十
楊福玉十

16

常觉林 筆

注釋

〔一〕「落」字原在行間。

〔二〕該行文字只存左半部分。

附表

編　號	光 5
題　名	光緒五年（一八七九）狄萬榮佃到蒙古金貴空白地基約
類　別	佃到空白地基約
尺　寸	44.5×46 釐米
保存狀態	完整
原編號	55
紅白契	白契
立約者	狄萬榮
理　由	無
承佃者	狄萬榮
出佃者	金貴
承當者	金貴
地點坐落及四至	歸化城營坊半道街路西：東至白起功及大道，西至曹姓，南至馬俊，北至趙明
面　積	空白地壹段：計東西長壹拾弍丈餘，南北闊捌丈餘
用　途	永久長佔，起建修理、穿井耕種、栽樹、起土挖壟等，由其自便
押地基錢	壹拾伍千文，其錢臥筆交清不欠
地基錢	每年市錢伍百文，至年終交出
年　限	無
印　章	無
稅　票	無
文　字	漢
中　見	于炳、麻世英、白起功、楊福玉、常覚林
書　人	常覚林
立約日期	光緒五年十一月初九日
附　注	

光
6

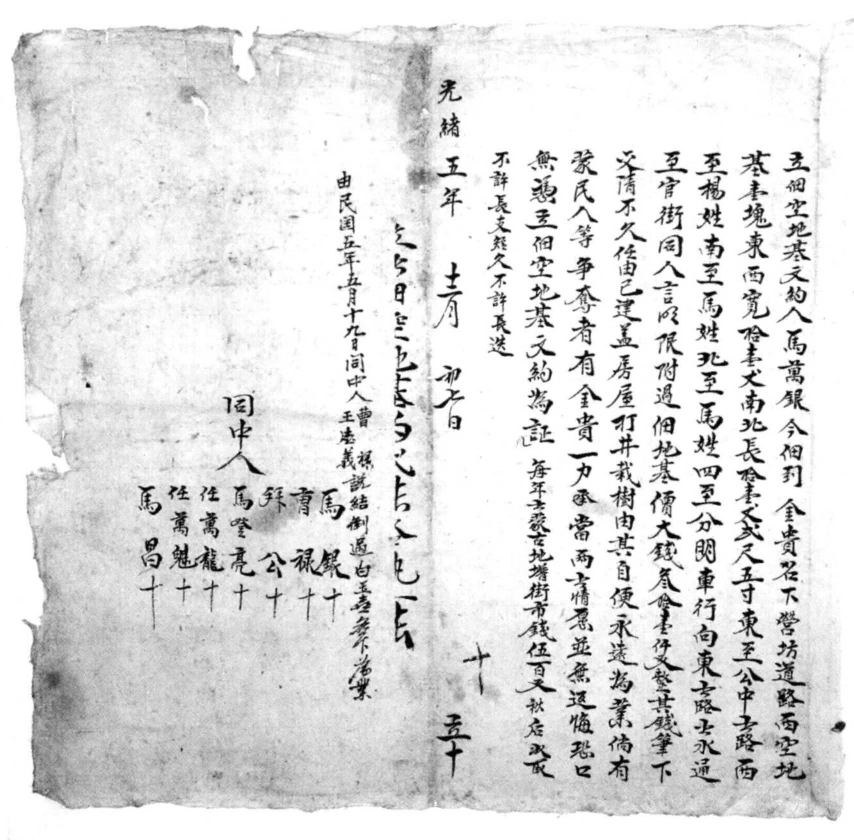

立佃空地基文約人馬萬銀 今佃到 金貴名下營坊道路西空地
基壹塊東西寬拾壹丈南北長拾壹丈弍尺五寸東至公中壹路西
至楊姓南至馬姓北至馬姓四至分明車行向東壹路出永通
至官街同人言明限附過佃地基價大錢叁拾壹仟文整其錢筆下
交清不欠任由己建蓋房屋打井栽樹由其自便永遠為業倘有
家民人等爭奪者有金貴一力承當兩出情愿並無返悔恐口
無憑立佃空地基文約為証 每年出粟古地增街市錢伍百文 秋后收取
不許長支縂久不許長送

光緒五年 十二月 初七日 十 立十

[illegible]

由民国五年五月十九日同中人曹禄、王建義說結倒過白玉喜名下為業

同中人
馬銀十
曹禄十
拜公十
馬瑩亮十
任萬龍十
任萬魁十
馬昌十

光6 光緒五年（一八七九）馬萬銀佃到金貴空地基文約

立佃空地基文約人馬萬銀，今佃到　金貴名下營坊道路西空地
基壹塊。東西寬拾壹丈，南北長拾壹丈弍尺五寸，東至公中出路，西
至楊姓，南至馬姓，北至馬姓，四至分明，車行向東，出路出水通
至官街。同人言明，限（現）附過佃地基價大錢叁拾壹仟文整，其錢筆下
交清不欠。任由己建盖房屋，打井栽樹，由其自便，永遠為業。倘有
蒙民人等争奪者，有金貴一力承當。两出情愿，並無返悔。恐口
無憑，立佃空地基文約為証。每年出蒙古地增街市錢伍百文，秋后收取，
不許長支短欠，不許長迭（跌）。　十
光緒五年　十二月　初七日　立十
立出佃空地基約貳張，各執一張[一]。
由民国五年五月十九日同中人曹禄 王德義説結，倒過白玉喜名下為業[二]。
同中人　馬　銀十
曹　禄十
拜　公十
馬登亮十
任萬龍十
任萬魁十

18

馬昌十

注釋

〔一〕該行文字只存右半部分。

〔二〕從句意可知該行文字為後來寫入。

編　號	光 6
題　名	光緒五年（一八七九）馬萬銀佃到金貴空地基文約
類　別	佃到空地基約
尺　寸	46×46.3 釐米
保存狀態	稍有破損，文字完整
原編號	56
紅白契	白契
立約者	馬萬銀
理　由	無
承佃者	馬萬銀
出佃者	金貴
承當者	金貴
地點坐落及四至	營坊道路西：東至公中出路，西至楊姓，南至馬姓，北至馬姓。車行向東，出路出水通至官街
面　積	空地基壹塊：東西寬拾壹丈，南北長拾壹丈弍尺五寸
用　途	任由己建盖房屋，打井栽樹，由其自便，永遠為業
佃地基價	大錢叁拾壹仟文整，其錢筆下交清不欠
地增錢	每年街市錢伍百文，秋后收取
年　限	無
印　章	無
税　票	無
文　字	漢
同中人	馬銀、曹禄、拜公、馬登亮、任萬龍、任萬魁、馬昌
書　人	無
立約日期	光緒五年十二月初七日立
附　注	由民国五年五月十九日同中人曹禄、王德義説結，倒過白玉喜名下為業

光
7

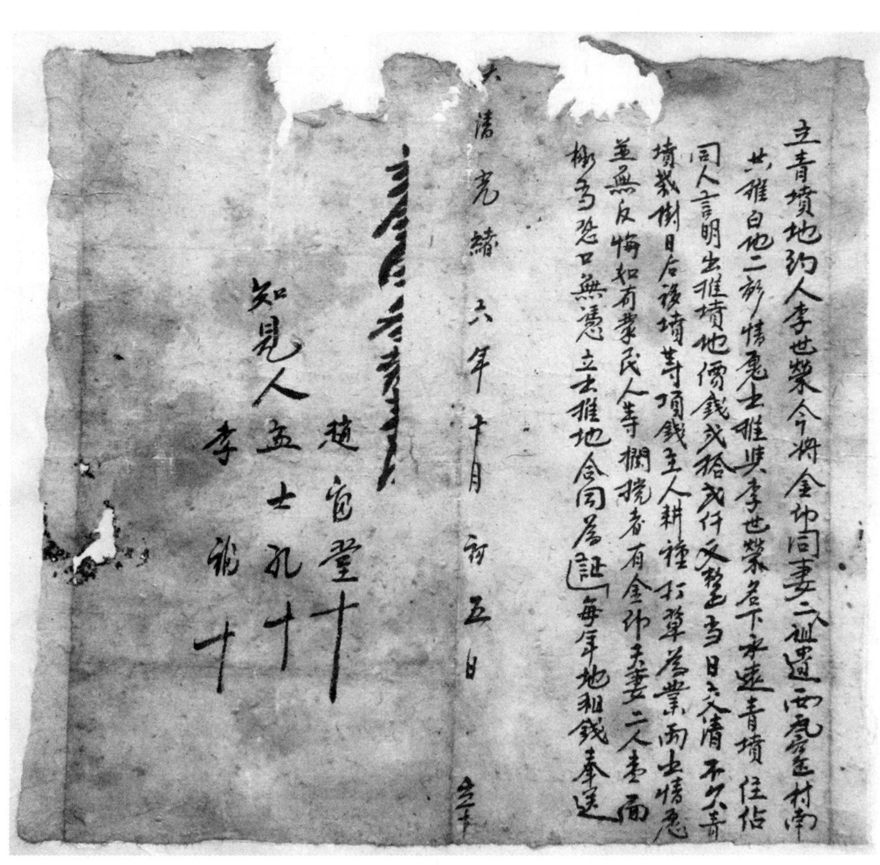

立青墳地約人李世榮今將金卯同妻二人祖遺西夙莊村南
出推白地二畝情愿出推與李世榮名下永遠青墳住佔
同人言明出推墳地價錢貳拾貳仟文整當日交清不欠青
墳栽樹日后該墳等項錢主人耕種打草為業兩出情愿
並無反悔如有業民人等攔攪者有金卯夫妻二人壹面
擔承恐口無憑立出推地合同為証 每年地租錢奉送

大清光緒六年十月初五日 立

青墳合同

趙富堂十

知見人 孟士孔十

李彬十

光7 光緒六年（一八八〇）李世榮承推金印同妻青墳地約

1 立青墳地約人李世榮，今將：金印同妻二人〔一〕祖遺西瓦窑村南

2 共推白地二畝，情願出推與李世榮名下永遠青墳住佔。

3 同人言明，出推墳地價錢弍拾弍仟文整，当日交清不欠。青

4 墳、栽樹，日後移墳等項，錢主人耕種打草為業。兩出情願，

5 並無反悔。如有蒙民人等攔撓者，有金印夫妻二人壹面

6 [木承]（承）當。空口無憑，立出推地合同為証。」每年地租錢奉送。

7 大清光緒 六 年 十 月 初 五 日 立十

8 立合同，各執壹紙〔二〕。

9 趙富堂十

10 知見人孟士孔十

11 李 福十

注釋

〔一〕「人」字原寫於行外。

〔二〕該行文字只存左半部分。

附表

編　號	光 7
題　名	光緒六年（一八八〇）李世榮承推金印同妻青墳地約
類　別	承推青墳地約
尺　寸	30.7×30.7 釐米
保存狀態	有破損，文字完整
原編號	缺漏
紅白契	白契
立約者	李世榮
理　由	無
承推者	李世榮
出推者	金印同妻
承當者	金印夫妻
地點坐落及四至	西瓦窑村南
面　積	祖遺白地二畝
用　途	青墳栽樹，日後移墳等項，錢主人耕種打草為業
出推地價	弍拾弍仟文整，当日交清不欠
地　租	每年地租錢奉送
年　限	永遠
印　章	無
稅　票	無
文　字	漢
知見人	趙富堂、孟士孔、李福
書　人	無
立約日期	大清光緒六年十月初五日
附　注	

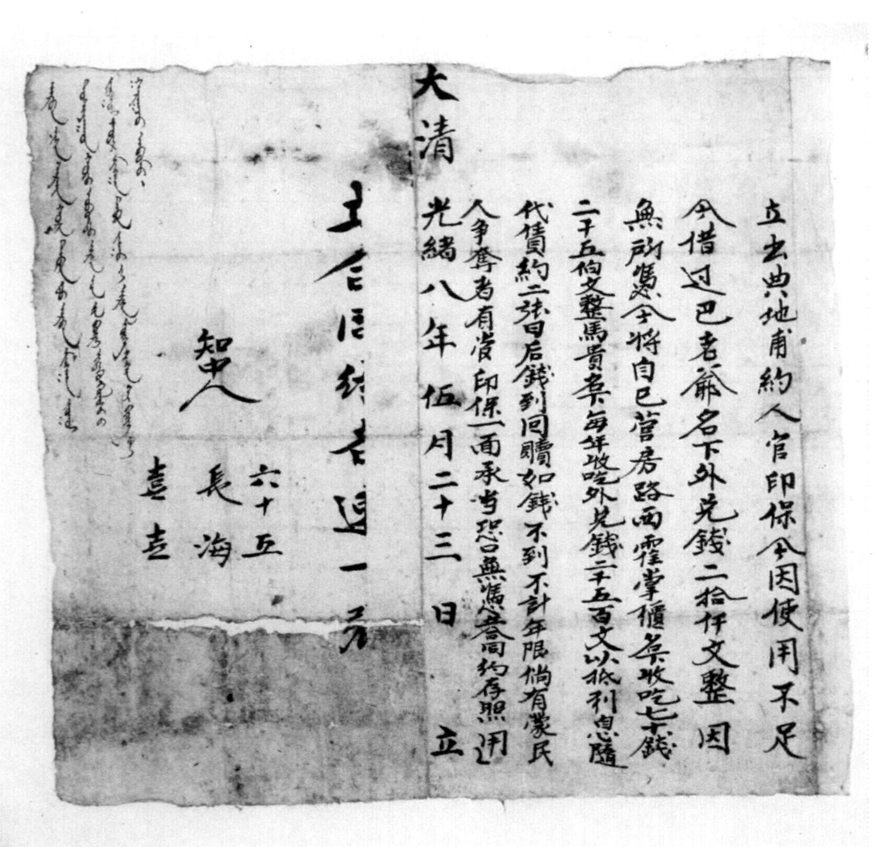

立出典地甫約人官印保今因使用不足
今借过巴彥爺名下外欠錢二拾仟文整 因
無所還今將自已管房路西霍掌櫃地收吃七千錢
二千五伯文整馬貴地每年收吃外欠錢二千五百文以抵利息隨
代償約二張日后錢到回贖如錢不到不計年限倘有蒙民
人爭奪者有官印保一面承當恐口無憑立合同約存照用
大清
光緒八年伍月二十三日 立
土合同約各這一張
知人 六十五
長海
喜喜

光8 光緒八年（一八八二）官印保出典與巴老爺地甫約

1 立出典地甫約人官印保，今因使用不足，

2 今借过巴老爺名下外兑錢二拾仟文整。因

3 無所憑，今將自己营房路西霍掌櫃名下收吃七十錢

4 二千五佰文整、馬貴名下每年收吃外兑錢二千五百文以抵利息，隨

5 代（帶）賃約二張。日后錢到回贖，如錢不到，不計年限。倘有蒙民

6 人争奪者，有官印保一面承当。恐口無憑，立合同约存照用。

7 大清 光緒 八 年 伍 月 二 十 三 日 立

8 立 合 同 约，各 □ 一 張[一]。

9 六十五

10 知中人 長 海

11 亶 喜

12

13

14

漢譯

十一月二十五日交拾仟文。霍姓民人處每年收吃二千五百文，與民人兑約領取。

注釋

〔一〕該行文字只存左半部分。

編　號	光 8
題　名	光緒八年（一八八二）官印保出典與巴老爺地甫約
類　别	出典地甫約
尺　寸	30.5×29 釐米
保存狀態	少量破損，文字完整
原編號	57
紅白契	白契
立約者	官印保
理　由	使用不足，借过巴老爺名下外兑錢二拾仟文整，因無所憑
承典者	巴老爺
出典者	官印保
承当者	官印保
地點坐落及四至	營房路西
用　途	無
收吃钱數	霍掌櫃名下收吃七十錢二千五佰文整，馬貴名下每年收吃外兑錢二千五百文。隨帶賃約二張
借用钱数	外兑錢二拾仟文整
利　息	霍掌櫃名下收吃七十錢二千五佰文整、馬貴名下每年收吃外兑錢二千五百文以抵利息
年　限	日后錢到回贖，如錢不到，不計年限
印　章	無
稅　票	無
文　字	漢、蒙（四行）
知中人	六十五、長海、亘喜
書　人	無
立約日期	大清光緒八年伍月二十三日
附　注	約末批有蒙文“十一月二十五日交拾仟文。霍姓民人處每年收吃二千五百文，與民人兑約領取。”

光
9

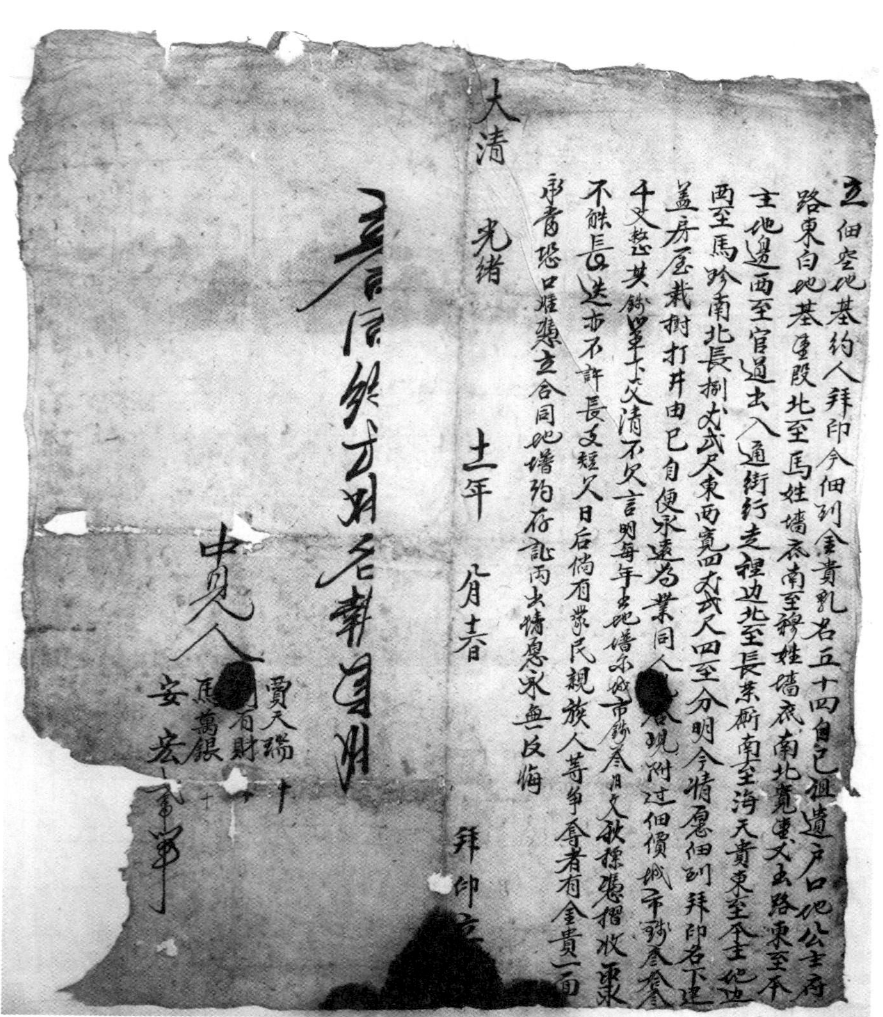

立佃空地基約人拜印今佃到金貴亂名五十四自己祖遺戶口地公主府路東白地基壹段北至馬姓墻底南至穆姓墻底南北寬壹丈五路東至本主地邊西至官道出入通街行走裡边北至長榮廁南至海天貴東至本主地边西至馬珍南北長捌丈式尺東西寬四丈式尺四至分明今情愿佃到拜印名下建蓋房屋栽樹打井由己自便永遠為業同人言明現附过佃價城市錢叁拾叁千文整其錢筆下交清不欠言明每年出地譜城市錢叁佰文秋標憑摺收取永不能長迭亦不許長支短欠日后倘有蒙民親族人等爭奪者有金貴一面承當恐口難憑立合同地譜約存証兩出情愿永無反悔

大清光緒十一年八月十一日　拜印立

立合同約各執壹張

中見人　賈天瑞十　馬有財十　馬萬銀十　安宏書字

光9　光緒十一年（一八八五）拜印佃到金貴空地基約

立佃空地基约人拜印，今佃到金貴，乳名五十四，自己祖遺户口地公主府
路東白地基壹段。北至馬姓墻底，南至穆姓墻底，南北寬壹丈出路東至本
主地邊，西至官道，出入通街，行走裡边；北至長荣厮，南至海天貴，東至本主地边，
西至馬珍，南北長捌丈弍尺，東西寬四丈弍尺，四至分明。今情愿佃到拜印名下，建
盖房屋、栽樹打井，由己自便，永遠為業。同人说合，現附过佃價城市錢叁拾叁
千文整，其錢筆下交清不欠。言明每年出地增尔城市錢叁佰文，秋標憑摺收取，永
不能長迭(跌)，亦不許長支短欠。日后，倘有蒙民親族人等争奪者，有金貴一面
承當。恐口难憑，立合同地增约存証。兩出情愿，永無反悔。

大清　光绪　十一年　八月十六日　拜印　立十

立合同约弍張，各執壹張〔一〕。

賈天瑞十
中見人　劉有財十
馬萬銀十
安　宏〔二〕筆

注釋

〔一〕該行文字只存左半部分。

〔二〕「安宏」二字下面有墨色畫押。

編　　號	光9
題　　名	光緒十一年（一八八五）拜印佃到金貴空地基約
類　　别	佃到空地基約
尺　　寸	45.3×55釐米
保存狀態	少量破損，有污漬，文字基本完整
原 編 號	58
紅 白 契	白契
立 約 者	拜印
理　　由	無
承 佃 者	拜印
出 佃 者	金貴，乳名五十四
承 當 者	金貴
地點坐落及四至	公主府路東：北至馬姓墻底，南至穆姓墻底，南北寬壹丈出路東至本主地邊，西至官道，出入通街，行走裡边，北至長荣廝，南至海天貴，東至本主地边，西至馬珍
面　　積	祖遺户口白地基壹段：南北寬壹丈出路；南北長捌丈弍尺，東西寬四丈弍尺
用　　途	建盖房屋、栽樹打井，由己印自便，永遠為業
佃 價 錢	城市錢叁拾叁千文整，其錢筆下交清不欠
地 増 尔	每年城市錢叁佰文，秋標憑摺收取
年　　限	無
印　　章	無
稅　　票	無
文　　字	漢
中 見 人	賈天瑞、劉有財、馬萬銀、安宏
書　　人	安宏
立約日期	大清光绪十一年八月十六日
附　　注	

光10

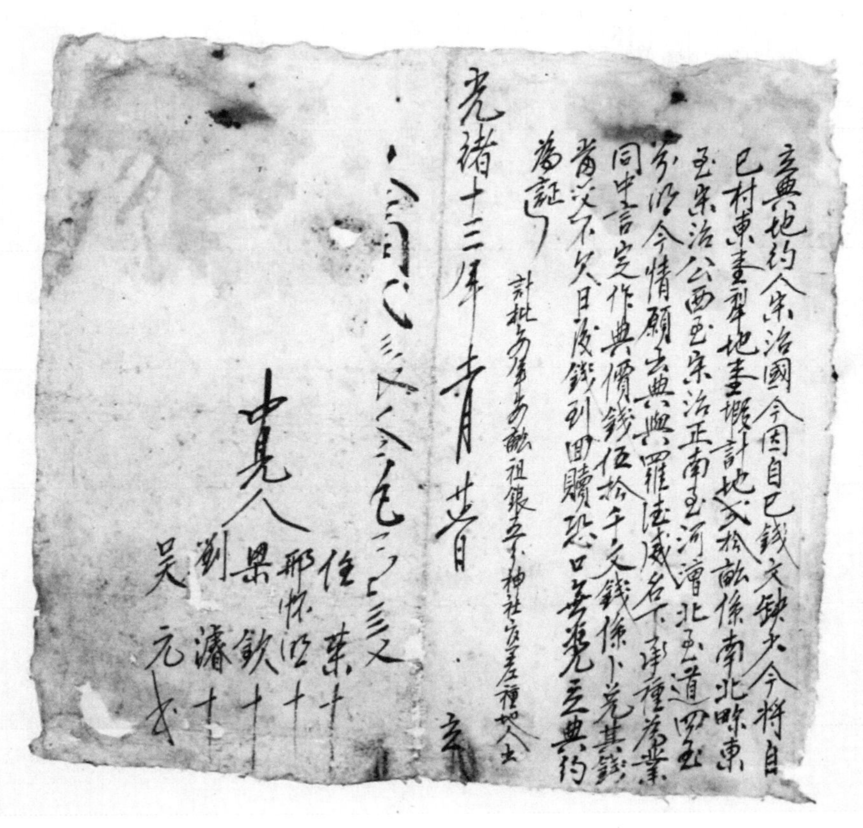
立典地約人宋治國今因自己錢文缺少今將自
己村東壹犁地壹塅計地六拾畝係南北畛東
至宋治公西至宋治正南至河灣北至道四至
分明今情願出典與羅陸成名下承種管業
同中言定作典價錢伍拾千文錢係下兌其錢
當交不欠日後錢到回贖恐口無憑立典約
為証
計批每年每畝租銀五分神社宋家庄種地人出
光緒十三年十一月廿日　立
合同
中見人　任榮十　邢懷昭十　梁欽十　劉濬十　吳元式

光10　光緒十三年（一八八七）宋治國出典與羅德威地約

立典地约人宋治國，今因自己錢文缺少，今將自己村東壹犁地壹塅（段），計地弍拾畝，係南北畛，東至宋治公，西至宋治正，南至河漕，北至道，四至分明，今情願出典與羅德威名下承種為業。同中言定，作典價錢伍拾千文，錢係卜兑，其錢當交不欠。日後錢到回贖。恐口無憑，立典约為証。

計批每年每畝租銀五分，神社岁差種地人出。

光緒十三年　十一月　廿七日　立

合同弍張，各執壹張[一]。

任　茱　十
邢怀明　十
中見人梁　欽　十
劉　濬　十
吴　元书

注釋

〔一〕該行文字只存右半部分。

編　　號	光 10
題　　名	光緒十三年（一八八七）宋治國出典與羅德威地約
類　　別	出典地約
尺　　寸	29 × 28.5 釐米
保存狀態	有破損，文字完整
原 編 號	59
紅 白 契	白契
立 約 者	宋治國
理　　由	錢文缺少
承 典 者	羅德威
出 典 者	宋治國
承 當 者	無
地點坐落及四至	村東：東至宋治公，西至宋治正，南至河漕，北至道
面　　積	壹犂地壹段，計地弍拾畝，係南北畛
用　　途	承種為業
典 價 錢	伍拾千文，錢係卜兑，其錢當交不欠
租　　錢	每年每畝租銀五分
年　　限	日後錢到回贖
印　　章	無
稅　　票	無
文　　字	漢
中 見 人	任茱、邢怀明、梁欽、劉濬、吴元
書　　人	吴元
立約日期	光绪十三年十一月廿七日
附　　注	神社岁差種地人出

立典地約人朱洛國今因自己錢不缺此令將自
己村西北刺耳地大畝頂南北畔東至楊
潤兩畔朱洛公南至秦祥北至道西至朱洛今
情願玉典與羅法咸名下澆種為業同中言
定作典價錢繩拾千文係卜先錢其錢當交不
久日沒錢到回贖恐口無憑立典約為証

對批另厚勾敕祖銀五兩柚社言差種地公出

光緒十三年十一月廿日立

　　　　　　　　任某十
　　　　　　　　邢怀旺十
中人　梁巳　　　劉瀋十
　　　吳元未

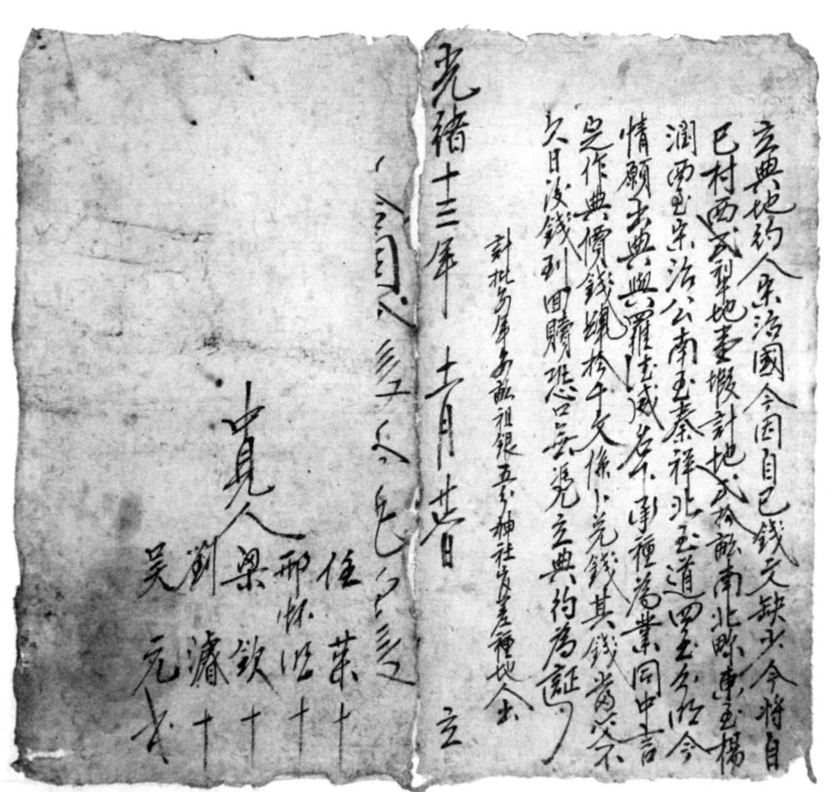

光11　光緒十三年（一八八七）宋治國出典與羅德威地約

立典地约人宋治國，今因自己錢文缺少，今將自
己村西弍犁地壹塅（段），計地弍拾畝，南北畛，東至楊
润，西至宋治公，南至秦祥，北至道，四至分明，今
情願出典與羅德威名下承種為業。同中言
定，作典價錢肆拾千文，係卜兑钱，其錢當交不
欠。日後錢到回贖。恐口無憑，立典約為証。
計批每年每畝租銀五分，神社官差種地人出。
光緒十三年　十一月廿七日　立
合同弍張，各執壹張[一]。
任　茱十
邢怀明十
中見人梁　欽十
劉　濬十
吳　元书

注釋

〔一〕該行文字只存右半部分。

編　號	光 11
題　名	光緒十三年（一八八七）宋治國出典與羅德威地約
類　別	出典地約
尺　寸	29.5×28.5 釐米
保存狀態	少量破損，文字完整
原編號	60
紅白契	白契
立約者	宋治國
理　由	錢文缺少
承典者	羅德威
出典者	宋治國
承當者	無
地點坐落及四至	村西：東至楊潤，西至宋治公，南至秦祥，北至道
面　積	弍犁地壹段，弍拾畝，南北畛
用　途	承種為業
典價錢	肆拾千文
租　錢	每年每畝租銀五分
年　限	日後錢到回贖
印　章	無
稅　票	無
文　字	漢
中見人	任茱、邢怀明、梁欽、劉濬、吴元
书　人	吴元
立約日期	光绪十三年十一月廿七日
附　注	神社官差種地人出

光12

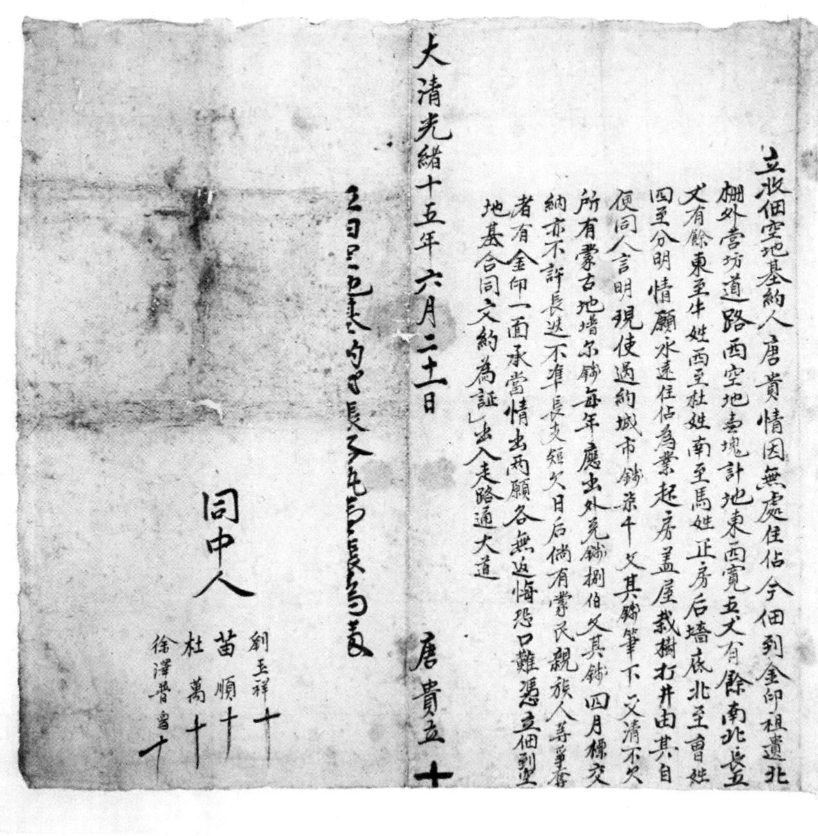
立收佃空地基約人唐貴，情因無處住佔，今佃到金印祖遺北栅外营坊道路西空地壹塊，計地東西寬五丈有餘，南北長五丈有餘。東至牛姓，西至杜姓，南至馬姓正房后墻底，北至曾姓，四至分明。情願永遠住佔為業，起房蓋屋，栽樹打井，由其自便。同人言明，現使過約城市錢柒千文，其錢筆下交清不欠。所有蒙古地增尔錢每年應出外兑錢捌伯文，其錢四月標交納，亦不許長迭，不准長支短欠。日后倘有蒙民親族人等爭奪者，有金印一面承當。情出兩願，各無返悔，恐口難憑，立佃到空地基合同文約為証。出入走路通大道。

大清光緒十五年六月二十一日　唐貴立十

同中人　劉玉祥十　苗順十　杜萬十

徐澤普書十

光12 光緒十五年（一八八九）唐貴佃到金印空地基約

立收佃空地基約人唐貴，情因無處住佔，今佃到金印祖遺北柵外営坊道路西空地壹塊。計地東西寬五丈有餘，南北長五丈有餘，東至牛姓，西至杜姓，南至馬姓正房后墻底，北至曹姓，四至分明。情願永遠住佔為業，起房盖屋、栽樹打井，由其自便。同人言明，現使過約城市錢柒千文，其錢筆下交清不欠。所有蒙古地增尔錢每年應出外兑錢捌佰文，其錢四月標交納，亦不許長迭（跌），不準長支短欠。日后，倘有蒙民親族人等爭奪者，有金印一面承當。情出兩願，各無返悔。恐口難憑，立佃到空地基合同文約為証。」出入走路通大道。

大清光緒十五年 六月二十一日 唐貴 立十

立佃空地基約貳張，各執壹張為據[一]。

同中人 劉玉祥十
苗 順十
杜 萬十
徐澤普寫十

注釋

〔一〕該行文字只存右半部分。

附表

編　號	光 12
題　名	光緒十五年（一八八九）唐貴佃到金印空地基約
類　別	佃到空地基約
尺　寸	46.2×46.5 釐米
保存狀態	极少量破損，文字完整
原編號	61
紅白契	白契
立約者	唐貴
理　由	無處住佔
承佃者	唐貴
出佃者	金印
承當者	金印
地點坐落及四至	北柵外营坊道路西：東至牛姓，西至杜姓，南至馬姓正房后墻底，北至曹姓
面　積	祖遺空地壹塊：東西寬五丈有餘，南北長五丈有餘
用　途	永遠住佔為業，起房盖屋、栽樹打井，由其自便
過約錢	城市錢柒千文，其錢筆下交清不欠
地增尔錢	每年應出外兑錢捌佰文，其錢四月標交納
年　限	無
印　章	無
稅　票	無
文　字	漢
中見人	劉玉祥、苗顺、杜萬、徐澤普
書　人	徐澤普
立約日期	大清光绪十五年六月二十一日
附　注	

光
13

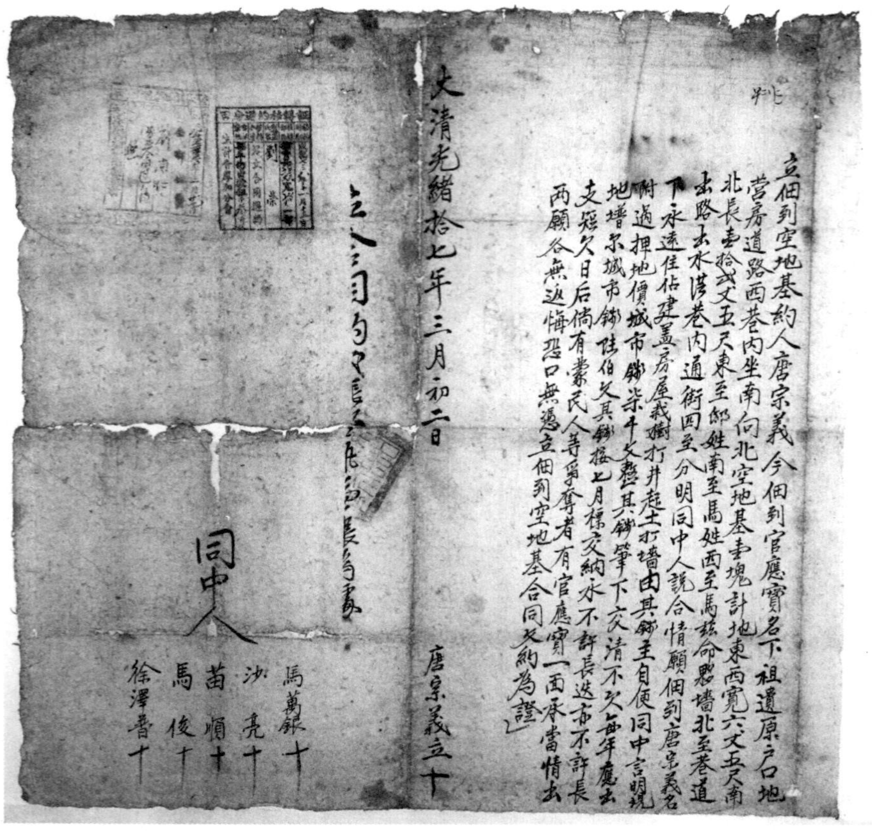

立佃到空地基約人唐宗義今佃到官廳寳名下祖遺原户口地
營房道路西巷内坐南向北空地基壹塊計地東西寬六丈五尺南
北長壹拾弍丈五尺東至鄭姓南至馬姓西至馬毓命界墻北至巷道
出路去水落巷内通衢四至分明同中人説合情願佃到唐宗義名
下永遠住佔建盖房屋栽樹打井起土打墻由其錢主自便同中言明現
附過押地價城市錢柒千文整其錢筆下交清不欠每年應出
地譜城市錢陆佰文其錢按七月標交納永不許長迭亦不許長
支短欠日后倘有蒙民人等爭奪者有官廳寳一面承當情出
兩願各無返悔恐口無憑立佃到空地基合同文約為證

大清光緒拾七年三月初二日

唐宗義立十

[illegible]

同中人

馬萬銀十

沙亮十

苗順十

馬俊十

徐澤普十

1

光13　光緒十七年（一八九一）唐宗義佃到官應寶空地基約

該文書鈐有一方朱印（1），根據後文文書的印文，可知該印文為「歸綏縣知事之寶印」。合同約中印有兩個表格，標題皆是「田房過約移轉証」，一個是成紀七三八年（一九四三），另一個是公元一九五〇年，反映了地基使用權的移轉。關於成紀七三八年地基的摘賣交易情況，見民75《民國三十二年（一九四三）劉榮租到達木欠地基合同文約》，一九五〇的地基交易，見新1《公元一九五〇年劉尚仁租到達木欠、溲全地基合同文約》。

1 立佃到空地基約人唐宗義，今佃到官應寶名下祖遺原户口地

2 營房道[一]路西巷内坐南向北空地基壹塊。計地東西寬六丈五尺，南

3 北長壹拾弍丈五尺，東至邸姓，南至馬姓，西至馬兹命夥墻，北至巷道，

4 出路出水從巷内通街，四至分明。同中人說合，情願佃到唐宗義名

5 下永遠住佔，建盖房屋、栽樹打井、起土打墻，由其錢主自便。同中言明，現

6 附過押地價城市錢柒千文整，其錢筆下交清不欠。每年應出

7 地増尔城市錢陆佰文，其錢按七月標交納，永不許長迭（跌），亦不許長

8 支短欠。日后，倘有蒙民人等爭奪者，有官應寶一面承當。情出

9 兩願，各無返悔。恐口無憑，立佃到空地基合同文約為證。

10 大清光緒拾七年三月初二日　唐宗義立十

11 立合同約弍張，各執壹張為據[二]。

12 13 14 15 16

田房過約移轉証	
移轉時期	成紀七三八年十一月十三日
移轉部分	摘賣長〣尺士丈寬〨丄丈一部
新□主氏名	劉榮
移轉手續	另立合同過約
有無蒙租	每年仍出蒙租千叁百文
生計會厚和分會	

同中人　馬萬銀十　沙亮十　苗順十　馬俊十　徐澤普十

田房過約移轉證	
……	公元一九五〇年三月十七日
……	全部出賣
……	劉尚仁
……	另立合同過約
……	無
土默特旗〔　　〕	

〔三〕

注釋

〔一〕「營」字上方空白處有墨色字跡，不識。

〔二〕該行文字只存右半部分。

〔三〕兩份表格中的文字分別有藍色和墨色、淡藍色和墨色兩種。第二份表格第二列中的文字漫漶不清，但可參考後文其他類似表格。

附表

編　　號	光 13
題　　名	光緒十七年（一八九一）唐宗義佃到官應實空地基約
類　　別	佃到空地基約
尺　　寸	53.5×53 釐米
保存狀態	少量破損，文字完整
原 編 號	62
紅 白 契	紅契
立 約 者	唐宗義
理　　由	無
承 佃 者	唐宗義
出 佃 者	官應實
承 當 者	官應實
地點坐落及四至	營房道路西巷内坐南向北：東至邸姓，南至馬姓，西至馬兹命夥墻，北至巷道，出路出水從巷内通街
面　　積	祖遺空地基壹塊：東西寬六丈五尺，南北長壹拾弍丈五尺
用　　途	永遠住佔，建盖房屋、栽樹打井、起土打墻，由其錢主自便
押 地 價	城市錢柒千文整，其錢筆下交清不欠
地增尔錢	每年城市錢陆佰文，按七月標交納
年　　限	無
印　　章	朱印一方
稅　　票	無
文　　字	漢
同 中 人	馬萬銀、沙亮、苗順、馬俊、徐澤普
書　　人	無
立約日期	大清光緒拾七年三月初二日
附　　注	約中印有成紀七三八年十一月十三日“田房過約移轉証”和公元一九五〇年三月十七日“田房過約移轉證”

光14

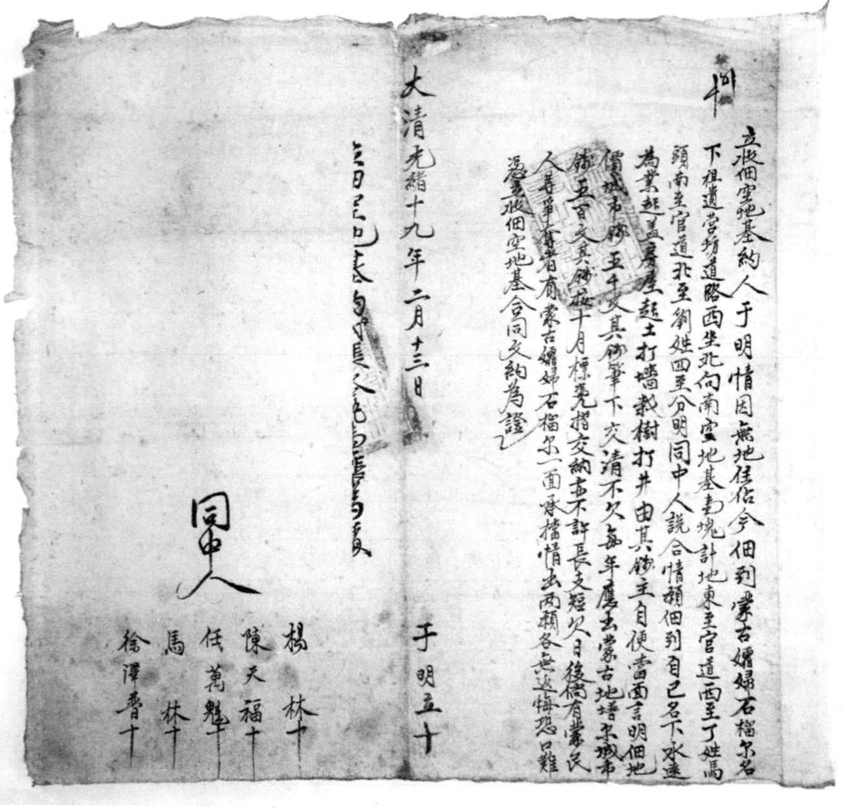

立永佃空地基約人于明情因無地住佔，今佃到蒙古孀婦石榴尔名下祖遺營坊道路西坐北向南空地基壹塊，計地東至官道，西至丁姓馬頭，南至官道，北至劉姓，四至分明。同中人說合，情願佃到自己名下永遠為業，起盖房屋，起土打墻，栽樹打井，由其錢主自便。當面言明佃地價城市錢五千文，其錢筆下交清不欠。每年應出蒙古地譜城市錢五百文，其錢按十月標兌措交納，不許長支短欠。日後倘有蒙民人等爭奪者，有蒙古孀婦石榴尔一面承擋。情出兩願，各無返悔。恐口難憑，立永佃空地基合同文約為證。

大清光緒十九年二月十三日　于明立十

同中人　楊林十　陳天福十　任萬魁十　馬林十　徐澤普十

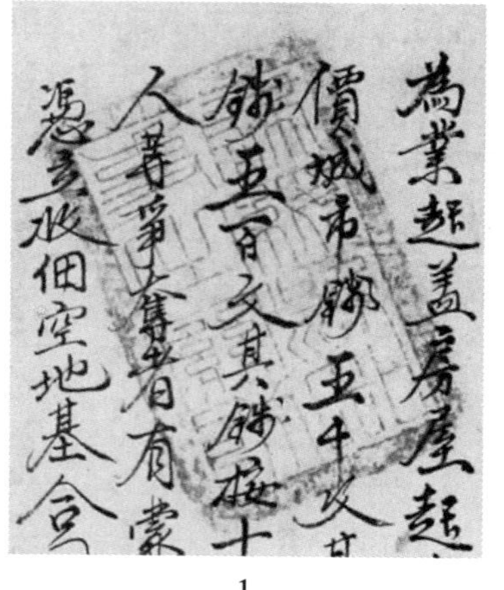

1

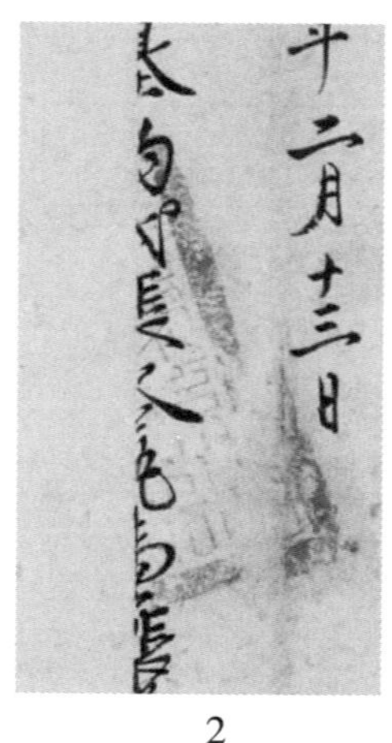

2

光14　光緒十九年（一八九三）于明佃到蒙古孀婦石榴尔空地基約

該合同文約内鈐有朱印兩方（1、2），印文為「歸綏縣知事之寶印」。

立收佃空地基約人于明，情因無地住佔，今佃到蒙古孀婦石榴尔名下祖遺營坊道路西坐北向南空地基壹塊。計地東至官道，西至丁姓馬頭，南至官道，北至劉姓，四至分明。同中人説合，情願佃到自己名下永遠為業，起盖房屋，起土打墻、栽樹打井，由其錢主自便。當面言明，佃地價城市錢五千文，其錢筆下交清不欠。每年應出蒙古地增尔城市錢五百文，其錢按十月標憑摺交納，亦不許長支短欠。日後，倘有蒙民人等爭奪者，有蒙古孀婦石榴尔一面承擋。情出两願，各無返悔。恐口難憑，立收佃空地基合同文約為證。

驗字一千8號[一]

大清光緒十九年二月十三日　　于明立十

立佃空地基約貳張，各執壹張為據[二]。

楊林十

陳天福十

同中人任萬魁十

馬林十

徐澤普十

15

注釋

〔一〕該處「驗字號」三字為朱色。

〔二〕該行文字只存右半部分。

編　　號	光 14
題　　名	光緒十九年（一八九三）于明佃到蒙古孀婦石榴尔空地基約
類　　別	佃到空地基約
尺　　寸	47.5×47 釐米
保存狀態	完整
原 編 號	63
紅 白 契	紅契
立 約 者	于明
理　　由	無地住佔
承 佃 者	于明
出 佃 者	蒙古孀婦石榴尔
承 當 者	蒙古孀婦石榴尔
地點坐落及四至	营坊道路西，坐北向南：東至官道，西至丁姓馬頭，南至官道，北至劉姓
面　　積	祖遺空地基壹塊
用　　途	永遠為業，起盖房屋、起土打墻、栽樹打井，由其錢主自便
佃 地 價	城市錢五千文，其錢筆下交清不欠
地 増 尔	每年城市錢五百文，其錢按十月標憑摺交納
年　　限	無
印　　章	朱印兩方
稅　　票	無
文　　字	漢
中 見 人	楊林、陳天福、任萬魁、馬林、徐澤普
書　　人	無
立約日期	大清光緒十九年二月十三日
附　　注	

立出永遠南疙疸石頭荒灘佃約人覌音保情因差事緊急無錢使用今将自己祖遺半克齊村東北自己墨塊偉南北畔東至長䮿子西至騾娃子南至青石金玘至祧出玘分吗今情愿出租遺胡本因名下永遠南疙疸石頭荒灘耕種為業因人說合𠎀使過租錢捌拾的文不許長支延欠欠者重打开发候我樹挑出我筆下天徃不欠每年秋後出租迴錢捌拾的文不許長支延欠欠者重打开发候我樹挑梁打與武雒茂因戈主有便僅栽束目頭天永平年後皆永不許煙債日後倘有蒙民人爭齊者有本王一面承當為土情愿各益恒悔慮口盟書書一张付石頭荒灘佃約

珤為証

大清光緒十九年二月廿七日

中見人 梁　禮 十
　　　　陳德榮 十
　　　　王慶榮 十
　　　　閆順代筆

立出佃然人列笈書事刘

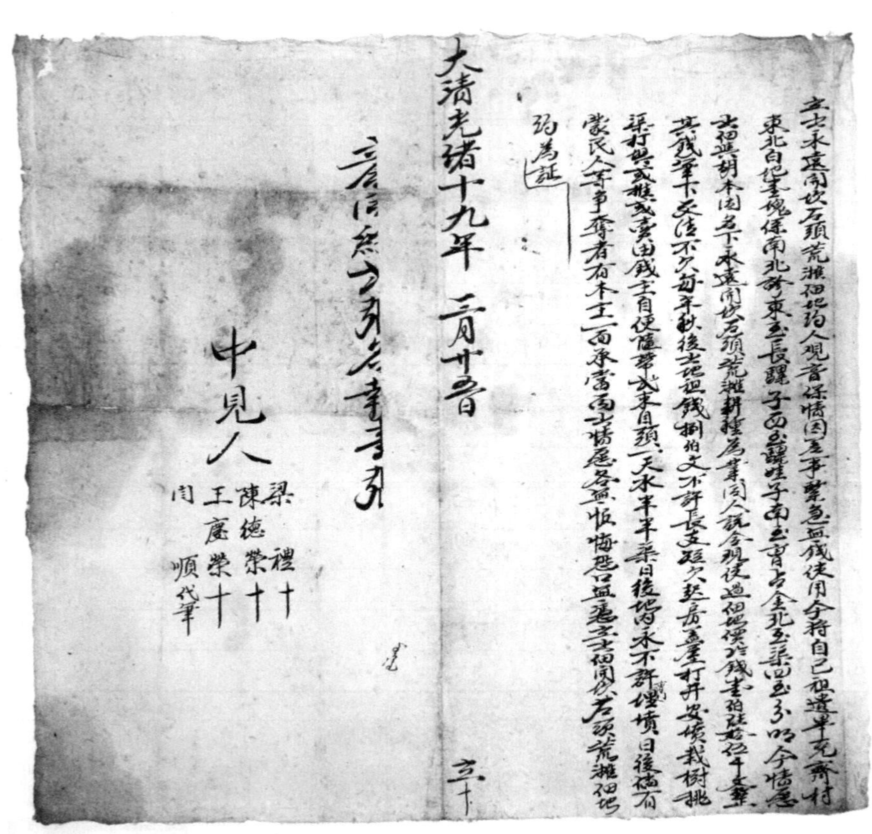

光15　光緒十九年（一八九三）觀音保出佃與胡本固石頭荒灘地約

立出永遠開坎(墾)石頭荒淮(灘)佃地约人觀音保，情因差事緊急，無錢使用，今將自己祖遺畢克齊村東北白地壹塊，係南北畛，東至長騾子，西至騾娃子，南至曹占金，北至渠，四至分明，今情愿出佃與胡本固名下永遠開坎(墾)石頭荒淮(灘)，耕種為業。同人説合，現使過佃地價錢壹佰陆拾伍千文整，其錢筆下交清不欠。每年秋後出地租錢捌佰文，不許長支短欠。起房盖屋、打井、安墳、栽樹、挑渠打垻，或推或賣，由錢主自便。隨帶弍束自頭一天水半半渠。日後，地内永不許曹门[一]埋墳。日後，倘有蒙民人等争奪者，有本主一面承當。兩出情愿，各無扳(返)悔。恐口無憑，立出佃開坎(墾)石頭荒淮(灘)佃地约為証。

大清光緒十九年　三月廿五日　立十

立合同約弍張，各執壹張[二]。

漢譯　蒙古

中見人　梁　禮十
陳德榮十
王慶榮十
闫　順代筆

注釋

〔一〕「曹门」二字原寫於行間，附有表示增補插入的畫綫。

〔二〕該行文字只存左半部分。

附表

編　號	光 15
題　名	光緒十九年（一八九三）觀音保出佃與胡本固石頭荒灘地約
類　別	出佃石頭荒灘地約
尺　寸	42.2×41.5 釐米
保存狀態	完整
原編號	64
紅白契	白契
立約者	觀音保
理　由	差事緊急，無錢使用
承佃者	胡本固
出佃者	觀音保
承當者	觀音保
地點坐落及四至	畢克齊村東北：東至長騾子，西至騾娃子，南至曹占金，北至渠
面　積	祖遺白地壹塊，係南北畛
用　途	永遠開墾石頭荒灘，耕種為業，起房盖屋、打井、安墳、栽樹、挑渠打垻，或推或賣，由錢主自便。隨帶弍束自頭一天水半半渠。日後，地内永不許曹门埋墳
佃地價	亠亖錢壹佰陆拾伍千文整，筆下交清不欠
地租錢	每年秋後出捌佰文
年　限	永遠
印　章	無
稅　票	無
文　字	漢，另有一蒙文詞語
中見人	梁禮、陳德榮、王慶榮、闫順
代　筆	闫順
立約日期	大清光绪十九年三月廿五日
附　注	文中第九行有一蒙文詞“蒙古”

光16

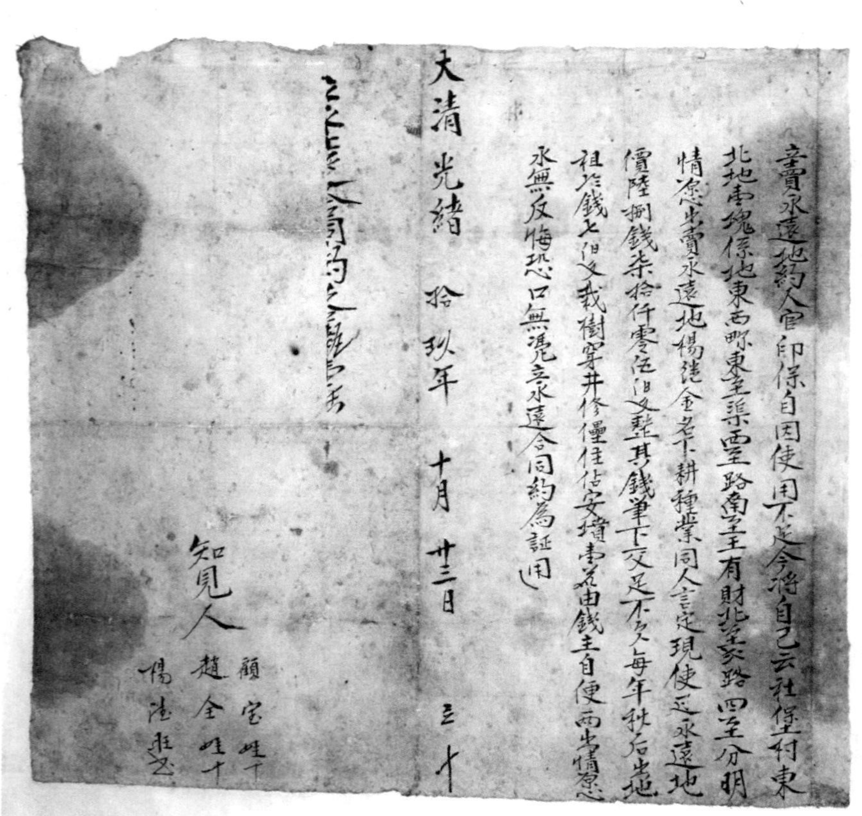

立賣永遠地約人官印保自因使用不足今將自己云社堡村東
北地壹塊係地東西畛東至渠西至路南至王有財北至家路 四至分明
情愿出賣永遠地楊德金名下耕種業同人言定現使過永遠地
價陸捌錢柒拾仟零伍佰文整其錢筆下交足不欠每年秋后出地
租地錢七佰文栽樹穿井修墳住佔安墳出入由錢主自便兩出情愿
永無反悔恐口無憑立永遠合同約為証用

大清光緒 拾玖年 十月 廿三日 立 十

知見人 顧寶娃十
趙全娃十
楊德旺書

光16　光緒十九年（一八九三）官印保賣與楊继金地約

該合同約中的地塊原由顧姓經營，詳見同10《同治十年（一八七一）蒙古金寳、金印同母與顧姓重立賣房地約》的批注。

1 立賣永遠地約人官印保，自因使用不足，今將自己云社堡村東

2 北地壹塊，係地東西畛，東至渠，西至路，南至王有財，北至式路，四至分明，

3 情愿出賣永遠地楊继金名下耕種業〔一〕。同人言定，現使过永遠地

4 價陸捌錢柒拾仟零伍佰文整，其錢筆下交足不欠。每年秋后出地

5 租〔二〕錢七佰文。栽樹穿井、修僤（壘）住佔、安墳，壹並由錢主自便。兩出情愿，

6 永無反悔。恐口無憑，立永遠合同約為証用。

7 大清〔二〕光緒　拾玖年　十月　廿三日　立十

8 立永遠合同約，各執壹张〔三〕。

9 知見人　顧宝娃十

10 趙全娃十

11 楊德旺书

注釋

〔一〕「業」字上面疑缺「為」字。

〔二〕「清」字左側有一朱色印跡。

〔三〕該行文字只存右半部分。

附表

編　號	光 16
題　名	光緒十九年（一八九三）官印保賣與楊继金地約
類　別	賣地約
尺　寸	44×41.3 釐米
保存狀態	完整，有污漬
原編號	65
紅白契	白契
立約者	官印保
理　由	使用不足
承買者	楊继金
出賣者	官印保
承當者	無
地點坐落及四至	云社堡村東北：東至渠，西至路，南至王有財，北至式路
面　積	地壹塊，係地東西畛
用　途	耕種為業，栽樹穿井、修壘住佔、安墳，壹並由錢主自便
地　價	陸捌錢柒拾仟零伍佰文整，其錢筆下交足不欠
地租錢	每年秋后出亠亖 錢七佰文
年　限	永遠
印　章	無
稅　票	無
文　字	漢
知見人	顧宝娃、趙全娃、楊德旺
書　人	楊德旺
立約日期	大清光緒拾玖年十月廿三日
附　注	

光
17

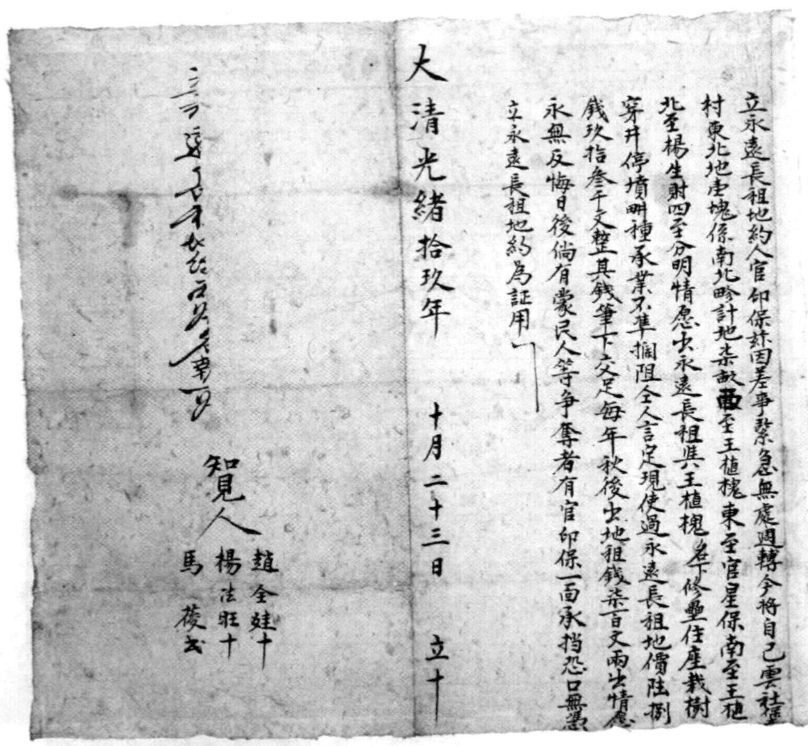

立永遠長租地約人官印保，今因差事緊急，無處週轉，今將自己雲社堡村東北地壹塊，係南北畛，計地柒畝，西至王植槐，東至官星保，南至王植槐，北至楊生財，四至分明，情愿出永遠長租與王植槐名下修蓋住座、栽樹、穿井、停墳、耕種、承業，不準攔阻。仝人言定，現使過永遠長租地價陸捌錢玖拾叁千文整，其錢筆下交足。每年秋後出地租錢柒百文，兩出情愿，永無反悔。日後倘有蒙民人等爭奪者，有官印保一面承擋。恐口無憑，立永遠長租地約為証用。

大清光緒拾玖年　十月二十三日　立十

知見人　趙全娃十　楊法旺十　馬[illegible]

光17 光緒十九年（一八九三）官印保出租與王植槐地約

該合同約中的地塊原由顧姓經營，詳見同10《同治十年（一八七一）蒙古金寶、金印同母與顧姓重立賣房地約》的批注。

立永遠長租地約人官印保，茲因差事緊急，無處週轉，今將自己雲社堡村東北地壹塊，係南北畛，計地柒畝，西[一]至王植槐，東至官星保，南至王植，北至楊生財，四至分明，情愿出永遠長租與王植槐名下修壘住座。栽樹穿井、停墳、耕種承業，不準攔阻。同人言定，現使過永遠長租地價陆捌錢玖拾叁千文整，其錢筆下交足，每年秋後出地租錢柒百文。兩出情愿，永無反悔。日後，倘有蒙民人等争奪者，有官印保一面承挡。恐口無憑，立永遠長租地約為証用。

大清 光緒拾玖年 十月二十三日 立十

趙全娃十

立永遠長租地約兩張，各執一張[二]。 知見人楊德旺十

馬葰书

注釋

〔一〕「西」字由「東」字塗改。

〔二〕該行文字只存右半部分。

附表

編　　號	光 17
題　　名	光緒十九年（一八九三）官印保出租與王植槐地約
類　　別	出租地約
尺　　寸	29×28.5 釐米
保存狀態	完整
原 編 號	66
紅 白 契	白契
立 約 者	官印保
理　　由	差事緊急，無處週轉
承 租 者	王植槐
出 租 者	官印保
承 當 者	官印保
地點坐落及四至	雲社堡村東北：西至王植槐，東至官星保，南至王植，北至楊生財
面　　積	地壹塊，係南北畛，計地柒畝
用　　途	修壘住座，栽樹穿井、停墳、耕種承業
地　　價	陆捌錢玖拾叁千文整，其錢筆下交足
地 租 錢	每年秋後出柒百文
年　　限	永遠長租
印　　章	無
稅　　票	無
文　　字	漢
知 見 人	趙全娃、楊德旺、馬葰
書　　人	馬葰
立約日期	大清光緒拾玖年十月二十三日
附　　注	

光
18

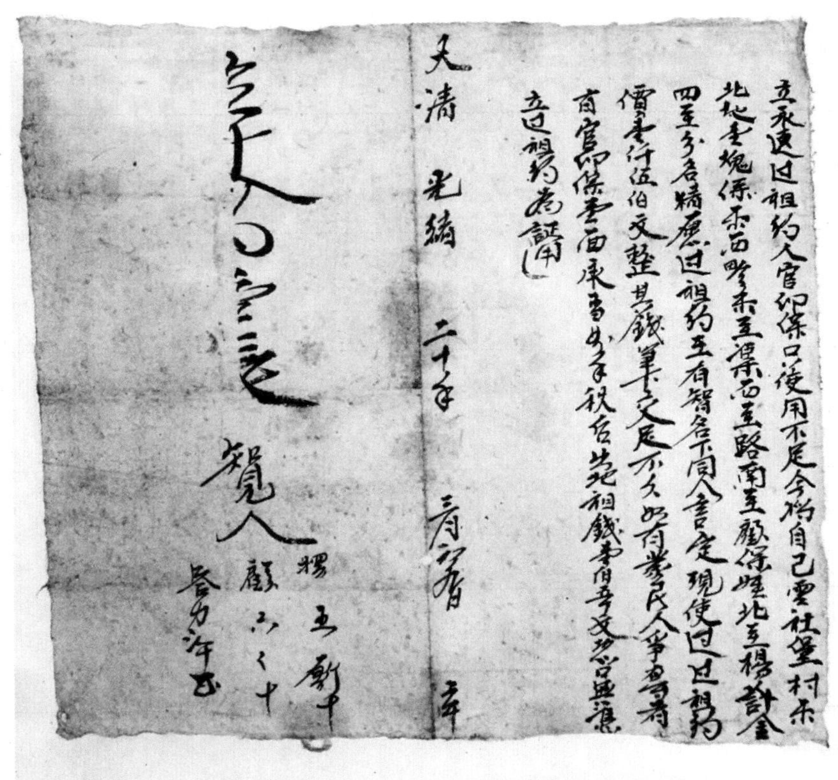
立永遠过祖約人官印保，口後使用不足，今將自己灵社堡村东北地壹塊，係東西畛，東至渠，西至路，南至顧保娃，北至楊訡金，四至分名，情愿过祖約與有智名下，同人言定，現使过过祖約價壹仟伍伯文整，其錢筆下交足不欠。如有蒙氏人爭，由有官印保壹面承當。每年秋后出地租錢壹佰三文，恐口無憑，立过祖約為證用。

大清光緒二十年三月初八日 立

立过祖約人官印保 立

説見人 楊五魁 十
顧六十 十
晉力許 十

光18　光緒二十年（一八九四）官印保出租與王有智地過租約

該合同約中的地塊原由顧姓經營，詳見同10《同治十年（一八七一）蒙古金寶、金印同母與顧姓重立賣房地約》的批注。

1 立永遠过租约人官印保，只[一]使用不足，今將自己雲社堡村东

2 北地壹塊，係东西畛，東至渠，西至路，南至顧保娃，北至楊計金[二]，

3 四至分名（明），情愿过租约王有智名下。同人言定，現使过过租约

4 價壹仟伍佰文整，其錢筆下交足不欠。如有蒙民人爭奪者，

5 有官印保壹面承当。每年秋后出地租錢壹佰五十文。恐口無憑，

6 立过租约為証用。

7 大清　光緒　二十年　三月初九日　立十

8 楞五斷　十

9 立过約壹張[三]。　知見人　顧六ㄑ　十

10 答力汗　书

注釋

〔一〕「只」字下疑缺「因」字。

〔二〕「計」字有塗改。

〔三〕該行文字只存右半部分。

附表

編　　號	光 18
題　　名	光緒二十年（一八九四）官印保出租與王有智地過租約
類　　別	出租地過租約
尺　　寸	29×28.8 釐米
保存狀態	完整
原 編 號	67
紅 白 契	白契
立 約 者	官印保
理　　由	使用不足
承 租 者	王有智
出 租 者	官印保
承 當 者	官印保
地點坐落及四至	雲社堡村东北：東至渠，西至路，南至顧保娃，北至楊計金
面　　積	地壹塊，係東西畛
用　　途	無
过租約價	壹仟伍佰文整，筆下交足不欠
地 租 錢	每年秋后出壹佰五十文
年　　限	永遠
印　　章	無
稅　　票	無
文　　字	漢
知 見 人	楞五斯、顧六六、答力汗
書　　人	答力汗
立約日期	大清光緒二十年三月初九日
附　　注	

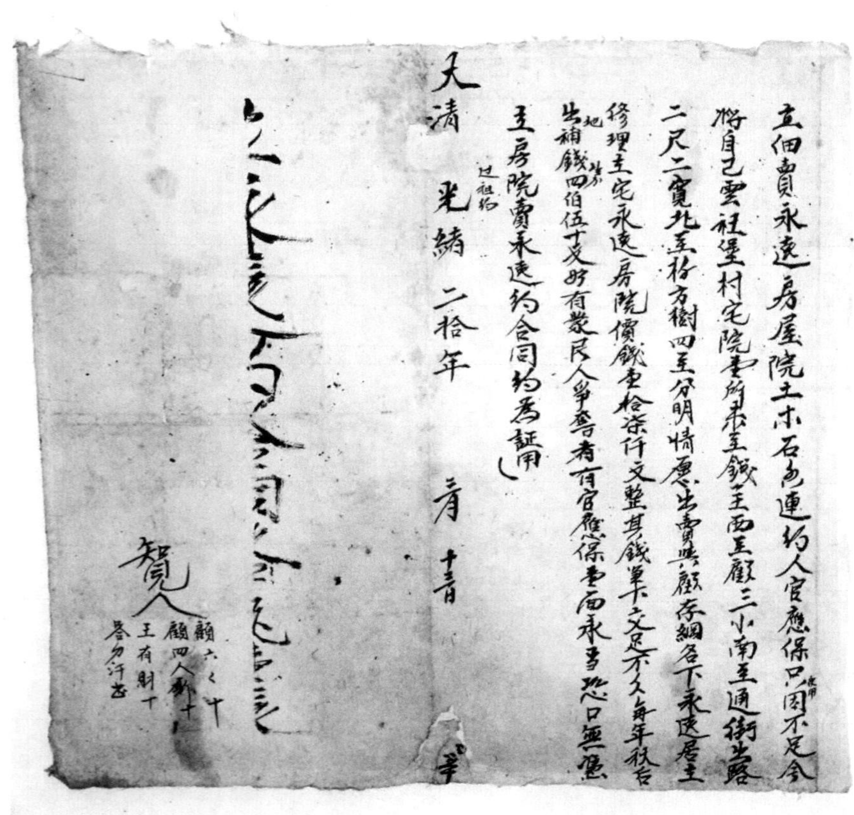

立佃賣永遠房屋院土木石相連約人官應保，因不足使用，今將自己雲社堡村宅院壹所，東至錢主，西至巖三小，南至通街出路二尺二寬，北至格方街，四至分明，情愿出賣與巖存綱名下永遠居住修理住宅，永遠房院。價錢壹拾柒仟文整，其錢筆下交足不欠。每年秋後出地譜補錢四佰伍十文。昨有蒙民人争奪者，有官應保壹面承當。恐口無憑，立房院賣永遠約合同約為証用。

过租約

大清光緒二拾年十二月十二日　立

知見人　顧六十十　顧四人十　王有財十　咎力汗志

光19 光緒二十年（一八九四）官應保佃賣與顧存綱房院約

立佃賣永遠房屋院、土木石香(相)連约人官應保，只因使用[一]不足，今

將自己雲社堡村宅院壹所，东至錢主，西至顧三小，南至通街出路

二尺二寬，北至楊方樹，四至分明，情願出賣與顧存綱名下永遠居主(住)、

修理主(住)宅。永遠房院價錢壹拾柒仟文整，其錢筆下交足不欠，每年秋后

出地[二]補(鋪)錢上三錢[三]四佰伍十文。如有蒙民人爭奪者，有官應保壹面承当。恐口無憑，

立房院賣永遠约合同约為証用。

过租约

大清光緒　二拾年　三月　十三日　立十

立永遠约合同，各執壹張[四]。

知見人

顧六〻十

顧四人斷十

王有財十

答力汗书

注釋

〔一〕「使用」二字原在行間。

〔二〕「地」字原在行間。

〔三〕「三丄錢」二字原在行間。

〔四〕該行文字只存右半部分。

附表

編　號	光 19
題　名	光緒二十年（一八九四）官應保佃賣與顧存剛房院約
類　别	佃賣房院過租約
尺　寸	44.5×42.7 釐米
保存狀態	稍有破損，文字完整
原編號	68
紅白契	白契
立約者	官應保
理　由	使用不足
承買者	顧存綱
佃賣者	官應保
承當者	官應保
地點坐落及四至	雲社堡村：東至錢主，西至顧三小，南至通街出路二尺二寬，北至楊方樹
面　積	宅院壹所
用　途	永遠居住，修理住宅
房院價	壹拾柒仟文整，其錢筆下交足不欠
地鋪錢	每年秋后出亠亖錢四佰伍十文
年　限	永遠
印　章	無
税　票	無
文　字	漢
知見人	顧六六、顾四人厮、王有財、荅力汗
書　人	荅力汗
立約日期	大清光緒二拾年三月十三日
附　注	過租約

光20

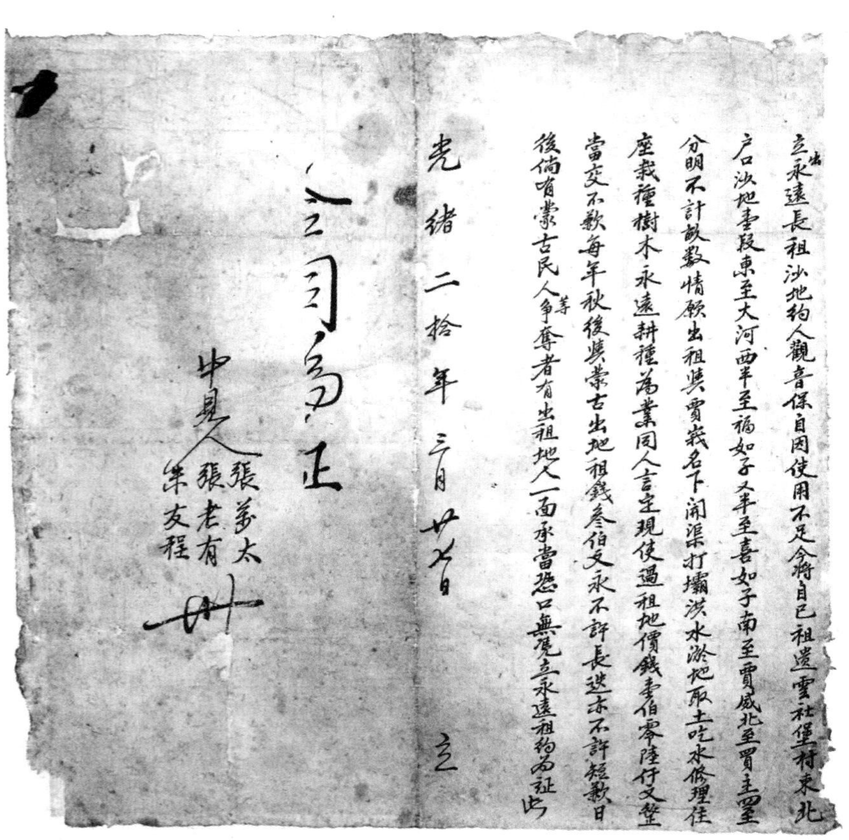

立出永遠長租沙地約人觀音保自因使用不足今將自己祖遺雲社堡村東北
户口沙地壹段東至大河西半至福如子又半至喜如子南至賈威北至買主四至
分明不計畝數情願出租與賈莪名下開渠打壩淤水淤地取土吃水修理住
座栽種樹木永遠耕種為業同人言定現使過租地價錢壹佰零陸仟文整
當交不欠每年秋後與蒙古出地租錢叁佰文永不許長迭亦不許短欠日
後倘有蒙古民人等爭奪者有出租地人一面承當恐口無憑立永遠租約為証

光緒二拾年三月廿七日 立

立合同為正

中見人 張爹太 張老有 朱友程 十

光20 光緒二十年（一八九四）觀音保出租與賈莪沙地約

立出〔一〕永遠長租沙地约人觀音保，自因使用不足，今將自己祖遺雲社堡村東北
户口沙地壹段，東至大河，西半至福如子，又半至喜如子，南至賈威，北至買主，四至
分明，不計畝數，情願出租與賈莪名下開渠打壩、洪水淤地、取土吃水、修理住
座、栽種樹木，永遠耕種為業。同人言定，現使過租地價錢壹佰零陸仟文整，
當交不歉（欠）。每年秋後與蒙古出地租錢叁佰文，永不許長迭（跌），亦不許短歉（欠）。日
後，倘有蒙古民人等〔二〕爭奪者，有出租地人一面承當。恐口無憑，立永遠租约为証。
光绪〔三〕二拾年三月廿七日　立
合同為証〔四〕。
張萬太　十
中見人　張老有　十
朱友程　十

注釋

〔一〕「出」字原在行間。
〔二〕「等」字原在行間。
〔三〕「光绪」二字間左側有一朱色印跡。
〔四〕該行文字只存右半部分。

附表

編　號	光 20
題　名	光緒二十年（一八九四）觀音保出租與賈義沙地約
類　別	出租沙地約
尺　寸	45.7×46.2 釐米
保存狀態	稍有破損，文字完整
原編號	69
紅白契	白契
立約者	觀音保
理　由	使用不足
承租者	賈義
出租者	觀音保
承當者	出租地人
地點坐落及四至	雲社堡村東北：東至大河，西半至福如子，又半至喜如子，南至賈威，北至賈主
面　積	祖遺户口沙地壹段，不計畝數
用　途	開渠打壩、洪水淤地、取土吃水、修理住座、栽種樹木，永遠耕種為業
租地價	壹佰零陸仟文整，當交不欠
地租錢	每年秋後出叁佰文
年　限	永遠長租
印　章	無
税　票	無
文　字	漢
中見人	張萬太、張老有、朱友程
書　人	無
立約日期	光緒二拾年三月廿七日
附　注	

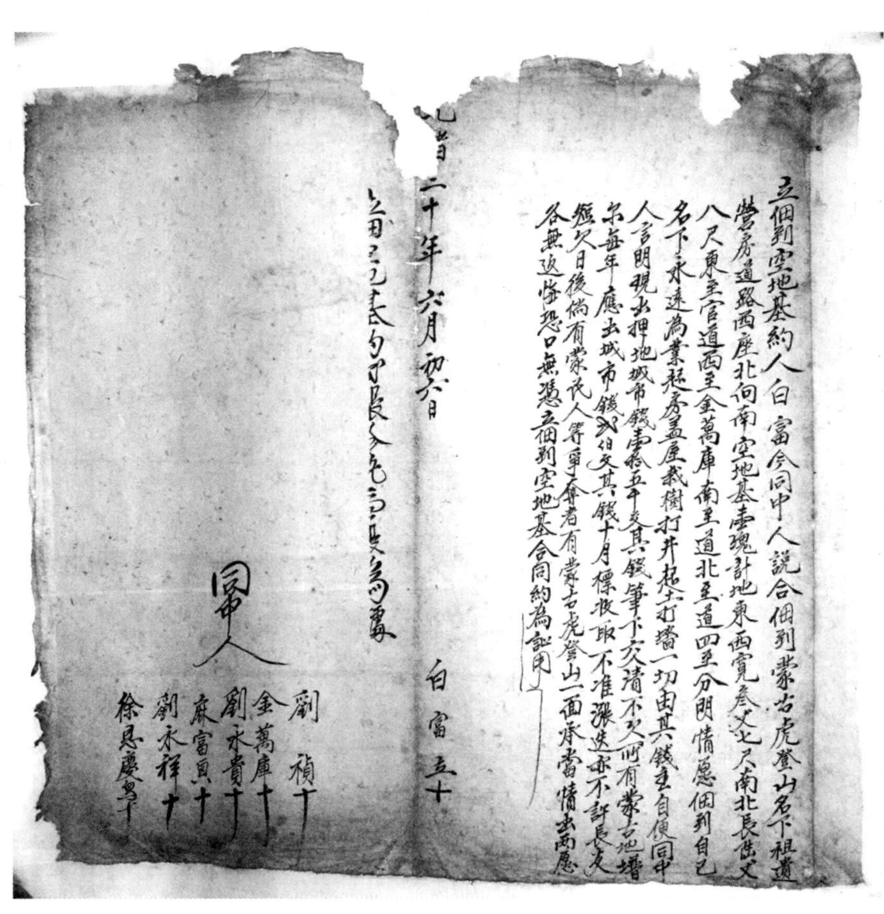
立佃到空地基約人白富今同中人説合佃到蒙古虎登山名下祖遺
營房道路西座北向南空地基壹塊，計地東西寬叁丈七尺，南北長伍丈
八尺，東至官道，西至金萬庫，南至道，北至道，四至分明，情愿佃到自己
名下永遠爲業，起房盖屋，栽樹打井，起土打墻，一切由其錢主自便。同中
人言明，現出押地城市錢壹拾五千文，其錢筆下交清不欠。所有蒙古地增
尔每年應出城市錢貳伯文，其錢十月標收取，不准漲迭，亦不許長支
短欠。日後倘有蒙民人等爭奪者，有蒙古虎登山一面承當。情出兩愿，
各無返悔，恐口無憑，立佃到空地基合同約爲証用。

[illegible]

光緒二十年六月初六日　　白富　立十

同中人
劉禎十
金萬庫十
劉永貴十
麻富貴十
劉永祥十
徐恩慶十

光21　光緒二十年（一八九四）白富佃到蒙古虎登山空地基約

立佃到空地基約人白富，今同中人説合，佃到蒙古虎登山名下祖遺營房道路西座北向南空地基壹塊。計地東西寬叁丈七尺，南北長陆丈八尺，東至官道，西至金萬庫，南至道，北至道，四至分明，情愿佃到自己名下永遠為業。起房盖屋，栽樹打井、起土打墻，一切由其錢主自便。同中人言明，現出押地城市錢壹拾五千文，其錢筆下交清不欠。所有蒙古地増尔每年應出城市錢弍佰文，其錢十月標收取，不准漲迭（跌），亦不許長支短欠。日後，倘有蒙民人等爭奪者，有蒙古虎登山一面承當。情出两愿，各無返悔。恐口無憑，立佃到空地基合同約為証用。

光緒二十年六月初六日　白富　立十

立佃空地基約貳張，各執壹張為據[一]。

劉禎十
金萬庫十
同中人　劉永貴十
麻富恩十
劉永祥十

16

注釋

〔一〕該行文字只存右半部分。

徐恩慶寫十

附表

編　號	光 21
題　名	光緒二十年（一八九四）白富佃到蒙古虎登山空地基約
類　別	佃到空地基約
尺　寸	52.5×52.8 釐米
保存狀態	部分殘缺，文字稍殘損
原編號	70
紅白契	白契
立約者	白富
理　由	無
承佃者	白富
出佃者	蒙古虎登山
承當者	蒙古虎登山
地點坐落及四至	營房道路西，座北向南：東至官道，西至金萬庫，南至道，北至道
面　積	祖遺空地基壹塊，計地東西寬叁丈七尺，南北長陆丈八尺
用　途	永遠為業，起房盖屋、栽樹打井、起土打墻，一切由其錢主自便
押地錢	城市錢壹拾五千文，其錢筆下交清不欠
地增尔	每年弍佰文，其錢十月標收取
年　限	無
印　章	無
稅　票	無
文　字	漢
同中人	劉禎、金萬庫、劉永貴、麻富恩、劉永祥、徐恩慶
寫　人	徐恩慶
立約日期	光緒二十年六月初六日
附　注	

光22

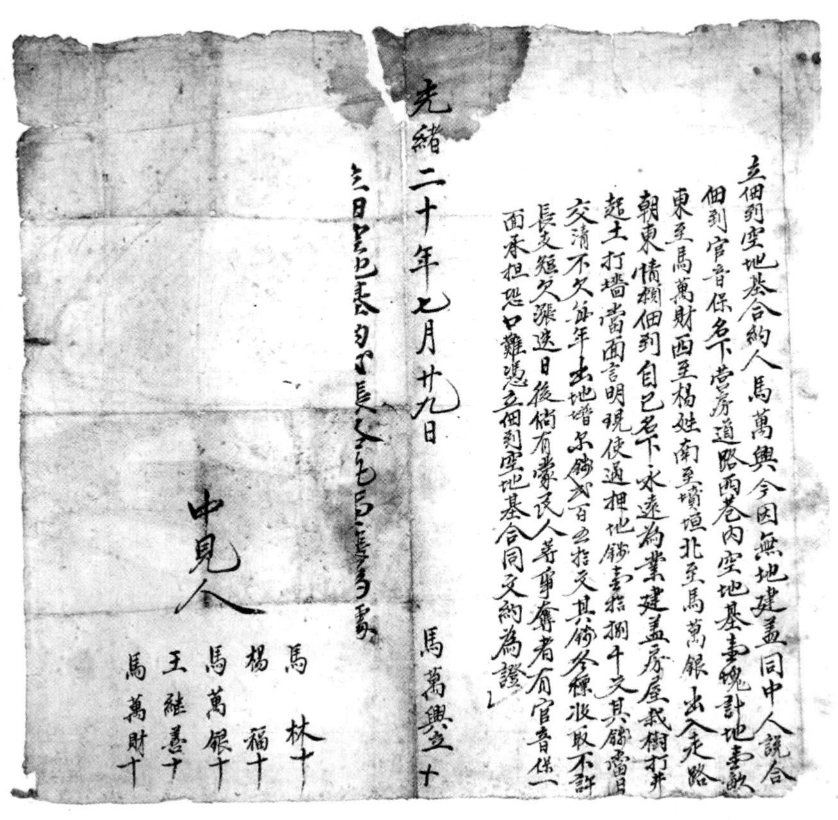

立佃到空地基合約人馬萬興，今因無地建蓋，同中人說合，佃到官音保名下營房道路西巷內空地基壹塊，計地壹畝，東至馬萬財，西至楊姓，南至墳垣，北至馬萬銀，出入走路朝東。情願佃到自己名下，永遠為業，建蓋房屋，栽樹打井，起土打墻。當面言明，現使過押地錢壹拾捌千文，其錢當日交清不欠。每年出地譜錢貳百五拾文，其錢冬標收取，不許長支短欠、漲迭。日後倘有蒙混人等爭奪者，有官音保一面承担。恐口難憑，立佃到空地基合同文約為證。

光緒二十年七月廿九日　　馬萬興立十

[illegible]

中見人　馬林十　楊福十　馬萬銀十　王繼善十　馬萬財十

光22　光緒二十年（一八九四）馬萬興佃到官音保空地基合約

立佃到空地基合約人馬萬興，今因無地建盖，同中人説合，
佃到官音保名下営房道路西巷内空地基壹塊。計地壹畝，
東至馬萬財，西至楊姓，南至墳垣，北至馬萬銀，出入走路
朝東。情願佃到自己名下永遠為業，建盖房屋、栽樹打井、
起土打墻。當面言明，現使過押地錢壹拾捌千文，其錢當日
交清不欠。每年出地増尔錢弍百五拾文，其錢冬標收取，不許
長支短欠、漲迭(跌)。日後，倘有蒙民人等爭奪者，有官音保一
面承担。恐口難憑，立佃到空地基合同文約為證。
光緒二十年七月廿九日　馬萬興立十
立佃空地基約貳張，各執壹張為據[一]。
馬　林十
楊　福十
中見人馬萬銀十
王繼善十
馬萬財十

注釋

〔一〕該行文字只存右半部分。

編　號	光 22
題　名	光緒二十年（一八九四）馬萬興佃到官音保空地基合約
類　別	佃到空地基約
尺　寸	47.2×46.7 釐米
保存狀態	少量破損，文字完整
原編號	71
紅白契	白契
立約者	馬萬興
理　由	無地建盖
承佃者	馬萬興
出佃者	官音保
承當者	官音保
地點坐落及四至	营房道路西巷内：東至馬萬財，西至楊姓，南至墳垣，北至馬萬銀，出入走路朝東
面　積	空地基壹塊，計地壹畝
用　途	永遠為業，建盖房屋、栽樹打井、起土打墻
押地錢	壹拾捌千文，其錢當日交清不欠
地增尔	每年弍百五拾文，其錢冬標收取
年　限	無
印　章	無
税　票	無
文　字	漢
中見人	馬林、楊福、馬萬銀、王継善、馬萬財
書　人	無
立約日期	光緒二十年七月廿九日
附　注	

光23

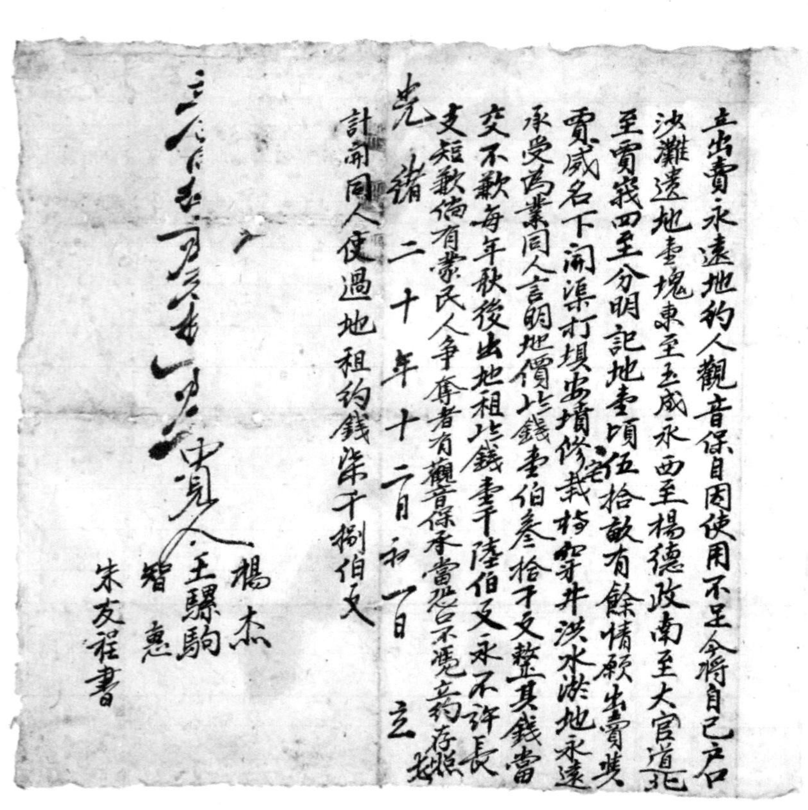

立出賣永遠地約人觀音保因使用不足今將自己户口
汝灘遠地壹塊東至五成永西至楊德政南至大官道北
至賈殺四至分明記地壹頃伍拾畝有餘情願出賣與
賈威名下開渠打壩安墳修宅栽樹穿井淤水淤地永遠
承受爲業同人言明地價作錢壹伯叁拾千文整其錢當
交不欠每年秋後出地租作錢壹千陸伯文永不許長
支短欠倘有蒙民人爭奪者有觀音保承當恐口不憑立約存照
光緒二十年十二月初一日 立
計開同人使過地租約錢柒千捌伯文

中見人 楊杰
王驃駒
智惠
朱友程書

光23　光緒二十年（一八九四）觀音保賣與賈威沙灘地約

1 立出賣永遠地约人觀音保，自因使用不足，今將自己户口

2 沙灘遺[一]地壹塊，東至玉成永，西至楊德政，南至大官道，北

3 至賈宬，四至分明，記(計)地壹頃伍拾畝有餘，情願出賣與

4 賈威名下開渠打垻、安墳修宅[二]、栽樹穿井、洪水淤地，永遠

5 承受為業。同人言明，地價[三]錢壹佰叁拾千文整，其錢當

6 交不歉(欠)。每年秋後出地租[三]錢壹千陸佰文，永不許長

7 支短歉(欠)。倘有蒙民人争奪者，有觀音保承當。恐口不憑，立约存照。

8 光　绪　二　十　年　十　二　月　初　一　日　立

9 許開同人使[三]過地租约錢柒千捌佰文。

10 楊　杰

11 王驟駒

12 立合同约二張，各执一張[四]。中見人　智　惠

13 朱友程書

注釋

[一]「遺」字前疑缺「祖」字。

〔二〕「宅」字原在行間。

〔三〕「計開同人使」五字間有三處朱色印跡。

〔四〕該行文字只存左半部分。

附表

編　　號	光 23
題　　名	光緒二十年（一八九四）觀音保賣與賈威沙灘地約
類　　別	出賣地約
尺　　寸	29×29.5 釐米
保存狀態	完整
原 編 號	72
紅 白 契	白契
立 約 者	觀音保
理　　由	使用不足
承 買 者	賈威
出 賣 者	觀音保
承 當 者	觀音保
地點坐落及四至	沙灘祖遺地，東至玉成永，西至楊德政，南至大官道，北至賈義
面　　積	沙灘祖遺地壹塊，計地壹頃伍拾畝有餘
用　　途	開渠打垻、安墳修宅、栽樹穿井、洪水淤地，永遠承受為業
地　　價	亠三錢壹佰叁拾千文整，其錢當交不欠
地 租 錢	每年秋後出亠三錢壹千陸佰文
年　　限	永遠
印　　章	無
稅　　票	無
文　　字	漢
中 見 人	楊杰、王驟駒、智惠、朱友程
書　　人	朱友程
立約日期	光緒二十年十二月初一日
附　　注	計開同人使過地租约錢柒千捌佰文

光24

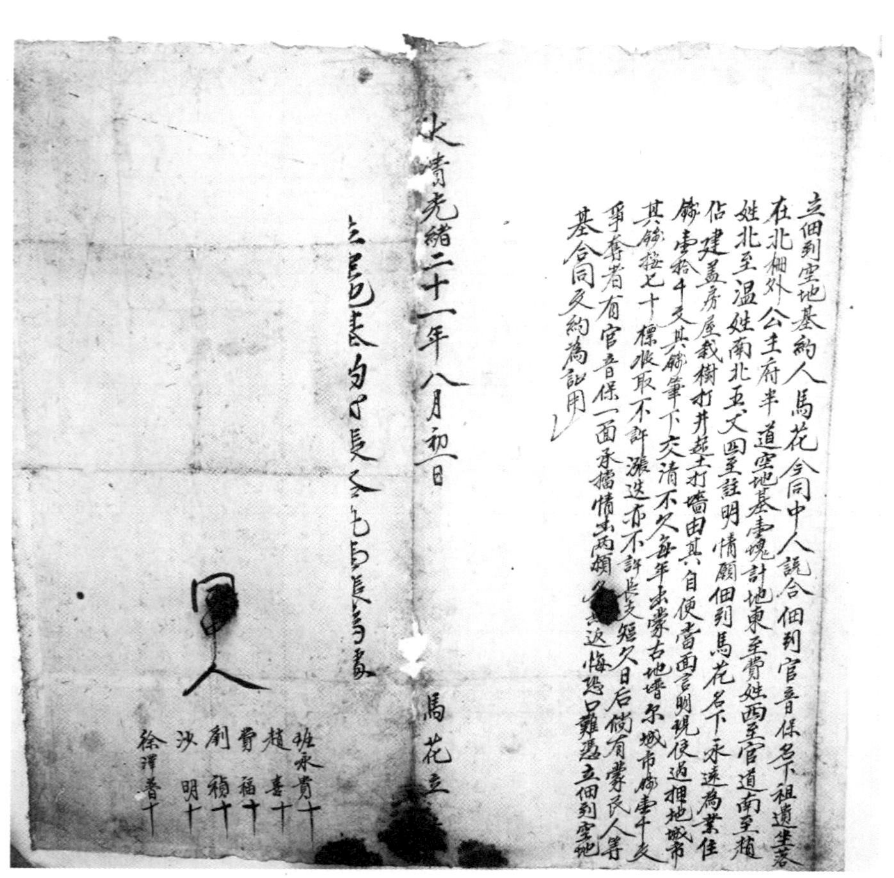
立佃到空地基約人馬花今同中人說合佃到官音保名下祖遺坐落
在北柵外公主府半道空地基壹塊，計地東至賈姓，西至官道，南至趙
姓，北至温姓，南北五丈，四至註明。情願佃到馬花名下永遠為業，住
佔建蓋房屋、栽樹、打井、起土打墻，由其自便。當面言明現使過押地城市
錢壹拾千文，其錢筆下交清不欠。每年出蒙古地譜城市錢壹千文，
其錢按七十標[illegible]取，不許漲迭，亦不許長支短欠。日后倘有蒙民人等
爭奪者，有官音保一面承擋。情出兩願，[illegible]返悔。恐口難憑，立佃到空地
基合同文約為証用。

[illegible]

大清光緒二十一年八月初一日　馬花立

中人　班永貴十
趙喜十
賈福十
劉禎十
沈明十
徐禪普十

光24　光緒二十一年（一八九五）馬花佃到官音保空地基約

立佃到空地基約人馬花，今同中人説合，佃到官音保名下祖遺坐落
在北柵外公主府半道空地基壹塊。計地東至費姓，西至官道，南至趙
姓，北至温姓，南北五丈，四至註明，情願佃到馬花名下永遠為業。住
佔、建盖房屋、栽樹打井、起土打墻，由其自便。當面言明，現使過押地城市
錢壹拾千文，其錢筆下交清不欠。每年出蒙古地增尔城市錢壹千文，
其錢按七十標收取，不許漲迭（跌），亦不許長支短欠。日后，倘有蒙民人等
爭奪者，有官音保一面承擋。情出两願，各無返悔。恐口難憑，立佃到空地
基合同文約為証用。

大清光緒二十一年八月初一日　馬花 立十

立空地基約貳張，各執壹張為據〔一〕。

班永貴十
趙　喜十
費　福十
同中人劉　禎十
沙　明十

16

徐澤普十

注釋

〔一〕該行文字只存右半部分。

附表

編　　號	光 24
題　　名	光緒二十一年（一八九五）馬花佃到官音保空地基約
類　　別	佃到空地基約
尺　　寸	51.5×52 釐米
保存狀態	稍有破損，有污漬，文字基本完整
原 編 號	73
紅 白 契	白契
立 約 者	馬花
理　　由	無
承 佃 者	馬花
出 佃 者	官音保
承 當 者	官音保
地點坐落及四至	北柵外公主府半道：東至費姓，西至官道，南至趙姓，北至温姓
面　　積	祖遺空地基壹塊，南北五丈
用　　途	永遠為業，住佔、建盖房屋、栽樹打井、起土打墻，由其自便
押 地 錢	城市錢壹拾千文，其錢筆下交清不欠
地 増 尔	每年城市錢壹千文，其錢按七十標收取
年　　限	無
印　　章	無
稅　　票	無
文　　字	漢
同 中 人	班永貴、趙喜、費福、劉禎、沙明、徐澤普
書　　人	無
立約日期	大清光緒二十一年八月初一日
附　　注	

光25

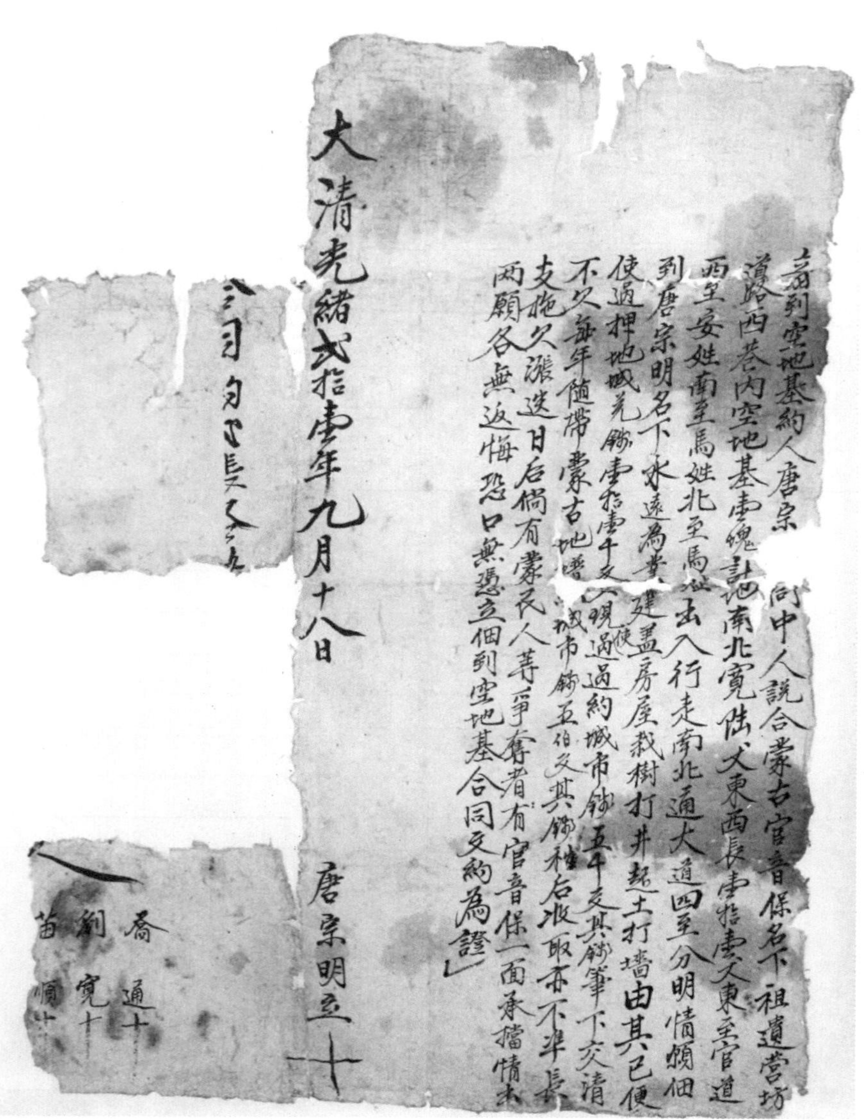

立到空地基約人唐宗明同中人説合蒙古官音保名下祖遺營坊道路西巷内空地基壹塊，計地南北寬陸丈，東西長壹拾壹丈，東至官道，西至安姓，南至馬姓，北至馬姓，出入行走南北通大道，四至分明，情願佃到唐宗明名下永遠為業，建蓋房屋，栽樹打井，起土打墻，由其己便。使過押地城市錢壹拾壹千文，使過約城市錢五千文，其錢筆下交清不欠。每年隨帶蒙古地譜城市錢五伯文，其錢秋后收取，不准長支拖欠、漲迭。日后倘有蒙民人等爭奪者，有官音保一面承擋。情本兩願，各無返悔，恐口無憑，立佃到空地基合同文約為證。

大清光緒弍拾壹年九月十八日　唐宗明立十

喬通十
劉寬十
苗順十

光25　光緒二十一年（一八九五）唐宗明佃到官音保空地基約

立佃到空地基約人唐宗明〔一〕，同中人説合，蒙古官音保名下祖遺營坊
道路西巷内空地基壹塊，計地南北寬陆丈，東西長壹拾壹丈，東至官道，
西至安姓，南至馬姓，北至馬姓，出入行走南北通大道，四至分明，情願佃
到唐宗明名下永遠為業。建盖房屋、栽樹打井、起土打墻，由其己便。
使過押地城兑錢壹拾壹千文，現使〔二〕過過約城市錢五千文，其錢筆下交清
不欠。每年随带蒙古地増尔〔三〕城市錢五佰文，其錢秋后收取，亦不準長
支拖欠、漲迭（跌）。日后，倘有蒙民人等爭奪者，有官音保一面承擋。情出
兩願，各無返悔。恐口無憑，立佃到空地基合同文約為證。
大清光緒弍拾壹年九月十八日　唐宗明立十
□合同約貳張，各執□〔四〕
喬通十
劉寬十
□人　苗順十

（後缺）

注釋

〔一〕「明」字依據第四行人名補。

〔二〕「使」字原在行間，附有表示增補插入的畫綫。

〔三〕「尔」字依據前面整理文書内容補入。

〔四〕該行文字只存右半部分。

附表

編　號	光 25
題　名	光緒二十一年（一八九五）唐宗明佃到官音保空地基約
類　別	佃到空地基約
尺　寸	38.5×52.2 釐米
保存狀態	部分破損，有污漬，文字有殘缺
原編號	74
紅白契	白契
立約者	唐宗明
理　由	無
承佃者	唐宗明
出佃者	官音保
承當者	官音保
地點坐落及四至	营坊道路西巷内：東至官道，西至安姓，南至馬姓，北至馬姓，出入行走南北通大道
面　積	祖遺空地基壹塊，計地南北寬陆丈，東西長壹拾壹丈
用　途	永遠為業，建盖房屋、栽樹打井、起土打墻，由其己便
押地錢	城兑錢壹拾壹千文
過約錢	城市錢五千文，其錢筆下交清不欠
地增尔	城市錢五佰文，其錢秋后收取
年　限	無
印　章	無
稅　票	無
文　字	漢
中見人	喬通、劉寬、苗順……
書　人	未知有無
立約日期	大清光緒弍拾壹年九月十八日
附　注	

光
26

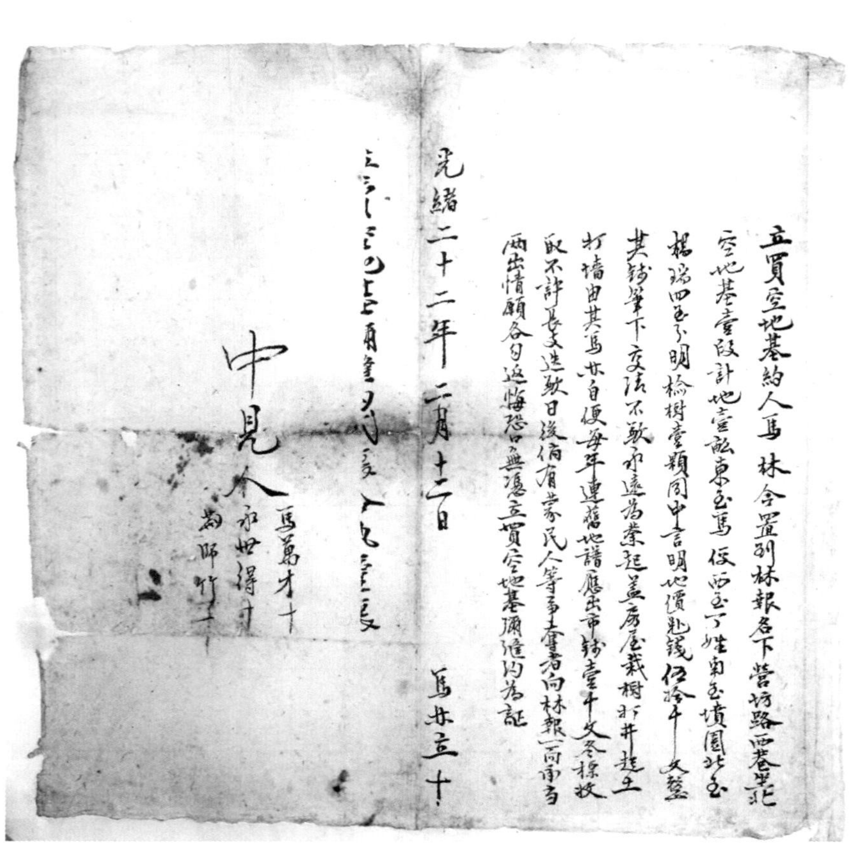

立買空地基約人馬林今置到林報名下營坊路西巷北空地基壹段，計地壹畝，東至馬俊，西至丁姓，南至墳園，北至楊瑞，四至分明，榆樹壹顆，同中言明地價現錢伍拾千文整，其錢筆下交清不欠，永遠爲業，起蓋房屋、栽樹打井、起土打墻由其馬林自便，每年連舊地譜應出市錢壹千文，冬標收取，不許長支迭欠。日後倘有蒙民人等爭奪者，有林報一面承當。兩出情願，各勿返悔，恐口無憑，立買空地基爾憑約爲証。

光緒二十二年二月十二日　馬林立十

中見人　馬萬才十
永世得十
馬師竹十

光26　光緒二十二年（一八九六）馬林買到林報空地基約

立買空地基約人馬林，今置到林報名下營坊路西巷坐北空地基壹段。計地壹畝，東至馬俊，西至丁姓，南至墳園，北至楊瑞，四至分明，榆樹壹顆（棵）。同中言明，地價兑錢伍拾千文整，其錢筆下交清不歉（欠），永遠為業。起盖房屋、栽樹打井、起土打墻，由其馬林自便。每年連舊地譜應出市錢壹千文，冬標收取，不許長支迭歉（欠）。日後，倘有蒙民人等爭奪者，向林報一面承当。兩出情願，各勿返悔。恐口無憑，立買空地基彌縫約為証。

光緒二十二年二月十二日　馬林立十

立賣空地基彌縫約貳張，各執壹張〔一〕。

馬萬才十
中見人永世得十
荊師竹十

注釋

〔一〕該行文字只存右半部分。

編　號	光 26
題　名	光緒二十二年（一八九六）馬林買到林報空地基約
類　別	買到空地基約
尺　寸	47×46.5 釐米
保存狀態	極少量破損，文字完整
原編號	75
紅白契	白契
立約者	馬林
理　由	無
承買者	馬林
出賣者	林報
承當者	林報
地點坐落及四至	營坊路西巷坐北：東至馬俊，西至丁姓，南至墳園，北至楊瑞，
面　積	空地基壹段，計地壹畝，榆樹壹棵
用　途	永遠為業，起盖房屋、栽樹打井、起土打墻，由其馬林自便
地　價	兑錢伍拾千文整，其錢筆下交清不欠
地　譜	每年連舊地譜應出市錢壹千文，冬標收取
年　限	無
印　章	無
稅　票	無
文　字	漢
中見人	馬萬才、永世得、荊師竹
書　人	無
立約日期	光緒二十二年二月十二日
附　注	

光
27

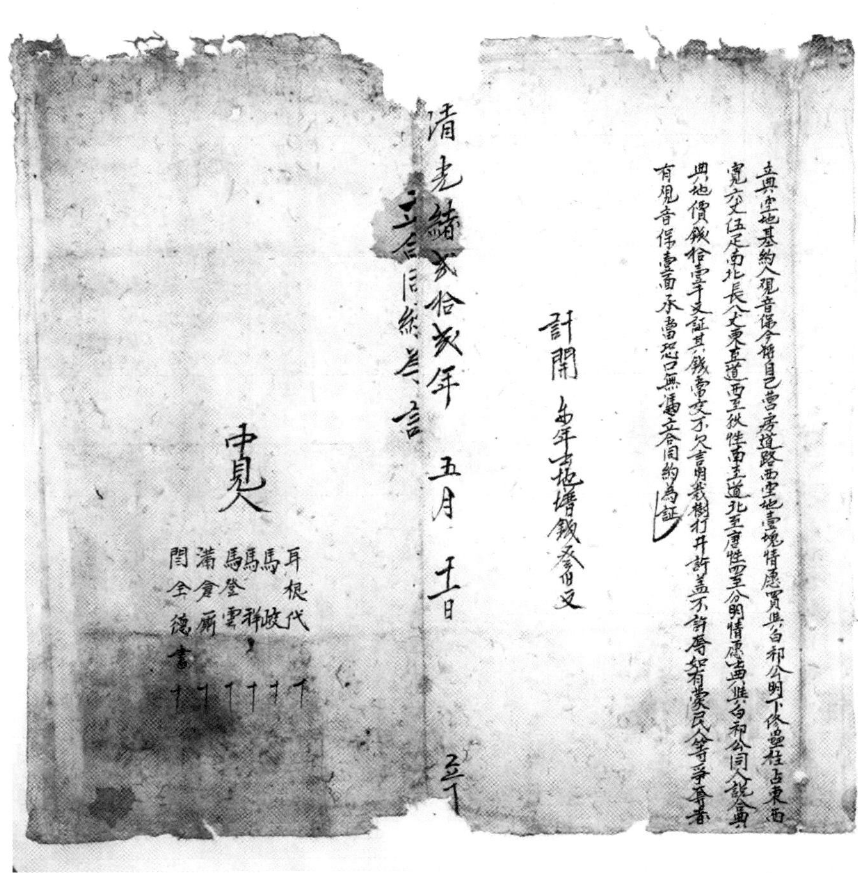
立典空地基約人觀音保今將自己營房道路西空地壹塊情愿典與白邦公名下修蓋住占東西
寬六丈伍尺南北長八丈東至道西至狄姓南至道北至唐姓四至分明情愿出典與白邦公同人說合典
典地價錢拾壹千文証其錢當交不欠言明栽樹打井許蓋不許爭奪如有蒙民人等爭奪者
有觀音保壹面承當恐口無憑立合同約為証

計開　每年古地增錢叁佰文

清光緒贰拾贰年　五月　十五日　立

立合同約是言

中見人
耳根代　十
馬啟祥　十
馬登雲　十
滿倉爾　十
閆全德書　十

光27　光緒二十二年（一八九六）观音保出典與白祁公空地基約

立典空地基約人观音保，今將自己營房道路西空地壹塊，情愿買[一]與白祁公明（名）下修壘柱（住）占。東西
寬六丈伍疋（尺），南北長八丈，東至[二]道，西至狄性（姓），南至道，北至唐性（姓），四至分明，情愿出典與白祁公。同人說
合，典
典[三]地價錢拾壹千文証（整），其錢當交不欠。言明栽樹打井，許盖不許奪，如有蒙民人等爭奪者，
有观音保壹面承當。恐口無憑，立合同約為証。

計開　每年出地增錢叁佰文

大清光緒弍拾弍年　五月　十一日　立十

立合同約為証[四]。

中見人
耳根代十
馬皎十
馬祥十
馬登雲十
滿倉斷十
閆全德書十

注釋

〔一〕「買」字當為「賣」字之誤。

〔二〕「至」字有勾畫。

〔三〕此處當衍一「典」字。

〔四〕該行文字只存左半部分。

附表

編　號	光 27
題　名	光緒二十二年（一八九六）观音保出典與白祁公空地基約
類　別	出典空地基約
尺　寸	52.4×53 釐米
保存狀態	部分破損，文字稍有殘缺
原編號	76
紅白契	白契
立約者	观音保
理　由	無
承典者	白祁公
出典者	观音保
承當者	观音保
地點坐落及四至	营房道路西：東至道，西至狄姓，南至道，北至唐姓
面　積	空地壹塊：東西寬六丈伍尺，南北長八丈
用　途	修壘住占，栽樹打井，許蓋不許奪
典地價	拾壹千文整，其錢當交不欠
地増錢	每年叁佰文
年　限	無
印　章	無
税　票	無
文　字	漢
中見人	耳根代、馬峧、馬祥、馬登雲、滿倉厮、閆全德
書　人	閆全德
立約日期	大清光緒弍拾弍年五月十一日
附　注	

光
28

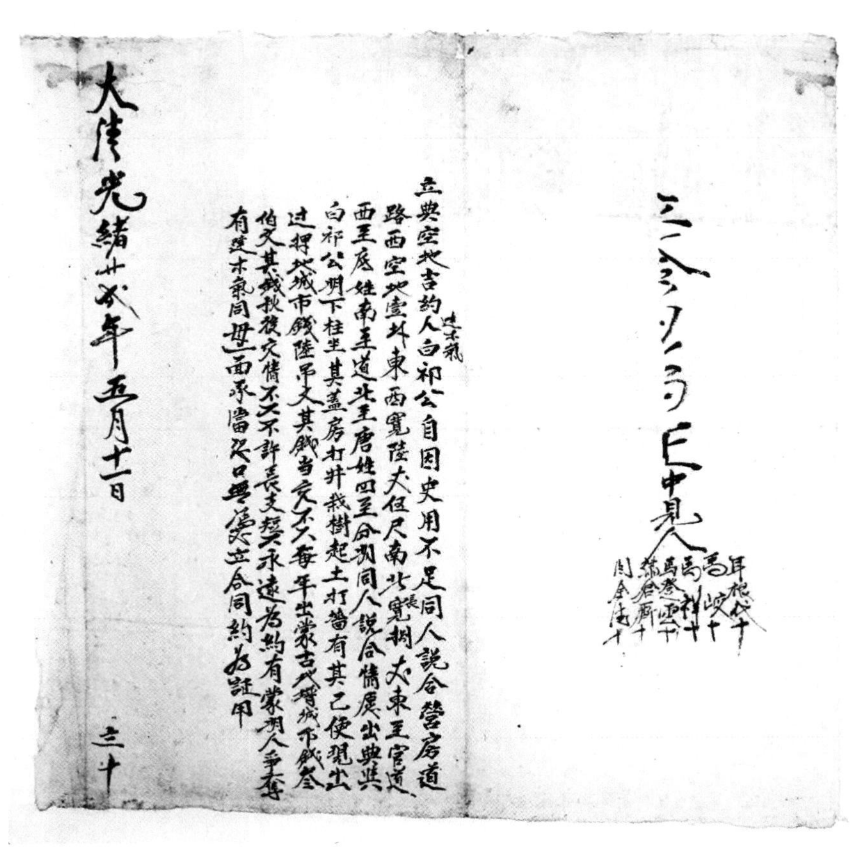
立典空地合約人白祁公自因使用不足同人説合營房道路西空地壹塊東西寬陸丈伍尺南北長寬捌丈東至官道西至底姓南至道北至唐姓四至分明同人説合情愿出典與白祁公明下柱坐其蓋房打井栽樹起土打牆有其己便現出过押地城市錢陸吊文其錢当交不欠每年出冢吉代擇城市錢叁伯文其錢秋後交倩不欠不許長支短欠永遠為約有蒙明人爭奪有建木氣同毋面承當恐口無憑立合同約為証用

中見人 耳根代十 馬峻十 馬祥十 馬叁元十 蒲倉廟十 周全德十

大清光緒廿五年五月十一日

立十

光28 光緒二十二年（一八九六）達木氣出典與白祁公空地基約

此件合同約似與光27文書涉及同一空地基，其地點坐落及四至、面積和立約日期皆相同，但兩文書出典者、承當者不同，押地錢、佃地價數目也不同。為何出現此種現象，待考。

耳根代十
馬　峧十
馬　祥十
立合約為証〔一〕。中見人馬登雲十
滿倉厮十
闫全德十

立典空地吉（基）約人達木氣〔二〕、白祁公，自因史（使）用不足，同人說合，營房道路西空地壹塊，東西寬陸丈伍尺，南北長〔三〕捌丈，東至官道，西至底姓，南至道，北至唐姓，四至分明，同人說合，情愿出典與白祁公明（名）下柱（住）坐。其蓋房、打井栽樹，起土打墻，有其己便。現出过押地城市錢陸吊文，其錢当交不欠。每年出蒙古地增城市錢叁佰文，其錢秋後交情（清）不欠，不許長支短欠，永遠為約。有蒙明（民）人爭奪，有達木氣同母一面承當。恐口無憑，立合同約為證用。

14

大清光緒廿弍年五月十一日　　立十

注釋

〔一〕該行文字只存右半部分。

〔二〕「達木氣」三字原在行間。

〔三〕「長」字原在行間，其左側正行有一「寬」字，根據上一件文書，可知應以「長」代「寬」。

附表

編　號	光28
題　名	光緒二十二年（一八九六）達木氣出典與白祁公空地基約
類　別	出典空地基約
尺　寸	47.3×48釐米
保存狀態	完整
原編號	77
紅白契	白契
立約者	達木氣、白祁公
理　由	使用不足
承典者	白祁公
出典者	達木氣
承當者	達木氣同母
地點坐落及四至	營房道路西：東至官道，西至底姓，南至道，北至唐姓
面　積	空地壹塊：東西寬陸丈伍尺，南北長捌丈
用　途	住坐，蓋房、打井栽樹、起土打墻，有其己便
押地錢	城市錢陸吊文，其錢当交不欠
地增錢	城市錢叁佰文
年　限	無
印　章	無
稅　票	無
文　字	漢
中見人	耳根代、馬峧、馬祥、馬登雲、滿倉厮、闫全德
書　人	無
立約日期	大清光緒廿弍年五月十一日
附　注	

光29

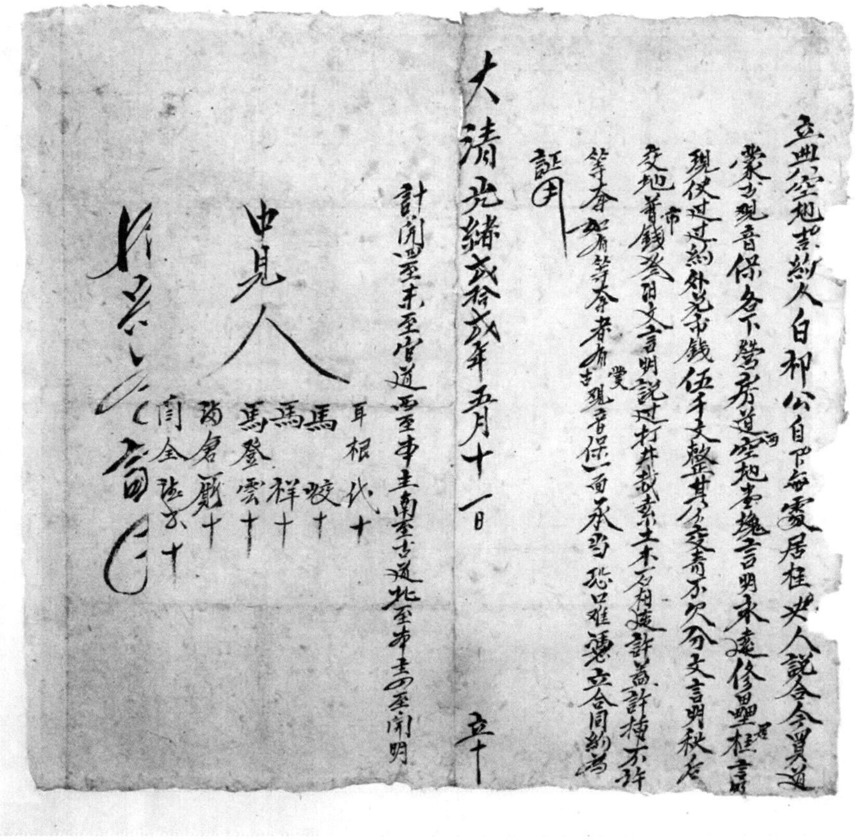
立典空地基約人白祁公，自因無處居住，央人說合，今買到
蒙古觀音保名下營房道西空地基壹塊，言明永遠修盖住房，言明
現使過過約外兑市錢伍千文整，其錢交清不欠，分文言明秋后
交地普市錢叁吊文，言明說過打井栽樹，土木石相連，許蓋許拆，不許
等人奪要，如有等人奪要者，有蒙古觀音保一面承当，恐口難憑，立合同約為
証用
大清光緒貳拾貳年五月十一日　立
計開四至：東至官道，西至本主，南至古道，北至本主，四至開明
中見人　耳根代十　馬駿十　馬祥十　馬登雲十　瑞倉厭十　周全論十

光29　光緒二十二年（一八九六）白祁公典到蒙古观音保空地基約

立典空地却(基)約人白祁公，自□無處居柱(住)，央人說合，今買道(到)
蒙古观音保名下營房道西[一]空地壹塊。言明永遠修壘居[二]柱(住)，言明
現使过过約外兑市錢伍千文整，其錢交青(清)，不欠分文，言明秋后
交地普市[三]錢叁佰文。言明說过打井栽素(樹)，土、木、石相连，許蓋、許插，不許
等(爭)奪。如有等(爭)奪者，有蒙古观音保一面承当。恐口难憑，立合同約為
証用。
大清光緒弍拾弍年五月十一日　立十
計開四至，東至官道，西至本主，南至古道，北至本主，四至開明。
耳根代十
馬　峧十
馬　祥十
中見人
馬登雲十
滿倉厮十
闫全德书十
脗約為証用[四]。

注釋

〔一〕「西」字原在行間。

〔二〕「居」字原在行間。

〔三〕「市」字原在行間。

〔四〕該行文字只存左半部分。

附表

編　號	光 29
題　名	光緒二十二年（一八九六）白祁公典到蒙古观音保空地基約
類　別	典到空地基約
尺　寸	30×29.5 釐米
保存狀態	部分破損，文字稍有殘缺
原編號	78
紅白契	白契
立約者	白祁公
理　由	無處居住
承典者	白祁公
出典者	蒙古观音保
承當者	蒙古观音保
地點坐落及四至	營房道西：東至官道，西至本主，南至古道，北至本主
面　積	空地壹塊
用　途	永遠修壘居住，打井栽樹，土、木、石相連，許蓋、許插，不許爭奪
過約錢	外兑市錢伍千文整，其錢交清，不欠分文
地普錢	秋后交市錢叁佰文
年　限	無
印　章	無
稅　票	無
文　字	漢
中見人	耳根代、馬峧、馬祥、馬登雲、滿倉厮、闫全德
書　人	闫全德
立約日期	大清光緒弍拾弍年五月十一日
附　注	

光
30

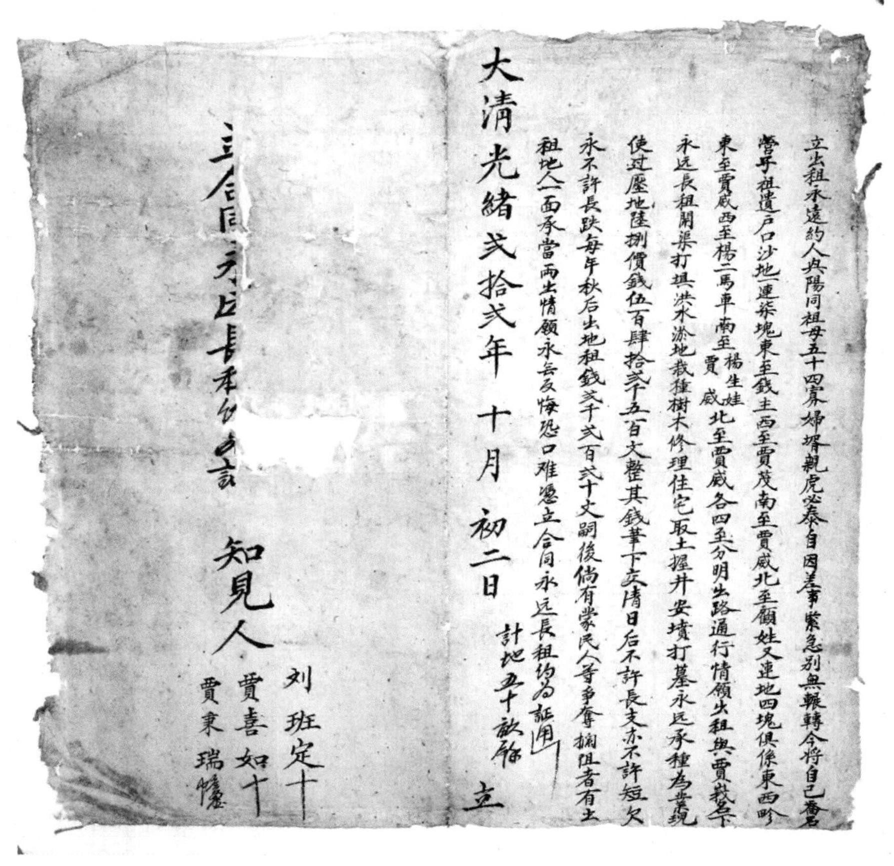

立出租永遠約人與陽同祖母五十四寡婦壻親虎必泰自因差事緊急别無輾轉今將自己番名
營子祖遺戶口沙地一連叁塊東至錢主西至賈茂南至賈威北至顧姓又連地四塊俱係東西畛
東至賈威西至楊二馬車南至楊生娃賈威北至賈威各四至分明出路通行情願出租與賈裁名下
永遠長租開渠打堰洪水淤地栽種樹木修理住宅取土掘井安墳打墓永遠承種爲業現
使过壓地陸捌價錢伍百肆拾弍千五百文整其錢筆下交清日后不許長支亦不許短欠
永不許長跌每年秋后出地租錢弍千弍百弍十文嗣後倘有蒙民人等爭奪攔阻者有出
租地人一面承當兩出情願永無反悔恐口難憑立合同永遠長租約爲証用
大清光緒弍拾弍年 十月 初二日 計地五十畝餘 立

立合同永遠長租約爲証

知見人 刘班定十 賈喜如十 賈東瑞𢡟

光30　光緒二十二年（一八九六）巺陽同祖母五十四寡婦、婿親虎必泰出租與賈莪地約

立出租永遠約人巺陽同祖母五十四寡婦、壻(婿)親虎必泰，自因差事緊急，別無輾轉，今將自己喬石
營子祖遺户口沙地一連柒塊，東至錢主，西至賈茂，南至賈威，北至顧姓；又連地四塊，俱係東西畛，
東至賈威，西至楊二馬車，南至楊生娃 賈威，北至賈威，各四至分明，出路通行，情願出租與賈莪名下。
永遠長租，開渠打垻、洪水淤地、栽種樹木，修理住宅、取土握(挖)井、安墳打墓，永远承種為業。現
使过壓(押)地陸捌價錢伍百肆拾弍千五百文整，其錢筆下交清。日后不許長支，亦不許短欠，
永不許長跌。每年秋后出地租錢弍千弍百弍十文。嗣後，倘有蒙民人等爭奪攔阻者，有出
租地人一面承當。兩出情願，永無反悔。恐口难憑，立合同永远長租约为証用。
計地五十畝餘。
大清光緒弍拾弍年　十月　初二日　立
立合同永远長租约為証[一]。
知見人　刘班定十　賈喜如十
賈秉瑞[二]

注釋

〔一〕該行文字只存左半部分。

〔二〕該人名下有墨色勾畫，應是畫押。

編　號	光 30
題　名	光緒二十二年（一八九六）吳陽同祖母五十四寡婦、婿親虎必泰出租與賈義地約
類　別	出租地約
尺　寸	45 × 44.3 釐米
保存狀態	稍有破損，文字基本完整
原編號	79
紅白契	白契
立約者	吳陽同祖母五十四寡婦、婿親虎必泰
理　由	差事緊急，別無輾轉
承租者	賈義
出租者	吳陽同祖母五十四寡婦、婿親虎必泰
承當者	出租地人
地點坐落及四至	喬石營子：沙地一連柒塊，東至錢主，西至賈茂，南至賈威，北至顧姓；又連地四塊，東至賈威，西至楊二馬車，南至楊生娃、賈威，北至賈威，出路通行
面　積	祖遺户口沙地一連柒塊，又連地四塊，俱係東西畛，計地五十畝餘
用　途	永遠長租，開渠打垻、洪水淤地、栽種樹木、修理住宅、取土挖井、安墳打墓，永远承種為業
押地錢	陸捌價錢伍百肆拾弍千五百文整，其錢筆下交清
地租錢	每年秋后出弍千弍百弍十文
年　限	永遠長租
印　章	無
稅　票	無
文　字	漢
知見人	刘班定、賈喜如、賈秉瑞
書　人	無
立約日期	大清光緒弍拾弍年十月初二日
附　注	

光31

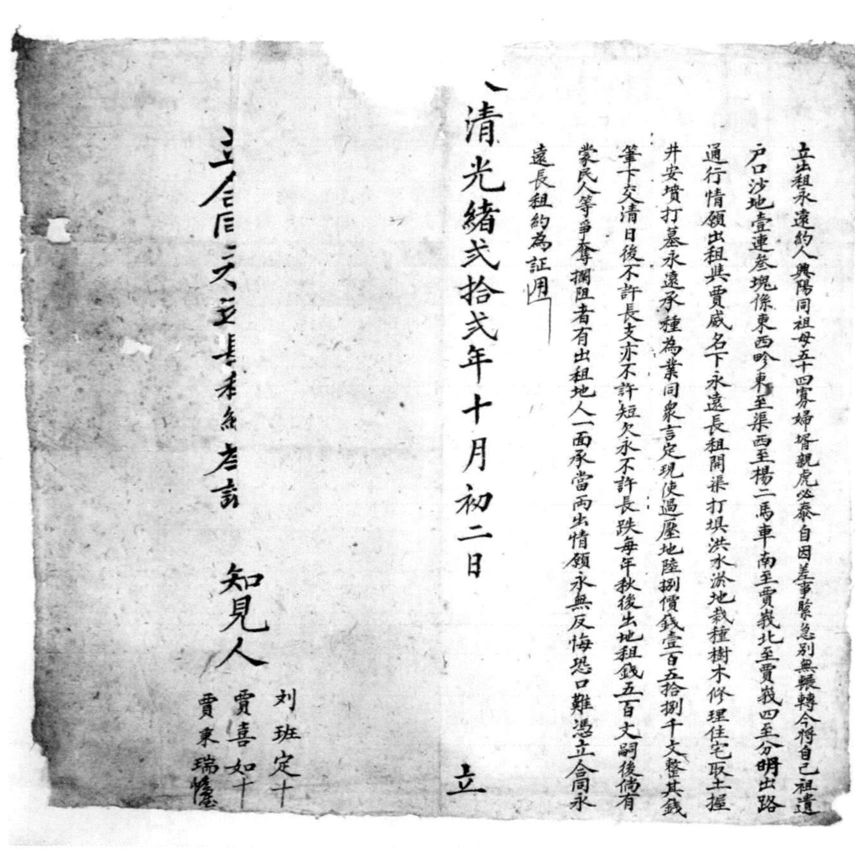

立出租永遠約人興陽同祖母五十四寡婦婿親虎必泰自因差事緊急別無輾轉今將自己祖遺
户口沙地壹連叁塊係東西畛東至渠西至楊二馬車南至賈義北至賈義四至分明出路
通行情願出租與賈威名下永遠長租開渠打垻洪水淤地栽種樹木修理住宅取土掘
井安墳打墓永遠承種為業同衆言定現使過壓地陸捌價錢壹百五拾捌千文整其錢
筆下交清日後不許長支亦不許短欠永不許長跌每年秋後出地租錢五百文嗣後倘有
蒙民人等爭奪攔阻者有出租地人一面承當兩出情願永無反悔恐口難憑立合同永
遠長租約為証用

大清光緒弍拾弍年十月初二日　立

立合同永遠長租約存照

知見人　刘班定十　賈喜如十　賈東瑞儀

光31　光緒二十二年（一八九六）興陽同祖母五十四寡婦、婿親虎必泰出租與賈威沙地約

立出租永遠約人興陽同祖母五十四寡婦、婿親虎必泰，自因差事緊急，別無輾轉，今將自己祖遺
户口沙地壹連叁塊，係東西畛，東至渠，西至楊二馬車，南至賈莪，北至賈莪，四至分明〔一〕，出路
通行，情願出租與賈威名下永遠長租，開渠打垻、洪水淤地、栽種樹木、修理住宅、取土握（挖）
井、安墳打墓，永遠承種為業。同衆言定，現使過壓（押）地陸捌價錢壹百五拾捌千文整，其錢
筆下交清。日後不許長支，亦不許短欠，永不許長跌。每年秋後出地租錢五百文。嗣後，倘有
蒙民人等爭奪攔阻者，有出租地人一面承當。兩出情願，永無反悔。恐口難憑，立合同永
遠長租約為証用。

大清光緒弍拾弍年十月初二日　立

刘班定十
立合同永遠長租約為証〔二〕。　知見人　賈喜如十
賈秉瑞〔三〕

注釋

〔一〕「明」字由他字修改而成。

〔二〕該行文字只存左半部分。

〔三〕該人名下有墨色勾畫，應是畫押。

附表

編　號	光 31
題　名	光緒二十二年（一八九六）興陽同祖母五十四寡婦、婿親虎必泰出租與賈威沙地約
類　別	出租沙地約
尺　寸	44.3×43.2 釐米
保存狀態	有破損，文字稍有殘缺
原編號	80
紅白契	白契
立約者	興陽同祖母五十四寡婦、婿親虎必泰
理　由	差事緊急，別無輾轉
承租者	賈威
出租者	興陽同祖母五十四寡婦、婿親虎必泰
承當者	出租地人
地點坐落及四至	東至渠，西至楊二馬車，南至賈峩，北至賈峩，出路通行
面　積	祖遺户口沙地壹連叁塊，係東西畛
用　途	永遠長租，開渠打垻、洪水淤地、栽種樹木、修理住宅、取土挖井、安墳打墓，永遠承種為業
押地錢	陸捌價錢壹百五拾捌千文整，其錢筆下交清
地租錢	每年秋後出五百文
年　限	永遠長租
印　章	無
税　票	無
文　字	漢
知見人	刘班定、賈喜如、賈秉瑞
書　人	無
立約日期	大清光緒式拾式年十月初二日
附　注	

光32

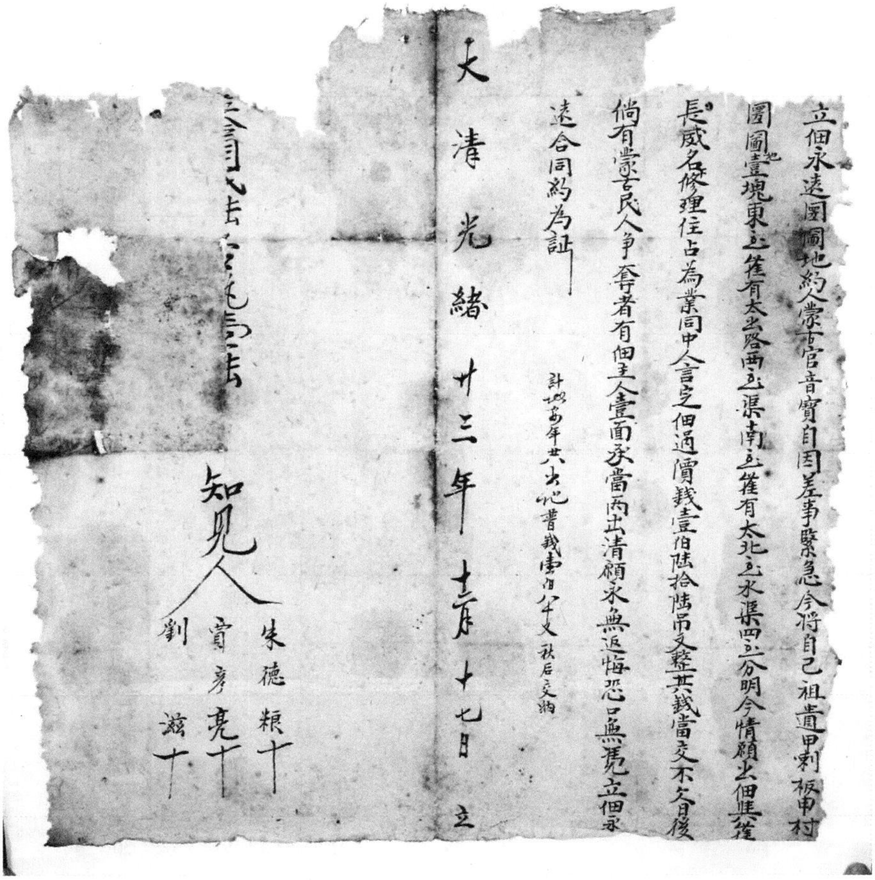

立佃永遠園圃地約人崇古官音寶自因差事緊急今將自己祖遺甲剌板申村
園圃地壹塊東至崔有太出路西至渠南至崔有太北至水渠四至分明今情願出佃與崔
長威名下修理住占為業同中人言定佃過價錢壹伯陆拾陆吊文整其錢當交不欠日後
倘有崇古民人爭奪者有佃主人壹面承當兩出清願永無返悔恐口無憑立佃永
遠合同約為証
計地每年共八出地普錢壹伯八千文 秋后交納
大清光緒廿三年十二月十七日 立
[illegible]
知見人
朱德粮十
賈彥亮十
劉滋十

光32 光緒二十三年（一八九七）蒙古官音寶出佃與崔長威圐圙地約

立佃永遠圐圙地約人蒙古官音寶，自因差事緊急，今將自己祖遺甲喇板申村圐圙地[一]壹塊，東至崔有太出路，西至渠，南至崔有太，北至水渠，四至分明，今情願出佃與崔長威名下[二]修理住占為業。同中人言定，佃過價錢壹佰陆拾陆吊文整，其錢當交不欠。日後，倘有蒙民人争奪者，有佃主人壹面承當。两出清願（情），永無返悔。恐口無憑，立佃永遠合同約為証。

計批每年共出地普錢壹佰八十文，秋后交纳。

大清　光緒　廿三年　十二月　十七日　立

朱德粮十

立合同貳张，各執壹张[三]。　知見人　賈彦亮十

劉　滋十

注釋

〔一〕「地」字原在行間。

〔二〕「下」字原在行間。

〔三〕該行文字只存右半部分。

附表

編　號	光 32
題　名	光緒二十三年（一八九七）蒙古官音賣出佃與崔長威園圖地約
類　別	出佃園圖地約
尺　寸	45.5×47 釐米
保存狀態	有破損，文字完整
原編號	81
紅白契	白契
立約者	蒙古官音賣
理　由	差事緊急
承佃者	崔長威
出佃者	蒙古官音賣
承當者	佃主人
地點坐落及四至	甲喇板申村：東至崔有太出路，西至渠，南至崔有太，北至水渠
面　積	祖遺園圖地壹塊
用　途	修理住占為業
佃過價	壹佰陆拾陆吊文整，其錢當交不欠
地普錢	每年壹佰八十文，秋后交纳
年　限	永遠
印　章	無
税　票	無
文　字	漢
知見人	朱德粮、賈彦亮、劉滋
書　人	無
立約日期	大清光緒廿三年十二月十七日
附　注	

光33

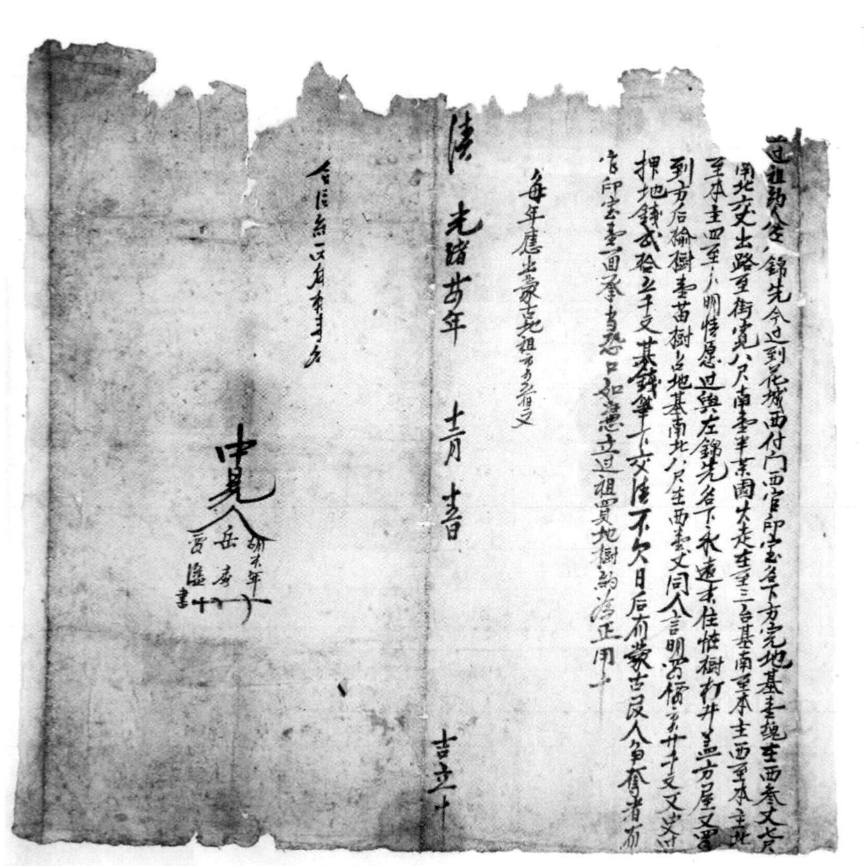
立过祖約人左錦先今过到花城西付門西官印宅名下方完地基壹塊坐西叁丈六尺
南北叁丈出路至街寬八尺南壹半葉園大走東至三台基南至本主西至本主北
至本主四至分明情愿过與左錦先名下永遠承住栽樹打井蓋房屋又置
到方后榆樹壹苗樹占地基南北八尺坐西叁丈同人言明現價錢廿千文又过
押地錢貳拾五千文其錢筆下交清不欠日后有蒙古民人爭奪者有
官印宅壹面承當恐口無憑立过祖買地樹約為正用

每年應出蒙古地租大錢五百文

清　光緒廿五年　十二月　十七日　　吉立十

合同約一紙各執壹張

中見人　岳　胡木年十　晋鑑書十

光33　光緒二十四年（一八九八）左錦先過租、買到官印宝地、樹約

立过租约人左錦先，今过到花城西付门西官印宝名下方完(房院)地基壹塊。东西叁丈七尺，
南北六丈，出路至街，寬八尺，南壹半菜園火走，东至三台基，南至本主，西至本主，北
至本主，四至分明，情愿过與左錦先名下永遠长住，恀(栽)樹打井、盖方(房)屋。又買
到方(房)后榆樹壹苗，樹占地基南北八尺，東西壹丈。同人言明，買價市錢廿千文。又史(使)过
押地錢弌拾五千文，其錢筆下交清不欠。日后，有蒙古民人争奪者，有
官印宝壹面承当。恐口(無)如憑，立过租買地樹約為正(證)用。
每年應出蒙古地租市錢五佰文

大清　光绪　廿四年　十二月　十五日　吉立十

合同約兩張，執壹張[一]。

中見人　胡长年十
岳　秀十
賈　溢十　書

注釋

〔一〕該行文字只存左半部分。

編　　號	光 33
題　　名	光緒二十四年（一八九八）左錦先過租、買到官印宝地、樹約
類　　別	租買地樹約
尺　　寸	53×53.8 釐米
保存狀態	有破損，文字稍殘缺
原 編 號	82
紅 白 契	白契
立 約 者	左錦先
理　　由	無
承租買者	左錦先
租 賣 者	官印宝
承 當 者	官印宝
地點坐落及四至	花城西付门西：出路至街，东至三台基，南至本主，西至本主，北至本主。房后榆樹壹苗
面　　積	房院地基壹塊：东西叁丈七尺，南北六丈，出路至街，寬八尺，南壹半菜園火走。樹占地基南北八尺，東西壹丈
用　　途	永遠長住，栽樹打井、盖房屋
押 地 錢	式拾五千文，其錢筆下交清不欠
地　　租	每年市錢五佰文
買 樹 價	市錢廿千文
年　　限	無
印　　章	無
稅　　票	無
文　　字	漢
中 見 人	胡长年、岳秀、贾溢
書　　人	贾溢
立約日期	大清光绪廿四年十二月十五日
附　　注	

光
34

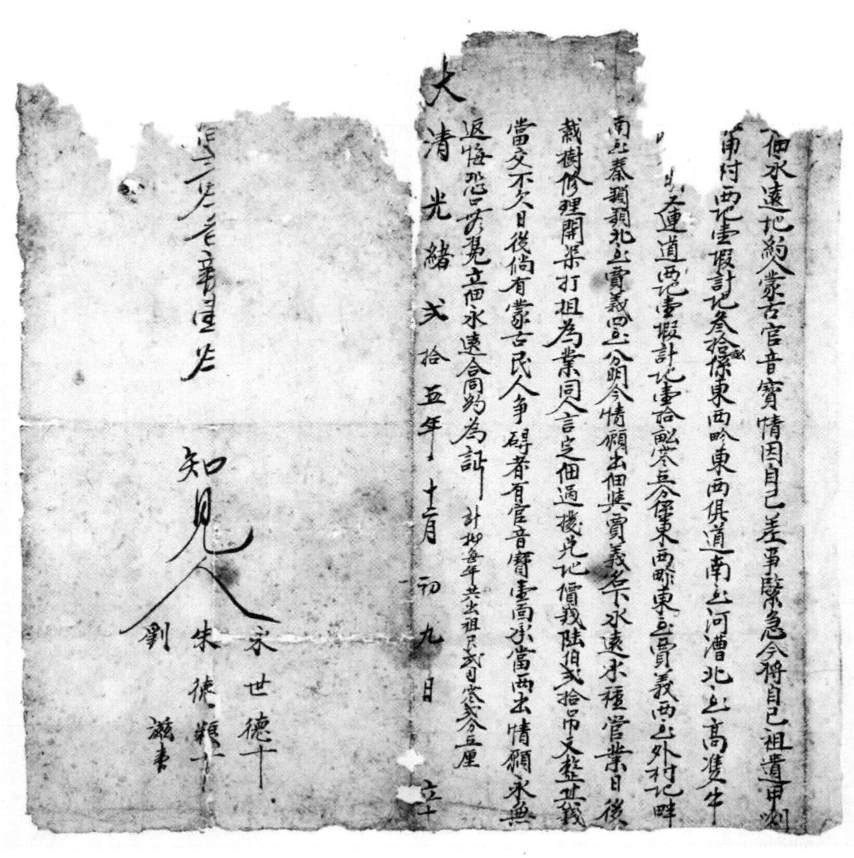

立佃永遠地約人蒙古官音寶，情因自己差事緊急，今將自己祖遺甲喇
甫村西地壹㧗，計地叁拾畝，係東西畛，東西俱道，南至河漕，北至高進牛；
[illegible]至運道西地壹㧗，計地壹拾畝零五分，係東西畛，東至賈義，西至外村地畔，
南至秦鵝鵝，北至賈義，四至分明。今情願出佃與賈義名下永遠承種管業，日後
栽樹修理，開渠打坦為業。同人言定佃過押地價錢陸佰貳拾吊文整，其錢
當交不欠。日後倘有蒙古民人爭碍者，有官音寶壹面承當。兩出情願，永無
返悔，恐口無憑，立佃永遠合同約為証。 計地每年共出租錢貳吊零貳分五厘

大清光緒貳拾五年十二月初九日 立十

合同二張各執壹張

知見人 宋世德十
朱德雅十
劉瀛書

光34 光緒二十五年（一八九九）蒙古官音寶出佃與賈義地約

立佃永遠地約人蒙古官音寶，情因自己差事緊急，今將自己祖遺甲喇

板申村[一]西地壹塅(段)，計地叁拾畝[二]，係東西畛，東西俱道，南至河漕，北至高雙牛，

明；又連道西地壹塅(段)，計地壹拾畝零五分，係東西畛，東至賈義，西至外村地畔，

南至秦鎖鎖，北至賈義，四至分明，今情願出佃與賈義名下永遠承種管業。日後

栽樹修理、開渠打垻為業。同人言定，佃過撥兑地價錢陆佰弍拾吊文整，其錢

當交不欠。日後，倘有蒙古民人争碍者，有官音寶壹面承當。两出情願，永無

返悔。恐口無憑，立佃永遠合同约為証。　計批每年共出租銀弍兩零弍分五厘。

大清光緒弍拾五年十二月初九日　立十

永世德十

同弍張，各執壹張[三]。　知見人　朱德粮十

劉滋書

注釋

〔一〕「板」字據前光32補。

〔二〕「畝」字原在行間。

〔三〕該行文字只存左半部分。

編　號	光 34
題　名	光緒二十五年（一八九九）蒙古官音竇出佃與賈義地約
類　別	出佃地約
尺　寸	47×47 釐米
保存狀態	部分破損，文字殘缺
原編號	83
紅白契	白契
立約者	蒙古官音竇
理　由	差事緊急
承佃者	賈義
出佃者	蒙古官音竇
承當者	官音竇
地點坐落及四至	甲喇板申村西：東西俱道，南至河漕，北至高雙牛；又連道西地壹段：東至賈義，西至外村地畔，南至秦鎖鎖，北至賈義
面　積	祖遺地壹段，計地叁拾畝，係東西畛；道西地壹段，係東西畛，計地壹拾畝零五分
用　途	永遠承種管業，日後栽樹修理、開渠打垻為業
地　價	撥兑地價錢陸佰弍拾吊文整，其錢當交不欠
租　銀	弍兩零弍分五厘
年　限	永遠
印　章	無
税　票	無
文　字	漢
知見人	永世德、朱德粮、劉滋
書　人	劉滋
立約日期	大清光緒弍拾五年十二月初九日
附　注	

光35

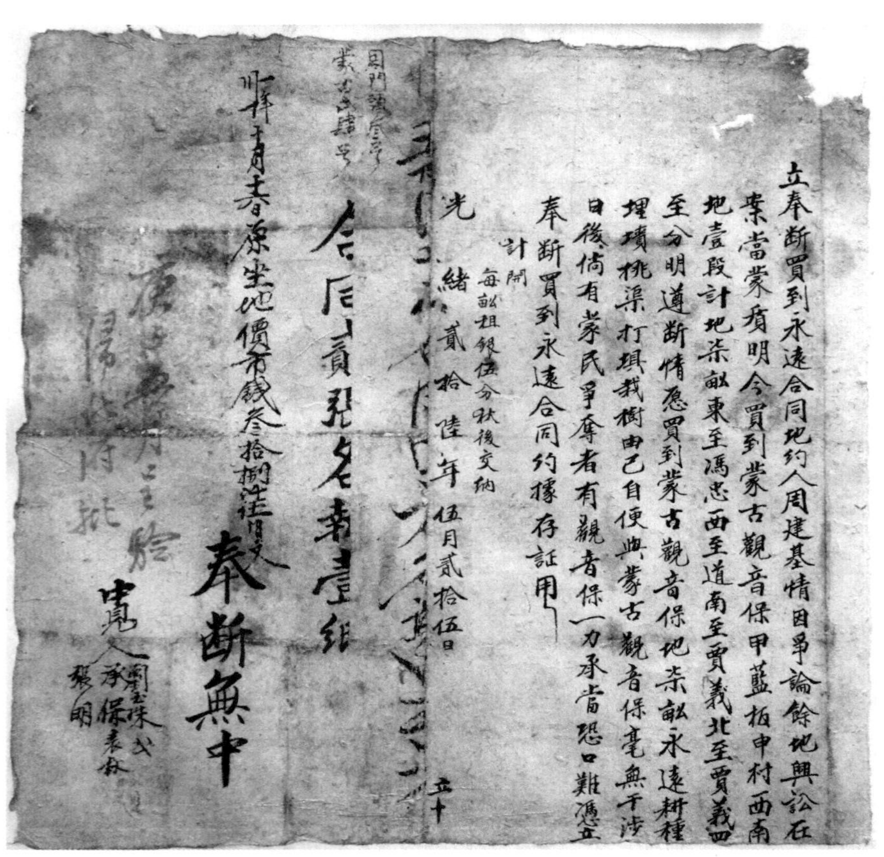
立奉斷買到永遠合同地約人周建基情因爭論餘地興訟在
案當蒙質明今買到蒙古觀音保甲藍板申村西南
地壹段計地柒畝東至馮忠西至道南至賈義北至賈義四
至分明遵斷情愿買到蒙古觀音保地柒畝永遠耕種
埋墳挑渠打壩栽樹由己自便與蒙古觀音保毫無干涉
日後倘有蒙民爭奪者有觀音保一力承當恐口難憑立
奉斷買到永遠合同約據存証用
計開
每畝租銀伍分秋後交納
光緒貳拾陸年伍月貳拾伍日　立十
合同貳張各執壹紙
奉斷無中
中見人　閻玉珠　張明
承保　袁林

光35　光緒二十六年（一九〇〇）周建基奉斷買到蒙古觀音保地合同約

立奉斷買到永遠合同地约人周建基，情因爭論餘地興訟在
案，當蒙質明。今買到蒙古觀音保甲藍板申村西南
地壹段，計地柒畝，東至馮忠，西至道，南至賈義，北至賈義，四
至分明。遵斷情願買到蒙古觀音保地柒畝永遠耕種，
埋墳、挑渠、打壩、栽樹，由己自便，與蒙古觀音保毫無干涉。
日後，倘有蒙民爭奪者，有觀音保一力承當。恐口難憑，立
奉斷買到永遠合同约據存証用。

計開

每畝租銀伍分，秋後交纳。

光緒貳拾陸年伍月貳拾伍日　立十

肆[一]　立合同貳□合同□□，各執□□[二]

周門頭三号

蒙古式肆号　合同貳張，各執壹紙[三]。

一年
川十十月十六日，原坐地價市錢三拾捌仟伍佰文[四]

奉断無中

庚子五月二五驗　劉玉珠 书

中見人承 保表叔

歸化府 批[五]　張 明[六]

注釋

〔一〕此「肆」字較模糊，意義不明，或指第13行「蒙古貳肆號」中的「肆」號。

〔二〕該行文字只存左半部分。

〔三〕該行文字只存左半部分。

〔四〕由句意可知，該行文字為後來寫入。

〔五〕「庚子五月二五驗，歸化府批」兩行文字為朱筆書寫。

〔六〕由「中見人」和下列人名的字跡，以及文書整體內容，可知所列中見人與第14行光緒三十一年十月十六日批注內容同時寫就。

編　　號	光 35
題　　名	光緒二十六年（一九〇〇）周建基奉斷買到蒙古觀音保地合同約
類　　別	奉斷買地約
尺　　寸	42.3×41.5 釐米
保存狀態	稍有缺損，文字完整
原 編 號	缺漏
紅 白 契	紅契
立 約 者	周建基
理　　由	爭論餘地興訟在案，當蒙質明
承 買 者	周建基
出 賣 者	蒙古觀音保
承 當 者	觀音保
地點坐落及四至	甲藍板申村西南：東至馮忠，西至道，南至賈義，北至賈義
面　　積	地壹段，計地柒畝
用　　途	永遠耕種，埋墳、挑渠、打壩、栽樹，由己自便
買 地 價	無
地 租 錢	每畝租銀伍分，秋後交納
年　　限	永遠
印　　章	無
稅　　票	無
文　　字	漢
中 見 人	奉断无中
書　　人	無
立約日期	光緒貳拾陸年伍月貳拾五日
附　　注	三十一年十月十六日，原坐地價市錢三拾捌仟伍佰文。 中見人：劉玉珠（书）、承保表叔、張明 庚子五月二五驗，歸化府批。

光
36

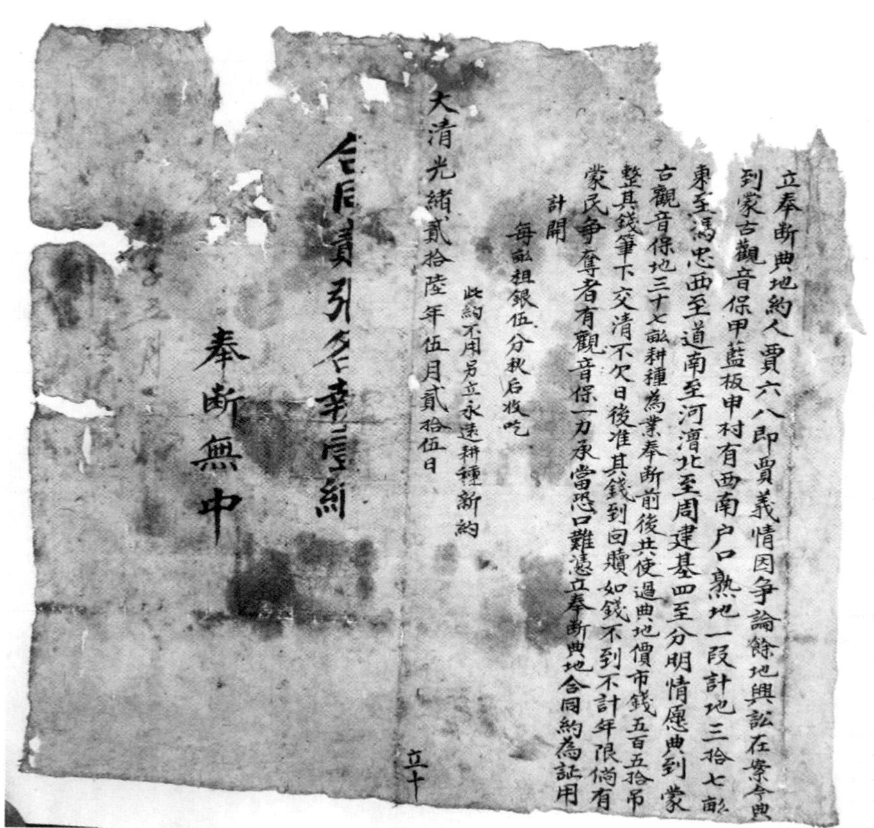

立奉断典地約人賈六八即賈義情因争論餘地興訟在案今典
到蒙古觀音保甲藍板申村有西南户口熟地一段計地三拾七畝
東至馮忠西至道南至河漕北至周建基四至分明情愿典到蒙
古觀音保地三十七畝耕種為業奉断前後共使過典地價市錢五百五拾吊
整其錢筆下交清不欠日後准其錢到回贖如錢不到不計年限倘有
蒙民争奪者有觀音保一力承當恐口難憑立奉断典地合同約為証用

計開
每畝租銀伍分秋后收吃

此約不用另立永遠耕種新約

大清光緒貳拾陸年伍月貳拾伍日　立十

合同貳張各執壹紙

奉断無中

光36　光緒二十六年（一九〇〇）賈六八奉断典到蒙古觀音保地約

該約中提到「另立永遠耕種新約」，新約見光37《光緒二十六年（一九〇〇）賈義佃到蒙古觀音保地約》。

立奉断典地約人賈六八，即賈義，情因争論餘地興訟在案，今典到蒙古觀音保甲藍板申村有西南户口熟地一段。計地三拾七畝，東至馮忠，西至道，南至河漕，北至周建基，四至分明。情愿典到蒙古觀音保地三十七畝耕種為業。奉断前後共使過典地價市錢五百五拾吊整，其錢筆下交清不欠。日後，准其錢到回贖，如錢不到，不計年限。倘有蒙民争奪者，有觀音保一力承當。恐口難憑，立奉断典地合同約為証用。

計開

每畝租銀伍分，秋后收吃。

此約不用，另立永遠耕種新約。

大清光緒貳拾陸年伍月貳拾伍日　　立十

合同貳張，各執壹紙[一]。

奉断無中

庚子五月二五驗

14 [歸]化府批〔二〕

注釋

〔一〕該行文字只存左半部分。

〔二〕第13、14行文字為朱筆書寫。

編　　號	光 36
題　　名	光緒二十六年（一九〇〇）賈六八奉断典到蒙古觀音保地約
類　　別	奉斷典地約
尺　　寸	42.6×41.5 釐米
保存狀態	有破損，文字有殘缺
原 編 號	84
紅 白 契	紅契
立 約 者	賈六八（賈義）
理　　由	爭論餘地興訟在案
承 典 者	賈六八（賈義）
出 典 者	蒙古觀音保
承 當 者	觀音保
地點坐落及四至	甲藍板申村西南：東至馮忠，西至道，南至河漕，北至周建基
面　　積	户口熟地一段，計地三拾七畝
用　　途	耕種為業
典 地 價	奉断前後共使過典地價市錢五百五拾吊整，其錢筆下交清不欠
地 租 錢	每畝租銀伍分，秋后收吃
年　　限	日後，准其錢到回贖，如錢不到，不計年限
印　　章	無
税　　票	無
文　　字	漢
中 見 人	奉断無中
書　　人	無
立約日期	大清光緒貳拾陸年伍月貳拾伍日
附　　注	此約不用，另立永遠耕種新約 庚子五月二五驗，歸化府批

光37

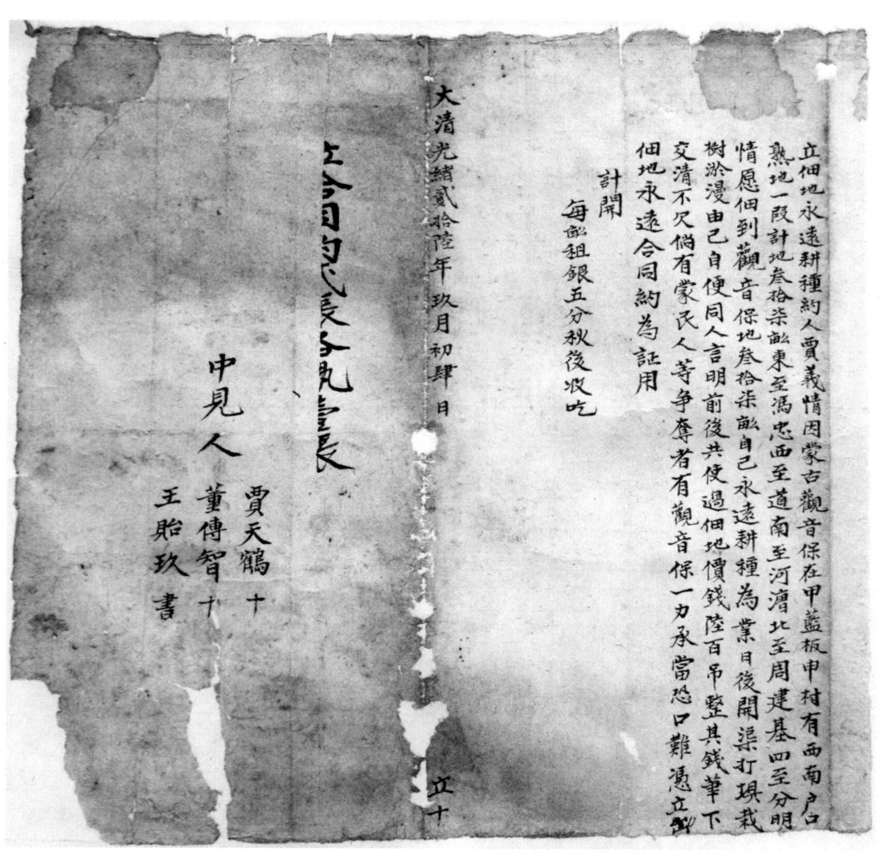
立佃地永遠耕種約人賈義情因蒙古觀音保在甲藍板申村有西南户口熟地一段計地叁拾柒畝東至馮忠西至道南至河漕北至周建基四至分明情愿佃到觀音保地叁拾柒畝自己永遠耕種為業日後開渠打壩栽樹淤漫由己自便同人言明前後共使過佃地價錢陸百吊整其錢筆下交清不欠倘有蒙民人等爭奪者有觀音保一力承當恐口難憑立此佃地永遠合同約為証用

計開

每畝租銀五分秋後收吃

大清光緒貳拾陸年玖月初肆日 立十

立合同約張各執壹張

中見人 賈天鶴十 董傳智十 王貽玖書

光37　光緒二十六年（一九〇〇）賈義佃到蒙古觀音保地約

立佃地永遠耕種約人賈義，情因蒙古觀音保在甲藍板申村有西南户口
熟地一段，計地叁拾柒畝，東至馮忠，西至道，南至河漕，北至周建基，四至分明，
情願佃到觀音保地叁拾柒畝自己永遠耕種為業。日後，開渠打垻、栽
樹、於漫，由己自便。同人言明，前後共使過佃地價錢陸百吊整，其錢筆下
交清不欠。倘有蒙民人等争奪者，有觀音保一力承當。恐口難憑，立出
佃地永遠合同約為証用。
計開
每畝租銀五分秋後收吃
大清　光緒貳拾陸年　玖月　初肆　日　　立十
立合同約貳張，各執壹張[一]。
賈天鶴十
中見人董傳智十
王貽玖　書

注釋

〔一〕該行文字只存右半部分。

編　號	光 37
題　名	光緒二十六年（一九〇〇）賈義佃到蒙古觀音保地約
類　別	佃到地約
尺　寸	47.5×47.5 釐米
保存狀態	有破損，文字完整
原編號	缺漏
紅白契	白契
立約者	賈義
理　由	無
承佃者	賈義
出佃者	觀音保
承當者	觀音保
地點坐落及四至	甲藍板申村西南：東至馮忠，西至道，南至河漕，北至周建基
面　積	户口熟地一段，計地叁拾柒畝
用　途	永遠耕種為業，日後開渠打垻、栽樹、於漫，由己自便
佃地價	前後共使過陸百吊整，其錢筆下交清不欠
地租錢	每畝租銀五分，秋後收吃
年　限	永遠
印　章	無
稅　票	無
文　字	漢
中見人	賈天鶴、董傳智、王貽玖
書　人	王貽玖
立約日期	大清光緒貳拾陸年玖月初肆日
附　注	

光38

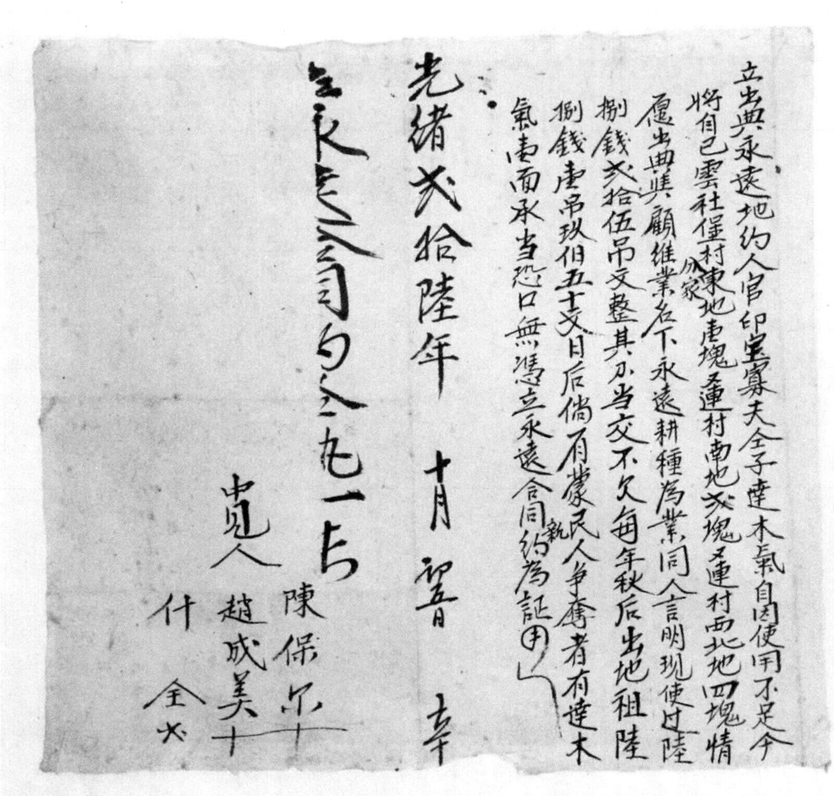

立出典永遠地約人官印旦寡夫全子達木氣自因使用不足今將自己分家雲社堡村東地壹塊又蓮村南地叁塊又蓮村西北地四塊情願出典與顧維業名下永遠耕種爲業同人言明現使過陸拾捌錢叁拾伍吊文整其刀当交不欠每年秋后出地租陸拾捌錢壹吊玖佰五十文日后倘有蒙民人爭奪者有達木氣壹面承当恐口無憑立永遠合同執約爲証用

光緒叁拾陸年十月初五日立

中見人 陳保兒十 趙成美十 什全太

光38 光緒二十六年（一九〇〇）官印宝寡婦同子達木氣出典與顧维業地約

立出典永遠地约人官印宝寡夫（婦）同子達木氣，自因使用不足，今將自己雲社堡村東地壹塊，又連村南地弍塊，又連村西北地四塊，情愿出典與顧维業分家名下〔一〕永遠耕種為業。同人言明，现使过陸捌錢弍拾伍吊文整，其錢当交不欠，每年秋后出地租陸捌錢壹吊玖佰五十文。日后，倘有蒙民人争奪者，有達木氣壹面承当。恐口無憑，立永遠合同新〔二〕约為証用。

光緒弍拾陸年　十月　初五日　立十

立永遠合同約，各執一张〔三〕。

中見人　陳保尔十

趙成美十

什　全书

注釋

〔一〕「分家」二字插入位置不明。

〔二〕「新」字原在行間。

〔三〕該行文字只存右半部分。

編　　號	光 38
題　　名	光緒二十六年（一九〇〇）官印宝寡婦同子達木氣出典與顧维業地約
類　　別	出典地約
尺　　寸	29 × 29 釐米
保存狀態	完整
原 編 號	85
紅 白 契	白契
立 約 者	官印宝寡婦同子達木氣
理　　由	使用不足
承 典 者	顧維業
出 典 者	官印宝寡婦同子達木氣
承 當 者	達木氣
地點坐落及四至	雲社堡村東、村南、村西北
面　　積	雲社堡村東地壹塊，村南地弍塊，村西北地四塊
用　　途	永遠耕種為業
典 價 錢	陸捌錢弍拾伍吊文整，其錢当交不欠
地 租 錢	每年秋后出陸捌錢壹吊玖佰五十文
年　　限	永遠
印　　章	無
稅　　票	無
文　　字	漢
中 見 人	陳保尔、趙成美、什全
書　　人	什全
立約日期	光緒弍拾陸年十月初五日
附　　注	

光
39

立出賣空園地約人蒙古觀音保，今將歸化城府署西南隅有自己祖遺空地
壹塊，正東至左姓、胡姓牆根，東北角至孫姓、趙姓，西至養濟院牆根，南至大路，北
至大路，四至分明，計地共貳拾陸畝，内有澆地大井一眼，又有大小糞坑叁個，
情願出賣與陳有名下永遠種植禾菜、栽樹、掘井、起蓋房屋、安設墳塋
爲業，至於出典、推賣由其陳門自便，與吾蒙古觀音保毫無干涉。同人共作賣
價市錢陸百捌拾千文整，其錢筆下交清不欠。每年吾蒙古應得地譜市錢貳拾捌千文，按秋
後收使，蓋不許長迭長支短欠。嗣後倘有蒙民爭奪者，有吾觀音保一力承當。所有前蒙民人
租典過約據情弊，至與吾蒙古同人一概銷清毫無攪隔。兩出情愿，立出賣空園地約存證。

大清光緒貳拾陸年拾月初柒日蒙古觀音保立十

立合同賣地約民張老拾一月

批每年如其種菜，舍主蒙鄉文情与蒙古喫雜菜共壹百伍拾斤，並無爭攬。

[illegible]

[illegible]

[illegible]

[illegible]

同中人　永世昌十　李海明十　徐國義十　王安臣十　李伯藥押

批有嘉慶十七年蒙古[illegible]原租合約[illegible]

[illegible]

2　　1

光39 光緒二十六年（一九〇〇）蒙古觀音保賣與陳有空園地約

此約批注中鈐有兩方朱印，一方印文（1）漫漶不清，另一方（2）亦模糊，印文為「□□書」。

立出賣空園地约人蒙古觀音保，今將歸化城府署西南隅有自己祖遺空地
壹塊，正東至左姓、胡姓牆根[一]，東北角至孫姓、趙姓，西至養濟院牆根，南至大路，北
至大路，四至分明，計地共弍拾陆畝，內有澆地大井一眼，又有大小糞坑叁個，
情愿出賣與陳有名下永遠種植禾菜、栽樹掘井、起盖房屋、安設墳塋
為業。至於出典、推賣，由其陳門自便，與吾蒙古观音保毫無干涉。同人共作賣
價市錢陆百捌拾千文整，其錢筆下交清不欠。每年吾蒙古應得地譜市錢弍拾肆千文，按秋
後收使，盖不许長迭（跌），長支短欠。嗣後，倘有蒙民争奪者，有吾觀音保一力抵當。所有前者民人
租典過约據情弊至此，吾蒙古同人一概銷清，毫無攪隔。两出情愿，立出賣空園地约為证。
大清光緒貳拾陆年拾月初柒日蒙古觀音保立十[二]
立合同買賣地约两張，各执一張[三]。
批每年如其種菜，念在處夥交情，与蒙古喫雜菜共壹百伍拾斤，並無争攪。
永世昌十

借錢批合约人蒙古寡婦香々同幼子達木氣，情因吾母子度費無支，央請

王安臣 李伯棻〔四〕說合，借到本地户陳發榮名下城市錢捌拾千文，按月壹分生息。自光绪弍拾

四月十七日起借錢不另起利，即將每年应得地谱弍十四千数内以壹拾肆千四百文

吾蒙古收使，以玖千陆百文作為每年借錢利息。後若清还借本將利息，贖歸地谱

原数。情出兩愿，同人批載两家原合同约後為據。

批有嘉慶十七年蒙古纳旺尔林慶租与邢兆明、胡文富原租合约，後贖地时邢兆明、胡文富约与蒙古不合，同人將蒙古約批註，蒙古存照。後日倘有片纸约片

指尋蒙古，與陳有無涉。

同中人

李海明十

徐国義十

王安臣十

李伯棻书

注釋

〔一〕「根」字原在行間，附有表示增補插入的畫綫。

〔二〕十字畫押旁邊另有墨色畫押。

〔三〕該行文字只存左半部分。

〔四〕「王」字及「李伯」二字據「同中人」人名補。

編　　號	光 39
題　　名	光緒二十六年（一九〇〇）蒙古觀音保賣與陳有空園地約
類　　别	賣空園地約
尺　　寸	46.5×47.4 釐米
保存狀態	有破損，文字有殘缺
原 編 號	86
紅 白 契	白契
立 約 者	觀音保
理　　由	無
承 買 者	陳有
出 賣 者	蒙古觀音保
承 當 者	觀音保
地點坐落及四至	歸化城府署西南隅：正東至左姓、胡姓牆根，東北角至孫姓、趙姓，西至養濟院牆根，南至大路，北至大路
面　　積	祖遺空地壹塊：弍拾陆畝；内有澆地大井一眼，又有大小糞坑叁個
用　　途	永遠種植禾菜、栽樹掘井、起盖房屋、安設墳塋為業
賣　　價	市錢陆百捌拾千文整，其錢筆下交清不欠
地 譜 錢	每年市錢弍拾肆千文，按秋後收使
年　　限	無
印　　章	朱印兩方
税　　票	無
文　　字	漢
同 中 人	永世昌、李海明、徐国義、王安臣、李伯棻
書　　人	李伯棻
立約日期	大清光绪貳拾陆年拾月初柒日
附　　注	每年如其種菜，念在處夥交情，与蒙古喫雜菜共壹百伍拾斤，並無争攬。 批有蒙古寡婦香香同幼子達木氣借到陳發榮錢合約。 批有嘉慶十七年蒙古纳旺尔林慶租与邢兆明、胡文富合约。

光40

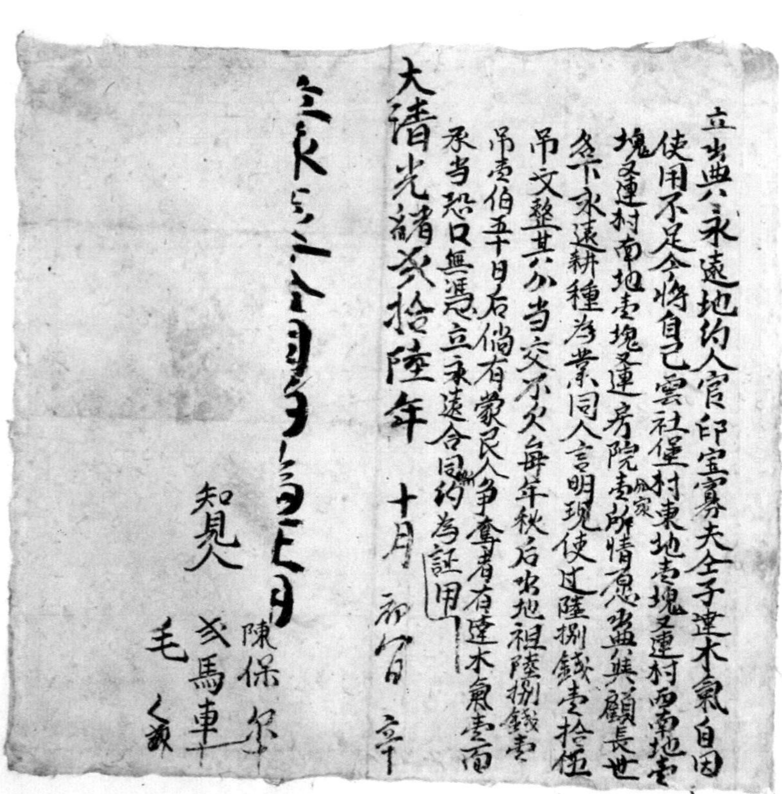

立出典永遠地約人官印宝寡夫全子達木氣，自因使用不足，今將自己雲社堡村東地壹塊，又連村西南地壹塊，又連村南地壹塊，又連房院壹所，情愿出典與顧長世名下永遠耕種為業，同人言明，現使过陸捌錢壹拾伍吊文，整其八分当交不欠，每年秋后出地租陸捌錢壹吊壹伯五千，日后倘有蒙民人争奪者，有達木氣壹面承当。恐口無憑，立永遠合同約為証用。

大清光緒贰拾陸年　十月　初八日　立

知見人　陳保　十
　　　　武馬車　十
　　　　毛[illegible]

光40　光緒二十六年（一九〇〇）官印宝寡婦同子達木氣出典與顧長世地約

1 立出典永遠地约人官印宝寡夫(婦)同子達木氣，自因
2 使用不足，今將自己雲社堡村東地壹塊，又連村西南地壹
3 塊，又連村南地壹塊，又連房院壹所，分家〔一〕情愿出典與顧長世
4 名下永遠耕種為業。同人言明，現使过陸捌錢壹拾伍
5 吊文整，其錢当交不欠，每年秋后出地祖(租)陸捌錢壹
6 吊壹佰五十。日后，倘有蒙民人争奪者，有達木氣壹面
7 承当。恐口無憑，立永遠合同新〔二〕約為証用。
8 大清光緒弍拾陸年　十月　初八日　立十
9 立永遠合同約為証用〔三〕。　陳保尔十
10 知見人　弍馬車十
11 毛く书

注釋

〔一〕「分家」二字插入位置不明。
〔二〕「新」字原在行間。
〔三〕該行文字只存右半部分。

編　號	光 40
題　名	光緒二十六年（一九〇〇）官印宝寡婦同子達木氣出典與顧長世地約
類　別	出典地約
尺　寸	29 × 29 釐米
保存狀態	完整
原 編 號	缺漏
紅 白 契	白契
立 約 者	官印宝寡婦同子達木氣
理　由	使用不足
承 典 者	顧長世
出 典 者	官印宝寡婦同子達木氣
承 當 者	達木氣
地點坐落	雲社堡村東，村西南，村南
面　積	村東地壹塊；又連村西南地壹塊；又連村南地壹塊；又連房院壹所
用　途	永遠耕種為業
典　價	陸捌錢壹拾伍吊文整，其錢当交不欠
地　租	每年秋后出陸捌錢壹吊壹佰五十
年　限	永遠
印　章	無
稅　票	無
文　字	漢
知 見 人	陳保尒、弍馬車、毛毛
書　人	毛毛
立約日期	大清光緒弍拾陸年十月初八日
附　注	

光
41

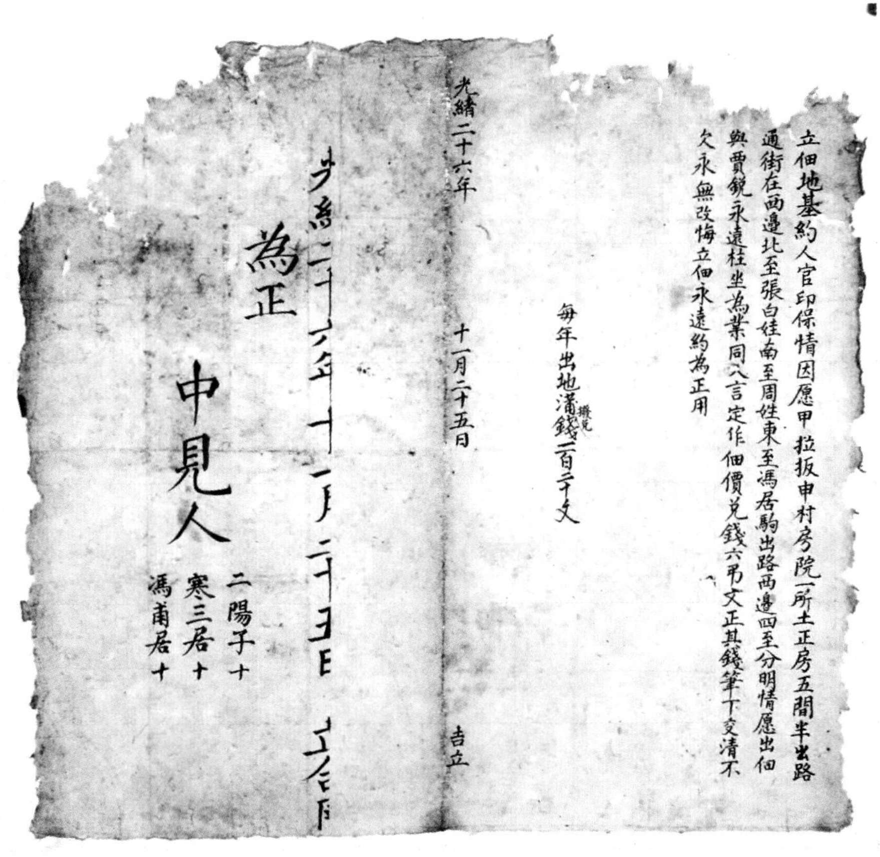

立佃地基約人官印保情因愿甲拉扳申村房院一所土正房五間半出路通街在西邊北至張白娃南至周姓東至馮居駒出路西邊四至分明情愿出佃與賈鋭永遠柱坐為業同人言定作佃價兑錢六弔文正其錢筆下交清不欠永無改悔立佃永遠約為正用

每年出地灘（攤兑）錢一百二十文

光緒二十六年　十一月二十五日　吉立

為正

中見人　二陽子十　寒三居十　馮甫居十

光41　光緒二十六年（一九〇〇）官印保出佃與賈銳地基約

立佃地基約人官印保，情因愿甲拉扳申村房院一所，土正房五間半，出路
通街在西邊，北至張白娃，南至周姓，東至馮居駒出路西邊，四至分明，情愿出佃
與賈銳永遠柱（住）坐為業。同人言定，作佃價兑錢六吊文正（整），其錢筆下交清不
欠。永無改悔，立佃永遠約為正（證）用。
每年出地蒲撥兑〔一〕錢一百二十文。
光緒二十六年　十一月二十五日　吉立
光緒二十六年十一月二十五日　立合同〔二〕
為正（證）。
二陽子十
中見人　寒三居十
馮甫居十

注釋

〔一〕「撥兑」二字原在行間，附有表示增補插入的畫綫。

〔二〕該行文字只存左半部分。

附表

編　號	光 41
題　名	光緒二十六年（一九〇〇）官印保出佃與賈鋭地基約
類　別	出佃地基約
尺　寸	47 × 46.3 釐米
保存狀態	有破損，文字完整
原編號	87
紅白契	白契
立約者	官印保
理　由	無
承佃者	賈鋭
出佃者	官印保
承當者	無
地點坐落及四至	甲拉扳申村：出路通街在西邊，北至張白娃，南至周姓，東至馮居駒出路西邊
面　積	房院一所，土正房五間半
用　途	永遠住坐為業
佃　價	兑錢六吊文整，其錢筆下交清不欠
地蒲錢	每年出撥兑錢一百二十文
年　限	永遠
印　章	無
税　票	無
文　字	漢
中見人	二陽子、寒三居、馮甫居
書　人	無
立約日期	光緒二十六年十一月二十五日
附　注	

光
42

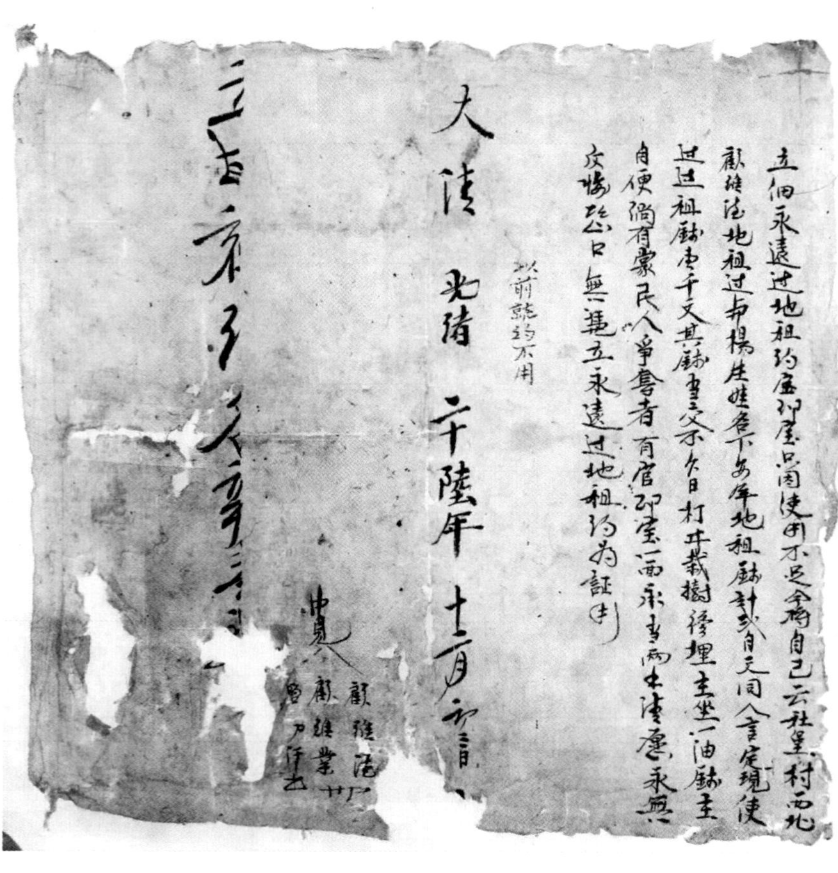

立佃永遠過地租約人盧印寶因使用不足，今將自己云社堡村西北
蘭維德地租過與楊生娃名下，每年地租錢弍百文，同人言定，現使
過過租錢壹千文，其錢當交不欠，日後打井栽樹修理住坐由錢主
自便。倘有蒙民人爭奪者，有官印寶一面承當，兩出情愿，永無
反悔。恐口無憑，立永遠過地租約為証用。

以前舊約不用

大清光緒廿陸年十二月初三日

中見人　蘭維德　十
　　　　蘭維業　十
　　　　曹刀保

光42　光緒二十六年（一九〇〇）官印宝過與楊生娃地租約

關於官印宝與顧維德訂立的舊約参見同10《同治十年（一八七一）蒙古金寶、金印同母與顧姓重立賣房地約》文書的批注內容。

1 立佃永遠过地租约官印宝，只因使用不足，今將自己云社堡村西北

2 顧維德地租过與楊生娃名下，每年地租錢卝弍百文。同人言定，現使

3 过过租錢壹千文，其錢当交不欠。日[一]打井栽樹、修理主坐(住)，一油(由)錢主

4 自便。倘有蒙民人爭奪者，有官印宝一面承当。两出清愿(情)，永無

5 反悔。恐口無憑，立永遠过地租约為証用。

6 以前就(舊)约不用[二]。

7 大清　光緒　二十陸年　十二月初三日　立

8 顧維德　十

9 中見人顧維業　十

10 答力汗书

11 立过租约，各執壹張[三]。

注釋

[一]「日」字下當補「後」字。

[二]從句意及字跡可知該行為後來寫入。

[三]該行文字只存左半部分。

編　號	光 42
題　名	光緒二十六年（一九〇〇）官印宝過與楊生娃地租約
類　別	出過地租約
尺　寸	44 × 44.2 釐米
保存狀態	有破損，文字稍殘缺
原編號	88
紅白契	白契
立約者	官印宝
理　由	使用不足
承租者	楊生娃
出租者	官印宝
承當者	官印宝
地點坐落及四至	云社堡村西北
面　積	顧維德地
用　途	打井栽樹、修理住坐，一由錢主自便
過租錢	壹千文，其錢当交不欠
地租錢	每年卄式百文
年　限	永遠
印　章	無
稅　票	無
文　字	漢
中見人	顧維德、顧維業、答力汗
書　人	答力汗
立約日期	大清光绪二十陸年十二月初三日
附　注	以前舊约不用

附表

光
43

立佃到空地基合同約人白趙氏今佃到蒙婦香香空地基一塊，坐落本
城營坊巷路西，坐北向南，東至于明，西至曹姓，南北俱至大道，出入走路走水俱
已通衢，四至分明。同人説合，情愿佃到自己名下永遠爲業，建蓋房屋、栽樹
打井、起土挑墻，由其自便。現使過自己過約市錢叁拾千文整，其錢當交不
欠。每年隨代地增市錢陸百文，七月標還扣收交，不准長支短欠，亦不准漲迭地增。
此係情出兩愿，永不反悔。如日後倘有蒙氏人等爭奪者，有蒙婦香香一
力承當。恐口難憑，立佃到空地基合同約爲証。

外隨公井一眼

緒二十七年六月初二日　白趙氏立十

光43　光緒二十七年（一九〇一）白起成佃到蒙婦香香空地基合同約

1 立佃到空地基合同約人白起成，今佃到蒙婦香香空地基一塊。坐落本

2 城營坊道路西，坐北向南，東至于明，西至曹姓，南北俱至大道，出入走路、走水俱

3 已通街，四至分明。同人说合，情愿佃到自己名下永遠為業，建盖房屋、栽樹

4 打井、起土築墻，由其自便。現使过自己过約市錢弍拾吊文整，其錢当交，分毫無

5 欠。每年隨代（帶）地增市錢陆百文，七月標憑折收交，不准長支短欠，亦不准漲迭（跌）地增。

6 此係情出兩愿，永無返悔。如日後倘有蒙民人等爭奪者，有蒙婦香香一

7 力承当。恐口難憑，立佃到空地基合同約為证。

8 　外隨公井一眼。

9 光緒二十七年六月初二日　　白起成　立十

（後缺）

附表

編號	光 43
題名	光緒二十七年（一九〇一）白起成佃到蒙婦香香空地基合同約
類別	佃到空地基約
尺寸	25×47.5 釐米
保存狀態	部分缺損
原編號	89
紅白契	白契
立約者	白起成
理由	無
承佃者	白起成
出佃者	蒙婦香香
承當者	蒙婦香香
地點坐落及四至	营坊道路西：坐北向南，東至于明，西至曹姓，南北俱至大道，出入走路、走水俱已通街
面積	空地基一塊，外隨公井一眼
用途	永遠為業，建盖房屋、栽樹打井、起土築墻，由其自便
過約錢	市錢弍拾吊文整，其錢当交，分毫無欠
地增錢	市錢陆百文，七月標憑折收交
年限	無
印章	無
稅票	無
文字	漢
中見人	缺失
書人	缺失
立約日期	光緒二十七年六月初二日
附注	

光44

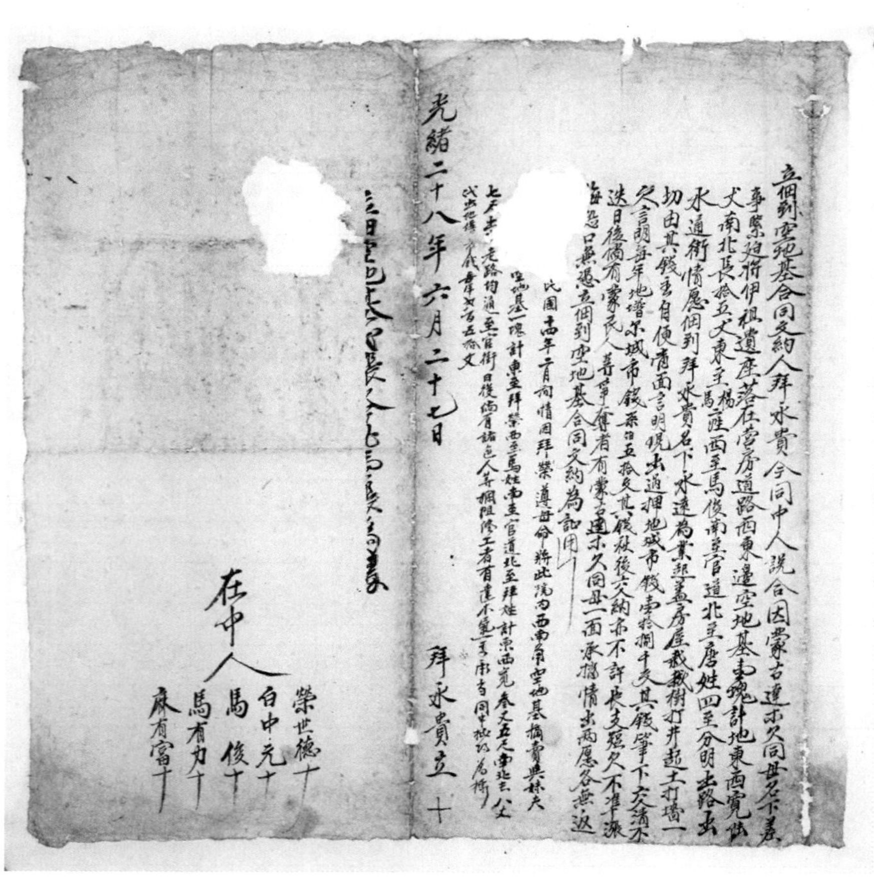

立佃到空地基合同文約人拜永貴，今同中人說合，因蒙古達木欠同母名下差事緊迫，將伊祖遺座落在營房道路西東邊空地基壹塊，計地東西寬伍丈，南北長拾五丈，東至楊、馬姓，西至馬俊，南至官道，北至唐姓，四至分明，出路出水通街。情愿佃到拜永貴名下永遠為業，起蓋房屋，栽樹打井，起土打墻，一切由其錢主自便。當面言明，現出過押地城市錢壹拾捌千文，其錢筆下交清不欠。言明每年地譜城市錢柒佰五拾文，其錢秋後交納，亦不許長支短欠，不準漲迭。日後倘有蒙民人等爭奪者，有蒙古達木欠同母一面承擋。情出兩愿，各無返悔。恐口無憑，立佃到空地基合同文約為証用。

民國十四年六月，詢情因拜榮遵母命，將此院內西南角空地基摘賣與妹夫空地基一塊，計東至拜榮，西至馬姓，南至官道，北至拜姓，計東西寬叁丈五尺，南北長八丈七尺，出走路街道至官街。日後倘有諸色人等攔阻修工者，有達木欠一面承當。同中批明為據。代出地譜每年錢五拾文。

光緒二十八年六月二十七日　拜永貴立　十

在中人　榮世德十　白中元十　馬俊十　馬有力十　麻有富十

光44　光緒二十八年（一九〇二）拜永貴佃到蒙古達木欠同母空地基合同文約

該合同約批注有中華民國十四年（一九二五）二月間合約，其具體內容見民28《民國十四年（一九二五）妥恩佃到達木氣空地基合同契約》。

立佃到空地基合同文約人拜永貴，今同中人説合，因蒙古達木欠同母名下差
事緊迫，將伊祖遺座落在営房道路西東邊空地基壹塊，計地東西寬陆
丈，南北長拾五丈，東至楊馬二姓，西至馬俊，南至官道，北至唐姓，四至分明，出路出
水通街，情愿佃到拜永貴名下永遠為業。起盖房屋、栽栽〔一〕樹打井、起土打墻，一
切由其錢主自便。當面言明，現出過押地城市錢壹拾捌千文，其錢筆下交清不
欠。言明每年地増尔城市錢柒佰五拾文，其錢秋後交納，亦不許長支短欠，不準漲
迭（跌）。日後，倘有蒙民人等爭奪者，有蒙古達木欠〔二〕同母一面承擋。情出两愿，各無返
悔。恐口無憑，立佃到空地基合同文約為証用。
□民國十四年二月间，情因拜榮遵母命，將此院内西南角空地基摘賣與妹夫。
□空地基一塊，計東至拜榮，西至馬姓，南至官道，北至拜姓，計東西寬叁丈五尺，南北长八
丈七尺，出水走路均通至官街。日後，倘有諸色人等攔阻修工者，有達木氣一面承当。同中批约為據。
代出地　市錢每年弍百五拾文〔三〕。
光緒二十八年六月二十七日　拜永貴　立十

立佃空地基貳張，各執壹張為據〔四〕。

在中人

榮世德十

白中元十

馬　俊十

馬有力十

麻有富十

注釋

〔一〕其中一「栽」應為衍文。

〔二〕「達」有塗改痕跡。

〔三〕從句意及字跡可知第9—12行內容為後來寫入。

〔四〕該行文字只存右半部分。另外，「佃空地基」下或缺「約」字。

編　號	光 44
題　名	光緒二十八年（一九〇二）拜永貴佃到蒙古達木欠同母空地基合同文約
類　別	佃到空地基約
尺　寸	52.4×53.5 釐米
保存狀態	有破損，文字稍殘缺
原編號	90
紅白契	白契
立約者	拜永貴
理　由	因蒙古達木欠同母名下差事緊迫
承佃者	拜永貴
出佃者	蒙古達木欠同母
承當者	蒙古達木欠同母
地點坐落及四至	營房道路西東邊：東至楊、馬二姓，西至馬俊，南至官道，北至唐姓，四至分明，出路出水通街
面　積	祖遺空地基壹塊：東西寬陆丈，南北長拾五丈
用　途	永遠為業，起盖房屋、栽樹打井、起土打墻，一切由其錢主自便
押地錢	城市壹拾捌千文，其錢筆下交清不欠
地增尔	每年城市錢柒佰五拾文，其錢秋後交納
年　限	無
印　章	無
稅　票	無
文　字	漢
在中人	榮世德、白中元、馬俊、馬有力、麻有富
書　人	無
立約日期	光緒二十八年六月二十七日
附　注	批有民國十四年二月間，拜榮遵母命摘賣院内西南角空地基與妹夫約

光45

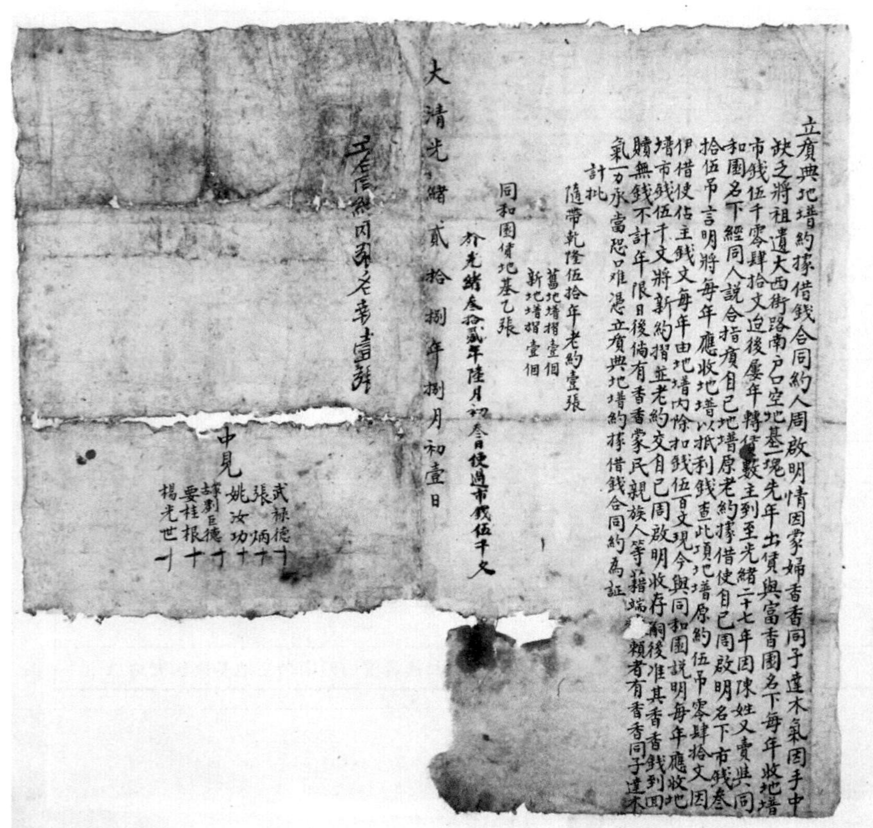

立賃典地増約摎借錢合同約人周啟明，情因蒙婦香香同子達木氣因手中缺乏，將祖遺大西街路南户口空地基一塊，先年出賃與富香園名下，每年收地増市錢伍千零肆拾文，迫後屢年轉賃數主，到至光緒二十七年，因陳姓又賣與同和園名下，經同人說合，指賃自己地増原老約摎借使自己周啟明名下市錢叁拾伍吊，言明將每年應收地増以抵利錢，査此項地増原約伍吊零肆拾文，因伊借使佔主錢文，每年由地増内除扣錢伍百文。現今與同和園說明，每年應收地増市錢伍千文，將新約摺並老約交自己周啟明收存，嗣後准其香香錢到回贖，無錢不計年限。日後倘有香香蒙民親族人等藉端[illegible]賴者，有香香同子達木氣一力承當。恐口难憑，立賃典地増約摎借錢合同約為証。

計批

隨帶乾隆伍拾年老約壹張

舊地増摺壹個

新地増摺壹個

同和園賃地基乙張

於光緒叁拾貳年陸月初叁日使過市錢伍千文

大清光緒貳拾捌年捌月初壹日

[illegible]

中見

武祿德十

張炳十

姚汝功十

書劉巨德十

要桂根十

楊光世十

光45　光緒二十八年（一九〇二）周啓明質典地增約據借錢與蒙婦香香同子達木氣合同約

立質典地增約據借錢合同約人周啓明，情因蒙婦香香同子達木氣因手中缺乏，將祖遺大西街路南户口空地基一塊：先年出賃與富香園名下，每年收地增市錢伍千零肆拾文，迨後屢年轉賃數主，到至光緒二十七年，因陳姓又賣與同和園名下；經同人説合，指質自己地增原老約據，借使自己周啓明名下市錢叁拾伍吊。言明将每年應收地增以抵利錢。查此項地增原約伍吊零肆拾文，因伊借使佔主錢文，每年由地增内除扣錢伍百文。現今與同和園説明，每年應收地增市錢伍千文。將新約摺並老約交自己周啓明收存，嗣後准其香香錢到回贖，無錢不計年限。日後，倘有香香蒙民親族人等藉端□賴者，有香香同子達木氣一力承當。恐口难憑，立質典地增約據、借錢合同約為証。

計批

隨帶乾隆伍拾年老約壹張

舊地增摺壹個

新地增摺壹個

同和園賃地基乙張

於光緒叁拾貳年陸月初叁日使過市錢伍千文[一]。

大清光緒貳拾捌年捌月初壹日　□

立合同約兩張，各執壹張[二]。

18 武禄德十

19 張　炳十

20 姚汝功十

21 中見　古蒙劉巨德十

22 要桂根十

23 楊光世十

注釋

〔一〕由該行文字記錄的時間可知其為後來寫入。

〔二〕該行文字只存左半部分。

附表

編　號	光 45
題　名	光緒二十八年（一九〇二）周啓明質典地增約據借錢與蒙婦香香同子達木氣合同約
類　別	質典地增約據借錢合同約
尺　寸	46.8×46.8 釐米
保存狀態	部分殘缺，文字稍缺損
原編號	91
紅白契	白契
立約者	周啓明
理　由	蒙婦香香同子達木氣手中缺乏
承典出借者	周啓明
出典借過者	蒙婦香香同子達木氣
承當者	香香同子達木氣
地點坐落及四至	大西街路南
面　積	祖遺户口空地基一塊
用　途	將每年應收地增以抵利錢
地增錢	先年每年收市錢伍千零肆拾文，因借使佔主錢文，每年由地增內除扣伍百文。現今與同和園說明，每年應收市錢五千文
借用錢數	市錢叁拾伍吊
利　息	每年應收地增以抵利錢
年　限	嗣後准其香香錢到回贖，無錢不計年限
印　章	無
稅　票	無
文　字	漢
中　見	武禄德、張炳、姚汝功、蒙古劉巨德、要桂根、楊光世
書　人	無
立約日期	大清光緒貳拾捌年捌月初壹日
附　注	計批隨帶乾隆伍拾年老約壹張、舊地增摺壹個、新地增摺壹個。同和園賃地基乙張。 於光緒叁拾貳年陸月初叁日使過市錢五千文

光46

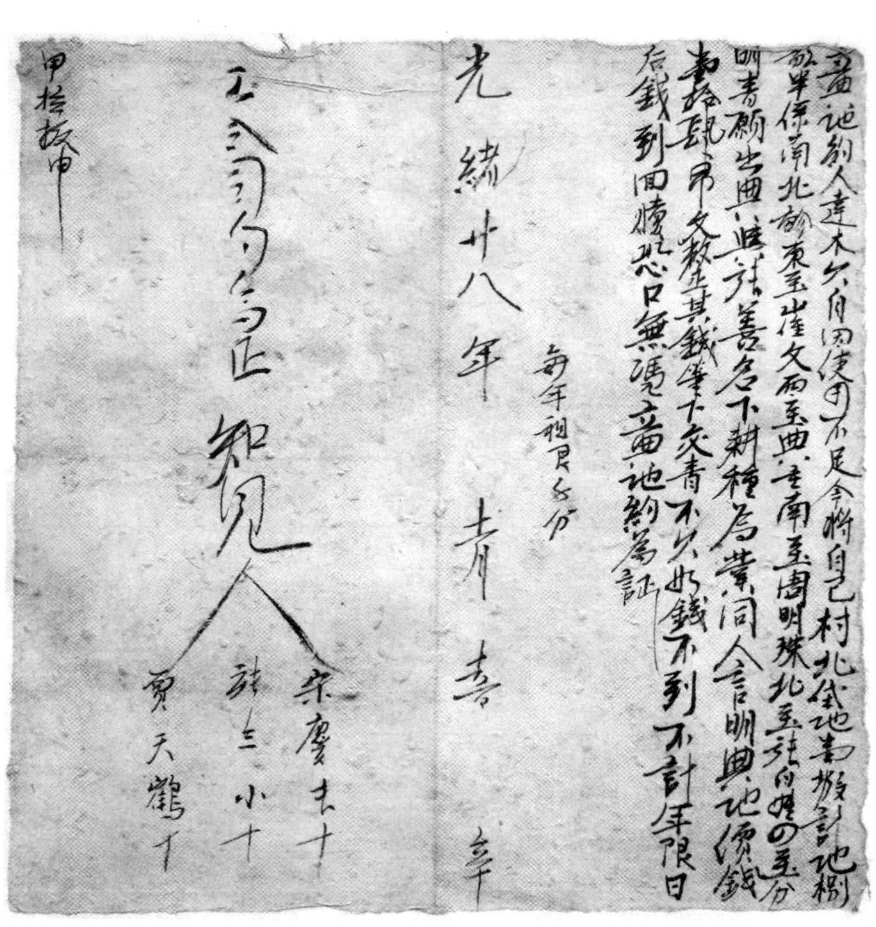

立當地約人達木氣，因使用不足，今將自己村北代地壹塊，計地捌畝，畢係南北畛，東至崔文丙，西至曲，南至周明珠，北至達木氣，四至分明。情願出當與[illegible]法善名下耕種為業。同人言明，當地價錢壹拾[illegible]吊文整，其錢筆下交清，不欠。此錢不到不計年限，日后錢到回續。恐口無憑，立當地約為証。

每年租錢五分

光緒廿八年十二月吉日立

立合同分合正

知見人 宋慶吉十 張三小十 賈天鶴十

甲長振申

光46　光緒二十八年（一九〇二）達木欠出典與张善地約

1 立典地約人達木欠，自因使用不足，今將自己村北柴地壹塅（段），計地捌

2 畝半，係南北畛，東至崔文，西至典主，南至周明珠，北至张白娃，四至分

3 明。青（情）願出典與张善名下耕種為業。同人言明，典地價錢

4 壹拾肆吊文整，其錢筆下交青（清）不欠。如錢不到，不許年限。日

5 后錢到回贖。恐口無憑，立典地約為証。

6 每年租良（銀）五分。

7 光緒廿八年十一月　十五日　立十

8 宋慶長十

9 立合同約為証〔一〕　知見人　张三小十

10 贾天鶴十

11 甲拉扳申〔二〕

注釋

〔一〕該行文字只存右半部分。

〔二〕「甲拉扳申」應是對出典土地所在村落的說明。

編　　號	光 46
題　　名	光緒二十八年（一九〇二）達木欠出典與张善地約
類　　別	出典地約
尺　　寸	23.3×23.5 釐米
保存狀態	完整
原 編 號	缺漏
紅 白 契	白契
立 約 者	達木欠
理　　由	自因使用不足
承 典 者	张善
出 典 者	達木欠
承 當 者	無
地點坐落及四至	村北：東至崔文，西至典主，南至周明珠，北至张白娃
面　　積	柴地壹段，計地捌畝半，係南北畛
用　　途	耕種為業
典 價 錢	壹拾肆吊文整，其錢筆下交清不欠
地 租 錢	每年租銀五分
年　　限	如錢不到，不計年限，日后錢到回贖
印　　章	無
稅　　票	無
文　　字	漢
知 見 人	宋慶長、张三小、賈天鶴
書　　人	無
立約日期	光緒廿八年十一月十五日
附　　注	合同約末尾寫有“甲拉扳申”四字

光
47

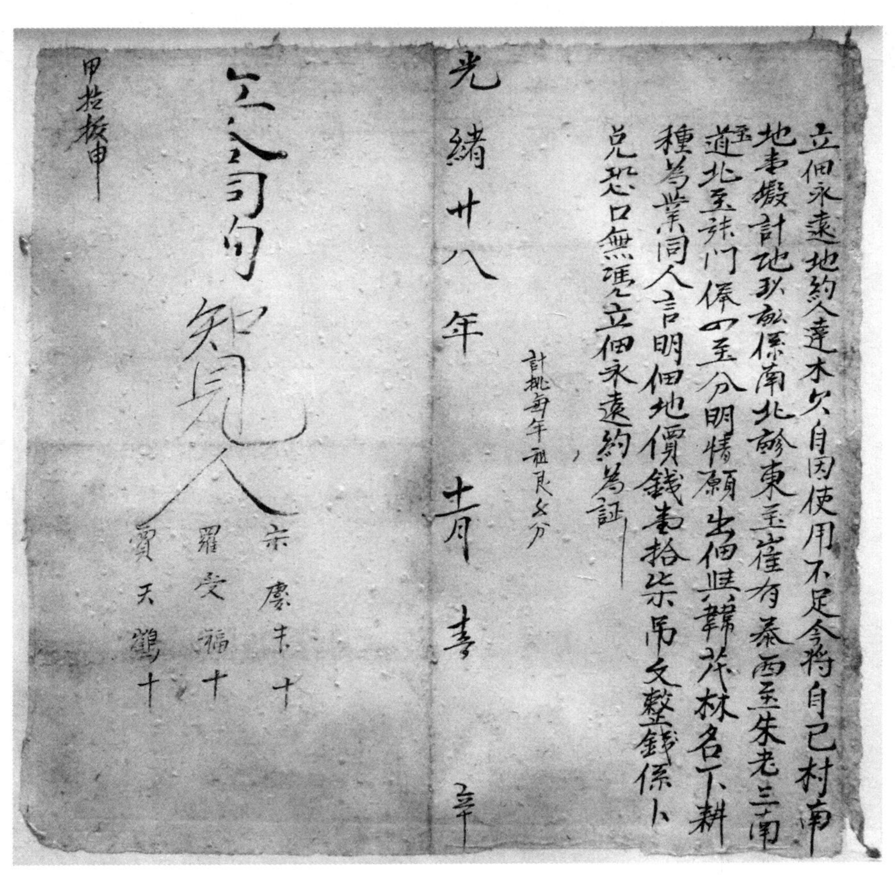
立佃永遠地約人達木欠自因使用不足今將自己村南
地壹段計地拾畝係南北畛東至崔有泰西至朱老三南
至道北至張門係四至分明情願出佃與韓花林名下耕
種為業同人言明佃地價錢壹拾柒吊文整錢係卜
兑恐口無憑立佃永遠約為証
計地每年租艮五分
光緒廿八年十月廿一日 立
立約同知見人 宋慶■十 羅文福十 賈天鵬十
甲拾板申

光47　光緒二十八年（一九〇二）達木欠出佃與韓茂林地約

立佃永遠地約人達木欠，自因使用不足，今將自己村南
地壹塅(段)，計地玖畝，係南北畛，東至崔有泰，西至朱老三，南
至[一]道，北至张门俸，四至分明，情願出佃與韓茂林名下耕
種為業。同人言明，佃地價錢壹拾柒吊文整，錢係卜
兌。恐口無憑，立佃永遠約為証。
計批每年租艮(銀)五分
光緒廿八年　十一月　十五日　立十
立合同約[二]　知見人　宋慶長十
羅受福十
賈天鶴十
甲拉扳申[三]

注釋

[一]「至」字原寫於行間。

[二] 該行文字只存右半部分。

[三]「甲拉扳申」應是對出佃土地所在村落的說明。

附表

編　號	光 47
題　名	光緒二十八年（一九〇二）達木欠出佃與韓茂林地約
類　別	出佃地約
尺　寸	27.5×28 釐米
保存狀態	完整
原編號	缺漏
紅白契	白契
立約者	達木欠
理　由	自因使用不足
承佃者	韓茂林
出佃者	達木欠
承當者	無
地點坐落及四至	村南：東至崔有泰，西至朱老三，南至道，北至张门俸
面　積	地壹段，計地玖畝，係南北畛
用　途	耕種為業
佃地錢	壹拾柒吊文整，錢係卜兑
地租錢	每年租銀五分
年　限	無
印　章	無
稅　票	無
文　字	漢
知見人	宋慶長、羅受福、賈天鶴
書　人	無
立約日期	光緒廿八年十一月十五日
附　注	合同約末尾寫有“甲拉扳申”四字

光48

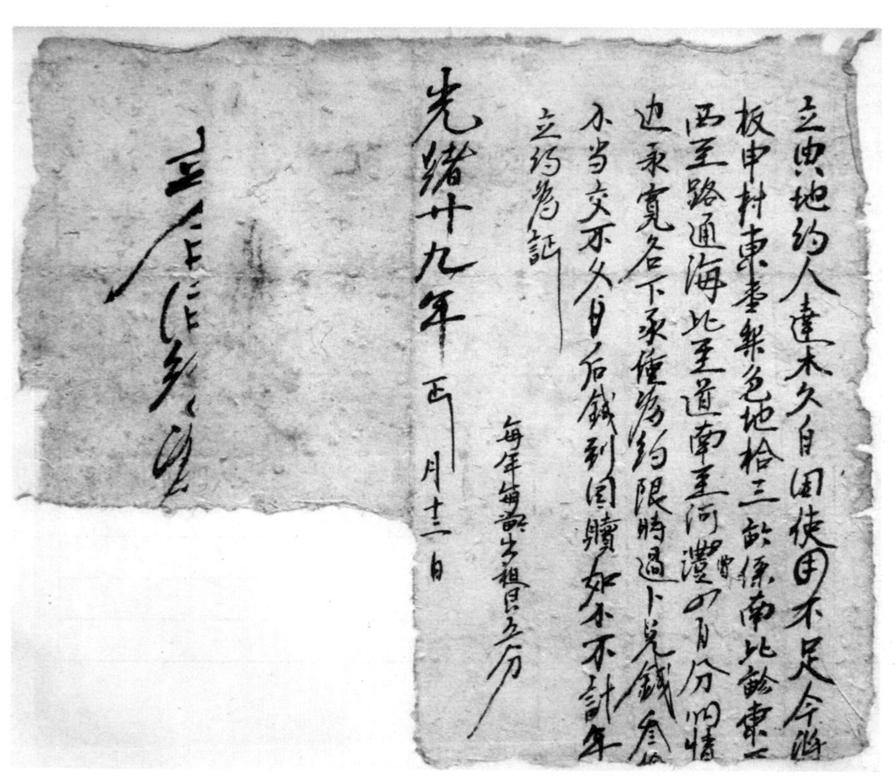
立典地約人達木久自因使用不足今將
板申村東壹梁色地拾三畝係南北畛東至
西至路通海北至道南至河灘四自分明情
邊汞寬名下承種為約限時過卜見錢叁拾
不當交不久日后錢到回贖如本不許年
立約為証
每年每畝出租艮五分
光緒廿九年正月十二日
立[illegible]

光48　光緒二十九年（一九〇三）達木欠出典與边永寬地約

1 立典地约人達木欠，自因使用不足，今將□

2 扳申村東枣梨色地拾三畝，係南北畛，東至□

3 西至路通海，北至道，南至河曹（漕）〔一〕，四自（至）分明，情□

4 边永寬名下承種為约。限時過卜兑錢三拾□

5 錢当交不欠。日后錢到回贖，如錢〔二〕不計年□

6 立约為証。

7 每年每畝出租銀五分。

8 光绪廿九年　正　月十三　日

9 立合同約為□〔三〕

注釋

〔一〕「曹」字原寫於行間，以替換左側正行中的「灃」字。

〔二〕此處當缺漏「不到」二字。

〔三〕該行文字只存左半部分。

附表

編　　號	光 48
題　　名	光緒二十九年（一九〇三）達木欠出典與边永寬地約
類　　別	出典地約
尺　　寸	25×22.4 釐米
保存狀態	缺損，文字殘缺
原 編 號	缺漏
紅 白 契	白契
立 約 者	達木欠
理　　由	自因使用不足
承 典 者	边永寬
出 典 者	達木欠
承 當 者	無
地點坐落及四至	［甲拉］扳申村東：東至……，西至路通海，北至道，南至河漕
面　　積	枣梨色地拾三畝，係南北畛
用　　途	承種為约
典 地 錢	限時過卜兑錢三拾……錢当交不欠
地 租 錢	每年租銀五分
年　　限	日后錢到回贖，如錢不到不計年限
印　　章	無
稅　　票	無
文　　字	漢
中 見 人	缺失
書　　人	缺失
立約日期	光绪廿九年正月十三日
附　　注	

光49

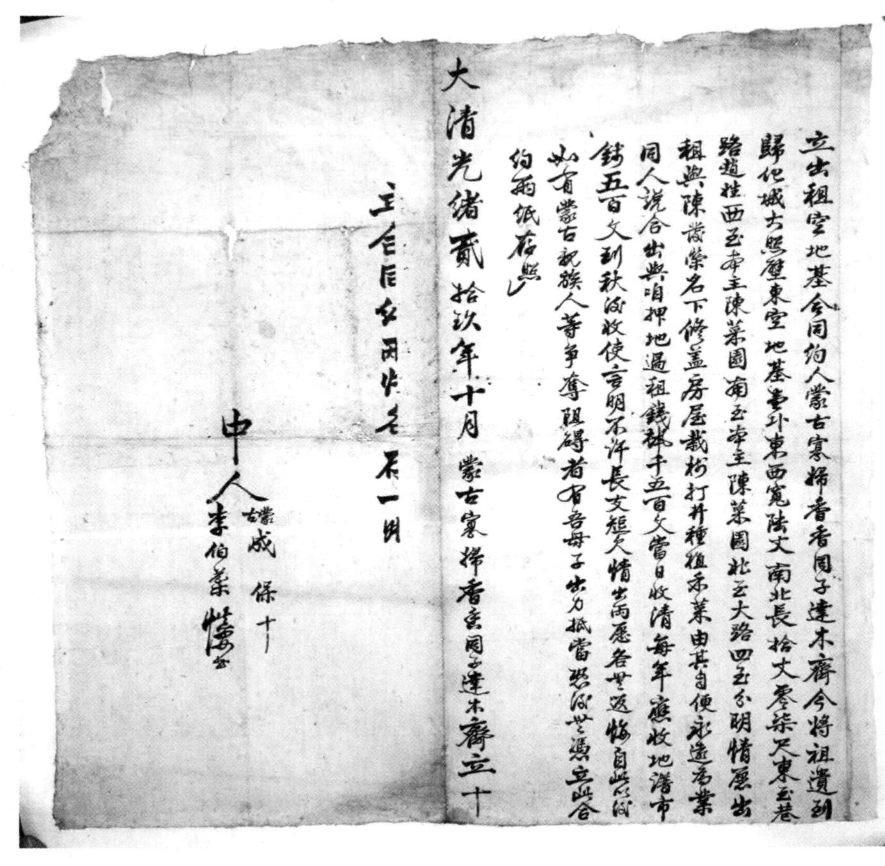

立出租空地基合同約人蒙古寡婦香香同子達木齊今將祖遺到
歸化城大照壁東空地基壹塊東西寬陸丈南北長拾丈零柒尺東至巷
路道堆西至本主陳菜園南至本主陳菜園北至大路四至分明情愿出
租與陳謙榮名下修蓋房屋栽樹打井種植禾菜由其自便永遠為業
同人說合出與咱押地過租錢貳拾千五百文當日收清每年應收地譜市
錢五百文到秋後收使言明不許長支短欠情出兩愿各無返悔自此以後
如有蒙古親族人等爭奪阻碍者有吾母子出力抵當恐後無憑立此合
約兩紙存照

大清光緒貳拾玖年十月　蒙古寡婦香香同子達木齊立十

立合同約兩張各執一張

中人　蒙古成保十
李伯業 [illegible]

光49 光緒二十九年（一九〇三）蒙古寡婦香香同子達木齊出租與陳發榮空地基合同約

立出租空地基合同约人蒙古寡婦香香同子達木齊，今将祖遺到
歸化城大照壁東空地基壹塊，東西寬陆丈，南北長拾丈零柒尺，東至巷
路、趙姓，西至本主、陳菜園，南至本主、陳菜園，北至大路，四至分明，情愿出
租與陳發榮名下。修盖房屋、栽樹打井、種植禾菜，由其自便，永遠為業。
同人說合，出與咱押地過租錢肆千五百文，當日收清。每年應收地譜市
錢五百文，到秋後收使，言明不许長支短欠。情出兩愿，各無返悔。自此以後，
如有蒙古親族人等争奪阻碍者，有吾母子出力抵當。恐後無憑，立此合
约兩紙存照。
大清光绪貳拾玖年十月　蒙古寡婦香香同子達木齊立十
立合同约兩張，各存一張[一]。
中人　蒙古成保十
李伯菜[二]书

注釋

〔一〕該行文字只存左半部分。

〔二〕該人名下方有墨色畫押。

編　號	光 49
題　名	光緒二十九年（一九〇三）蒙古寡婦香香同子達木齊出租與陳發榮空地基合同約
類　別	出租空地基約
尺　寸	53.3 × 52.4 釐米
保存狀態	完整
原 編 號	92
紅 白 契	白契
立 約 者	蒙古寡婦香香同子達木齊
理　由	無
承 租 者	陳發榮
出 租 者	蒙古寡婦香香同子達木齊
承 當 者	母子
地點坐落及四至	歸化城大照壁東：東至巷路、趙姓，西至本主、陳菜園，南至本主、陳菜園，北至大路
面　積	祖遺空地基壹塊：東西寬陆丈，南北長拾丈零柒尺
用　途	修盖房屋、栽樹打井、種植禾菜，由其自便，永遠為業
押地過租錢	肆千五百文，當日收清
地 譜 錢	每年市錢五百文，到秋後收使
年　限	無
印　章	無
税　票	無
文　字	漢
中　人	蒙古成保、李伯菜
書　人	李伯菜
立約日期	大清光绪貳拾玖年十月
附　注	

光50

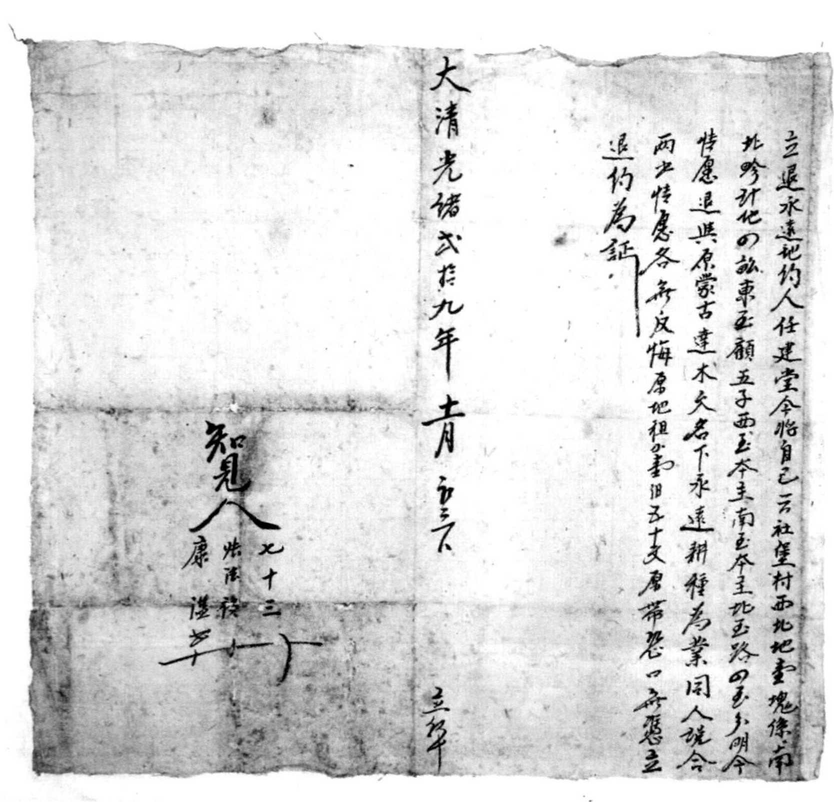
立退永遠租約人任建堂今將自己云社堡村西北地壹塊係南
北畛計地四畝東至顧五子西至本主南至本主北至路四至分明今
情愿退與原蒙古達木欠名下永遠耕種為業同人說合
兩出情愿各無反悔原地租小錢壹佰五十文康蒂巷口無憑立
退約為証

大清光緒貳拾九年十二月二十八　立約人

知見人　康謹如十　妣法發十　七十三十

光50　光緒二十九年（一九〇三）任建堂退與蒙古達木欠地約

立退永遠地约人任建堂，今將自己云社堡村西北地壹塊，係南

北畛，计地四畝，東至顧五子，西至本主，南至本主，北至路，四至分明，今

情愿退與原蒙古達木欠名下永遠耕種為業。同人说合，

两出情愿，各無反悔，原地租錢壹佰五十文原帶。恐口無憑，立

退约為証。

大清光绪弍拾九年十一月初三日　立约十

知見人　七十三

張德禄

康溢书

附表

編　號	光 50
題　名	光緒二十九年（一九〇三）任建堂退與蒙古達木欠地約
類　别	退地約
尺　寸	43.7×41.3 釐米
保存狀態	完整
原編號	93
紅白契	白契
立約者	任建堂
理　由	無
退地者	任建堂
承退者	蒙古達木欠
承當者	無
地點坐落及四至	云社堡村西北：東至顧五子，西至本主，南至本主，北至路
面　積	地壹塊，係南北畛，计地四畝
用　途	永遠耕種為業
地租錢	原壹佰五十文
年　限	永遠
印　章	無
稅　票	無
文　字	漢
知見人	七十三、张德禄、康溢
書　人	康溢
立約日期	大清光绪弍拾九年十一月初三日
附　注	

光
51

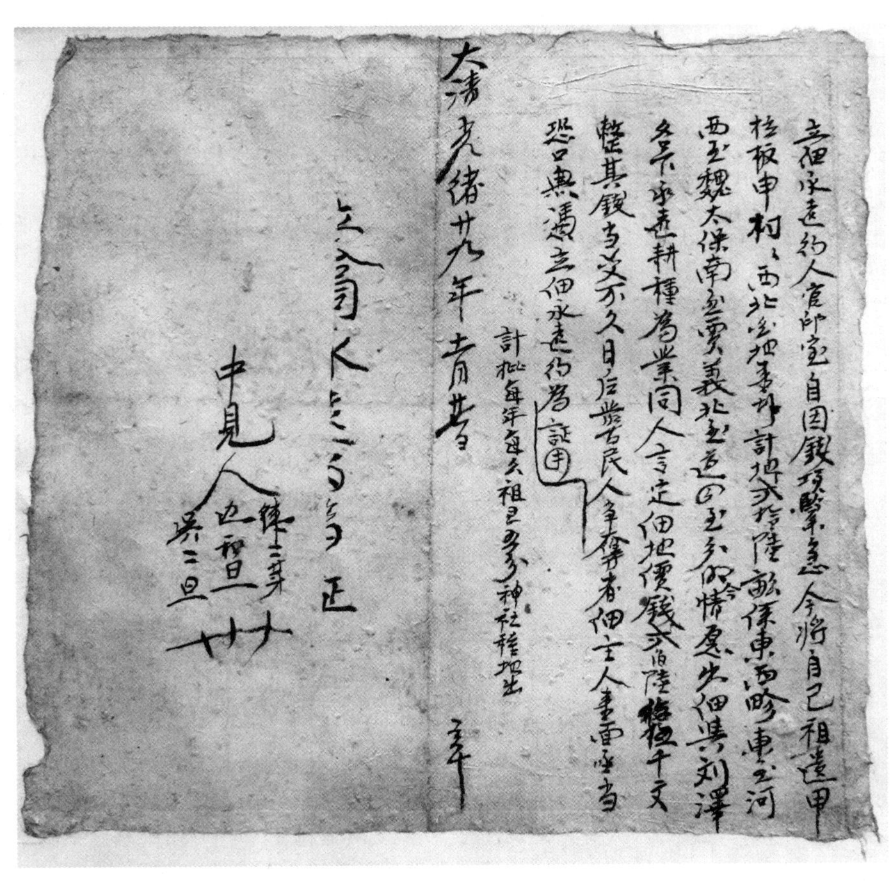

立佃永遠約人霍郎定，自因錢項緊急，今將自己祖遺申
桂板申村村西北坐地壹埒，計地弍拾陸畝，係東西畛，東至河，
西至魏太保，南至賈義，北至道，四至分明。今情愿出佃與劉澤
名下永遠耕種為業。同人言定佃地價錢弍伯陸拾伍千文
整，其錢當交不久。日后若有民人爭奪者，佃主人一面承當。
恐口無憑，立佃永遠約為証用。
計地每年每畝祖旦五分，神社種地出。

大清光緒廿九年十二月廿三日 立

立約人 霍郎定 正

中見人 陳三芽 边和旦 吳二旦 十十十

光51　光緒二十九年（一九〇三）官印宝出佃與刘澤空地約

立佃永遠约人官印宝，自因錢項緊急，今將自己祖遺甲拉板申村々西北空地壹塊，計地弍拾陸畝，係東西畛，東至河，西至魏太保，南至贾義，北至道，四至分明，今〔一〕情愿出佃與刘澤名下永遠耕種為業。同人言定，佃地價錢弍佰陸拾伍〔二〕千文整，其錢当交不欠。日后，蒙古民人争奪者，佃主人壹面承当。恐口無憑，立佃永遠约為証用。

計批每年每畝祖（租）銀五分，神社種地出。

大清光緒廿九年十一月廿七日　　立十

立合同永遠約為証〔三〕。

中見人　衛二芽　十
　　　　边和旦　十
　　　　吳二旦　十

注釋

〔一〕「今」字原寫於行間。

〔二〕「拾伍」二字有塗改痕跡。

〔三〕該行文字只存右半部分。

編　號	光 51
題　名	光緒二十九年（一九〇三）官印宝出佃與刘澤空地約
類　別	出佃地約
尺　寸	29.5×29.7 釐米
保存狀態	完整
原編號	缺漏
紅白契	白契
立約者	官印宝
理　由	自因錢項緊急
承佃者	刘澤
出佃者	官印宝
承當者	佃主人
地點坐落及四至	甲拉板申村村西北：東至河，西至魏太保，南至贾義，北至道
面　積	祖遺空地壹塊，計地式拾陸畝，係東西畛
用　途	永遠耕種為業
佃地價	式佰陸拾伍千文整，其錢当交不欠
地租錢	每年每畝租銀五分
年　限	永遠
印　章	無
税　票	無
文　字	漢
中見人	衛二芽、边和旦、吳二旦
書　人	無
立約日期	大清光绪廿九年十一月廿七日
附　注	神社種地出

光52

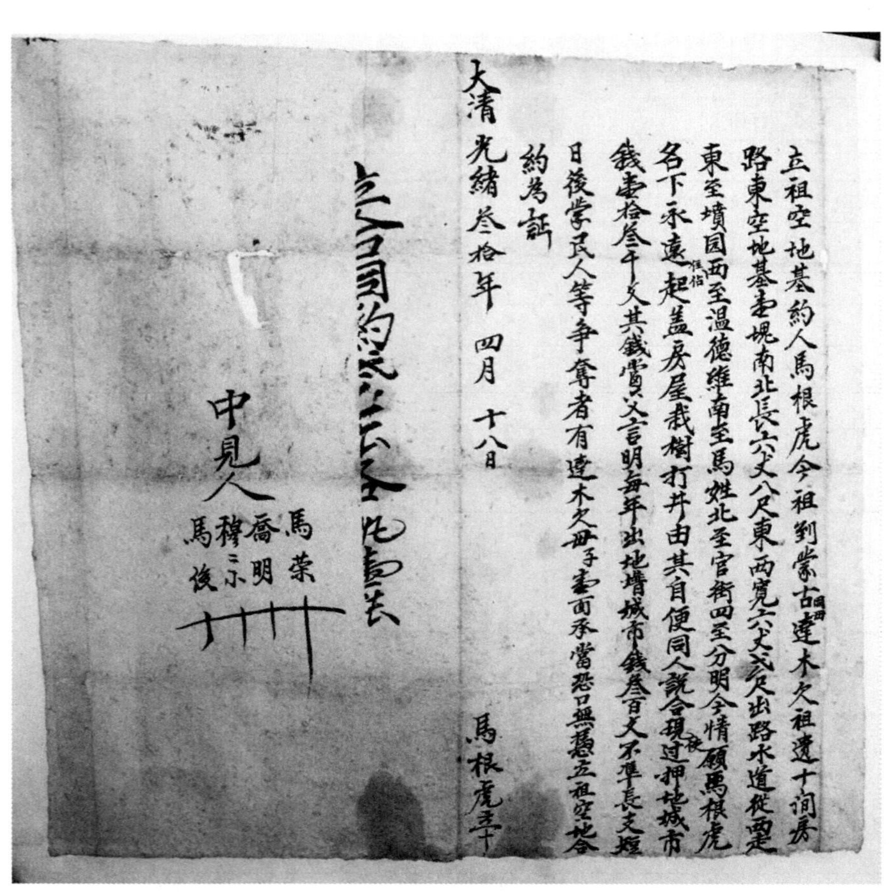

立祖空地基約人馬根虎今祖到蒙古達木欠祖遺十間房
路東空地基壹塊南北長六丈八尺東西寬六丈二尺出路水道從西走
東至墳園西至溫德維南至馬姓北至官街四至分明今情願馬根虎
名下永遠住佔起蓋房屋栽樹打井由其自便同人說合現使過押地城市
錢壹拾叁千文其錢當交言明每年出地增城市錢叁百文不準長支短
日後蒙民人等爭奪者有達木欠毋子壹面承當恐口無憑立祖空地合
約為証

大清光緒叁拾年四月十八日　　馬根虎立十

立合同約

中見人　馬榮　喬明　穆二小　馬俊　十十十十

光52　光緒三十年（一九〇四）馬根虎租到蒙古同母達木欠空地基約

立租空地基約人馬根虎，今租到蒙古同母[一]達木欠祖遺十间房
路東空地基壹塊。南北長六丈八尺，東西寬六丈弍尺，出路水道從西走，
東至墳园，西至温德維，南至馬姓，北至官街，四至分明。今情願馬根虎
名下永遠住佔[二]，起盖房屋、栽樹打井，由其自便。同人說合，現使[三]过押地城市
錢壹拾叁千文，其錢当交。言明每年出地增城市錢叁百文，不準長支短[四]。
日後蒙民人等争奪者，有達木欠母子壹面承當。恐口無憑，立租空地合
約為証。

大清光緒叁拾年　四月　十八日　　馬根虎立十

立合同約弍張，各執壹張[五]。

馬　荣十
喬　明十
中見人穆二小十
馬　俊十

注釋

〔一〕「同母」二字原在行外。
〔二〕「住佔」二字原在行間。
〔三〕「使」字原在行間。
〔四〕「短」字下當脫「欠」字。
〔五〕該行文字只存右半部分。

附表

編　號	光 52
題　名	光緒三十年（一九〇四）馬根虎租到蒙古同母達木欠空地基約
類　別	租到空地基約
尺　寸	46. 3 × 46. 7 釐米
保存狀態	稍有破損，文字完整
原編號	94
紅白契	白契
立約者	馬根虎
理　由	無
承租者	馬根虎
出租者	蒙古同母達木欠
承當者	達木欠母子
地點坐落及四至	十间房路東：出路水道從西走，東至墳园，西至温德維，南至馬姓，北至官街
面　積	祖遺空地基壹塊：南北長六丈八尺，東西寬六丈式尺
用　途	永遠住佔，起盖房屋、栽樹打井，由其自便
押地錢	城市錢壹拾叁千文，其錢当交
地增錢	每年城市錢叁百文
年　限	無
印　章	無
稅　票	無
文　字	漢
中見人	馬荣、喬明、穆二小、馬俊
書　人	無
立約日期	大清光緒叁拾年四月十八日
附　注	

光
53

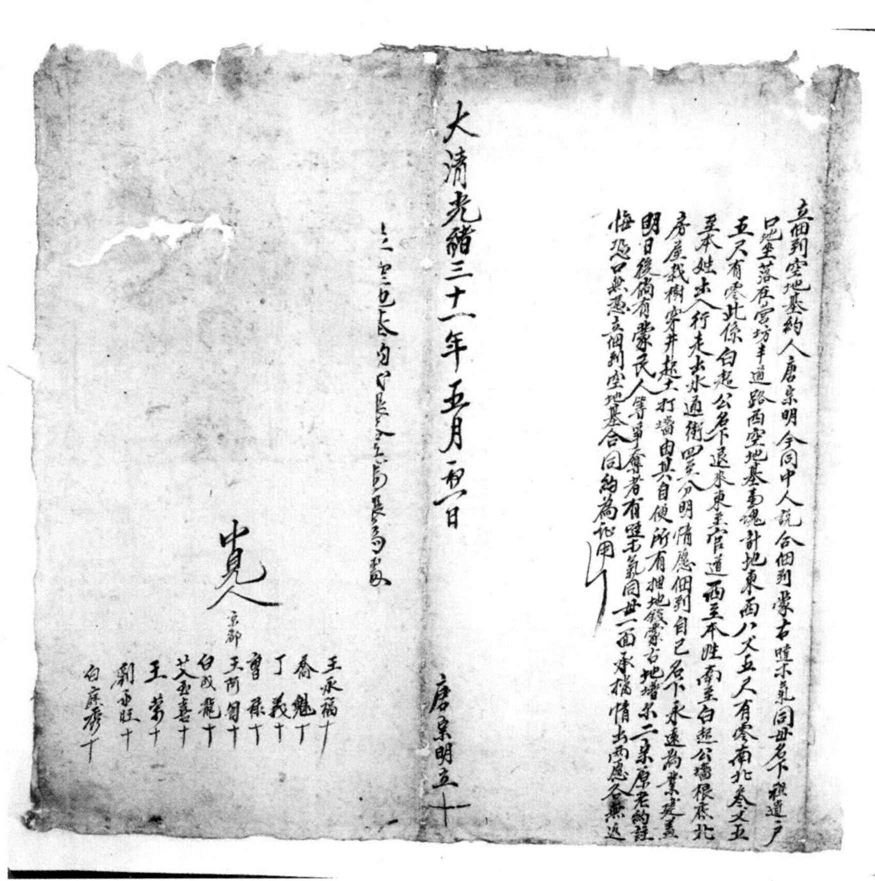

立佃到空地基約人唐宗明，今同中人說合，佃到蒙古噠不氣同毋名下粮道户口地，坐落在營坊半道路西空地基壹塊，計地東西八丈五尺有零，南北叁丈五五尺有零。北係白起公名下退來，東至官道，西至本姓，南至白起公墻根處，北至本姓出入行走出水通衢，四至分明。情愿佃到自己名下永遠為業，建蓋房屋、栽樹、穿井、起土、打墻，由其自便。所有佃地錢蒙古地增不二，宗原老約註明。日後倘有蒙民人等爭奪者，有噠不氣同毋一面承擋。情出兩愿，各無返悔。恐口無憑，立佃到空地基合同約為证用。

大清光緒三十一年五月初一日

[illegible]

唐宗明立十

中見人 京都
王永福十
喬魁十
丁義十
曾祿十
王丙甸十
白成龍十
艾玉喜十
王榮十
劉玉旺十
白廣秀十

光53 光緒三十一年（一九〇五）唐宗明佃到蒙古噠木氣同母空地基約

該合同約中提到所佃空地基係白起公名下退来，查前面文書，光27、光28、光29記有白祁公典買观音保、達木氣空地基之事，從地基四至看，該約佃到的地基應是光27、光28出典地基中的一部分，但在東西寬度上無法對應，或緣於此間地基佔有權的變動。

立佃到空地基約人唐宗明，今同中人説合，佃到蒙古噠木氣同母名下祖遺户口地坐落在營坊半道路西空地基壹塊。計地東西八丈五尺有零，南北叁丈五五[一]尺有零。此係白起公名下退来，東至官道，西至本姓，南至白起公墻根底，北至本姓，出入行走出水通街，四至分明。情愿佃到自己名下永遠為業，建蓋房屋、栽樹穿井、起土打墻，由其自便。所有押地錢、蒙古地增尔二宗，原老約註明。日後，倘有蒙民人等爭奪者，有噠木氣同母一面承擋。情出两愿，各無返悔。恐口無憑，立佃到空地基合同約為証用。

大清光緒三十一年五月初一日　唐宗明立十

立空地基約貳張，各執壹張為據[二]。

王永福十

喬　魁十

丁　義十

中見人　曹　禄十
京都王阿訇十
白成龍十
艾玉喜十
王　荣十
劉永旺十
白庭秀十

注釋

〔一〕該處疑衍一「五」字。

〔二〕該行文字只存右半部分。

附表

編　號	光 53
題　名	光緒三十一年（一九〇五）唐宗明佃到蒙古噠木氣同母空地基約
類　別	佃到空地基約
尺　寸	52.5×53.5 釐米
保存狀態	稍有破損，文字完整
原編號	96
紅白契	白契
立約者	唐宗明
理　由	無
承佃者	唐宗明
出佃者	蒙古噠木氣同母
承當者	噠木氣同母
地點坐落及四至	营坊半道路西：東至官道，西至本姓，南至白起公墻根底，北至本姓，出入行走出水通街
面　積	祖遺户口地空地基壹塊，計地東西八丈五尺有零，南北叁丈五尺有零
用　途	永遠為業，建盖房屋、栽樹穿井、起土打牆，由其自便
押地錢	此地基係白起公名下退来，押地錢原老約註明
地增尔	此地基係白起公名下退来，蒙古地增尔原老約註明
年　限	無
印　章	無
稅　票	無
文　字	漢
中見人	王永福、喬魁、丁義、曹禄、京都王阿訇、白成龍、艾玉喜、王荣、劉永旺、白庭秀
書　人	無
立約日期	大清光緒三十一年五月初一日
附　注	

光
54

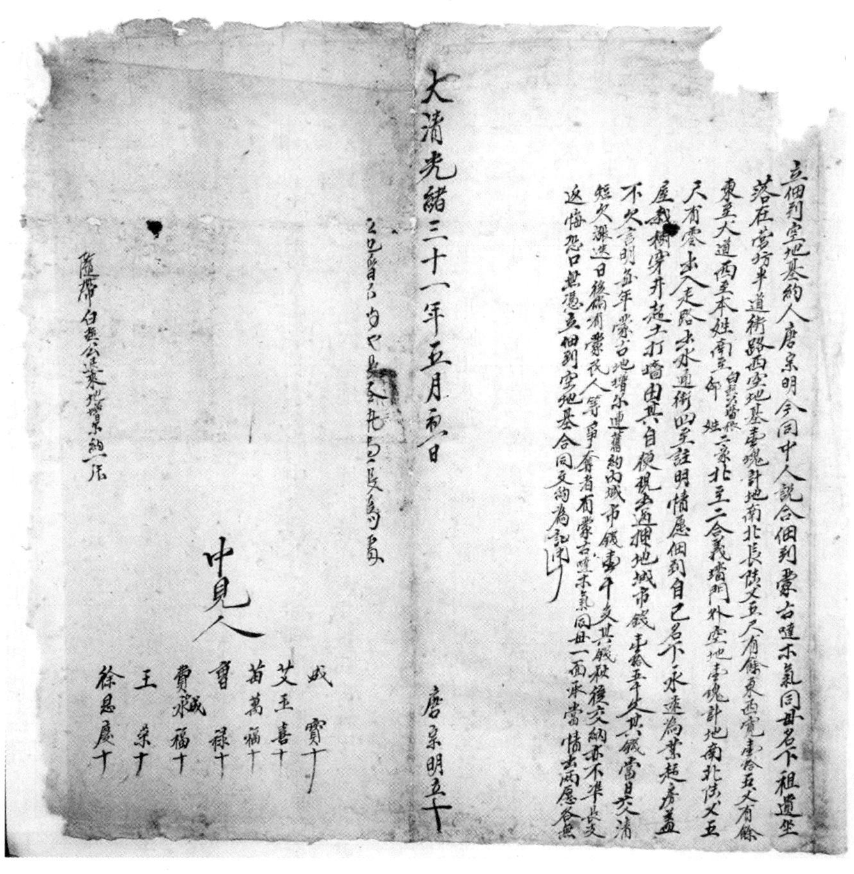

立佃到空地基約人唐宗明今同中人說合佃到蒙古嗹不氣同毋名下祖遺坐落在營坊半道街路西空地基壹塊計地南北長陆丈五尺有餘東西寬壹拾五丈有餘東至大道西至本姓南至白喜雷傑姓之業北至二合義墻門外空地壹塊計地南北陆丈五尺有零出入走路出水通街四至註明情愿佃到自己名下永遠為業起房盖屋栽樹穿井起土打墻由其自便現出過押地城市錢壹拾五千文其錢當日交清不欠言明每年蒙古地增照舊約内城市錢壹千文其錢秋後交納不准長支短欠漲迭日後倘有蒙民人等爭奪者有蒙古嗹不氣同毋一面承當情出兩愿各無返悔恐口無憑立佃到空地基合同文約為証用

大清光緒三十一年五月初一日

唐宗明立十

中見人
戚寶十
艾玉喜十
苗萬福十
曹祿十
費永福十
王榮十
徐恩慶十

隨帶白契公送蒙地增東約一張

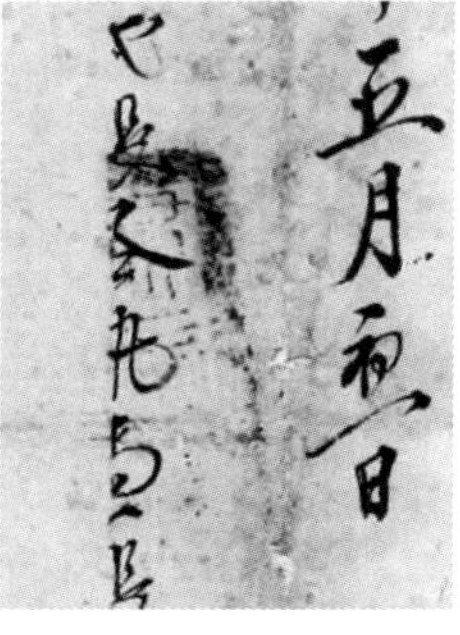

1

光54 光緒三十一年（一九〇五）唐宗明佃到蒙古噠木氣同母空地基約

文書中鈐有朱印一方（1），由殘存印跡及其他類似鈐印文書，推測其印文為「歸綏縣知事之寶印」。該合同約末尾提到「隨帶白起公退來地增尔約一张」，知約中地基為白起公所退。前面光27、光28、光29記有白祁公典買观音保、達木氣空地基之事，但此三約中的地基在四至、面積上皆無法與該約相對應，不排除以前白起公另立有空地基合同約的可能。

立佃到空地基約人唐宗明，今同中人說合，佃到蒙古噠木氣同母名下祖遺坐落在营坊半道街路西空地基壹塊。計地南北長陆丈五尺有餘，東西寬壹拾五丈有餘，東至大道，西至本姓，南至白起公牆根邸姓二家，北至二合義牆門外，空地壹塊計地南北陆丈五尺有零，(二)出入走路出水通街，四至註明。情愿佃到自己名下永遠為業，起房盖屋、栽樹穿井、起土打牆，由其自便。現出過押地城市錢壹拾五千文，其錢當日交清不欠。言明每年蒙古地增尔連舊約内城市錢壹千文，其錢秋後交納，亦不準長支短欠、漲迭(跌)。日後，倘有蒙民人等爭奪者，有蒙古噠木氣同母一面承當。情出两愿，各無返悔。恐口無憑，立佃到空地基合同文約為証用。

大清光緒 三十一年五月初一日 唐宗明立十

立地增尔約貳張，各執壹張為據(三)。

成 寶十

艾玉喜十

苗萬福十

中見人曹　禄十
費成永福十〔三〕
王　栄十
隨帶白起公退來地壻尔約一张。
徐恩慶十

注釋

〔一〕「空地壹塊計地南北陆丈五尺有零」疑為衍文。

〔二〕該行文字只存右半部分。

〔三〕根據宣5《宣統三年（一九一一）苗大慶租到達木氣空地基約》的同中人有「費成福」，該人名中寫於行間的「成」字或用以替代「永」字。但這裏也可能是「費永福」「費成福」兩人名的簡寫形式。

編　號	光 54
題　名	光緒三十一年（一九〇五）唐宗明佃到蒙古噠木氣同母空地基約
類　別	佃到空地基約
尺　寸	52×53.2 釐米
保存狀態	有缺損，文字完整
原編號	97
紅白契	紅契
立約者	唐宗明
理　由	無
承佃者	唐宗明
出佃者	蒙古噠木氣同母
承當者	蒙古噠木氣同母
地點坐落及四至	營坊半道街路西：東至大道，西至本姓，南至白起公牆根、邸姓二家，北至二合義牆門外，出入走路出水通街
面　積	祖遺空地基壹塊，計地南北長陆丈五尺有餘，東西寬壹拾五丈有餘
用　途	永遠為業，起房蓋屋、栽樹穿井、起土打牆，由其自便
押地錢	城市錢壹拾五千文，其錢當日交清不欠
地增尔	每年連舊約内城市錢壹千文，其錢秋後交納
年　限	無
印　章	朱印一方
稅　票	無
文　字	漢
中見人	成寶、艾玉喜、苗萬福、曹禄、費永（成）福、王荣、徐恩慶
書　人	無
立約日期	大清光緒三十一年五月初一日
附　注	隨帶白起公退來地增尔約一张

光
55

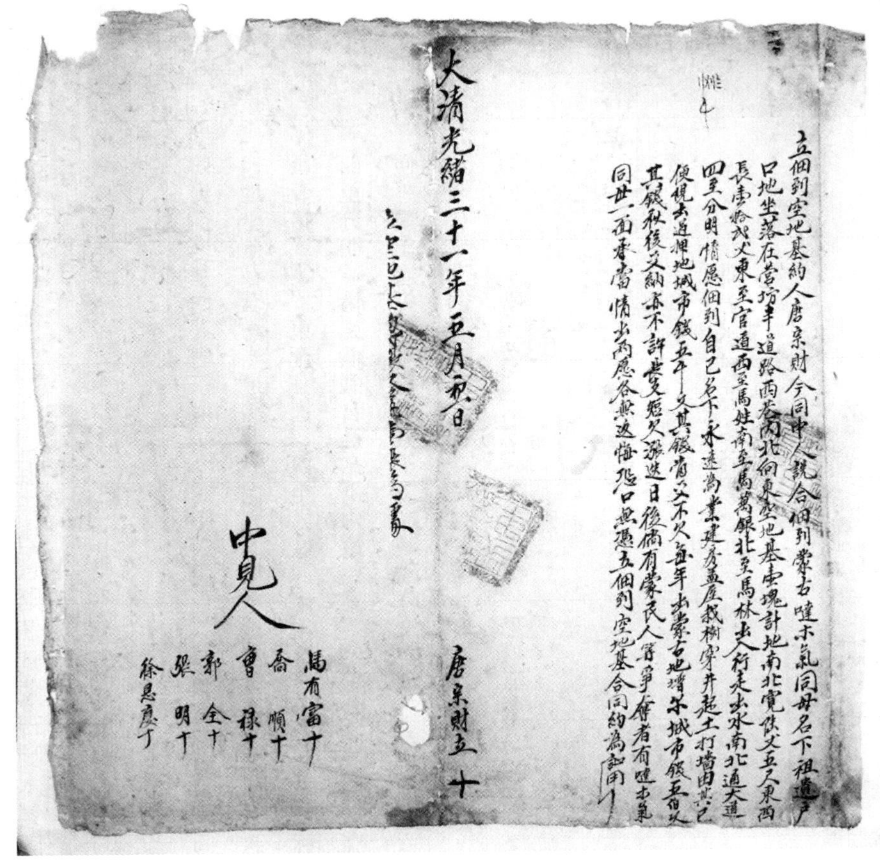

立佃到空地基約人唐宗財今同中人說合佃到蒙古哇不亂同母名下祖遺户
口地坐落在營坊半道路西巷內北向東空地基壹塊計地南北寬陸丈五尺東西
長壹拾丈東至官道西至馬姓南至馬萬銀北至馬林出入行走出水南北通大道
四至分明情愿佃到自己名下永遠為業建房盖屋栽樹穿井起土打墻由其自
便現出過押地城市錢五千文其錢當交不欠每年出蒙古地增城市錢五百文
其錢秋後交納亦不許長支短欠㴑迭日後倘有蒙民人等爭奪者有哇不亂
同母一面承當情出兩愿各無返悔恐口無憑立佃到空地基合同約為証用

大清光緒三十一年五月初八日

唐宗財立十

中見人
馬有富十
喬順十
曾祿十
郭全十
張明十
徐恩慶丁

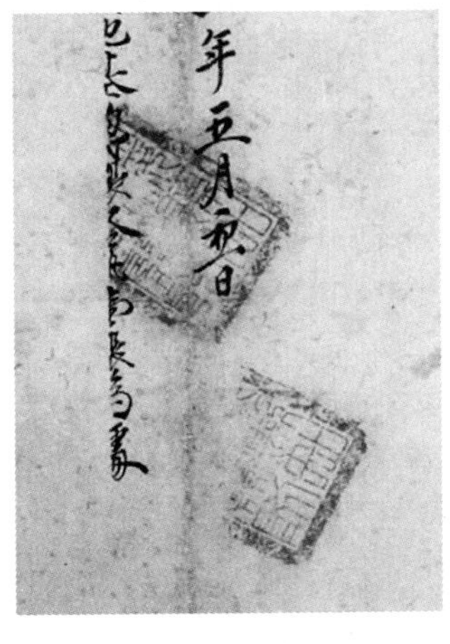

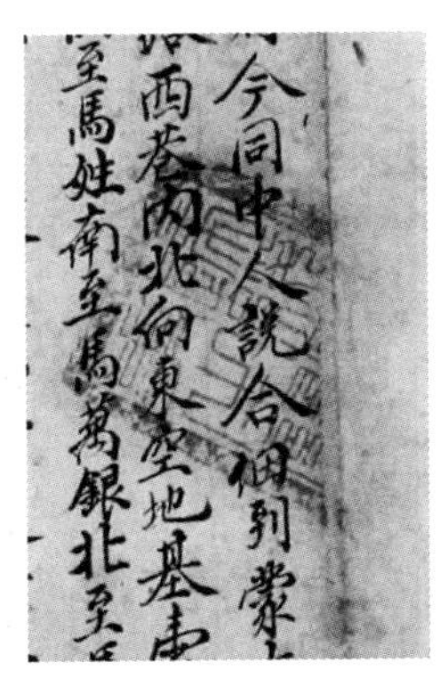

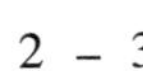

2－3

1

光55　光緒三十一年（一九〇五）唐宗財佃到蒙古嗟木氣同母空地基約

該合同約中鈐有三方朱印（1、2—3），印文為「歸綏縣知事之寶印」。

1 立佃到空地基約人唐宗財，今同中人説合，佃到蒙古嗟木氣同母名下祖遺户
2 口地坐落在營坊半道路西巷内北向東空地基壹塊。計地南北寬陆丈五尺，東西
3 長壹拾弍丈，東至官道，西至馬姓，南至馬萬銀，北至馬林，出入行走出水南北通大道，
4 〢〤〢〣千 四至分明。情愿佃到自己名下永遠為業，建房盖屋、栽樹穿井、起土打墻，由其己
5 便。現出過押地城市錢五千文，其錢當交不欠。每年出蒙古地增尔城市錢五佰文，
6 其錢秋後交納，亦不許長支短欠、漲迭(跌)。日後，倘有蒙民人等爭奪者，有嗟木氣
7 同母一面承當。情出两愿，各無返悔。恐口無憑，立佃到空地基合同約為証用。
8 大清光緒三十一年五月初一日　唐宗財立十
9 立空地基約貳張，各執壹張為據[一]。
10 馬有富十
11 喬　順十
12 中見人　曹　禄十
13 郭　全十

14 張　明十

15 徐恩慶十

注釋

〔一〕該行文字只存右半部分。

附表

編　號	光 55
題　名	光绪三十一年（一九〇五）唐宗財佃到蒙古噠木氣同母空地基約
類　別	佃到空地基約
尺　寸	52.5×53.2 釐米
保存狀態	稍有破損，文字完整
原編號	95
紅白契	紅契
立約者	唐宗財
理　由	無
承佃者	唐宗財
出佃者	蒙古噠木氣同母
承當者	噠木氣同母
地點坐落及四至	营坊半道路西巷内北向東：東至官道，西至馬姓，南至馬萬銀，北至馬林，出入行走出水南北通大道
面　積	祖遺户口地空地基壹塊，計地南北寬陆丈五尺，東西長壹拾式丈
用　途	永遠為業，建房盖屋、栽樹穿井、起土打墻，由其己便
押地錢	城市錢五千文，其錢當交不欠
地增錢	每年出城市錢五佰文，其錢秋後交納
年　限	無
印　章	朱印三方
税　票	無
文　字	漢
中見人	馬有富、喬順、曹禄、郭全、張明、徐恩慶
書　人	無
立約日期	大清光緒三十一年五月初一日
附　注	

光56

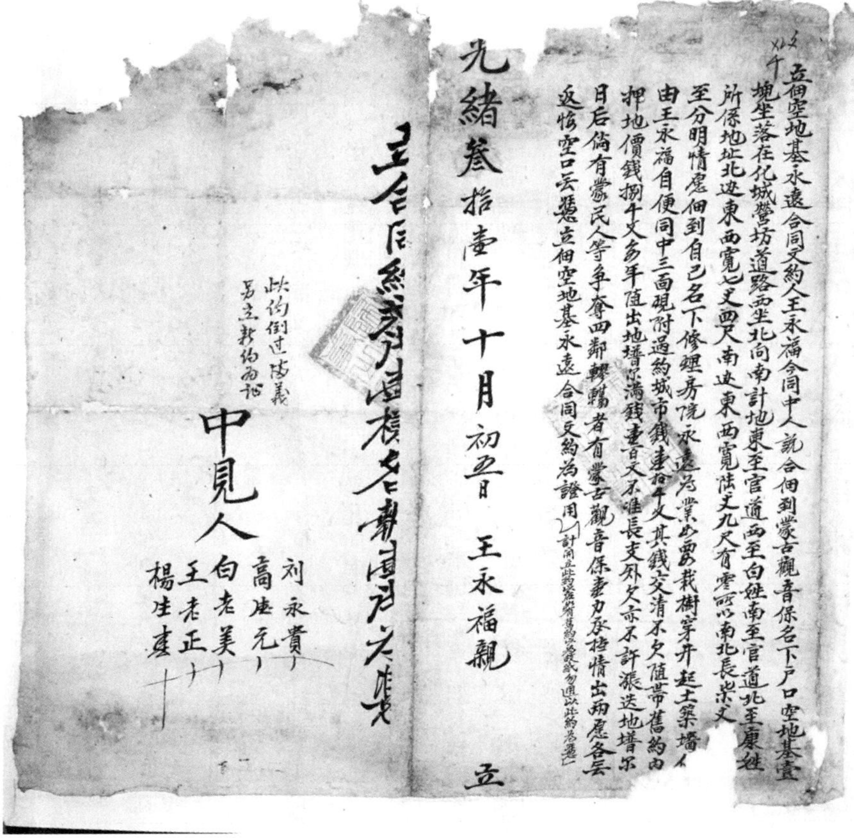

立佃空地基永遠合同文約人王永福今同中人說合佃到蒙古觀音保名下户口空地基壹塊坐落在亿城營坊道路西坐北向南計地東至官道西至白姓南至官道北至康姓所係地址北邊東西寬七丈四尺南邊東西寬陸丈九尺有零四至南北長柒丈至分明情愿佃到自己名下修理房院永遠為業如要栽樹穿井起土築墙人由王永福自便同中三面現附過約城市錢壹拾千文其錢交清不欠隨帶舊約內押地價錢捌千文多年隨出地增尔滿錢壹百文不准長支外欠亦不許漲迭地增尔日后倘有蒙民人等爭奪四鄰轇轕者有蒙古觀音保壹力承擋情出兩愿各無返悔空口無憑立佃空地基永遠合同文約為證用

計開立此約以后所有舊約以後故紙勿用以此約為憑

光緒叁拾壹年十月初五日 王永福親 立

此約倒过陸義另立新約兩紙

中見人 刘永貴 高座元 白老美 王老正 楊生連

2

1

光56 光緒三十一年（一九〇五）王永福佃到蒙古觀音保空地基合同文約

該合同約鈐有兩方朱印（1、2），印文為「歸綏縣知事之寶印」。約中批注「此約倒過滿義，另立新約為証」，關於新約內容見民33《民國十八年（一九二九）滿義佃到達木欠空地基合同約》，但兩約中地基四至中的西至不同，地基四邊長寬記述也存在差別。

1 立佃空地基永遠合同文約人王永福，今同中人說合，佃到蒙古觀音保名下户口空地基壹

2 攵 ⊥ 乂千 塊，坐落在化城[一]營坊道路西，坐北向南。計地東至官道，西至白姓，南至官道，北至康姓。

3 所係地址北边東西寬七丈四尺，南边东西寬陆丈九尺有零，所以南北長柒丈□

4 至分明。情愿佃到自己名下修理房院，永遠為業。如要栽樹穿井、起土築墻，□

5 由王永福自便。同中三面，現附過約城市錢壹拾千文，其錢交清不欠，随帶舊約内

6 押地價錢捌千文。每年随出地増尔滿錢壹百文，不准長支短欠，亦不許漲迭(跌)地増尔。

7 日后，倘有蒙民人等爭奪、四鄰轇轕者，有蒙古觀音保壹力承挡。情出两愿，各無

8 返悔。空口無憑，立佃空地基永遠合同文約為證用。（計開立此約以后，如有舊約，以為故紙勿用）以此約為憑。）

9 光緒叁拾壹年十月初五日　王永福親　立

10 立合同約式張，壹樣各執壹張為憑[二]。

11 此约倒过滿義　刘永貴 十

12 另立新约为证[三]。　高德元 十

13 中見人 白老美 十

14 王老正 十

15 楊生喜 十

注釋

〔一〕「化城」前當缺「歸」字。

〔二〕該行文字只存左半部分。

〔三〕由字跡及句意可知該兩行文字為後來寫入。

編　　號	光 56
題　　名	光緒三十一年（一九〇五）王永福佃到蒙古觀音保空地基合同文約
類　　別	佃到空地基約
尺　　寸	53.5×53.8 釐米
保存狀態	殘缺，文字有缺損
原 編 號	98
紅 白 契	紅契
立 約 者	王永福
理　　由	無
承 佃 者	王永福
出 佃 者	蒙古觀音保
承 當 者	蒙古觀音保
地點坐落及四至	歸化城營坊道路西，坐北向南：東至官道，西至白姓，南至官道，北至康姓
面　　積	户口空地基壹塊：北边東西寬七丈四尺，南边东西寬陆丈九尺有零，所以南北長柒丈……
用　　途	修理房院，永遠為業，如要栽樹穿井、起土築墻，□由王永福自便
過 約 錢	城市錢壹拾千文，其錢交清不欠，隨帶舊約内押地價錢捌千文
地 增 尔	每年出滿錢壹百文
年　　限	永遠
印　　章	朱印兩方
稅　　票	無
文　　字	漢
中 見 人	刘永貴、高德元、白老美、王老正、楊生喜
書　　人	無
立約日期	光緒叁拾壹年十月初五日
附　　注	計開立此約以后，如有舊約，以為故紙勿用，以此約為憑。 此约倒过滿義，另立新约为证。

光
57

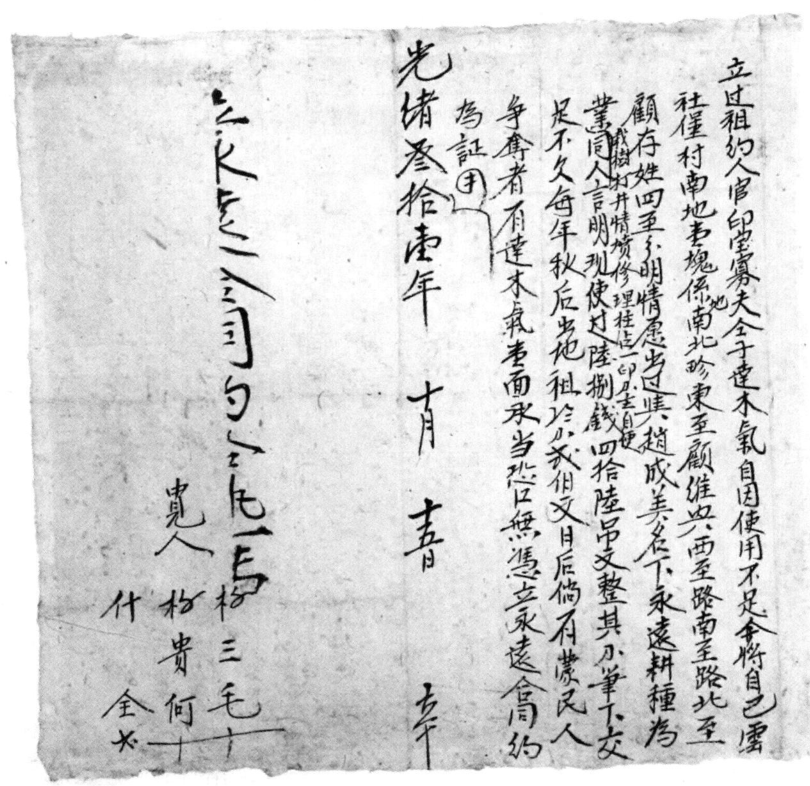
立过祖约人官印寡夫全子達木氣自因使用不足，今將自己雲
社堡村南地壹塊，係南北畛地，東至顧維與，西至路，南至路，北至
顧存姓，四至分明，情愿出过與趙成美名下永遠耕種為
業，（栽樹打井情墳修理桂佐一切由自便）同人言明，現使过陸捌錢四拾陸吊文整，其錢筆下交
足不欠，每年秋后出地租錢貳伯文，日后倘有蒙民人
爭奪者，有達木氣壹面承当。恐口無憑，立永遠合同約
為証（押）

光緒叁拾壹年　十月　青　立

中見人　楊三毛十
楊貴何十
什全

光57 光緒三十一年（一九〇五）官印宝寡婦同子達木氣過與趙成美地租約

立过租约人官印宝寡夫（婦）同子達木氣，自因使用不足，今將自己雲
社堡村南地壹塊，係地〔一〕南北畛，東至顧維只，西至路，南至路，北至
顧存姓，四至分明，情愿出过與趙成美名下永遠耕種為
業。栽樹打井、情墳、修理柱（住）占，一印（應）錢主自便〔二〕。同人言明，现使过陸捌錢四拾陸吊文整，其錢筆下交
足不欠，每年秋后出地租〔三〕錢式佰文。日后，倘有蒙民人
争奪者，有達木氣壹面承当。恐口無憑，立永遠合同约
為証用。
光緒叁拾壹年　十月　十五日　立十
立永遠合同約，各執一張〔三〕。　楊三毛十
中見人　楊贵何十
什　全书

注釋

〔一〕「地」字原在行間。

〔二〕「栽樹打井、情墳、修理柱占，一印錢主自便」一句原在行間，附有表示增補插入的畫綫。

〔三〕該行文字只存右半部分。

編　號	光 57
題　名	光緒三十一年（一九〇五）官印宝寡婦同子達木氣過與趙成美地租約
類　別	出過地租約
尺　寸	29 × 29 釐米
保存狀態	完整
原編號	99
紅白契	白契
立約者	官印宝寡婦同子達木氣
理　由	使用不足
承租者	趙成美
出租者	官印宝寡婦同子達木氣
承當者	達木氣
地點坐落及四至	雲社堡村南：東至顧維興，西至路，南至路，北至顧存姓
面　積	地壹塊，係地南北畛
用　途	永遠耕種為業，栽樹打井、情墳、修理住占，一應錢主自便
過租錢	陸捌錢四拾陸吊文整，其錢筆下交足不欠
地租錢	每年秋后出丄亖錢式佰文
年　限	永遠
印　章	無
稅　票	無
文　字	漢
中見人	楊三毛、楊贵何、什全
書　人	什全
立約日期	光緒叁拾壹年十月十五日
附　注	

光58

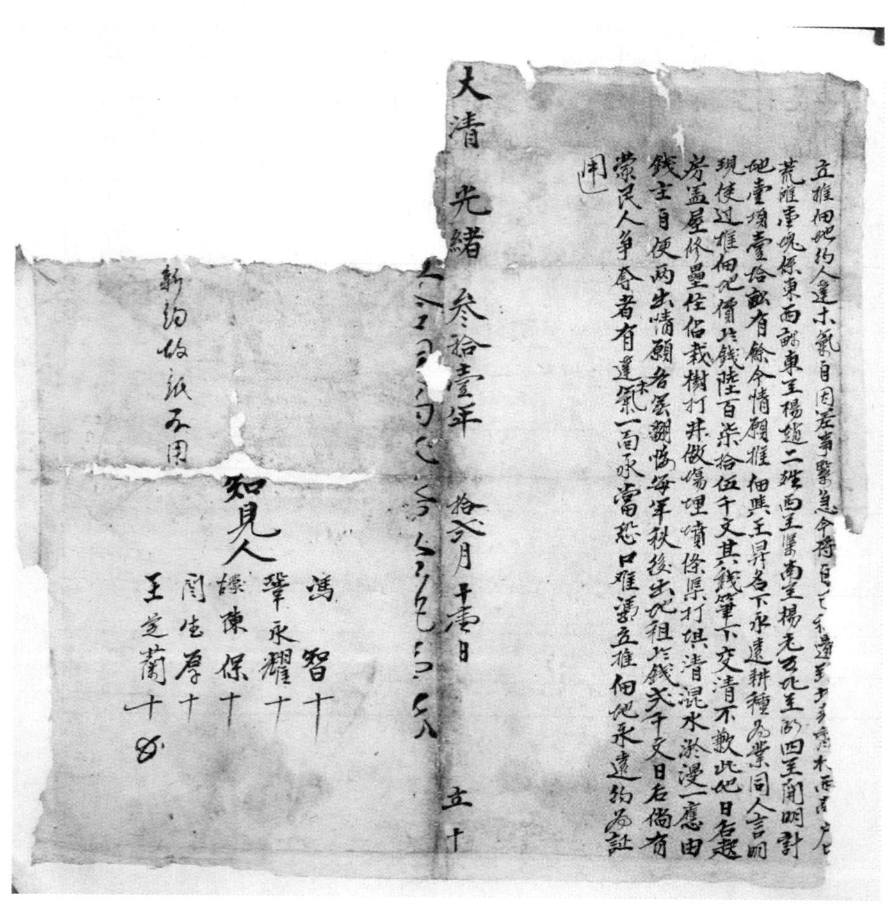

立推佃地約人達木氣，自因差事緊急，今將自己[illegible]

荒灘壹塊，係東西畛，東至楊通二姓，西至渠，南至楊老五地，北至路，四至開明，計

地壹頃壹拾畝有餘，今情願推佃與王昇名下永遠耕種為業，同人言明

現使過推佃地價錢陸百柒拾伍千文，其錢筆下交清不欠，此地日後起

房蓋屋，修壘牲佰，栽樹打井，做場埋墳，係渠打垻，清混水淤漫，一應由

錢主自便，兩出情願，各無翻悔，每年秋後出地租錢弍千文，日后倘有

蒙民人爭奪者，有達木氣一面承當，恐口難憑，立推佃地永遠約為証。

用

大清光緒叁拾壹年拾月十壹日　立十

新約收紙不用

知見人　馮智十　聳永耀十　陳保十　閆生厚十　王芝蘭十

光58 光緒三十一年（一九〇五）達木氣推佃與王昇地約

立推佃地约人達木氣，自因差事緊急，今將自己祖遺到比克齊村西南户口荒滩壹塊，係東西畛，東至楊、趙二姓，西至渠，南至楊老五，北至湖，四至開明，計地壹頃壹拾畝有餘，今情願推佃與王昇名下永遠耕種為業。同人言明，現使过推佃地價亠三錢陸百柒拾伍千文，其錢筆下交清不歉(欠)。此地日后起房盖屋、修壘住佔、栽樹打井、做場埋墳，條渠打垻、清混水淤漫，一應由錢主自便。两出情願，各無翻悔。每年秋後出地租亠三錢弍千文。日后，倘有蒙民人爭奪者，有達木氣[一]一面承當。恐口难憑，立推佃地永遠约為証用。

大清　光緒　叁拾壹年　拾弍月十壹日　　立十

立合同約貳紙，各執壹張[二]。

知見人 古蒙

馮　智十

鞏永耀十

陳保　十

閆生厚十

王芝蘭十书

新约故纸不用[三]

注釋

〔一〕「木」字原在行間。

〔二〕該行文字只存右半部分。

〔三〕由字跡及句意可知該句為後來寫入。

編　號	光 58
題　名	光緒三十一年（一九〇五）達木氣推佃與王昇地約
類　别	推佃地約
尺　寸	55.7×55.2 釐米
保存狀態	部分殘缺，文字有缺損
原編號	100
紅白契	白契
立約者	達木氣
理　由	差事緊急
承佃者	王昇
出佃者	達木氣
承當者	達木氣
地點坐落及四至	比克齊村西南：東至楊、趙二姓，西至渠，南至楊老五，北至湖
面　積	祖遺到户口荒灘壹塊，係東西畛，計地壹頃壹拾畝有餘
用　途	永遠耕種為業，起房盖屋、修壘住佔、栽樹打井、做場埋墳、條渠打垻、清混水淤漫，一應由錢主自便
推佃地價	亠亖錢陸百柒拾伍千文，其錢筆下交清不欠
地租錢	每年秋後出亠亖錢弍千文
年　限	永遠
印　章	無
税　票	無
文　字	漢
中見人	馮智、鞏永耀、蒙古陳保、闫生厚、王芝蘭
書　人	無
立約日期	大清光緒叁拾壹年拾弍月十壹日
附　注	……新约故纸不用

光
59

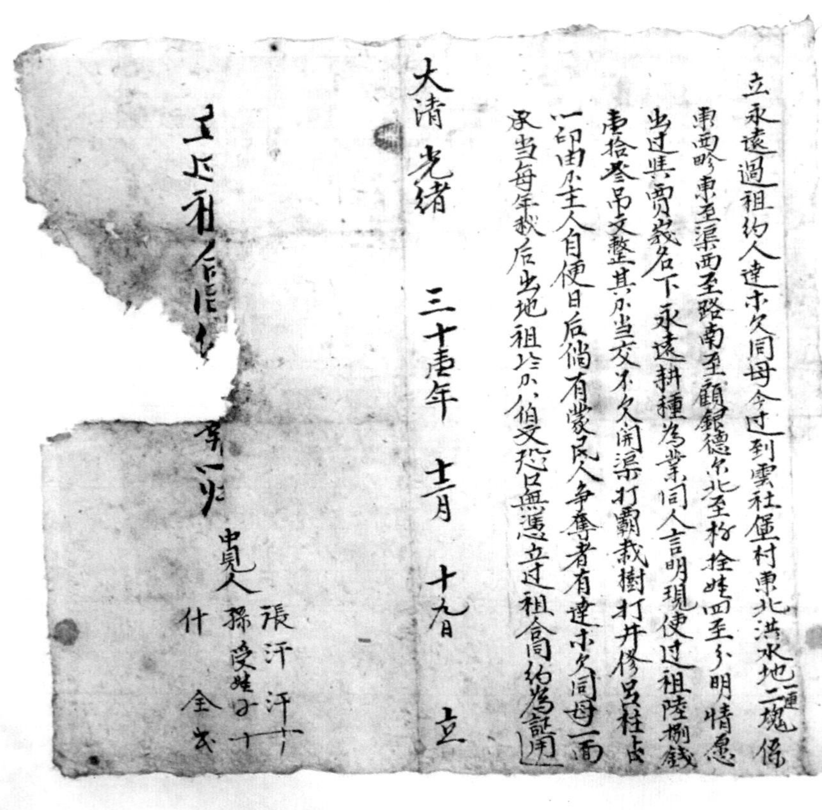
立永遠過祖約人達木欠同母今过到雲社堡村東北洪水地二塊，係東西畛，東至渠，西至路，南至顧銀德尔，北至杨拴娃，四至分明，情愿出过與賈荣名下永遠耕種為業。同人言明，現使过祖陸捌錢壹拾叁吊文整，其钱当交不欠。開渠打壩，栽樹打井，修房住占，一切由本主人自便。日后倘有蒙民人爭奪者，有達木欠同母一面承当。每年秋后出地祖钱八佰文。恐口無憑，立过祖合同约為証用。

大清光緒三十壹年十一月十九日　立

立过祖合同［約］……壹紙

中見人　張汗汗　十
孫受娃子　十
什金成

光59 光緒三十一年（一九〇五）達木欠同母出過與贾峩地過租約

立永遠過租约人達木欠同母，今過到雲社堡村東北洪水地一連〔一〕二塊，係
東西畛，東至渠，西至路，南至顧銀德尔，北至楊拴娃，四至分明，情愿
出过與贾峩名下永遠耕種為業。同人言明，現使过租陸捌錢
壹拾叁吊文整，其錢当交不欠。開渠打覇(壩)、栽樹打井、修吕柱(理住)占，
一印(應)由錢主自便。日后，倘有蒙民人争奪者，有達木欠同母一面
承当。每年秋后出地租〔三〕錢八佰文。恐口無憑，立过租合同约為証用。
大清 光绪〔二〕 三十壹年 十二月 十九日 立
張汗汗
立过租合同約 執一張〔三〕。 中見人孫受娃子
什 全书

注釋

〔一〕「一連」二字原在行間。

〔二〕「大清」和「光绪」兩詞中間有一朱色印跡。

〔三〕該行文字只存左半部分。

附表

編　號	光 59
題　名	光緒三十一年（一九〇五）達木欠同母過與贾義地過租約
類　別	出過洪水地過租約
尺　寸	29.5×29 釐米
保存狀態	部分殘缺，文字有缺損
原編號	101
紅白契	白契
立約者	達木欠同母
理　由	無
承過者	贾義
出過者	達木欠同母
承當者	達木欠同母
地點坐落及四至	雲社堡村東北：東至渠，西至路，南至顧銀德尔，北至楊拴娃
面　積	洪水地一連二塊，係東西畛
用　途	永遠耕種為業，開渠打壩、栽樹打井、修理住占，一應由錢主自便
過租錢	陸捌錢壹拾叁吊文整，其錢当交不欠
地租錢	每年秋后出十三錢八佰文
年　限	永遠
印　章	無，但約中有一朱色印跡
稅　票	無
文　字	漢
中見人	張汗汗、孫受娃子、什全
書　人	什全
立約日期	大清光绪三十壹年十二月十九日
附　注	

光
60

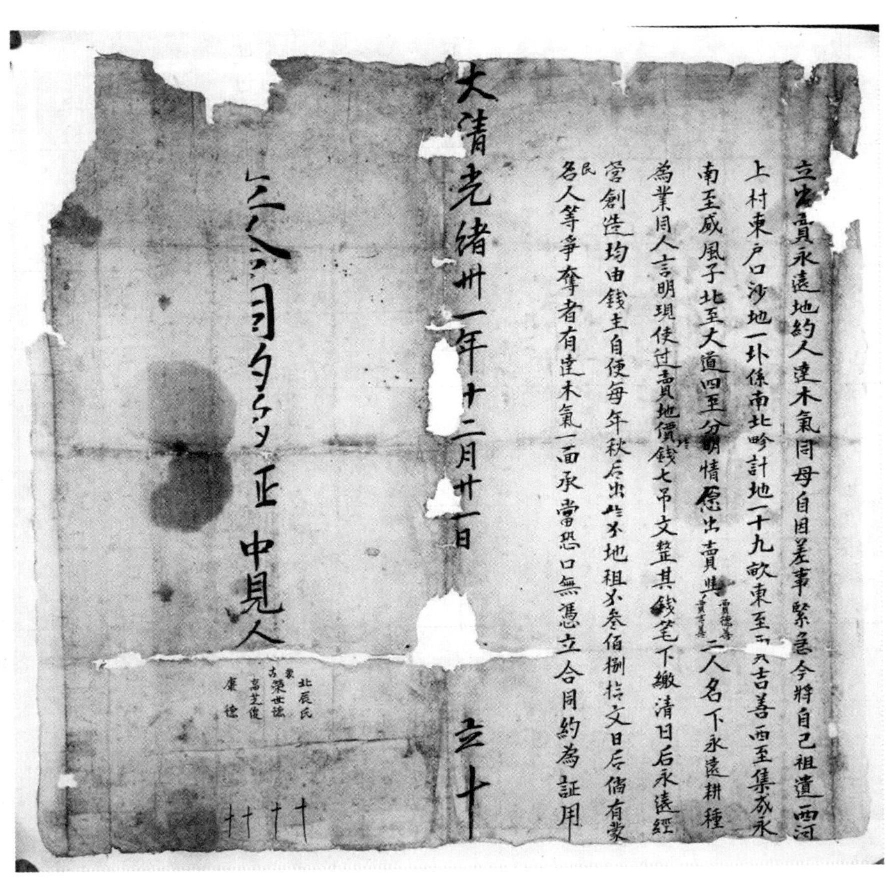

立出賣永遠地約人達木氣同母自因差事緊急今將自己祖遺西河
上村東户口沙地一坵係南北畛計地一十九畝東至□吉善西至集成永
南至威風子北至大道四至分明情願出賣與賈德善、賈吉善二人名下永遠耕種
為業同人言明現使過賣地價錢七吊文整其錢筆下繳清日后永遠經
營創造均由錢主自便每年秋后出此地租錢叁佰捌拾文日后倘有蒙民
各人等爭奪者有達木氣一面承當恐口無憑立合同約為証用

大清光緒卅一年十二月廿一日　立十

中見人　北辰氏　蒙古梁世□　高芝俊　康德　十　十　十

光60　光緒三十一年（一九〇五）達木氣同母賣與賈德善、賈吉善地約

立出賣永遠地約人達木氣同母，自因差事緊急，今將自己祖遺西河

上村東户口沙地一塊，係南北畛，計地一十九畝，東至賈吉善，西至集成永，

南至威風子，北至大道，四至分明，情愿出賣與賈德善賈吉善二人名下永遠耕種

為業。同人言明，現使过賣地價〦三[一]錢七吊文整，其錢筆下繳清，日后永遠經

營創造均由錢主自便，每年秋后出〦三錢地租錢叁佰捌拾文。日后，倘有蒙

民[二]人等爭奪者，有達木氣一面承當。恐口無憑，立合同約為証用。

大清光绪卅一年十二月廿一日　　　　立十

立合同約為証[三]。　中見人

北辰氏十

古蒙榮世德十

高芝俊十

康德十

注釋

〔一〕「銀」字原在行間。

〔二〕「民」字原在行間，以及正行「名」字右側，當是對「名」的更正。

〔三〕該行文字只存右半部分。

編　　號	光 60
題　　名	光緒三十一年（一九〇五）達木氣同母賣與賈德善、賈吉善地約
類　　別	出賣沙地約
尺　　寸	56 × 55 釐米
保存狀態	有破損，文字基本完整
原 編 號	102
紅 白 契	白契
立 約 者	達木氣同母
理　　由	差事緊急
承 買 者	賈德善、賈吉善
出 賣 者	達木氣同母
承 當 者	達木氣
地點坐落及四至	西河上村東：東至賈吉善，西至集成永，南至威風子，北至大道
面　　積	祖遺户口沙地一塊，係南北畛，計地一十九畝
用　　途	永遠耕種為業，日后永遠經營創造均由錢主自便
賣 地 價	亠亖錢七吊文整，其錢筆下繳清
地 租 錢	每年秋后出亠亖錢叁佰捌拾文
年　　限	永遠
印　　章	無
稅　　票	無
文　　字	漢
中 見 人	北辰氏、蒙古榮世德、高芝俊、康德
書　　人	無
立約日期	大清光绪卅一年十二月廿一日
附　　注	

光61

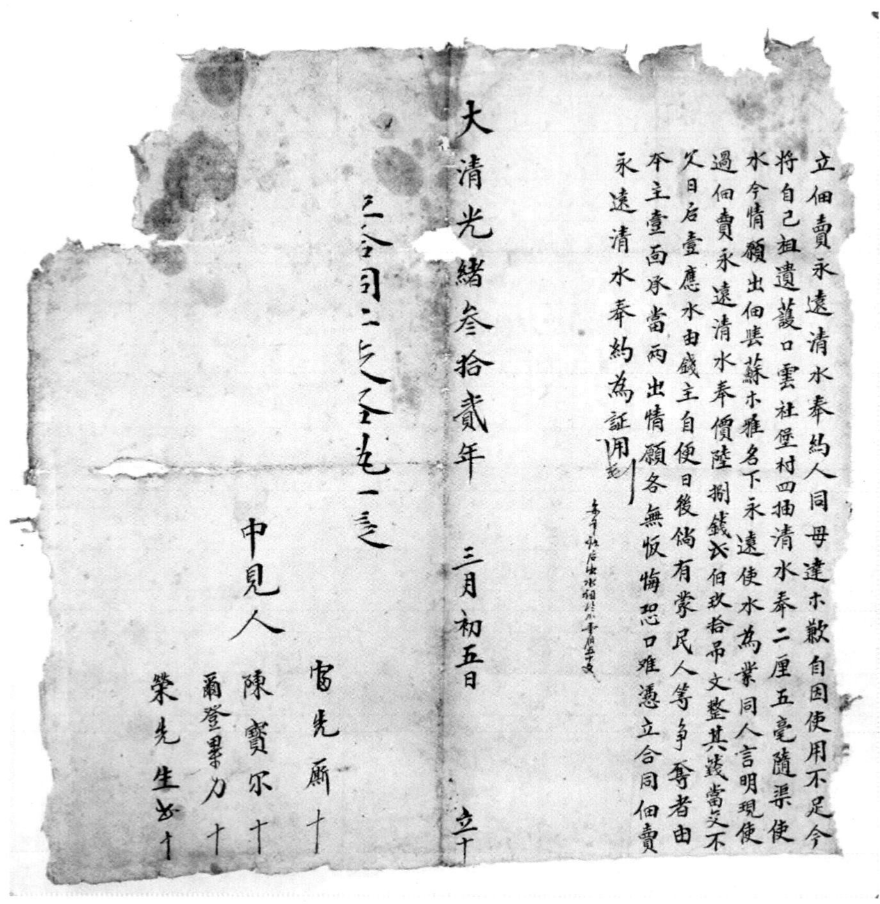

立佃賣永遠清水奉約人同毋達亦歎，自因使用不足，今將自己祖遺護口雲社堡村四插清水奉二厘五毫，隨渠使水，今情願出佃與蘇木雅名下永遠使水為業。同人言明，現使過佃賣永遠清水奉價陸捌錢弍伯玖拾吊文整，其錢當交不欠。日后壹應水由錢主自便。日後倘有蒙民人等爭奪者，由本主壹面承當。兩出情願，各無反悔。恐口难憑，立合同佃賣永遠清水奉約為証用。

每年秋后出水租[illegible]五十文

立合同二張人各執一張

大清光緒叁拾貳年三月初五日　立十

中見人　雷先厮十　陳寶尔十　爾登畢力十　榮先生如十

光61　光緒三十二年（一九〇六）同母達木歎佃賣與蘇木雅清水奉約

立佃賣永遠清水奉約人同母達木歎，自因使用不足，今
將自己祖遺護（户）口雲社堡村四抽清水奉二厘五毫隨渠使
水，今情願出佃與蘇木雅名下永遠使水為業。同人言明，現使
過佃賣永遠清水奉價陸捌錢弍佰玖拾吊文整，其錢當交不
欠，日后壹應水由錢主自便。日後，倘有蒙民人等争奪者，由
本主壹面承當。两出情願，各無⿰忄反（反）悔。恐口难憑，立合同佃賣
永遠清水奉約為証用。
每年秋后出水租⊥〣錢壹佰五十文。
大清光緒叁拾貳年　三月　初五日　立十
立合同二張，各執一張[一]。
富先厮十
中見人　陳寶尔十
爾登畢力十
榮先生书十

注釋

〔一〕該行文字只存右半部分。

編　號	光61
題　名	光緒三十二年（一九〇六）同母達木歎佃賣與蘇木雅清水奉約
類　別	佃賣清水奉約
尺　寸	51.3×52.1 釐米
保存狀態	有破損，文字基本完整
原編號	103
紅白契	白契
立約者	同母達木歎
理　由	使用不足
承買者	蘇木雅
佃賣者	同母達木歎
承當者	本主
地點坐落	雲社堡村
數　量	祖遺户口四抽清水奉二厘五毫隨渠使水
用　途	永遠使水為業，日后壹應水由錢主自便
佃賣價	陸捌錢式佰玖拾吊文整，其錢當交不欠
水租錢	每年秋后出一三錢壹佰五十文
年　限	永遠
印　章	無
稅　票	無
文　字	漢
中見人	富先厮、陳寶尔、爾登畢力、榮先生
書　人	榮先生
立約日期	大清光緒叁拾貳年三月初五日
附　注	

光62

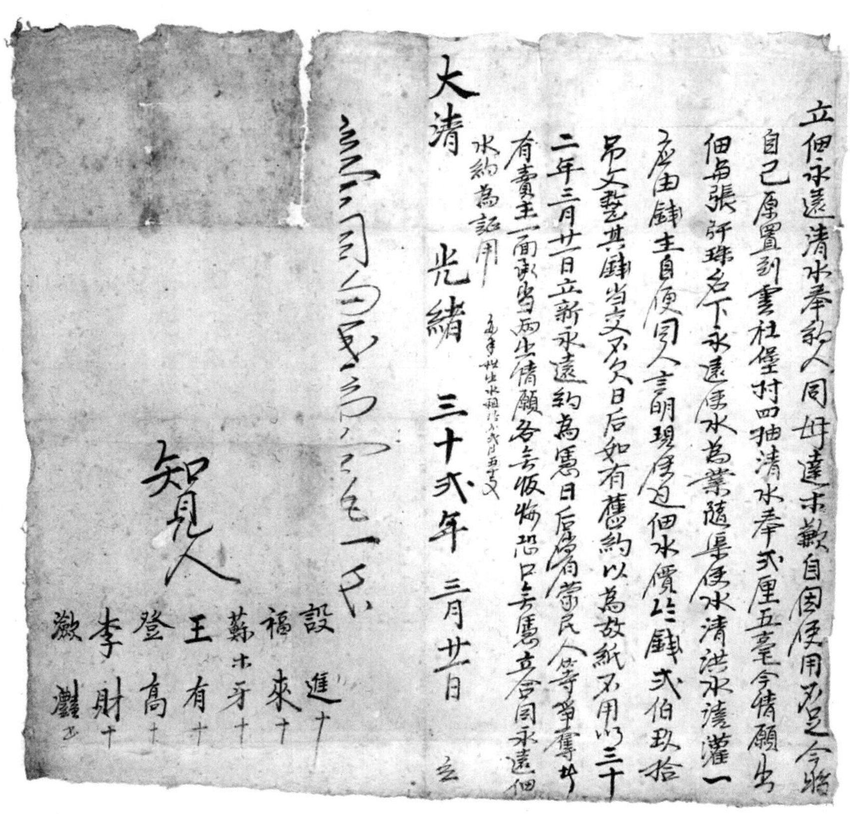

立佃永遠清水香約人同姆達末歡自因使用不足今將
自己原置到雲杜堡村四抽清水香式厘五毫今情願出
佃與張軒珠名下永遠使水為業隨渠使水清洪水澆灌一
應由錢主自便同人言明現使過佃水價共錢式伯玖拾
吊文整其錢当交不欠日后如有舊約以為故紙不用以三十
二年三月廿日立新永遠約為憑日后倘有蒙民人等爭奪於
有賣主一面承當兩出情願各無反悔恐口無憑立合同永遠佃
水約為証用

大清光緒三十式年三月廿日 立

知見人
設進十
福來十
蘇木牙十
王有十
登高十
李財十

光62　光緒三十二年（一九〇六）同母達木歎出佃與張玗珠清水約

立佃永遠清水奉約人同母達木歎，自因使用不足，今將自己原置到雲社堡村四抽清水奉弍厘五毫，今情願出佃與張玗珠名下永遠使水為業。隨渠使水、清洪水澆灌，一应由錢主自便。同人言明，現使过佃水價[三]錢弍佰玖拾吊文整，其錢当交不欠。日后如有舊約，以為故紙不用，以三十二年三月廿一日立新永遠約為憑。日后，倘有蒙民人等爭奪者，有賣主一面承当，两出情願，各無恢(反)悔。恐口無憑，立合同永遠佃水約為証用。　每年秋出水租[三]錢弍百五十文。

大清　光緒　三十弍年　三月廿一日　立

立合同約貳紙，各執一張[一]。

知見人　設進十　福來十　蘇木牙十　王有十　登高十　李財十

注釋

〔一〕該行文字只存右半部分。

附表

編　　號	光 62
題　　名	光緒三十二年（一九〇六）同母達木歡出佃與張玡珠清水約
類　　別	出佃清水約
尺　　寸	44×42.7 釐米
保存狀態	稍有破損，文字完整
原 編 號	104
紅 白 契	白契
立 約 者	同母達木歡
理　　由	使用不足
承 佃 者	張玡珠
出 佃 者	同母達木歡
承 當 者	賣主
地點坐落	雲社堡村
數　　量	四抽清水奉弍厘五毫
用　　途	永遠使水為業，隨渠使水、清洪水澆灌，一應由錢主自便
佃 水 價	亠亖錢弍佰玖拾吊文整，其錢当交不欠
水 租 錢	每年秋出亠亖錢弍百五十文
年　　限	永遠
印　　章	無
稅　　票	無
文　　字	漢
知 見 人	設進、福來、蘇木牙、王有、登高、李財、潋灩
書　　人	潋灩
立約日期	大清光緒三十弍年三月廿一日
附　　注	

光
63

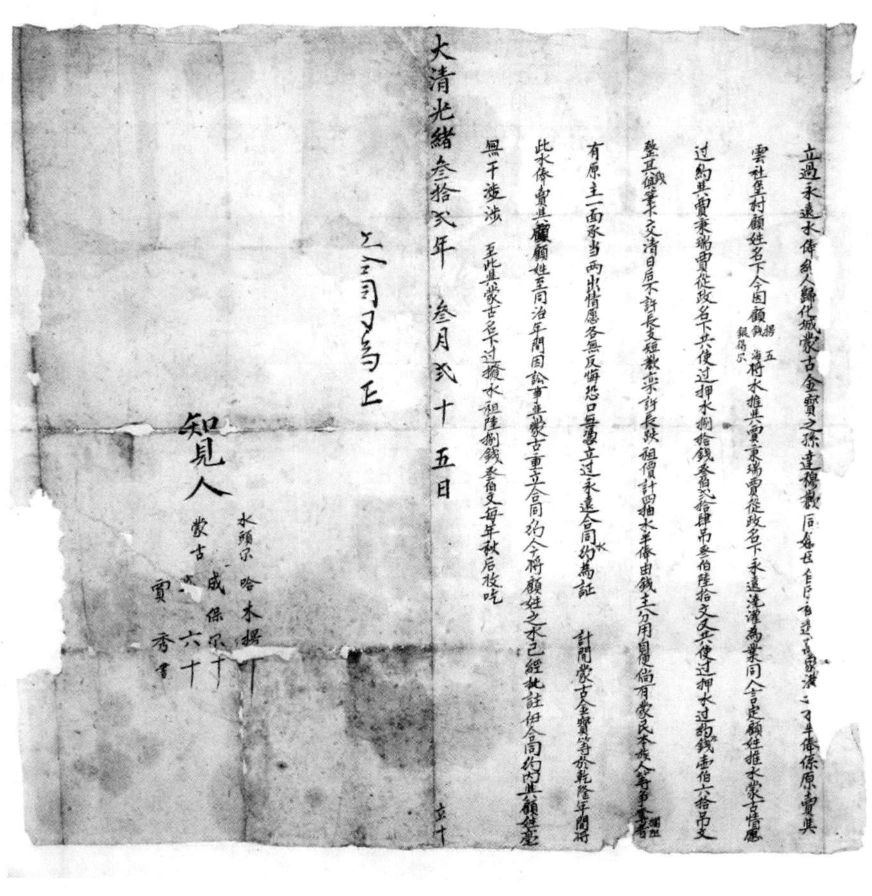
立過永遠水倖約人歸化城蒙古金寶之孫達穆散后各旺合叱南達爾慶濟二丁半倖係原賣與
雲社堡村顧姓名下今因顧錢揚五海銀爾將水推與賈秉瑞賈從政名下永遠澆灌為業同人言定顧姓推水蒙古情愿
过約與賈秉瑞賈從政名下共使过押水捌拾錢叁佰弍拾肆吊叁佰陸拾文又共使过押水过約錢壹佰六拾吊文
整其錢筆下交清日后不許長支短欠亦許長歧租價計四抽水半倖由錢主分用自便倘有蒙民本族人等争奪者攔阻
有原主一面承当兩出情愿各無反悔恐口無憑立过永遠水合同約為証　計開蒙古金寶等於乾隆年間將
此水倖賣與顧姓至同治年間因訟事與蒙古重立合同約今將顧姓之水已經批註伊合同約內與顧姓毫
無干涉　至此與蒙古名下过攬水租陸捌錢叁佰文每年秋后收吃
大清光緒叁拾弍年　叁月　弍十　五日　立十
立合同了為正
知見人　水頭爾　哈木揚十
蒙古　成保爾十
六十
賈秀書

光63　光緒三十二年（一九〇六）達穆歎同孀母過與賈秉瑞、賈從政水俸約

該合同約提到所過水俸原賣與顧姓，具體內容見同10《同治十年（一八七一）蒙古金寶、金印同母與顧姓重立賣房地約》。

立過永遠水奉約人歸化城蒙古金寶之孫達穆歎同孀母，自因祖遺萬家溝□水半俸，係原賣與雲社堡村顧姓名下，今因顧（楞五、錢海、銀得尔）將水推與賈秉瑞、賈從政名下永遠澆灌為業。同人言定，顧姓推水，蒙古情愿过約與賈秉瑞、賈從政名下，共使过押水捌拾錢叁佰弍拾肆吊叁佰陸拾文，又共使过押水过約三上[一]錢壹佰六拾吊文整，其錢[二]俱筆下交清。日后不許長支短歉（欠），亦不許長跌。租價計四抽水半俸，由錢主分用自便。倘有蒙民本族人等争奪攔阻[三]者，有原主一面承当。两出情愿，各無反悔。恐口無憑，立过永遠合同水[四]約為証。計開蒙古金寶等於乾隆年間將此水俸賣與顧[五]姓，至同治年間，因訟事與蒙古重立合同約，今將顧姓之水已經批註伊合同约內，與顧姓毫無干涉[六]。至此與蒙古名下过撥水租陸捌錢叁佰文，每年秋后收吃。

大清光緒叁拾弍年　叁月弍十五日　立十

立合同約為証[七]。

水頭尔　哈木楞十

成保尔十

知見人　蒙古　□六十

賈秀書

注釋

〔一〕「銀」字原在行間。

〔二〕「錢」字原在行間。

〔三〕「攔阻」二字原在行間。

〔四〕「水」字原在行間。

〔五〕「顧」字上方原有一字被抹去，該字由「買」塗改成「顧」字。

〔六〕「涉」字上方原有一「涉」字被塗抹掉。

〔七〕該行文字只存右半部分。

編　　號	光 63
題　　名	光緒三十二年（一九〇六）達穆歎同孀母過與賈秉瑞、賈從政水俸約
類　　別	出過水俸約
尺　　寸	54×52.5 釐米
保存狀態	部分殘缺，文字有缺損
原 編 號	105
紅 白 契	白契
立 約 者	蒙古金寶之孫達穆歎同孀母
理　　由	係原賣與雲社堡村顧姓名下，今因顧楞五、顧錢海、顧銀得尔將水推與賈秉瑞、賈從政名下永遠澆灌為業
承 過 者	賈秉瑞、賈從政
出 過 者	蒙古
承 當 者	原主
地點坐落	雲社堡村
數　　量	祖遺四抽水半俸
用　　途	永遠澆灌為業
押 水 錢	捌拾錢叁佰弍拾肆吊叁佰陸拾文，其錢筆下交清
押水過約錢	𠆢亖錢壹佰六拾吊文整，其錢筆下交清
水 租 錢	陸捌錢叁佰文，每年秋后收吃
年　　限	永遠
印　　章	無
稅　　票	無
文　　字	漢
知 見 人	水頭尔哈木楞，蒙古成保尔、蒙古□六、賈秀
書　　人	賈秀
立約日期	大清光緒叁拾弍年叁月弍十五日
附　　注	

附表

光
64

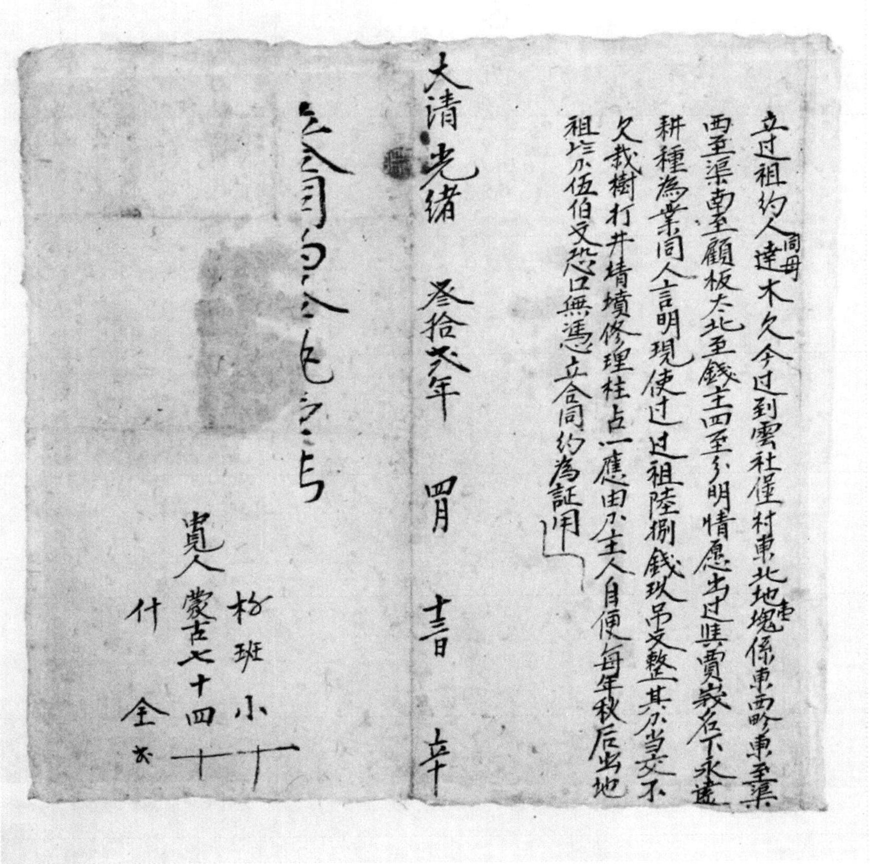
立过祖約人同母達木欠今过到雲社堡村東北地壹塊係東西畛東至渠
西至渠南至顧板太北至錢主四至分明情愿出过與賈家名下永遠
耕種為業同人言明現使过祖陸捌錢玖吊文整其錢当交不
欠栽樹打井掯墳修理柱占一應由錢主人自便每年秋后出地
租子錢伍伯文恐口無憑立合同約為証用

大清光緒叁拾六年四月十三日立

立合同約為証

中見人 杨班小 十
蒙古七十四 十
什全 [illegible]

光64 光緒三十二年（一九〇六）同母達木欠過租與賈峩地約

立过租约人同母〔一〕達木欠，今过到雲社堡村東北地壹〔二〕塊，係東西畛，東至渠，西至渠，南至顧板太，北至錢主，四至分明，情愿出过與賈峩名下永遠耕種為業。同人言明，現使过过租陸捌錢玖吊文整，其錢当交不欠。栽樹打井、堉墳、修理柱（住）占，一應由錢主人自便。每年秋后出地租⊥三錢伍佰文，恐口無憑，立合同约為証用。

大清 光绪〔三〕 叁拾弍年 四月 十三日 立十

立合同約，各執壹張〔四〕。

楊班小 十

中見人蒙古七十四 十

什 全书

注釋

〔一〕「同母」二字原在行間。

〔二〕「壹」字原在行間。

〔三〕「光」字左側有一朱色印跡。

〔四〕該行文字只存右半部分。

附表

編　號	光 64
題　名	光緒三十二年（一九〇六）同母達木欠過租與賈義地約
類　別	出過地過租約
尺　寸	30 × 30 釐米
保存狀態	完整
原編號	106
紅白契	白契
立約者	同母達木欠
理　由	無
承過者	賈義
出過者	同母達木欠
承當者	無
地點坐落及四至	雲社堡村東北：東至渠，西至渠，南至顧板太，北至錢主
面　積	地壹塊，係東西畛
用　途	永遠耕種為業，栽樹打井、堉墳，修理住占，一應由錢主人自便
過租錢	陸捌錢玖吊文整，其錢当交不欠
地租錢	每年秋后出亠亖錢伍佰文
年　限	無
印　章	無，但有一朱色印跡
稅　票	無
文　字	漢
中見人	楊班小、蒙古七十四、什全
書　人	什全
立約日期	大清光绪叁拾式年四月十三日
附　注	

光65

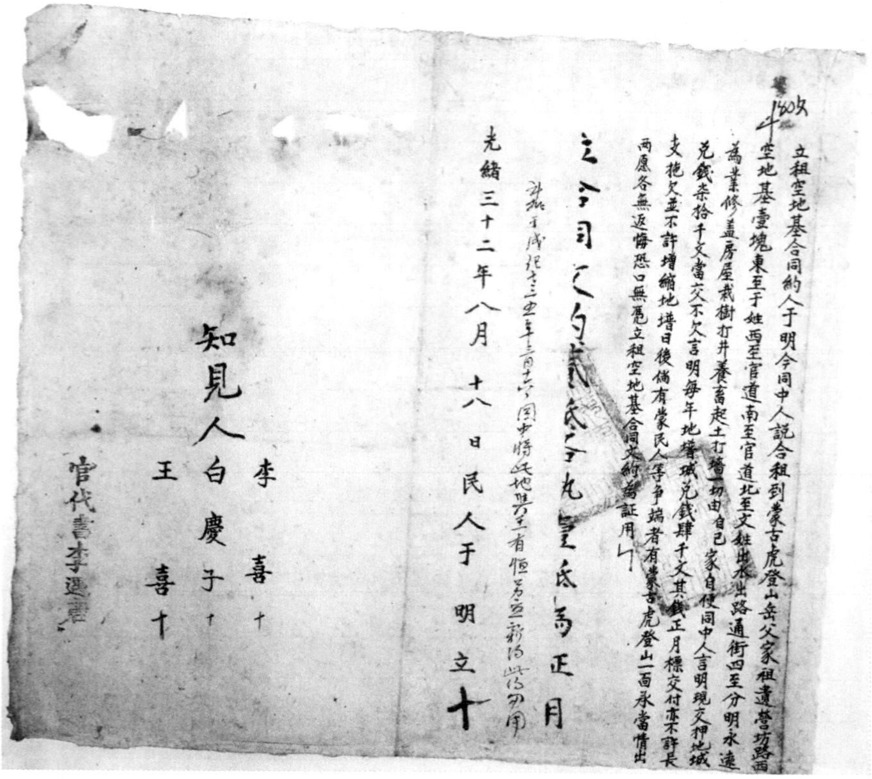

立租空地基合同約人于明，今同中人説合，租到蒙古虎登山岳父家祖遺營坊路西

空地基壹塊，東至于姓，西至官道，南至官道，北至文姓，出水出路通街，四至分明，永遠

為業，修蓋房屋，栽樹打井，養畜起土打墻，一切由自己家自便。同中人言明，現交押地城

兑錢柒拾千文，當交不欠。又言明每年地增城兑錢肆千文，其錢正月標交付，亦不許長

支拖欠，並不許增縮地增。日後倘有蒙民人等爭端者，有蒙古虎登山一面承當。情出

兩愿，各無返悔。恐口無憑，立租空地基合同文約為証用。

[illegible]

光緒三十二年八月十八日　民人于明立十

知見人　李喜十　白慶子十　王喜十

官代書李選書

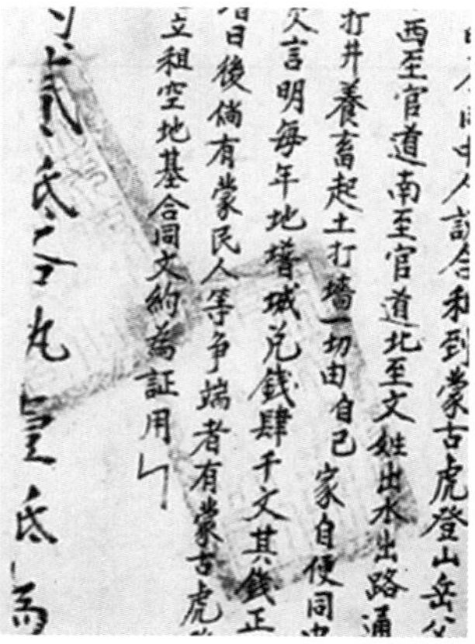

…人同中人説合租到蒙古虎登山岳父

西至官道南至官道北至文姓出水出路通

打井養畜起土打墻一切由自己家自便同中

又言明每年地增城兑錢肆千文其錢正

增日後倘有蒙民人等爭端者有蒙古虎登

立租空地基合同文約為証用

1－2

光緒三十二年（一九〇六）于明租到蒙古虎登山岳父家空地基合同約

該合同約鈐有兩方朱印（1—2），印文為「歸綏縣知事之寶印」。

立租空地基合同約人于明，今同中人說合，租到蒙古虎登山岳父家祖遺營坊路西

驗字千δ0文號[一]

空地基壹塊。東至于姓，西至官道，南至官道，北至文姓，出水出路通街，四至分明，永遠

為業。修盖房屋、栽樹打井、养畜、起土打墻，一切由自己[二]家自便。同中人言明，現交押地城

兑錢柒拾千文，當交不欠。言明每年地增城兑錢肆千文，其錢正月標交付，亦不許長

支拖欠，並不許增縮地增。日後，倘有蒙民人等争端者，有蒙古虎登山一面承當。情出

兩愿，各無返悔。恐口無憑，立租空地基合同文約為証用。

立合同文約貳紙，各執壹紙為証用[三]。

计批于成纪七三五年三月十号，同中将此地與王有恒，另立新约，此约勿用[四]。

光緒三十二年八月十八日民人于明立十

知見人 李喜十
白慶子十
王喜十

13

官代書李遇唐〔五〕

注釋

〔一〕該處「驗字號」三字為朱色。

〔二〕「自己」二字原偏於正行，幾在行間。

〔三〕該行文字只存右半部分。

〔四〕由字跡及句意可知該行文字為後來寫入。

〔五〕該行文字非手寫，為章印文字。

附表

編　號	光 65
題　名	光緒三十二年（一九〇六）于明租到蒙古虎登山岳父家空地基合同約
類　別	租到空地基合同約
尺　寸	46×43.2 釐米
保存狀態	有破損，文字完整
原編號	107
紅白契	紅契
立約者	于明
理　由	無
承租者	于明
出租者	蒙古虎登山岳父家
承當者	蒙古虎登山
地點坐落及四至	營坊路西：東至于姓，西至官道，南至官道，北至文姓，出水出路通街
面　積	祖遺空地基壹塊
用　途	永遠為業，修盖房屋、栽樹打井、养畜、起土打墻，一切由自己家自便
押地錢	城兑錢柒拾千文，當交不欠
地增錢	每年城兑錢肆千文，其錢正月標交付
年　限	無
印　章	朱印兩方
税　票	無
文　字	漢
知見人	李喜、白慶子、王喜
官代書	李遇唐
立約日期	光緒三十二年八月十八日
附　注	计批于成纪七三五年三月十一日，同中将此地與王有恒，另立新约，此约勿用

光66

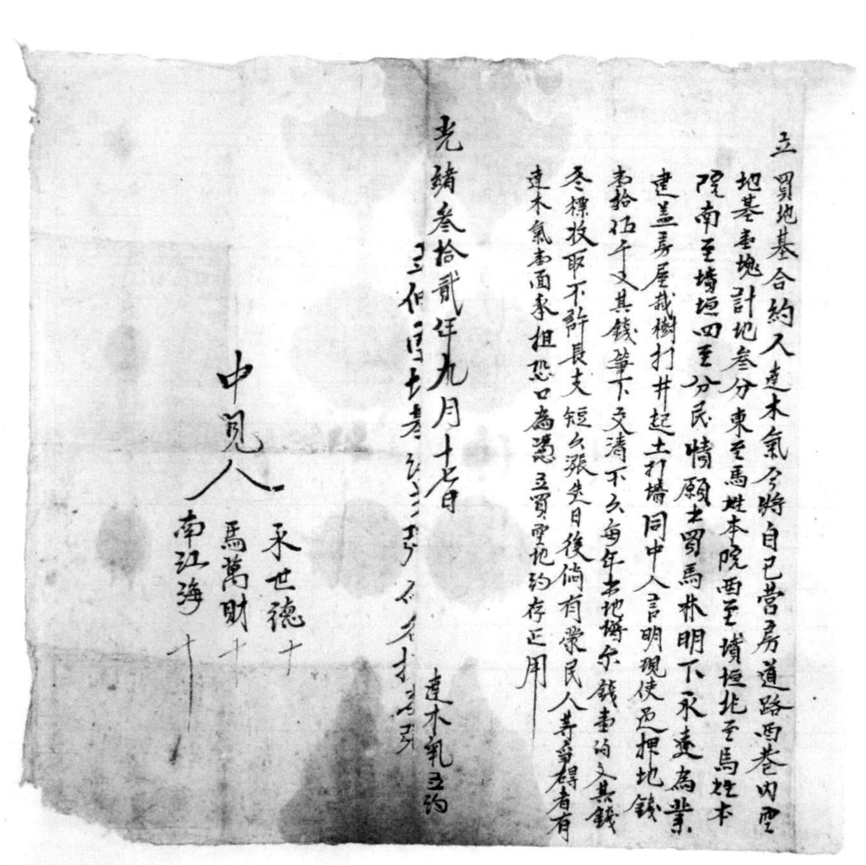

立買地基合約人達木氣今將自己營房道路西巷內空地基壹塊，計地叁分，東至馬姓本院，西至墳垣，北至馬姓本院，南至墻垣，四至分民。情願出賣馬林明下永遠為業，建蓋房屋、栽樹打井、起土打墻。同中人言明，現使過押地錢壹拾伍千文，其錢筆下交清不欠。每年出地增錢壹佰文，其錢冬標收取，不許長支短欠漲失。日後倘有蒙民人等爭碍者，有達木氣壹面承担。恐口無憑，立買地約存照用。

光緒叁拾貳年九月十七日　　達木氣立約

中見人　禾世德十　馬萬財十　南江海十

光66　光緒三十二年（一九〇六）達木氣賣與馬林空地基合約

1 立買(賣)地基合約人達木氣，今將自己營房道路西巷内空
2 地基壹塊，計地叁分，東至馬姓本院，西至墳垣，北至馬姓本
3 院，南至墳垣，四至分民(明)，情願出買(賣)馬林明(名)下永遠為業，
4 建盖房屋、栽樹打井、起土打墻。同中人言明，現使過押地錢
5 壹拾伍千文，其錢筆下交清不欠。每年出地増尔錢壹佰文，其錢
6 冬標收取，不許長支短欠、漲迭(跌)。日後，倘有蒙民人等爭碍者，有
7 達木氣一面承担。恐口(無)為憑，立買(賣)空地約存正(證)用。

8 光緒叁拾貳年九月十七日　達木氣立約
9 立佃空地基约弍張，□各执壹張[一]。
10 　　　　永世德十
11 中見人　馬萬財十
12 　　　　南江海十

注釋

[一] 該行文字只存左半部分。

附表

編　　號	光66
題　　名	光緒三十二年（一九〇六）達木氣賣與馬林空地基合約
類　　別	賣空地基約
尺　　寸	47×46.8釐米
保存狀態	完整
原編號	108
紅白契	白契
立約者	達木氣
理　　由	無
承買者	馬林
出賣者	達木氣
承當者	達木氣
地點坐落及四至	營房道路西巷内：東至馬姓本院，西至墳垣，北至馬姓本院，南至墳垣
面　　積	空地基壹塊，計地叁分
用　　途	永遠為業，建盖房屋、栽樹打井、起土打墻
押地錢	壹拾伍千文，其錢筆下交清不欠
地增尔	每年出壹佰文，其錢冬標收取
年　　限	無
印　　章	無
税　　票	無
文　　字	漢
中見人	永世德、馬萬財、南江海
書　　人	無
立約日期	光緒叁拾貳年九月十七日
附　　注	

光67

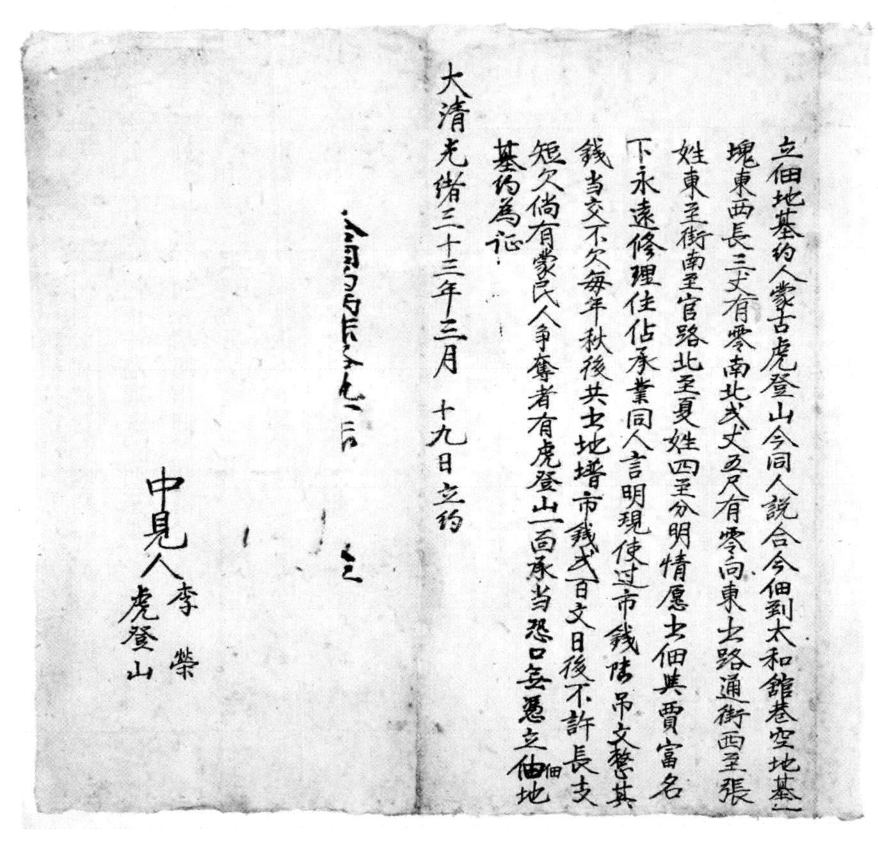

立佃地基約人蒙古虎登山今同人説合今佃到太和館巷空地基一塊東西長三丈有零南北弍丈五尺有零向東出路通街西至張姓東至街南至官路北至夏姓四至分明情愿出佃與賈富名下永遠修理住佔承業同人言明現使过市錢陸吊文整其錢当交不欠每年秋後共出地增市錢弍百文日後不許長支短欠倘有蒙民人爭奪者有虎登山一面承当恐口無憑立佃地基約為証

大清光緒三十三年三月　十九日立約

中見人　李　榮
　　　　虎登山

光67 光緒三十三年（一九〇七）蒙古虎登山出佃與賈富地基約

立佃地基约人蒙古虎登山，今同人說合，今佃到太和館巷空地基一
塊。東西長三丈有零，南北弍丈五尺有零，向東出路通街，西至張
姓，東至街，南至官路，北至夏姓，四至分明。情愿出佃與賈富名
下永遠修理住佔承業。同人言明，現使过市錢陆吊文整，其
錢当交不欠。每年秋後共出地增市錢弍百文，日後不許長支
短欠。倘有蒙民人争奪者，有虎登山一面承当。恐口無憑，立佃（佃）〔一〕地
基約為证。

大清光緒三十三年三月　十九日立约

合同約兩張，各执一張　□〔二〕

中見人　李榮
　　　　虎登山

注釋

〔一〕「佃」字原在行間，位於「佃」字右側。「佃」字有塗改，「佃」應是對「佃」字的更改。

〔二〕該行文字只存右半部分。

附表

編　　號	光 67
題　　名	光緒三十三年（一九〇七）蒙古虎登山出佃與賈富地基約
類　　別	出佃地基約
尺　　寸	47 ×46. 5 釐米
保存狀態	完整
原 編 號	109
紅 白 契	白契
立 約 者	蒙古虎登山
理　　由	無
承 佃 者	賈富
出 佃 者	蒙古虎登山
承 當 者	虎登山
地點坐落及四至	太和館巷：向東出路通街，西至張姓，東至街，南至官路，北至夏姓
面　　積	空地基一塊：東西長三丈有零，南北弍丈五尺有零
用　　途	永遠修理住佔承業
佃 地 價	市錢陆吊文整，其錢当交不欠
地 增 錢	每年秋後共出市錢弍百文
年　　限	無
印　　章	無
稅　　票	無
文　　字	漢
中 見 人	李榮、虎登山
書　　人	無
立約日期	大清光绪三十三年三月十九日
附　　注	

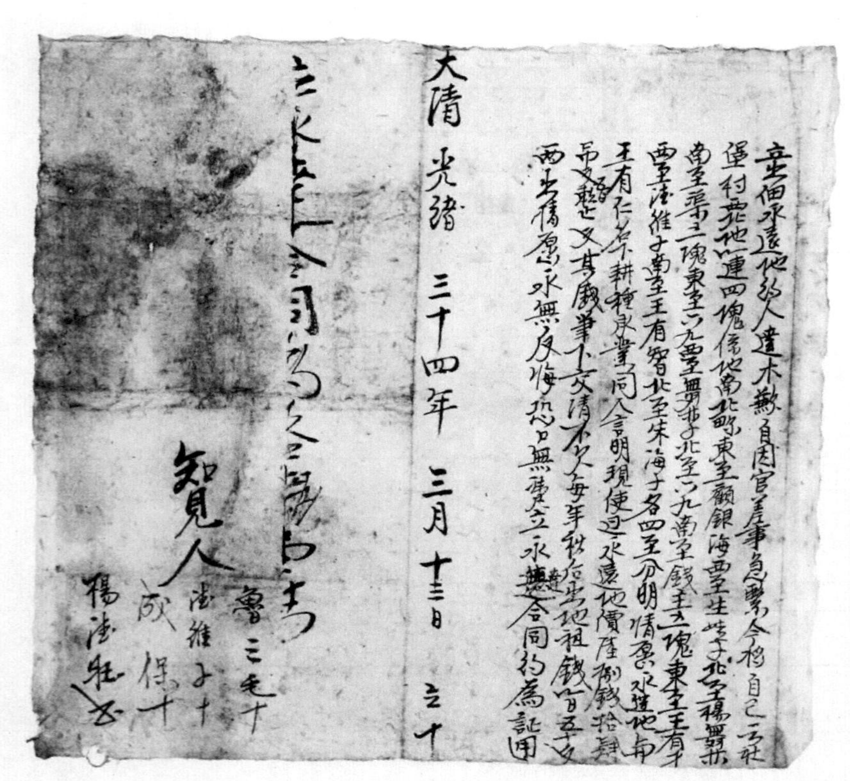

立佃永遠地約人達木歡，自因官差事急緊，今將自己云社堡村西北地一連四塊，係地南北畛，東至顧銀海，西至生娃子，北至楊[illegible]，南至渠；第二塊東至六九，西至[illegible]，北至六九，南至錢王；第三塊東至王有才，西至法維子，南至王有智，北至朱海子，各四至分明，情愿永遠佃地與王有仁名下耕種承業。同人言明，現使過永遠地價壓地錢拾肆吊文整，其錢筆下交清不欠，每年秋後出地租錢四百五十文，兩出情愿，永無反悔，恐口無憑，立永遠合同約為証用。

大清光緒三十四年三月十三日　立十

立永遠合同約二張各執一張

知見人　曾三毛十　法維子十　成保十

楊法旺書

光68 光緒三十四年（一九〇八）達木歎出佃與王有仁地約

立出佃永遠地约人達木歎，自因官差事急緊，今將自己云社
堡村西北地一連四塊，係地南北畛，東至顧銀海，西至生娃子，北至楊舞林，
南至渠；五塊東至六九，西至舞林子，北至六九，南至錢主；五塊東至王有才，
西至德维子，南至王有智，北至朱海子，各四至分明，情愿永遠地與
王有仁名下耕種承業。同人言明，現使过永遠地價陸捌錢拾肆
吊五百〔一〕文整文，其錢筆下交清不欠。每年秋后出地租錢一百五十文。
两出情愿，永無反悔。恐口無憑，立永達（遠）〔二〕合同约為証用。
大清　光绪　三十四年　三月　十三日　立十
立永遠合同約，各執壹張〔三〕。
魯三毛十
知見人　德维子十
成　保十
楊德旺书

注釋

〔一〕「五百」二字或應補入「吊」字之下。

〔二〕「達」字原在行間，其左側正行中有被塗改抹去的「無」字。

〔三〕該行文字只存右半部分。

附表

編　號	光 68
題　名	光緒三十四年（一九〇八）達木歎出佃與王有仁地約
類　別	出佃地約
尺　寸	29.5×28 釐米
保存狀態	完整
原編號	110
紅白契	白契
立約者	達木歎
理　由	官差事急緊
承佃者	王有仁
出佃者	達木歎
承當者	無
地點坐落及四至	云社堡村西北，一連四塊，東至顧銀海，西至生娃子，北至楊舞林，南至渠；五塊東至六九，西至舞林子，北至六九，南至錢主；五塊東至王有才，西至德维子，南至王有智，北至朱海子
面　積	地一連四塊，係地南北畛，另有兩處五塊
用　途	耕種承業
地　價	陸捌錢拾肆吊五百文整文，其錢筆下交清不欠
地租錢	每年秋后出一百五十文
年　限	永遠
印　章	無
稅　票	無
文　字	漢
知見人	魯三毛、德维子、成保、楊德旺
書　人	楊德旺
立約日期	大清光绪三十四年三月十三日
附　注	

光69

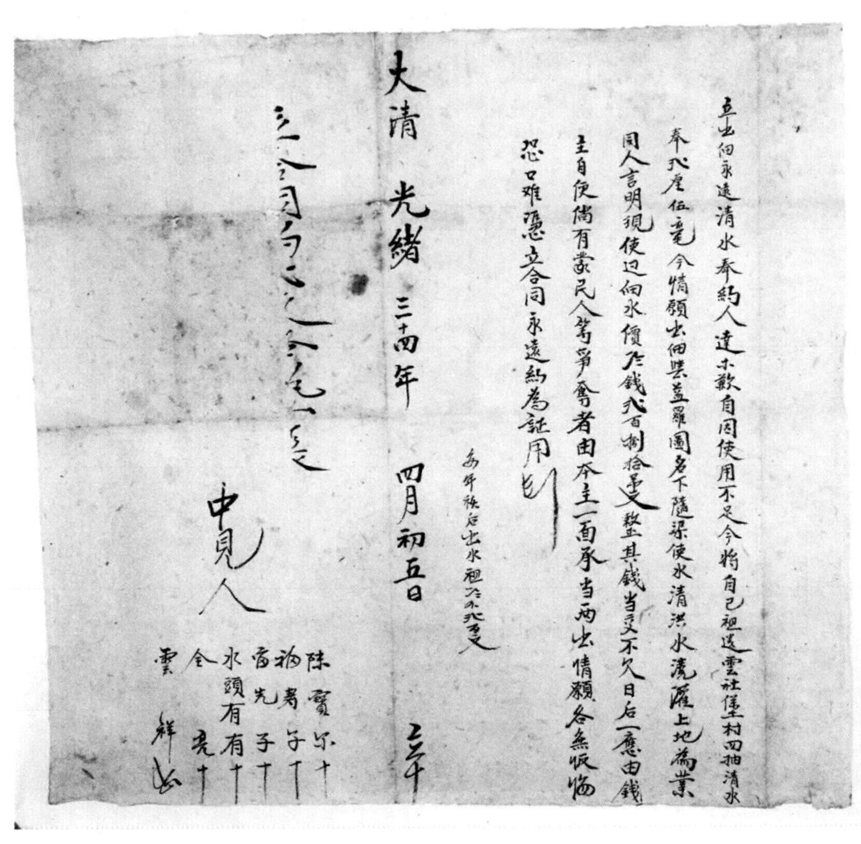

立出佃永遠清水奉約人達木歡自因使用不足今將自己祖遺雲社堡村田抽清水
奉弍厘伍毫今情願出佃與盖羅圖名下隨渠使水清洪水澆灌上地為業
同人言明現使过佃水價足錢弍百捌拾壹文整其錢当交不欠日后一應由錢
主自便倘有蒙民人等爭奪者由本主一面承当兩出情願各無返悔
恐口难憑立合同永遠約為証用

每年秋后出水租足錢弍百文

大清光緒三十四年四月初五日　立

中見人
陳寶珍十
祁壽年十
雷先子十
水頭有有十
全亮十
雲祥

光69　光緒三十四年（一九〇八）達木歉出佃與益羅圖清水奉約

立出佃永遠清水奉約人達木歉，自因使用不足，今將自己祖遺雲社堡村四抽清水
奉弍厘伍毫，今情願出佃與益羅圖名下隨渠使水、清洪水澆灌上（土）地為業。
同人言明，現使过佃水價⊥三錢弍百捌拾吊文整，其錢当交不欠，日后一應由錢
主自便。倘有蒙民人等爭奪者，由本主一面承当。两出情願，各無仮（反）悔。
恐口难憑，立合同永遠約為証用。
每年秋后出水租⊥三錢弍百文。
大清　光緒　三十四年　四月　初五日　立十
立合同約貳張，各執一張〔一〕。
陈寶尔十
福寿子十
富先子十
中見人　水頭有有十
全　亮十
雲　祥书

注釋

〔一〕該行文字只存右半部分。

編　號	光 69
題　名	光緒三十四年（一九〇八）達木歉出佃與益羅圖清水奉約
類　別	出佃清水奉約
尺　寸	46.3×45.8 釐米
保存狀態	完整
原編號	112
紅白契	白契
立約者	達木歉
理　由	使用不足
承佃者	益羅圖
出佃者	達木歉
承當者	本主
地點坐落	雲社堡村
數　量	四抽清水奉弍厘伍毫
用　途	隨渠使水，清洪水澆灌土地為業
佃水價	亠亖錢弍百捌拾吊文整，其錢当交不欠
水租錢	每年秋后出亠亖錢弍百文
年　限	永遠
印　章	無
稅　票	無
文　字	漢
中見人	陈寶尔、福寿子、富先子、水頭有有、全亮、雲祥
書　人	雲祥
立約日期	大清光緒三十四年四月初五日
附　注	

光
70

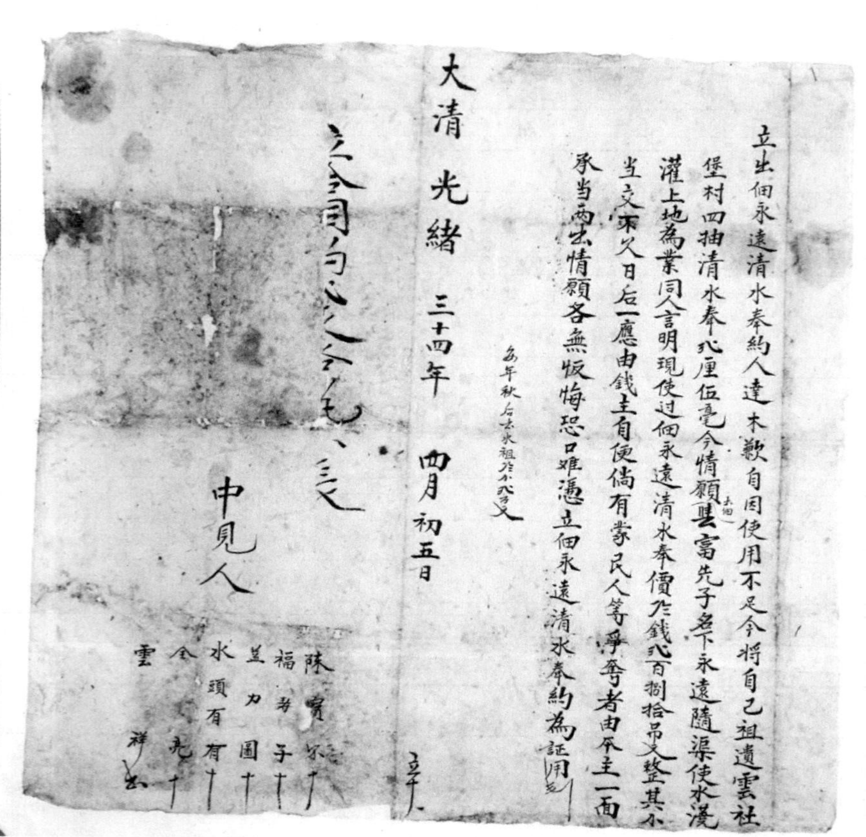
立出佃永遠清水奉約人達木歡，自因使用不足，今將自己祖遺雲社堡村四抽清水奉弍厘伍毫，今情願（出佃）與富先子名下永遠隨渠使水澆灌上地為業。同人言明，現使过佃永遠清水奉價作錢弍百捌拾吊文，整其錢當交不欠。日后一應由錢主自便，倘有蒙民人等爭奪者，由本主一面承当。两出情願，各無恨悔。恐口難憑，立佃永遠清水奉約為証用。

每年秋后出水租作小弍百文

大清光緒三十四年四月初五日 立

立合同約二分各執一

中見人
陳寶珎十
福壽子十
且力圖十
水頭有有十
全九十
雲祥

光70 光緒三十四年（一九〇八）達木歎出佃與富先子清水奉約

立出佃永遠清水奉約人達木歎，自因使用不足，今將自己祖遺雲社
堡村四抽清水奉弍厘伍毫，今情願出佃〔一〕與富先子名下永遠隨渠使水、澆
灌上（土）地為業。同人言明，現使过佃永遠清水奉價⊥三錢弍百捌拾吊文整，其錢
当交不欠。日后一應由錢主自便，倘有蒙民人等爭奪者，由本主一面
承当。两出情願，各無恢（反）悔。恐口难憑，立佃永遠清水奉約為証用。
每年秋后出水租⊥三錢弍百文。
大清　光緒　三十四年　四月　初五日　立十
立合同約貳張，各執一張〔二〕。　陈寶尔十
福寿子十
益力圖十
中見人　水頭有有十
全　亮十
雲　祥書

注釋

〔一〕「出佃」二字原在行間，附有表示增補插入的畫綫。

〔二〕該行文字只存右半部分。

編　號	光 70
題　名	光緒三十四年（一九〇八）達木歎出佃與富先子清水奉約
類　別	出佃清水奉約
尺　寸	45.8×45.8 釐米
保存狀態	完整
原編號	111
紅白契	白契
立約者	達木歎
理　由	使用不足
承佃者	富先子
出佃者	達木歎
承當者	本主
地點坐落	雲社堡村
數　量	祖遺四抽清水奉弍厘伍毫
用　途	隨渠使水、澆灌土地為業
清水奉價	𠆢亖錢弍百捌拾吊文整，其錢当交不欠
水租錢	每年秋后出𠆢亖錢弍百文
年　限	永遠
印　章	無
稅　票	無
文　字	漢
中見人	陈寶尔、福寿子、益力圖、水頭有有、全亮、雲祥
書　人	雲祥
立約日期	大清光緒三十四年四月初五日
附　注	

光
71

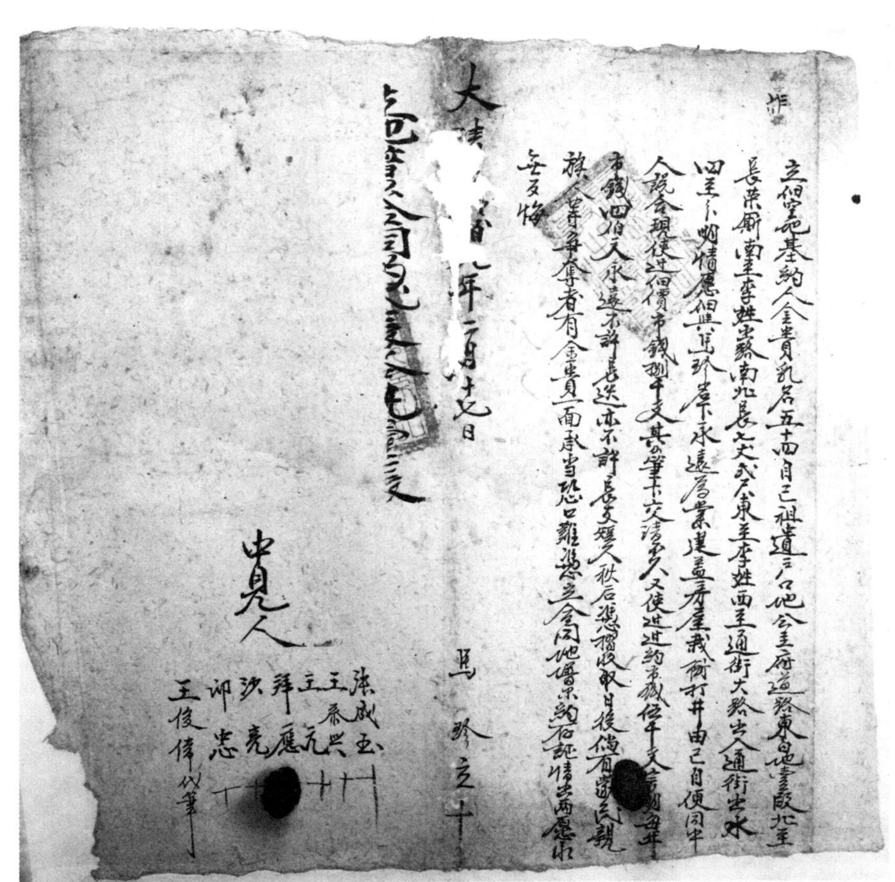

立佃宅基約人金貴乳名五十四，自己祖遺空白地一所，坐落府道路東，白地壹畝九厘，北至
長柴廟，南至李姓宅，南北長七丈八尺，東至李姓，西至通街大路，出入通街出水，
四至分明，情愿佃與馬珍名下，永遠爲業，建蓋房屋，栽樹打井，由己自便。同中
人說合，現使过佃價市錢捌千文，其錢筆下交清，另八文，使过过約市錢伍千文，言明每年
市錢四佰文，永遠不許長送，亦不許長支，人秋后照摺收取。日後倘有當戶親
族人等爭奪者，有金貴一面承當。恐口難憑，立合同地佃宅約爲証，情出兩愿，永
無反悔。

大清光緒九年二月十七日

佃人 馬珍 立十

中見人
張成玉十
王泰興十
王元十
拜應十
沈堯十
邵忠十
王俊偉代筆

2

1

光71　光緒某年金貴出佃與馬珍空地基約

該合同約鈐有朱印兩方（1、2），印文為「歸綏縣知事之寶印」。約中的立約時間缺損，查立約人金貴在咸豐、同治、光緒年間的合同約中均有出現，最早見於咸1《咸豐元年（一八五一）費文玉賃到蒙古金貴同母空地基合約》，最後見於光9《光緒十一年（一八八五）拜印佃到金貴空地基約》。金貴與合同約中的佃地人馬珍、土地相鄰者長荣厮一同出現在光9文書中。中見人沙亮見於光13「光緒十七年（一八九一）唐宗義佃到官應寶空地基約」。結合殘存墨蹟，推測該地基約屬於光緒年間，具體年份或是九年。

1　立佃空地基約人金貴，乳名五十四，自己祖遺户口地公主府道路東白地壹段，北至

2　驗字三〡丄號[一]　長荣厮，南至李姓出路，南北長七丈弍尺，東至李姓，西至通街大路，出入通街出水，

3　四至分明。情愿佃與馬珍名下永遠為業。建盖房屋、栽術(樹)打井，由己自便。同中

4　人說合，現使过佃價市錢捌千文，其錢筆下交清不欠。又使过过約市錢伍千文，言明每年

5　市錢四佰文，永遠不許長迭(跌)，亦不許長支短欠，秋后憑摺收取。日後，倘有蒙民親

6　族人等争奪者，有金貴一面承当。恐口難憑，立合同地增尔約存証。情出两愿，永

7　無反悔。

8　大清光緒□年二月十七日　　馬　珍立十

9　立地增尔合同約貳張，各執壹張[二]。

10　张成玉十

王泰兴十

王　元十

拜　應十

中見人　沙　亮十

邱　忠十

王俊偉代筆

注釋

〔一〕該處「驗字訖」三字為朱色。

〔二〕該行文字只存右半部分。

編　號	光 71
題　名	光緒某年金貴出佃與馬珍空地基約
類　別	出佃空地基約
尺　寸	46.5×46.7 釐米
保存狀態	部分破損，有污漬，文字殘缺
原編號	114
紅白契	紅契
立約者	金貴，乳名五十四
理　由	無
承佃者	馬珍
出佃者	金貴，乳名五十四
承當者	金貴
地點坐落及四至	公主府道路東：北至長荣厮，南至李姓出路，東至李姓，西至通街大路，出入通街出水
面　積	祖遺户口白地壹段，南北長七丈弍尺
用　途	永遠為業，建蓋房屋、栽樹打井，由己自便
佃　價	市錢捌千文，其錢筆下交清不欠
過約錢	市錢伍千文
地租錢	每年市錢四佰文，秋后憑摺收取
年　限	無
印　章	朱印兩方
税　票	無
文　字	漢
中見人	张成玉、王泰兴、王元、拜應、沙亮、邱忠、王俊偉
書　人	王俊偉
立約日期	大清光緒□年二月十七日
附　注	

宣
1

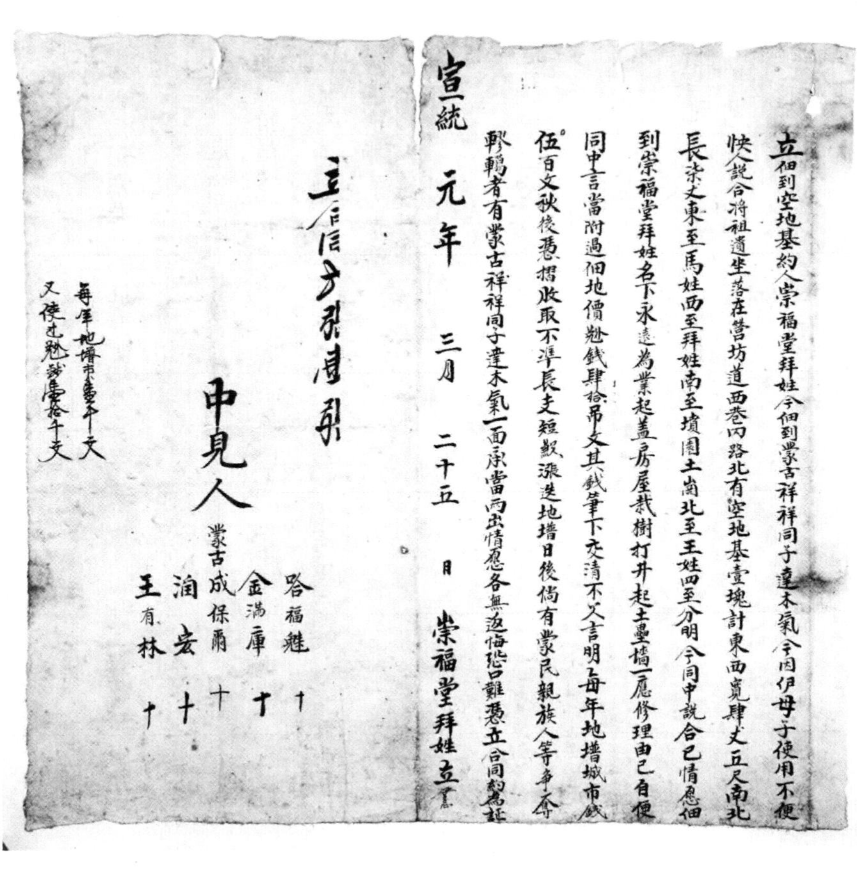

立佃到空地基約人崇福堂拜姓今佃到蒙古祥祥同子達木氣今因伊母子使用不便
央人説合將祖遺坐落在營坊道西巷内路北有空地基壹塊計東西寬肆丈五尺南北
長柒丈東至馬姓西至拜姓南至墳園土崗北至王姓四至分明今同中説合已情愿佃
到崇福堂拜姓名下永遠為業起蓋房屋栽樹打井起土壘墻一應修理由己自便
同中言當附過佃地價拙錢肆拾吊文其錢筆下交清不欠言明每年地増城市錢
伍百文秋後憑摺收取不準長支短欠漲迭地増日後倘有蒙民親族人等争奪
轇轕者有蒙古祥祥同子達木氣一面承當兩出情愿各無返悔恐口難憑立合同約為据

宣統元年三月二十五日崇福堂拜姓立

立

中見人
咯福魁 十
金滿庫 十
蒙古成保爾 十
潤宏 十
王有林 十

每年地増市錢壹千文
又使过拙錢壹拾千文

宣1 宣統元年（一九〇九）崇福堂拜姓佃到蒙古祥祥同子達木氣空地基約

立佃到空地基約人崇福堂拜姓，今佃到：蒙古祥祥同子達木氣，今因伊母子使用不便，怏（央）人說和，將祖遺坐落在營房道西巷内路北有空地基壹塊，計東西寬肆丈五尺，南北長柒丈，東至馬姓，西至拜姓，南至墳園土崗，北至王姓，四至分明，今同中說合，已情愿佃到崇福堂拜姓名下永遠為業。起盖房屋、栽樹打井、起土壘墻、一應修理，由己自便。同中言當附過佃地價兇錢肆拾吊文，其錢筆下交清不欠。言明每年地增城市錢伍百文，秋後憑摺收取，不準長支短歉（欠）、漲迭（跌）地增。日後，倘有蒙民親族等争奪轇轕者，有蒙古祥祥同子達木氣一面承當。两出情愿，各無返（反）悔。恐口難憑，立合同為証。

宣統元年　三月　二十五日　崇福堂拜姓立〔一〕

立合同弍張壹張〔二〕。

中見人　蒙古　哈福魁十　金滿庫十　成保爾十　润宏十　王有林十

每年地增市錢壹千文
又使过兇錢壹拾千文

注釋

〔一〕「立」字下面有墨色畫押。

〔二〕該行文字只存左半部分。

附表

編　　號	宣 1
題　　名	宣統元年（一九〇九）崇福堂拜姓佃到蒙古祥祥同子達木氣空地基約
類　　別	佃到空地基約
尺　　寸	46.8×46 釐米
保存狀態	稍有破損，文字完整
原 編 號	116
紅 白 契	白契
立 約 者	崇福堂拜姓
理　　由	伊母子使用不便
承 佃 者	崇福堂拜姓
出 佃 者	蒙古祥祥同子達木氣
承 當 者	蒙古祥祥同子達木氣
地點坐落及四至	營坊道西巷内路北：东至馬姓，西至拜姓，南至墳園土崗，北至王姓
面　　積	祖遺空地基壹塊，計東西寬肆丈五尺，南北長柒丈
用　　途	永遠為業，起盖房屋，栽樹打井、起土壘墻、一應修理，由己自便
佃 地 價	𫉬錢肆拾吊文，其錢筆下交清不欠
地 增 錢	每年城市錢伍百文，秋後憑摺收取
年　　限	無
印　　章	無
稅　　票	無
文　　字	漢
中 見 人	哈福魁、金滿庫、蒙古成保爾、润宏、王有林
書　　人	無
立約日期	宣統元年三月二十五日
附　　注	每年地增市錢壹千文 又使过𫉬錢壹拾千文

宣2

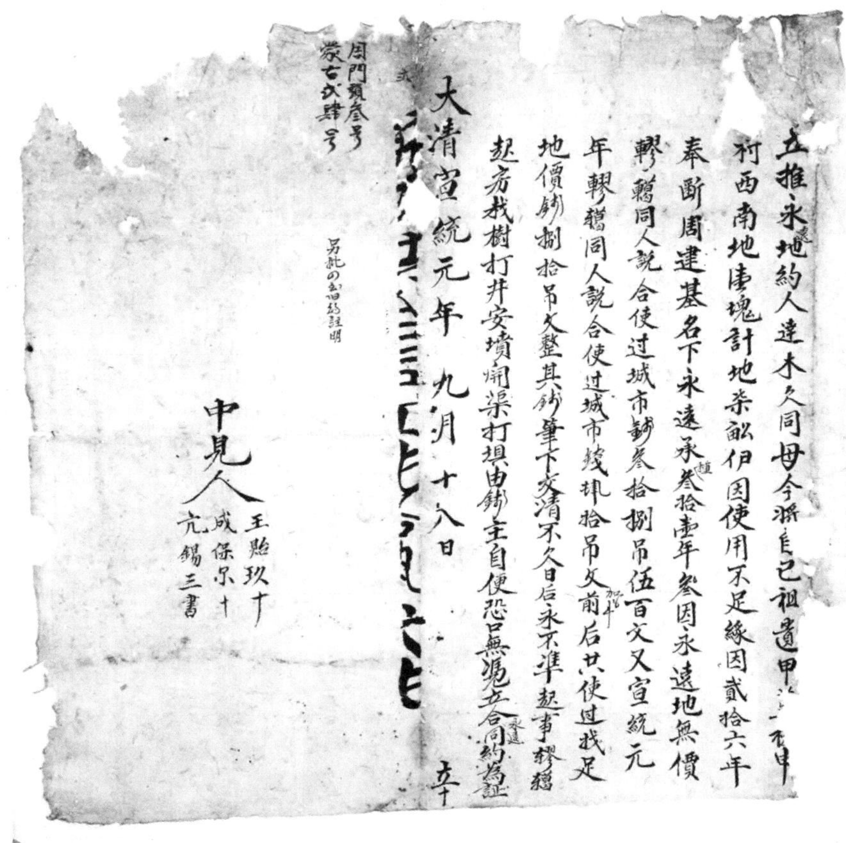
立推永遠地約人達木欠同母今將自己祖遺甲[illegible]中
衍西南地壹塊計地柒畝伊因使用不足緣因貳拾六年
奉斷周建基名下永遠承種叁拾壹年叁因永遠地無價
轇轕同人說合使过城市錢叁拾捌吊伍百文又宣統元
年轇轕同人說合使过城市錢捌拾吊文加批前后共使过找足
地價錢捌拾吊文整其錢筆下交清不欠日后永不準起事轇轕
起房栽樹打井安墳開渠打垻由錢主自便恐口無憑立永遠合同約為証

大清宣統元年　九月　十八日　立十

另批の幺田約註明

周門頭叁号
蒙古貳肆号

中見人　王貽玖十
成保尔十
亢錫三書

宣2　宣統元年（一九〇九）達木欠同母推與周建基地約

約中提到「貳拾六年奉斷周建基名下」，具體情況參見光35《光緒二十六年（一九〇〇）周建基奉斷買到蒙古觀音保地合同約》。

立推永遠[一]地約人達木欠同母，今將自己祖遺甲藍板申
村西南地壹塊，計地柒畝，伊因使用不足，緣因貳拾六年
奉斷周建基名下永遠承種[二]；叁拾壹年叁[三]因永遠地無價
轇轕，同人說合，使过城市錢叁拾捌吊伍百文（加千）；又宣統元
年轇轕，同人說合，使过城市錢肆拾吊文。前后共使过找足
地價錢捌拾吊文整，其錢筆下交清不欠。日后，永不準起事轇轕。
起房栽樹、打井安墳、開渠打垻，由錢主自便。恐口無憑，立合同永遠[四]約為証。
大清宣統　元　年　九　月　十　八　日　　立十
弍[五]□□□合同貳張，各執壹張[六]。
周門頭叁号
蒙古弍肆号　　另批四至，旧約註明。
中見人　王貽玖十
　　　　成保尔十
　　　　亢錫三書

注釋

〔一〕「遠」字原在行外。

〔二〕「種」字原在行間，附有表示增補插入的畫綫。

〔三〕此「叁」字意義不明，或下缺「月」字。

〔四〕「永遠」二字原在行間。

〔五〕此「弍」字意義不明，或指下文「蒙古弍肆号」中的「弍」號。

〔六〕該行文字只存不完整的中間部分。

編　號	宣 2
題　名	宣統元年（一九〇九）達木欠同母推與周建基地約
類　別	推地約
尺　寸	47 × 46. 2 釐米
保存狀態	部分殘缺，文字有缺損
原編號	117
紅白契	白契
立約者	達木欠同母
理　由	使用不足，貳拾六年將地奉斷周建基名下，叁拾壹年因永遠地無價轇轕，又宣統元年轇轕
承推者	周建基
出推者	達木欠同母
承當者	無
地點坐落及四至	甲藍板申村西南，四至旧约註明
面　積	祖遺地壹塊，計地柒畝
用　途	永遠承種起房栽樹、打井安墳、開渠打垻，由钱主自便
推地價	叁拾壹年使过城市錢叁拾捌吊伍百文，又宣統元年使过城市錢肆拾吊文（加千𝛿），前后共使过找足地價錢捌拾吊文整，其錢筆下交清不欠
地租錢	無
年　限	永遠
印　章	無
稅　票	無
文　字	漢
中見人	王貽玖、成保尔、亢錫三
書　人	亢錫三
立約日期	大清宣統元年九月十八日
附　注	周門頭叁号 蒙古弍肆号 另批四至，旧约註明

宣3

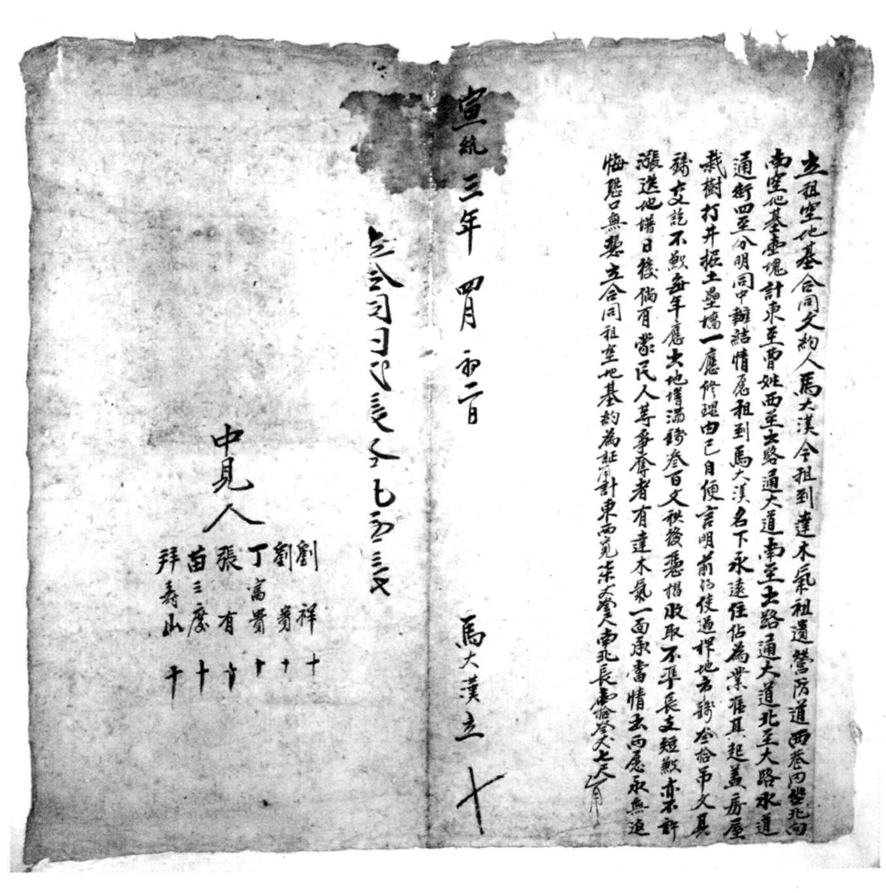
立租空地基合同文約人馬大漢今租到達木氣祖遺營房道西巷内坐北向南空地基壹塊計東至曹姓西至大路通大道南至大路通大道北至大路永道通街四至分明同中辦結情愿租到馬大漢名下永遠住佔為業准其起蓋房屋栽樹打井挖土壘墻一應修理由己自便言明前约使過押地市錢叁拾吊文其錢交訖不欠每年應出地增滿錢叁百文秋後憑摺取取不准長支短欠亦不許漲送地譜日後倘有蒙民人等爭奪者有達木氣一面承當情出兩愿永無追悔恐口無憑立合同租空地基約為証計東西寬柒丈叁尺南北長壹拾叁丈七尺

宣統三年四月初二日

[illegible]

馬大漢立 十

中見人

劉祥 十

劉貴 十

丁富貴 十

張有 十

苗三慶 十

拜壽山 十

宣3　宣統三年（一九一一）馬大漢租到達木氣空地基合同文約

立租空地基合同文約人馬大漢，今租到達木氣祖遺營防道西巷内坐北向
南空地基壹塊。計東至曹姓，西至出路通大道，南至出路通大道，北至大路水道
通街，四至分明。同中辦結，情愿租到馬大漢名下永遠住佔為業，准其起盖房屋，
栽樹打井、掘土壘墻，一應修理，由己自便。言明前约使過押地市錢叁十吊文，其
錢交訖不歉（欠）。每年應出地增滿錢叁百文，秋後憑摺收取，不準長支短歉（欠），亦不許
漲迭（跌）地增。日後，倘有蒙民人等爭奪者，有達木氣一面承當。情出两愿，永無返（反）
悔。恐口無憑，立合同租空地基約為証。計東西寬柒丈叁尺，南北長壹拾叁丈七尺[一]。

宣統　三年　四月　初二日　　馬大漢　立十

立合同約貳張，各執壹張[二]。

中見人　劉　祥十
劉　貴十
丁富貴十
張　有十
苗三慶十
拜壽山十

注釋

〔一〕「計」字上面和「尺」字下面皆寫有一與「角」字相似者，應是勾畫簽押標誌。

〔二〕該行文字只存右半部分。

編　號	宣3
題　名	宣統三年（一九一一）馬大漢租到達木氣空地基合同文約
類　別	租空地基約
尺　寸	52.9×53.1釐米
保存狀態	稍有破損，文字完整
原編號	118
紅白契	白契
立約者	馬大漢
理　由	無
承租者	馬大漢
出租者	達木氣
承當者	達木氣
地點坐落及四至	營防道西巷内坐北向南：东至曹姓，西至出路通大道，南至出路通大道，北至大路水道通街
面　積	祖遺空地基壹塊，計東西寬柒丈叁尺，南北長壹拾叁丈七尺
用　途	永遠住佔為業，准其起盖房屋，栽樹打井、掘土壘墻、一應修理，由己自便
押地錢	市錢叁拾吊文，其錢交訖不欠
地增錢	每年滿錢叁百文，秋後憑摺收取
年　限	無
印　章	無
稅　票	無
文　字	漢
中見人	劉祥、劉貴、丁富貴、張有、苗三慶、拜壽山
書　人	無
立約日期	宣統三年四月初二日
附　注	

宣4

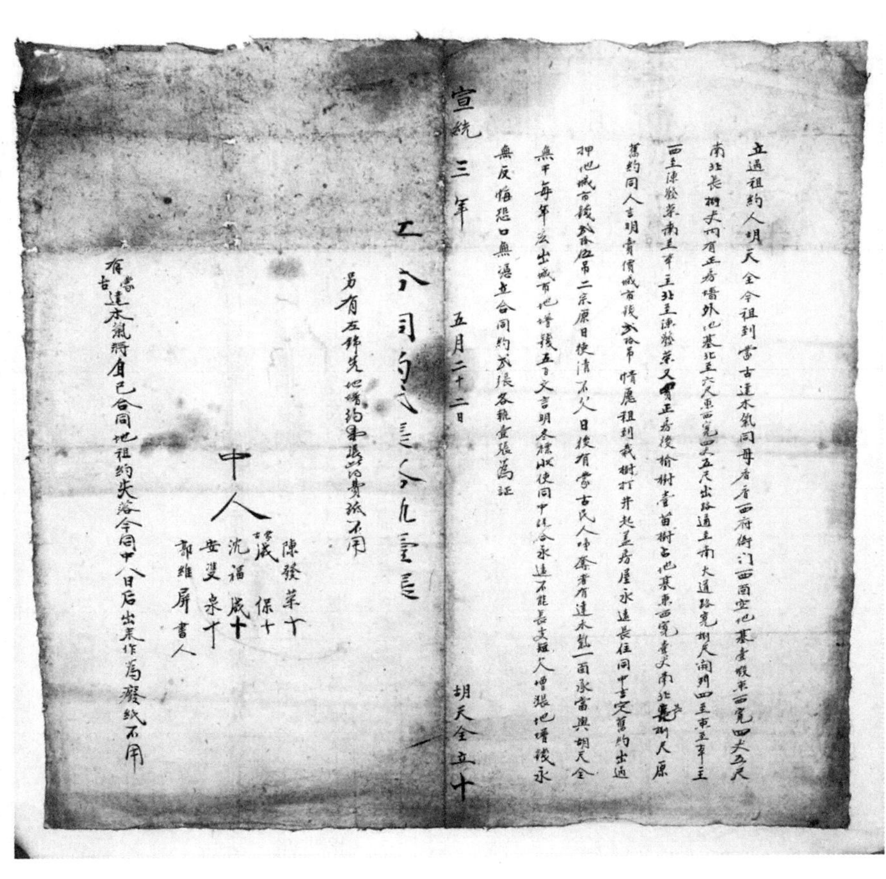

立過祖約人胡天全今祖到當古達木氣同母看看西府衙门西面空地基壹塊東西寬四丈五尺
南北長捌丈內有正房墻外地基北至六尺東西寬四丈五尺出路通至南大道路寬捌尺四至東至本主
西至陳發榮南至本主北至陳發榮又買正房後榆樹壹苗樹下地基東西寬壹丈南北壹丈捌尺原
舊約同人言明賣價城市錢貳拾吊情愿租到栽樹打井起蓋房屋永遠長住同中言定舊約出過
押地城市錢貳伯伍吊二宗原日使清不欠日後有當古民人嘩嗇者有達木氣一面承當與胡天全
無干每年應出城市地增錢五百文言明冬標收使同中說合永遠不能長支短欠人增張地增錢永
無反悔恐口無憑立合同約貳張各執壹張為証

宣統三年五月二十二日　胡天全立十

另有五許先地增約壹張此作廢紙不用

中人　陳發榮十　㟁保十　沈福歲十　安叟泉十　郭維屏書人

有當古達木氣將自己合同地祖約失落今同中人日后出来作為廢紙不用

宣4　宣統三年（一九一一）胡天全租、買到蒙古達木氣同母香香空地基、榆樹約

該過租約中提到「另有左錦先地增約壹張」，關於左錦先所立約，詳見光33《光緒二十四年（一八九八）左錦先過租、買到官印宝地、樹約》。

立過租約人胡天全，今租到蒙古達木氣同母香香西府衙门西面空地基壹塅(段)。東西寬四丈五尺，南北長捌丈，內有正房，墻外地基北至六尺，東西寬四丈五尺，出路通至南大道，路寬捌尺。開列四至：東至本主，西至陳發荣，南至本主，北至陳發荣。又買正房後榆樹壹苗，樹占地基東西寬壹丈，南北長[一]捌尺。原舊約同人言明，賣價城市錢式拾吊，情愿租到栽樹打井、起盖房屋、永遠長住。同中言定，舊約出過押地城市錢式拾伍吊。二宗原日使清不欠。日後，有蒙古民人⿰口争(爭)奪者，有達木氣一面承當，與胡天全無干。每年应出城市地增錢五百文，言明冬標收使。同中說和，永遠不能長支短欠、增漲地增錢。永無反悔，恐口無憑，立合同約式張，各執壹張為証。

宣統　三　年　五月二十二日　胡天全　立十

立　合　同約貳張，各執壹張[二]。

另有左錦先地增约壹張，此约費(廢)纸不用。

陳發荣十

蒙古成　保十

中人　沈福成十

14 安雙泉十

15 郭維屏 書人

16 有蒙古達木氣將自己合同地租約失落，今同中人，日后出来作為廢紙不用。

注釋

〔一〕「長」字原在行間。左側正行間有塗改自「寬」字的「長」字。

〔二〕該行文字只存右半部分。

附表

編　號	宣 4
題　名	宣統三年（一九一一）胡天全租、買到達木氣同母香香空地基、榆樹約
類　別	租買空地基榆樹過租約
尺　寸	53.1×53.1 釐米
保存狀態	完整
原 編 號	119
紅 白 契	白契
立 約 者	胡天全
理　由	無
承租買者	胡天全
出租賣者	蒙古達木氣同母香香
承 當 者	達木氣
地點坐落及四至	西府衙门西面：東至本主，西至陳發荣，南至本主，北至陳發荣。正房後榆樹壹苗
面　積	空地基壹段：東西寬四丈五尺，南北長捌丈。内有正房，墻外地基北至六尺，東西寬四丈五尺，出路通至南大道，路寬捌尺。樹占地基東西寬壹丈，南北長捌尺
用　途	栽樹打井，起盖房屋，永遠長住
賣　價	城市錢弍拾吊，原日使清不欠
押 地 錢	城市錢弍拾伍吊，原日使清不欠
地 增 錢	每年城市錢五百文，冬標收使
年　限	無
印　章	無
稅　票	無
文　字	漢
中　人	陳發荣、蒙古成保、沈福成、安雙泉、郭維屏
書　人	郭維屏
立約日期	宣統三年五月二十二日
附　注	另有左錦先地增约壹張，此约廢紙不用。 有蒙古達木氣將自己合同地租約失落，今同中人，日后出来作為廢紙不用。

宣
5

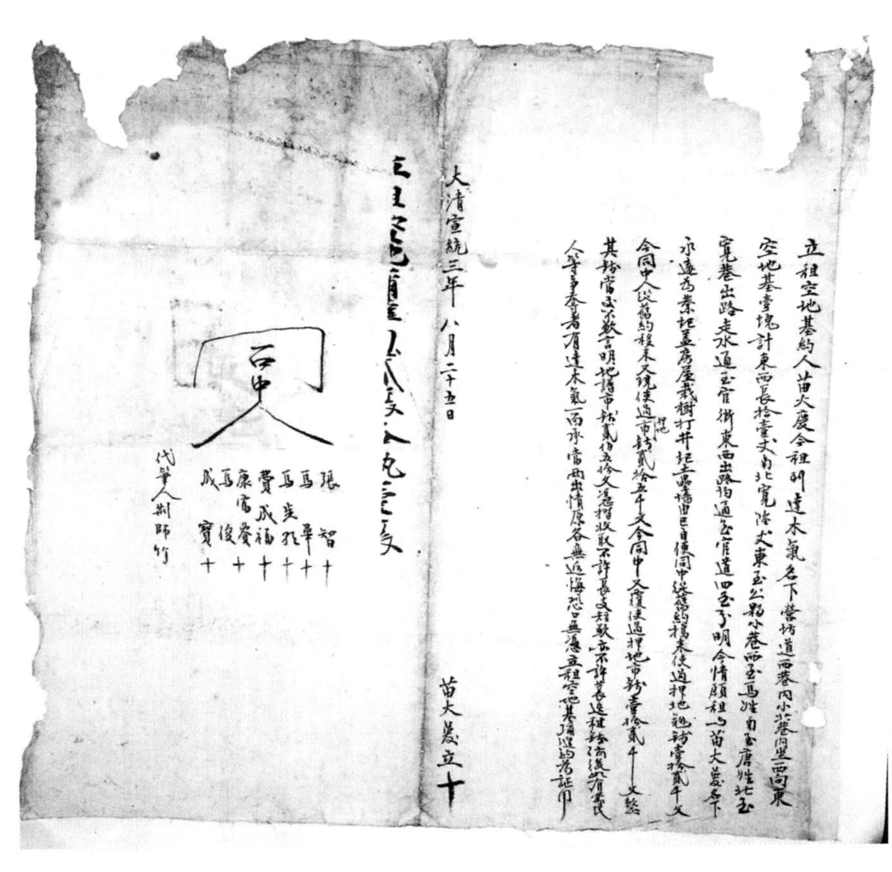

立租空地基約人苗大慶今租到達木氣名下營坊道西巷內小巷內坐西向東空地基壹塊，計東西長拾壹丈，南北寬陸丈，東至公夥小巷，西至馬姓，南至唐姓，北至寬巷，出路走水通至官街，東西出路通至官道，四至分明。今情願租與苗大慶名下永遠為業，起蓋房屋、栽樹打井、起土壘墻由己自便。同中從說約，現來使過押地錢壹拾貳千文。今同中人從說約，後來又現使過押地市錢貳拾五千文，今同中又復使過押地市錢壹拾貳千文整。其錢當交不欠，言明地譜市錢貳佰五拾文，憑摺收取，不許長支短欠，亦不許業主長退租錢。倘後如有某氏人等爭奪者，有達木氣一面承當。兩出情原，各無返悔。恐口無憑，立租空地基摺約為證用。

大清宣統三年八月二十五日

苗大慶立十

[illegible]

張智十
馬举十
馬生孔十
費成福十
康富發十
馬俊十
成寶十

代筆人荆師竹

宣5 宣統三年（一九一一）苗大慶租到達木氣空地基約

立租空地基約人苗大慶，今租到達木氣名下營坊道西巷内小北巷内坐西向東空地基壹塊。計東西長拾壹丈，南北寬陸丈，東至公夥小巷，西至馬姓，南至唐姓，北至寬巷，出路走水通至官街，東西出路均通至官道，四至分明。今情願租与苗大慶名下永遠為業，起盖房屋、栽樹打井、起土壘墻，由己自便。同中從舊約，搗来使過押地⿺鬼也錢壹拾貳千文。今同中人從舊約移来，又現使過押地[一]市錢貳拾五千文，今同中又覆使過押地市錢壹拾貳千文整，其錢當交不歉（欠）。言明地譜市錢貳佰五拾文，憑摺收取。不許長支短歉（欠），亦不許長迭（漲跌）租錢。倘後如有蒙民人等争奪者，有達木氣一面承當。兩出情原（願），各無返（反）悔。恐口無憑，立租空地基彌縫約為証用。

大清宣統三年　八月二十五日　　苗大慶　立十

立租空地彌縫約貳張，各執壹張[二]。

同中人
張　智十
馬　華十
馬步朝十
費成福十
康富貴十
馬　俊十
成　寶十

代筆人　荊師竹

注釋

〔一〕「押地」二字原在行間，附有表示增補插入的畫綫。

〔二〕該行文字只存右半部分。

編　　號	宣 5
題　　名	宣統三年（一九一一）苗大慶租到達木氣空地基約
類　　別	租到空地基約
尺　　寸	52.6×53 釐米
保存狀態	有破損，文字完整
原 編 號	120
紅 白 契	白契
立 約 者	苗大慶
理　　由	無
承 租 者	苗大慶
出 租 者	達木氣
承 當 者	達木氣
地點坐落及四至	營坊道西巷内小北巷内坐西向東：東至公夥小巷，西至馬姓，南至唐姓，北至寬巷，出路走水通至官街，東西出路均通至官道
面　　積	空地基壹塊，計東西長拾壹丈，南北寬陸丈
用　　途	永遠為業，起盖房屋、栽樹打井、起土壘墻，由己自便
押 地 錢	從舊約撝来使過押地𫇘錢壹拾貳千文，今同中人从舊約移来，又現使過押地市錢貳拾五千文，今同中又覆使過押地市錢壹拾貳千文整，其錢當交不欠
地 譜 錢	市錢貳佰五拾文，憑摺收取
年　　限	無
印　　章	無
稅　　票	無
文　　字	漢
同 中 人	張智、馬華、馬步朝、費成福、康富貴、馬俊、成寶
代 筆 人	荆師竹
立約日期	大清宣統三年八月二十五日
附　　注	

清
1

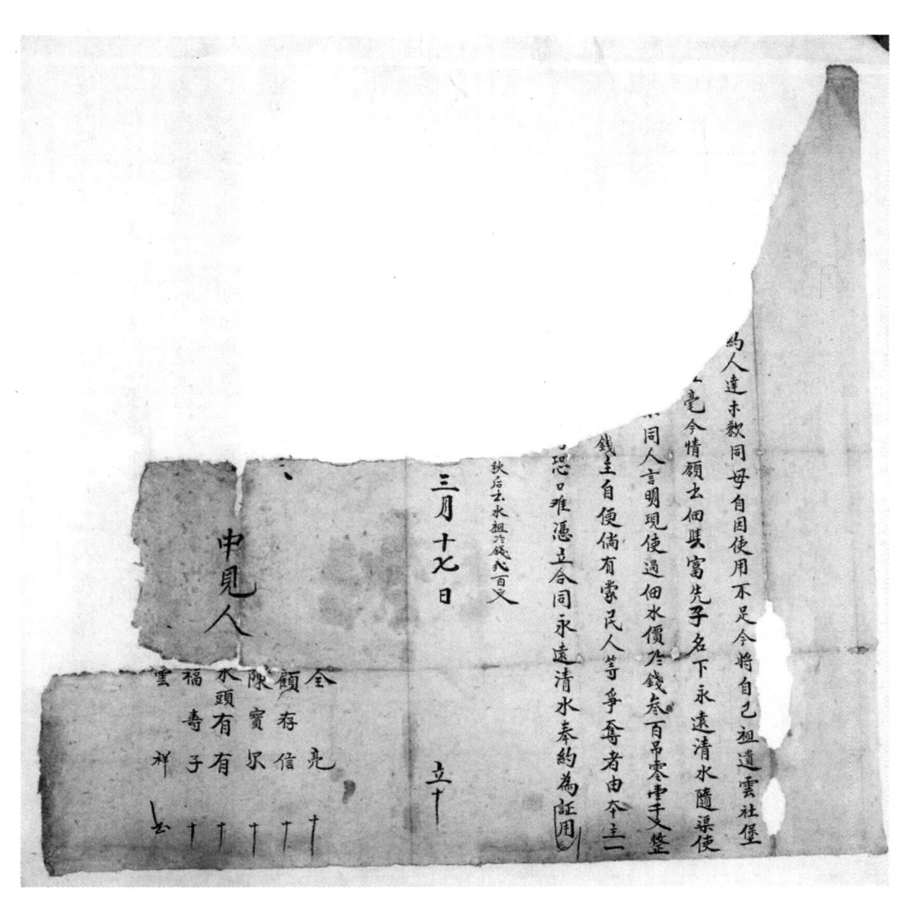
約人達未款同母自因使用不足今將自己祖遺雲社堡
亮今情願去佃與富先子名下永遠清水隨渠使
同人言明現使過佃水價斥錢叁百吊零壹千文整
錢主自便倘有蒙民人等爭奪者由本主一
恐口難憑立合同永遠清水奉約為証用
秋后去水租斥錢弍百文
三月十七日 立十
中見人
全 亮十
顧存信十
陳實尔十
水頭有有十
福壽子十
雲 祥 𢇁

清1　清某年達木歉同母出佃與富先子清水奉約

該約訂立時間缺失，出佃方達木歉首見於光28《光緒二十二年（一八九六）達木氣出典與白祁公空地基約》，但同母一起出現在光38《光緒二十六年（一九〇〇）官印宝寡婦同子達木氣出典與顧維業地約》。出佃雲社堡清水奉的合同約則有光61、光62、光63、光69、光70號文書。其中，租佃雙方達木歉和富先子皆出現在光70《光緒三十四年（一九〇八）達木歉出佃與富先子清水奉約》，中見人除「益力圖」與本約「顧存信」不同外，其餘全部相同。除「顧存信」外，富先子同其他幾位中見人同様作為中見人出現在光69合同約中。據此推測，該文書年代或在光緒三十四年，或與之相去不遠。

□約人達木歉同母，自因使用不足，今將自己祖遺雲社堡
□毫，今情願出佃與富先子名下永遠清水隨渠使
□同人言明，現使過佃水價[二]錢叁百吊零壹千文整。
□錢主自便。倘有蒙民人等爭奪者，由本主一
□恐口难憑，立合同永遠清水奉約為証用。
□秋后出水祖(租)[二]錢弍百文。
□三月十七日　立十
全　亮十
顧存信十
□張[一]。　陳寶尔十
中見人　水頭有有十

12 福壽子十

13 雲 祥书

注釋

〔一〕該行文字只存右半部分。

附表

編　號	清 1
題　名	清某年達木歎同母出佃與富先子清水奉約
類　別	出佃清水奉約
尺　寸	56. 4 × 54. 4 釐米
保存狀態	殘缺，文字有缺損
原編號	121
紅白契	白契
立約者	達木歎同母
理　由	使用不足
承佃者	富先子
出佃者	達木歎同母
承當者	本主
地點坐落	雲社堡
數　量	缺失
用　途	永遠清水隨渠使……
佃水價	〸〨錢叁百吊零壹千文整
水租錢	秋后出〸〨錢式百文
年　限	永遠
印　章	無
稅　票	無
文　字	漢
中見人	全亮、顧存信、陳寶尔、水頭有有、福壽子、雲祥
書　人	雲祥
立約日期	清某年三月十七日
附　注	

中国社会科学院创新工程学术出版资助项目

中国社会科学院历史研究所专刊

土默特蒙古金氏家族契約文書整理新編

Newly Compiled Contract Documents of the Jin Clan the Mongolian Family in Tümed Area

下卷

李艷玲　青格力◎著

中国社会科学出版社

目錄（下）

民國時期契約文書（含成吉思汗紀年文書）……四四三

民1 民國元年（一九一二）胡天全租到蒙孀婦香香同子達木齊空園地合同約……四四四

民2 民國二年（一九一三）苗大慶租到虎登山名下經守空地基約……四四八

民3 民國二年（一九一三）拜德佃到蒙古祥祥同子達木氣空地基合同約……四五一

民4 民國二年（一九一三）王福租到達木氣同母空地基文約……四五五

民5 民國二年（一九一三）任老喜佃到撓木氣空地基約……四五八

民6 民國二年（一九一三）拜德重換佃到達木氣白地合同約……四六一

民7 民國三年（一九一四）劉永財佃到蒙古孀婦祥祥同子達木欠空地基合同約……四六五

民8 民國五年（一九一六）任狀元佃到蒙古寡婦同子達木歎空地基合同約……四六九

民9 民國五年（一九一六）任狀元佃到蒙古達木欠空地基合同約……四七三

民10 民國五年（一九一六）達木氣出典與宋福伶地約……四七七

民11 民國六年（一九一七）達木欠過租與楊生貴、楊生華地約……四八〇

民12 民國六年（一九一七）劉花栄租到蒙古孀婦同子達木氣、嬳全空地基合同約……四八三

民13 民國六年（一九一七）陳六十尔質得蒙古寡婦同子達木氣地増摺子合同約……四八七

民14 民國七年（一九一八）白鳳鳴堂承佃蒙古寡婦同子達木欠、嬳全尔空地基合同約……四九〇

民15 民國七年（一九一八）吴生榮承佃蒙古寡婦同子達木欠、嬳全尔空地基合同約……四九四

民16　民國八年（一九一九）傅興佃到達木且空地基約……四九八
民17　民國八年（一九一九）王玉堂租到蒙古祥祥同子達木欠、双全尓空地基合同約……五〇二
民18　民國八年（一九一九）同母雙全、達木欠過佃與韓茂竹園圖地約……五〇五
民19　民國九年（一九二〇）馬萬財租到蒙古寡婦同子達木歉、雙全尓空地基合同約……五〇八
民20　民國九年（一九二〇）丁寡婦同子丁起雲佃到蒙古寡婦同子達木氣、雙全尓空地基合同約……五一一
民21　民國十年（一九二一）蒙古香香同子達木齊及雙全爾推絕與胡天全地增租資合約……五一五
民22　民國十年（一九二一）胡天全接收到蒙婦香香同子達木齊及雙全爾地增租資合約……五一九
民23　民國十二年（一九二三）達木氣收使地租粘單……五二三
民24　民國十三年（一九二四）馬紅撓租到蒙古達木欠空地合同約……五二六
民25　民國十三年（一九二四）劉興寶租到蒙古達木氣同母空地基合同約……五二九
民26　民國十三年（一九二四）滿億佃到蒙古寡婦同子達木欠、雙全尓空地基合同約……五三三
民27　民國十三年（一九二四）馬俊租到達木欠同弟雙全尓空地基合同約……五三六
民28　民國十四年（一九二五）妥恩佃到達木氣空地基合同契約……五三九
民29　民國十四年（一九二五）馬德榮賃到達木氣空地基約……五四三
民30　民國十四年（一九二五）達木氣承墾執照……五四六
民31　民國十七年（一九二八）王志周佃到達木欠空地基約……五四九
民32　民國十七年（一九二八）馬俊租到達木欠同弟雙全尓空地基合同約……五五二
民33　民國十八年（一九二九）滿義佃到達木欠空地基合同約……五五五
民34　民國十八年（一九二九）燕福安買到空地基約……五五八
民35　民國十九年（一九三〇）達木计過租與楊罕卜地約……五六一
民36　民國十九年（一九三〇）達木氣出佃與郭成地基約……五六四

民37　民國十九年（一九三〇）楊四璽租到空地基合同文約……五六七
民38　民國十九年（一九三〇）白福租到空地基合同文約……五七一
民39　民國二十年（一九三一）麗富租到蒙古達木欠同胞弟叟全空地基合同約……五七五
民40　民國二十年（一九三一）馬正福租到達木欠空地基合同約……五七八
民41　民國二十年（一九三一）楊位壽典到達木氣空地基合同文約……五八一
民42　民國二十一年（一九三二）蒙古達木氣出過與周存良地約……五八四
民43　民國二十一年（一九三二）蒙古達木氣出過與陳德富地約……五八七
民44　民國二十一年（一九三二）蒙古達木氣出過與張五虎地約……五九〇
民45　民國二十一年（一九三二）蒙古達木氣出過與陳德富地約……五九三
民46　民國二十一年（一九三二）蒙古達木氣出過與邊四斟地約……五九六
民47　民國二十一年（一九三二）刘占元租到蒙古達木氣空地基合同約……五九九
民48　民國二十一年（一九三二）趙興旺租到蒙古達木氣空地基合同約……六〇三
民49　民國二十二年（一九三三）高寶、高換推與金萬富地約……六〇七
民50　民國二十三年（一九三四）蒙古金萬富出佃與賈晃地約……六一一
民51　民國二十三年（一九三四）達木器出過與楊貝元地約……六一四
民52　民國二十四年（一九三五）韓青山過到達木氣、拴全尔地約……六一七
民53　民國二十四年（一九三五）馬汗宝過到空地約……六二一
民54　民國二十四年（一九三五）任富年佃到蒙古達木齊、叟全爾空地基合同文約……六二五
民55　民國二十四年（一九三五）张福壽堂租到達木氣空地基約……六二九
民56　民國二十四年（一九三五）拜德續佃到蒙古達木氣、双泉空地基文約……六三三
民57　民國二十四年（一九三五）楊生義佃到蒙古達木氣、叟全尔空地基合同約……六三七

民58 民國二十四年（一九三五）錢永孝租到蒙古達木氣空地基合同約……六四一
民59 民國二十五年（一九三六）于茂英重過到達木欠空地基合同約……六四五
民60 民國二十五年（一九三六）楊萬福租到蒙古達木氣、雙全尔空地基合同約……六四九
民61 民國二十五年（一九三六）馬三元租到達木欠同弟雙全空地基合同文約……六五三
民62 民國二十五年（一九三六）韓興茂佃到蒙古達木欠空地基合同文約……六五七
民63 民国二十六年（一九三七）馬正魁租到空地基合同約……六六一
民64 民國二十六年（一九三七）隆興堂蘭懷喜租到蒙古達木齊、雙全空地基合同約……六六五
民65 民國二十六年（一九三七）徐向榮佃到蒙古達木欠、雙全尔空地基合同約……六七〇
民66 民國二十六年（一九三七）潘啟成賃到蒙古達木且空地基約……六七四
民67 民國二十七年（一九三八）唐玉佃到蒙古達木齊空地基合同字據約……六七八
民68 成紀七三三年（一九三八）張發榮租到蒙古達木氣空地基文約……六八一
民69 成紀七三四年（一九三九）白福租到蒙古達木氣空地基合同約……六八五
民70 成紀七三五年（一九四〇）畢瑞臣租到蒙民打木氣、金宝義空地基合同約……六八九
民71 成紀七三五年（一九四〇）陳一明租到蒙古達木氣空地基合同約……六九三
民72 成紀七三六年（一九四一）白全租到蒙古金子福空地基合同約……六九七
民73 成紀七三七年（一九四二）周學仁租到蒙古達木欠空地基合同約……七〇一
民74 民國三十二年（一九四三）劉榮租到達木欠地基合同文約……七〇五
民75 民國三十二年（一九四三）劉榮租到達木欠地基合同文約……七〇九
民76 成紀七三八年（一九四三）白亮同子白荣租到達木欠地基合同文約……七一三
民77 成紀七三九年（一九四四）楊在忠租到達木氣地基合同文約……七一八
民78 成紀七三九年（一九四四）唐寶租到達木欠地基合同文約……七二三

民79 成紀七三九年（一九四四）費榮德租到達木欠地基合同文約……七二七
民80 成紀七三九年（一九四四）王宏租到蒙古達木欠地基合同文約……七三二
民81 民國三十五年（一九四六）靳福租到達木氣地基合同文約……七三六
民82 民國三十五年（一九四六）孟財租到達木氣地基合同文約……七四〇
民83 民國三十五年（一九四六）冦文學租到達木欠、雙全地基合同文約……七四四
民84 民國三十五年（一九四六）孫有仁租到達木欠、雙全地基合同文約……七四九
民85 民國三十五年（一九四六）于福租到達木欠、雙全地基合同文約……七五三
民86 民國三十六年（一九四七）楊學祥租到達木欠、雙全地基合同文約……七五七
民87 民國三十六年（一九四七）焦瑞租到達木欠、雙全地基合同文約……七六二
民88 民國三十六年（一九四七）劉庫租到達木欠、雙全地基合同文約……七六六
民89 民國三十六年（一九四七）尹貴租到達木欠、雙全地基合同文約……七七〇
民90 民國三十七年（一九四八）達木欠出推與李秀蕙地合同約……七七四
民91 民國三十七年（一九四八）劉富印租到達木氣地基合同文約……七七七
民92 民國三十七年（一九四八）佟德義租到達木欠地基合同文約……七八二
民93 民國三十七年（一九四八）張真租到達木欠、雙全地基合同文約……七八六
民94 民國三十七年（一九四八）李增荣租到達木氣、雙全地基合同文約……七九〇
民95 民國三十八年（一九四九）沙瑞租到達木欠地基合同文約……七九四
民96 民國三十八年（一九四九）劉瑞租到達木欠、雙全地基合同文約……七九八
民97 民國三十八年（一九四九）劉尚仁、申明亮租到達木欠、雙全爾地基合同文約……八〇二

新中國時期契約文書……八〇六
新1 公元一九五〇年劉尚仁租到達木欠、雙全地基合同文約……八〇七
新2 公元一九五〇年武守良租到達木欠地基合同文約……八一一
新3 公元一九五〇年郝建業租到達木欠地基合同文約……八一六
新4 公元一九五〇年张清賢租到達木欠地基合同文約……八二一
新5 公元一九五〇年毛華冉租到達木欠、雙全地基合同文約……八二六
新6 公元一九五〇年土默特旗人民法院民事判決書……八三一
新7 公元一九五一年曹世光租到達木欠、雙全爾地基合同文約……八三五
新8 公元一九五一年白中義租到達木欠、雙全地基合同文約……八四〇
新9 公元一九五一年公安學校租到達木欠、雙全地基合同文約……八四五
新10 公元一九五一年陳友仁租到達木欠地基合同文約……八五〇
新11 公元一九五二年回民自治區人民政府租到達木欠、雙全爾地基合同文約……八五四
新12 公元一九五二年杜振元租到達木欠地基合同文約……八五八
新13 公元一九五二年何蘭生租到打木欠地基合同文約……八六二
新14 公元一九五三年馬儒租到達木欠地基合同文約……八六六
新15 公元一九五三年陳玉卿、傅佩英租到達木欠地基合同文約……八七〇
新16 公元一九五五年馬連根租到達木欠地基蒙漢雙語合同文約……八七四
新17 公元一九五六年馬有泉租到达木欠、双全地基蒙漢雙語合同文約……八七八
新18 公元一九五六年馬玉鮮租到达木欠地基蒙漢雙語合同文約……八八二
新19 公元一九五六年馬文玉、馬騫租到达木欠地基蒙漢雙語合同文約……八八六
新20 公元一九五七年李祥租到打木欠地基蒙漢雙語過約聯單……八九〇

新21　公元一九五七年麻俊祖到达木欠地基蒙漢雙語過約聯單……八九三

索　引

索引凡例……一
人名索引……三
地名索引……五〇
官職名索引……五九
族名索引……六〇
日期索引……六六
印文索引……七九

附　土默特蒙古文書中金氏家族譜系梳理……一

後　記……一

民國時期契約文書（含成吉思汗紀年文書）

這一時期文書共有96件，因有兩份合同約粘連在一起，所以實際共有97份文書。其中使用成吉思汗紀年的文書有11份，餘者皆是使用中華民國紀年。文書年代從民國元年（一九一二）到民國三十八年（一九四九）。這部分文書，除一份收使地租粘單（民23）和一份財政部頒發的承墾執照（民30）、三份質典或推絕地增租資合同約（民13、民21、民22）外，其他都是土地或房院地基租佃賃賣合同約（其中，民18為過佃園圖地約）。

民1

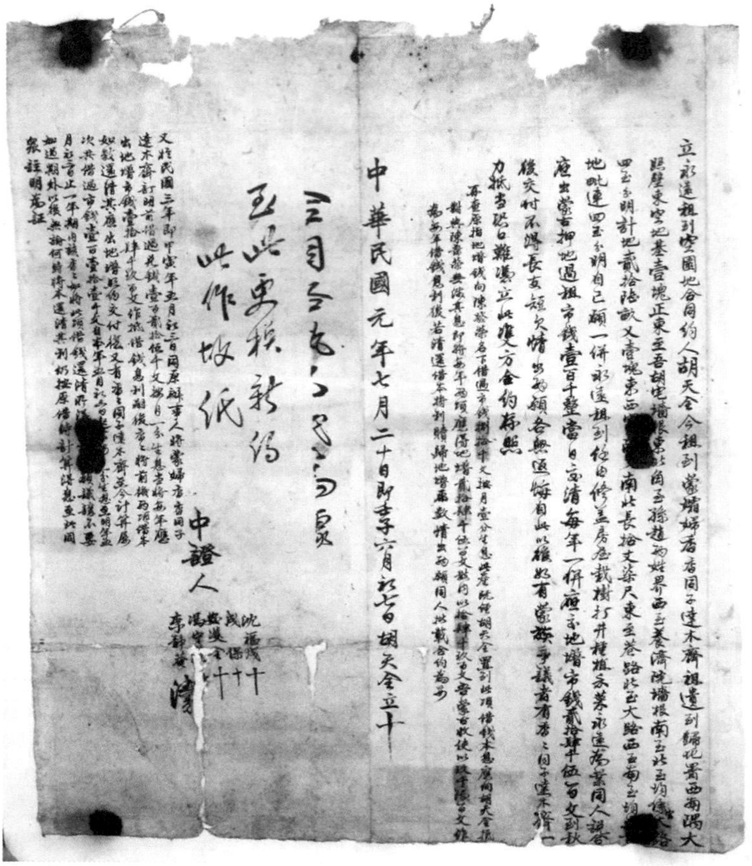
中華民國元年七月二十日即壬子六月初七日 胡天全立十

中證人

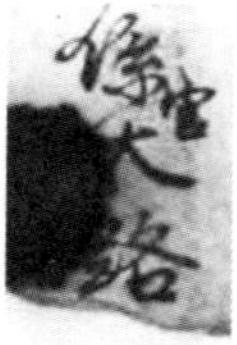
1

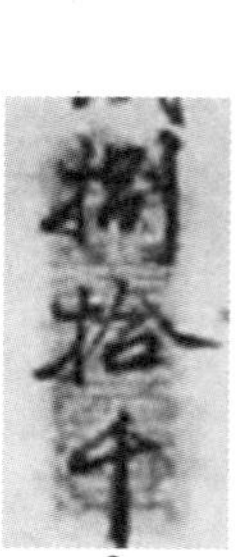
2

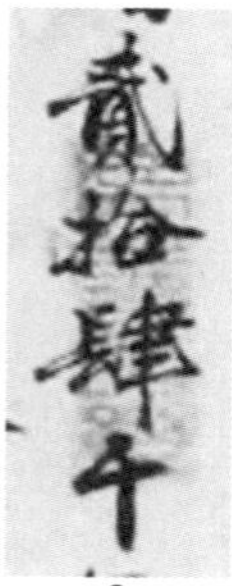
3

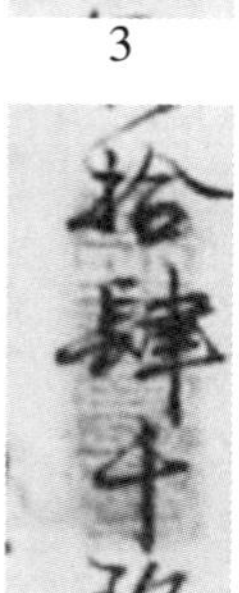
4

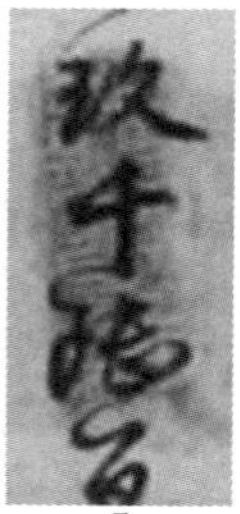
5

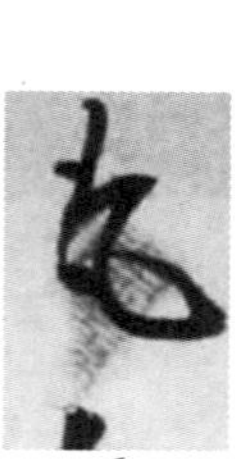
6

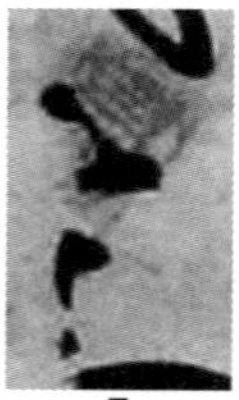
7

民1 民國元年（一九一二）胡天全租到蒙孀婦香香同子達木齊空園地合同約

該約鈐有朱印七方，印文漫漶不識。約中所租壹塊空園地原由陳有租到，見光39《光緒二十六年（一九〇〇）蒙古觀音保責與陳有空園地約》。關於該文書中提到借過陳發榮市錢一事，詳見光39批注內容。

立永遠租到空園地合同約人胡天全，今租到蒙孀婦香香同子達木齊祖遺到歸化署西南隅大照壁東空地基壹塊。正東至吾胡宅墻根，東北角至孫、趙兩姓界，西至養濟院牆根，南至、北至均係官[一]大路，四至分明，計地貳拾陆畝。又壹塊東西寬陆丈，南北長拾丈柒尺，東至巷路，北至大路，西至、南至均與荒地毗連，四至分明。自己願一併永遠租到，任由修盖房屋、栽樹打井、種植禾菜，永遠為業。同人說合，應出蒙古押地過租市錢壹百千整，當日交清。每年一併應交地增市錢貳拾肆千伍百文，到秋後交付，不得長支短欠。情出兩願，各無返（反）悔。自此以後，如有蒙族爭議者，有香々同子達木齊一力抵当。恐口難憑，立此雙方合約存照。

再查原指地增錢向陳發榮名下借過市錢捌拾千文，按月壹分生息。此產既經胡天全置到，此項借錢本息應向胡天全抵對，與陳發榮無涉。其息，即將每年兩項應得地增貳拾肆千伍百文数內，以拾肆千玖百文吾蒙古收使，以玖千陸百文作為每年借錢息利。後若清還借本將利，贖歸地增原数。情出兩願，同人批載合约為要。

中華民國元年七月二十日 即壬子六月初七日 胡天全 立十

合同各執□紙為據[二]。

沈福成十

至此更換新约

此作故纸〔三〕　　　　　　成　保十

安雙全十

中證人　馮守義十

李静菴〔四〕

又於民國三年即甲寅年五月初三日，同原辦事人将蒙婦香香同子
達木齊訂明，前借過兑錢壹百貳拾伍千文，按月一分生息，当将每年應
出地增市錢壹拾肆千玖百文作抵押借錢息利。嗣後，香々将前後兩項借本
如数還清，其應出地增照约交付。復又有香々同子達木齊至今计算屡
次共借過市錢壹百壹拾千文，自本年五月初三日起，不按月一分生息，至明年五
月初三日止一年期內，該香々如将此項借錢還清，所得息利情願議讓不要。
如過期外，以後無論何時将本還清，其利仍按原借時計算得息。至此同
衆註明為証〔五〕。

注釋

〔一〕「官」字原寫於行間。

〔二〕該行文字只存右半部分。

〔三〕由字跡及句意可知「至此更換新约，此作故紙」為後來寫入。

〔四〕此人名下面有墨色畫押。

〔五〕由句意內容可知該部分內容為後來寫入。

附表

編　　號	民1
題　　名	民國元年（一九一二）胡天全租到蒙孀婦香香同子達木齊空園地合同約
類　　别	租到空園地約
尺　　寸	47×56.2釐米
保存狀態	有污漬，文字稍有殘損
原編號	124
紅白契	白契
立約者	胡天全
理　　由	無
承租者	胡天全
出租者	蒙孀婦香香同子達木齊
承當者	香香同子達木齊
地點坐落及四至	歸化署西南隅大照壁東：正東至吾胡宅墻根，東北角至孫、趙两姓界，西至養濟院墻根，南至、北至均係官大路。又壹塊東至巷路，北至大路，西至、南至均與荒地毗連
面　　積	祖遺空地基壹塊，計地貳拾陆畝。又壹塊東西寬陆丈，南北長拾丈柒尺
用　　途	任由修盖房屋、栽樹打井、種植禾菜，永遠為業
押地過租錢	市錢壹百千整，當日交清
地增錢	每年一併應交市錢貳拾肆千伍百文，到秋後交付
年　　限	永遠
印　　章	朱印七方
税　　票	無
文　　字	漢
中證人	沈福成、成保、安雙全、馮守[義]、李静菴
書　　人	無
立約日期	中華民國元年七月二十日即壬子六月初七日
附　　注	批載原指地增錢向陳發榮借過市錢及地增收使分配事。 注明民國三年五月初三日蒙婦香香同子借錢償還事。 至此更換新约，此作故纸。

民2

立租空地基約人苗大爰，今租到亮登山名下經守營坊道西巷内小北巷内
坐西向東空地基壹塊，計東西長拾壹丈，南北寬陸丈，東至公衆小巷出路，走水通至
官街，西至馬姓，南至唐姓，北至賓巷，東西出路均通至大道，四至分明。今情愿租與
苗大爰名下永遠為業，栽樹打井，起土壘墻，由己自便。同中從舊約揭來使過押
地租錢壹拾貳千文，今錢中文，現使過現市錢貳拾伍千文，其錢當交不欠，言明每年
地譜市錢貳佰伍拾文，憑摺收取，不許長支短欠，亦不準長迭租錢。倘後有蒙民親族人等
爭奪者，有亮登山一力承當。兩出情愿，各無返悔。恐口無憑，立租空地基約為
證用。

中華民國貳年蒙三節 陰曆癸丑正月廿六日 苗大爰立十

民2　民國二年（一九一三）苗大慶租到虎登山名下經守空地基約

該約中租佃土地的地理位置及其四至、面積，以及需交納的押地錢、地譜錢，與宣5《宣統三年（一九一一）苗大慶租到達木氣空地基約》中所租佃土地相同，應是同一地塊。文中提到的舊約，當指宣5空地基約。

1 立租空地基约人苗大慶，今租到虎登山名下經守營坊道西巷内小北巷内

2 坐西向東空地基壹塊。計東西長拾壹丈，南北寬陸丈，東至公夥小巷，出路走水通至

3 官街，西至馬姓，南至唐姓，北至寬巷，东西出路均通至官道，四至分明，今情愿租与

4 苗大慶名下永遠為業。栽樹打井、起土壘墻，由己自便。同中從舊约搗來使過押

5 地䞈錢壹拾貳千文，今同中[又]使過現市錢貳拾伍千文，其錢當交不歉（欠）。言明每年

6 地譜市錢貳佰伍拾文，憑摺收取，不許長支短歉（欠），亦不準葨迭（漲跌）租錢。倘後有蒙民人親族〔一〕等

7 爭奪者，有虎登山一力承當。兩出情愿，各無返悔。恐口無憑，立租空地基彌缝约

8 為証用。

9 中華民國貳年　三月三號　　陰曆癸丑正月廿六日　　苗大慶　立十

（後缺）

注釋

〔一〕「親族」二字原寫於行間，附有表示增補插入的畫綫。

附表

編　　號	民 2
題　　名	民國二年（一九一三）苗大慶租到虎登山名下經守空地基約
類　　別	租到空地基約
尺　　寸	24.5×45 釐米
保存狀態	有破損，文字稍有殘損
原 編 號	126
紅 白 契	白契
立 約 者	苗大慶
理　　由	無
承 租 者	苗大慶
出 租 者	虎登山
承 當 者	虎登山
地點坐落及四至	營坊道西巷内小北巷内坐西向東：東至公夥小巷，出路走水通至官街，西至馬姓，南至唐姓，北至寬巷，東西出路均通至官道
面　　積	空地基壹塊，計東西長拾壹丈，南北寬陸丈
用　　途	永遠為業，栽樹打井、起土壘墻，由己自便
押 地 錢	從舊约搗来使過押地錢壹拾貳千文，今同中又使過現市錢貳拾五千文，其錢當交不欠
地 譜 錢	每年市錢貳佰伍拾文，憑摺收取
年　　限	無
印　　章	無
稅　　票	無
文　　字	漢
中　　人	無
書　　人	無
立約日期	中華民國貳年三月三號陰曆癸丑正月廿六日
附　　注	

民3

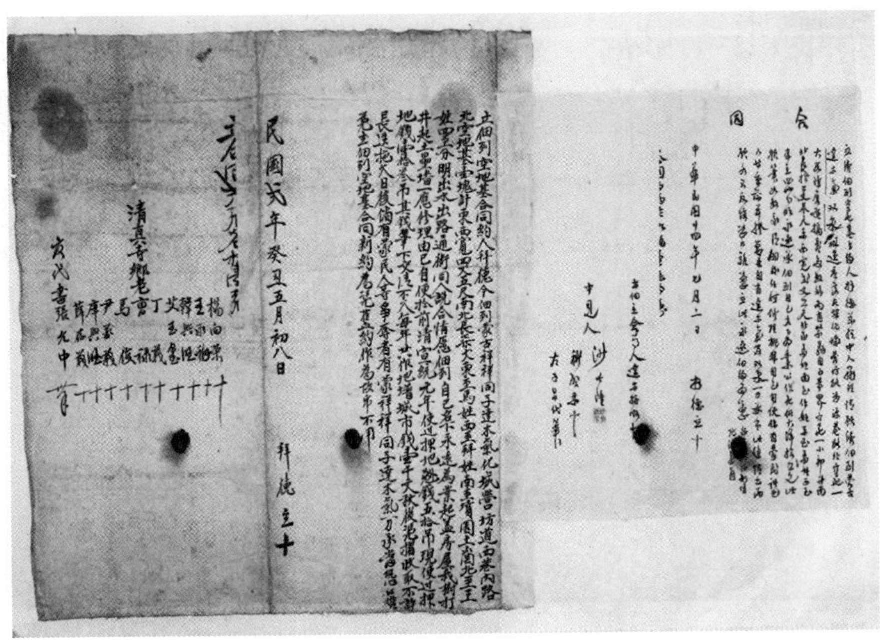

民國弍年癸丑五月初八日

拜德 立十

中華民國十四年九月二日

民3　民國二年（一九一三）拜德佃到蒙古祥祥同子達木氣空地基合同約

該合同約右側附有另一紙合同，録文詳見民56《民國二十四年（一九三五）拜德續佃到蒙古達木氣、双泉空地基文約》。約中提到的前清宣統元年舊約，見宣1《宣統元年（一九〇九）崇福堂拜姓佃到蒙古祥祥同子達木氣空地基約》。

立佃到空地基合同約人拜德，今佃到蒙古祥祥同子達木氣化城[一]營坊道西巷内路
北空地基壹塊。計東西寛四丈五尺，南北長柒丈，東至馬姓，西至拜姓，南至墳園土崗，北至王
姓，四至分明，出水出路通街。同人説合，情愿佃到自己名下永遠為業，起盖房屋、栽樹打
井、起土壘墻，一應修理，由己自便。於前清宣統元年使过押地𢇁錢五拾吊，現使过押
地錢壹拾叁吊，其錢筆下交清不欠。每年共作地增城市錢壹千文。秋後憑摺收取，不許
長迭（漲跌）、拖欠。日後，倘有蒙民人等爭奪者，有蒙祥祥同子達木氣一力承當。恐口难
憑，立佃到空地基合同新約為憑，舊約作為故紙不用。
民國弍年癸丑五月初八日　　拜德　立十
立合同弍張，各执壹張[二]。
楊向荣十
王永福十
韓興旺十
艾玉玺十

14 丁　義十

15 清真寺鄉老曹　禄十

16 馬　俊十

17 尹萬義十

18 庫興旺十

19 薛存義十

20 官代書　張元中筆

注釋

〔一〕「化城」二字上疑缺「歸」字。

〔二〕該行文字只存左半部分。

編　號	民 3
題　名	民國二年（一九一三）拜德佃到蒙古祥祥同子達木氣空地基合同約
類　別	佃到空地基約
尺　寸	46.1×46 釐米
保存狀態	完整，有污漬
原編號	127
紅白契	白契
立約者	拜德
理　由	無
承佃者	拜德
出佃者	蒙古祥祥同子達木氣
承當者	蒙祥祥同子達木氣
地點坐落及四至	歸化城營坊道西巷内路北：东至馬姓，西至拜姓，南至墳園土崗，北至王姓，出水出路通街
面　積	空地基壹塊：東西寬四丈五尺，南北長柒丈
用　途	永遠為業，起盖房屋、栽樹打井、起土壘墻、一應修理，由己自便
押地錢	前清宣統元年使过押地兠錢五拾吊，現使过押地錢壹拾叁吊，其錢筆下交清不欠
地增錢	每年城市錢壹千文，秋後憑摺收取
年　限	無
印　章	無
税　票	無
文　字	漢
中見人	清真寺鄉老：楊向荣、王永福、韓興旺、艾玉玺、丁義、曹禄、馬俊、尹萬義、庫興旺、薛存義
官代書	張元中
立約日期	民國弍年癸丑五月初八日
附　注	

民
4

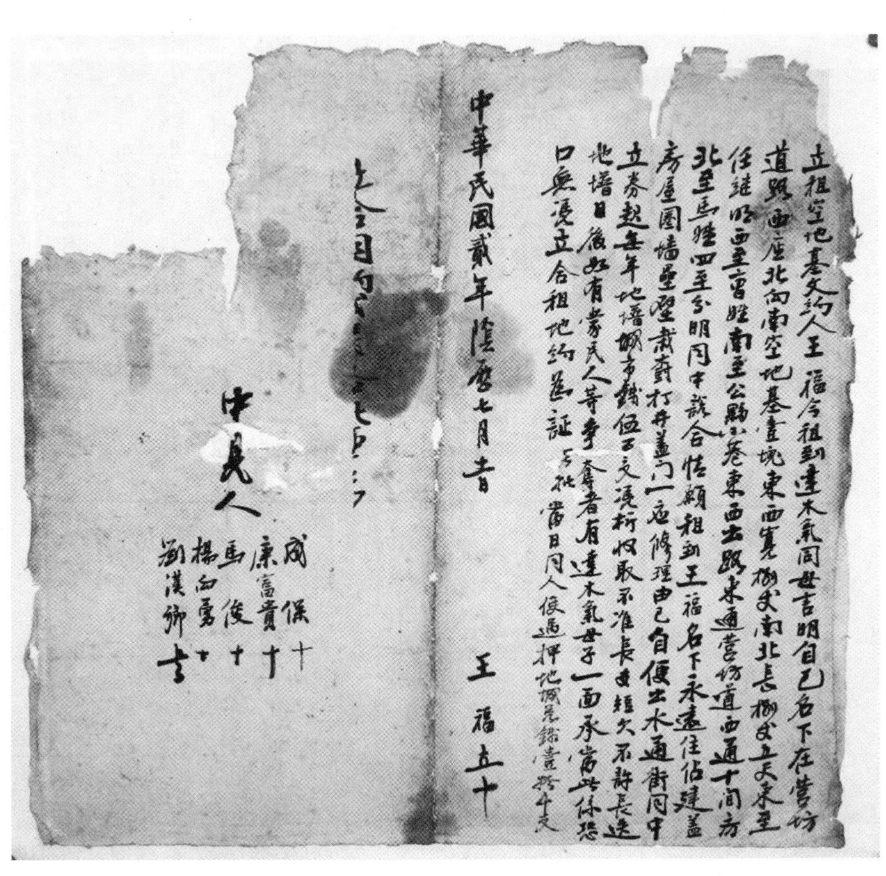

立租空地基文約人王福今租到達木氣同母言明自己名下在營坊
道路西座北向南空地基壹塊東西寬捌丈南北長捌丈五尺東至
任姓吸西至曾姓南至公路小巷東西出路來通營坊道西通十間房
北至馬姓四至分明同中說合情願租到王福名下永遠住佔建蓋
房屋圍墻壘壁栽樹打井蓋門一座修理由己自便出水通街同中
立券起每年地增現市錢伍百文憑折收取不准長支短欠不許長送
地增日後如有紛擾人等爭奪者有達木氣母子一面承當此係恐
口無憑立合租地約為証 另批當日同人候過押地現見錢壹拾千文

中華民國貳年陰歷七月 吉 立

王福 立十

中見人
咸保 十
康富貴 十
馬俊 十
楊向勇 十
劉漢卿 十

民4　民國二年（一九一三）王福租到達木氣同母空地基文約

立租空地基文约人王福，今租到：達木氣同母言明自己名下在营坊道路西座(坐)北向南空地基壹塊，東西寬捌丈，南北長捌丈五尺，東至任继明，西至曹姓，南至公夥小巷，東西出路東通营坊道，西通十间房，北至馬姓，四至分明。同中説合，情願租到王福名下永遠住佔。建盖房屋、圈墙壘壁、栽樹打井、盖门，一应修理，由己自便。出水通街。同中立券起，每年地增城市錢伍百文，憑折收取，不准長支短欠，不許長迭(漲跌)地增。日後，如有蒙民人等争奪者，有達木氣母子一面承當。此係恐口無憑，立合租地约為証。另批當日同人使過押地城兑錢壹拾千文。

中華民國貳年 陰曆 七月十一日　王　福　立十

立合同約貳張，各執壹張[一]。

成　保十
康富貴十
中見人　馬　俊十
楊向勇十
劉漢卿　書

注釋

〔一〕該行文字只存右半部分。

附表

編　號	民 4
題　名	民國二年（一九一三）王福租到達木氣同母空地基文約
類　別	租到空地基約
尺　寸	51.2×51.7 釐米
保存狀態	有污漬、缺損，文字基本完整
原編號	128
紅白契	白契
立約者	王福
理　由	無
承租者	王福
出租者	達木氣同母
承當者	達木氣母子
地點坐落及四至	營坊道路西坐北向南：東至任继明，西至曹姓，南至公夥小巷，東西出路東通營坊道，西通十间房，北至馬姓，出水通街
面　積	空地基壹塊：東西寬捌丈，南北長捌丈五尺
用　途	永遠住佔，建盖房屋、圈墻壘壁、栽樹打井、盖门，一应修理，由己自便
押地錢	當日使過城兑錢壹拾千文
地增錢	每年城市錢伍百文，憑折收取
年　限	無
印　章	無
稅　票	無
文　字	漢
中見人	成保、康富貴、馬俊、楊向勇、劉漢卿
書　人	劉漢卿
立約日期	中華民國貳年陰曆七月十一日
附　注	

民5

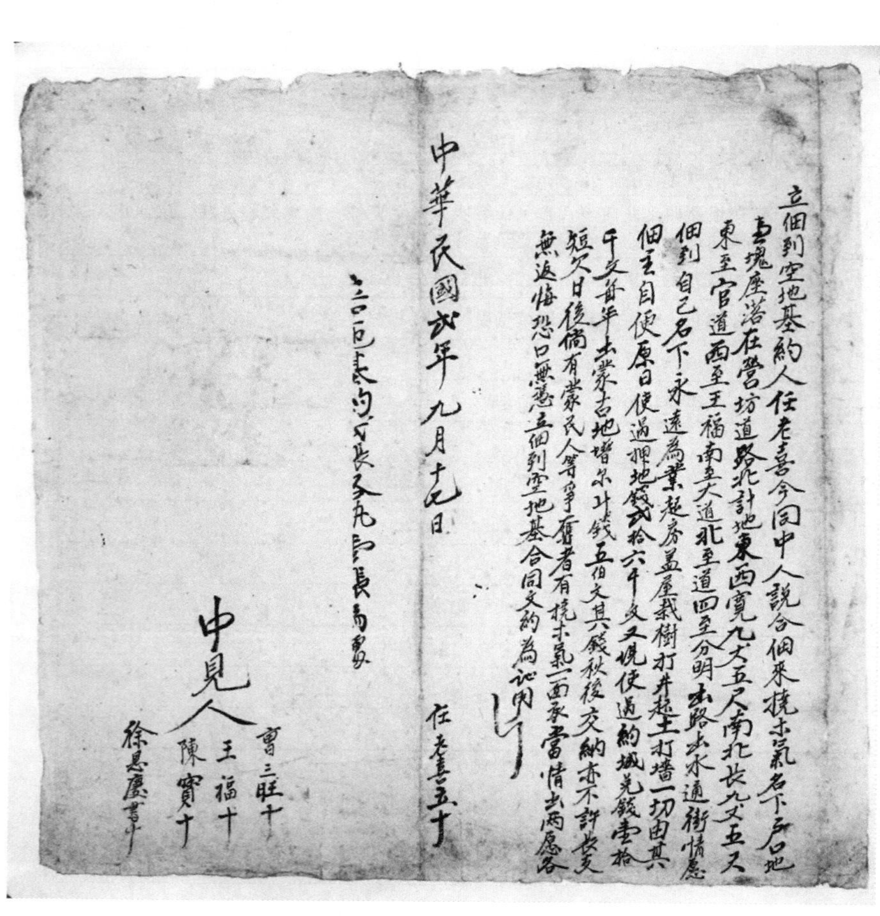

立佃到空地基約人任老喜今同中人説合佃來撓木氣名下户口地
壹塊座落在營坊道路北計地東西寬九丈五尺南北長九丈五尺
東至官道西至王福南至大道北至道四至分明出路出水通街情愿
佃到自己名下永遠為業起房蓋屋栽樹打井起土打墻一切由其
佃主自便原日使過押地錢弍拾六千文又現使過約城兑錢壹拾
千文每年出蒙古地增尔斗錢五佰文其錢秋後交納亦不許長支
短欠日後倘有蒙民人等爭奪者有撓木氣一面承當情出兩愿各
無返悔恐口無憑立佃到空地基合同文約為証用

中華民國弍年九月十九日　任老喜五十

三合巳長白下長及各元鄉長為憑

中見人　曹三旺十　王福十　陳寶十

徐恩慶書十

民5　民國二年（一九一三）任老喜佃到撓木氣空地基約

立佃到空地基約人任老喜，今同中人說合，佃來撓木氣名下户口地
壹塊。座(坐)落在營坊道路北，計地東西寬九丈五尺，南北長九丈五尺，
東至官道，西至王福，南至大道，北至道，四至分明，出路出水通街，情願
佃到自己名下永遠為業。起房盖屋、栽樹打井、起土打墻，一切由其
佃主自便。原日使過押地錢弍拾六千文，又現使過約城兑錢壹拾
千文。每年出蒙古地增尔𠦃錢五佰文，其錢秋後交納，亦不許長支
短欠。日後，倘有蒙民人等爭奪者，有撓木氣一面承當。情出两愿，各
無返(反)悔。恐口無憑，立佃到空地基合同文約為证用。
中華民國弍年九月十七日　任老喜立十
立空地基約貳張，各執壹張為據[一]。
中見人　曹三旺十
王　福十
陳　寶十
徐恩慶書十

注釋

[一] 該行文字只存右半部分。

附表

編　　號	民 5
題　　名	民國二年（一九一三）任老喜佃到撓木氣空地基約
類　　別	佃到空地基約
尺　　寸	46.6×48 釐米
保存狀態	完整
原 編 號	129
紅 白 契	白契
立 約 者	任老喜
理　　由	無
承 佃 者	任老喜
出 佃 者	撓木氣
承 當 者	撓木氣
地點坐落及四至	營坊道路北：東至官道，西至王福，南至大道，北至道，出路出水通街
面　　積	户口地壹塊，計地東西寬九丈五尺，南北長九丈五尺
用　　途	永遠為業，起房盖屋、栽樹打井、起土打墻，一切由其佃主自便
押 地 錢	原日使過押地錢弍拾六千文
過 約 錢	現使過約城兑錢壹拾千文
地 増 尔	每年卄錢五佰文，秋後交納
年　　限	無
印　　章	無
税　　票	無
文　　字	漢
中 見 人	曹三旺、王福、陳寶、徐恩慶
書　　人	徐恩慶
立約日期	中華民國弍年九月十七日
附　　注	

民6

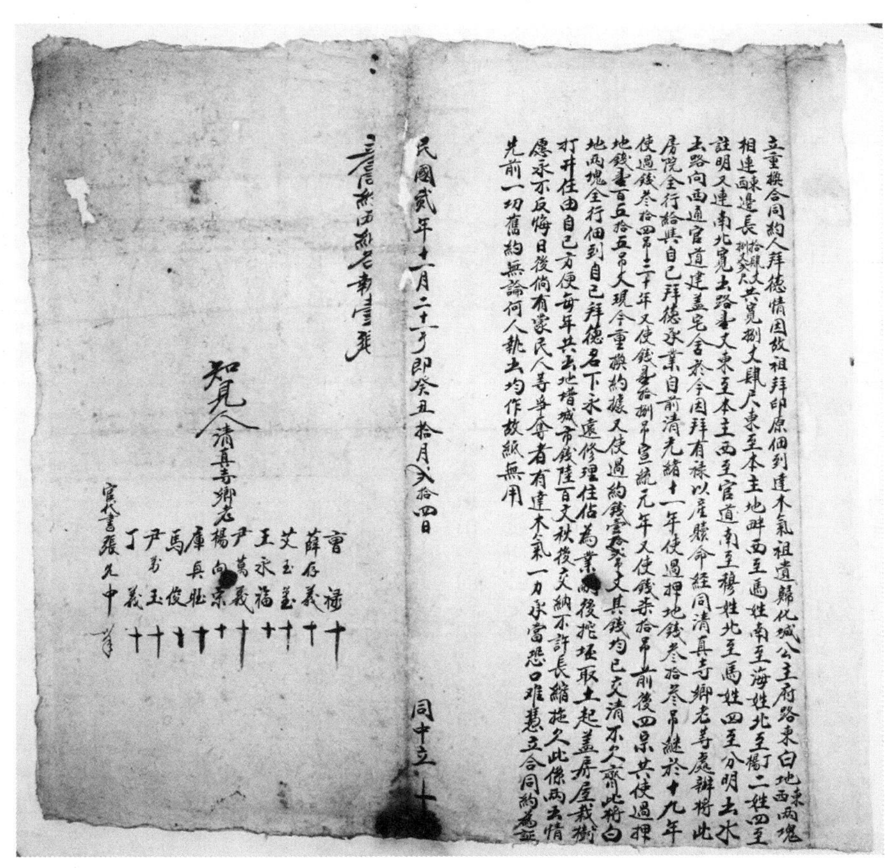
立重換合同約人拜德情因故祖拜印原佃到達木氣祖遺歸化城公主府路東白地西東兩塊
相連西東邊長拾肆丈捌丈叁尺共寬捌丈肆尺東至本主地畔西至馬姓南至海姓北至楊丁二姓四至
註明又連南北寬出路壹丈東至本主西至官道南至穆姓北至馬姓四至分明出水
出路向西通官道建蓋宅舍於今因拜有祿以產贖命經同清真寺鄉老等處辦將此
房院全行給與自己拜德承業自前清光緒十一年使過押地錢叁拾叁吊繼於十九年
使過錢叁拾四吊二十年又使錢壹拾捌吊宣統元年又使錢柒拾吊前後四景共使過押
地錢壹百五拾五吊大錢現今重換約據又使過約錢壹拾叁吊文其錢均已交清不欠齊此將白
地兩塊全行佃到自己拜德名下永遠修理住佔為業[illegible]後挖坯取土起蓋房屋栽樹
打井任由自己方便每年共出地增城市錢陸百文秋後交納不許長縮拖欠此係兩出情
愿永不反悔日後倘有蒙民人等爭奪者有達木氣一力承當恐口難憑立合同約為証
先前一切舊約無論何人執出均作故紙無用

民國貳年十一月二十一日即癸丑拾月貳拾四日

同中立 十

[illegible]

知見人 清真寺鄉老
曾祿 十
薛存義 十
艾玉璽 十
王永福 十
尹萬義 十
楊向宗 十
庫兵壯 十
馬俊 十
尹秀玉 十
丁義 十

官代書張光中 押

民6　民國二年（一九一三）拜德重換佃到達木氣白地合同約

關於該文書中提到拜印原佃到達木氣白地之事，見光9《光緒十一年（一八八五）拜印佃到金貴空地基約》。

1 立重換合同約人拜德，情因故祖拜印原佃到達木氣祖遺歸化城公主府路東白地東西兩塊

2 相連，東西邊長拾肆丈，捌丈弍尺，共寬捌丈肆尺，東至本主地畔，西至馬姓，南至海姓，北至丁楊二姓，四至

3 註明；又連南北寬出路壹丈，東至本主，西至官道，南至穆姓，北至馬姓，四至分明，出水

4 出路向西通官道，建盖宅舍；於今因拜有禄以產贖命，經同清真寺鄉老等處辦，將此

5 房院全行給予自己拜德承業。自前清光緒十一年，使過押地錢叁拾叁吊，繼於十九年

6 使過錢叁拾四吊，三十年又使錢壹拾捌吊。宣統元年，又使錢柒拾吊。前後四宗共使過押

7 地錢壹百五拾五吊文。現今重換約據，又使過約錢壹拾弍吊文，其錢均已交清不欠。齊此將白

8 地兩塊全行佃到自己拜德名下永遠修理住佔為業。嗣後挖坯取土、起盖房屋、栽樹

9 打井，任由自己方便。每年共出地增城市錢陸百文，秋後交納，不許長縮拖欠。此係两出情

10 愿，永不反悔。日後，倘有蒙民人等爭奪者，有達木氣一力承當。恐口难憑，立合同約為証。

11 先前一切舊約，無論何人執出，均作故紙無用。

12 民國貳年十一月二十一号即癸丑拾月弍拾四日　　同中立十

13 立合同約两紙，各執壹張[一]。

14 　　曹禄十

薛存義十

艾玉璽十

王永福十

尹萬義十

知見人清真寺鄉老　楊向榮十

庫興旺十

馬　俊十

尹萬玉十

丁　義十

官代書　張元中　筆

注釋

〔一〕該行文字只存左半部分。

編　　號	民 6
題　　名	民國二年（一九一三）拜德重換佃到達木氣白地合同約
類　　别	佃到白地約
尺　　寸	52×52.5 釐米
保存狀態	稍破損，有污漬，文字完整
原 編 號	130
紅 白 契	白契
立 約 者	拜德
理　　由	故祖拜印原佃到達木氣祖遺白地建盖宅舍，今因拜有禄以產贖命，將此房院全行給與自己拜德承業
承 佃 者	拜德
出 佃 者	達木氣
承 當 者	達木氣
地點坐落及四至	歸化城公主府路東：東至本主地畔，西至馬姓，南至海姓，北至丁、楊二姓。又連南北寬出路，東至本主，西至官道，南至穆姓，北至馬姓。出水出路向西通官道
面　　積	祖遺白地東西兩塊相連，東、西邊長拾肆丈、捌丈弍尺，共寬捌丈肆尺。南北寬出路壹丈
用　　途	永遠修理住佔為業，挖坯取土、起盖房屋、栽樹打井，任由自己方便
押 地 錢	光緒十一年，使過押地錢叁拾叁吊，繼於十九年使過錢叁拾四吊，三十年又使錢壹拾捌吊。宣統元年，又使錢柒拾吊。前後四宗共使過壹百五拾五吊文。已交清不欠
過 約 錢	使過壹拾弍吊文，已交清不欠
地 增 錢	每年共出城市錢陸百文，秋後交納
年　　限	無
印　　章	無
稅　　票	無
文　　字	漢
知 見 人	清真寺鄉老：曹禄、薛存義、艾玉玺、王永福、尹萬義、楊向荣、庫興旺、馬俊、尹萬玉、丁義
官 代 書	張元中
立約日期	民國貳年十一月二十一号即癸丑拾月弍拾四日
附　　注	

立佃空地基永遠合同約人劉永財會同中人議合佃蒙吉祥同子達木欠將他祖遺到營坊道
路西空地壹畝東至舊他青地南至馬登雲趙雄南至馬六漢東北至官路正北至墳園西
北至馬根序四至分明計地東邊南北長陸丈六尺西邊南北寬九
丈壹尺南邊東西寬七丈六尺情願佃到自已名下永遠為業日後必要起蓋房屋栽樹
穿井挑渠趙土窰牆出路走永由行東北通至營坊道言明一並由其鐵吉自便同中三面
視附過佃地價祖滿歲捌吊火其歲當祖久鹵年鹵出鹵吊柴城茅城或茅文其鐵
兩標交還永不准長支升久亦不許增思迤塲不日後倘有爭占有爭者有憑婚
同子連木欠一面承當情出西願各無返悔空口無憑立佃永遠空地基同約為據用
计挑渠批約口含寬捌門内〈以此為憑〉
中華民國叁年陽曆十月九號即陰曆九月初旬劉永財觀十立

计批大門贵索德特具院内南邉擴出南北寬建文南通到剖
院内東通出官街剖中說么將其竟姓老約抧搞費具
劉永財名下永遠為業日後易立賣納高訟乙家苦
由自傳易立賣納業苦竟過押地價
剖姓永遠為業苦竟過押地墻合二宗
連壹商出地墻四吊城市錢
合成大洋壹元立抧搞年欵使

同中人
鐵花十
曹義昌
馬登雲十
成保十

代筆人 馬子菁筆

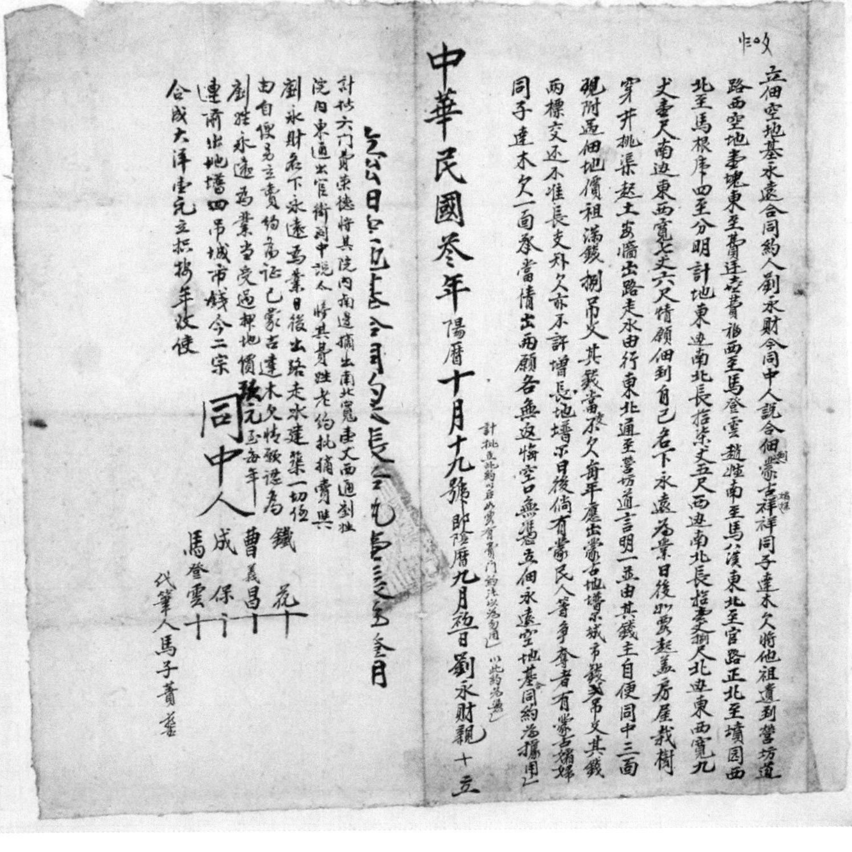

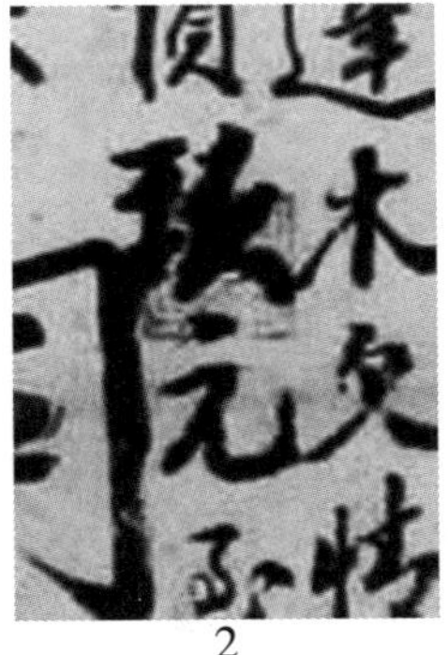

民7 民國三年（一九一四）劉永財佃到蒙古孀婦祥祥同子達木欠空地基合同約

該合同約鈐有朱印兩方，印1應為「歸綏縣知事之寶印」，印2模糊不識。

刂三〇攵
立佃空地基永遠合同約人劉永財，今同中人説合，佃到〔一〕：蒙古孀婦〔二〕祥祥同子達木欠將他祖遺到營坊道
路西空地壹塊，東至費廷喜、費福，西至馬登雲、趙姓，南至馬八漢，東北至官路，正北至墳园，西
北至馬根虎，四至分明，計地東边南北長拾柒丈五尺，西边南北長拾壹丈捌尺，北边東西寬九
丈壹尺，南边東西寬七丈六尺，情願佃到自己名下永遠為業。日後，如要起盖房屋、栽樹、
穿井挑渠、起土安墻，出路走水由行東北通至營坊道，言明一並由其錢主自便。同中三面，
現附過佃地價租滿錢捌吊文，其錢當交〔三〕不欠。每年應出蒙古地增尔城市錢式吊文，其錢
两標交还，不准長支短欠，亦不許增長地增尔。日後，倘有蒙民人等争奪者，有蒙古孀婦
同子達木欠一面承當。情出两願，各無返（反）悔。空口無憑，立佃永遠空地基合〔四〕同約為據用。
計批立此約以后，如要有費门約张，以為勿用，以此約為憑。
中華民國叁年陽曆十月十九號即陰曆九月初一日　劉永財親十立
立出佃空地基合同約貳張，各執壹張為證用〔五〕。
計批六门費荣德將其院内南邊摘出南北寬壹丈，西通劉姓
院内，東通出官街。同中説合，將其費姓老约批摘賣與
劉永財名下永遠為業。日後，出路走水、建築，一切任

由自便。另立賣約為证。己蒙古達木欠情願認為　　鐵　花　十
劉姓永遠為業，当受過押地價玖元。至每年　　曹義昌　十
連前出地増四吊城市錢。今二宗　　同中人　成　保　十
合成大洋壹元，立折按年收使。　　馬登雲　十
代筆人馬子賁〔六〕

注釋

〔一〕「到」字原寫於行外，附有表示增補插入的畫綫。

〔二〕「孀婦」二字原寫於行外，附有表示增補插入的畫綫。

〔三〕「交」字原寫於行間。

〔四〕「合」字原寫於行間。

〔五〕該行文字只存右半部分。

〔六〕該人名下面有墨色畫押。

附表

編　　號	民 7
題　　名	民國三年（一九一四）劉永財佃到蒙古孀婦祥祥同子達木欠空地基合同約
類　　別	佃到空地基約
尺　　寸	52.8×52.6 釐米
保存狀態	完整
原 編 號	131
紅 白 契	紅契
立 約 者	劉永財
理　　由	無
承 佃 者	劉永財
出 佃 者	蒙古孀婦祥祥同子達木欠
承 當 者	蒙古孀婦同子達木欠
地點坐落及四至	營坊道路西：東至費廷喜、費福，西至馬登雲、趙姓，南至馬八漢，東北至官路，正北至墳园，西北至馬根虎
面　　積	祖遺到空地壹塊，計地東边南北長拾柒丈五尺，西边南北長拾壹丈捌尺，北边東西寬九丈壹尺，南边東西寬七丈六尺
用　　途	永遠為業，起盖房屋、栽樹、穿井挑渠、起土安墻，出路走水由行東北通至營坊道，一並由其錢主自便
佃地價租	滿錢捌吊文，其錢當交不欠
地 增 尔	每年應出城市錢弍吊文，其钱两標交还
年　　限	永遠
印　　章	朱印兩方
稅　　票	無
文　　字	漢
同 中 人	鐵花、曹義昌、成保、馬登雲
代 筆 人	馬子賁
立約日期	中華民國叁年陽曆十月十九號即陰曆九月初一日
附　　注	計批立此約以後，如要有費门約张，以為勿用，以此約為憑。 計批費荣德將其院内南邊摘出南北寬壹丈，两通劉姓院内，東通出官街，摘賣與劉永財名下約。

民8

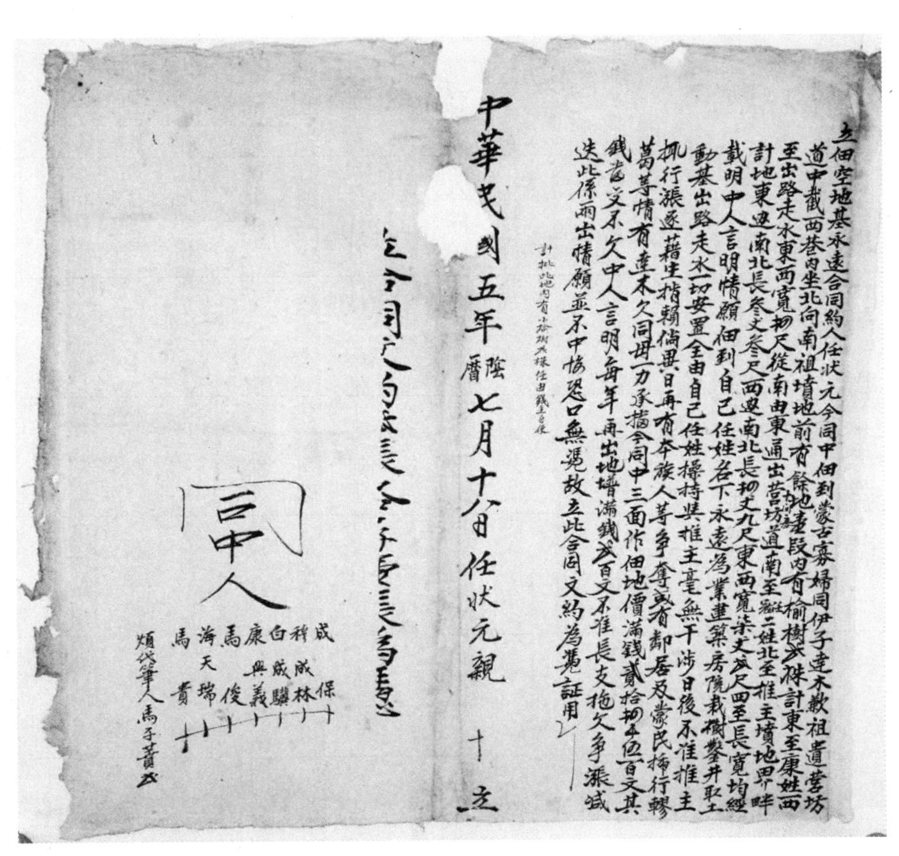
立佃空地基永遠合同約人任狀元，今同中佃到蒙古寡婦同伊子達木歎祖遺營坊道中截西巷內坐北向南祖墳地前有餘地壹段，內有榆樹貳株，計東至康姓，西至出路走水，東西寬捌尺，從南由東通出營坊道，南至二姓，北至推主墳地界畔，計地東邊南北長叁丈叁尺，西邊南北長捌丈九尺，東西寬柒丈貳尺，四至長寬均經載明。中人言明情願佃到自己任姓名下永遠為業，建築房院、栽樹、鑿井、取土動基、出路走水一切安置，全由自己任姓操持，與推主毫無干涉。日後不准推主攔行漲迭，藉生指頼，倘異日再有本族人等爭奪，或有鄰居及蒙民攔行轇葛等情，有達木欠同毋一力承擋。合同中三面作佃地價滿錢貳拾捌千伍百文，其錢當交不欠。中人言明每年再出地增滿錢貳百文，不准長支拖欠，爭漲減迭。此係兩出情願，並不中悔，恐口無憑，故立此合同文約為憑證用。

計批此地內有小榆樹六株任由戮土自便

中華民國五年陰曆七月十八日任狀元親十立

立合同文約貳張各執壹張為照

同中人
成保 十
祁成林 十
白成驥 十
康興義 十
馬俊 十
海天瑞 十
馬貴 十

煩代筆人馬子貴

民8 民國五年（一九一六）任狀元佃到蒙古寡婦同子達木歡空地基合同約

立佃空地基永遠合同約人任狀元，今同中佃到：蒙古寡婦同伊子達木歡祖遺營坊
道中截西巷内坐北向南祖墳地前有餘地壹段，内有榆樹弍株，計東至康姓，西
至出路走水，東西寬肆尺，從南由東通出營坊道（十間房），南至任寇二姓，北至推主墳地界畔，
計地東边南北長叁丈叁尺，西边南北長肆丈九尺，東西寬柒丈弍尺，四至長寬均經
載明。中人言明，情願佃到自己任姓名下永遠為業，建築房院、栽樹鑿井、取土
動基、出路走水，一切安置全由自己任姓操持，與推主毫無干涉。日後，不准推主
輒行漲逐，藉生揩賴。倘異日再有本族人等争奪，或有鄰居及蒙民插行轇
葛等情，有達木欠同母一力承擋。今同中三面作佃地價滿錢貳拾肆千伍百文，其
錢當交不欠。中人言明，每年再出地增滿錢弍百文，不准長支拖欠、争漲減
迭（跌）。此係兩出情願，並不中悔。恐口無憑，故立此合同文約為憑証用。
計批此地内有小榆樹弍株，任由錢主自便。
中華民國五年陰曆七月十八日　任狀元　親十　立
立合同文約貳張，各□壹張為憑[二]。

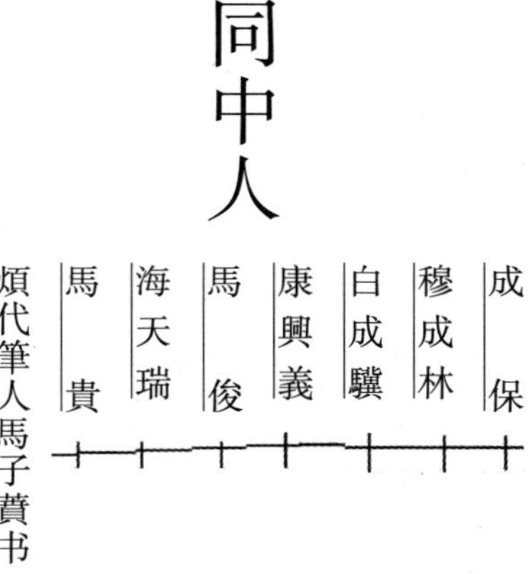

同中人

成　保　十

穆成林　十

白成驥　十

康興義　十

馬　俊　十

海天瑞　十

馬　貴　十

煩代筆人馬子賁书

注釋

〔一〕該行文字只存右半部分。

編　　號	民 8
題　　名	民國五年（一九一六）任状元佃到蒙古寡婦同子達木歉空地基合同約
類　　別	佃到空地基合同約
尺　　寸	56.2×53.5 釐米
保存狀態	有破損，文字稍缺損
原 編 號	132
紅 白 契	白契
立 約 者	任状元
理　　由	無
承 佃 者	任状元
出 佃 者	蒙古寡婦同伊子達木歉
承 當 者	達木欠同母
地點坐落及四至	营坊道中截西巷内坐北向南祖墳地前：東至康姓，西至出路走水，東西寬肆尺，從南由東通出营坊道（十间房），南至任、冦二姓，北至推主墳地界畔
面　　積	祖遺餘地壹段，内有榆樹弍株，計地東边南北長叁丈叁尺，西边南北長肆丈九尺，東西寬柒丈弍尺
用　　途	永遠為業，建築房院、栽樹鑿井、取土動基、出路走水，一切安置全由自己任姓操持
佃 地 價	滿錢貳拾肆千伍百文，其錢當交不欠
地 增 錢	每年出滿錢弍百文
年　　限	永遠
印　　章	無
稅　　票	無
文　　字	漢
同 中 人	成保、穆成林、白成驥、康興義、馬俊、海天瑞、馬貴
書人（代筆人）	馬子賁
立約日期	中華民國五年陰曆七月十八日
附　　注	計批地内有小榆樹弍株，任由錢主自便

附表

民9

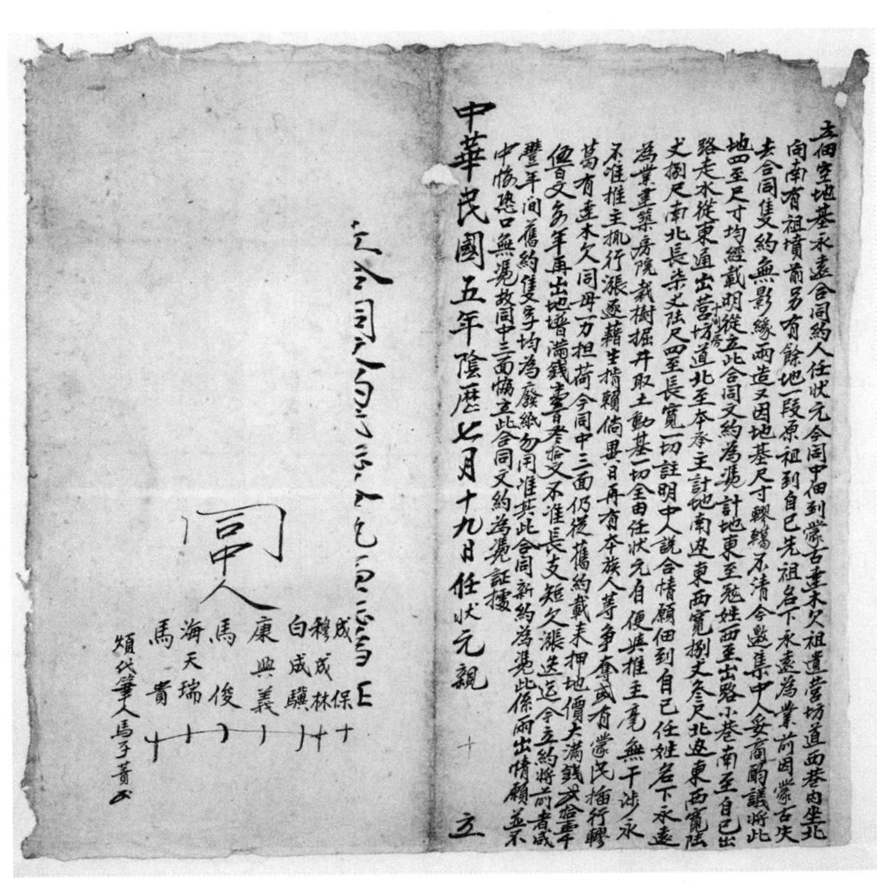

立佃空地基永遠合同約人任狀元，今因中佃到蒙古畫木欠祖遺營坊道西巷內坐北向南有祖墳前另有餘地一段，原祖到自己先祖名下永遠為業。前因蒙古失去合同售文約無影，緣兩造又因地基尺寸轇轕不清，今邀集中人妥商酌議，將此地四至尺寸均經載明，從立此合同文約為憑。計地東至魁姓，西至出路小巷，南至自己出路走水從東通出營坊道（十間房），北至本[?]主。計地南邊東西寬捌丈叁尺，北邊東西寬陸丈捌尺，南北長柒丈陸尺，四至長寬一切註明，中人說合，情願佃到自己任姓名下永遠為業，蓋築房院，栽樹掘井，取土動基，一切全由任狀元自便，與推主毫無干涉，永不准推主拔行漲迭，藉生情賴。倘異日再有本族人等爭奪，或有蒙民插行轇葛，有畫木欠同毋一力担荷。今同中三面仍從舊約載來押地價大滿錢弍拾壹千伍百文，多年再出地譜滿錢壹吊叁百文，不准長支短欠，漲迭。迄今立約，將前者咸豐年間舊約售文字均為廢紙，勿用，准其此合同新約為憑，此係兩出情願，並不中悔，恐口無憑，故同中三面情立此合同文約為憑證據。

中華民國五年陰歷七月十九日任狀元親 十 立

同中人
成保 十
穆成林 十
白成驥 十
康興義 十
馬俊 十
海天瑞 十
馬貴 十

煩代筆人馬子菁 押

民9　民國五年（一九一六）任狀元佃到蒙古達木欠空地基合同約

立佃空地基永遠合同約人任狀元，今同中佃到：蒙古達木欠祖遺營坊道西巷内坐北
向南有祖墳前另有餘地一段，原租到自己先祖名下永遠為業。前因蒙古失
去合同隻約無影，緣兩造，又因地基尺寸轇轕不清，今邀集中人妥商酌議，將此
地四至尺寸均經載明，從立此合同文約為憑。計地東至寇姓，西至出路小巷，南至自己出
路走水，從東通出營坊道（十间房），北至本承主。計地南边東西寬捌丈叁尺，北边東西寬陆
丈捌尺，南北長柒丈陆尺，四至長寬一切註明。中人説合，情願佃到自己任姓名下永遠
為業，建築房院、栽樹掘井、取土動基，一切全由任狀元自便，與推主毫無干涉。永
不准推主輒行漲逐，藉生措賴。倘異日再有本族人等争奪，或有蒙民插行轇
葛，有達木欠同母一力担荷。今同中三面，仍從舊約載来押地價大滿錢弍拾壹千
伍百文。每年再出地増滿錢壹百叁拾文，不准長支短欠、漲迭（跌）。迄今立約，將前者咸
豐年間舊約隻字均為廢紙勿用，准其此合同新約為憑。此係兩出情願，並不
中悔。恐口無憑，故同中三面協立此合同文約為憑証據。
中華民國五年陰曆七月十九日　任狀元　親　十　立
立合同文約貳張，各執壹張為証[一]。
成　保十
穆成林十

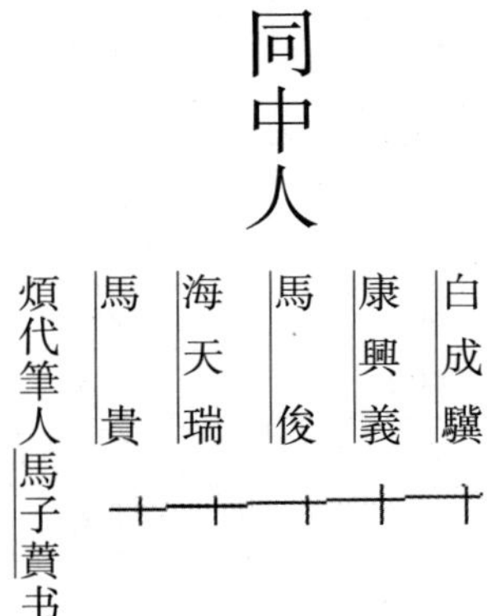

同中人
白成驥 十
康興義 十
馬　俊 十
海天瑞 十
馬　貴 十
煩代筆人馬子賁书

注釋

〔一〕該行文字只存右半部分。

附表

編　　號	民9
題　　名	民國五年（一九一六）任状元佃到蒙古達木欠空地基合同約
類　　别	佃到空地基合同約
尺　　寸	54×54.3 釐米
保存狀態	稍有破損，文字完整
原 編 號	133
紅 白 契	白契
立 約 者	任状元
理　　由	原租到自己先祖名下永遠為業，前因蒙古失去合同隻約無影，緣兩造，又因地基尺寸轇轕不清
承 佃 者	任状元
出 佃 者	蒙古達木欠
承 當 者	達木欠同母
地點坐落及四至	营坊道西巷内坐北向南祖墳前：東至寇姓，西至出路小巷，南至自己出路走水，從東通出营坊道（十间房），北至本承主
面　　積	祖遺餘地一段，計地南边東西寬捌丈叁尺，北边東西寬陆丈捌尺，南北長柒丈陆尺
用　　途	永遠為業，建築房院、栽樹掘井、取土動基，一切全由任状元自便
押 地 錢	從舊約載来押地價大滿錢弍拾壹千伍百文
地 增 錢	每年壹百叁拾文
年　　限	永遠
印　　章	無
税　　票	無
文　　字	漢
同 中 人	成保、穆成林、白成驥、康興義、馬俊、海天瑞、馬貴
書人（代筆人）	馬子賁
立約日期	中華民國五年陰曆七月十九日
附　　注	

民
10

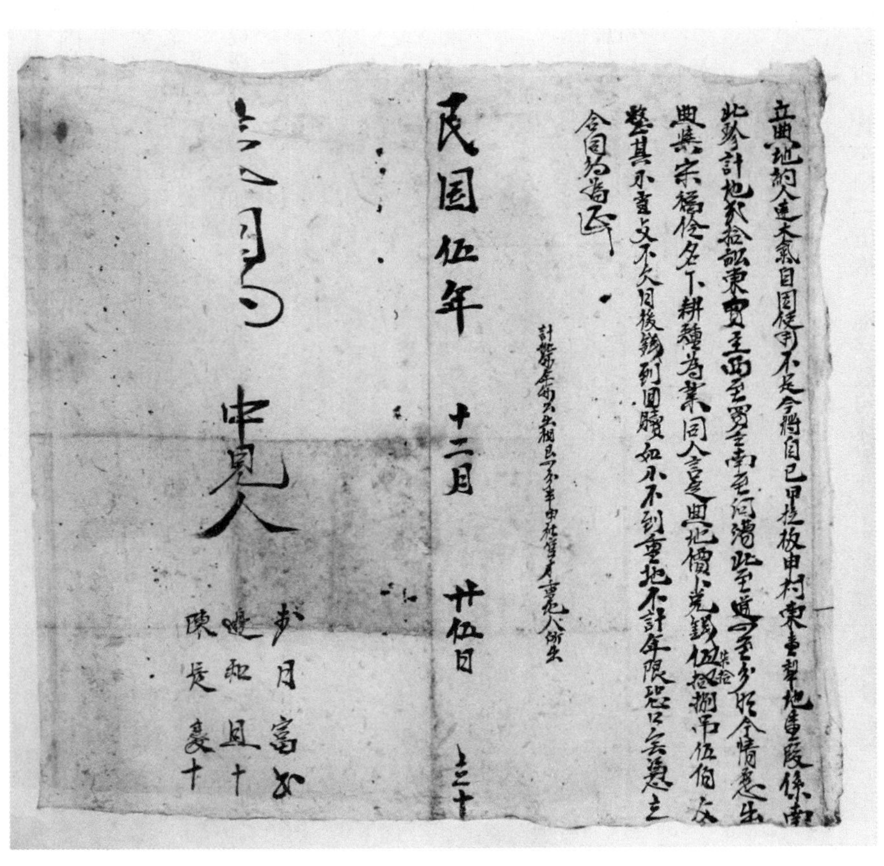
立典地約人達木氣，因使用不足，今將自己甲拉板申村東壹塊地壹段，係南北畛，此畛計地貳拾畝，東至買主，西至□，南至河灣，北至道，四至分明。今情愿出典與宗稿俭名下耕種為業。同人言定，典地價光錢伍（柒拾）拾捌吊伍佰文整，其錢當交不欠。日後錢到回贖，如錢不到，典地不計年限。恐口無憑，立合同為證。

計開每年每畝出租銀□分半，由社管事典地人所出

民国伍年十二月廿伍日　立十

中見人　步月富　押
婁和旦　十
陳堯褱　十

民10　民國五年（一九一六）達木氣出典與宋福伶地約

立典地約人達木氣，自因使用不足，今將自己甲拉板申村東壹犁地壹段，係南

北珍（畛），計地式拾畝，東〔一〕買主，西至買主，南至河漕，北至道，四至分明，今情愿出

典與宋福伶名下耕種為業。同人言定，典地價卜兑錢柒拾〔二〕捌吊伍佰文

整，其錢当交不欠。日後錢到回贖，如錢不到，重（種）地不計年限。恐口無憑，立

合同約為正（證）。

計批每年每畝出租銀四分半，申（神）社官才（差种）重地人所出。

民國　伍　年　十　二　月　廿伍日　　立十

立□同約〔三〕　　中見人　　李日富书

邊和旦十

陳長慶十

注釋

〔一〕「東」字下疑缺「至」字。

〔二〕「柒拾」二字原寫於行間，其左側「伍拾」兩字被勾抹。

〔三〕該行文字只存右半部分。

附表

編　號	民 10
題　名	民國五年（一九一六）達木氣出典與宋福伶地約
類　別	出典地約
尺　寸	29×28.5 釐米
保存狀態	完整
原編號	134
紅白契	白契
立約者	達木氣
理　由	使用不足
承典者	宋福伶
出典者	達木氣
承當者	無
地點坐落及四至	甲拉板申村東：東至買主，西至買主，南至河漕，北至道
面　積	壹犂地壹段，係南北畛，計地式拾畝
用　途	耕種為業
典地價	卜兑錢柒拾捌吊伍佰文整，其錢当交不欠
地租錢	每年每畝出租銀四分半，神社官差种地人所出
年　限	日後錢到回贖，如錢不到，種地不計年限
印　章	無
稅　票	無
文　字	漢
中見人	李日富、邊和旦、陳長慶
書　人	李日富
立約日期	民國伍年十二月廿伍日
附　注	

民11

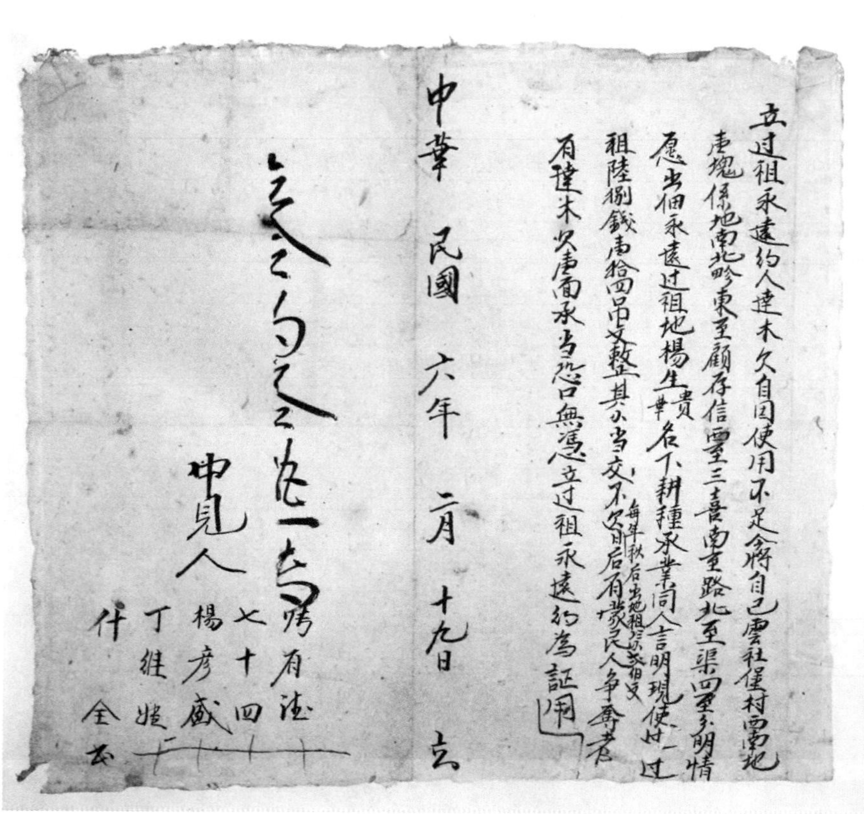

立过祖永遠約人達木欠，自因使用不足，今將自己雲社堡村南地壹塊，係地南北畛，東至顧存信，西至三喜，南至路，北至渠，四至分明，情愿出佃永遠过祖地楊生貴名下耕種永業。同人言明，現使过祖陸捌錢壹拾四吊文整，其錢當交不欠。每年秋后出地租錢伍伯文。日后有蒙民人爭奪者，有達木欠壹面承當。恐口無憑，立过祖永遠約為証用。

中華民國六年二月十九日　立

[illegible]

中見人　楊有德　七十四　楊彥盛　丁維岐　什全太

民11　民國六年（一九一七）達木欠過租與楊生貴、楊生華地約

立过祖（租）永遠约人達木欠，自因使用不足，今将自己雲社堡村西南地
壹塊，係地南北畛，東至顧存信，西至三喜，南至路，北至渠，四至分明，情
愿出佃永遠過祖（租）地楊生貴華名下耕種承業。同人言明，現使过过
祖（租）陸捌錢壹拾四吊文整，其錢当交不欠，每年秋后出地祖（租）上三錢弍佰文〔一〕。日后，有蒙民争奪者，
有達木欠壹面承当。恐口無憑，立过祖（租）永遠约為証用。
中華　民國　六年　二月　十九日　立
立合約，各執一張〔二〕。張有德十
七十四十
中見人楊彦盛十
丁维娃十
什　全书

注釋

〔一〕「每年秋后出地租上三錢弍百文」原寫於行間，附有表示增補插入的畫綫。

〔二〕該行文字只存右半部分。

附表

編　號	民 11
題　名	民國六年（一九一七）達木欠過租與楊生貴、楊生華地約
類　別	過租地約
尺　寸	43×39.7 釐米
保存狀態	完整
原編號	135
紅白契	白契
立約者	達木欠
理　由	使用不足
承租者	楊生貴、楊生華
出租者	達木欠
承當者	達木欠
地點坐落及四至	雲社堡村西南：東至顧存信，西至三喜，南至路，北至渠
面　積	地壹塊，係地南北畛
用　途	耕種承業
過租錢	陸捌錢壹拾四吊文整，其錢当交不欠
地租錢	每年秋后出亠亖錢弍佰文
年　限	永遠
印　章	無
稅　票	無
文　字	漢
中見人	張有德、七十四、楊彥盛、丁维娃、什全
書　人	什全
立約日期	中華民國六年二月十九日
附　注	

民12

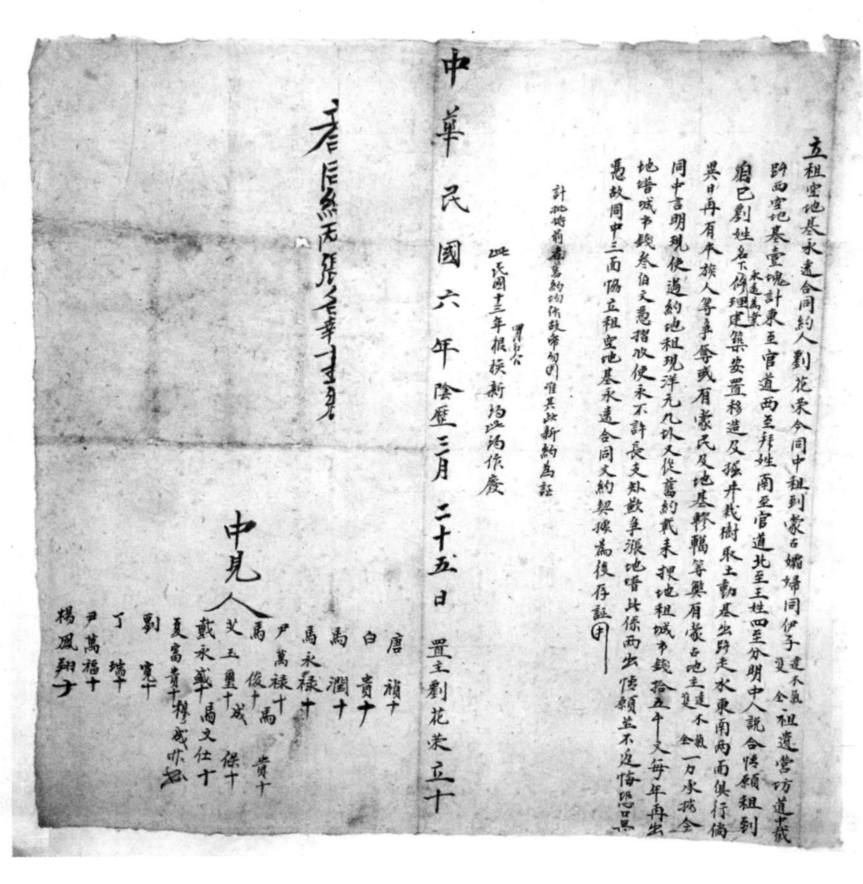

立租空地基永遠合同約人劉花衆，今同中租到蒙古孀婦同伊子達不氣、旦全祖遺營坊道南
路西空地基壹塊，計東至官道，西至拜姓，南至官道，北至王姓，四至分明。中人說合，情願租到
自己劉姓名下永遠為業，修理建築，安置移造，及掘井栽樹，取土動基，出路走水，東南西面俱行。倘
異日再有本族人等爭奪，或有蒙民及地基轇轕等弊，有蒙古地主達不氣、旦全一力承擋。全
同中言明，現使過約地租現洋元九角，又從舊約載未押地租城市錢拾五千文，每年再出
地譜城市錢叁佰文，憑摺收使，永不許長支短欠，爭漲地譜，此係兩出情願，並不返悔。恐口無
憑，故同中三面協立租空地基永遠合同文約，契據為後存證。（押）

計批將前舊約均作敗帋勿用，唯其此新約為証

此民國十三年根換新約，此約作廢

中華民國六年陰曆三月二十五日　置主劉花衆立十

中見人　唐禎十　白貴十　馬潤十　馬永祿十　尹萬祿十　馬俊十　馬貴十　艾玉璽十　成保十　戴永盛十　馬文仕十　夏富貴十　楊成林（押）　劉寬十　丁端十　尹萬福十　楊鳳翔十

[illegible]張全幸書

民12　民國六年（一九一七）劉花荣租到蒙古孀婦同子達木氣、嫂全空地基合同約

約中批注民國十三年四月初八日更換新約，具體内容見民25《民國十三年（一九二四）劉興寶租到蒙古達木氣同母空地基合同約》。

立租空地基永遠合同約人劉花荣，今同中租到蒙古孀婦同伊子達木氣嫂全祖遺營坊道中截路西空地基壹塊。計東至官道，西至拜姓，南至官道，北至王姓，四至分明。中人説合，情願租到自己劉姓名下永遠為業[一]，修理建築、安置移造及掘井栽樹、取土動基，出路走水東、南两面俱行。倘異日再有本族人等争奪，或有蒙民及地基轇轕等弊，有蒙古地主達木氣嫂全一力承擋。今同中言明，現使過約地租現洋元九塊，又從舊約載来押地租城市錢拾五千文。每年再出地增城市錢叁佰文，憑摺收使，永不許長支短歉(欠)、争漲地增。此係兩出情願，並不返(反)悔。恐口無憑，故同中三面協立租空地基永遠合同文約契據為後存証用。

計批將前者舊約均作故紙勿用，准其此新約為証。

此民國十三年四月初八日[二]根(更)換新约，此约作廢[三]。

中華民國六年陰曆三月二十五日　置主劉花荣立十

唐禎十

立合同約两張，各執壹張〔四〕。

白　貴十

馬　潤十

馬永禄十

尹萬禄十

馬　貴十

馬　俊十

成　保十

中見人　艾玉璽十

馬文仕十

戴永盛十

穆成林　书

夏富貴十

劉　寬十

丁　瑞十

尹萬福十

楊鳳翔十

注釋

〔一〕「永遠為業」四字原寫於行間，附有表示增補插入的畫綫。

〔二〕「四月初八日」原寫於行間。

〔三〕由字跡及句意可知該句為後來寫入。

〔四〕該行文字只存左半部分。

編　　號	民 12
題　　名	民國六年（一九一七）劉花荣租到蒙古孀婦同子達木氣、變全空地基合同約
類　　别	租到空地基約
尺　　寸	46.5×48 釐米
保存狀態	完整
原 編 號	136
紅 白 契	白契
立 約 者	劉花荣
理　　由	無
承 租 者	劉花荣
出 租 者	蒙古孀婦同伊子達木氣、變全
承 當 者	蒙古地主達木氣、變全
地點坐落及四至	营坊道中截路西：東至官道，西至拜姓，南至官道，北至王姓
面　　積	祖遺空地基壹塊
用　　途	永遠為業，修理建築、安置移造及掘井栽樹、取土動基，出路走水東、南两面俱行
過約地租	現洋元九塊，又從舊約載来押地租城市錢拾五千文
地 增 錢	每年城市錢叁佰文，憑摺收使
年　　限	永遠
印　　章	無
稅　　票	無
文　　字	漢
中 見 人	唐禎、白貴、馬潤、馬永禄、尹萬禄、馬俊、艾玉璽、戴永盛、夏富貴、劉寬、丁瑞、尹萬福、楊鳳翔、馬貴、成保、馬文仕、穆成林
書　　人	穆成林
立約日期	中華民國六年陰曆三月二十五日
附　　注	計批將前者舊約均作故紙勿用，准其此新約為証。 此民國十三年四月初八日更换新约，此约作廢。

民
13

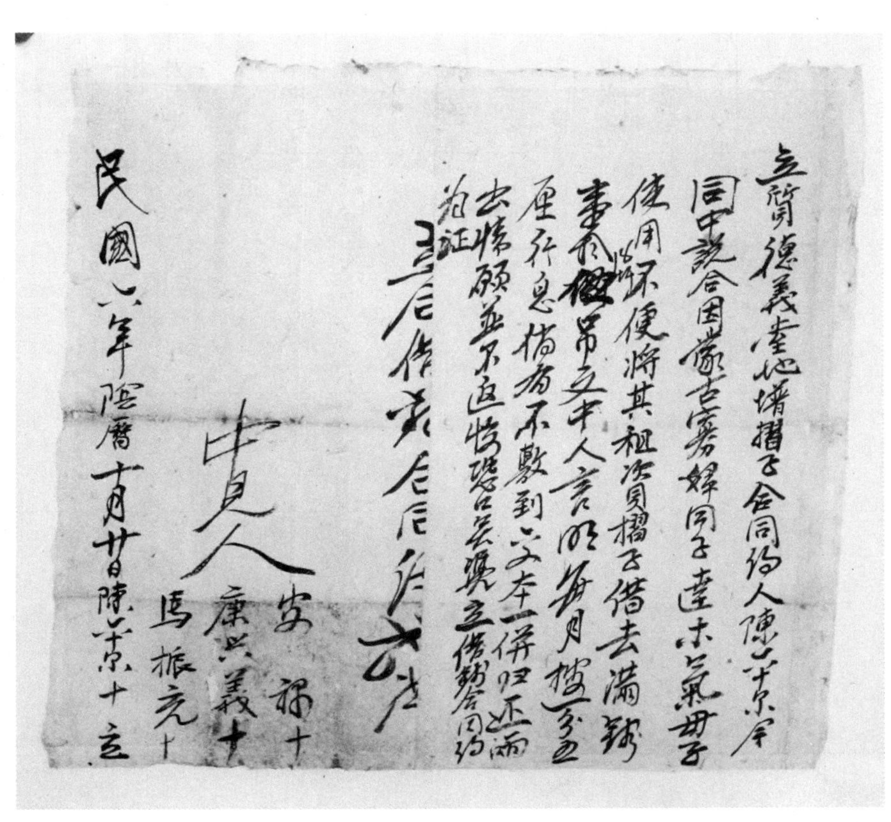

立質德義堂地墒攢子合同約人陳六十京今
同中說合因蒙古寡婦同子達木氣母子
使用不便將其祖次買攢子借去滿錢
壹佰伍拾吊文中人言明每月按三分五
厘行息倘有不敷到六年本一併歸還不還
出帳願並不返悔恐口無憑立借錢合同約
為証
立合借錢合同存照

中見人　安　祿十
康兴義十
馬振元十

民國六年陰曆十月廿日陳六十京十　立

民13　民國六年（一九一七）陳六十尔質得蒙古寡婦同子達木氣地增摺子合同約

立質德義堂地増摺子合同约人陳六十尔，今
同中說合，因蒙古寡婦同子達木氣母子
使用不便，將其租資摺子借去滿錢
壹拾伍（〥千〡十）〔一〕吊文。中人言明每月按一分五
厘行息，倘有不敷到，交本一併归还。兩
出情願，並不返（反）悔。恐口無憑，立借錢合同约
為证。

立合同借錢合同约式張〔二〕。

中見人　安　禄十
　　　　康兴義十
　　　　馬振充十

民國六年陰曆十月廿日陳六十尔十　立

注釋

〔一〕「伍」字有塗改痕跡。
〔二〕該行文字只存右半部分。

附表

編　號	民13
題　名	民國六年（一九一七）陳六十尔質得蒙古孀婦同子達木氣地增摺子合同約
類　別	質地增摺子約
尺　寸	29×27.5 釐米
保存狀態	完整
原編號	137
紅白契	白契
立約者	陳六十尔
理　由	蒙古寡婦同子達木氣母子使用不便
承質者	陳六十尔
出質者	蒙古寡婦同子達木氣
承當者	無
質典物	德義堂地增摺子
借錢數量	滿錢壹拾伍吊文
利　息	每月按一分五厘行息，倘有不敷到，交本一併归还
年　限	無
印　章	無
稅　票	無
文　字	漢
中見人	安禄、康兴義、馬振充
書　人	無
立約日期	民國六年陰曆十月廿日
附　注	

民
14

立承佃空地基永遠合同約人白鳳鳴堂，今同中佃到蒙古寡婦同子達木欠、金保名下坐落營坊道路西户口空地基壹塊，計東至館道，西至楊姓，南至楊姓，北至唐姓地址，東西濶陸丈玖尺，南北長捌丈零。四至長寬均經載明，中人說合情願承佃到自己白姓名下永遠為業。如在此地内建築房屋及鑿井栽樹取土動墓出路走水，一切安置務造，全由己白姓自便。嗣後倘有蒙民人等插行轇轕及鄰界窒碍等情，有原蒙古寡婦同伊子一力承擋。合同中三面現附過約城市錢柒拾吊文，又從舊約載未押地價市錢柒吊文，言明至每年秋後再出地譜城市錢貳百文，立摺收使，不准長支拖欠。爭漲地譜係是兩出情願，並不返悔。恐口無憑，故同中三面妆立此合同契據為後存證。

民國七年陰曆九月初九日　承佃人白鳳鳴堂立

計批：狄姓舊約以為故紙，勿用，准其此約為據。蒙古承保人　十

同中人　王有財十　馬貴十　王祿壽　庫興旺十

代筆人馬文仕十

6

7

2 – 5

1

民14 民國七年（一九一八）白鳳鳴堂承佃蒙古寡婦同子達木欠、叟全尔空地基合同約

該合同約鈐有朱印七方，其中六方印文（1、2—5、6）皆是「謹慎」，另一方（7）印文完全缺失，可能與上述六方印文相同。約中提到「狄姓舊約」，當指光4《光緒五年（一八七九）狄萬榮佃到蒙古金貴空白地基約》，兩約中地基面積及四至不完全相同，應與光4約中批注的「光緒二十三年四月初五日……壹宅分為兩院」之事，以及後來地基佔有權發生轉移相關。

立承佃空地基永遠合同約人白鳳鳴堂，今同中佃到蒙古寡婦同子達木欠叟全尔名下坐落營坊道路西户口空地基壹塊。計東至官道白姓兩界，西至楊姓，南至楊姓，北至唐姓，地址東西闊陸丈玖尺，南北長捌丈零，四至長寬均經載明。中人說合情願承佃到自己白姓名下永遠為業，如在此地内建築房屋及鑿井栽樹、取土動基、出路走水，壹切安置移造全由己白姓自便。嗣後，倘有蒙民人等插行轇轕及鄰界窒碍等情，由原蒙古寡婦同伊子壹力承擋。今同中三面現附過约城市錢柒拾吊文，又從舊约載来押地價市錢柒吊文。言明至每年秋後再出地增城市錢弍百文，立摺收使，不准長支拖欠、爭漲地增。係是兩出情願，並不返（反）悔。恐口無憑，故同中三面协立此合同契據為後存證。

民國七年陰曆九月初九日　承佃人白鳳鳴堂親［　］立

立合同契據弍張為證[一]。

計批狄姓舊约以為故纸勿用，准其此约為據。蒙古承保尔十

王有財十

馬　貴十

（中缺）　同中人　王　禄[二]

庫興旺十

代筆人馬文仕十

注釋

〔一〕該行文字只存右半部分。

〔二〕該人名下有墨色畫押。

附表

編　　號	民 14
題　　名	民國七年（一九一八）白鳳鳴堂承佃蒙古寡婦同子達木欠、塿全尔空地基合同約
類　　別	佃到空地基約
尺　　寸	45.8×46.3 釐米
保存狀態	稍有殘損、有污漬
原 編 號	138
紅 白 契	白契
立 約 者	白鳳鳴堂
理　　由	無
承 佃 者	白鳳鳴堂
出 佃 者	蒙古寡婦同子達木欠、塿全尔
承 當 者	蒙古寡婦同伊子
地點坐落及四至	營坊道路西：東至官道、白姓兩界，西至楊姓，南至楊姓，北至唐姓
面　　積	户口空地基壹塊：東西闊陸丈玖尺，南北長捌丈零
用　　途	永遠為業，如在此地内建築房屋及鑿井栽樹、取土動基、出路走水，壹切安置移造全由己白姓自便
押 地 價	從舊約載来押地價市錢柒吊文
過 約 錢	城市錢柒拾吊文
地 増 錢	每年秋後出城市錢式百文，立摺收使
年　　限	永遠
印　　章	朱印七方
稅　　票	無
文　　字	漢
同 中 人	蒙古承保尔、王有財、馬貴、王禄、庫興旺、馬文仕
代 筆 人	馬文仕
立約日期	民國七年陰曆九月初九日
附　　注	計批狄姓舊约以為故紙勿用，准其此约為據

民15

立承佃永遠空地基合同約人吴生榮，今同中佃到蒙古寡婦同伊子達木欠、凌金尔名下祖遺
營坊道路西巷內坐北戶口空地壹塊，計東至蒙古騎姓兩界，西至馬姓、禪姓兩界，南至出路
走水公巷，北至拜姓地址，東西寬〡丈四尺〡寸，南北長拾壹丈〢，連東北空地一塊，東
至蒙古，西至本主，南至馬姓，北至拜姓，東西寬〢丈零，南北長〢丈〢尺，前後四至一切
註明。中人說合，情願佃到自己吴姓名下永遠為業，起盖建築，栽樹鑿
井，取土動基，出路走水，一切安置移造，全歸吴姓自便。倘異日再有蒙民人
等爭奪，或有甚糾葛等情，有蒙古母子壹力承擔。今同中附過佃地過
約價現市錢陸拾吊文，又從舊約載來押地價市錢柒千文，至每年秋後再
出地增城市錢壹千文，不准長支拖欠，爭漲地增。此係兩出情願，並不中
悔。恐口無憑，故同中三面協立承佃空地基永遠契據為後存照。

於民國廿五年十一月廿□日
另換立新約

同中人　拜壽山　馬振元　馬貴

民國七年陰曆十二月廿九日　吴生榮親立　十

拜壽山

1

馬振元

2

馬貴

3

民15　民國七年（一九一八）吳生榮承佃蒙古寡婦同子達木欠、叟全尔空地基合同約

合同約中共鈐有朱印三方，印1為「壽山□□□」，印2為「馬文仕振充圖」，印3為「馬貴圖記」。約中提到民國廿五年十月廿四日另換新约，具體内容見民62《民國二十五年（一九三六）韓興茂佃到蒙古達木欠空地基合同文約》。

1 立承佃永遠空地基合同約人吳生榮，今同中佃到蒙古寡婦同伊子達木欠、叟全尔名下祖遺
2 營坊道路西巷内坐北户口空地基壹塊。計東至蒙古、馬姓兩界，西至馬姓、穆姓兩界，南至出路
3 走水公巷，北至拜姓，地址東西寬伍丈四尺伍寸，南北長拾壹丈。又連東北空地一塊，東
4 至蒙古，西至本承主，南至馬姓，北至拜姓，東西寬弍丈零，南北長肆丈七尺，前後四至一切
5 註明。中人説合，情願佃到自己吳姓名下永遠為業，起盖建築、栽樹鑿
6 井、取土動基、出路走水，壹切安置移造全歸吳姓自便。倘異日再有蒙民人
7 等爭奪，或有基轇轕等情，有蒙古母子壹力承擋。今同中附過佃地過
8 約價現市錢陸拾吊文，又從舊約載来押地價市錢柒千文。至每年秋後再
9 出地增城市錢壹千文，不准長支拖欠、爭漲地増。此係兩出情願，並不中
10 悔。恐口無憑，故同中三面協立承佃空地基永遠契據為後存照。
11 立合同文約貳張為憑據證〔一〕。
12 於民國廿五年　十月廿四日　　同中人　拜壽山[ ]
13 另換立新约〔二〕。　　馬振充[ ]
14 　　馬　貴[ ]

民國　七　年　陰　曆十二月廿九日　吳生榮　親　立十

注釋

〔一〕該行文字只存右半部分。

〔二〕由字跡及句意可知該句為後來寫入。

附表

編　　號	民 15
題　　名	民國七年（一九一八）吳生榮承佃蒙古寡婦同子達木欠、嫂全尔空地基合同約
類　　別	佃到空地基約
尺　　寸	47×47.5 釐米
保存狀態	稍有破損、污漬，文字完整
原 編 號	139
紅 白 契	白契
立 約 者	吳生榮
理　　由	無
承 佃 者	吳生榮
出 佃 者	蒙古寡婦同伊子達木欠、嫂全尔
承 當 者	蒙古母子
地點坐落及四至	營坊道路西巷内坐北：東至蒙古、馬姓兩界，西至馬姓、穆姓兩界，南至出路走水公巷，北至拜姓；又連東北空地一塊：東至蒙古，西至本承主，南至馬姓，北至拜姓
面　　積	祖遺户口空地壹塊，東西寬伍丈四尺伍寸，南北長拾壹丈；東北空地一塊，東西寬弍丈零，南北長肆丈七尺
用　　途	永遠為業，起盖建築、栽樹鑿井、取土動基、出路走水，壹切安置移造全由歸吳姓自便
押 地 價	從舊約載来押地價市錢柒千文
佃地過約錢	現市錢陸拾吊文
地 增 錢	每年秋後出城市錢壹千文
年　　限	永遠
印　　章	朱印三方
稅　　票	無
文　　字	漢
同 中 人	拜壽山、馬振充、馬貴
書　　人	無
立約日期	民國七年陰曆十二月廿九日
附　　注	於民國廿五年十月廿四日另換立新约

民16

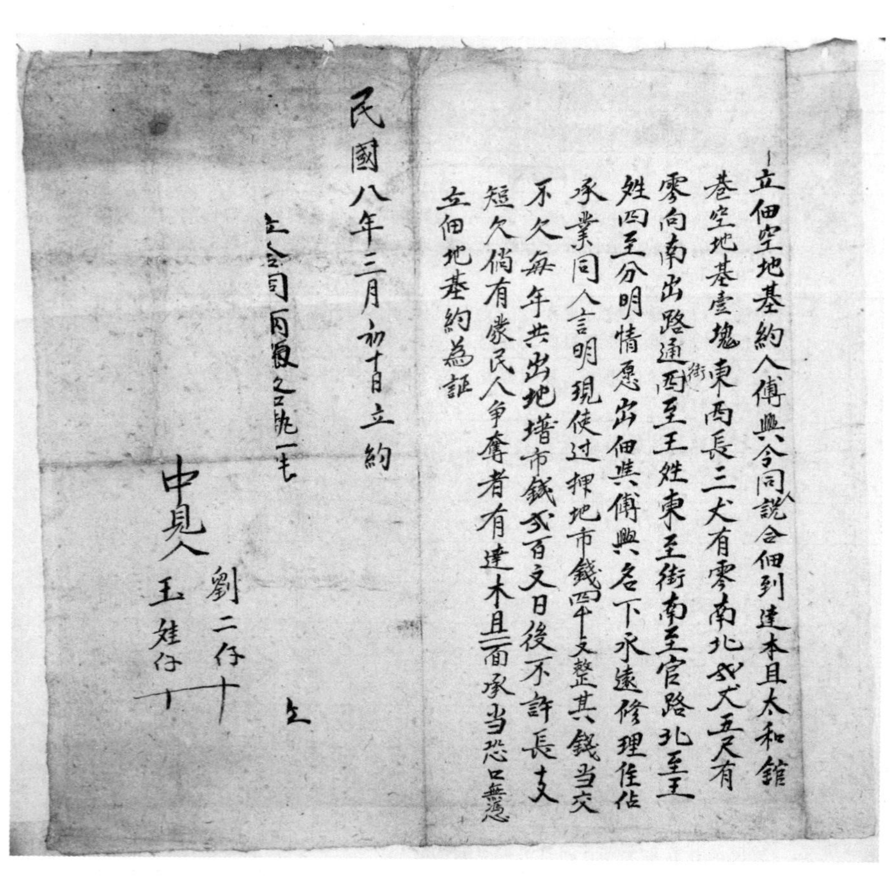

立佃空地基約人傅興今同説合佃到達木且太和館巷空地基壹塊東西長三丈有零南北弍丈五尺有零向南出路通街西至王姓東至街南至官路北至王姓四至分明情愿出佃與傅興名下永遠修理住佔承業同人言明現使过押地市錢四千文整其錢当交不欠每年共出地增市錢弍百文日後不許長支短欠倘有蒙民人爭奪者有達木且一面承当恐口無憑立佃地基約為証

民國八年三月初十日立約

立合同兩張各執一張

中見人 劉二仔十 王娃仔十

民16 民國八年（一九一九）傅興佃到達木且空地基約

立佃空地基約人傅興，今同人[一]說合佃到達木且[二]太和館巷空地基壹塊。東西長三丈有零，南北弍丈五尺有零，向南出路通街[三]，西至王姓，東至街，南至官路，北至王姓，四至分明。情愿出佃與傅興名下永遠修理住佔承業。同人言明，現使过押地市錢四千文整，其錢当交不欠。每年共出地增市錢弍百文，日後不許長支短欠。倘有蒙民人争奪者，有達木且一面承当。恐口無憑，立佃地基約為証。

民國八年三月初十日 立 約

立合同兩張[四]，各執一張 立?[五]

中見人 劉二仔 十 玉娃仔 十

注釋

[一]「人」字原寫於行外。

[二]「達木且」中的「木」原誤寫為「本」。

〔三〕「街」字原寫於行間，附有表示增補插入的畫綫。

〔四〕「張」字由他字塗改而成。

〔五〕該行文字只存右半部分。

編　　號	民16
題　　名	民國八年（一九一九）傅興佃到達木且空地基約
類　　別	佃到空地基約
尺　　寸	47×47 釐米
保存狀態	完整
原 編 號	141
紅 白 契	白契
立 約 者	傅興
理　　由	無
承 佃 者	傅興
出 佃 者	達木且
承 當 者	達木且
地點坐落及四至	太和館巷：西至王姓，東至街，南至官路，北至王姓。向南出路通街
面　　積	空地基壹塊：東西長三丈有零，南北弍丈五尺有零
用　　途	永遠修理住佔承業
押 地 錢	市錢四千文整，其錢当交不欠
地 增 錢	每年市錢弍百文
年　　限	無
印　　章	無
稅　　票	無
文　　字	漢
中 見 人	劉二仔、玉娃仔
書　　人	無
立約日期	民國八年三月初十日
附　　注	

民17

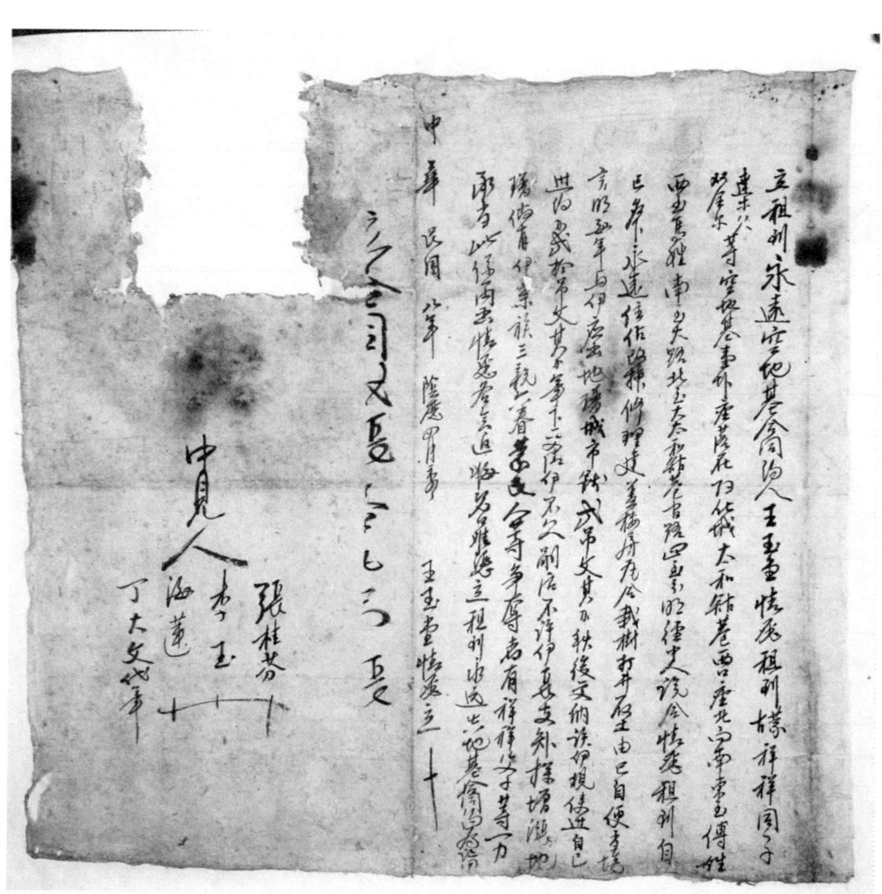

立租到永遠空地基合同約人王玉壘情愿租到古蒙祥祥同子[illegible]

[illegible]

中華民國八年陰歷四月[illegible]

王玉壘情愿立 十

[illegible]合同文[illegible]

中見人 張桂芬 十

李玉 十

海蓮 十

丁大文代筆

民17　民國八年（一九一九）王玉堂租到蒙古祥祥同子達木欠、双全尔空地基合同約

立租到永遠空地基合同约人王玉堂，情愿租到蒙古祥祥同子
達木欠、双全尔等空地基壹塊。座（坐）落在归化城太和館巷西口坐北向南，東至傅姓，
西至馬姓，南至大路，北至大太和館巷官路，四至分明。經中人說合，情愿租到自
己名下永遠住佔，改換修理、建盖楼房瓦舍、栽樹打井、取土，由己自便。当場
言明，每年与伊应出地璔城市錢弍吊文，其錢秋後交纳。該伊現使过自己
过約錢弍拾吊文，其錢筆下交清伊不欠。嗣後不許伊長支短探（欠）、增漲地
璔。倘有伊宗族三親六眷蒙民人等争奪者，有祥祥父子等一力
承当。此係兩出情愿，各無返（反）悔。恐口难憑，立租到永遠空地基合同约為证用。
中華民国八年陰曆四月初四　王玉堂情愿立十
立合同贰張，各執壹張[一]。

中見人
張桂芬十
李　玉十
海　蓮十
丁大文代筆

注釋

[一] 該行文字只存右半部分。

編　　號	民 17
題　　名	民國八年（一九一九）王玉堂租到蒙古祥祥同子達木欠、双全尔空地基合同約
類　　别	租到空地基約
尺　　寸	52.9×52 釐米
保存狀態	有缺損、污漬，文字基本完整
原 編 號	142
紅 白 契	白契
立 約 者	王玉堂
理　　由	無
承 租 者	王玉堂
出 租 者	蒙古祥祥同子達木欠、双全尔等
承 當 者	祥祥父子等
地點坐落及四至	归化城太和館巷西口坐北向南：東至傅姓，西至馬姓，南至大路，北至大太和館巷官路
面　　積	空地基壹塊
用　　途	永遠住佔，改換修理、建盖楼房瓦舍、栽樹打井、取土，由己自便
過 約 錢	弍拾吊文，其錢筆下交清伊不欠
地 増 錢	每年城市錢弍吊文，其錢秋後交纳
年　　限	永遠
印　　章	無
税　　票	無
文　　字	漢
中 見 人	張桂芬、李玉、海蓮、丁大文
代 筆 人	丁大文
立約日期	中華民國八年陰曆四月初四
附　　注	

民
18

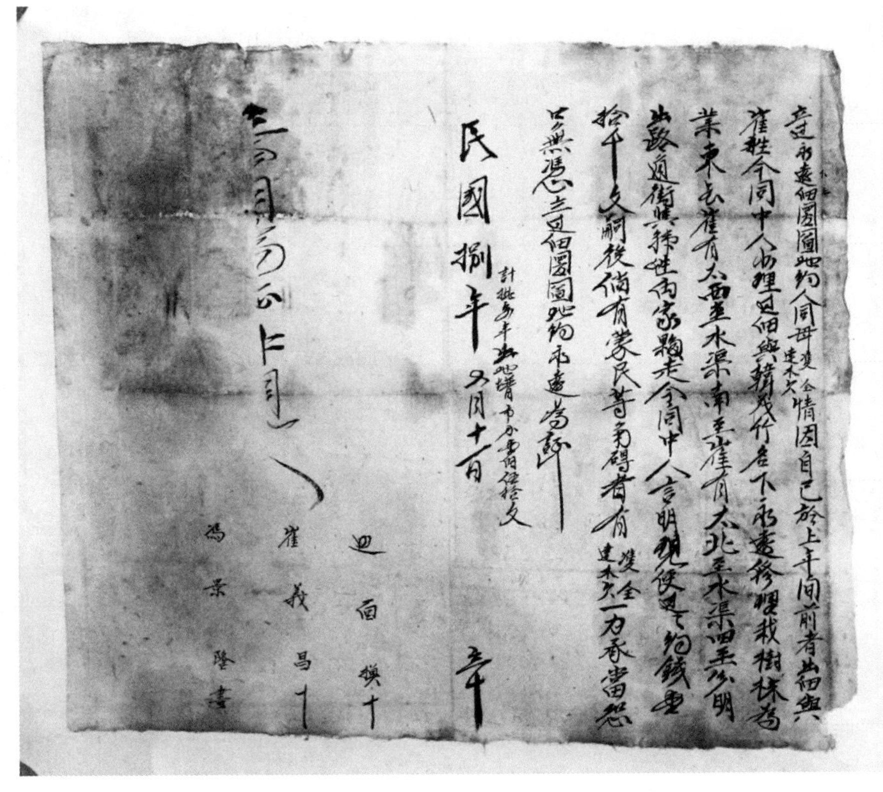

立過永遠佃園圃地約人同母變全建木尖情因自己於上年間前者出佃與
崔姓今同中人說理過佃與[illegible]名下永遠修理栽樹株為
業東至崔有太西至水渠南至崔有太北至水渠四至分明
出路通街與崔姓同家騎走今同中人言明現使過地錢壹
拾千文嗣後倘有蒙民等爭碍者有變全建木尖一力承當恐
口無憑立過佃園圃地約永遠為証

民國捌年五月十日 立

計批多年出地糟市分當日付拾文

三面同心上同

迎面撲十

崔義昌十

馮景隆書

民18　民國八年（一九一九）同母嫂全、達木欠過佃與韓茂竹圐圙地約

該合同約中提到過佃的圐圙地曾出佃與崔姓，在光32《光緒二十三年（一八九七）蒙古官音寶出佃與崔長威圐圙地約》中，承佃者為崔長威，而且這兩份文書中圐圙地的四至相同，所以應是指同一地塊。

立过永遠[下上]佃圐圙地约人同母嫂全 達木欠，情因自己於上年间前者出佃與
崔姓，今同中办理过佃與韓茂竹名下永遠修理、栽樹株為
業。東至崔有太，西至水渠，南至崔有太，北至水渠，四至分明，
出路通街，與孫姓兩家夥走。今同中人言明，現使过々约錢壹
拾千文。嗣後，倘有蒙民等争碍者，有嫂全 達木欠一力承當。恐
口無憑，立过佃圐圙地约永遠為証。
計批每年出地增市錢壹佰伍拾文。
民國捌年七月十一日　立十
边面換十
立合同為証　中見人[一]　崔義昌十
馮景隆書

注釋

［一］該行文字只存右半部分。

編　號	民 18
題　名	民國八年（一九一九）同母隻全、達木欠過佃與韓茂竹園圖地約
類　別	過佃園圖地約
尺　寸	30×27.2 釐米
保存狀態	稍缺損，文字完整
原編號	140
紅白契	白契
立約者	同母隻全、達木欠
理　由	情因自己於上年间前者出佃與崔姓，今同中人办理过佃
承佃者	韓茂竹
過佃者	同母隻全、達木欠
承當者	隻全、達木欠
地點坐落及四至	東至崔有太，西至水渠，南至崔有太，北至水渠。出路通街，與孫姓兩家夥走
面　積	無
用　途	永遠修理、栽樹株為業
過約錢	現使过壹拾千文
地增錢	每年市錢壹佰伍拾文
年　限	永遠
印　章	無
稅　票	無
文　字	漢
中見人	边面換、崔義昌、馮景隆
書　人	馮景隆
立約日期	民國捌年七月十一日
附　注	

民19

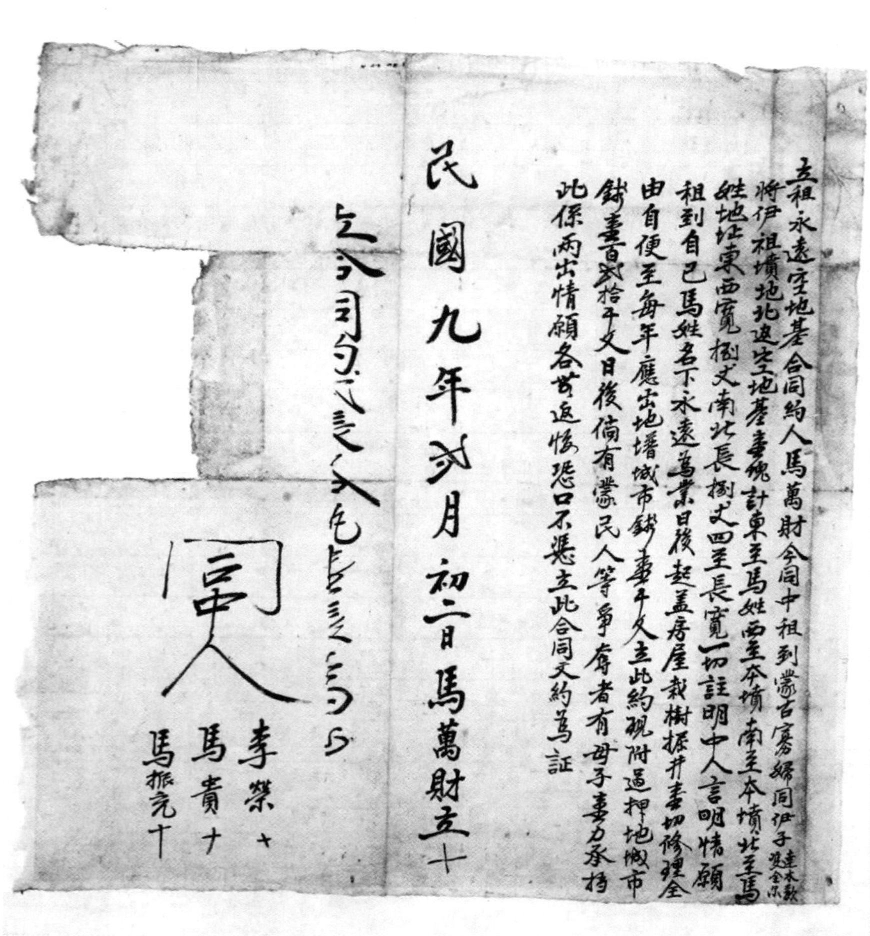
立租永遠空地基合同約人馬萬財，今同中租到蒙古寡婦同伊子達木歡、色金尔
將伊祖墳地北邊空地基壹塊，計東至馬姓，西至本墳，南至本墳，北至馬
姓地，計東西寬捌丈，南北長捌丈，四至長寬一切註明，中人言明，情願
租到自己馬姓名下永遠爲業。日後起蓋房屋，栽樹掘井，壹切修理，全
由自便。至每年應出地譜城市錢壹千文，立此約現附過押地城市
錢壹百伍拾千文。日後倘有蒙民人等爭奪者，有母子壹力承擋。
此係兩出情願，各無返悔，恐口不憑，立此合同文約爲証。

民國九年冬月初二日　馬萬財立十

中人　李榮十　馬貴十　馬振元十

民19　民國九年（一九二〇）馬萬財租到蒙古寡婦同子達木歉、⿰氵隻全尔空地基合同約

立租永遠空地基合同約人馬萬財，今同中租到： 蒙古寡婦同伊子達木歉 ⿰氵隻全尔

將伊祖墳地北邊空地基壹塊，計東至馬姓，西至本墳，南至本墳，北至馬

姓，地址東西寬捌丈，南北長捌丈，四至長寬一切註明，中人言明，情願

租到自己馬姓名下永遠為業。日後起盖房屋、栽樹掘井，壹切修理全

由自便。至每年應出地増城市錢壹千文，立此約現附過押地城市

錢壹百弍拾千文。日後，倘有蒙民人等爭奪者，有母子壹力承挡。

此係两出情願，各無返（反）悔。恐口不憑，立此合同文約為証。

民國九年弍月初二日　馬萬財立十

立合同約貳張，各執壹張為証[一]。

李榮十

同中人　馬貴十

馬振充十

注釋

〔一〕該行文字只存右半部分。

編　　號	民 19
題　　名	民國九年（一九二〇）馬萬財租到蒙古寡婦同子達木歡、嫂全尔空地基合同約
類　　別	租到空地基約
尺　　寸	43.3×46.5 釐米
保存狀態	有缺損，文字完整
原 編 號	143
紅 白 契	白契
立 約 者	馬萬財
理　　由	無
承 租 者	馬萬財
出 租 者	蒙古寡婦同伊子達木歡、嫂全尔
承 當 者	母子
地點坐落及四至	伊祖墳地北边：東至馬姓，西至本墳，南至本墳，北至馬姓
面　　積	空地基壹塊：東西寬捌丈，南北長捌丈
用　　途	永遠為業，日後起盖房屋、栽樹掘井，壹切修理全由自便
押 地 錢	現附過城市錢壹百弍拾千文
地 增 錢	每年城市錢壹千文
年　　限	永遠
印　　章	無
稅　　票	無
文　　字	漢
同 中 人	李榮、馬貴、馬振充
書　　人	無
立約日期	民國九年弍月初二日
附　　注	

立佃永遠空地基合同約人丁寨娌阎子丁起雲同中佃到蒙古賽婦阎伊手雙鉢鑵將伊祖遺賕化公廨路道東空地基臺塊東至曾道南至拜馬二姓北至王姓東西寬玖丈公尺南北長陸丈五尺五寸四至註明情自前遇約墨年間赴縣驗契將蒙古所執合同又燕前遇應約更立此新樣馬證中人言明仍舊佃到自己丁姓名下永遠爲業准許起盖樓居栽樹鑿井取土鑵出路支水臺切修理全田自己丁姓所便倘異日賀蒙民人等爭奪以發基肉鄰等情有達木氣等臺力承挡而至壩年應出地增城市斷陸百文立以從應約裁末押地墩字嗣切拾本文兩出情願各無近悔恐口爲憑立此合同文約爲証

立合同文約人丁寨娌阎子丁起雲說立十

民國〇年陰曆六月拾五日　丁寨娌阎子丁起雲說立十

計批於民國拾捌年七月初五日梁柱三歲另換新約

正經作爲故率石申

　　　　　　　丁起龍十
　　　　　　　郦顕亮十
　　　　　馬文仕代筆

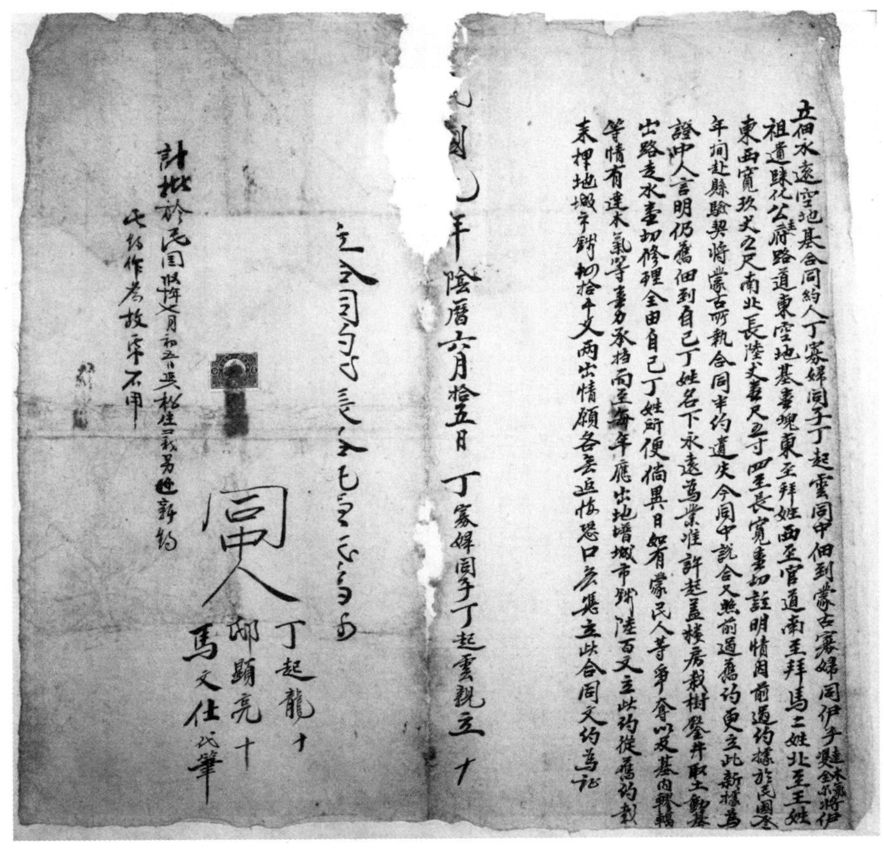

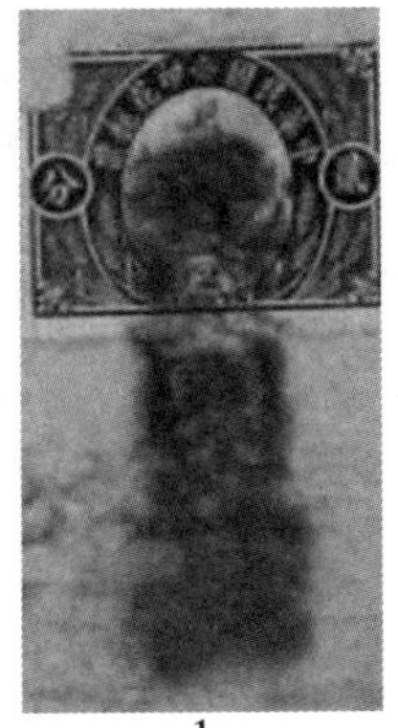

民20　民國九年（一九二〇）丁寡婦同子丁起雲佃到蒙古寡婦同子達木氣、湲全尔空地基合同約

該約寫立時間缺損，但約中粘有民國時期發行的第一套以長城為主圖的印花稅票，其發行於民國二年，結合殘存筆跡，可推知是民國九年。關於合同文末批注提到民國二十四年新約的具體內容，見民57《民國二十四（一九三五）楊生義佃到蒙古達木氣、湲全尔空地基合同約》。約中粘有「中華民國印花稅票貳分」印花稅票一枚，稅票上鈐有朱印一方（1），印文為「□□園收訖」。

1 立佃永遠空地基合同約人丁寡婦同子丁起雲，同中佃到：蒙古寡婦同伊子達木氣 湲全尔將伊

2 祖遺歸化公主府路〔一〕道東空地基壹塊，東至拜姓，西至官道，南至拜、馬二姓，北至王姓，

3 東西寬玖丈五尺，南北長陸丈壹尺五寸，四至長寬壹切註明；情因前過約據於民國叁

4 年间赴縣驗契，將蒙古所執合同半约遺失，今同中說合，又照前過舊约更立此新據為

5 證。中人言明，仍舊佃到自己丁姓名下永遠為業，准許起盖楼房，栽樹鑿井、取土動基、

6 出路走水，壹切修理全由自己丁姓所便。倘異日如有蒙民人等爭奪，以及基內轇轕

7 等情，有達木氣等壹力承挡。而至每年應出地增城市錢陸百文，立此约從舊约載

8 来押地城市錢肆拾千文。两出情願，各無返（反）悔。恐口無憑，立此合同文约為证。

9 民國九年陰曆六月拾五日　丁寡婦同子丁起雲親立十

10 立合同約貳張，各執壹張為証〔二〕。

11 丁起龍十

12 （印花稅票一枚） 同中人 邱顯亮十

13 馬文仕代筆

14 計批於民國〢十〆年七月初五日楊生義另过新约，

15 此约作為故紙不用〔三〕。〔四〕

注釋

〔一〕「主」字原寫於行間，附有表示增補插入的畫綫。

〔二〕該行文字只存右半部分。

〔三〕由文字及句意可知14—15行文字為後來寫入。

〔四〕此处印跡應是鈐於印花稅票上面印章的反印。

附表

編　　號	民 20
題　　名	民國九年（一九二〇）丁寡婦同子丁起雲佃到蒙古寡婦同子達木氣、僂全尔空地基合同約
類　　别	佃到空地基約
尺　　寸	51.5×53.5 釐米
保存狀態	有破損，文字稍殘缺
原 編 號	125
紅 白 契	紅契
立 約 者	丁寡婦同子丁起雲
理　　由	情因前過約據於民國叁年间赴縣驗契，將蒙古所執合同半约遺失，今同中說合，又照前過舊约更立此新據為證
承 佃 者	丁寡婦同子丁起雲
出 佃 者	蒙古寡婦同伊子達木氣、僂全尔
承 當 者	達木氣等
地點坐落及四至	歸化公主府路道東：東至拜姓，西至官道，南至拜、馬二姓，北至王姓
面　　積	祖遺空地基壹塊：東西寬玖丈五尺，南北長陸丈壹尺五寸
用　　途	永遠為業，准許起盖楼房、栽樹鑿井、取土動基、出路走水，壹切修理全由自己丁姓所便
押 地 錢	從舊约載来城市錢肆拾千文
地 增 錢	每年城市錢陸百文
年　　限	永遠
印　　章	朱印一方
税　　票	“中華民國印花税票貳分”一枚
文　　字	漢
同 中 人	丁起龍、邸顯亮、馬文仕
代 筆 人	馬文仕
立約日期	民國九年陰曆六月拾五日
附　　注	計批於民國二十四年七月初五日與楊生義另过新约，此约作為故紙不用

民21

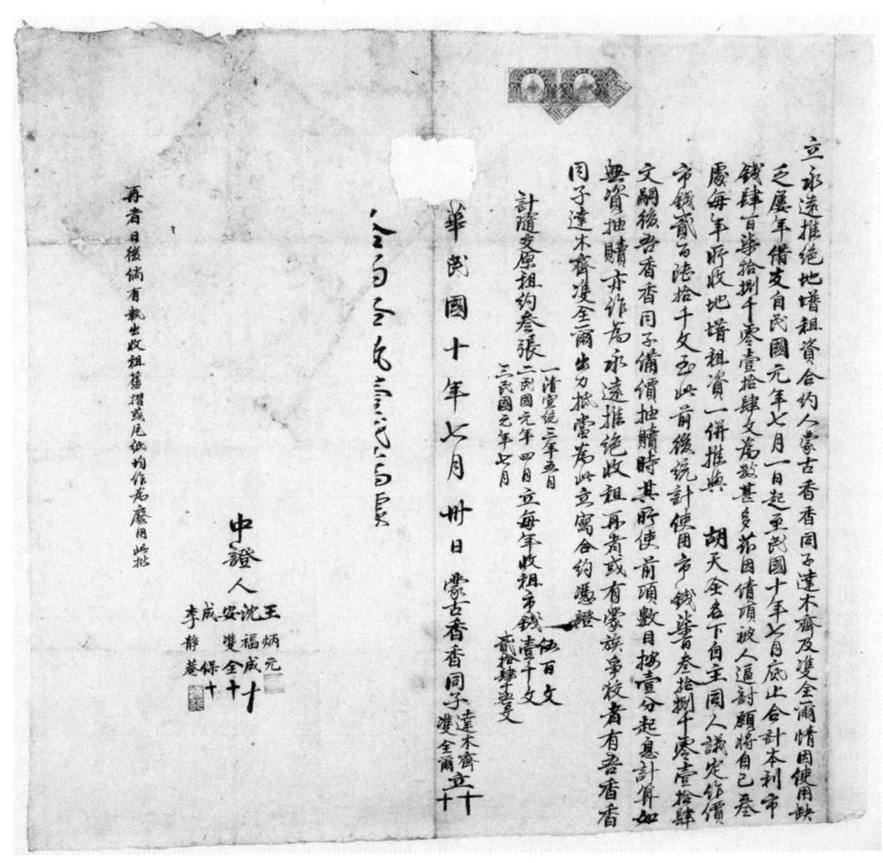

立永遠推絶地增租資合約人蒙古香香同子達木齊及凌全爾情因使用缺乏屢年借支自民國元年七月一日起至民國十年七月底止合計本利市錢肆百伍拾捌千零壹拾肆文爲數甚多茲因債項被人逼討願將自己叁處每年所收地增租資一併推與　胡天全名下自主同人議定作價市錢貳百伍拾千文並此前後統計使用市錢肆百叁拾捌千零壹拾肆文關係吾香香同子備價抽贖時其所使前項數目按壹分起息計算如無資抽贖亦作爲永遠推絶收租再者或有蒙族爭競者有吾香香同子達木齊凌全爾出力抵當爲此立寫合約憑證

計隨交原租約叁張　一清宣統三年五月　二民國元年四月　三民國元年七月　立每年收租市錢　伍百文　壹千文　貳拾肆千五百文

中華民國十年七月卅日　蒙古香香同子達木齊　凌全爾　立十十

中證人　王炳元十　沈福成十　安凌全十　成保十　李靜菴

再者日後倘有執出收租舊摺或尾欠均作爲廢紙此批

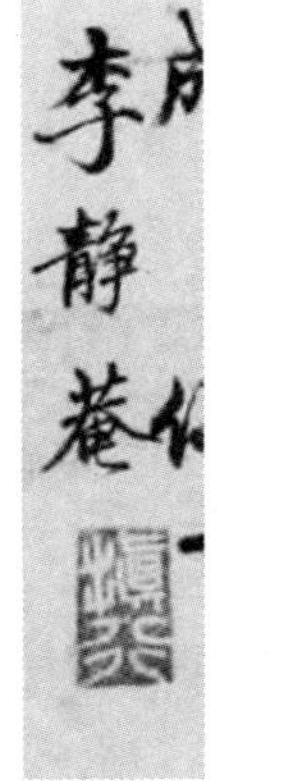

4

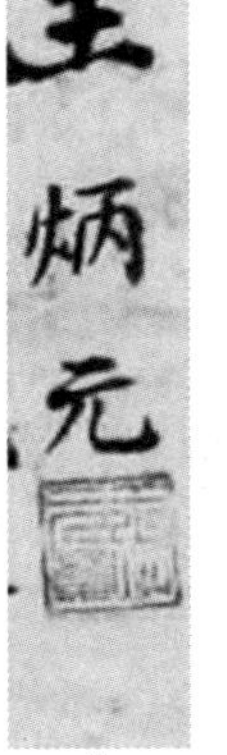

3

1－2

民21　民國十年（一九二一）蒙古香香同子達木齊及叟全爾推絕與胡天全地增租資合約

該合約中粘有「中華民國印花稅票貳分」兩枚，印花稅票上面鈐有朱印兩方（1—2），印文模糊不識。另外鈐有的兩方朱印（3、4），印文分別為「王炳元章」、「慎行」。約中提到隨交的三張原租約，「一」與宣4《宣統三年（一九一一）胡天全租、買到蒙古達木氣同母香香空地基、榆樹約》內的立約時間和租資額相同，「三」與民1《民國元年（一九一二）胡天全租到蒙孀婦香香同子達木齊空園地合同約》內的立約時間和租資額相同，這兩份合同約當屬於隨交原租約。另外，該合同約內容可與民22《民國十年（一九二一）胡天全接收到蒙婦香香同子達木齊及叟全爾地增租資合同約》相互參照。

立永遠推绝地增租資合约人蒙古香香同子達木齊及叟全爾，情因使用缺乏，屢年借支，自民國元年七月一日起至民國十年七月底止，合計本利市錢肆百柒拾捌千零壹拾肆文，為数甚多，茲因債項被人逼討，願將自己叁處每年所收地增租資一併推與　胡天全名下自主。同人議定，作價市錢貳百陸拾千文，至此前後统計使用市錢柒百叁拾捌千零壹拾肆文。嗣後，吾香香同子備價抽贖時，其所使前項數目按壹分起息計算；如無資抽贖，亦作為永遠推绝收租。再者，或有蒙族爭狡者，有吾香香同子達木齊、叟全爾出力抵當。為此立寫合约憑證。

（印花稅票兩枚）

計隨交原租约叁張
一清宣统三年五月　伍百文
二民國元年四月　立每年收租市錢　壹千文
三民國元年七月　貳拾肆千五百文

中華民國十年七月卅日蒙古香香同子達木齊十 傁全爾十立

合約各執壹紙為據[一]。

中證人 王炳元

沈福成十

安傁全十

成保十

李靜菴

再者，日後倘有執出收租舊摺或片紙，均作為廢用，此批。

注釋

〔一〕該行文字只存右半部分。

編　號	民 21
題　名	民國十年（一九二一）蒙古香香同子達木齊及斐全爾推絕與胡天全地增租資合約
類　別	推绝地增租資約
尺　寸	53.1×51.8 釐米
保存狀態	有破損，文字稍有殘缺
原編號	145
紅白契	紅契
立約者	蒙古香香同子達木齊及斐全爾
理　由	使用缺乏，屢年借支，自民國元年七月一日起至民國十年七月底止，合計本利市錢肆百柒拾捌千零壹拾肆文，為数甚多，兹因債項被人逼討
接收者	胡天全
推絕者	蒙古香香同子達木齊及斐全爾
承當者	香香同子達木齊、斐全爾
推絕地增租資	三處每年所收地增租資，隨交原租约叁張：一清宣统三年五月立每年收租市錢伍百文，二民國元年四月立每年收租市錢壹千文，三民國元年七月立每年收租市錢貳拾肆千五百文
推絕價	市錢貳百陸拾千文，前後统計使用市錢柒百叁拾捌千零壹拾肆文
利　息	備價抽贖時，其所使前項數目按壹分起息計算
年　限	如無資抽贖，作為永遠推绝收租
印　章	朱印四方
税　票	“中華民國印花稅票貳分”兩枚
文　字	漢
中證人	王炳元、沈福成、安斐全、成保、李静菴
書　人	無
立約日期	中華民國十年七月卅日
附　注	再者，日後倘有執出收租舊摺或片纸，均作為廢用，此批

民22

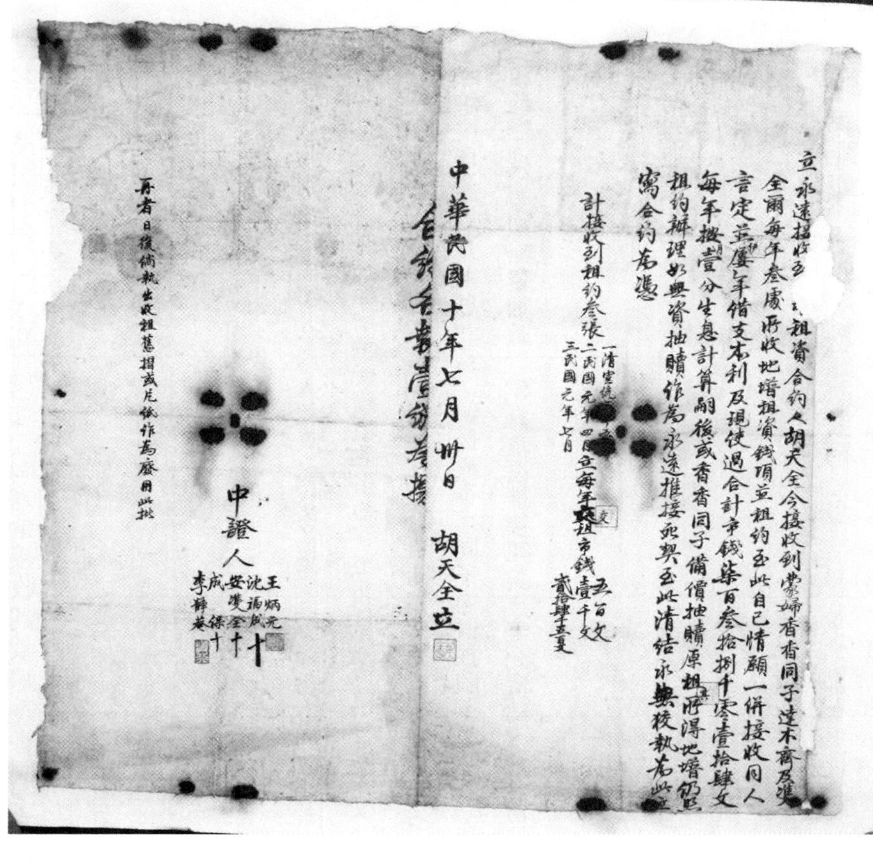

立永遠接收[?]祖資合約人胡天全今接收到□婦香香同子達木齊及進全爾每年叁處所收地增租資錢項並租約立此自己情願一併接收同人言定並[伊]屢年借支本利及現使過合計市錢柒百叁拾捌千零壹拾肆文每年撥壹分生息計算嗣後或香香同子備價抽贖原[其]租所得地增仍照租約辦理如無資抽贖作為永遠推接死契立此清結永無反復執為此立寫合約為憑

計接收到租約叁張 一清宣統□□ 二民國元年四月 三民國元年七月 立每年[文]交租市錢 五百文 壹千文 貳拾肆千五百文

中華民國十年七月卅日 胡天全立

中證人 王炳元 沈福成 安慶全 成禄 李静菴

再者日後倘執出收租舊摺或片紙作為廢用此批

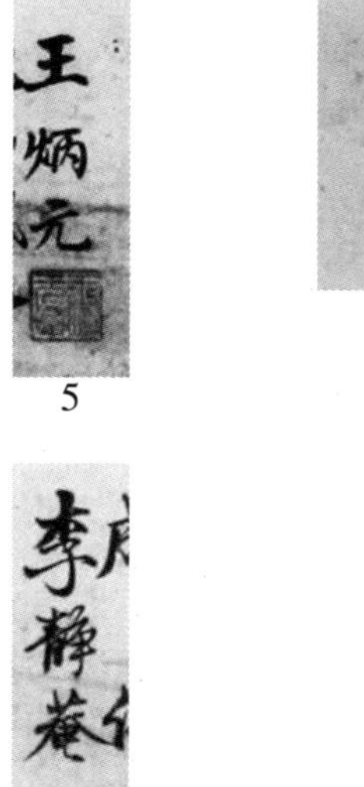

5

6

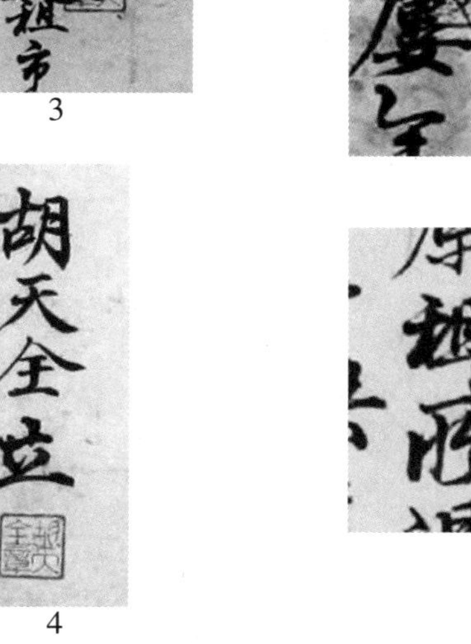

3

4

1

2

民22　民國十年（一九二一）胡天全接收到蒙婦香香同子達木齊及傁全爾地增租資合約

合約內鈐有朱印六方，皆為名章。其中四方印文（1、2、3、4）為「胡天全章」，一方（5）印文為「王炳元章」，一方（6）印文為「慎行」。該合約內容可與民21《民國十年（一九二一）蒙古香香同子達木齊及傁全爾推絕與胡天全地增租資合約》相互參照。

1 立永遠接收到地增租資合约人胡天全，今接收到蒙婦香香同子達木齊及傁
2 全爾每年三處所收地增租資錢項並租約，至此自己情願一併接收。同人
3 言定，並伊〔一〕屢年借支本利及現使過合計市錢柒百叁拾捌千零壹拾肆文，
4 每年按月〔二〕壹分生息計算。嗣後或香香同子備價抽贖原租，其〔三〕所得地增仍照
5 租约辦理；如無資抽贖，作為永遠推接死契。至此清结，永無狡執，為此立
6 寫合约為憑。
7 一清宣统三年五月　五百文
8 計接收到租约叁張　二民國元年四月　立每年交〔四〕租市錢　壹千文
9 三民國元年七月　貳拾肆千五百文
10 中華民國十年七月卅日　胡天全立
11 合约各執壹纸為據〔五〕。
12 王炳元
13 沈福成十

14 中證人 安叟全十

15 成 保十

16 李靜菴 [ ]

17 再者，日後倘執出收租舊摺或片紙，作為廢用，此批。

注釋

〔一〕「伊」字原寫於行間，附有表示增補插入的畫綫，並且字上加蓋有「胡天全章」朱印一方。

〔二〕「月」字原寫於行間，附有表示增補插入的畫綫。

〔三〕「其」字原寫於行間，附有表示增補插入的畫綫，並且字上加蓋有「胡天全章」朱印一方。

〔四〕「交」字原寫於行外，字上加蓋有「胡天全章」朱印一方。左側正行中亦有塗改而成的「交」字。

〔五〕該行文字只存左半部分。

編　號	民22
題　名	民國十年（一九二一）胡天全接收到蒙婦香香同子達木齊及㙻全爾地增租資合約
類　別	接收地增租資約
尺　寸	52.8×52.1 釐米
保存狀態	稍有破損，有污漬，文字稍有殘缺
原編號	144
紅白契	白契
立約者	胡天全
理　由	無
接收者	胡天全
推綹者	蒙婦香香同子達木齊及㙻全爾
承當者	無
接收地增租資	每年叁處所收地增租資錢項並租约，接收到租约叁張：一清宣统三年五月立每年交租市錢五百文，二民國元年四月立每年交租市錢壹千文，三民國元年七月立每年交租市錢貳拾肆千五百文
接收價	並伊屢年借支本利及現使過合計市錢柒百叁拾捌千零壹拾肆文
利　息	每年按月壹分生息計算
年　限	備價抽贖原租，其所得地增仍照租约辦理，如無資抽贖，作為永遠推接死契
印　章	朱印六方
税　票	無
文　字	漢
中證人	王炳元、沈福成、安㙻全、成保、李静菴
書　人	無
立約日期	中華民國十年七月卅日
附　注	再者，日後倘執出收租舊摺或片纸，作為廢用，此批

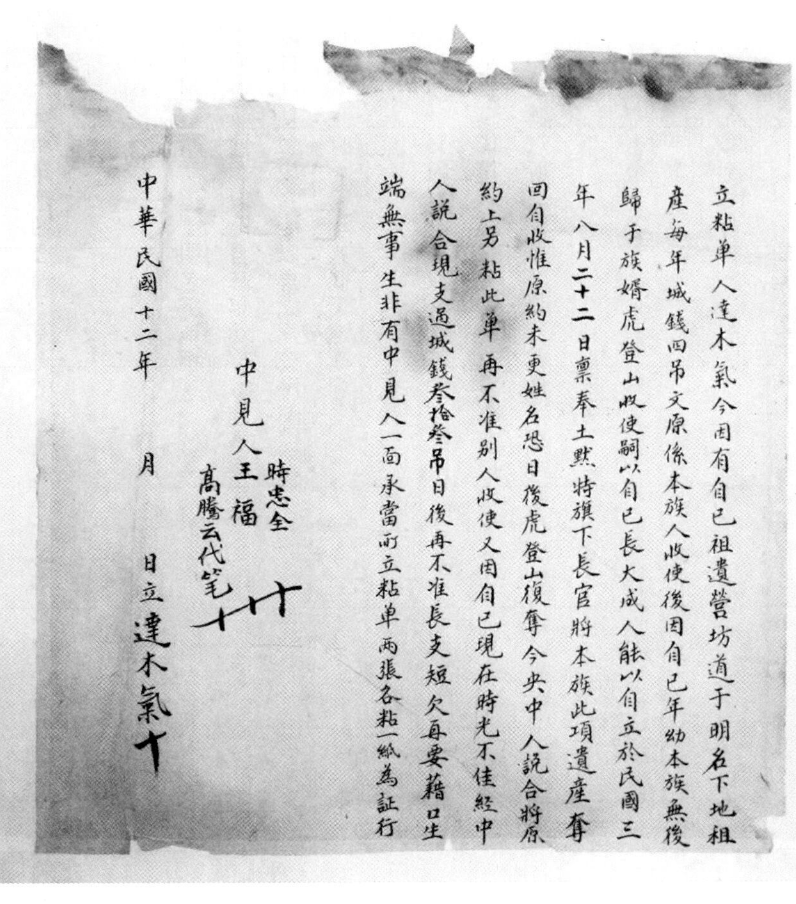

立粘單人達木氣今因有自己祖遺營坊道于明名下地租
產每年城錢四吊文原係本族人收使後因自己年幼本族無後
歸于族婿虎登山收使嗣以自己長大成人能以自立於民國三
年八月二十二日稟奉土默特旗下長官將本族此項遺產奪
回自收惟原約未更姓名恐日後虎登山復奪今央中人說合將原
約上另粘此單再不准别人收使又因自己現在時光不佳經中
人說合現支過城錢叁拾叁吊日後再不准長支短欠再要藉口生
端無事生非有中見人一面承當所立粘單兩張各粘一紙為証行

中見人 時忠全 十
王福 十
高騰云代笔 十

中華民國十二年 月 日立 達木氣 十

民23　民國十二年（一九二三）達木氣收使地租粘單

關於該粘單中提到于明租到達木氣祖遺地的合約，見光65《光緒三十二年（一九〇六）于明租到蒙古虎登山岳父家空地基合同約》。

1 立粘单人達木氣，今因有自己祖遺營坊道于明名下地租

2 產每年城錢四吊文，原係本族人收使，後因自己年幼，本族無後，

3 歸于族婿虎登山收使。嗣以自己長大成人能以自立，於民國三

4 年八月二十二日稟奉土默特旗下長官，將本族此項遺產奪

5 回自收，惟原約未更姓名，恐日後虎登山復奪。今央中人說合，將原

6 約上另粘此单，再不准別人收使。又因自己現在時光不佳，經中

7 人說合，現支過城錢叁拾叁吊，日後再不准長支短欠。再要藉口生

8 端、無事生非，有中見人一面承當。所立粘单两張，各粘一紙為証行。

9 時忠全十

10 中見人 王 福十

11 高騰云代笔十

12 中華民國十二年 月 日立達木氣十

附表

編　號	民 23
題　名	民國十二年（一九二三）達木氣收使地租粘單
類　別	收使地租粘單
尺　寸	26×29 釐米
保存狀態	稍有缺損，文字完整
原編號	146
紅白契	白契
立約者	達木氣
理　由	因自己祖遺營坊道于明名下地租產每年城錢原係本族人收使，後因自己年幼，本族無後，歸于族婿虎登山收使。嗣以自己長大成人，能以自立，於民國三年八月二十二日稟奉土默特旗下長官，將本族此項遺產奪回自收。惟原約未更姓名，恐日後虎登山復奪
原承租人	于明
收使人	達木氣
承當者	中見人
地點坐落及四至	營坊道
面　積	無
用　途	將原約上另粘此单，再不准別人收使
支過錢	因自己現在時光不佳，經中人說合，現支過城錢叁拾叁吊
地租錢	每年城錢四吊文
年　限	無
印　章	無
稅　票	無
文　字	漢
中見人	時忠全、王福、高騰云
代筆人	高騰云
立約日期	民國十二年　月　日
附　注	

民24

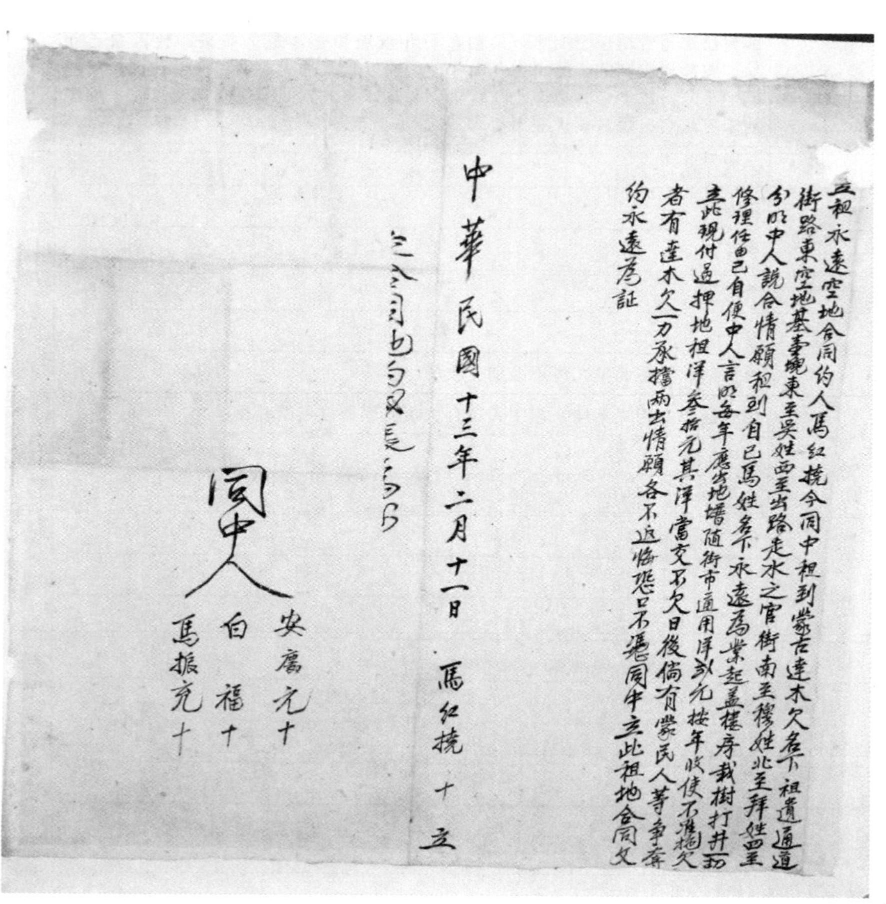
立租永遠空地合同約人馬紅撓，今同中租到蒙古達木欠名下祖遺通道街路東空地基壹塊，東至吳姓，西至出路走水之官街，南至穆姓，北至拜姓，四至分明。中人說合，情願租到自己馬姓名下永遠為業，起蓋樓房，栽樹打井，一切修理任由己自便。中人言明，每年應出地譜，隨街市通用洋貳元，按年收使，不准拖欠。立此現付過押地租洋叁拾元，其洋當交不欠。日後倘有蒙民人等爭奪者，有達木欠一力承擋。兩出情願，各不返悔，恐口不憑，同中立此租地合同文約永遠為証。

中華民國十三年二月十一日　馬紅撓　十　立

[illegible]

同中人　安廣元　十
白福　十
馬振元　十

民24 民國十三年（一九二四）馬红撓租到蒙古達木欠空地合同約

1 立租永遠空地合同约人馬红撓，今同中租到蒙古達木欠名下祖遺通道

2 街路東空地基壹塊。東至吳姓，西至出路走水之官街，南至穆姓，北至拜姓，四至

3 分明。中人説合，情願租到自己馬姓名下永遠為業，起盖楼房、栽樹打井，一切

4 修理任由己自便。中人言明，每年應出地増随街市通用洋式元，按年收使，不准拖欠。

5 立此現付過押地租洋叁拾元，其洋當交不欠。日後，倘有蒙民人等争奪

6 者，有達木欠一力承擋。两出情願，各不返（反）悔。恐口不憑，同中立此租地合同文

7 约永遠為証。

8 中華民國十三年二月十一日 馬红撓十立

9 立合同地约貳張為証[一]。

10 同中人 安慶元十

11 白福十

12 馬振充十

注釋

[一] 該行文字只存右半部分。

編　　號	民 24
題　　名	民國十三年（一九二四）馬红撓租到蒙古達木欠空地合同約
類　　別	租到空地基約
尺　　寸	53.8×53.8 釐米
保存狀態	稍有殘損，文字完整
原 編 號	147
紅 白 契	白契
立 約 者	馬红撓
理　　由	無
承 租 者	馬红撓
出 租 者	蒙古達木欠
承 當 者	達木欠
地點坐落及四至	通道街路東：東至吳姓，西至出路走水之官街，南至穆姓，北至拜姓
面　　積	祖遺空地基壹塊
用　　途	永遠為業，起盖楼房、栽樹打井，一切修理任由己自便
押 地 錢	租洋叁拾元，其洋當交不欠
地 增 錢	每年應出随街市通用洋弍元，按年收使
年　　限	永遠
印　　章	無
稅　　票	無
文　　字	漢
同 中 人	安慶元、白福、馬振充
書　　人	無
立約日期	中華民國十三年二月十一日
附　　注	

民
25

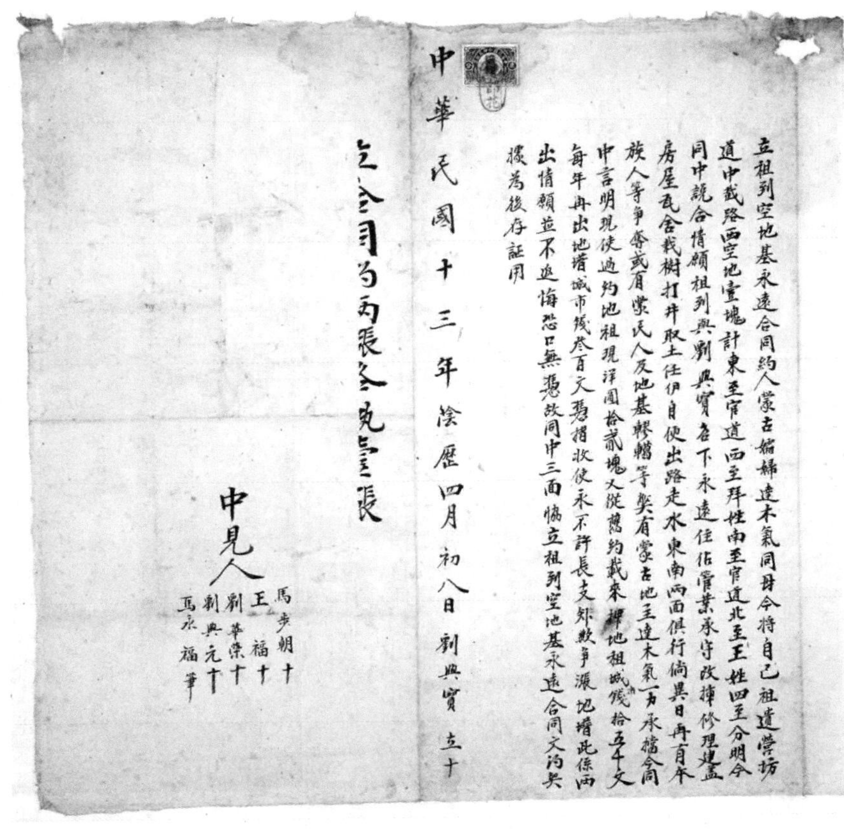

立祖列空地基永遠合同約人蒙古孀婦達木氣同母今將自己祖遺營坊道中截路西空地壹塊，計東至官道，西至拜姓，南至官道，北至王姓，四至分明。今同中說合情願祖列與劉興寶名下永遠住佔營業，承守改捧修理建蓋房屋瓦舍、栽樹打井取土，任伊自便，出路走水東南兩面俱行。倘異日再有本族人等爭奪，或有蒙民人及地基夥鰼等弊，有蒙古地主達木氣一力承擋。今同中言明，現使過約地祖現洋圓拾貳塊，又從㦖約載來押地祖城錢拾五千文，每年冉出地增城市錢叁百文，焉擋收使，永不許長支短欠，爭漲地增。此係兩出情願，並不返悔，恐口無憑，故同中三面協立祖列空地基永遠合同文約與據為後存証用。

中華民國十三年陰歷四月初八日　劉興寶　立十

立合同為兩張各執壹張

中見人　馬步朝十　王福十　劉華榮十　劉興元十　馬永福筆

1

民25 民國十三年（一九二四）劉興寶租到蒙古達木氣同母空地基合同約

該合同約粘有「中華民國印花稅票貳分」一枚，稅票上面鈐有朱印一方（1），印文為「民國印花」。約中空地基原由劉花榮租到，詳見民12《民國六年（一九一七）劉花栄租到蒙古孀婦同子達木氣、僂全空地基合同約》。

立租到空地基永遠合同約人蒙古孀婦達木氣同母，今將自己祖遺營坊道中截路西空地壹塊，計東至官道，西至拜姓，南至官道，北至王姓，四至分明，今同中說合，情願租到劉興寶名下永遠住佔管業承守。改換修理、建盖房屋瓦舍，栽樹打井、取土，任伊自便。出路走水東、南两面俱行。倘異日再有本族人等争奪或有蒙民人及地基轇轕等弊，有蒙古地主達木氣一力承擋。今同中言明，現使過約地租現洋圓拾貳塊，又從舊約載來押地租城市[一]錢拾五千文。每年再出地增城市錢叁百文，憑摺收使，永不許長支短歉（欠）、争漲地增。此係两出情願，並不返（反）悔。恐口無憑，故同中三面協立租到空地基永遠合同文約契據為後存証用。

（印花稅票一枚）

中華民國十三年陰曆四月初八日劉興寶 立十

立合同約两張，各執壹張[二]。

馬步朝十

13 王　福十

14 中見人劉華榮十

15 劉興元十

16 馬永福　筆

注釋

〔一〕「市」字原寫於行間。

〔二〕該行文字只存右半部分。

編　號	民 25
題　名	民國十三年（一九二四）劉興實租到蒙古達木氣同母空地基合同約
類　別	租到空地基約
尺　寸	47.2×46.7 釐米
保存狀態	稍有破損，文字完整
原編號	148
紅白契	紅契
立約者	劉興實
理　由	無
承租者	劉興實
出租者	蒙古孀婦達木氣同母
承當者	蒙古地主達木氣
地點坐落及四至	營坊道中截路西：東至官道，西至拜姓，南至官道，北至王姓
面　積	祖遺空地壹塊
用　途	永遠住佔管業承守，改換修理、建蓋房屋瓦舍、栽樹打井、取土，任伊自便，出路走水東、南兩面俱行
押地錢	從舊約載來押地租城市錢拾五千文
過約地租	現洋圓拾貳塊
地增錢	每年城市錢叁百文，憑摺收使
年　限	永遠
印　章	朱印一方
稅　票	“中華民國印花稅票貳分”一枚
文　字	漢
中見人	馬步朝、王福、劉華榮、劉興元、馬永福
筆　人	馬永福
立約日期	中華民國十三年陰曆四月初八日
附　注	

民
26

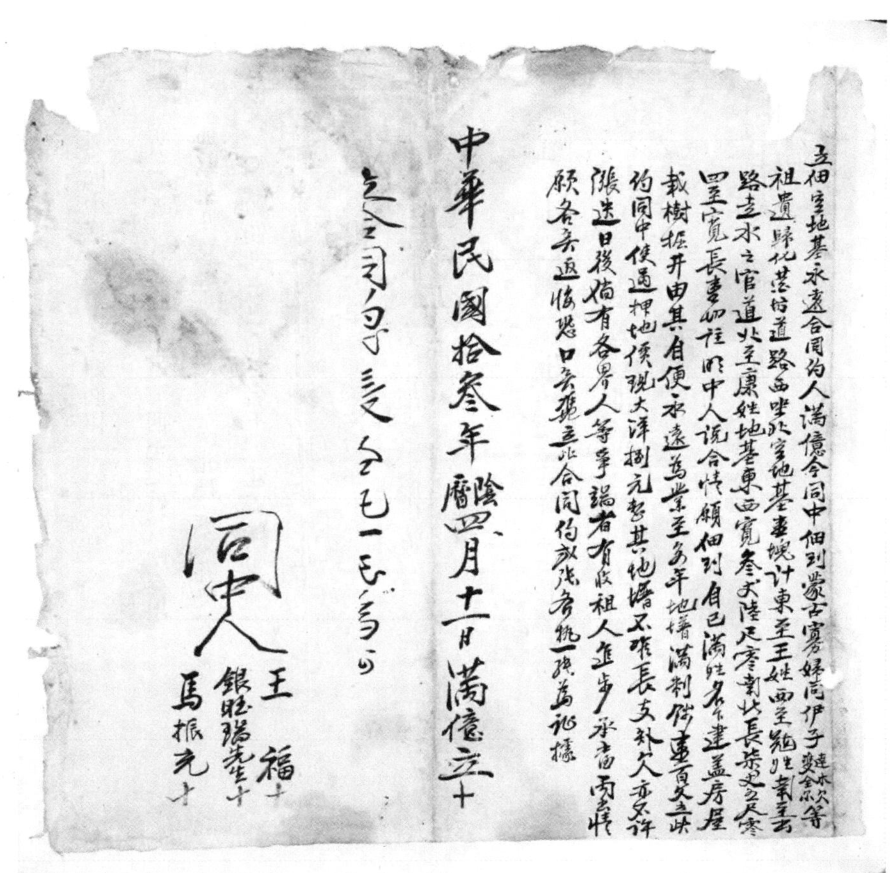

立佃宅地基永遠合同約人滿億今同中佃到蒙古寡婦高伊子達木欠全尔等
祖遺歸化城舊道路西坐北宅地基壹塊，計東至王姓，西至施姓，南至大
路，北至水之官道，北至康姓地基，東西寬叁丈陸尺零，南北長柒丈五尺零，
四至寬長書明注明，中人說合情願佃到自己滿姓名下，建蓋房屋、
栽樹、掘井，由其自便，永遠為業。至多年地增滿制錢壹百文。立此
約同中使過押地價現大洋捌元整，其地增不准長支，外人亦不許
漲迭。日後倘有各界人等爭端者，有收祖人進步承當，兩無反
悔，各無返悔，恐口無憑，立此合同約為式兩張，各執一張，為証據。

中華民國拾叁年陰曆四月十一日 滿億立十

立合同約字乙紙各一張為証

同中人 王福十 銀旺瑞先生十 馬振元十

民26　民國十三年（一九二四）滿億佃到蒙古寡婦同子達木欠、僂全尔空地基合同約

立佃空地基永遠合同约人滿億，今同中佃到蒙古寡婦同伊子達木欠、僂全尔等祖遺歸化营坊道路西坐北空地基壹塊。计東至王姓，西至寇姓，南至出路走水之官道，北至康姓；地基東西寛叁丈陸尺零，南北長柒丈五尺零，四至寛長壹切註明。中人说合，情願佃到自己滿姓名下，建盖房屋、栽樹掘井，由其自便，永遠為業。至每年地増滿制錢壹百文，立此约同中使過押地價現大洋捌元整，其地増不準長支短欠，亦不许漲迭（跌）。日後，倘有各界人等爭端者，有收租人進步承當。兩出情願，各無返（反）悔。恐口無憑，立此合同约式张，各执一张為证據。

中華民國拾叁年陰曆四月十一日　滿億　立十

立合同約贰張，各執一张為証[一]。

同中人　王福　十
銀旺瑞先生十
馬振充　十

注釋

〔一〕該行文字只存右半部分。

附表

編　號	民 26
題　名	民國十三年（一九二四）滿億佃到蒙古寡婦同子達木欠、隻全尔空地基合同約
類　別	佃到空地基約
尺　寸	52.8×50.7 釐米
保存狀態	稍有破損，文字完整
原編號	149
紅白契	白契
立約者	滿億
理　由	無
承佃者	滿億
出佃者	蒙古寡婦同伊子達木欠、隻全尔等
承當者	收租人
地點坐落及四至	歸化营坊道路西坐北：東至王姓，西至寇姓，南至出路走水之官道，北至康姓
面　積	祖遺空地基壹塊，地基東西寬叁丈陸尺零，南北長柒丈五尺零
用　途	建盖房屋、栽樹掘井，由其自便，永遠為業
押地價	現大洋捌元整
地增錢	每年滿制錢壹百文
年　限	永遠
印　章	無
稅　票	無
文　字	漢
同中人	王福、銀旺瑞先生、馬振充
書　人	無
立約日期	中華民國拾叁年陰曆四月十一日
附　注	

民27

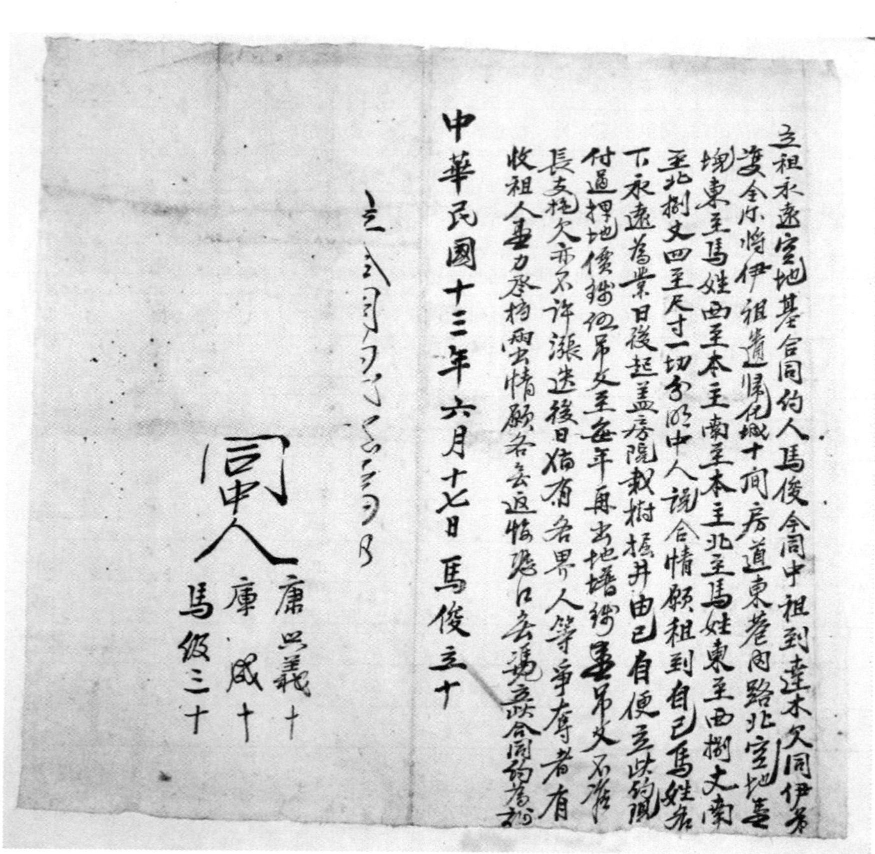

立祖永遠宅地基合同約人馬俊，今同中祖到達木欠同伊弟婆全今將伊祖遺留化城十間房道東巷內路北宅地基一塊，東至馬姓，西至本主，南至本主，北至馬姓，東至西樹丈，南至北樹丈，四至尺寸一切分明。同中人說合，情願祖到自己馬姓名下永遠為業，日後起蓋房院、栽樹、掘井由己自便。立時約現付過押地價錢伍吊文，至每年再出地譜錢壹吊文，不准長支短欠，亦不許漲迭。後日倘有各界人等爭奪者，有收祖人壹力承擋。兩出情願，各無返悔。恐口無憑，立此合同約為據。

中華民國十三年六月十七日　馬俊立十

同中人　康兴義十
康成十
馬級三十

民27　民國十三年（一九二四）馬俊租到達木欠同弟溲全尔空地基合同約

該合同約中有兩方較模糊的朱印痕跡，應是其他文書所鈐朱印的反印。

立租永遠空地基合同约人馬俊，今同中租到：達木欠同伊弟
溲全尔將伊祖遺歸化城十间房道東巷内路北空地壹
塊，東至馬姓，西至本主，南至本主，北至馬姓，東至西捌丈，南
至北捌丈，四至尺寸一切分明，中人说合，情願租到自己馬姓名
下永遠為業。日後起盖房院、栽樹掘井，由己自便。立此约現
付過押地價錢伍吊文，至每年再出地增錢壹吊文，不准
長支拖欠，亦不许漲迭（跌）。後日，倘有各界人等爭奪者，有
收租人壹力承挡。两出情願，各無返（反）悔。恐口無憑，立此合同约為証。
中華民國十三年　六月十七日　馬俊　立十
立合同約貳張為証[一]。
同中人　康兴義十
　　　　庫　成十
　　　　馬级三十

注釋

[一] 該行文字只存右半部分。

編　號	民27
題　名	民國十三年（一九二四）馬俊租到達木欠同弟叟全尔空地基合同約
類　別	租到空地基約
尺　寸	46×46.3釐米
保存狀態	完整
原編號	150
紅白契	白契
立約者	馬俊
理　由	無
承租者	馬俊
出租者	達木欠同伊弟叟全尔
承當者	收租人
地點坐落及四至	歸化城十间房道東巷内路北：東至馬姓，西至本主，南至本主，北至馬姓
面　積	祖遺空地基壹塊：東至西捌丈，南至北捌丈
用　途	永遠為業，日後起盖房院、栽樹掘井，由己自便
押地錢	現付過伍吊文
地增錢	每年壹吊文
年　限	永遠
印　章	無，但有兩方其他文書所鈐朱印之反印
稅　票	無
文　字	漢
同中人	康兴義、庫成、馬级三
書　人	無
立約日期	中華民國十三年六月十七日
附　注	

附表

民28

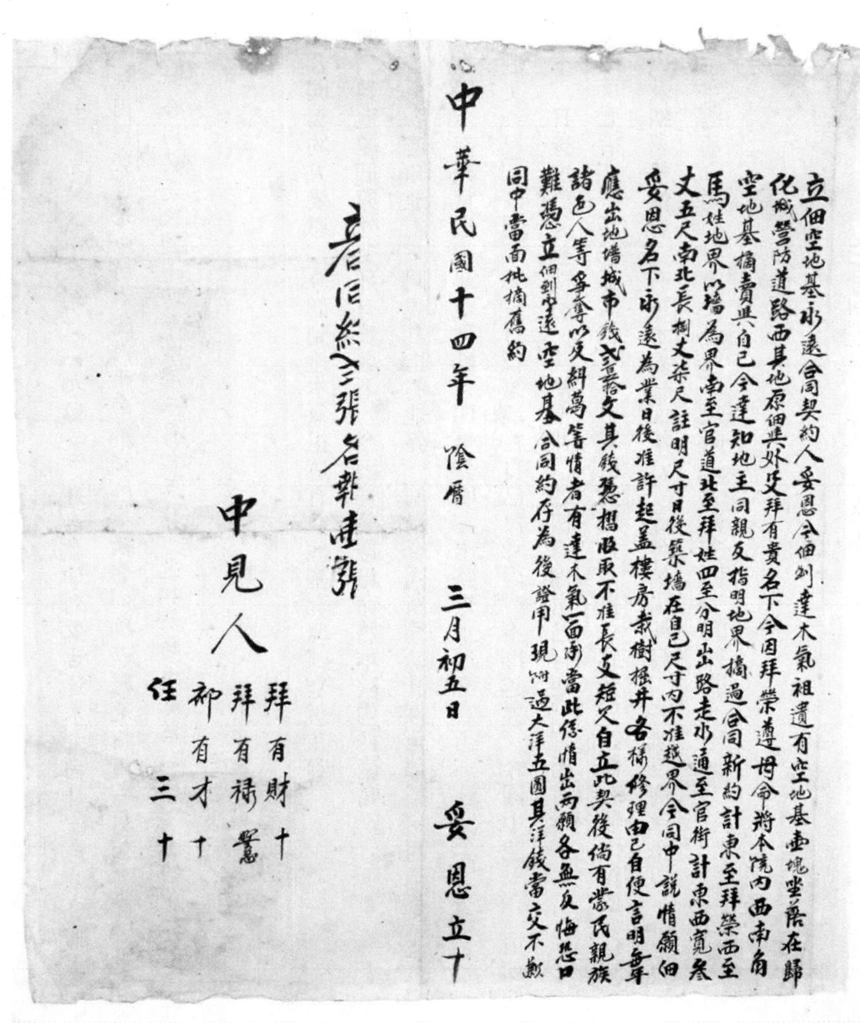

立佃空地基永遠合同契約人妥恩今佃到達木氣祖遺有空地基壹塊坐落在歸
化城警防道路西其地原佃與外父拜有貴名下今因拜榮遵母命將本院內西南角
空地基摘賣與自己今達知地主同親友指明地界摘過合同新約計東至拜榮西至
馬姓地界以墻為界南至官道北至拜姓四至分明出路走水通至官街計東西寬叁
丈五尺南北長捌丈柒尺註明尺寸日後築墻在自己尺寸內不准越界今同中說情願佃
妥恩名下永遠為業日後准許起蓋樓房栽樹掘井各樣修理由己自便言明每年
應出地譜城市錢貳拾文其錢憑摺收取不准長支短欠自立此契後倘有拜氏親族
諸色人等爭奪以及糾葛等情者有達木氣一面承當此係情出兩願各無反悔恐口
難憑立佃到永遠空地基合同約存為後證用現附過大洋五圓其洋錢當交不欠
同中當面批摘舊約

中華民國十四年　陰曆　三月初五日　妥恩　立十

存舊約紙三張各執達號

中見人
拜有財十
拜有祿（押）
祁有才十
任三十

民28　民國十四年（一九二五）妥恩佃到達木氣空地基合同契約

該合同約中摘賣地基與光44《光緒二十八年（一九〇二）拜永貴佃到蒙古達木欠同母空地基合同文約》內批約提到的四至及尺寸完全相同，且皆言稱因拜榮遵母命將本院內西南角空地基摘賣，所以應是指同一租佃事宜，光44為本合同約中提到的舊約。但所記時間不同，該合同約是民國十四年陰曆三月初五日，光44批約中記為「民國十四年二月间」，當緣於正式立約晚於實際佃賣時間。

立佃空地基永遠合同契約人妥恩，今佃到達木氣祖遺有空地基壹塊，坐落在歸化城營防道路西。其地原佃與外父拜有貴名下，今因拜榮遵母命將本院內西南角空地基摘賣與自己。今達知地主，同親友指明地界、摘過合同新約。計東至拜榮，西至馬姓地界，以墻為界，南至官道，北至拜姓，四至分明，出路走水通至官街；計東西寬叁丈五尺，南北長捌丈柒尺，註明尺寸。日後築墻在自己尺寸內，不准越界。今同中說[一]，情願佃妥恩名下永遠為業，日後准許起盖樓房、栽樹掘井，各樣修理由己自便。言明每年應出地増城市錢弍百五拾文，其錢憑摺收取，不准長支短欠。自立此契后，倘有蒙民親族諸色人等爭奪，以及糾葛等情者，有達木氣一面承當。此係情出两願，各無反悔。恐口難憑，立佃到永遠空地基合同約存為後證用。現附過大洋五圓，其洋當交不歉（欠）。同中當面批摘舊約。

中華民國十四年　陰曆　三月初五日　妥恩　立十

立合同約弍張，各執壹張[二]。

13 中見人 拜有財十

14 拜有禄〔三〕

15 祁有才十

16 任　三十

注釋

〔一〕「說」字下面疑缺「合」字。

〔二〕該行文字只存左半部分。

〔三〕該人名下面有墨色畫押。

附表

編　號	民 28
題　名	民國十四年（一九二五）妥恩佃到達木氣空地基合同契約
類　别	佃到空地基約
尺　寸	46.3×54.5 釐米
保存狀態	完整
原編號	151
紅白契	白契
立約者	妥恩
理　由	其地原佃與外父拜有貴名下，今因拜榮遵母命將本院内西南角空地基摘賣與自己
承佃者	妥恩
出佃者	達木氣
承當者	達木氣
地點坐落及四至	歸化城營防道路西：東至拜榮，西至馬姓地界，以墻為界，南至官道，北至拜姓，出路走水通至官街
面　積	祖遺空地基壹塊：東西寬叁丈五尺，南北長捌丈柒尺
用　途	永遠為業，日後准許起盖樓房、栽樹掘井，各様修理由己自便
附過錢	大洋五圓，其洋當交不欠
地增錢	每年城市錢弍百五拾文，其錢憑摺收取
年　限	永遠
印　章	無
税　票	無
文　字	漢
中見人	拜有財、拜有禄、祁有才、任三
書　人	無
立約日期	中華民國十四年陰曆三月初五日
附　注	

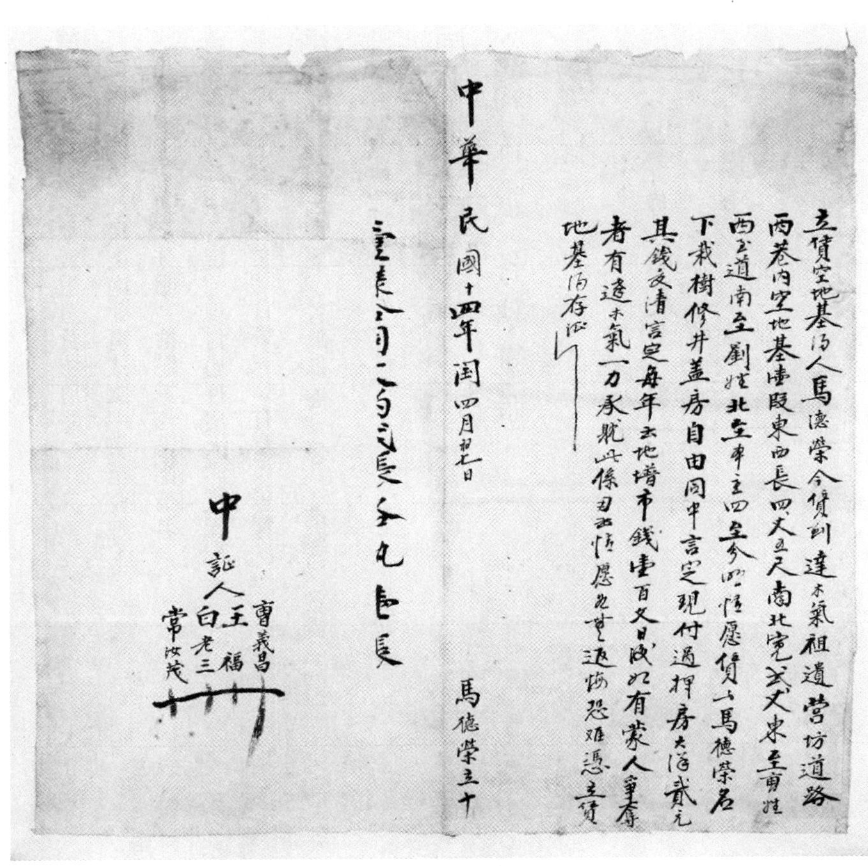

立賃空地基約人馬德榮今賃到達木氣祖遺營坊道路
西巷内空地基壹段東西長四丈五尺南北寬弍丈東至曹姓
西至道南至劉姓北至本主四至分明情愿賃與馬德榮名
下栽樹修井蓋房自由同中言定現付過押房大洋貳元
其錢交清言定每年地增市錢壹百文日後如有蒙人爭奪
者有達木氣一力承躭此係兩家情愿各無返悔恐難憑立賃
地基約存證

壹張合同二分各執壹張

中華民國十四年閏四月初七日　馬德榮立十

中證人　曹義昌十
王福十
白老三十
常汝茂十

民29　民國十四年（一九二五）馬德榮賃到達木氣空地基約

1 立賃空地基约人馬德榮，今賃到達木氣祖遺營坊道路
2 西巷内空地基壹段。東西長四丈五尺，南北寬弍丈，東至曹姓，
3 西至道，南至劉姓，北至本主，四至分明。情愿賃与馬德榮名
4 下，栽樹、修井、盖房自由。同中言定，現付過押房大洋貳元，
5 其錢交清，言定每年出地増市錢壹百文。日後，如有蒙人爭奪
6 者，有達木氣一力承耽。此係兩出情愿，各無返（反）悔。恐[一]难憑，立賃
7 地基约存证。
8 中華民國十四年闰四月初七日　馬德榮立十
9 壹樣合同文約貳張，各執壹張[二]。
10 中証人　曹義昌 +
11 王　福 +
12 白老三 +
13 常汝茂 +

注釋

〔一〕「恐」字下面疑缺「口」字。
〔二〕該行文字只存右半部分。

附表

編　　號	民 29
題　　名	民國十四年（一九二五）馬德榮賃到達木氣空地基約
類　　別	賃到空地基約
尺　　寸	46.4×46.4 釐米
保存狀態	完整
原 編 號	152
紅 白 契	白契
立 約 者	馬德榮
理　　由	無
承 賃 者	馬德榮
出 賃 者	達木氣
承 當 者	達木氣
地點坐落及四至	營坊道路西巷内：東至曹姓，西至道，南至劉姓，北至本主
面　　積	祖遺空地基壹段：東西長四丈五尺，南北寬弍丈
用　　途	栽樹、修井、蓋房自由
押 房 錢	大洋貳元，其錢交清
地 增 錢	每年市錢壹百文
年　　限	無
印　　章	無
稅　　票	無
文　　字	漢
中 証 人	曹義昌、王福、白老三、常汝茂
書　　人	無
立約日期	中華民國十四年闰四月初七日
附　　注	

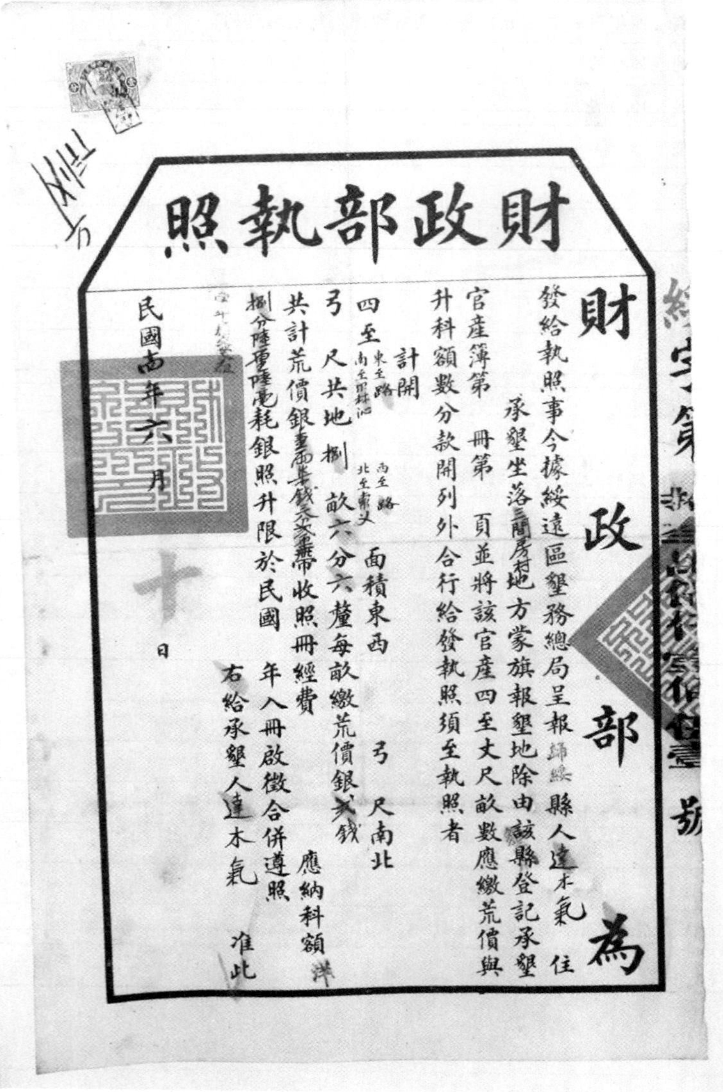

財政部執照

財政部為發給執照事今據綏遠區墾務總局呈報歸綏縣人達木氣住
承墾坐落三間房村地方蒙旗報墾地除由該縣登記承墾
官產簿第　冊第　頁並將該官產四至丈尺畝數應繳荒價與
升科額數分款開列外合行給發執照須至執照者

計開

四至 東至路 南至耶拉沁 西至路 北至甯乂　面積東西　弓　尺南北
弓　尺共地捌畝六分六釐每畝繳荒價銀弍錢
共計荒價銀壹兩柒錢叁分弍釐帶收照冊經費
捌分陸釐陸毫耗銀照升限於民國　年入冊啟徵合併遵照　應納科額洋
右給承墾人達木氣　准此

民國十四年六月十日

3

2

1

民30 民國十四年（一九二五）達木氣承墾執照

該文書原編號是153，尺寸為29.9釐米×50.3釐米。執照中粘有「中華民國印花稅票壹分」一枚，稅票上面有藍色「歸綏」字樣，並鈐有一方墨印（3），印文為「綏遠局」。執照中另鈐有朱印兩方（1、2），印文為「財政部印」，執照內多處文字有朱筆點記。另，為便於排版，在此將執照中的表格形式去除。

綏字第拾叁萬伍仟壹佰伍壹號[一]

財 政 部 為

發給執照事，今據綏遠區墾務總局呈報，歸綏縣人達木氣 住

承墾坐落三間房村地方蒙旗報墾地。除由該縣[二]登記承墾

官產簿第 冊第 頁，並將該官產四至丈尺畝數、應繳荒價與

升科額數分款開列外，合行給發執照，須至執照者：

計開

四至東至路 南至尔林沁 西至路 北至索 面積東西 弓 尺南北

弓 尺，共地 拾 畝 分 釐，每畝繳荒價銀 錢，

共計荒價銀 兩 錢 分 釐，帶收照冊經費 應納科額洋

拾分陸厘陸毫，耗銀照升，限於民國 年入冊起徵，合併遵照

常年應交蒙租 右給承墾人達木氣 准此

財政部執照

民國十四年 六 月 十〔三〕日

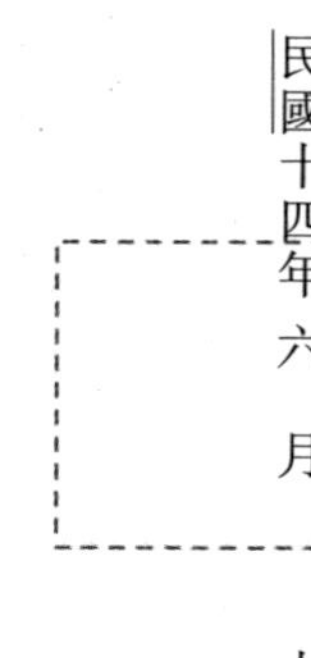

14
（印花稅票一枚）

〡〤〢〣〦
万

注釋

〔一〕該行文字只存左半部分，「綏」字為朱色。

〔二〕「該縣」二字處有朱色「墾務」二字。

〔三〕「十」字為朱色。

民
31

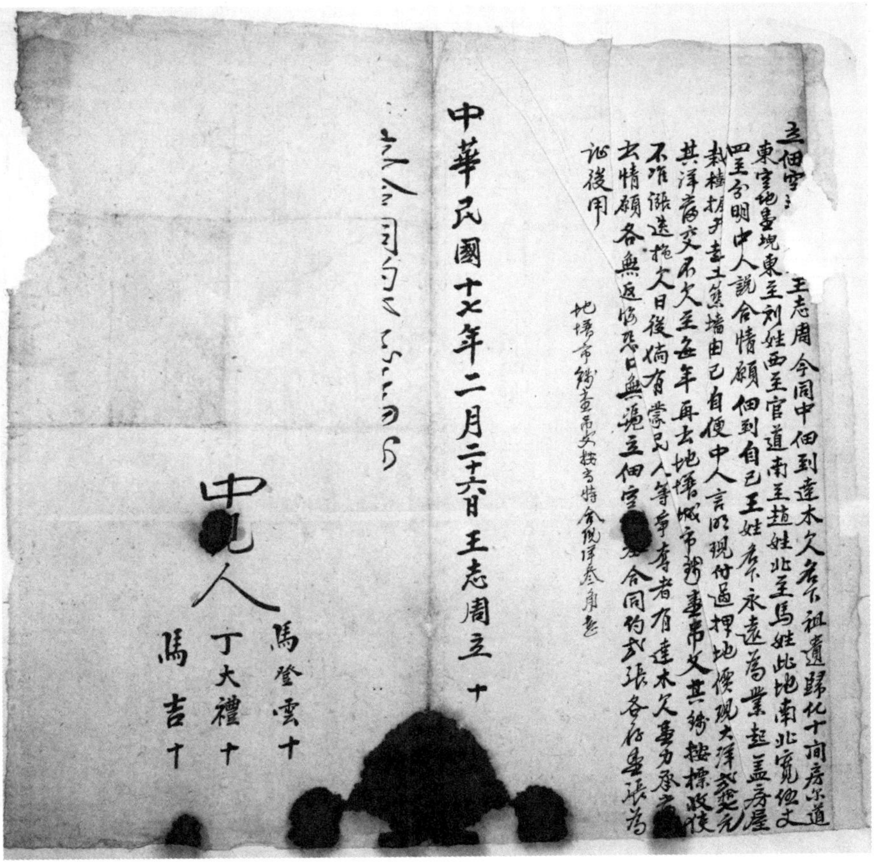

立佃字人王志周今同中佃到達木欠名下祖遺歸化十间房子道
東空地壹塊東至刘姓西至官道南至趙姓北至馬姓此地南北寬伍丈
四至分明中人說合情願佃到自己王姓名下永遠爲業起盖房屋
栽樹打井壹土築墻由已自便中人言明現付過押地價現大洋叁拾元
其洋當交不欠至每年再去地攤城市錢壹吊文其錢按標收使
不准漲迭拖欠日後倘有蒙民人等爭奪者有達木欠壹力承當
出情願各無返悔恐口無憑立佃字合同約貳張各存壹張爲
証後用

地攤市錢壹吊文按當時合現洋叁角整

中華民國十七年二月二十六日 王志周立 十

中見人 馬登雲 十
丁大禮 十
馬吉 十

民31　民國十七年（一九二八）王志周佃到達木欠空地基約

1 立佃空地□王志周，今同中佃到達木欠名下祖遺歸化十间房尔道

2 東空地壹塊。東至刘姓，西至官道，南至趙姓，北至馬姓，此地南北寬伍丈，

3 四至分明。中人説合，情願佃到自己王姓名下永遠為業，起盖房屋、

4 栽樹掘井、起土築墻，由己自便。中人言明，現付過押地價現大洋弍拾七元，

5 其洋當交不欠。至每年再出地增城市錢壹吊文，其錢按標收使，

6 不准漲迭（跌）、拖欠。日後，倘有蒙民人等爭奪者，有達木欠壹力承當。兩

7 出情願，各無返（反）悔。恐口無憑，立佃空地基合同约弍張，各存壹張為

8 证後用。地增市錢壹吊文，按当時合現洋叁角整。

9 中華民國十七年二月二十六日　王志周立十

10 立合同約貳張為証[一]。

11 中見人　馬登雲十

12 丁大禮十

13 馬　吉十

注釋

［一］該行文字只存右半部分。

附表

編　號	民31
題　名	民國十七年（一九二八）王志周佃到達木欠空地基約
類　別	佃到空地基約
尺　寸	51.5×52.2釐米
保存狀態	有破損，污漬，文字稍殘缺
原編號	154
紅白契	白契
立約者	王志周
理　由	無
承佃者	王志周
出佃者	達木欠
承當者	達木欠
地點坐落及四至	歸化十间房尔道東：東至刘姓，西至官道，南至趙姓，北至馬姓
面　積	祖遺空地壹塊，南北寬伍丈
用　途	永遠為業，起盖房屋、栽樹掘井、起土築墻，由己自便
押地價	現大洋弍拾七元，其洋當交不欠
地增錢	每年城市錢壹吊文，其錢按標收使。市錢壹吊文，按当時合現洋叁角整
年　限	無
印　章	無
稅　票	無
文　字	漢
中見人	馬登雲、丁大禮、馬吉
書　人	無
立約日期	中華民國十七年二月二十六日
附　注	

民32

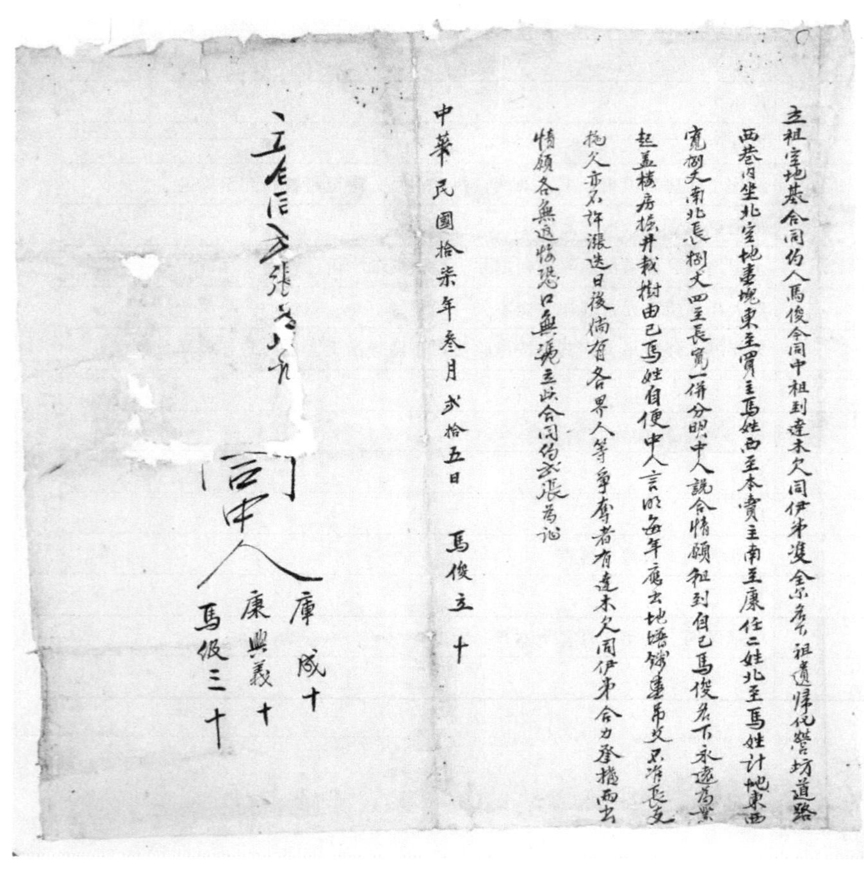

立租室地基合同約人馬俊今同中租到達木欠同伊弟復全照祖遺歸化營坊道路西巷内坐北室地壹塊東至買主馬姓西至本賣主南至康任二姓北至馬姓計地東西寬捌丈南北長捌丈四至長寬一併分明中人説合情願租到自己馬俊名下永遠爲業起蓋樓房挖井栽樹由己馬姓自便中人言明每年應出地譜錢壹吊文只許長支拖欠亦不許漲迭日後倘有各界人等爭奪者有達木欠同伊弟合力承擋而出情願各無返悔恐口無憑立此合同約貳張爲証

中華民國拾柒年叁月貳拾五日　馬俊立　十

同中人　庫成十　康興義十　馬俊三十

民32　民國十七年（一九二八）馬俊租到達木欠同弟雙全尔空地基合同約

立租空地基合同约人馬俊，今同中租到達木欠同伊弟雙全尔名下祖遺歸化營坊道路
西巷内坐北空地壹塊。東至買主馬姓，西至本賣主，南至康、任二姓，北至馬姓，计地東西
寬捌丈，南北長捌丈，四至長寬一併分明。中人説合，情願租到自己馬俊名下永遠為業，
起蓋楼房、掘井栽樹，由己馬姓自便。中人言明，每年應出地增錢壹吊文，不准長支
拖欠，亦不許漲迭（跌）。日後，倘有各界人等爭奪者，有達木欠同伊弟合力承擋。兩出
情願，各無返（反）悔。恐口無憑，立此合同约式張為证。
中華民國拾柒年叁月式拾五日　馬俊　立十
立合同式張為证[一]。

同中人　庫　成十
康興義十
馬级三十

注釋

〔一〕該行文字只存左半部分。

編　號	民32
題　名	民國十七年（一九二八）馬俊租到達木欠同弟雙全尔空地基合同約
類　别	租到空地基約
尺　寸	55.6×55 釐米
保存狀態	有破損，文字基本完整
原編號	155
紅白契	白契
立約者	馬俊
理　由	無
承租者	馬俊
出租者	達木欠同伊弟雙全尔
承當者	達木欠同伊弟
地點坐落及四至	歸化營坊道路西巷内坐北：東至買主馬姓，西至本賣主，南至康、任二姓，北至馬姓
面　積	祖遺空地壹塊，计地東西寬捌丈，南北長捌丈
用　途	永遠為業，起盖楼房、掘井栽樹，由己馬姓自便
押地錢	無
地增錢	每年壹吊文
年　限	無
印　章	無
税　票	無
文　字	漢
同中人	庫成、康興義、馬级三
書　人	無
立約日期	中華民國拾柒年叁月式拾五日
附　注	

民
33

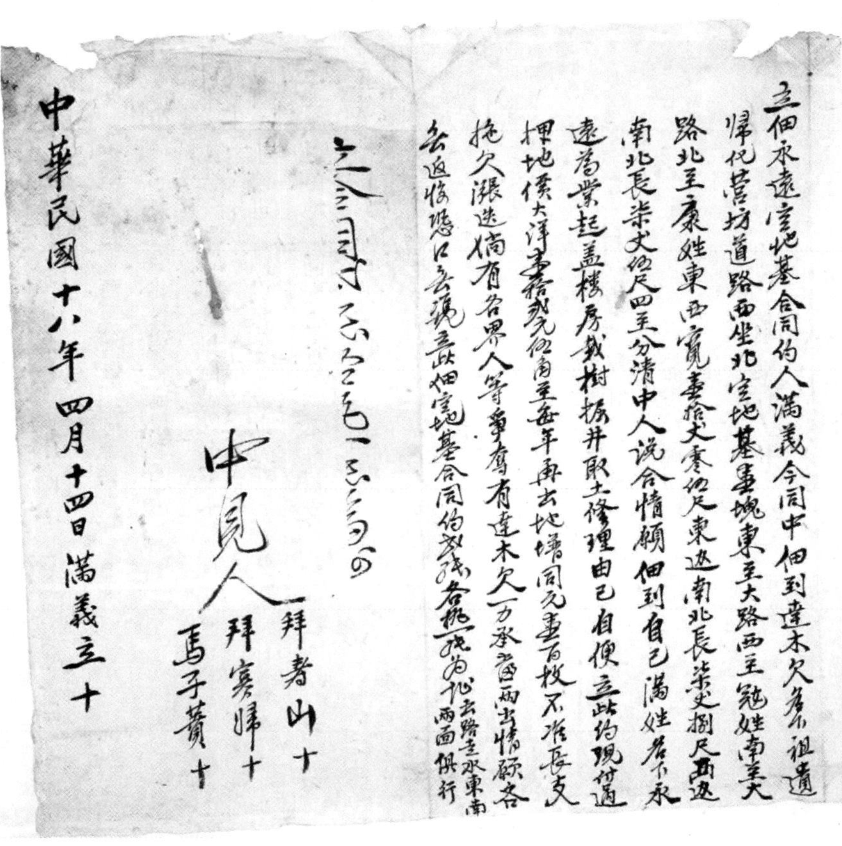

立佃永遠宅地基合同約人滿義，今同中佃到達木欠名下祖遺
歸化營坊道路西坐北宅地基壹塊，東至大路，西至魏姓，南至大
路，北至康姓，東西寬壹拾丈零伍尺，東邊南北長柒丈捌尺，西邊
南北長柒丈伍尺，四至分清。中人說合情願佃到自己滿姓名下永
遠爲業，起蓋樓房，栽樹，掘井，取土，修理，由己自便。立此約現付過
押地價大洋壹拾貳元伍角，至每年再出地譜銅元壹百枚，不准長支
拖欠滾迭。倘有各界人等爭奪，有達木欠一力承當。兩出情願，各
無返悔，恐口無憑，立此佃宅地基合同約貳張，各執一張爲证。出路走水東南兩面俱行

中見人　拜耆山 十
　　　　拜寡歸 十
　　　　馬子貴 十

中華民國十八年四月十四日　滿義 立 十

民33 民國十八年（一九二九）滿義佃到達木欠空地基合同約

立佃永遠空地基合同约人滿義，今同中佃到達木欠名下祖遺歸化营坊道路西坐北空地基壹塊。東至大路，西至寇姓，南至大路，北至康姓，東西寬壹拾丈零伍尺，東边南北長柒丈捌尺，西边南北長柒丈伍尺，四至分清。中人说合，情願佃到自己滿姓名下永遠為業。起盖楼房、栽樹掘井、取土修理，由己自便。立此约現付過押地價大洋壹拾弍元伍角，至每年再出地增（銅）同元壹百枚，不准長支拖欠、漲迭（跌）。倘有各界人等爭奪，有達木欠一力承當。兩出情願，各無返（反）悔。恐口無憑，立此佃空地基合同约弍张，各执一张為证。出路走水東南两面俱行。

立合同貳张，各執一张為証[一]。

中見人 拜寿山十

拜寡婦十

馬子賨十

中華民國十八年四月十四日 滿義 立十

注釋

［一］該行文字只存右半部分。

附表

編　號	民 33
題　名	民國十八年（一九二九）滿義佃到達木欠空地基合同約
類　别	佃到空地基約
尺　寸	46.2×46.2 釐米
保存狀態	稍有缺損，文字完整
原編號	156
紅白契	白契
立約者	滿義
理　由	無
承佃者	滿義
出佃者	達木欠
承當者	達木欠
地點坐落及四至	歸化营坊道路西坐北：東至大路，西至冦姓，南至大路，北至康姓
面　積	祖遺空地基壹塊：東西寬壹拾丈零伍尺，東边南北長柒丈捌尺，西边南北長柒丈伍尺
用　途	永遠為業，起盖楼房、栽樹掘井、取土修理，由己自便
押地價	現付過大洋壹拾弍元伍角
地增錢	每年銅元壹百枚
年　限	永遠
印　章	無
税　票	無
文　字	漢
中見人	拜寿山、拜寡婦、馬子賁
書　人	無
立約日期	中華民國十八年四月十四日
附　注	

民34

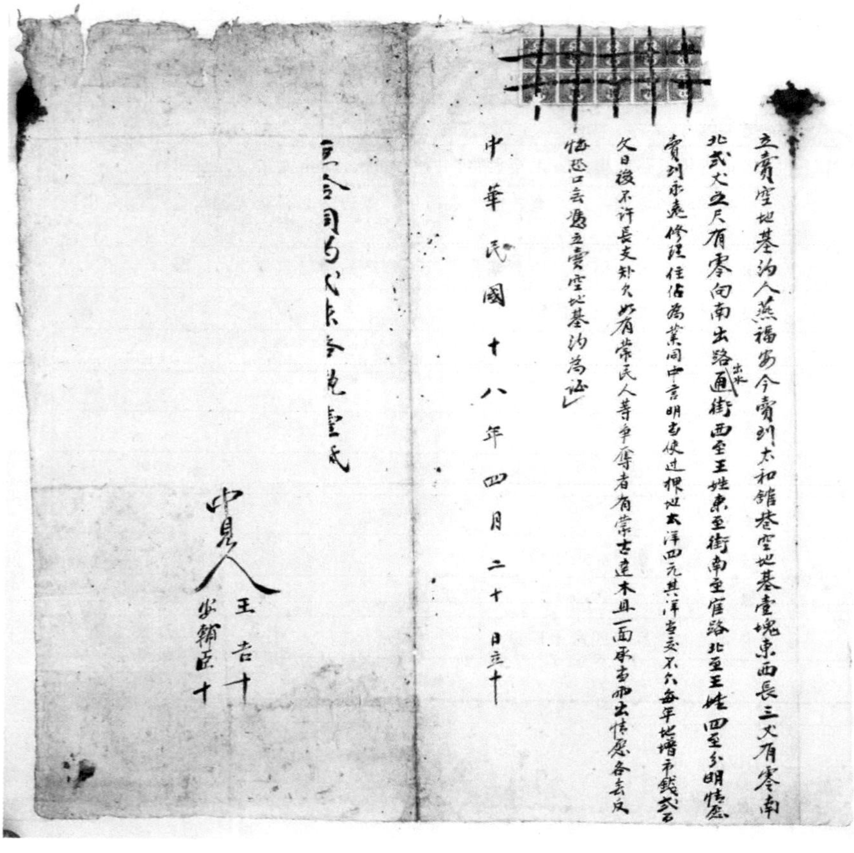

立賣空地基約人燕福安今賣到太和館巷空地基壹塊東西長三丈有零南北貳丈五尺有零向南出路通街西至王姓東至街南至官路北至王姓四至分明情愿賣到金亮修理住佔為業同中言明當使过根地大洋四元其洋當交不欠每年地增市錢貳百文日後不許長支短欠如有蒙民人等爭奪者有蒙古達木且一面承當兩出情愿各無反悔恐口無憑立賣空地基約為証

中華民國十八年四月二十日立十

立合同約弍張各執壹紙

中見人　王吉十　安鎮臣十

民34　民國十八年（一九二九）燕福安買到空地基約

該約內粘有「中華民國印花稅票壹分」十枚，並且每枚稅票上面有藍色「歸綏」字樣。

1 立賣（買）〔一〕空地基约人燕福安，今賣（買）到太和館巷空地基壹塊。東西長三丈有零，南

2 北弍丈五尺有零，向南出路出水〔三〕通街，西至王姓，東至街，南至官路，北至王姓，四至分明。情愿

3 賣（買）到永遠修理住佔為業。同中言明，当使过押地大洋四元，其洋当交不欠。每年地增市錢弍百

4 文，日後不許長支短欠。如有蒙民人等争奪者，有蒙古達木且一面承当。兩出情愿，各無反

5 悔。恐口無憑，立賣（買）空地基约為证。」

（印花稅票十枚）〔二〕

6 中華民國十八年四月二十日立十

7 立合同約貳張，各執壹紙〔四〕。

8 中見人王　吉十

9 安輔臣十

注釋

〔一〕根據合約內容，可知此處的「賣」為「買」之誤。下同，不再注出。

〔二〕印花稅票上面有墨色勾畫。

〔三〕「出水」二字原寫於行間，附有表示增補插入的畫綫。

〔四〕該行文字只存右半部分。

編　號	民 34
題　名	民國十八年（一九二九）燕福安買到空地基約
類　別	買到空地基約
尺　寸	52.5×54.3 釐米
保存狀態	稍殘損，文字完整
原編號	157
紅白契	紅契
立約者	燕福安
理　由	無
承買者	燕福安
出賣者	無
承當者	蒙古達木且
地點坐落及四至	太和館巷：西至王姓，東至街，南至官路，北至王姓
面　積	空地基壹塊：東西長三丈有零，南北式丈五尺有零，向南出路出水通街
用　途	永遠修理住佔為業
押地錢	大洋四元，其洋当交不欠
地增錢	每年市錢式百文
年　限	無
印　章	無
稅　票	“中華民國印花稅票壹分”十枚
文　字	漢
中見人	王吉、安輔臣
書　人	無
立約日期	中華民國十八年四月二十日
附　注	

民
35

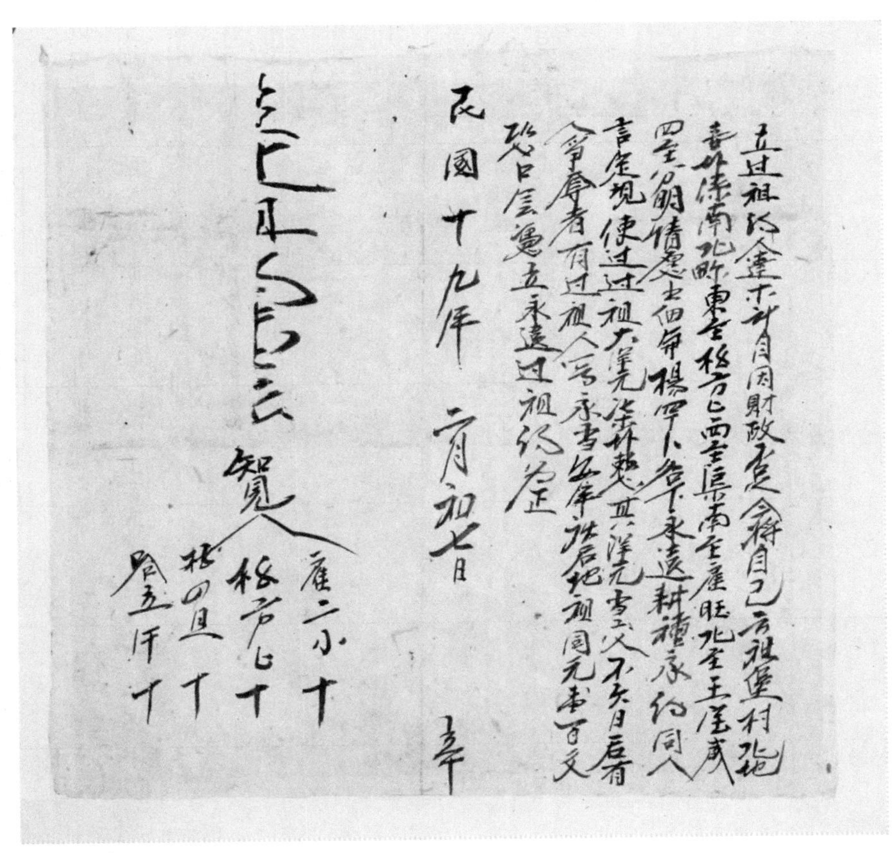

立过祖約人達木计，因財政不足，今將自己戶祖遺村北地
壹塊，係南北畛，東至楊方巳，西至□，南至羅旺，北至王屋威，
四至分明，情願出佃與楊罗卜各下永遠耕種，承約同人
言定現使过过祖大洋元□拾塊，其洋元當交不欠，日后有
人爭奪者，有过祖人一面承當，每年拔出地租銅元壹百文，
恐口無憑，立永遠过祖約為証。

民國十九年　十二月初七日　立

知見

羅二小　十
楊方巳　十
楊四旦　十
代筆白五仟　十

民35 民國十九年（一九三〇）達木计過租與楊罕卜地約

立过租约人達木计，自因財政不足，今將自己云社堡村北地
壹塊，係南北畛，東至楊方正，西至渠，南至雇旺，北至王宝成，
四至分明，情愿出佃與楊罕卜名下永遠耕種承约。同人
言定，現使过过租大洋元柒塊整，其洋元当交不欠。日后有
人爭奪者，有过租人一面承当。每年秋后地租同（銅）元壹百文。
恐口無憑，立永遠过租约為正（證）。
民國十九年二月初七日　立十
雇二小十
立过租約壹張[一]。　知見人　楊方正十
楊四旦十
哈立汗十

注釋

〔一〕該行文字只存右半部分。

編　　號	民 35
題　　名	民國十九年（一九三〇）達木计過租與楊罕卜地約
類　　別	過租地約
尺　　寸	28.5×28 釐米
保存狀態	完整
原 編 號	158
紅 白 契	白契
立 約 者	達木计
理　　由	自因財政不足
承 租 者	楊罕卜
過 租 者	達木计
承 當 者	过租人
地點坐落及四至	云社堡村北：東至楊方正，西至渠，南至雇旺，北至王宝成
面　　積	地壹塊，係南北畛
用　　途	永遠耕種承约
过 租 錢	大洋元柒塊整，其洋当交不欠
地 租 錢	每年秋后銅元壹百文
年　　限	永遠
印　　章	無
稅　　票	無
文　　字	漢
知 見 人	雇二小、楊方正、楊四旦、哈立汗
書　　人	無
立約日期	民國十九年二月初七日
附　　注	

民36

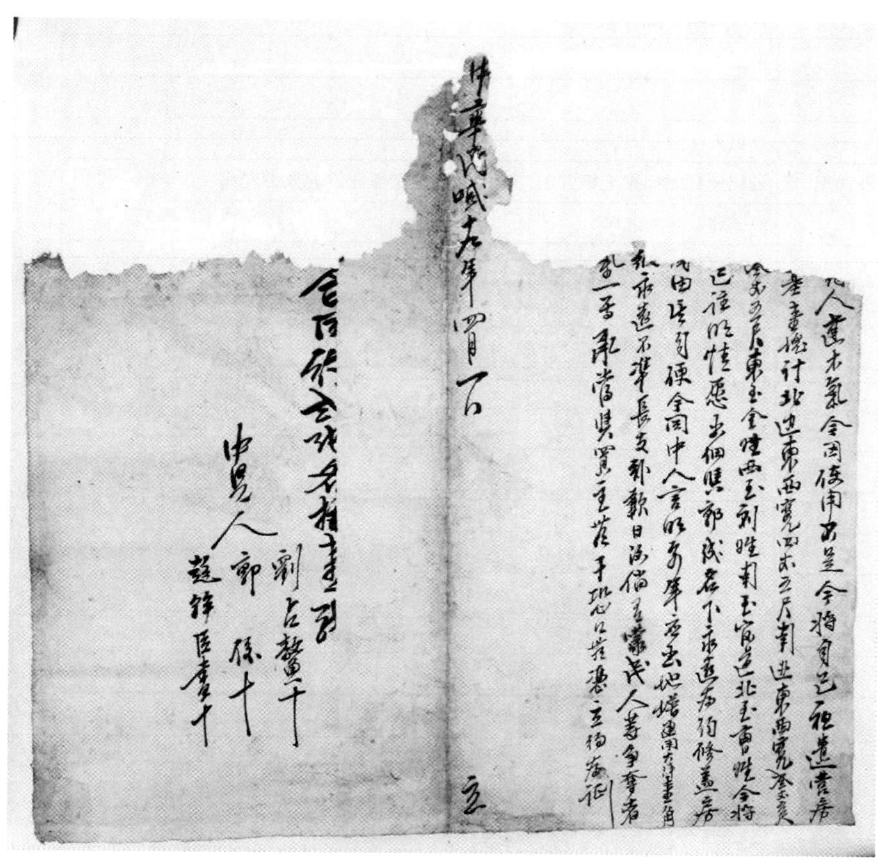

民36　民國十九年（一九三〇）達木氣出佃與郭成地基約

該合約立約日期是民國十九年四月一日，由前面民國時期文書立約日期的表述方式，可知該約使用的是陽曆，對應於陰曆三月初三日。合同約中標的物殘存「基」字，結合其面積四至，可推知達木氣出佃的是地基。

约人達木氣，今因使用不足，今將自己祖遺營房基壹塊，计北边東西寬四丈五尺，南边東西寬三丈五尺，叁丈五尺，東至金姓，西至刘姓，南至官道，北至曹姓，今將已註明，情愿出佃與郭成名下永遠為约，修盖房由其自便。今同中人言明，每年应出地増通用大洋壹角，後永遠不準長支短歉（欠）。日後，倘有蒙民人等争奪者，達木氣一面承當，與買主無干。恐口無憑，立约為证。

中華民嘓（國）十九年　四月　一日　立

合同约弍張，各执壹張[一]。

中見人　劉占鳌　十

郭　俊　十

趙祥臣書十

注釋

[一] 該行文字只存左半部分。

附表

編　號	民 36
題　名	民國十九年（一九三〇）達木氣出佃與郭成地基約
類　別	出佃地基約
尺　寸	51.9×50.4 釐米
保存狀態	有殘缺，文字缺損
原編號	161
紅白契	白契
立約者	達木氣
理　由	使用不足
承佃者	郭成
出佃者	達木氣
承當者	達木氣
地點坐落及四至	營坊……：東至金姓，西至刘姓，南至官道，北至曹姓
面　積	祖遺地基壹塊，计北边東西寬四丈五尺，南边東西寬叁丈五尺，……叁丈五尺
用　途	永遠為约，修盖房……由其自便
佃價錢	無
地增錢	每年通用大洋壹角
年　限	無
印　章	無
稅　票	無
文　字	漢
中見人	劉占鼇、郭俊、趙祥臣
書　人	趙祥臣
立約日期	中華民國十九年四月一日
附　注	

民
37

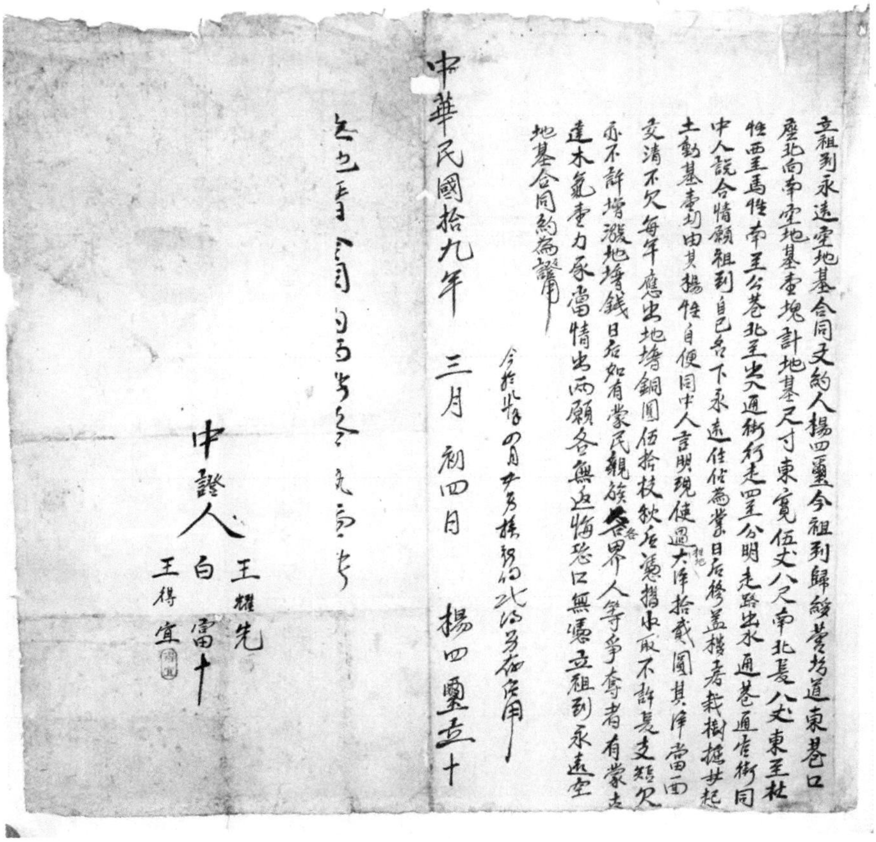

立租到永遠空地基合同文約人楊四璽今租到歸綏營坊道東巷口
座北向南空地基壹塊計地基尺寸東寬伍丈八尺南北長八丈東至杜
姓西至馬姓南至公巷北至出入通街行走四至分明走路出水通巷通街同
中人説合情願租到自己名下永遠住佔爲業日后修盖樓房栽樹掘井起
土動基壹切由其楊姓自便同中人言明現使過（押地）大洋拾貳圓其洋當面
交清不欠每年應出地增銅圓伍拾枚秋后憑摺收取不許長支短欠
亦不許增减地增錢日后如有蒙民親族（各）界人等爭奪者有蒙古
達木氣壹力承當情出兩願各無返悔恐口無憑立租到永遠空
地基合同約爲證用

今於此後四月廿五日楊郭仍此洋另存用

中華民國拾九年　三月　初四日　楊四璽立十

民廿五年[illegible]

中證人　王耀先
白富十
王得宜（印）

王得宜（印：得宜）

2

王耀先（印）

1

民37　民國十九年（一九三〇）楊四璽租到空地基合同文約

該合同鈐有朱印兩方，印1漫漶不清，印2為「得宜」。約中批注二十六年四月五號換新約，新約內容見民63《民國二十六年（一九三七）馬正魁租到空地基合同約》，但兩合同約中土地四至不完全相同，同者衹有西、南兩方，東、北有所不同，可能緣於東、北兩方土地的佔有權有所變動。

1 立祖（租）到永遠空地基合同文約人楊四璽，今祖（租）到歸綏營坊道東巷口

2 座（坐）北向南空地基壹塊。計地基尺寸東〔一〕寬伍丈八尺，南北長八丈，東至杜

3 性（姓），西至馬性（姓），南至公巷，北至出入通街行走，四至分明，走路出水通巷通官街。同

4 中人說合，情願祖（租）到自己名下永遠住佔為業。日后，修盖楼房、栽樹掘井、起

5 土動基，壹切由其楊性（姓）自便。同中人言明，現使過押地〔二〕大洋拾貳圓，其洋當面

6 交清不欠。每年應出地增銅圓伍拾枝（枚），秋后憑摺收取，不許長支短欠，

7 亦不許增漲地增錢。日后，如有蒙民親族各〔三〕界人等爭奪者，有蒙古

8 達木氣壹力承當。情出两願，各無返（反）悔。恐口無憑，立租到永遠空

9 地基合同約為證用。

10 今於〢十亠年四月五另〔四〕換新约，此约另存無用〔五〕。

11 中華民國拾九年　三月　初四日　楊四璽　立十

12 立地增合同約两张，各執壹张〔六〕。

13 王耀先

14 中證人 白富十

15 王得宜

注釋

〔一〕「東」字下當缺「西」字。

〔二〕「押地」二字原寫於行間，附有表示增補插入的畫綫。

〔三〕「各」字原寫於行間，左側正行中有塗改而成的「各」字。

〔四〕「另」字上面當缺「號」或「日」字。

〔五〕由字跡及句意可知該行文字爲後來寫入。

〔六〕該行文字只存右半部分。

附表

編　　號	民 37
題　　名	民國十九年（一九三〇）楊四璽租到空地基合同文約
類　　別	租到空地基約
尺　　寸	52 × 52 釐米
保存狀態	稍破損，文字完整
原 編 號	159
紅 白 契	白契
立 約 者	楊四璽
理　　由	無
承 租 者	楊四璽
出 租 者	無
承 當 者	蒙古達木氣
地點坐落及四至	歸綏营坊道東巷口坐北向南：東至杜姓，西至馬姓，南至公巷，北至出入通街行走，走路出水通巷通官街
面　　積	空地基壹塊，計地基尺寸東（西）寬伍丈八尺，南北長八丈
用　　途	永遠住佔為業，日后，修盖楼房、栽樹掘井、起土動基，壹切由其楊姓自便
押 地 錢	大洋拾貳圓，其洋當面交清不欠
地 增 錢	每年銅圓伍拾枚，秋后憑摺收取
年　　限	永遠
印　　章	朱印兩方
稅　　票	無
文　　字	漢
中 證 人	王耀先、白富、王得宜
書　　人	無
立約日期	中華民國拾九年三月初四日
附　　注	今於〢十一年四月五另換新約，此约另存無用

民
38

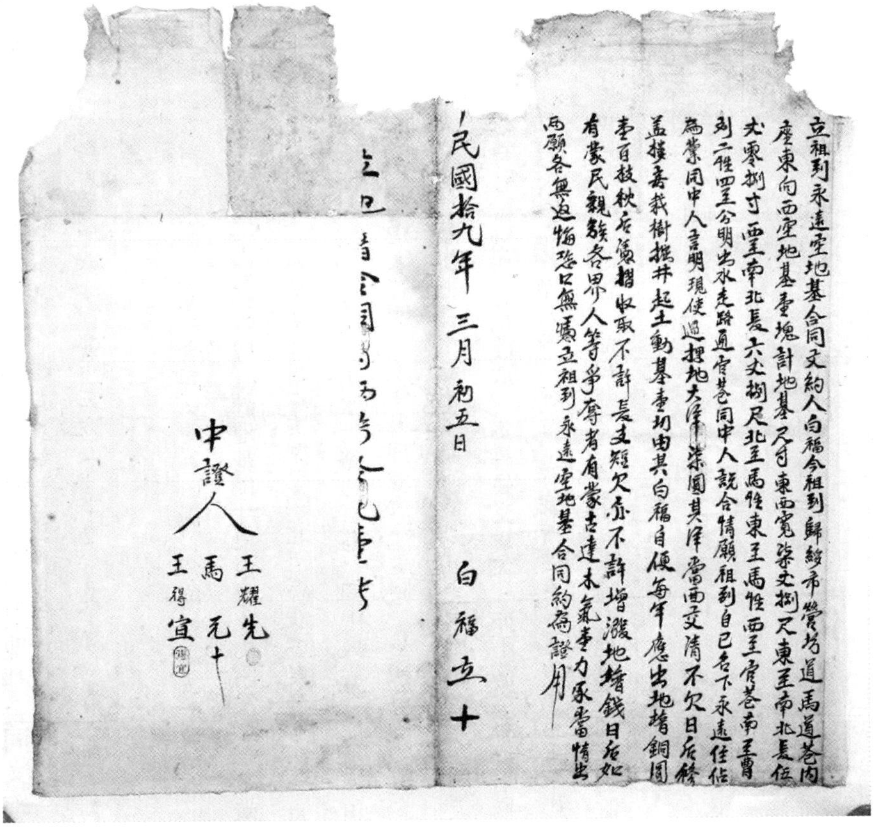

立祖到永遠空地基合同文約人白福今祖到歸綏市營坊道馬道巷內座東向西空地基壹塊，計地基尺寸東西寬柒丈捌尺，東至南北長伍丈零捌寸，西至南北長六丈捌尺，北至馬姓，東至馬姓，西至官巷，南至曹刘二姓，四至分明，出水走路通官巷。同中人說合情願祖到自己名下永遠住佔爲業，同中人言明現使過押地大洋柒圓，其洋當面交清不欠。日后修蓋樓房、栽樹、挖井、起土、動基，壹切由其白福自便。每年應出地增銅圓壹百枚，秋后憑摺收取，不許長支短欠，亦不許增漲地增錢。日后如有蒙民親族各界人等爭奪者，有蒙古達木氣一力承當。情出兩願，各無返悔。恐口無憑，立祖到永遠空地基合同約爲證用。

民國拾九年 三月 初五日 白福 立 十

中證人 王耀先 馬元十 王得宜

1－2

3

4

5

6

民38　民國十九年（一九三〇）白福租到空地基合同文約

該合同約鈐有朱印六方，其中五方（1—2、3、4、6）印文為「得宜」，印5漫漶不清。

立祖(租)到永遠空地基合同文約人白福，今祖(租)到歸綏市營坊道馬道巷內
座(坐)東向西空地基壹塊。計地基尺寸東西寬柒丈捌尺，東至南北長伍
丈零捌寸，西至南北長六丈捌尺，北至馬性(姓)，東至馬性(姓)，西至官巷，南至曹、
刘二性(姓)，四至分明，出水走路通官巷。同中人說合，情願祖(租)到自己名下永遠住佔
為業。同中人言明，現使過押地大洋柒圓，其洋當面交清不欠，日后，修
盖楼房、栽樹掘井、起土動基，壹切由其白福自便。每年應出地增銅圓
壹百枝(枚)，秋后憑摺收取，不許長支短欠，亦不許增漲地增錢。日后，如
有蒙民親族各界人等爭奪者，有蒙古達木氣壹力承當。情出
兩願，各無返悔。恐口無憑，立祖(租)到永遠空地基合同約為證用。

中華民國拾玖年　三月　初五日　白福　立十

立地增合同約两张，各執壹張[一]。

中證人　王耀先　◯
　　　　馬　元十

14

王得宜〔一〕

注釋

〔一〕該行文字只存右半部分。

附表

編　號	民 38
題　名	民國十九年（一九三〇）白福租到空地基合同文約
類　別	租到空地基約
尺　寸	51.5×52 釐米
保存狀態	有殘損，文字稍缺損
原編號	160
紅白契	白契
立約者	白福
理　由	無
承租者	白福
出租者	無
承當者	蒙古達木氣
地點坐落及四至	歸綏市營坊道馬道巷内坐東向西：北至馬姓，東至馬姓，西至官巷，南至曹、刘二姓，出水走路通官巷
面　積	空地基壹塊，計地基尺寸東西柒丈捌尺，東至南北長伍丈零捌寸，西至南北長六丈捌尺
用　途	永遠住佔為業，日后，修盖楼房、栽樹掘井、起土動基，壹切由其白福自便
押地錢	大洋柒圓，其洋當面交清不欠
地增錢	每年銅圓壹百枚，秋后憑摺收取
年　限	永遠
印　章	朱印六方
稅　票	無
文　字	漢
中證人	王耀先、馬元、王得宜
書　人	無
立約日期	中華民國拾九年三月初五日
附　注	

民
39

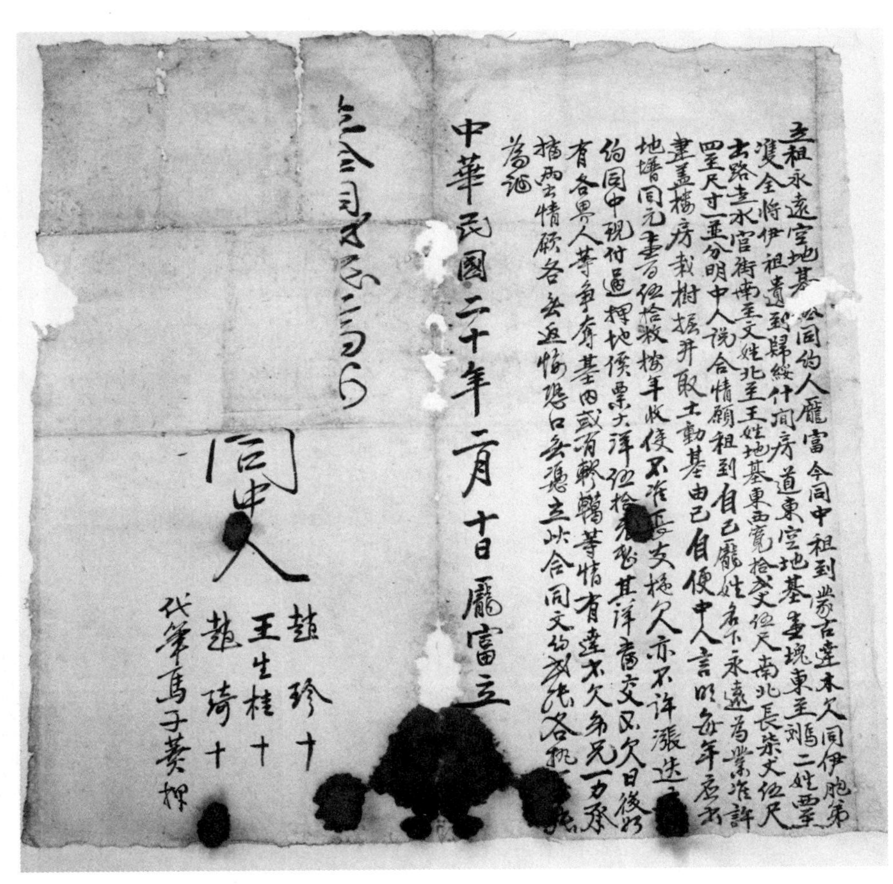

立租永遠空地基合同約人龐富，今同中租到蒙古達木欠同伊胞弟
渡全將伊祖遺到歸綏什間房道東空地基壹塊，東至劉馬二姓，西至
出路，南至永官街，南至文姓，北至王姓地基，東西寬拾叁丈伍尺，南北長柒丈伍尺，
四至尺寸一並分明。中人說合，情願租到自己龐姓名下永遠爲業，准許
建蓋樓房、栽樹、掘井、取土動基，由己自便。中人言明每年應出
地譜同元壹百伍拾數，按年收使，不准長支拖欠，人亦不許漲迭。
約同中現付過押地價票大洋伍拾元整，其洋當交不欠。日後如
有各界人等爭奪基因或有轇轕等情，有達木欠弟兄一力承
擋。兩出情願，各無返悔，恐口無憑，立此合同文約貳張，各執一張
爲証。

中華民國二十年二月十日龐富立

立合同文約二張

同中人 趙珍十 王生桂十 趙琦十

代筆馬子英押

民39　民國二十年（一九三一）麗富租到蒙古達木欠同胞弟傁全空地基合同約

立租永遠空地基合同约人麗富，今同中租到：蒙古達木欠同伊胞弟傁全將伊祖遺到歸綏什间房道東空地基壹塊，東至馬刘二姓，西至出路走水官街，南至文姓，北至王姓，地基東西寬拾弍丈伍尺，南北長柒丈伍尺，四至尺寸一並分明。中人說合，情願租到自己麗姓名下永遠為業，准許建盖楼房、栽樹掘井、取土動基，由己自便。中人言明，每年应出地增同(銅)元壹百伍拾枚，按年收使，不准長支拖欠，亦不許漲迭(跌)，立此約同中現付過押地價票大洋伍拾元整，其洋當交不欠。日後，如有各界人等争奪基内或有轇轕等情，有達木欠弟兄一力承擋。两出情願，各無返(反)悔。恐口無憑，立此合同文约弍张，各执壹张為证。

中華民國二十年　二月　十日　麗富　立十

立合同貳張為証[一]。

同中人

趙　珍十

王生桂十

趙　琦十

代筆馬子賁押

注釋

〔一〕該行文字只存右半部分。

附表

編　號	民 39
題　名	民國二十年（一九三一）麗富租到蒙古達木欠同胞弟雙全空地基合同約
類　別	租到空地基約
尺　寸	54.7×54.7 釐米
保存狀態	稍有殘損，有污漬
原編號	162
紅白契	白契
立約者	麗富
理　由	無
承租者	麗富
出租者	蒙古達木欠同伊胞弟雙全
承當者	達木欠弟兄
地點坐落及四至	歸綏什间房道東：東至馬、刘二姓，西至出路走水官街，南至文姓，北至王姓
面　積	祖遺空地基壹塊，東西寬拾式丈伍尺，南北長柒丈伍尺
用　途	永遠為業，准許建盖楼房、栽樹掘井、取土動基，由己自便
押地價票	大洋伍拾元整，其洋當交不欠
地增錢	銅元壹百伍拾枚，按年收使
年　限	永遠
印　章	無
稅　票	無
文　字	漢
同中人	趙珍、王生桂、趙琦、馬子賔
代筆人	馬子賔
立約日期	中華民國二十年二月十日
附　注	

民40

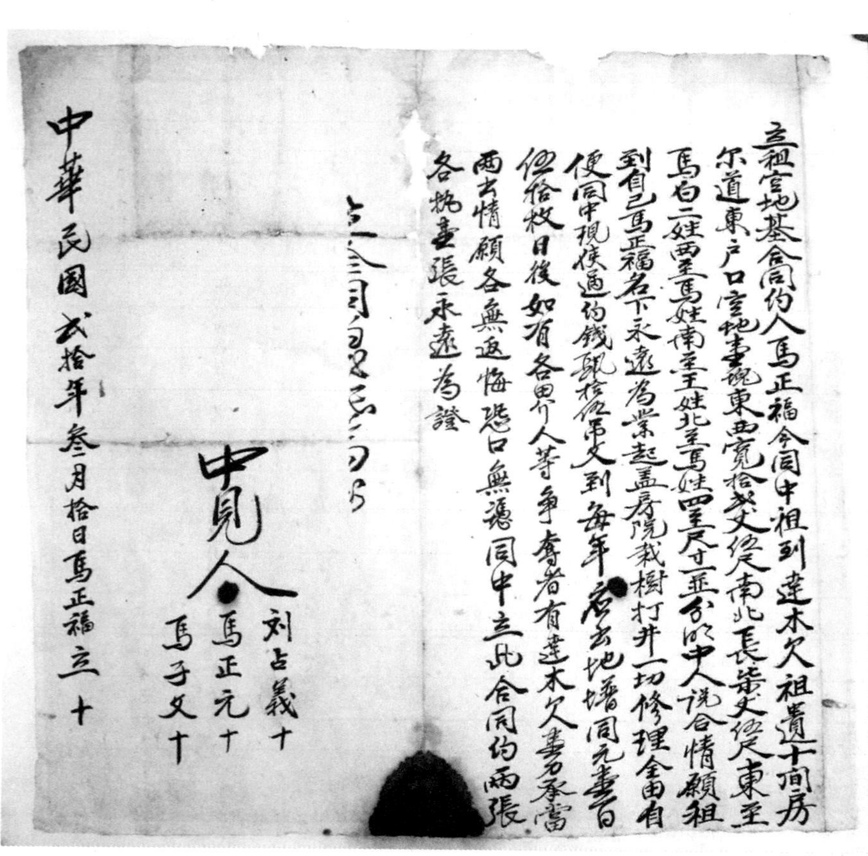

立租空地基合同約人馬正福今同中租到達木欠祖遺十間房
尔道東户口空地壹塊東西寬拾叁丈伍尺南北長柒丈伍尺東至
馬白二姓西至馬姓南至王姓北至馬姓四至尺寸並分明中人說合情願租
到自己馬正福名下永遠為業起蓋房院栽樹打井一切修理全由自
便同中現使過約錢貳拾伍吊文到每年應出地譜銅元壹百
伍拾枚日後如有各界人等爭奪者有達木欠壹面承當
兩出情願各無返悔恐口無憑同中立此合同約兩張
各執壹張永遠為證

中見人 刘占義十
馬正元十
馬子文十

中華民國貳拾年叁月拾日馬正福立十

民40　民國二十年（一九三一）馬正福租到達木欠空地基合同約

1 立租空地基合同约人馬正福，今同中租到達木欠祖遺十间房

2 尔道東户口空地壹塊。東西寬拾弍丈伍尺，南北長柒丈伍尺，東至

3 馬、白二姓，西至馬姓，南至王姓，北至馬姓，四至尺寸一並分明。中人说合，情願租

4 到自己馬正福名下永遠為業，起盖房院、栽樹打井，一切修理全由自

5 便。同中現使过约錢肆拾伍吊文，到每年应出地增同(銅)元壹百

6 伍拾枚。日後，如有各界人等争奪者，有達木欠壹力承當。

7 两出情願，各無返(反)悔。恐口無憑，同中立此合同約两張，

8 各执壹張永遠為證。

9 立合同約貳張為証[一]。

10 劉占義十

11 中見人　馬正元十

12 馬子文十

13 中華民國　弍拾年　叁月拾日　馬正福　立十

注釋

〔一〕該行文字只存右半部分。

編　號	民 40
題　名	民國二十年（一九三一）馬正福租到達木欠空地基合同約
類　別	租到空地基約
尺　寸	52.1×51.5 釐米
保存狀態	稍有破損，有污漬，文字完整
原編號	163
紅白契	白契
立約者	馬正福
理　由	無
承租者	馬正福
出租者	達木欠
承當者	達木欠
地點坐落及四至	十间房尔道東：東至馬、白二姓，西至馬姓，南至王姓，北至馬姓
面　積	祖遺户口空地壹塊，東西寬拾弍丈伍尺，南北長柒丈伍尺
用　途	永遠為業，起盖房院、栽樹打井，一切修理全由自便
過約錢	現使過肆拾伍吊文
地增錢	每年銅元壹百伍拾枚
年　限	永遠
印　章	無
税　票	無
文　字	漢
中見人	刘占義、馬正元、馬子文
書　人	無
立約日期	中華民國弍拾年叁月拾日
附　注	

民
41

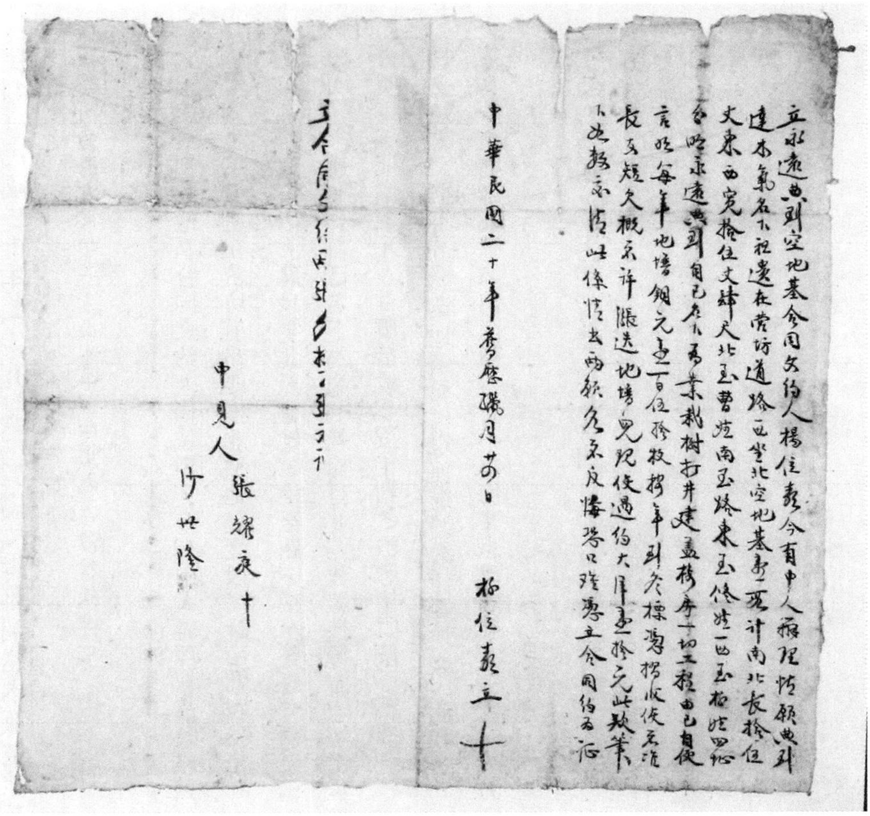

立永遠典到空地基合同文約人楊住義今有中人龐昆情願典到
達木氣名下祖遺在營坊道路西堂北空地基壹處計南北長拾伍
丈東西寬拾伍丈肆尺北至曹姓南至路東至佟姓西至柏姓四至
分明永遠典到自己名下為業栽樹打井建蓋樓房一切工程由己自便
言明每年地增銅元壹百伍拾枚按年到冬標憑摺收使不准
長支短欠概不許漲迭地增兕現使過約大洋壹拾元此款筆
下此款交清此係情出兩願各不反悔恐口難憑立合同約為証

中華民國二十年舊曆臘月廿日　楊住義立十

立合同約兩張各執一張

中見人　張綿慶十
佟世隆

1

民41　民國二十年（一九三一）楊位壽典到達木氣空地基合同文約

該合同約鈐有朱印一方（1），印文為「沙翁欽章」。

立永遠典到空地基合同文约人楊位壽，今有中人辦理，情願典到達木氣名下祖遺在营坊道路西坐北空地基壹段。计南北長拾伍丈，東西宽拾伍丈肆尺，北至曹姓，南至路，東至佟姓，西至楊姓，四址（至）分明。永遠典到自己名下為業，栽樹打井、建盖楼房，一切工程由己自便。言明每年地增銅元壹百伍拾枚，按年到冬標憑摺收使，不准長支短欠，概不許漲迭（跌）地增兒。现使過约大洋壹拾元，此款筆下為数交清。此係情出两願，各不反悔。恐口难憑，立合同约为证。

中華民國二十年舊歷臘月廿四日　楊位壽立十

立合同文约两張，各执壹張為证〔一〕。

中見人　張耀庭十

沙世隆［印］

注釋

〔一〕該行文字只存左半部分。

附表

編　號	民41
題　名	民國二十年（一九三一）楊位壽典到達木氣空地基合同文約
類　別	典到空地基約
尺　寸	46.6×46.9 釐米
保存狀態	稍有破損，文字完整
原編號	164
紅白契	白契
立約者	楊位壽
理　由	無
承典者	楊位壽
出典者	達木氣
承當者	無
地點坐落及四至	營坊道路西坐北：北至曹姓，南至路，東至佟姓，西至楊姓
面　積	祖遺空地基壹段，计南北長拾伍丈，東西宽拾伍丈肆尺
用　途	永遠典到自己名下為業，栽樹打井、建蓋楼房，一切工程由己自便
過約錢	大洋壹拾元，此款筆下為数交清
地增錢	每年銅元壹百伍拾枚，按年到冬標憑摺收使
年　限	永遠
印　章	朱印一方
稅　票	無
文　字	漢
中見人	張耀庭、沙世隆
書　人	無
立約日期	中華民國二十年舊歷臘月廿四日
附　注	

民42

立過約人蒙古達木氣，情因差事緊急，今將
自己祖遺甲蘭板村西南地壹塊，計地七畝，系南至
賈榮，東至道，西至賈海亮，北至宗姓，南至邊地
壹塊，計地五畝，南至崔旗，北至賈晃，東至道，西至
賈海亮，四至分明。今情愿出過與周存良名下耕種
為業。同人言定過約價洋貳元，其洋筆下交清不欠。
恐口無憑，立過約為證。

民國二十壹年正月十八日　立

立約人達木氣

中見人　高人庚　十
　　　　陳廷富　十
　　　　連林安　十

民42　民國二十一年（一九三二）蒙古達木氣出過與周存良地約

1 立過约约人蒙古達木氣，情因差事緊急，今將
2 自己祖遺甲拉扳村西南地壹塅（段），计地七畝，系南至
3 賈榮，東至道，西至賈海亮，北至泉姓；（又）有連〔一〕南边地
4 壹塅（段），计地五畝，南至崔儉，北至賈晃，东至道，西至
5 賈海亮，四至分明，今情愿出過與周存良名下耕種
6 為業。同人言定，過约價洋弍元，其洋筆下交清不欠。
7 恐口無憑，立過约為証。
8 民國二十壹年　正月十八日　立
9 立合同约為证〔二〕。
10 　　高人慶十
11 中見人陳德富十
12 　　边林安十

注釋

〔一〕「有連」二字有塗改痕跡。

〔二〕該行文字只存左半部分。

附表

編　號	民 42
題　名	民國二十一年（一九三二）蒙古達木氣出過與周存良地約
類　別	出過地約
尺　寸	27 × 27.5 釐米
保存狀態	完整
原編號	166
紅白契	白契
立約者	蒙古達木氣
理　由	差事緊急
承過者	周存良
出過者	蒙古達木氣
承當者	無
地點坐落及四至	甲拉扳村西南：南至賈榮，東至道，西至賈海亮，北至泉姓；又連南边地壹段：南至崔儉，北至賈晃，东至道，西至賈海亮
面　積	祖遺地壹段，计地七畝；又連南边地壹段，计地五畝
用　途	耕種為業
過約錢	價洋弎元，其洋筆下交清不欠
地租錢	無
年　限	無
印　章	無
稅　票	無
文　字	漢
中見人	高人慶、陳德富、边林安
書　人	無
立約日期	民國二十壹年正月十八日
附　注	

民
43

立过約人崔吉達，本系情因差事緊急，今將有
己祖遺用在板村西地壹塊計地壹拾弍畝，系東西珍，北至
鞏師，西至賈存金，東至河增，南至賈晁，四至分明，
情愿出过與陳生富名下耕種為業，同人言定过
約價洋弍元，其洋筆下交清不欠，恐口無憑，
立过約為証。

三人合同自存照

民國二十一年正月十八日　立

中人　高人慶十
　　　賈銀巨十
　　　逊林安十

民43　民國二十一年（一九三二）蒙古達木氣出過與陳德富地約

立过约约人蒙古達木氣，情因差事緊急，今將自
己祖遺甲拉板村西地壹塅（段），计地壹拾弍畝，系东西珍（畛），北至
刘沛[一]，西至賈存金，东至河增（漕），南至賈晃，四至分明，
情愿出过與陳德富名下耕種為業。同人言定，过
约價洋弍元，其洋筆下交清不欠。恐口無憑，
立过约為証。
民國二十一年正月十八日　　立
立合同約為証[二]。

中人　高人慶十
　　　賈銀巨十
　　　边林安十

注釋

〔一〕「刘」字有塗改痕跡。
〔二〕該行文字只存右半部分。

附表

編　號	民 43
題　名	民國二十一年（一九三二）蒙古達木氣出過與陳德富地約
類　別	出過地約
尺　寸	27.6×27.6 釐米
保存狀態	完整
原編號	167
紅白契	白契
立約者	蒙古達木氣
理　由	差事緊急
承過者	陳德富
出過者	蒙古達木氣
承當者	無
地點坐落及四至	甲拉板村西：北至刘沛，西至賈存金，东至河漕，南至賈晃
面　積	祖遺地壹段，计地壹拾式畝，系东西畛
用　途	耕種為業
過約錢	價洋式元，其洋筆下交清不欠
地租錢	無
年　限	無
印　章	無
稅　票	無
文　字	漢
中見人	高人慶、賈銀巨、边林安
書　人	無
立約日期	民國二十一年正月十八日
附　注	

民44

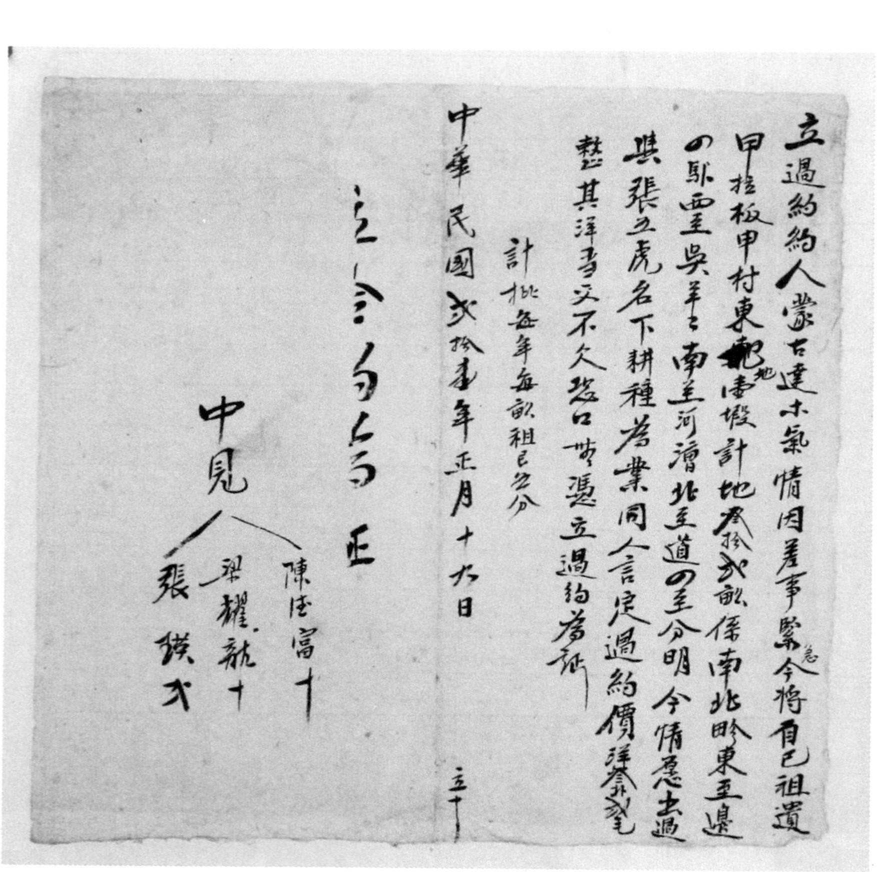

立過約約人蒙古達木氣情因差事緊急今將自己祖遺
甲拉板申村東地壹塅計地叁拾貳畝係南北畛東至邊
四駙西至吳羊羊南至河漕北至道四至分明今情愿出過
與張五虎名下耕種為業同人言定過約價洋叁拾貳元
整其洋當交不欠恐口無憑立過約為証
計批每年每畝租銀五分
中華民國貳拾叁年正月十六日　立十
立合同為正
中見人　陳恆富十　梁耀龍十　張瑛式

民44　民國二十一年（一九三二）蒙古達木氣出過與張五虎地約

1 立過約人蒙古達木氣，情因差事緊急〔一〕，今將自己祖遺

2 甲拉板申村東地〔二〕壹塅（段），計地叁拾弍畝，係南北畛，東至邊

3 四卧，西至吴羊々，南至河漕，北至道，四至分明，今情愿出過

4 與張五虎名下耕種為業。同人言定，過約價洋叁塊弍毛

5 整，其洋当交不欠。恐口無憑，立過约為証。

6 　計批每年每畝租銀五分。

7 中華民國弍拾壹年正月十九日　　立十

8 　立合約為証〔三〕。

9 　陳德富十

10 中見人梁耀龍十

11 　張瑛书

注釋

〔一〕「急」字原寫於行外。

〔二〕「地」字原寫於行間，左側正行有塗抹掉的「地」字。

〔三〕該行文字只存右半部分。

編　號	民44
題　名	民國二十一年（一九三二）蒙古達木氣出過與張五虎地約
類　別	出過地約
尺　寸	28×27.5釐米
保存狀態	完整
原編號	165
紅白契	白契
立約者	蒙古達木氣
理　由	差事緊急
承過者	張五虎
出過者	蒙古達木氣
承當者	無
地點坐落及四至	甲拉板申村東：東至邊四圤，西至吳羊羊，南至河漕，北至道
面　積	祖遺地壹段，計地叁拾式畝，係南北畛
用　途	耕種為業
過約錢	價洋叁塊式毛整，其洋当交不欠
地租錢	每年每畝租銀五分
年　限	無
印　章	無
稅　票	無
文　字	漢
中見人	陳德富、梁耀龍、張瑛
書　人	張瑛
立約日期	中華民國式拾壹年正月十九日
附　注	

民45

立過約人蒙古達木氣情因差事緊急，今將自己祖遺甲拉板申村東地壹塊，計地壹拾貳畝，係南北畛，東至陳富西至邊四畝，南至河灣，北至道，四至分明，今情愿出過與陳任富名下耕種為業，同人言定過約價洋壹拾五元，其洋筆下交清不欠，恐口無憑，立過約為証。

計批每年每畝租銀五分

中華民國叁拾壹年正月十九日　立十

立合同[illegible]正

中見人　王虎廝十　梁耀毓十　張璞武

民45 民國二十一年（一九三二）蒙古達木氣出過與陳德富地約

立過約約人蒙古達木氣，情因差事緊急[一]，今將自己祖遺

甲拉板申村東地壹塅（段），計地壹拾七畝，係南北畛，東至陳德富，

西至邊四肚，南至河漕，北至道，四至分明，今情愿出過與

陳德富名下耕種為業。同人言定，過約價洋壹塊五毛

整，其洋筆下交清不欠。恐口無憑，立立[二]過約為証。

計批每年每畝租銀五分。

中華民國 弍拾壹年正月 十九日 立十

立合同約為証[三]。

中見人 五虎斯十

梁耀龍十

張 瑛 书

注釋

〔一〕「急」字原寫於行外。

〔二〕此處疑衍一「立」字。

〔三〕該行文字只存右半部分。

附表

編　　號	民 45
題　　名	民國二十一年（一九三二）蒙古達木氣出過與陳德富地約
類　　別	出過地約
尺　　寸	28 × 27.3 釐米
保存狀態	完整
原 編 號	168
紅 白 契	白契
立 約 者	蒙古達木氣
理　　由	差事緊急
承 過 者	陳德富
出 過 者	蒙古達木氣
承 當 者	無
地點坐落及四至	甲拉板申村東：東至陳德富，西至邊四駚，南至河漕，北至道
面　　積	祖遺地壹段，計地壹拾七畝，係南北畛
用　　途	耕種為業
過 約 錢	價洋壹塊五毛整，其洋筆下交清不欠
地 租 錢	每年每畝租銀五分
年　　限	無
印　　章	無
稅　　票	無
文　　字	漢
中 見 人	五虎厮、梁耀龍、張瑛
書　　人	張瑛
立約日期	中華民國弍拾壹年正月十九日
附　　注	

民46

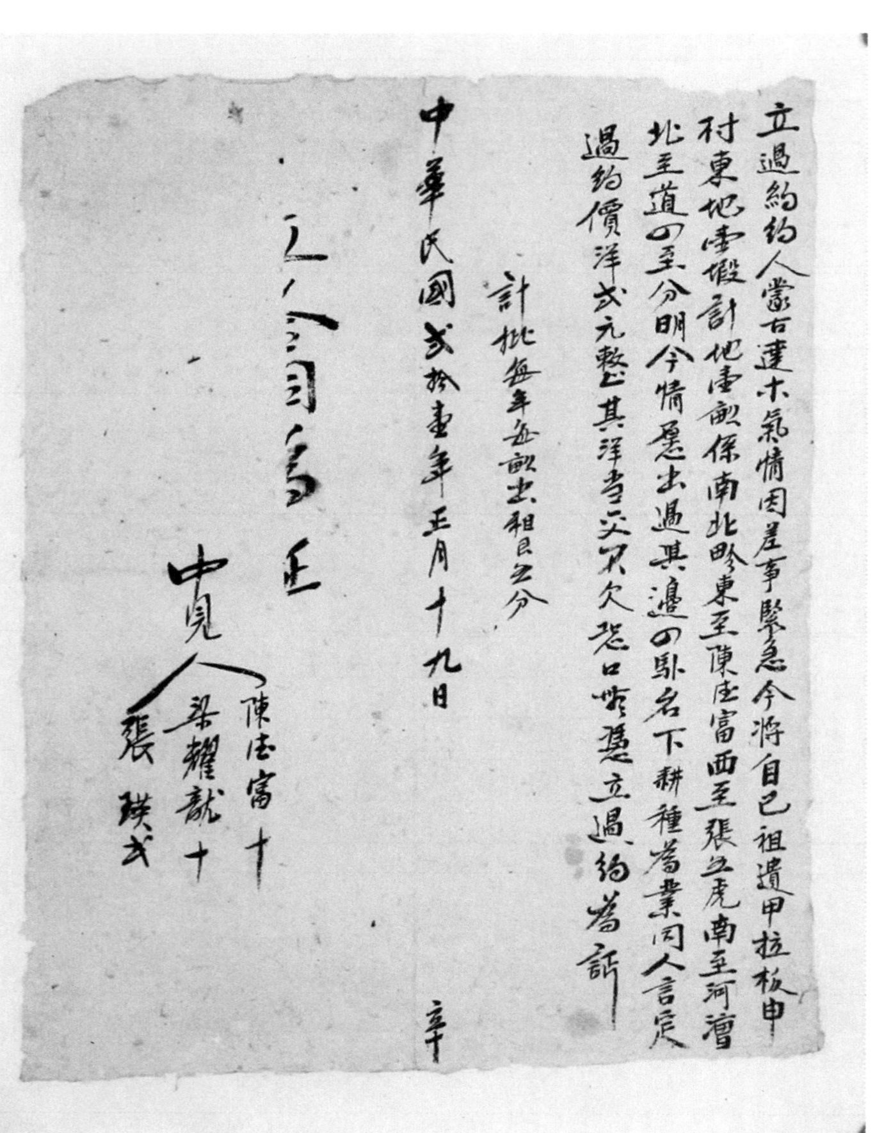
立過約約人蒙古達木氣情因差事緊急今將自己祖遺甲拉板申村東地壹塅計地壹畝係南北畛東至陳生富西至張五虎南至河漕北至道四至分明今情愿出過與邊四賍名下耕種為業同人言定過約價洋式元整其洋當交不欠恐口無憑立過約為証

計批每年每畝出租艮五分

中華民國式拾壹年正月十九日　辛

立人合同為証

中見人　陳生富十　梁耀献十　張瑛武

民46 民國二十一年（一九三二）蒙古達木氣出過與邊四駙地約

立過约约人蒙古達木氣，情因差事緊急，今將自己祖遺甲拉板申
村東地壹塅（段），計地壹畝，係南北畛，東至陳德富，西至張五虎，南至河漕，
北至道，四至分明，今情愿出過與邊四駙名下耕種為業。同人言定，
過约價洋弍元整，其洋当交不欠。恐口無憑，立過约為証。

計批每年每畝出租銀五分。

中華民國弍拾壹年正月十九日　立十

立合同為証[一]。

陳德富十

中見人 梁耀龍十

張瑛书

注釋

〔一〕該行文字只存右半部分。

編　　號	民 46
題　　名	民國二十一年（一九三二）蒙古達木氣出過與邊四駈地約
類　　別	出過地約
尺　　寸	24.2×31.2 釐米
保存狀態	完整
原 編 號	169
紅 白 契	白契
立 約 者	蒙古達木氣
理　　由	差事緊急
承 過 者	邊四駈
出 過 者	蒙古達木氣
承 當 者	無
地點坐落及四至	甲拉板申村東：東至陳德富，西至張五虎，南至河漕，北至道
面　　積	祖遺地壹段，計地壹畝，係南北畛
用　　途	耕種為業
過 約 錢	價洋式元整，其洋当交不欠
地 租 錢	每年每畝租銀五分
年　　限	無
印　　章	無
稅　　票	無
文　　字	漢
中 見 人	陳德富、梁耀龍、張瑛
書　　人	張瑛
立約日期	中華民國式拾壹年正月十九日
附　　注	

民47

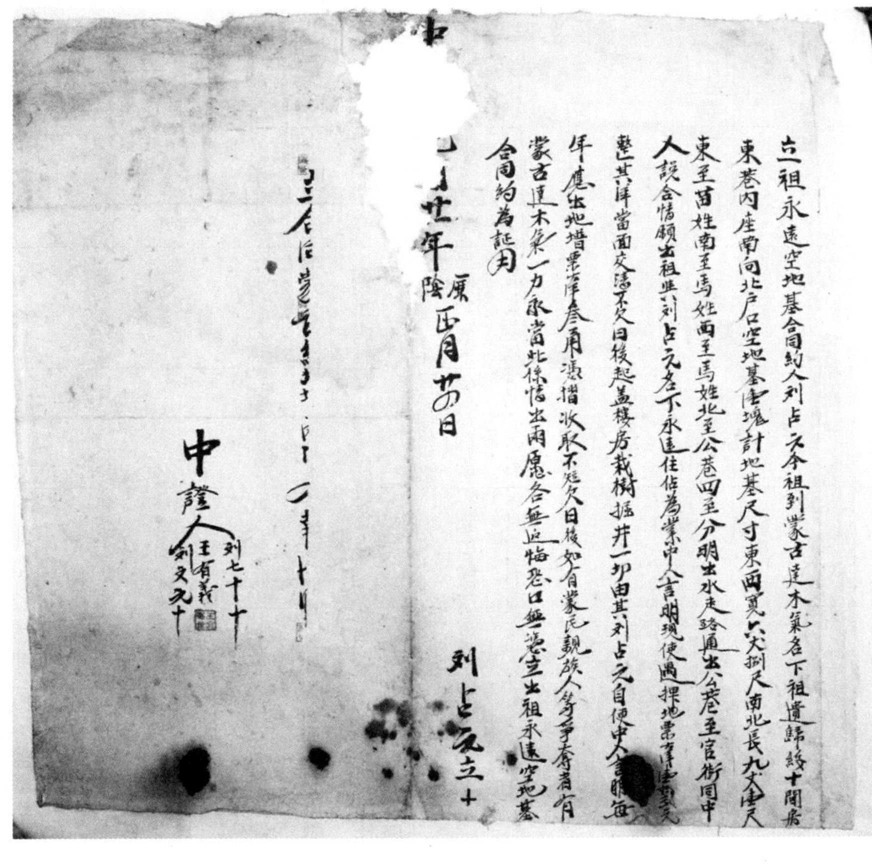

立租永遠空地基合同約人刘占元今租到蒙古達木氣名下祖遺歸綏十間房東巷内座南向北户口空地基壹塊，計地基尺寸東西寬六丈捌尺，南北長九丈陸尺，東至苗姓，南至馬姓，西至馬姓，北至公巷，四至分明，出水走路通出公巷至官街。同中人說合情願出租與刘占元名下永遠住佔為業。中人言明現使過押地票大洋[illegible]元整，其洋當面交清不欠。日後起盖樓房、栽樹、掘井，一切由其刘占元自便。中人言明每年應出地增票大洋叁角，憑摺收取，不短欠。日後如有蒙民親族人等爭奪者，有蒙古達木氣一力承當。此係情出兩愿，各無返悔，恐口無憑，立出租永遠空地基合同約為証用。

中[illegible]廿年陰曆正月廿四日

刘占元立十

中證人 刘七十十 王有義 刘文元十

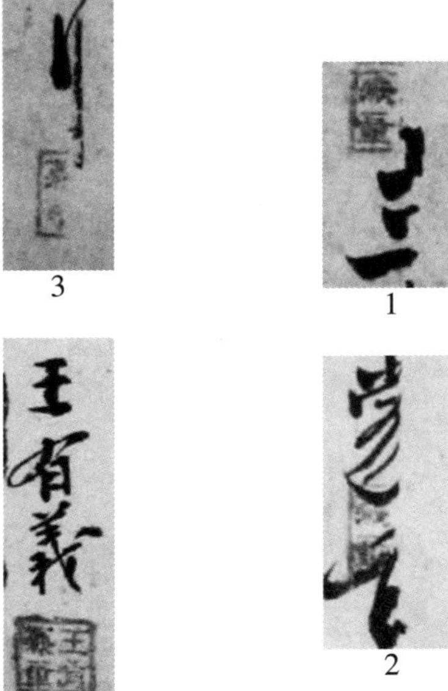

3 1 4 2

民47　民國二十一年（一九三二）刘占元租到蒙古達木氣空地基合同約

該合同約鈐有朱印四方，印4完整印文為「王有義章」，其餘三方（1、2、3）印文，從存留部分看，也應是「王有義章」。

1 立祖(租)永遠空地基合同約人刘占元，今祖(租)到蒙古達木氣名下祖遺歸綏十間房

2 東巷内座(坐)南向北户口空地基壹塊。計地基尺寸東西寬六丈捌尺，南北長九丈壹尺，

3 東至苗姓，南至馬姓，西至馬姓，北至公巷，四至分明，出水走路通出公巷至官街。同中

4 人說合，情願出祖(租)與刘占元名下永遠住佔為業。中人言明，現使過押地票大洋壹拾弍元

5 整，其洋當面交清不欠。日後，起盖樓房、栽樹掘井，一切由其自便。中人言明，每

6 年應出地增票大洋叁角，憑摺收取，不短欠。日後，如有蒙民親族人等争奪者，有

7 蒙古達木氣一力承當。此係情出兩愿，各無返(反)悔。恐口無憑，立出祖(租)永遠空地基

8 合同约為証用。

9 中華民國廿一年陰曆正月廿四日　　刘占元立十

10 立合同蒙古約地增兩□，各執□□(一)。

11 刘七十十

12 中證人王有義

13

刘文元　十

注釋

〔一〕該行文字只存左半部分。

編　號	民 47
題　名	民國二十一年（一九三二）刘占元租到蒙古達木氣空地基合同約
類　別	租到空地基約
尺　寸	52.3×52 釐米
保存狀態	有破損，文字有殘缺
原編號	170
紅白契	白契
立約者	刘占元
理　由	無
承租者	刘占元
出租者	蒙古達木氣
承當者	蒙古達木氣
地點坐落及四至	歸綏十間房東巷内坐南向北：東至苗姓，南至馬姓，西至馬姓，北至公巷，出水走路通出公巷至官街
面　積	祖遺户口空地基壹塊，計地基尺寸東西寬六丈捌尺，南北長九丈壹尺
用　途	永遠住佔為業，日后，起盖樓房、栽樹掘井，一切由其自便
押地票	大洋壹拾弍元整，其洋當面交清不欠
地增票	每年大洋叁角，憑摺收取
年　限	永遠
印　章	朱印四方
税　票	無
文　字	漢
中證人	刘七十、王有義、刘文元
書　人	無
立約日期	中華民國廿一年陰曆正月廿四日
附　注	

立租永遠空地基合同約人趙興旺今租到蒙古達木氣名擔道產潞歸鄉住坐堪輿西共一目出地基畫埌計東西寬查拾叁丈染尺南北長叁丈染尺卖主小堰西至馬白二弟南至曾王家至官道四至分明此木稅基閃通官街合同中人說合情願租到自己名下承遮住能為業日後起蓋積房裁樹撅井臺一切由其趙熊自便同中人言朋現候過揭地票凈盡其洋交清不欠金定每年應出地增現洋伍角秋後憑租票歸款不許長支短欠承不能塌長地壙倘有蒙民觀族各界人等爭齊者有蒙古達木氣務力承當情恐無憑願各應無悔恐恐口無憑立租永遠空地基合同約為証用

計批卖出地基 東西寬拾叁丈 南北長叁丈染尺

中華民國貳拾柒年 陰曆十一月廿七日 趙興旺立十

趙人 王有義 [印]

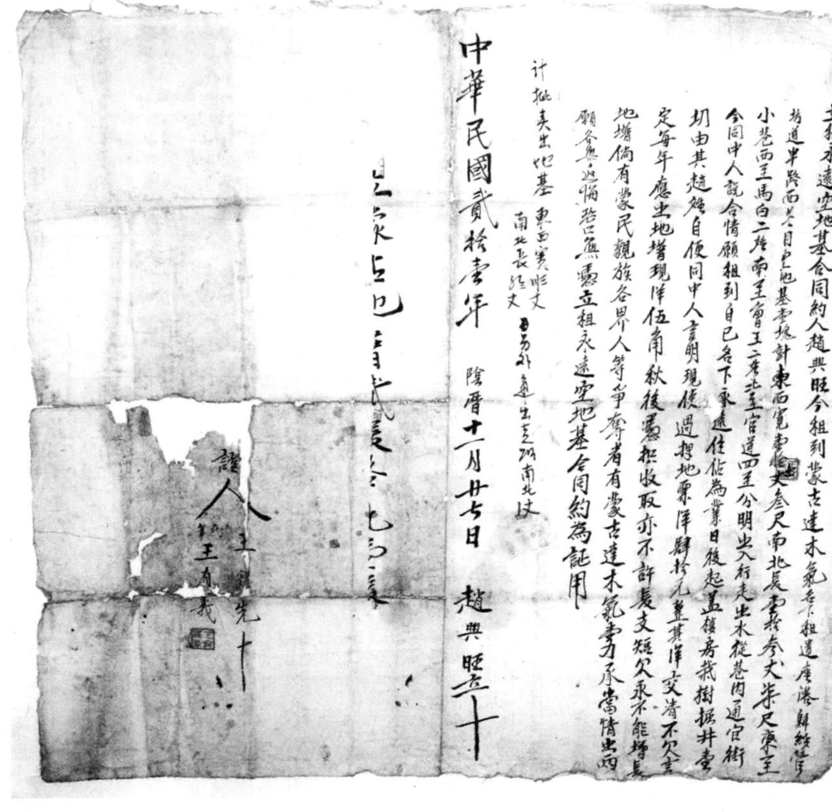

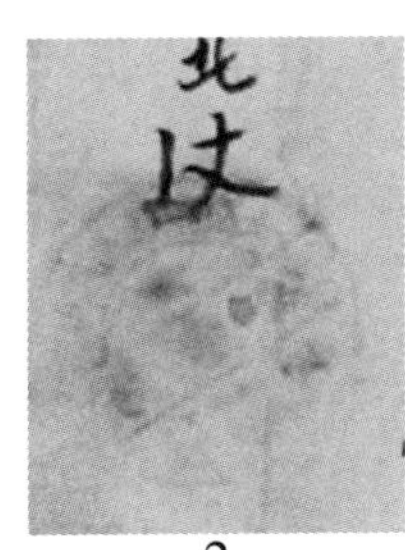

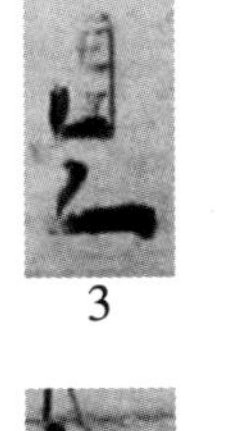

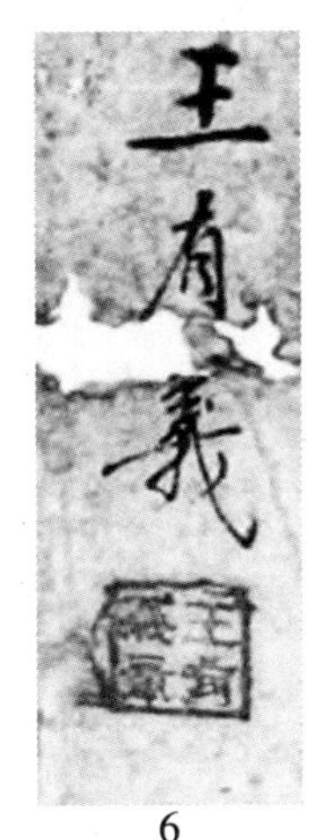

民48　民國二十一年（一九三二）趙興旺租到蒙古達木氣空地基合同約

合同約中共鈐有六方朱印，其中五方（1、3、4、5、6）印文為「王有義章」，印2漫漶不識，似為政府印章。

立租永遠空地基合同約人趙興旺，今租到蒙古達木氣名下租(祖)遺座(坐)落歸綏營
坊道半路西巷内空地基壹塊。計東西寬壹拾壹〔一〕丈叁尺，南北長壹拾叁丈柒尺，東至
小巷，西至馬、白二姓，南至曹、王二姓，北至官道，四至分明，出入行走出水從巷内通官街。
今同中人説合，情願租到自己名下永遠住佔為業。日後，起盖楼房、栽樹掘井，壹
切由其趙姓自便。同中人言明，現使過押地票洋肆拾元整，其洋交清不欠。言
定每年應出地增現洋伍角，秋後憑扠(折)收取，亦不許長支短欠，永不能增長
地增。倘有蒙民親族各界人等爭奪者，有蒙古達木氣壹力承當。情出两
願，各無返(反)悔。恐口無憑，立租永遠空地基合同約為証用。
计批卖出地基東西宽〣三丈
南北長〥亖丈，另〔二〕外，通出走路南北〡丈
中華民國貳拾壹年　陰曆十一月廿七日　趙興旺立十
立蒙古地貳張，各執壹張〔三〕。
證人　王耀先十
代筆王有義

注釋

〔一〕「壹」字原寫於行間，上面鈐有朱色印章。

〔二〕「另」字上有一墨色塗抹痕跡。

〔三〕該行文字只存右半部分。

編　　號	民48
題　　名	民國二十一年（一九三二）趙興旺租到蒙古達木氣空地基合同約
類　　別	租到空地基約
尺　　寸	47.2×46.7釐米
保存狀態	稍有殘損，文字基本完整
原 編 號	171
紅 白 契	白契
立 約 者	蒙古達木氣
理　　由	無
承 租 者	趙興旺
出 租 者	蒙古達木氣
承 當 者	蒙古達木氣
地點坐落及四至	歸綏營坊道半路西巷内：東至小巷，西至馬、白二姓，南至曹、王二姓，北至官道，出入行走出水從巷内通官街
面　　積	祖遺空地基壹塊，計東西寬壹拾壹丈叁尺，南北長壹拾叁丈柒尺
用　　途	永遠住佔為業，日後，起盖楼房、栽樹掘井，壹切由其趙姓自便
押 地 錢	票洋肆拾元整，其洋交清不欠
地 增 錢	每年現洋伍角，秋後憑折收取
年　　限	永遠
印　　章	朱印六方
税　　票	無
文　　字	漢
□ 證 人	王耀先、王有義
代 筆 人	王有義
立約日期	中華民國貳拾壹年陰曆十一月廿七日
附　　注	计批卖出地基東西宽〢丈三，南北長〥丈〦，另外，通出走路南北〡丈

民
49

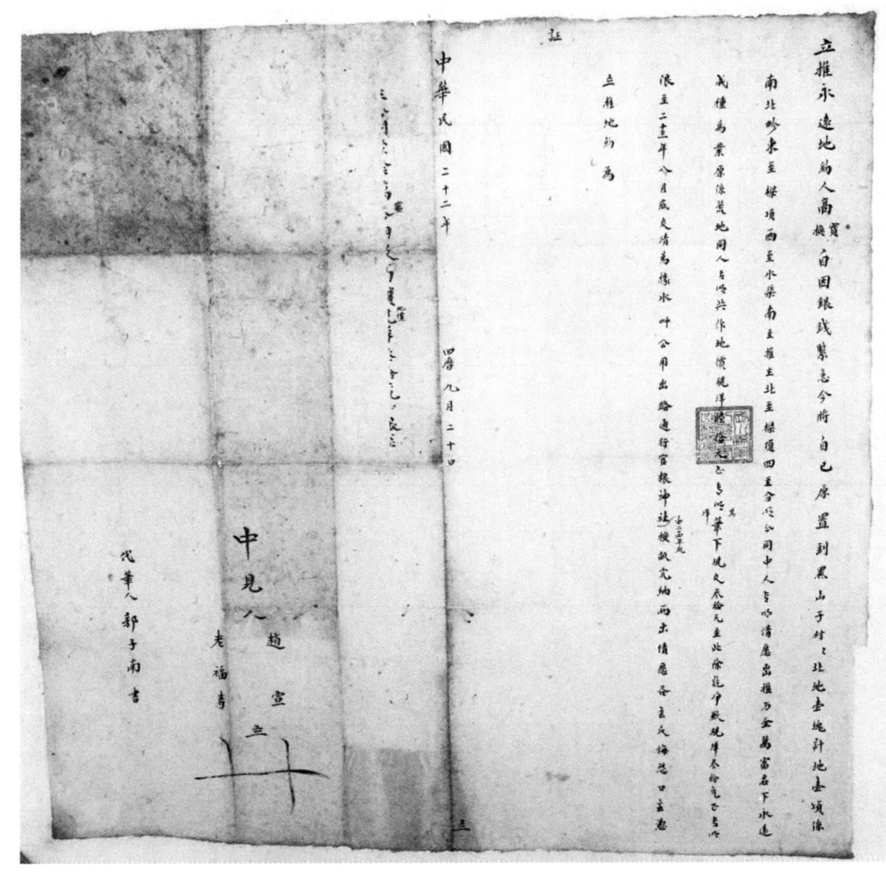

立推永遠地約人高寶換因銀錢緊急今將自己原置到黑山子村北地壹塊計地壹頃陸
南北畛東至梁頃西至水渠南至推主北至梁頃四至分明同中人言明情願出推乃全萬富名下永遠
成種爲業原係荒地同人言明共作地價現洋陸拾元正言明其筆下現交叁拾元正北除花印欵現洋叁拾元正言明
限至二十三年八月底交清爲據水草公用出路通行官粮神社按數完納兩出情願各無反悔恐口無憑
立推地約爲証

中華民國二十二年 四曆九月二十日 立

中見人 趙宣 老福壽

代筆人 郭子雨 書

1

民49　民國二十二年（一九三三）高寶、高換推與金萬富地約

合同約中鈐有朱印一方（1），印文為「武川縣第八區上禿亥村長圖記」。

立推永遠地約人高寶、換，自因銀錢緊急，今將自己原置到黑山子村々北地壹塊，計地壹頃，係

南北畛，東至樑頂，西至水渠，南至推主，北至樑頂，四至分明，今同中人言明，情愿出推与金萬富名下永遠

成（承）種為業。原係荒地，同人言明，共作地價現洋陸拾元正（整），言明其洋筆下現交叁拾元，至此除訖净歉（欠）現洋叁拾元正（整），

言明

限至二十三年八月底交清為據。水草公用，出路通行。官粮神社，由二十四年起〔一〕，按畝完納。兩出情愿，各無反悔。

恐口無憑，

立推地約　為

證。

中華民國二十二年　旧曆　九月二十日　立

立合同約金萬富〔二〕合同歉（欠）高寶地價〔三〕現洋叁拾元□□□〔四〕。

中見人　趙宣　十　立
　　　　老福寿　十

代筆人郭子南書

注釋

〔一〕「由二十四年起」六字原寫於行間，附有表示增補插入的畫綫。

〔二〕「富」字原寫於行外。

〔三〕「地價」二字原寫於行外。

〔四〕該行文字只存右半部分。

附表

編　　號	民49
題　　名	民國二十二年（一九三三）高賓、高換推與金萬富地約
類　　別	出推地約
尺　　寸	55.8×56.5釐米
保存狀態	完整
原 編 號	172
紅 白 契	紅契
立 約 者	高賓、高換
理　　由	銀錢緊急
承 推 者	金萬富
出 推 者	高賓、高換
承 當 者	無
地點坐落及四至	黑山子村村北：東至樑項，西至水渠，南至推主，北至樑項。水草公用，出路通行
面　　積	空地壹塊，計地壹頃，係南北畛
用　　途	承種為業
地　　價	現洋陸拾元整，其洋筆下現交叁拾元，至此除訖净欠叁拾元整，言明限至二十三年八月底交清
地 租 錢	無
年　　限	永遠
印　　章	朱印一方
稅　　票	無
文　　字	漢
中 見 人	趙宣、老福寿
書人（代筆人）	郭子南
立約日期	中華民國二十二年旧曆九月二十日
附　　注	

民
50

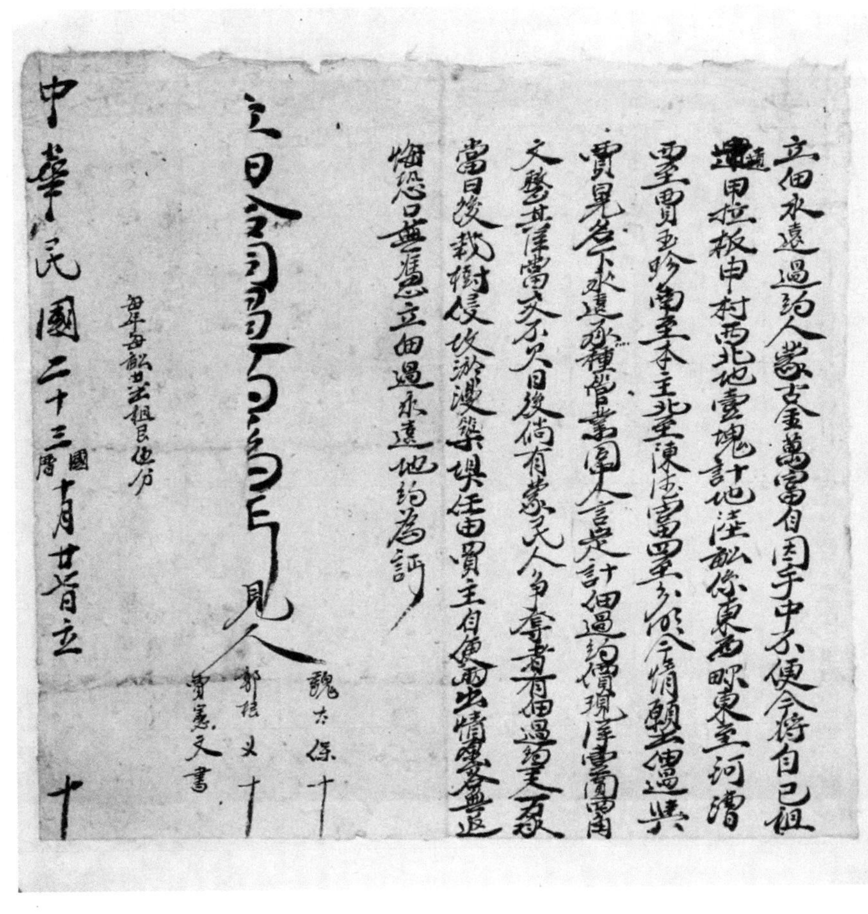

立佃永遠過約人蒙古金萬富，自因手中不便，今將自己祖遺遺田拉板申村西北地壹塊，計地陸畝，係東西畛，東至河漕，西至賈玉珍，南至本主，北至陳德富，四至分明。今情願出佃過與賈晃名下永遠承種管業。同人言定，計佃過約價現洋壹圓，當日交足，其洋當交不欠。日後倘有蒙民人爭奪者，有佃過約人一力承當。日後栽樹、侵坟、淤漫、築墁，任由買主自便。兩出情願，各無返悔。恐口無憑，立佃過永遠地約為証。

立日合同為証

每年每畝出租艮伍分

見人 魏大保十 郭根义十

賈蔥文書

中華民國二十三（國曆）十月廿四日立 十

民50　民國二十三年（一九三四）蒙古金萬富出佃與賈晃地約

1 立佃永遠過约人蒙古金萬富，自因手中不便，今將自己祖

2 遺[一]甲拉板申村西北地壹塊，計地陸畝，係東西畛，東至河漕，

3 西至賈玉珍，南至本主，北至陳德富，四至分明，今情願出佃過與

4 賈晃名下永遠承種管業。同中人言定，計佃過约價現洋壹圓四角

5 文整，其洋當交不欠。日後，倘有蒙民人争奪者，有佃過约主人一力承

6 當。日後，栽樹侵坟、淤漫築坝，任由買主自便。兩出情愿，各無返（反）

7 悔。恐口無憑，立佃過永遠地约為証。

8 魏太保十

9 立佃合同過約為証[二]。見人 郭根义十

10 賈憲文 書

11 每年每畝共出租銀伍分。

12 中華民國二十三[三]國曆十月廿七日 立 十

注釋

〔一〕「遺」字原寫於行間，左側正行中有塗抹之字。

〔二〕該行文字只存右半部分。

〔三〕「三」字下面疑缺「年」字。

附表

編　　號	民 50
題　　名	民國二十三年（一九三四）蒙古金萬富出佃與賈晃地約
類　　别	出佃地約
尺　　寸	27×26.8 釐米
保存狀態	完整
原 編 號	173
紅 白 契	白契
立 約 者	蒙古金萬富
理　　由	手中不便
承 佃 者	賈晃
出 佃 者	蒙古金萬富
承 當 者	佃過约主人
地點坐落及四至	甲拉板申村西北：東至河漕，西至賈玉珍，南至本主，北至陳德富
面　　積	祖遺地壹塊，計地陸畝，係東西畛
用　　途	永遠承種管業，日後，栽樹侵坟、淤漫築垻，任由買主自便
佃過約價	現洋壹圓四角文整，其洋當交不欠
地 租 錢	每年每畝共出租銀伍分
年　　限	永遠
印　　章	無
税　　票	無
文　　字	漢
見　　人	魏太保、郭根义、贾憲文
書　　人	賈憲文
立約日期	中華民國二十三年國曆十月廿七日
附　　注	

民51

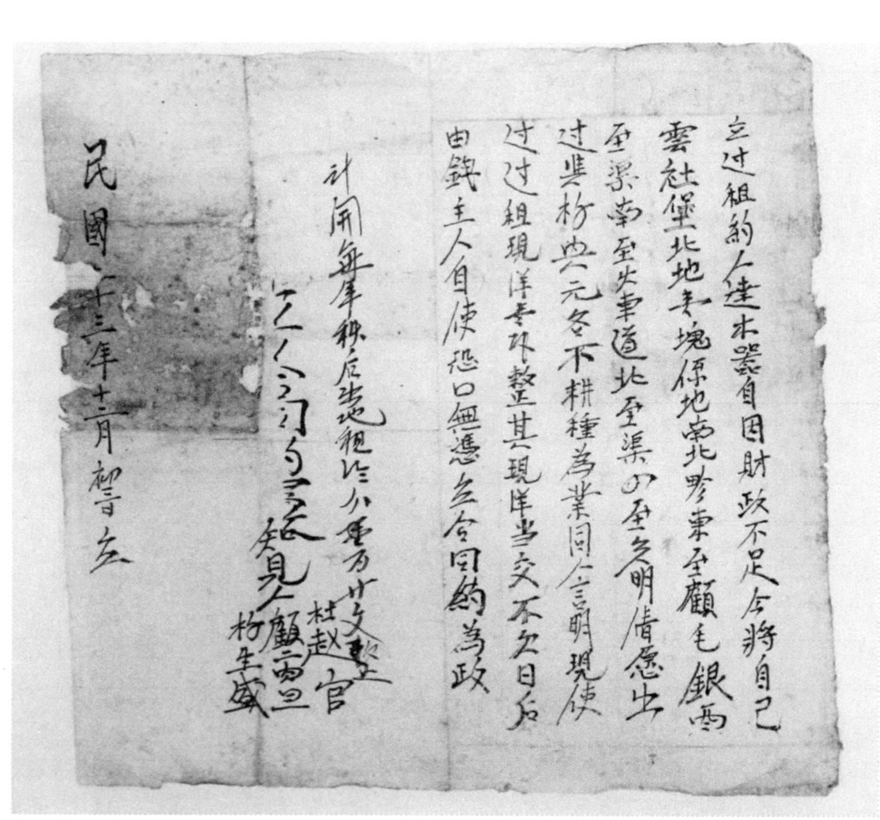

立过租約人達木器自因財政不足今將自己
雲社堡北地壹塊係地南北畛東至顧毛銀兩
至渠南至大車道北至渠四至分明情愿出
过與朽生元名下耕種為業同人言明現使
过过租現洋壹佰整其現洋当交不欠日后
由錢主人自便恐口無憑立合同約為政
計開每年秋后出地租小洋壹万廿文整
立人合同約二紙
知見人 杜趙官 顧西旦 朽生盛
民國十三年十二月初吉立

民51　民國二十三年（一九三四）達木器出過與楊贝元地約

立过租約人達木器，自因財政不足，今將自己雲社堡北地壹塊，係地南北畛，東至顧毛銀，西至渠，南至火車道，北至渠，四至分明，情愿出过與楊贝元名下耕種為業。同人言明，現使过过租現洋壹塊整，其現洋当交不欠。日后由錢主人自使。恐口無憑，立合同約為政（證）。

计開每年秋后出地租⊥三錢壹百廿文整。

杜赵官

立合同約為政（證）〔一〕。　知見人　顧二肉旦

楊生盛

民國二十三年十二月初三日　立

注釋

〔一〕該行文字只存右半部分。

編　號	民 51
題　名	民國二十三年（一九三四）達木器出過與楊𠬝元地約
類　別	出過地約
尺　寸	27×27.5 釐米
保存狀態	稍有缺損，文字基本完整
原編號	174
紅白契	白契
立約者	達木器
理　由	自因財政不足
承過者	楊𠬝元
出過者	達木器
承當者	無
地點坐落及四至	雲社堡北：東至顧毛銀，西至渠，南至火車道，北至渠
面　積	地壹塊，係地南北畛
用　途	耕種為業
過租錢	現洋壹塊整，其現洋当交不欠
地租錢	每年秋後出〸亖銀錢壹百廿文整
年　限	無
印　章	無
税　票	無
文　字	漢
知見人	杜赵官、顧二肉旦、楊生盛
書　人	無
立約日期	民國二十三年十二月初三日
附　注	

附表

民
52

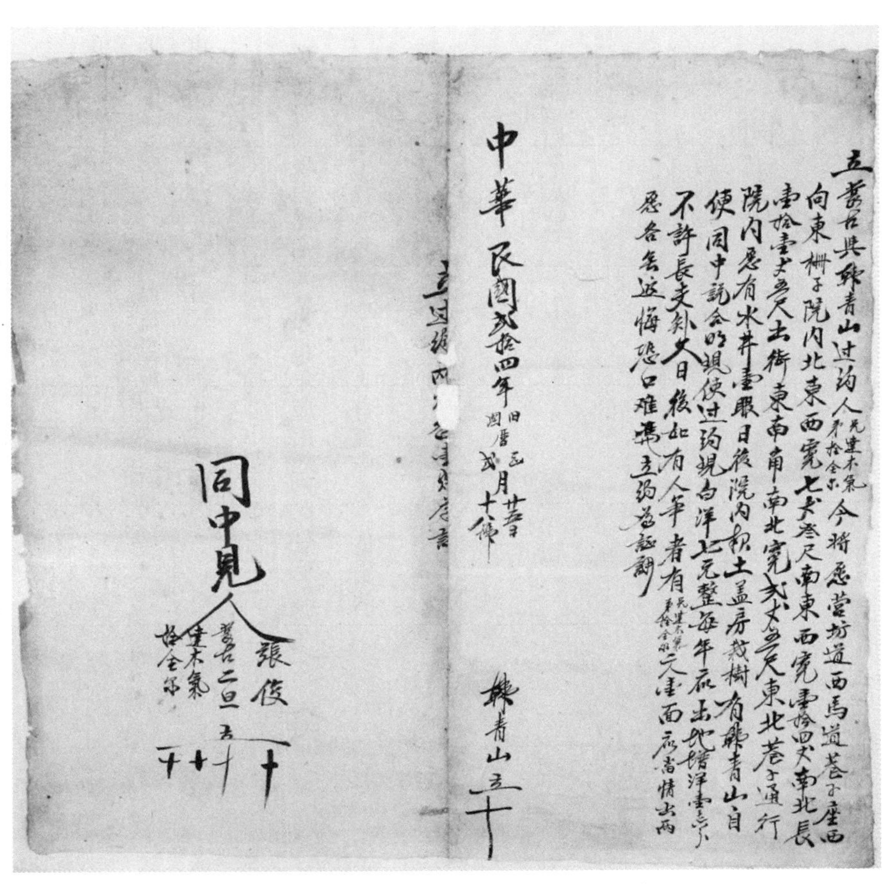
立蒙古典韓青山过約人兄建木氣弟拴全承今將歸營坊道西馬道巷子座西
向東柵子院內北東西寬七丈叁尺南東西寬壹拾四丈南北長
壹拾壹丈五尺出街東南角南北寬貳丈五尺東北巷子通行
院內歸有水井壹眼日後院內起土盖房栽樹有韓青山自
便同中說合明現使过約現白洋七元整每年本出地譜洋壹元
不許長支剋欠日後如有人爭者有兄建木氣弟拴全承二人壹面承當情出兩
愿各無返悔恐口難憑立約為証用

中華民國貳拾四年旧曆五月廿三日 閏曆式月十八號

韓青山立十

立过約內[illegible]

同中見人 張俊十
蒙古二旦立十
建木氣十
拴全承十

民52　民國二十四年（一九三五）韓青山過到達木氣、拴全尔地約

立蒙古與韓青山过约人兄達木氣弟拴全尔，今將愿營坊道西馬道巷子座(坐)西
向東柵子院内，北東西寬七丈叁尺，南東西寬壹拾四丈，南北長
壹拾壹丈五尺，出街東南角，南北寬弍丈五尺，東北巷子通行，
院内愿(原)有水井壹眼，日後，院内起土、盖房、栽樹，由韓青山自
便。同中説合明[一]，現使过约現白洋七元整，每年应出地增洋壹毛六分，
不許長支短欠。日後，如有人争者，有兄達木氣弟拴全尔二人壹面应當。情出两
愿，各無返悔。恐口难憑，立约為証調(用)。
中華民國弍拾四年旧曆正月廿五日 國弍月十八號　　韓青山 立十
立过约两□，各壹張為証[二]。
同中見人　張俊 十
蒙古二旦 立十
達木氣 十
拴全尔 十

注釋

〔一〕「合明」二字中當有一衍字。

〔二〕該行文字只存左半部分。

編　　號	民 52
題　　名	民國二十四年（一九三五）韓青山過到達木氣、拴全尔地約
類　　別	過到地約
尺　　寸	52.3×51.8 釐米
保存狀態	稍殘破，文字稍有缺損
原 編 號	175
紅 白 契	白契
立 約 者	韓青山
理　　由	無
承 過 者	韓青山
出 過 者	兄達木氣、弟拴全尔
承 當 者	兄達木氣、弟拴全尔二人
地點坐落及四至	營坊道西馬道巷子坐西向東柵子院内
面　　積	北東西寬七丈叁尺，南東西寬壹拾四丈，南北長壹拾壹丈五尺，出街東南角，南北寬弍丈五尺，東北巷子通行。院内原有水井壹眼
用　　途	院内起土、盖房、栽樹，有韓青山自便
過 約 錢	現使过约現白洋七元整
地 增 錢	每年洋壹毛六分
年　　限	無
印　　章	無
税　　票	無
文　　字	漢
同中見人	張俊、蒙古二旦、達木氣、拴全尔
書　　人	無
立約日期	中華民國弍拾四年旧曆正月廿五日，國曆弍月十八號
附　　注	

立过地增询人马汗玉今買到什间房大東巷廣南空地
計堂所計地南北長七丈五尺東西上面官尺寬五丈五寸西玉
馬姓北至山巷南玉列姓東至黃唐兩姓四至開仰内有榆
樹玉瓷磋棵下面東北角有馬仪子房後玉瓻
水道雲梁仍焊清關裁樹挖井留房盖屋一切有馬汗玉
自便如有人爭書者有馬玉清馬玉海一面應肩憎出與
會各不悔恐口難憑立妈洛豑
同人諄念建仍諂埕僅毙兒塾
 仍憎錮達叅校

立过地增須人馬玉清

中華民國二十四年歲次四月拾叁日
 五月拾五日

同中見人
 馬汗寶 十
 馬俊 十
 何肇齡先生 十
 馬汗寶 十

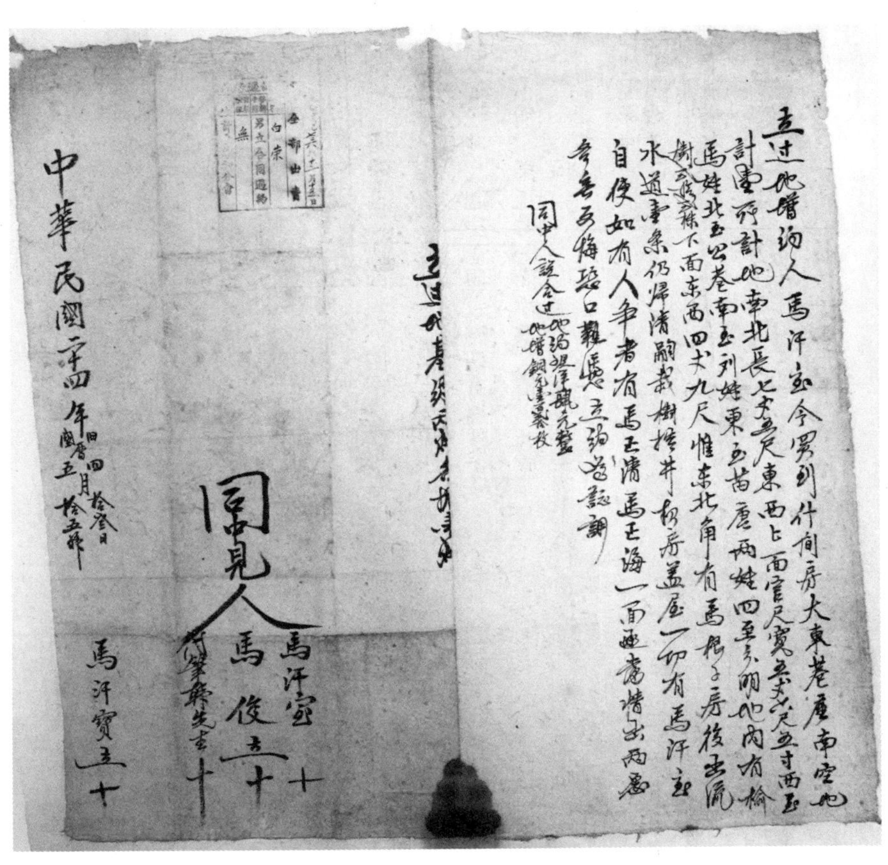

民53　民國二十四年（一九三五）馬汗宝過到空地約

該合同約附有一藍色表格，可辨認出是成紀紀年，根據其他文書中同時代的表格，可知是「田房過約移轉証」，表格內漫漶的文字亦基本可以補齊。關於表格內所記「成紀七三八年十二月十五日」過約的具體內容，參見民76《成紀七三八年（一九四三）白亮同子白荣租到達木欠地基合同文約》，兩約中地基四至雖然相同，長寬面積卻有所出入。

立过地增约人馬汗宝，今買到什间房大東巷座(坐)南空地。
計壹畝，計地南北長七丈五尺，東西上面官尺寬五丈六尺五寸。西至
馬姓，北至公巷，南至刘姓，東至苗、唐两姓，四至分明。地內有榆
樹弍拾弍株；下面东西四丈九尺，惟東北角有馬根子房後出流
水道壹条，仍歸清嗣。栽樹挖井、起房盖屋，一切有馬汗宝
自便。如有人争者，有馬正清、馬正海一面承當。情出两愿，
各無反悔。恐口難憑，立約為証詷(用)。
同中人說合，过地约現洋肆元整　过地增銅元壹百弍拾枚。
立过地基约两張，各执壹張[一]。

10 同中見人馬汗宝 十

11 馬 俊 立十

12 代筆韓先生 十

田房過約移轉証	
移轉時期	成紀七三八年十二月十五日
移轉部分	全部出賣
新□主氏名	白荣
移轉手續	另立合同過約
有無蒙租	無
生計會厚和分會	

〔二〕

13 中華民國二十四年旧曆四月拾叁日 國曆五月拾五號 馬汗寶 立十

注釋

〔一〕該行文字只存左半部分。

〔二〕表格中除「無」「白荣」「七三八」「十二」「十五」為墨色書寫外，其餘文字都是藍色。

編　號	民 53
題　名	民國二十四年（一九三五）馬汗宝過到空地約
類　別	過到地約
尺　寸	47×47.8 釐米
保存狀態	稍有破損，有污漬，文字有漫漶處
原編號	176
紅白契	白契
立約者	馬汗宝
理　由	無
承過者	馬汗宝
出過者	無
承當者	馬正清、馬正海
地點坐落及四至	什间房大東巷坐南：西至馬姓，北至公巷，南至刘姓，東至苗、唐两姓
面　積	空地，計壹畝，計地南北長七丈五尺，東西上面官尺寬五丈六尺五寸，地内有榆樹式拾式株。下面东西四丈九尺，惟东北角有馬根子房後出流水道壹条，仍歸清嗣
用　途	栽樹挖井、起房盖屋，一切由馬汗宝自便
地約錢	現洋肆元整
地增錢	銅元壹百式拾枚
年　限	無
印　章	無
税　票	無
文　字	漢
同中見人	馬汗宝、馬俊、韓先生
代筆人	韓先生
立約日期	中華民國二十四年旧曆四月拾叁日，國曆五月拾五號
附　注	附有成紀七三八年十二月十五日“田房過約移轉証”

民
54

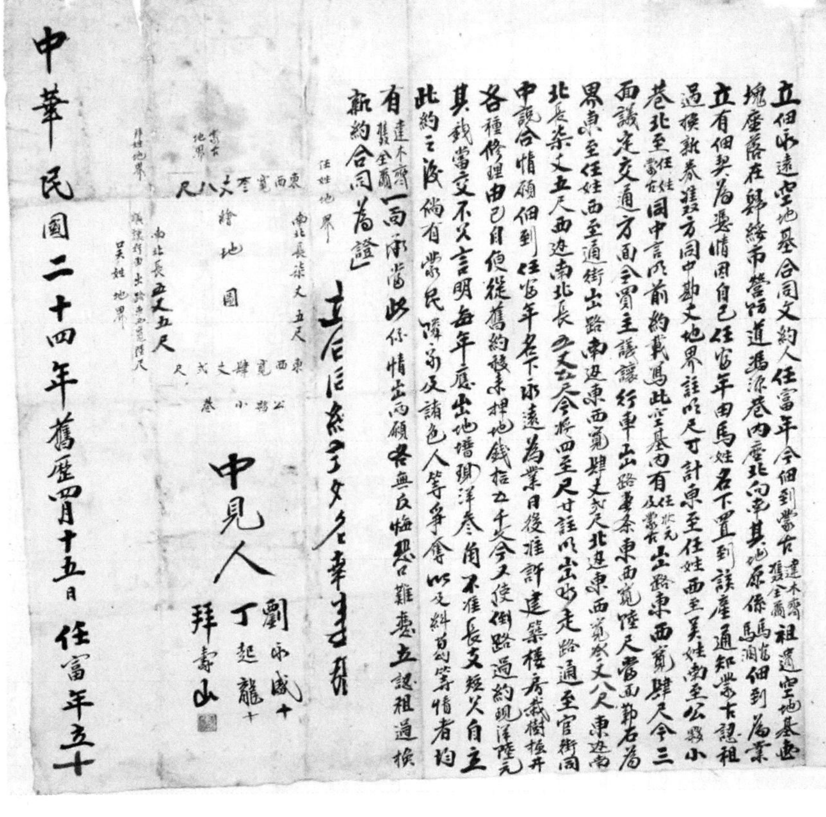

立佃永遠空地基合同文約人任富年，今佃到蒙古達木齊、護全喜祖遺空地基一塊，座落在歸綏市營坊道馬家巷內，座北向南。其地原係馬潤佃到為業，立有佃契為憑。情因自己任富年由馬姓名下置到該產，通知蒙古認祖過換新券，雙方同中勘丈地界，註明尺寸。計東至任姓，西至吳姓，南至公衆小巷，北至任當古、任姓。同中言明，前約載馬此空基內有任狀元、任當古出路，東西寬肆尺，今三面議定交通方面，今買主議讓行車出路[…]東西寬陸尺，當面劃右為界。東至任姓，西至通街出路，南邊東西寬肆丈玖尺，北邊東西寬叁丈八尺，東邊南北長柒丈五尺，西邊南北長叁丈五尺。今將四至尺寸註明，出路走路通至官街，同中說合，情願佃到任富年名下永遠為業，日後准許建築樓房、栽樹、掘井各種修理，由己自便。從舊約被來押地錢拾五千文，今又使倒路過約現洋陸元，其錢當交不欠。言明每年應出地譜現洋叁角，不准長支短欠。自立此約之後，倘有蒙民隣舍及諸色人等爭奪以及糾葛等情者，均有達木齊、護全喜一面承當。此係情出兩願，各無反悔，恐口難憑，立認祖過換新約合同為證。

立合同約字文各執存照（半書）

蒙古地界

任姓地界

東西寬叁丈八尺

南北長柒丈五尺

繪地圖

南北長叁丈五尺

出路東西寬陸尺

吳姓地界

東西寬肆丈弍尺

公衆小巷

中見人　劉永盛十　丁起龍十　拜壽山

中華民國二十四年舊曆四月十五日　任富年立十

1

民54　民國二十四年（一九三五）任富年佃到蒙古達木齊、⿰氵隻全爾空地基合同文約

該合同約內鈐有朱印一方（1），印文漫漶不清。

立佃永遠空地基合同文約人任富年，今佃到蒙古達木齊 ⿰氵隻全爾祖遺空地基壹塊。座（坐）落在歸綏市營防道馮源巷内，座（坐）北向南。其地原係馬富 馬潤佃到為業，立有佃契為憑。情因自己任富年由馬姓名下置到該産，通知蒙古認租過換新券。雙方同中勘丈地界，註明尺寸，計東至任姓，西至吳姓，南至公夥小巷，北至任姓 蒙古。同中言明，前約載寫此空基内有任狀元 及蒙古出路東西寬肆尺，今三面議定，交通方面令買主議讓行車出路壹条，東西寬陸尺，當面勒石為界，東至任姓，西至通街出路。南边東西寬肆丈弍尺，北边東西寬叁丈八尺，東边南北長柒丈五尺，西边南北長五丈五尺。今將四至尺寸註明，出水走路通至官街。同中說合，情願佃到任富年名下永遠為業。日後，准許建築楼房、栽樹掘井，各種修理，由己自便。從舊約移来押地錢拾五千文，今又使倒路過約現洋陸元，其錢當交不欠。言明每年應出地增現洋叁角，不准長支短欠。自立此約之後，倘有蒙民鄰家及諸色人等爭奪，以及糾葛等情者，均有達木齊 ⿰氵隻全爾一面承當。此係情出两願，各無反悔。恐口難憑，立認租過換新約合同為證。

立合同約弍張，各執壹張[一]。

16 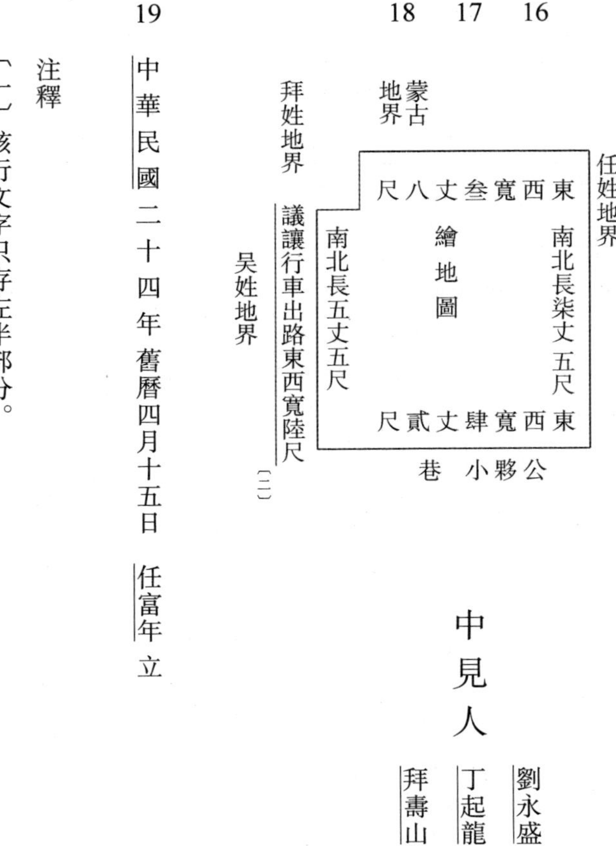

17 議讓行車出路東西寬陸尺〔二〕

18 吴姓地界

中見人 劉永盛十 丁起龍十 拜壽山〔 〕

19 中華民國二十四年舊曆四月十五日 任富年立

注釋

〔一〕該行文字只存左半部分。

〔二〕所繪地圖中，除「吴姓地界」右側竪綫為朱色外，其他綫條皆為藍色。

編　號	民 54
題　名	民國二十四年（一九三五）任富年佃到蒙古達木齊、嫂全爾空地基合同文約
類　別	佃到空地基約
尺　寸	52.5×51.5 釐米
保存狀態	稍殘損，文字完整
原編號	177
紅白契	白契
立約者	任富年
理　由	其地原係馬富、馬润佃到為業，立有佃契為憑。情因自己任富年由馬姓名下置到該產，通知蒙古認租過换新券
承佃者	任富年
出佃者	蒙古達木齊、嫂全爾
承當者	達木氣、嫂全爾
地點坐落及四至	歸綏市營防道馮源巷内坐北向南：東至任姓，西至吴姓，南至公夥小巷，北至任姓、蒙古。出水走路通至官街
面　積	祖遺空地基壹塊，前約載寫此空基内有任状元及蒙古出路東西寬肆尺，今三面議定，交通方面令買主議讓行車出路壹条，東西寬陸尺，當面勒石為界，東至任姓，西至通街出路。南边東西寬肆丈弍尺，北边東西寬叁丈八尺，東边南北長柒丈五尺，西边南北長五丈五尺
用　途	永遠為業，日後，准許建築楼房、栽樹掘井，各種修理，由己自便
押地錢	從舊約移来拾五千文
過約錢	今又使倒路過約現洋陸元，其錢當交不欠
地增錢	每年現洋叁角
年　限	永遠
印　章	朱印一方
稅　票	無
文　字	漢
中見人	劉永盛、丁起龍、拜壽山
書　人	無
立約日期	中華民國二十四年舊曆四月十五日
附　注	合同約中繪有所佃空地基四至及其尺寸地圖

立租空地基約人張福壽堂今同中人說合將伊遺木氣名下空地基壹塊計地東西嘉武戊天南北長柒丈東至史姓西至馬姓南至德合明北至宣路四至另明情願出租與自己名下永遠為業修蓋房屋任意議論空地押地城市錢曲拾伍千文又續登山堡道押地城市錢弍拾伍千文連本萬陸拾五千文其錢當年弍石數當年弍地增不準民支料必肆拾年大其錢當年弍石數當年弍地增收便不準民支料敬亦遠不準張送地增日后倆有榮民人等爭首者有遠本萬其雙堂尔一面承當此係情出兩願並妄悔恐口無憑主立空地基約合同為証用

中華民國二十四年五月廿八日即舊歷四月廿七日　張福壽堂立

中見人　拜永祿筆
　　　　劉笑美代書

張福壽堂立

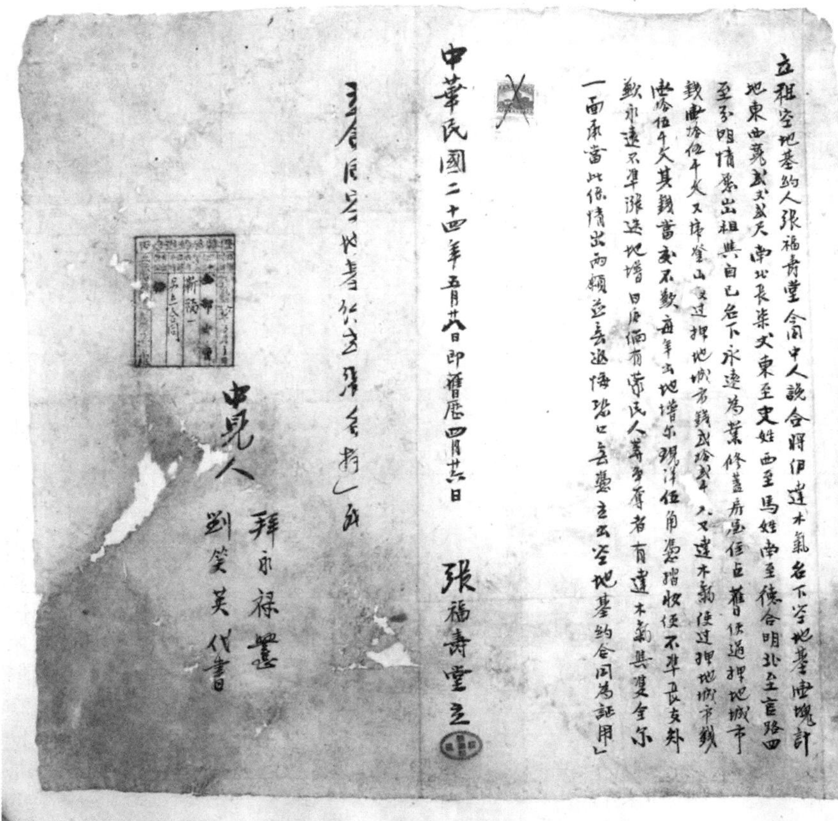

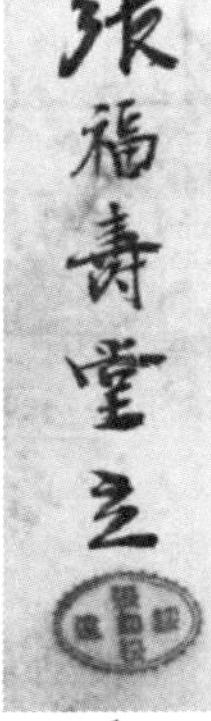

民55　民國二十四年（一九三五）张福壽堂租到達木氣空地基約

該合同約中粘有「國民政府印花稅票壹分」一枚，另鈐有朱印一方（1），印文為「綏遠張如松」。約中附有民國35年3月1日「田房過約移轉證」，移轉另立合同約的具體內容，見民81《民國三十五年（一九四六）靳福租到達木氣地基合同文約》。

1 立租空地基约人张福壽堂，今同中人說合，將伊達木氣名下空地基壹塊，計

2 地東西寬弍丈弍尺，南北長柒丈，東至史姓，西至馬姓，南至德合明，北至官路，四

3 至分明，情愿出租與自己名下永遠為業，修蓋房屋、住占。舊日使過押地城市

4 錢壹拾五千文，又虎登山[使]过押地城市錢弍拾弍千文，又達木氣使过押地城市錢

5 壹拾五千文，其錢當交不歉（欠）。每年出地增尔現洋伍角，憑摺收使，不準長支短

6 歉（欠），永遠不準漲迭（跌）地增。日后，倘有蒙民人等争奪者，有達木氣與雙全尔

7 一面承當。此係情出两願，並無返（反）悔。恐口無憑，立出空地基约合同為証用。」

（印花稅票一枚）〔一〕

8 中華民國二十四年五月廿八日即舊曆四月廿六日　　张福壽堂　立

9 立合同空地基约式張，各执一張〔二〕。

田房過約移轉證	
移轉時期	中華民國35年3月1日
移轉部分	全部出賣
新□主氏名	靳福
移轉手續	另立合同
有無蒙租	無
土默特特別旗歸綏生計處	

〔四〕

中見人 拜永禄〔三〕
劉笑英 代書

注釋

〔一〕稅票上畫有墨色叉號。

〔二〕該行文字只存左半部分。

〔三〕該人名下面有墨色畫押。

〔四〕表格為藍色，其中文字除「另立合同」「靳福」「35」「3」「1」是墨色字跡外，餘者皆為藍色。

編　號	民55
題　名	民國二十四年（一九三五）张福壽堂租到達木氣空地基約
類　别	租到空地基約
尺　寸	46.5×47.5釐米
保存狀態	稍殘損，文字基本完整
原編號	178
紅白契	紅契
立約者	张福壽堂
理　由	無
承租者	张福壽堂
出租者	達木氣
承當者	達木氣與斐全尔
地點坐落及四至	東至史姓，西至馬姓，南至德合明，北至官路
面　積	空地基壹塊，計地東西寬弍丈弍尺，南北長柒丈
用　途	永遠為業，修蓋房屋、住占。
押地錢	舊日使過押地城市錢壹拾五千文，又虎登山使过押地城市錢弍拾弍千文，又達木氣使过押地城市錢壹拾五千文，其錢當交不欠
地增尔	每年現洋伍角，憑摺收使
年　限	無
印　章	朱印一方
税　票	"國民政府印花税票壹分"一枚
文　字	漢
中見人	拜永禄、劉笑英
代書人	劉笑英
立約日期	中華民國二十四年五月廿八日即舊曆四月廿六日
附　注	附有中華民國35年3月1日"田房過約移轉證"

民
56

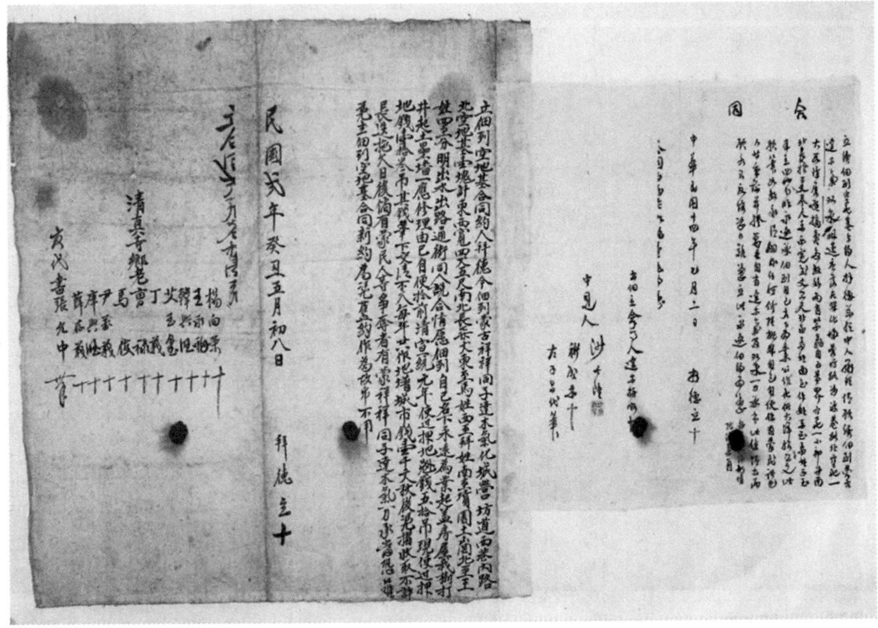

1

民56 民國二十四年（一九三五）拜德續佃到蒙古達木氣、双泉空地基文約

該合同約粘附在民3《民國二年（一九一三）拜德佃到蒙古祥祥同子達木氣空地基合同約》右側。合同約中鈐有朱印一方（1），印文為「沙翁欽章」。合同立約時間為民國廿四年七月十一日，即舊曆六月十一日。

1 立續佃到空地基文约拜德，兹經中人辦理，情願續佃到： 蒙古

2 達木氣・双泉[一]祖遺座(坐)落在歸化城營坊路馮源巷路北空地基一

3 大段，除屡經摘卖多数外，尚有紧靠自己基界空地一小部，计南

4 合 北長拾五丈三尺，东西宽弍丈五尺，北至馬姓，南至任姓，东至馬姓，西至

5 本主，四址(至)分明，永遠承佃到自己名下為業。公作地价大洋拾五文，此

6 款筆下為数交清。嗣後，任何修理概歸自己自便。倘有蒙民諸色

7 人等爭論并轇葛者，自有達木氣及双泉一力承当。此係情出两

8 同 願，各不反悔。恐口難憑，立此永遠佃约為憑。每年秋後地増

9 現洋壹角。

10 中華民國廿四年 七月十一日 拜德 立 十

11 合同約两张，各執壹张為憑[二]。

12 出佃主拿事人達木持啊十

13 中見人 沙世隆[ ]

14 穆成林十

15 左子昌代筆

注釋

〔一〕「達木氣」和「双泉」左側的墨色畫綫及中間的「·」為原合同約中所有。

〔二〕該行文字只存右半部分。

編　　號	民 56
題　　名	民國二十四年（一九三五）拜德續佃到蒙古達木氣、双泉空地基文約
類　　別	續佃到空地基約
尺　　寸	33.5×33.5 釐米
保存狀態	完整，有污漬
原 編 號	127
紅 白 契	白契
立 約 者	拜德
理　　由	無
承 佃 者	拜德
出 佃 者	蒙古達木氣、双泉
承 當 者	達木氣及双泉
地點坐落及四至	歸化城营坊路馮源巷路北：北至馬姓，南至任姓，东至馬姓，南至本主
面　　積	祖遺空地基一小部，计南北長拾五丈叁尺，东西宽弍丈五尺
用　　途	任何修理概歸自己自便
地　　價	大洋拾五文，此款筆下為数交清
地 增 錢	每年秋後現洋壹角
年　　限	無
印　　章	朱印一方
稅　　票	無
文　　字	漢
中 見 人	沙世隆、穆成林
代 筆 人	左子昌
立約日期	中華民國廿四年七月十一日
附　　注	出佃主拿事人達木持啊

民
57

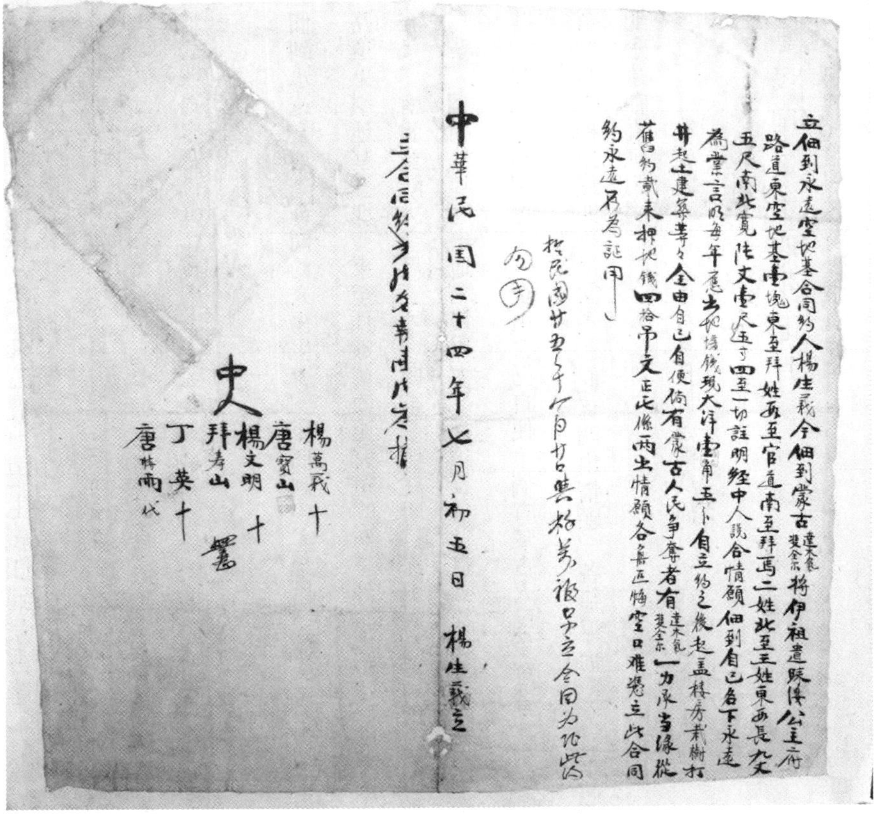

立佃到永遠空地基合同約人楊生義今佃到蒙古達木氣甦全示將伊祖遺賍係公主府
路道東空地基壹塊東至拜姓西至官道南至拜萬二姓北至王姓東西長九丈
五尺南北寬陸丈壹尺五寸四至一切註明經中人說合情願佃到自己名下永遠
為業言明每年應出地譜錢現大洋壹角五分自立約之後起蓋樓房栽樹打
井起土建築等々全由自己自便倘有蒙古人民爭奪者有達木氣甦全示一力承當緣從
舊約貳未押地錢四拾吊文正已係兩出情願各無返悔空口難憑立此合同
約永遠存為証用

批民國廿五年七月廿七日集格弟根子立合同為憑此據

合同

中華民国二十四年七月初五日　楊生義立

三合同約为此存弟唐氏存據

中人　楊萬義十　唐寶山　楊文明十　拜壽山　丁英十　唐林雨代　筆

1

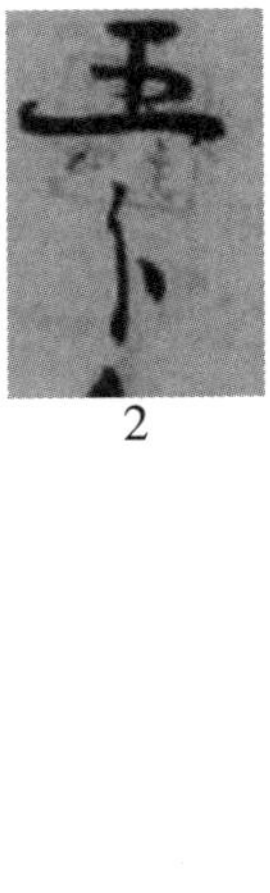

2

3

4

民57　民國二十四年（一九三五）楊生義佃到蒙古達木氣、凄全尔空地基合同約

該合同約中共有朱印四方，其1、2、3印文為「楊生義印」，印4為「唐寶山印」。關於約內提到的舊約，見民20《民國九年（一九二〇）丁寡婦同子丁起雲佃到蒙古寡婦同子達木氣、凄全尔空地基合同約》；約中批注民國廿五年八月廿日另立合同，具體內容見民60《民國二十五年（一九三六）楊萬福租到蒙古達木氣、凄全尔空地基合同約》。

1 立佃到永遠空地基合同约人楊生義，今佃到： 蒙古達木氣/凄全尔將伊祖遺歸綏公主府
2 路道東空地基壹塊，東至拜姓，西至官道，南至拜、馬二姓，北至王姓，東西長九丈
3 五尺，南北寬陆丈壹尺五寸，四至一切註明，经中人說合，情願佃到自己名下永遠
4 為業。言明每年應出地增錢現大洋壹角五分。自立约之後，起盖楼房、栽樹打
5 井、起土建築，等々，全由自己自便。倘有蒙古人民争奪者，有達木氣/凄全尔一力承当。缘從
6 舊约載来押地錢四拾吊文正（整）。此係两出情願，各無返（反）悔。空口难憑，立此合同
7 约永遠存為証用。
8 於民國廿五年八月廿日與楊萬福另立合同為证，此约
9 勿用[一]。
10 中華民国二十四年七月初五日　楊生義立
11 立合同约式張，各執壹張為據[二]。
12 楊萬義十
13 唐寶山

14 中人 楊文明十

15 拜寿山〔三〕

16 丁 英十

17 唐時兩 代

注釋

〔一〕由字跡及句意可知第8至9行為後來寫入。

〔二〕該行文字只存左半部分。

〔三〕該人名下方有墨色畫押。

編　號	民 57
題　名	民國二十四年（一九三五）楊生義佃到蒙古達木氣、嫂全尓空地基合同約
類　別	佃到空地基约
尺　寸	52.6×51.6 釐米
保存狀態	完整
原編號	179
紅白契	白契
立約者	楊生義
理　由	無
承佃者	楊生義
出佃者	蒙古達木氣、嫂全尓
承當者	達木氣、嫂全尓
地點坐落及四至	歸綏公主府路道東：東至拜姓，西至官道，南至拜、馬二姓，北至王姓
面　積	祖遺空地基壹塊，東西長九丈五尺，南北寬陆丈壹尺五寸
用　途	永遠為業，起盖楼房、栽樹打井、起土建築，等等，全由自己自便
押地錢	從舊约載来押地錢四拾吊文整
地增錢	現大洋壹角五分
年　限	永遠
印　章	朱印四方
稅　票	無
文　字	漢
中　人	楊萬義、唐寶山、楊文明、拜寿山、丁英、唐時兩
代筆人	唐時兩
立約日期	中華民国二十四年七月初五日
附　注	於民國廿五年八月廿日與楊萬福另立合同为证，此約勿用

民58

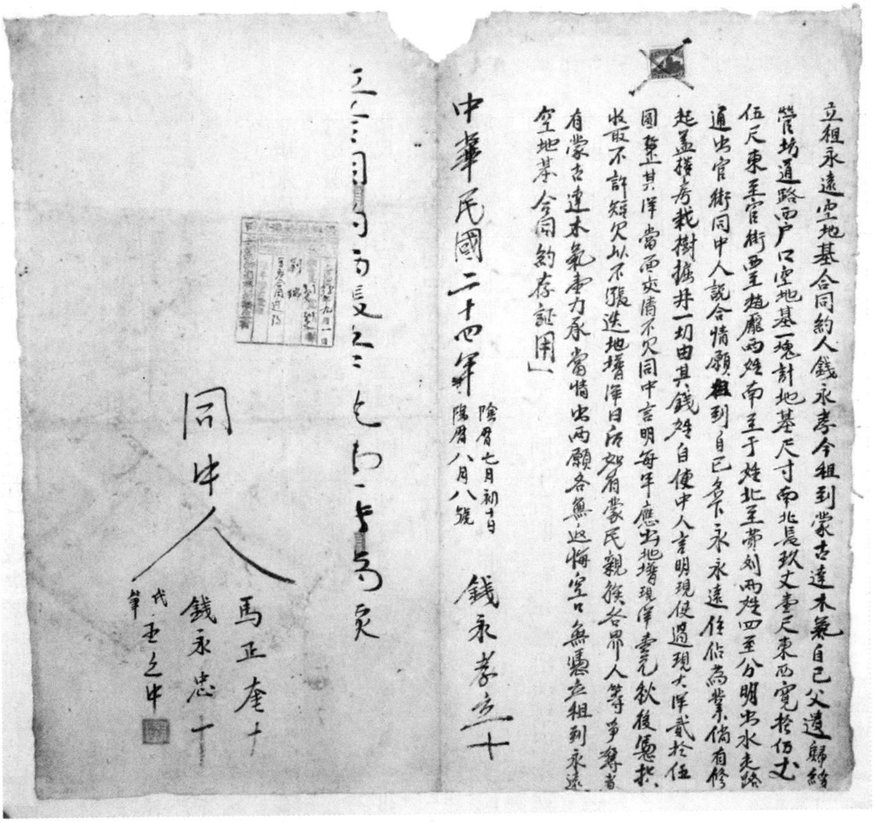

立租永遠空地基合同約人錢永孝今租到蒙古達木氣自己父遺歸綏營坊道路西戶口空地基一塊計地基尺寸南北長玖丈壹尺東西寬拾伍丈伍尺東至官街西至趙龐兩姓南至于姓北至蔣劉兩姓四至分明出水走路通出官街同中人說合情願租到自己名下永遠住佔為業倘有修起蓋房栽樹掘井一切由其錢姓自便中人言明現使過現大洋貳拾伍圓整其洋當面交清不欠同中言明每年應出地增現洋壹元秋後憑摺收取不許短欠以不漲送地增洋日后如有蒙民親族合界人等爭奪者有蒙古達木氣壹力承當情出兩願各無返悔空口無憑立租到永遠空地基合同約存証用

中華民國二十四年 陰曆七月初十日 陽曆八月八號 錢永孝立十

立合同約各執一張

同中人 馬正奎十 錢永忠十

代筆 王之中

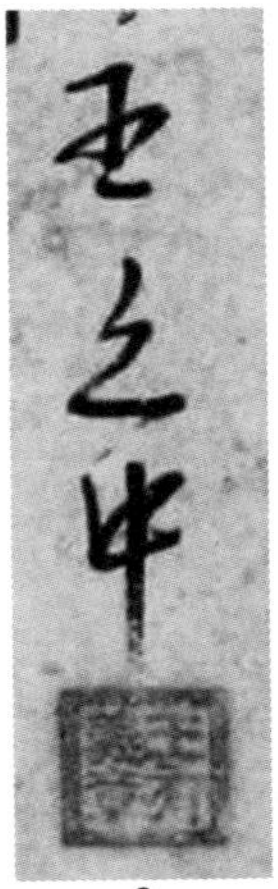

3

1

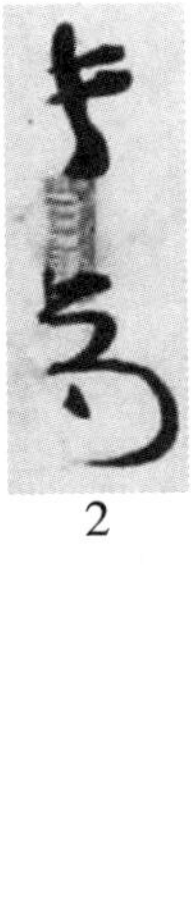

2

民58 民國二十四年（一九三五）錢永孝租到蒙古達木氣空地基合同約

該合同約粘有「國民政府印花稅票貳分」一枚，約中鈐有朱印三方，其中完整的印3印文為「王有義章」，另兩方（1、2），從殘留部分看，印文與完整一方的印文相同。約中附有民國38年九月一日的「田房過約移轉證」，具體過約內容見民96《民國三十八年（一九四九）劉瑞租到達木欠、叟全地基合同文約》。

立租永遠空地基合同約人錢永孝，今租到蒙古達木氣自己父遺歸綏
營坊道路西户口空地基壹塊。計地基尺寸南北長玖丈壹尺，東西寬拾伍丈
伍尺，東至官街，西至趙、麗两姓，南至于姓，北至費、刘两姓，四至分明，出水走路
通出官街。同中人說合，情願租〔一〕到自己名下永永〔二〕遠住佔為業，倘有修
起盖楼房、栽樹掘井，一切由其錢姓自便。中人言明，現使過大洋貳拾伍
圓整，其洋當面交清不欠。同中言明，每年應出地增現洋壹元，秋後憑扨（折）
收取，不許短欠，以（亦）不漲迭（跌）地增洋。日后，如有蒙民親族各界人等爭奪者，
有蒙古達木氣壹力承當。情出两願，各無返（反）悔。空口無憑，立租到永遠
空地基合同約存証用。

（印花稅票一枚）〔三〕

中華民國二十四年陰曆七月初十日
陽曆八月八號　錢永孝　立十

立合同約两張，各執壹張為據〔四〕。

12 13 14

時期移轉	部分移轉	氏名新□主	手續移轉	蒙租有無	土默特特別旗歸綏生計
中華民國38年九月一日	摘賣長〦〡丈寬〥〢丈一部	劉瑞	另立合同过约	每年仍出蒙租	

田房過約移轉證〔五〕

同中人 馬正奎十 錢永忠十 代筆王之中 [印]

注釋

〔一〕「租」字有塗改痕跡。

〔二〕此處當衍一「永」字。

〔三〕印花稅票上畫有墨色叉號。

〔四〕該行文字只存右半部分。

〔五〕該表格為藍色，其中文字除「另立合同过約」「劉瑞」「〦〡丈」「〥〢丈」「38」「九」「一」是墨色書寫外，餘者皆是藍色。

編　號	民 58
題　名	民國二十四年（一九三五）錢永孝租到蒙古達木氣空地基合同約
類　別	租到空地基約
尺　寸	52.8×52.4 釐米
保存狀態	稍有缺損，文字完整
原編號	180
紅白契	紅契
立約者	錢永孝
理　由	無
承租者	錢永孝
出租者	蒙古達木氣
承當者	蒙古達木氣
地點坐落及四至	歸綏營坊道路西：東至官街，西至趙、龎两姓，南至于姓，北至費、刘两姓
面　積	父遺户口空地基壹塊，計地基尺寸南北長玖丈壹尺，東西寬拾伍丈伍尺
用　途	永遠住佔為業，倘有修起盖楼房、栽樹掘井，一切由其錢姓自便
使過錢	大洋貳拾伍圓整，其洋當面交清不欠
地增錢	現洋壹元，秋後憑折收取
年　限	永遠
印　章	朱印三方
稅　票	“國民政府印花稅票貳分”一枚
文　字	漢
同中人	馬正奎、錢永忠、王之中
代筆人	王之中
立約日期	中華民國二十四年陰曆七月初十日，陽曆八月八號
附　注	附有中華民國 38 年九月一日“田房過約移轉證”

民59

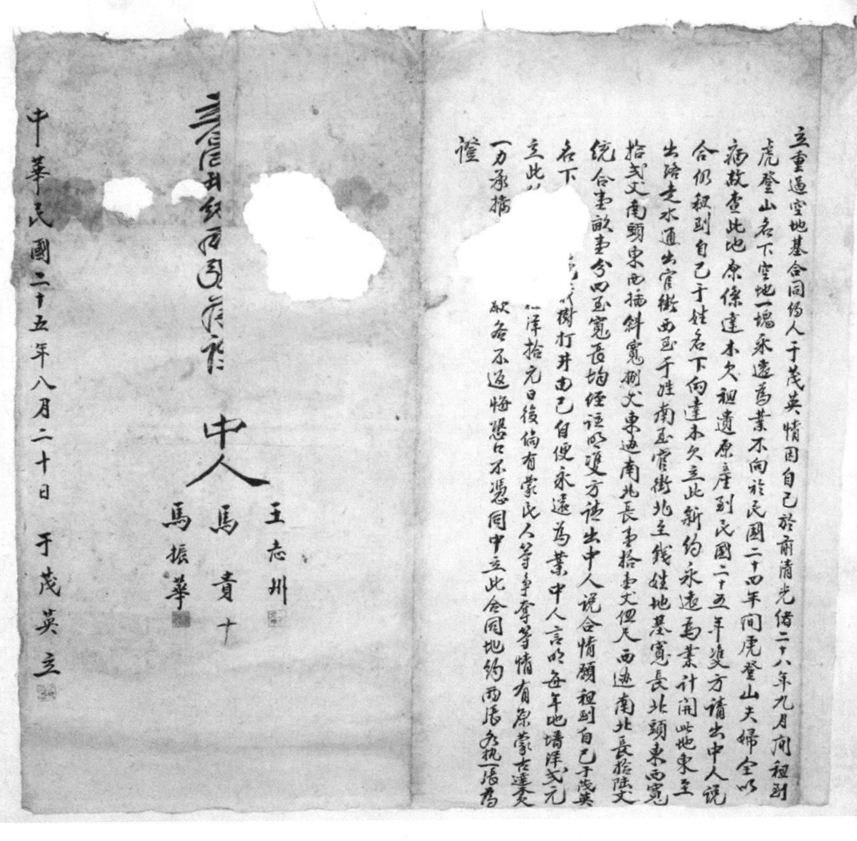

立重過空地基合同約人于茂英，情因自己於前清光緒二十八年九月間租到
虎登山名下空地一塊，永遠為業，不向於民國二十四年間虎登山夫婦全以
病故，查此地原係達木欠祖遺原產，到民國二十五年雙方請出中人說
合，仍租到自己于姓名下，向達木欠立此新約，永遠為業，計開此地東至
出路走水通出官街，西至于姓，南至官街，北至錢姓地基，寬長北頭東西寬
拾貳丈，南頭東西揷斜寬捌丈，東邊南北長壹拾壹丈伍尺，西邊南北長拾陸丈
統合叁畝叁分，四至寬長均經說明，雙方請出中人說合情願租到自己于茂英
名下□□□□□樹打井由己自便，永遠為業，中人言明每年地譜洋貳元
立此□□□□□洋拾元，日後倘有蒙民人等爭奪等情，有原蒙古達木欠
一力承擔□□□□□欵，各不返悔，恐口不憑，同中立此合同地約兩張，各執一張為
證

中人　王志州　馬貴十　馬振華

中華民國二十五年八月二十日　于茂英　立

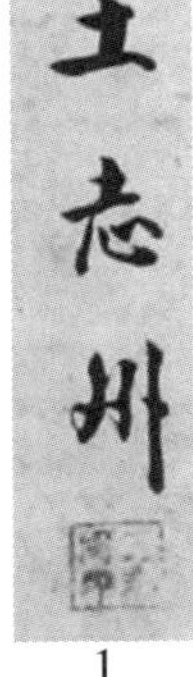

1

2

3

民59 民國二十五年（一九三六）于茂英重過到達木欠空地基合同約

該合同約中有朱印三方，印1為「王志周印」，印2漫漶不清，印3為「于茂英章」。

1 立重過空地基合同约人于茂英，情因自己於前清光緒二十八年九月间租到
2 虎登山名下空地一塊永遠為業，不向於民國二十四年间虎登山夫婦全以
3 病故。查此地原係達木欠祖遺原産，到民國二十五年雙方请出中人说
4 合，仍租到自己于姓名下，向達木欠立此新约，永遠為業。计開此地東至
5 出路走水通出官街，西至于姓，南至官街，北至錢姓。地基寬長，北頭東西寬
6 拾式丈，南頭東西插斜寬捌丈，東边南北長壹拾壹丈伍尺，西边南北長拾陆丈，
7 统合壹畝壹分，四至寬長均经註明。雙方请出中人说和，情願租到自己于茂英
8 名下□[院]、栽樹打井，由己自便，永遠為業。中人言明，每年地增洋式元。
9 立此[約]□洋拾元。日後，倘有蒙民人等争奪等情，有原蒙古達木欠
10 一力承擋。□[願]，各不返(反)悔。恐口不憑，同中立此合同地约两張，各执一張為
11 證。
12 王志州 ⬚
13 立合同地约两張為證〔一〕。 中人 馬貴十
14 馬振華 ⬚

15

中華民國二十五年八月二十日　　于茂英　立[一]

注釋

〔一〕該行文字只存左半部分。

編　號	民 59
題　名	民國二十五年（一九三六）于茂英重過到達木欠空地基合同約
類　別	重過到空地基約
尺　寸	55.6×55 釐米
保存狀態	有破損，文字有殘缺
原編號	182
紅白契	白契
立約者	于茂英
理　由	情因自己於前清光绪二十八年九月间租到虎登山名下空地一塊永遠為業，不向於民國二十四年间虎登山夫婦全以病故。查此地原係達木欠祖遺原產，到民國二十五年雙方请出中人说合，仍租到自己于姓名下，向達木欠立此新约
承租者	于茂英
出租者	達木欠
承當者	蒙古達木欠
地點坐落及四至	此地東至出路走水通出官街，西至于姓，南至官街，北至錢姓
面　積	北頭東西寬拾弍丈，南頭東西插斜寬捌丈，東边南北長壹拾壹丈伍尺，西边南北長拾陆丈，统合壹畝壹分
用　途	……院、栽樹打井，由己自便，永遠為業
過地錢	……洋拾元
地增洋	每年弍元
年　限	無
印　章	朱印三方
稅　票	無
文　字	漢
中　人	王志州、馬貴、馬振華
書　人	無
立約日期	中華民國二十五年八月二十日
附　注	

民60

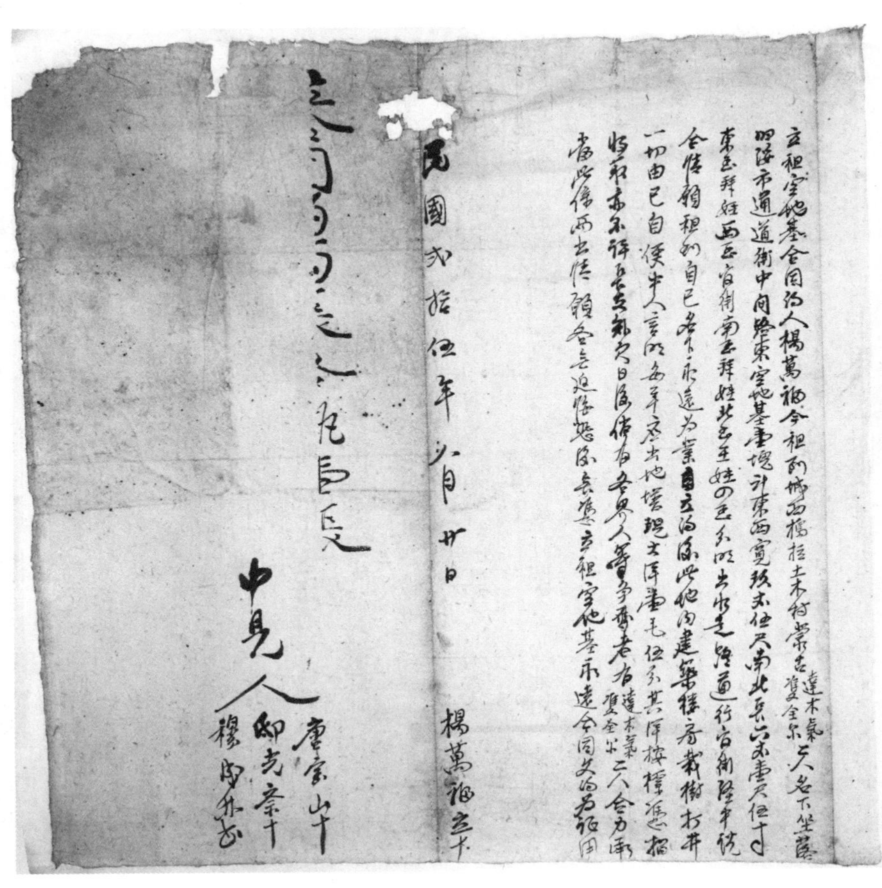

立租宅地基合同約人楊萬福，今租到城西揚拉土木村崇吉、達木氣、復全尔二人名下坐落四跨市通道街中间路東宅地基壹塊，計東西寬弍丈伍尺，南北長六丈壹尺伍寸，東至拜姓，西至官街，南至拜姓，北至王姓，四至分明，出水走路通行官街路中，情願租到自己名下永遠為業。自立約後，此地内建築樓房、栽樹打井，一切由己自便。中人言明每年应出地價現大洋壹毛伍分，其洋按標憑摺收取，不許長支短欠。日後倘有各界人等爭奪者，有達木氣、復全尔二人合力承當。此係兩出情願，各無返悔，恐後無憑，立租宅地基永遠合同文約為證用。

民國弍拾伍年六月廿日　楊萬福　立十

中見人　唐宗山十　卿光崇十　穆同升书

民60　民國二十五年（一九三六）楊萬福租到蒙古達木氣、叟全尔空地基合同約

合同約中地基原由楊生義租到，詳見民57《民國二十四年（一九三五）楊生義佃到蒙古達木氣、叟全尔空地基合同約》。

立租空地基合同约人楊萬福，今租到城西搗拉土木村蒙古達木氣 叟全尔二人名下坐落
归绥市通道街中间路東空地基壹塊。计東西寬玖丈伍尺，南北長六丈壹尺伍寸，
東至拜姓，西至官街，南至拜姓，北至王姓，四至分明，出水走路通行官街。经中说
合，情願租到自己名下永遠為業。自[一]立约後，此地内建築楼房、栽樹打井，
一切由己自便。中人言明，每年应出地増現大洋壹毛伍分，其洋按標憑摺
收取，亦不许長支短欠。日後，倘有各界人等争奪者，有達木氣 叟全尔二人合力承
當。此係两出情願，各無返（反）悔。恐後無憑，立租空地基永遠合同文约为证用。
民國式拾伍年　八月　廿日　　楊萬福　立十
立合同約兩張，各執壹張[二]。
中見人　唐宝山十
邸光斋十
穆成林书

注釋

〔一〕「自」字有塗改痕跡。

〔二〕該行文字只存右半部分。

編　號	民60
題　名	民國二十五年（一九三六）楊萬福租到蒙古達木氣、叟全尔空地基合同約
類　別	租到空地基約
尺　寸	55.2×56.8釐米
保存狀態	稍殘破，文字完整
原編號	181
紅白契	白契
立約者	楊萬福
理　由	無
承租者	楊萬福
出租者	蒙古達木氣、叟全尔
承當者	達木氣、叟全尔
地點坐落及四至	归绥市通道街中间路東：東至拜姓，西至官街，南至拜姓，北至王姓，出水走路通行官街
面　積	空地基壹塊，计東西寬玖丈伍尺，南北長六丈壹尺伍寸
用　途	永遠為業，此地内建築楼房、栽樹打井，一切由己自便
押地錢	無
地增錢	每年現大洋壹毛伍分，其洋按標憑摺收取
年　限	永遠
印　章	無
税　票	無
文　字	漢
中見人	唐宝山、邸光斎、穆成林
書　人	穆成林
立約日期	民國弍拾伍年八月廿日
附　注	

立租空地基合同約人馬三元，今同中租到達木欠同伊弟達全將其祖遺本市通道街路東户口空地基地，東至唐韓二姓，西至佟馬二姓，南至馬姓，北至馬姓。此地北邊東西寬柒丈陸尺伍，中間寬壹拾丈零伍尺伍寸，南邊東西寬拾壹丈玖尺，東邊南北長拾丈零陸尺，西邊南北長玖丈壹尺，西北角另有往西出路地基壹條，通大官街，四至尺寸一並註明合同中。說合情願，租到自己馬姓名下建蓋房院，栽樹打井，一切修理任由馬姓自便，永遠為業。言明每年應出地增洋貳角，立此約同中現付過押地租洋壹拾貳元，其洋當交不欠。日後倘有各界人等爭奪等情，有達木欠同弟達全合力承擔。兩出情願，各無返悔，恐口無憑，同中立此合同地約為証。

中見人　劉長命　馬正海　佟瑞　馬金山　馬正福

中華民國二十五年九月二十八日　馬三元立

1　劉長命

2　馬正海

3　佟瑞

4　馬金山

5　馬正福

6　馬三元立

民61 民國二十五年（一九三六）馬三元租到達木欠同弟隻全空地基合同文約

該合同約中鈐有朱印六方（1、2、3、4、5、6），印文分別是「劉長命印」、「馬正海章」、「佟瑞」、「馬金山印」、「馬正福章」、「馬三元章」。

立租空地基合同文约人馬三元，今同中租到：達木欠同伊弟隻全將其祖遺本市通道街路東户口空地壹塊，東至唐、韓二姓，西至佟、馬二姓，南至馬姓，北至馬姓，此地北边東西寬柒丈陆尺伍寸，中间寬壹拾丈零伍尺伍寸，南边東西寬拾壹丈玖尺，東边南北長拾丈零陆尺，西边南北長玖丈壹尺，西北角另有往西出路地基壹条通出官街，四至尺寸一並註明，今同中说合，情願租到自己馬姓名下。建盖房院、栽樹打井，一切修理任由馬姓自便，永遠為業。言明至每年应出地增洋肆角。立此约同中現付過押地租洋壹拾肆元，其洋當交不欠。日後，倘有各界人等争奪等情，有達木欠同弟隻全合力承擋。兩出情願，各無返（反）悔。空口無憑，同中立此合同地约為证。

立合同地約貳張，各執壹張為証[一]。

劉長命[印]

馬正海[印]

15 中見人 佟瑞 □

16 馬金山 □

17 馬正福 □

18 中華民國二十五年 九月 二十八日 馬三元 立 □

注釋

〔一〕 該行文字只存右半部分。

編　號	民 61
題　名	民國二十五年（一九三六）馬三元租到達木欠同弟嫂全空地基合同文約
類　別	租到空地基約
尺　寸	46.5×46.2 釐米
保存狀態	稍有殘缺，文字完整
原編號	183
紅白契	白契
立約者	馬三元
理　由	無
承租者	馬三元
出租者	達木欠同伊弟嫂全
承當者	達木欠同弟嫂全
地點坐落及四至	本市通道街路東：東至唐、韓二姓，西至佟、馬二姓，南至馬姓，北至馬姓，西北角另有往西出路地基壹条通出官街
面　積	祖遺户口空地壹塊，此地北边東西寬柒丈陆尺伍寸，中间寬壹拾丈零伍尺伍寸，南边東西寬拾壹丈玖尺，東边南北長拾丈零陆尺，西边南北長玖丈壹尺
用　途	建蓋房院、栽樹打井，一切修理任由馬姓自便，永遠為業
押地錢	租洋壹拾肆元，其洋當交不欠
地增錢	每年地增洋肆角
年　限	無
印　章	朱印六方
稅　票	無
文　字	漢
中見人	劉長命、馬正海、佟瑞、馬金山、馬正福
書　人	無
立約日期	中華民國二十五年九月二十八日
附　注	

民
62

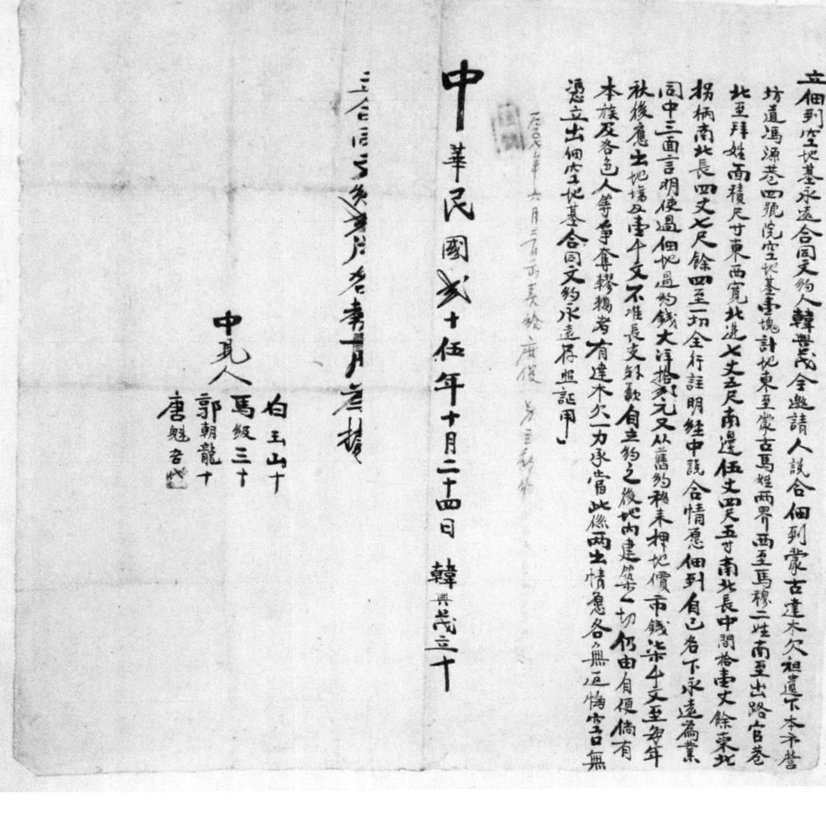

立佃到空地基永遠合同文約人韓興茂今邀請人說合佃到蒙古達木欠祖遺下本市營坊道馮源巷四號院空地基壹塊計地東至蒙古馬姓兩界西至馬穆二姓南至出路官巷北至拜姓面積尺寸東西寬北邊七丈五尺南邊伍丈四尺五寸南北長中間拾壹丈餘東北拐柄南北長四丈七尺餘四至一切全行註明經中說合情愿佃到自己名下永遠為業同中三面言明使過佃地過約錢大洋捌拾元又从舊約移來押地價市錢柒千文至每年秋後應出地攤及壹千文不准長支短欠自立約之後地內建築一切仍由自便倘有本族及各色人等爭奪轇轕者有達木欠一力承當此係兩出情愿各無返悔空口無憑立出佃空地基合同文約永遠存照証用」

一九[illegible]年六月三十日[illegible]

中華民國弎十伍年十月二十四日　韓興茂立十

三合同文約[illegible]各執壹張

中見人　白玉山十　馬級三十　郭朝龍十　唐魁名

3

1

4

2

民62 民國二十五年（一九三六）韓興茂佃到蒙古達木欠空地基合同文約

該合同約中有一方朱印和三方褐色印，朱印（1）印文為「註銷」，一方褐色印（4）印文漫漶不清，另兩方（2、3）印文當與印（4）相同。關於約中批注「一九五七年六月三日出卖给麻俊」一事，參見新21《公元一九五七年麻俊租到达木欠地基蒙漢雙語過約聯單》。

立佃到空地基永遠合同文约人韓興茂，今邀請人説合，佃到蒙古達木欠祖遺下本市營
坊道馮源巷四號院空地基壹塊。計地東至蒙古、馬姓两界，西至馬、穆二姓，南至出路官巷，
北至拜姓。面積尺寸，東西寬北邊七丈五尺，南邊伍丈四尺五寸，南北長中間拾壹丈餘，東北
拐柄南北長四丈七尺餘，四至一切全行註明。经中人説合，情愿佃到自己名下永遠為業。
同中三面言明，使過佃地過约錢大洋拾式元，又从舊约移来押地價市錢柒千文，至每年
秋後應出地增錢壹千文，不准長支短歉（欠）。自立约之後，地内建築一切仍由自便。倘有
本族及各色人等爭奪轇轕者，有達木欠一力承當。此係两出情愿，各無返（反）悔。空口無
憑，立出佃空地基合同文约永遠存照証用。
一九五七年六月三日出卖给麻俊，另立新约〔一〕。
中華民國式十伍年十月二十四日 韓興茂 立十
立合同文约式張，各執一張為據〔二〕。

12 中見人 白玉山十

13 馬级三十

14 郭朝龍十

15 唐魁吾 代

注釋

〔一〕此行文字由藍色圓珠筆寫就，由字跡及句意可知該行文字為後來寫入。

〔二〕該行文字只存左半部分。

編　號	民 62
題　名	民國二十五年（一九三六）韓興茂佃到蒙古達木欠空地基合同文約
類　別	佃到空地基約
尺　寸	47.3×46.7 釐米
保存狀態	完整
原編號	184
紅白契	白契
立約者	韓興茂
理　由	無
承佃者	韓興茂
出佃者	蒙古達木欠
承當者	達木欠
地點坐落及四至	本市營坊道馮源巷四號院：東至蒙古、馬姓兩界，西至馬、穆二姓，南至出路官巷，北至拜姓
面　積	祖遺空地基壹塊：東西寬北邊七丈五尺，南邊伍丈四尺五寸，南北長中间拾壹丈餘，東北拐柄南北長四丈七尺餘
用　途	永遠為業，地内建築一切仍由自便
押地錢	从舊約移来押地價市錢柒千文
佃地過約錢	大洋拾弍元
地增錢	每年秋後出壹千文
年　限	永遠
印　章	朱印一方，褐色印三方
稅　票	無
文　字	漢
中見人	白玉山、馬级三、郭朝龍、唐魁吾
代筆人	唐魁吾
立約日期	中華民國弍十伍年十月二十四日
附　注	一九五七年六月三日出卖给麻俊，另立新约

立祖针空地墓永远合同约人马正魁今祖针归途市袭桥通路东巷口座北空地墓一块討东西寬五尺八寸南北長捌丈东至楊姓西北面至馬姓南至官衍出水走路通行兰炤后有清水淮其去永口至子明军銳合情願祖针自己呈不永远住代孫繁日後改修房屋起土建立楼房俱由自便惟勒修生辞来押地大洋抜戈多點多年出地善調之五程校秋後收佳不准七支以不許增瑰日后倘有茶民人等曾寺料萬等惊有连木三菓一功原情而失情各有茲瓦埸悠曰不逞至祖空地墓永遠合同給為

証

中華民國三十五年明五月

　　　　　　　馬正魁立十

中人 楊茂成十
    楊維春十
    唐乾山十

白全十

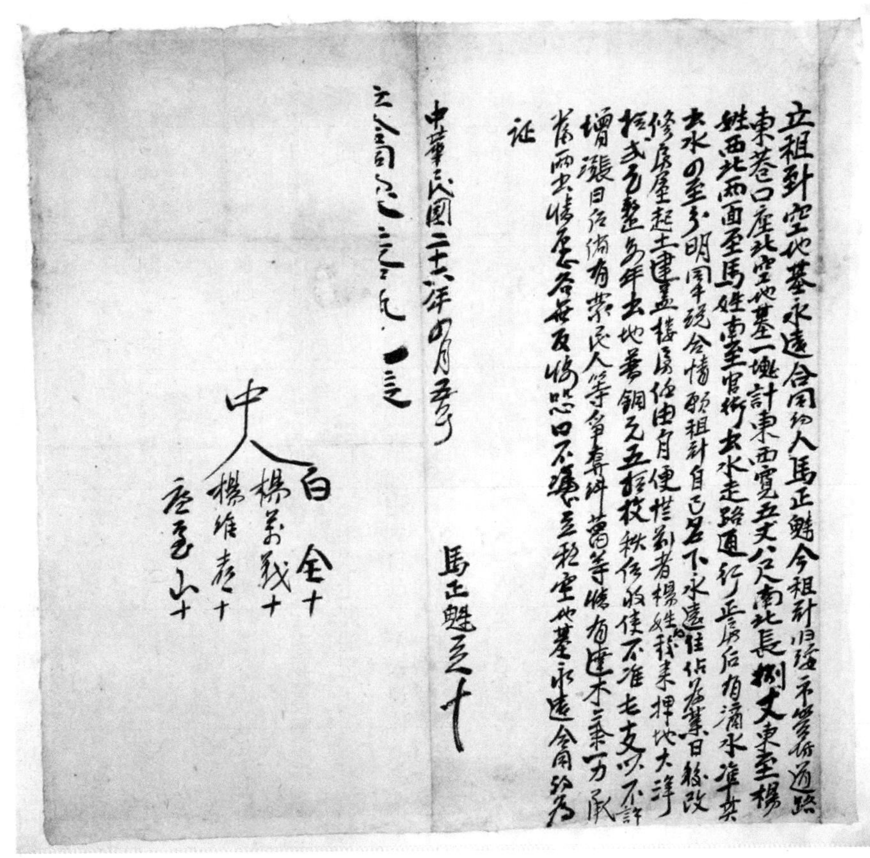

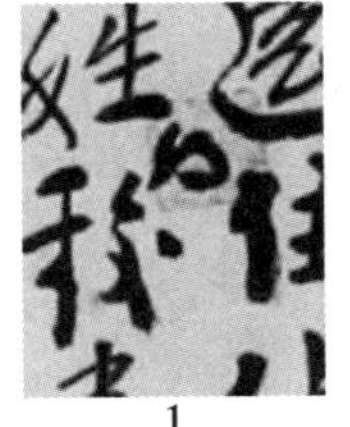

民63　民国二十六年（一九三七）馬正魁租到空地基合同約

該合同約鈐有朱印一方（1），印文漫漶不清。約中提到「前者楊姓約」，關於楊姓約具體內容見民37《民國十九年（一九三〇）楊四璽租到空地基合同文約》。

立租到空地基永遠合同约人馬正魁，今租到归绥市營坊道路東巷口座(坐)北空地基壹塊。計東西寬五丈八尺，南北長捌丈，東至楊姓，西、北两面至馬姓，南至官街，出水走路通行正房后有滴水，準其出水，四至分明。同中说合，情願租到自己名下永遠住佔為業。日後，改修房屋、起土建盖楼房，任由自便。從前者楊姓约[一]移来押地大洋拾弍元整，每年出地普銅元五拾枚，秋后收使，不准长支，以(亦)不許增漲。日后，倘有蒙民人等爭奪纠葛等情，有達木氣一力承當。两出情愿，各無反悔。恐口不憑，立租空地基永遠合同约為证。

中華民國二十六年四月五号　馬正魁立十

立合同約貳張，各執一張[二]。

中人　白　全十　楊萬義十　楊維壽十

15

唐宝山十

注釋

〔一〕「约」字原寫於行間。

〔二〕該行文字只存右半部分。

編　號	民 63
題　名	民國二十六年（一九三七）馬正魁租到空地基合同約
類　別	租到空地基約
尺　寸	51.9×53 釐米
保存狀態	完整
原編號	185
紅白契	白契
立約者	馬正魁
理　由	無
承租者	馬正魁
出租者	無
承當者	達木氣
地點坐落及四至	归绥市營坊道路東巷口坐北：東至楊姓，西、北两面至馬姓，南至官街，出水走路通行正房后有滴水，準其出水
面　積	空地基壹塊，計東西寬五丈八尺，南北長捌丈
用　途	永遠住佔為業，日後，改修房屋、起土建盖楼房，任由自便
押地錢	從前者楊姓约移来押地大洋拾弍元整
地普錢	每年銅元五拾枚，秋后收使
年　限	永遠
印　章	朱印一方
稅　票	無
文　字	漢
中　人	白全、楊萬義、楊维壽、唐宝山
書　人	無
立約日期	中華民國二十六年四月五号
附　注	

民
64

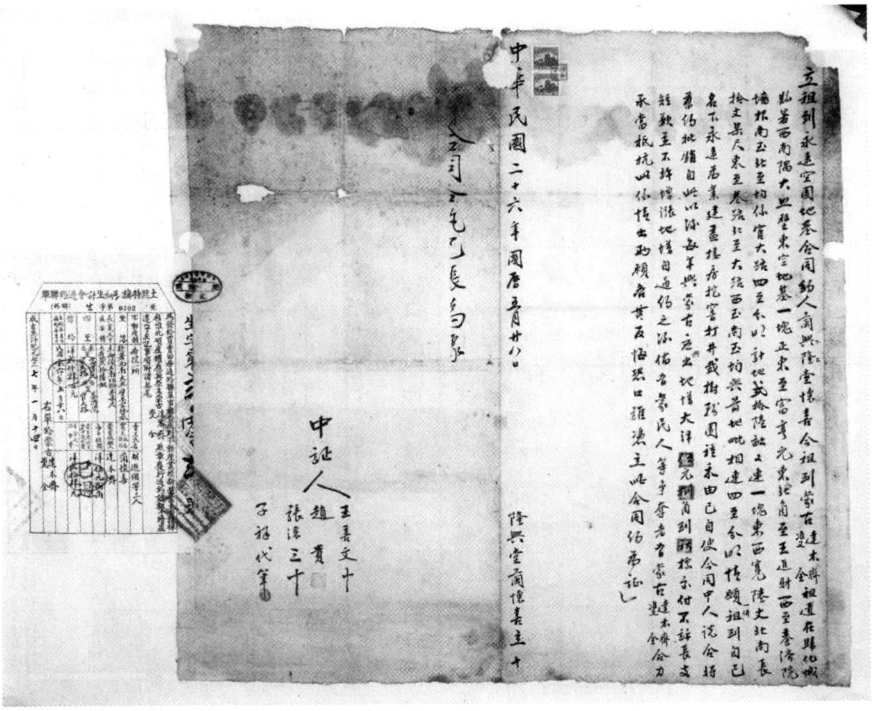

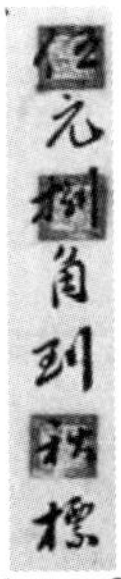
1－3

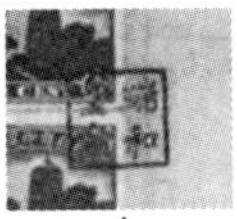
4

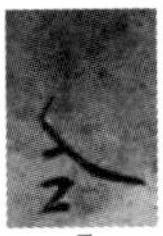
5

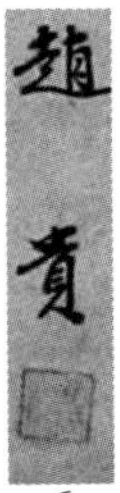
6

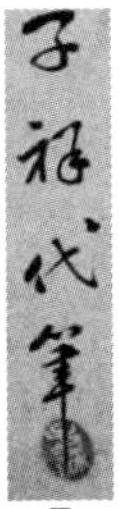
7

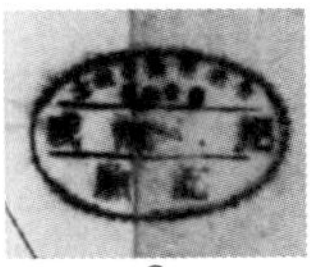
8

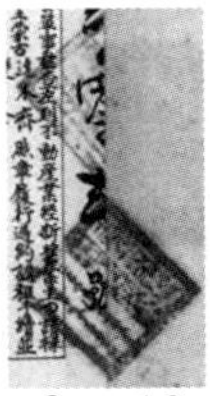
9－10

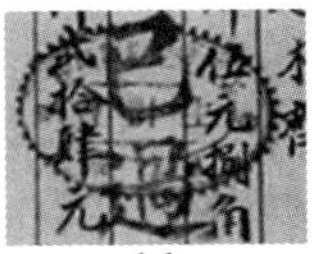
11

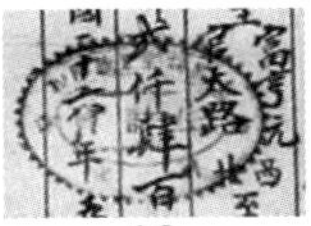
12

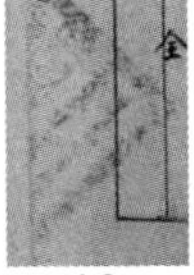
13

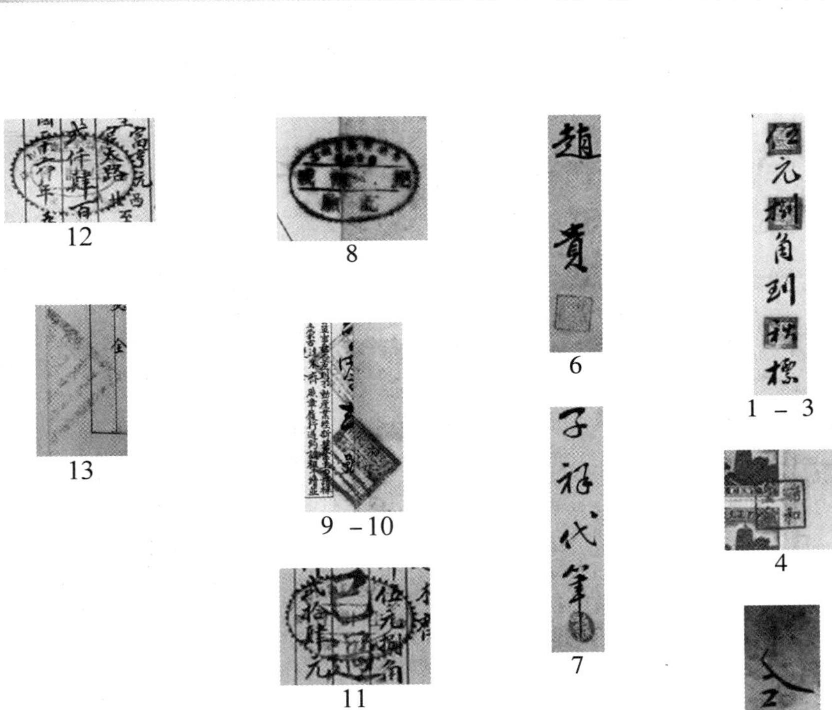

民64 民國二十六年（一九三七）隆興堂蘭懷喜租到蒙古達木齊、叟全空地基合同約

該合同約原編號是186，文書尺寸為54.7×55.5釐米。約中粘有「國民政府印花稅票壹分」兩枚，另附有成吉思汗紀元七三七年一月十四日「土默特旗厚和生計會過約聯單」。合同約連同過約聯單共鈐有十二方印，其中三方朱印1—3印文模糊不識，從殘存印跡看，朱印5或與印1—3印文相同。一方朱印（4）印文為「瑞和堂章」。一方朱印（6）印文漫漶不清，朱印7印文為「子祿」。另兩方朱印是漢蒙雙語印（9—10），印9只鈐有半方，漢字有「厚和」二字，蒙文亦模糊，僅辨認出土默特特別旗公署「[illegible]……」；印10蒙文稍漫漶，印文應為「土默特旗生計會厚和分會之鈐記 [illegible]」，在過約聯單左側邊緣的一方朱印（13），當是由印10反印而成。一方藍印（8）印文漫漶，但根據同時期文書鈐印，可推知為「土默特旗生計會厚和分會成紀……驗訖」，兩方藍印（11、12）較漫漶，印文為「土默特旗……厚和生計會圖章」。約中地基原由胡天全租到，詳見民1《民國元年（一九一二）胡天全租到蒙孀婦香香同子達木齊空園地合同約》。

1 立租到永遠空園地基合同约人蘭隆興堂[一]懷喜，今租到蒙古達木齊 叟全祖遺在歸化城
2 縣署西南隅大照壁東空地基一塊。正東至富亨元，東北角至王進財，西至養濟院
3 墻根，南至、北至均係官大路，四至分明，計地式拾陸畝。又連一塊，東西寬陸丈，北南長
4 拾丈柒尺，東至巷路，北至大路，西至、南至均與前地毗相連，四至分明。情願一併[二]租到自己
5 名下永遠為業，建盖楼房、挖窖打井、栽樹務園、種禾，由己自便。今同中人说合，將
6 舊約批銷。自此以後，每年與蒙古应共[三]出地增大洋伍元捌角，到秋標交付，不許長支
7 短歉(欠)，並不許增漲地增。自過约之後，倘有蒙民人等争奪者，有蒙古達木齊 叟全合力

承當抵抗。此係情出兩願，各無反悔。恐口難憑，立此合同约為证。」

（印花稅票兩枚）

中華民國二十六年國曆五月廿八日　　隆興堂蘭懷喜立十

「合同各執乙（壹）張為據[四]。

王善文十

中証人趙貴

張德三十

子禄代筆

生字第弍零弍號[五]

土默特旗厚和生計會過約聯單

（丙聯）　生　字第　0202　號

為發給買賣田房過約聯單事，茲查左列不動產業經新舊業主申請轉移，惟此項產權應與原主蒙古達木齊照章履行過約認租手續，並遵守左記事項附諸契尾。

傁　全

不動產類	房院一所
坐落	縣署西南大照壁东空地基
長寬尺寸或面積	东西陸丈，南北拾丈柒尺又有地弍拾陸畝
四至	東至富亨元　西至養濟院　南至官大路　北至官大路
價格	洋弍仟肆百元
立約年月日過約年月日	民國二十六年五月二十八日
賣主氏名	胡進國等三人
買主氏名住址	蘭懷喜
蒙古收租人	達木齊
每年租額	洋伍元捌角
蒙古應得百分之四過約費	已過
百分之一助會費	洋弍拾肆元

右單給蒙古達木齊

傁　全

成吉思汗紀元七三七年一月十四日

注釋

〔一〕「隆興」二字原本位置顛倒，但在各自右側行外標明「上」、「下」。

〔二〕「一併」二字原寫於行間，附有表示增補插入的畫綫。

〔三〕「共」字原寫於行間。

〔四〕該行文字只存右半部分。

〔五〕該行文字只存左半部分。

民65

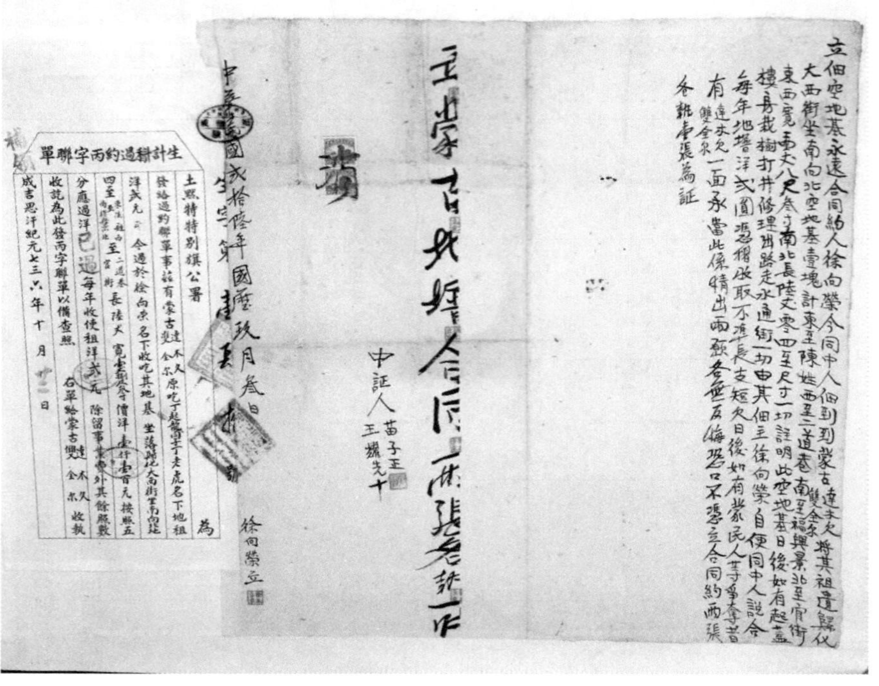
立佃空地基永遠合同約人徐向榮，今同中人佃到蒙古達木欠（雙全尔）將其祖遺歸化大西街坐南向北空地基壹塊，計東至陳姓，西至三道巷，南至福興景，北至官街，東西寬壹丈八尺叁寸，南北長陸丈零四尺寸，一切註明。此空地基日後如有起蓋樓房、栽樹、打井、修理、出路走水通街，一切由其佃主徐向榮自便。同中人說合，每年地增洋貳圓，憑摺收取，不准長支短欠。日後如有蒙民人等爭奪者，有達木欠（雙全尔）一面承當。此係情出兩願，各無反悔。恐口不憑，立合同約兩張，各執壹張為証。

中華民國貳拾陸年國曆玖月叁日　徐向榮立

中証人　苗子正　王耀先　十

立蒙古執據合同一樣兩張各執一張

生計耕過約兩字聯單

土默特特別旗公署　為

發給過約聯單事，茲有蒙古達木欠（全尔）原吃丁起龍、丁走虎名下地租洋貳元，今過於徐向榮名下收吃。其地基坐落歸化大西街坐南向北，四至（東至陳姓、西至三道巷、南至福興景、北至官街），長陸丈、寬壹丈捌尺叁寸，價洋壹仟壹百元，按照五分應過洋已過，每年收使租洋貳元，除留事業費外，其餘照數收訖。為此發兩字聯單以備查照。

右單給蒙古達木欠（全尔）收執

成吉思汗紀元七三六年十月廿二日

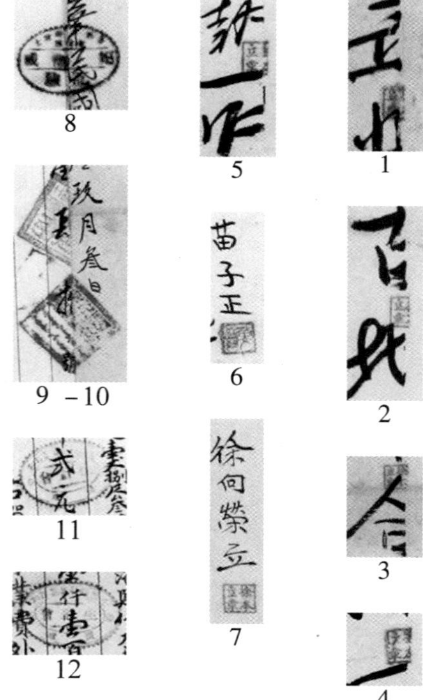
1　2　3　4　5　6　7　8　9－10　11　12

民65 民國二十六年（一九三七）徐向榮佃到蒙古達木欠、雙全尔空地基合同約

該合同約原編號是187，文書尺寸為47×46.7釐米。約中粘有「國民政府印花稅票壹分」兩枚，附有成吉思汗紀元七三六年十月廿二日「生計會過約丙字聯單」。合同約連同過約聯單共鈐有朱印九方，藍印三方。其中六方朱印（1、2、3、4、5、7）印文為「徐本立章」，朱印6稍漫漶，印文可能是「苗文征章」，另兩方漢蒙雙語朱印（9—10），印9只鈐有半方，漢字有「土默……厚和」數字，蒙文亦模糊，僅辨認出土默特特別旗公署「[蒙文]……」；印10蒙文稍漫漶，印文應為「土默特旗生計會厚和分會之鈐記[蒙文]」。一方藍印（8）漫漶，根據其他同時期文書鈐印，可推知印文是「土默特旗生計會厚和分會成紀……驗訖」，兩方藍印（11、12）印文為「土默特旗……厚和生計會圖章」。

1 立佃空地基永遠合同約人徐向榮，今同中人佃到蒙古達木欠雙全尔將其祖遺歸化

2 大西街坐南向北空地基壹塊，計東至陳姓，西至二道巷，南至福興景，北至官街，

3 東西寬壹丈八尺叁寸，南北長陸丈零，四至尺寸一切註明。此空地基，日後如有起蓋

4 樓房、栽樹打井、修理出路走水通街，一切由其佃主徐向榮自便。同中人說合，

5 每年地增洋式圓，憑摺收取，不準長支短欠。日後，如有蒙民人等爭奪者，

6 有達木欠雙全尔一面承當。此係情出兩願，各無返（反）悔。恐口不憑，立合同約兩張，

7 各執壹張為証。

8 立蒙古地增合同兩張，各執一張〔二〕。

9 中証人 苗子正[ ]

10 王耀先十

（印花稅票兩枚）〔二〕

11 中華民國弍拾陸年國曆玖月叁日 生字第壹肆捌號〔三〕 徐向榮立[ ]

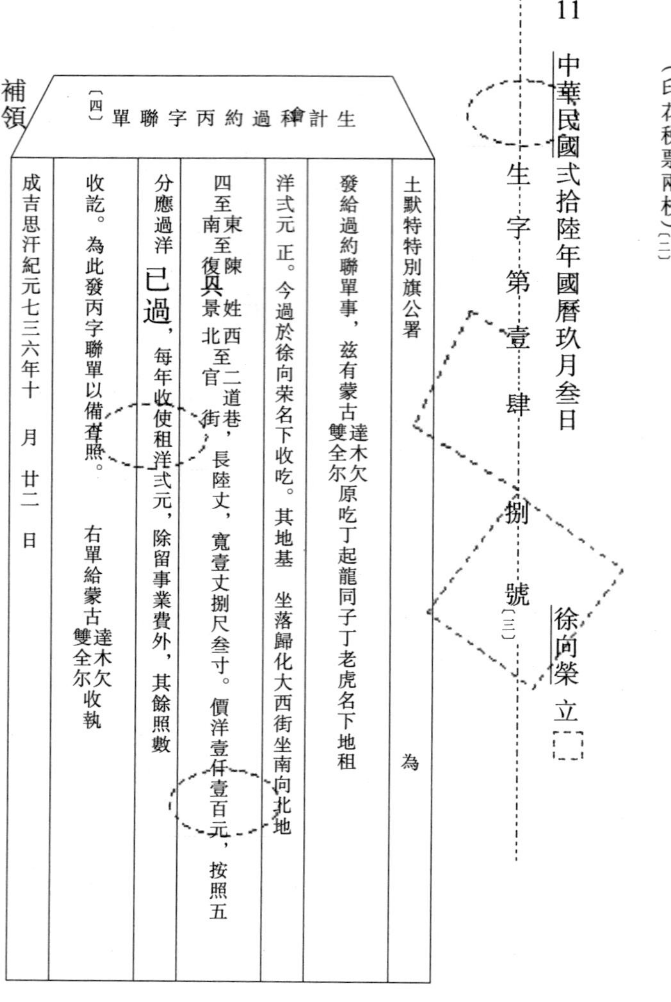

生計會過約丙字聯單〔四〕

土默特特別旗公署 為

發給過約聯單事，茲有蒙古達木欠雙全尔原吃丁起龍同子丁老虎名下地租

洋弍元正。今過於徐向荣名下收吃。其地基 坐落歸化大西街坐南向北地

四至東至陳姓 西至二道巷，南至復興景 北至官街，長陸丈，寬壹丈捌尺叁寸。價洋壹仟壹百元，按照五

分應過洋已過，每年收使租洋弍元，除留事業費外，其餘照數

收訖。為此發丙字聯單以備存照。 右單給蒙古達木欠雙全尔收執

成吉思汗紀元七三六年十 月 廿二 日

補領

注釋

〔一〕該行文字只存左半部分。

〔二〕印花稅票上面有墨色勾畫。

〔三〕該行文字只存左半部分。

〔四〕「科」字處有藍色「會」字，當是以之代「科」。

民66

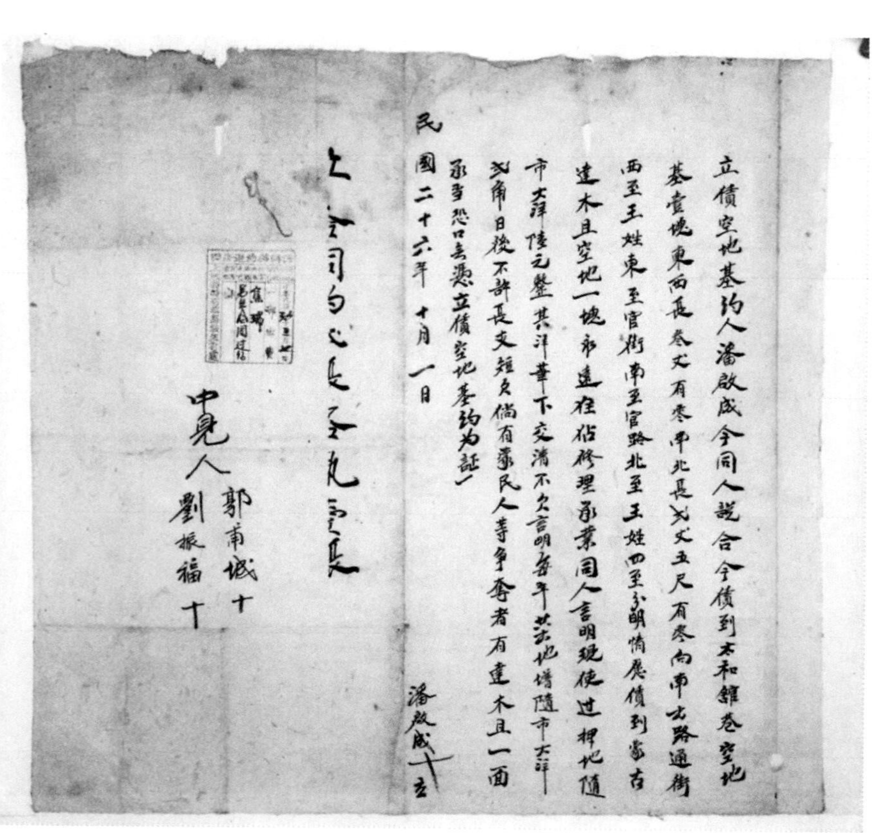

立債空地基約人潘啟成，今同人說合，今債到太和館巷空地基壹塊，東西長叁丈有叁，南北長〤丈五尺有叁，内南出路通街，西至王姓，東至官街，南至官路，北至王姓，四至分明。情愿債到蒙古達木且空地一塊，永遠拄佔修理承業。同人言明現使过押地隨市大洋陸元整，其洋筆下交清不欠。言明每年共出地譜隨市大洋〡〤角，日後不許長支短欠。倘有蒙民人等爭奪者，有達木且一面承当。恐口無憑，立債空地基約為証。

民國二十六年十月一日　潘啟成十立

[illegible]

中見人　郭甫城十
　　　　劉振福十

民66 民國二十六年（一九三七）潘啟成賃到蒙古達木且空地基約

該合同約中附有中華民國三十六年三月七日「田房過約移轉證」，關於其具體內容，見民87《民國三十六年（一九四七）焦瑞祖到達木欠、叟全地基合同文約》。

立賃空地基约人潘啟成，今同人說合，今賃到太和館巷空地
基壹塊。東西長叁丈有零，南北長弍丈五尺有零，向南出路通街，
西至王姓，東至官街，南至官路，北至王姓，四至分明。情愿賃到蒙古
達木且空地一塊，永遠住佔修理承業。同人言明，現使过押地隨
市大洋陸元整，其洋筆下交清不欠。言明每年共出地增隨市大洋
弍角，日後不許長支短欠。倘有蒙民人等争奪者，有達木且一面
承当。空口無憑，立賃空地基约为証。〕
民國二十六年　十月　一日　　潘啟成十立
立合同約貳張，各執壹張[一]。

田房過約移轉證	
時期移轉	中華民國36年三月七日
部分移轉	全部出賣
氏名新□主	焦瑞
手續移轉	另立合同过约
蒙租有無	無
土默特特別旗歸綏生計處	

〔二〕

中見人 郭甫城十 劉振福十

注釋

〔一〕該行文字只存右半部分。

〔二〕該表格為藍色，其中文字除「另立合同过约」「焦瑞」「36」「三」「七」是墨色外，餘者皆是藍色字跡。

附表

編　號	民 66
題　名	民國二十六年（一九三七）潘啟成賃到蒙古達木且空地基約
類　別	賃到空地基約
尺　寸	53 × 51.9 釐米
保存狀態	稍有破損，文字完整
原編號	188
紅白契	白契
立約者	潘啟成
理　由	無
承賃者	潘啟成
出賃者	蒙古達木且
承當者	達木且
地點坐落及四至	太和館巷：西至王姓，東至官街，南至官路，北至王姓，向南出路通街
面　積	空地基壹塊，東西長叁丈有零，南北長弍丈五尺有零
用　途	永遠住佔修理承業
押地錢	隨市大洋陸元整，其洋筆下交清不欠
地增錢	每年隨市大洋弍角
年　限	無
印　章	無
稅　票	無
文　字	漢
中見人	郭甫城、劉振福
書　人	無
立約日期	民國二十六年十月一日
附　注	附有中華民國 36 年三月七日“田房過約移轉證”

民
67

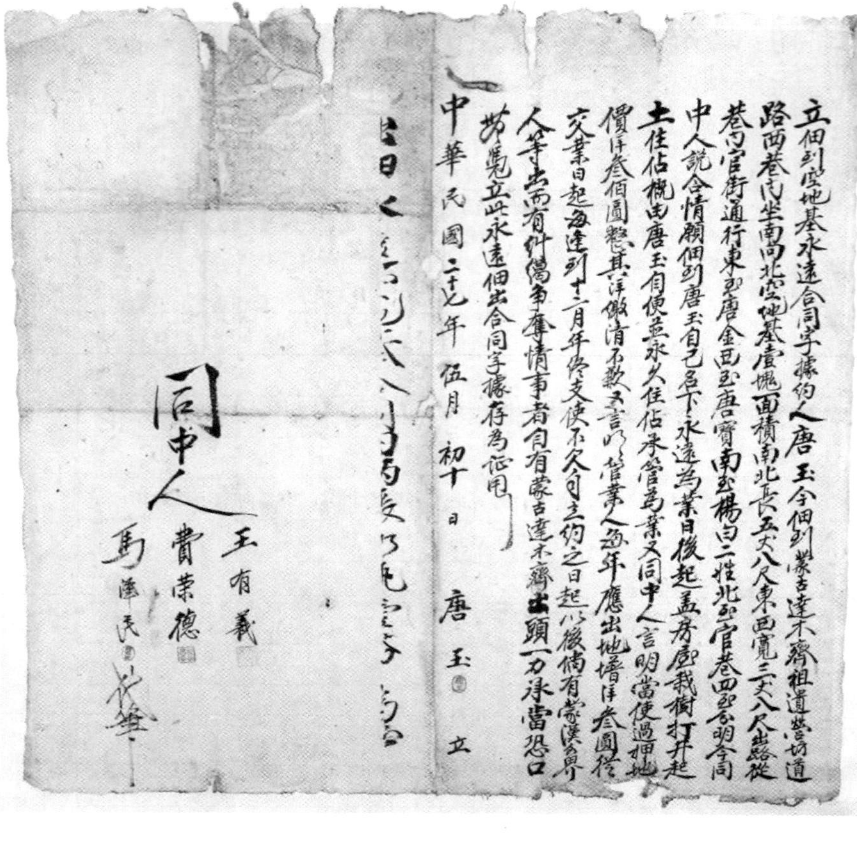

立佃到空地基永遠合同字據約人唐玉，今佃到蒙古達木齊祖遺營坊道路西巷內坐南向北空地基壹塊，面積南北長五丈八尺，東西寬三丈八尺，出路從巷內官街通行。東至唐金田，西至唐寶，南至楊、白二姓，北至官巷，四至分明。今同中人說合，情願佃到唐玉自己名下永遠為業。日後起蓋房屋、栽樹打井、起土、住佔，概由唐玉自便，並永久住佔承管為業。又同中人言明，當使過押地價洋叁佰圓整，其洋徹清不欠。又言明，管業人每年應出地譜洋叁圓，從交業日起，每逢到十二月年終支使，不欠。自立約之日起，以後倘有蒙漢界人等出而有糾纏爭奪情事者，自有蒙古達木齊出頭一力承當。恐口無憑，立此永遠佃出合同字據存為證用。

中華民國二十七年伍月初十日 唐玉 立

同中人 王有義 費榮德 馬澤民 代筆

達木齊祖
1

達木齊出
2

唐玉
3

王有義
4

費榮德
5

馬澤民
6

民67 民國二十七年（一九三八）唐玉佃到蒙古達木齊空地基合同字據約

合同約中共鈐有朱印六方，其中兩方（1、2）印文是「達木欠」，一方（3）印文為「唐玉」，一方（4）為「王有義章」，一方（5）為「費榮德章」，一方（6）為「馬澤民」。

立佃到空地基永遠合同字據约人唐玉，今佃到蒙古達木齊祖遺營坊道路西巷内坐南向北空地基壹塊。面積南北長五丈八尺，東西寬三丈八尺，出路從巷内官街通行，東至唐金，西至唐寶，南至楊、白二姓，北至官巷，四至分明。今同中人説合，情願佃到唐玉自己名下永遠為業。日後，起盖房屋、栽樹打井，起土住佔，概由唐玉自便，並永久住佔承管為業。又同中人言明，當使過押地價洋叁佰圓整，其洋缴清不歉（欠）。又言明管業人明年應出地增洋叁圓，從交業日起，每逢到十二月年终支使不欠。自立约之日起，以後倘有蒙漢各界人等出而有纠竭（葛）争奪情事者，有蒙古達木齊出頭一力承當。恐口無憑，立此永遠佃出合同字據存為证用。

中華民國二十七年 伍月 初十日 唐 玉□ 立

出佃永遠空地基合同約两張，各執壹張為証[一]。

同中人 王有義□
費荣德□
馬泽民□代筆

注釋

[一] 該行文字只存右半部分。

編　號	民 67
題　名	民國二十七年（一九三八）唐玉佃到蒙古達木齊空地基合同字據約
類　別	佃到空地基約
尺　寸	55.2×54.3 釐米
保存狀態	稍破損，文字完整
原編號	189
紅白契	白契
立約者	唐玉
理　由	無
承佃者	唐玉
出佃者	蒙古達木齊
承當者	蒙古達木齊
地點坐落及四至	營坊道路西巷内坐南向北：出路從巷内官街通行，東至唐金，西至唐實，南至楊、白二姓，北至官巷
面　積	祖遺空地基壹塊，南北長五丈八尺，東西寬三丈八尺
用　途	永遠為業，日後，起盖房屋、栽樹打井、起土住佔，概由唐玉自便，並永久住佔承管為業
押地錢	價洋叁佰圓整，其洋繳清不欠
地增錢	每年地增洋叁圓，從交業日起，每逢到十二月年終支使不欠
年　限	永遠
印　章	朱印六方
稅　票	無
文　字	漢
同中人	王有義、費荣德、馬澤民
代筆人	馬澤民
立約日期	中華民國二十七年伍月初十日
附　注	

民
68

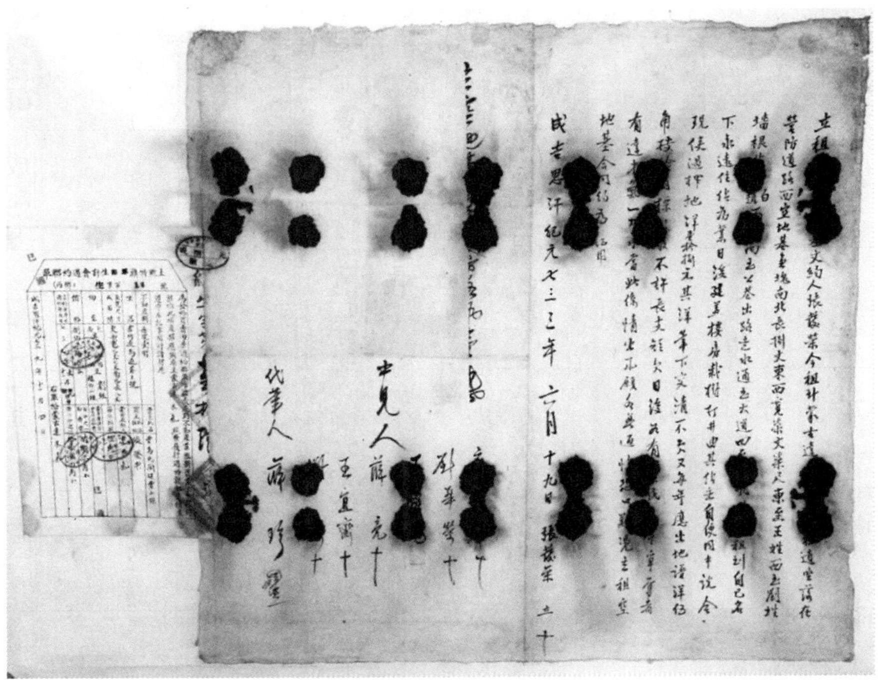

成吉思汗紀元七三三年 六月 十九日 張毓棠 立十

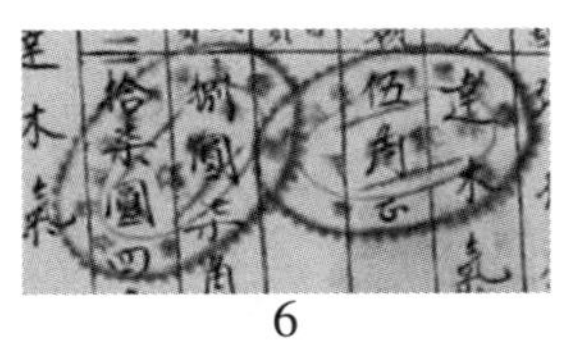

6

3 – 4

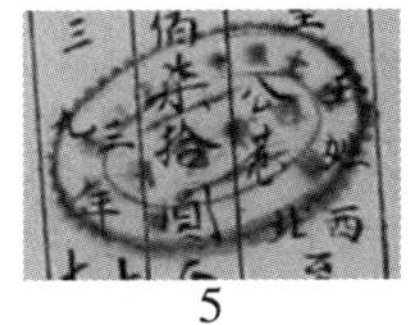

5

1

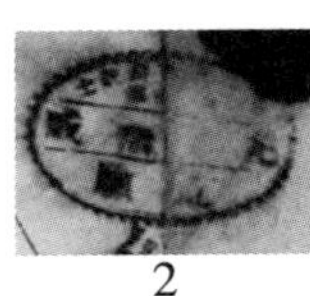

2

民68　成紀七三三年（一九三八）張發榮租到蒙古達木氣空地基文約

該合同約原編號是209，尺寸為52.2×52.2釐米。約中粘有成紀七三九年十一月四日過約聯單，共鈐有七方印章。其中一方朱印（1）印文為「王□□章」，兩方漢蒙雙語朱印（3—4），蒙文稍漫漶，印文應為「土默特旗生計會厚和分會之鈐記 [蒙文]」，三方藍印（5、6—7）印文為「土默特旗生計會厚和分會圖章」，一方藍印（2）印文是「土默特旗生計會厚和分會成紀……驗訖」。

1 立租永遠空地基文约人張發榮，今租到蒙古達木氣自己祖遺坐落在

2 營防道路西空地基壹塊。南北長捌丈，東西寬柒丈柒尺，東至王姓，西至劉姓

3 墻根，北至趙（白）兩姓，南至公巷，出路走水通至大道，四至分明。情願租到自己名

4 下永遠住佔為業，日後建盖樓房、栽樹打井，由其佔主自便。同中說合，

5 現使過押地洋壹拾捌元，其洋筆下交清不欠。又每年應出地谱洋伍

6 角，按拾月標收取，不許長支短欠。日後，如有蒙民人等爭奪者，

7 有達木氣一力承當。此係情出兩願，各無返（反）悔。恐口難憑，立租空

8 地基合同约為証用。

9 成吉思汗紀元七三三年　六月　十九日　張發榮　立十

10 立空地基合同兩□，各執壹□〔一〕。　麻　庫十

11 劉華榮十

12 王耀先

13 中見人　薛　亮十

14 王宜齋十

15 劉　榮十

16 代筆人　薛　珍〔二〕

綏生字第壹拾陸號〔三〕

已過

土默特旗厚和生計會過約聯單

（丙聯）　生字第16號

為發給買賣田房過約聯單事，茲查左列不動產業經新舊業主申請轉移，惟此項產權應與原主蒙古達木氣照章履行過約認租手續，並遵守左記事項附諸契尾。

不動產類	房院壹所
坐落	營坊道馬道巷三號
長寬尺寸或面積	東西寬七丈七尺，南北長八丈
四至	東至王姓，西至劉姓，南至公巷，北至趙、白二姓
價格	捌佰柒拾圓正
立約年月日 過約年月日	七三三年六月十九日 七三九年十一月四日
賣主氏名	曹馬氏同姪曹二保
買主氏名住址	張發榮
蒙古收租人	達木氣
每年租額	伍角正
蒙古應得百分之四過約費	已過
百分之一助會費	拾柒圓四角正
百分之二□□教育費	拾柒圓四角正

右單給蒙古達木氣

成吉思汗紀元七三九年十一月四日

注釋

〔一〕該行文字只存右半部分。

〔二〕該人名下面有墨色畫押。

〔三〕該行文字只存左半部分。

民
69

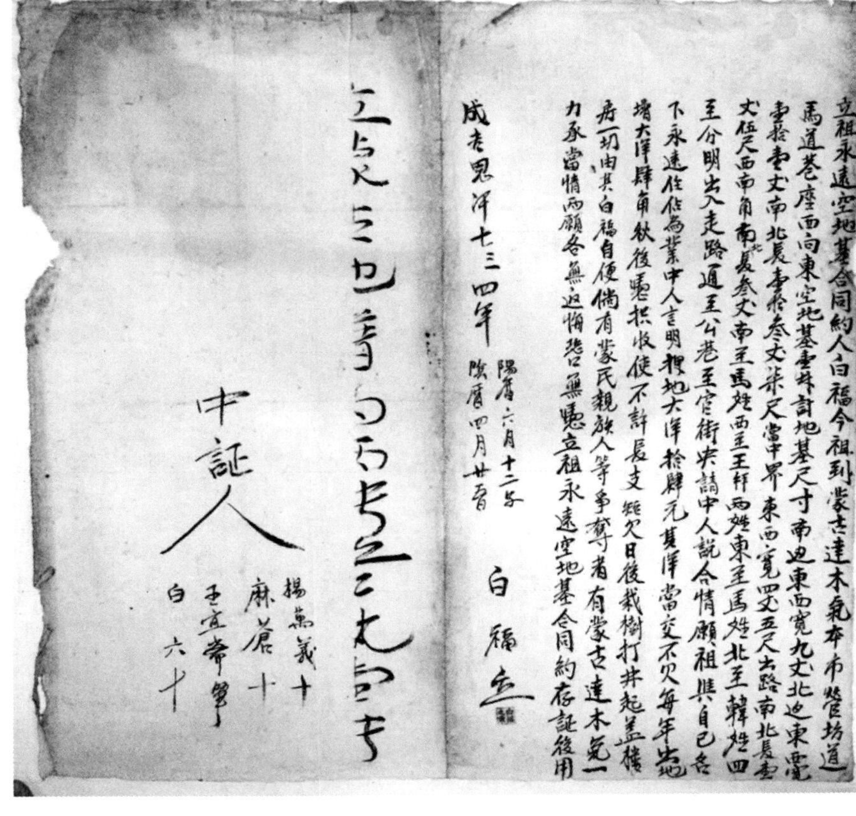

立祖永遠空地基合同約人白福今祖到蒙古達木氣本布管坊道
馬道巷座西向東空地基壹塊，計地基尺寸：南边東西寬九丈，北边東西寬
壹拾壹丈，南北長壹拾叁丈柒尺，當中界東西寬四丈五尺，出路南北長壹
丈伍尺，西南角南北長叁丈。南至馬姓，西至王軒、西姓，東至馬姓，北至韓姓，四
至分明，出入走路通至公巷，至官街。央請中人說合情願，祖與自己名
下永遠住佐為業。中人言明，押地大洋拾肆元，其洋當交不欠。每年出地
增大洋肆角，秋後憑摺收使，不許長支短欠。日後栽樹打井，起盖樓
房一切，由其白福自便。倘有蒙民親族人等爭奪者，有蒙古達木氣一
力承當。情而願，各無返悔，恐口無憑，立祖永遠空地基合同約，存証後用。

成吉思汗七三四年 陽曆六月十二日 陰曆四月廿四日

白福立

中証人 楊萬義十 麻蒼十 王宜常[illegible] 白六十

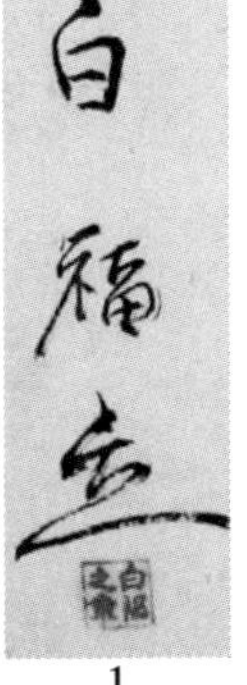

1

民69 成紀七三四年（一九三九）白福租到蒙古達木氣空地基合同約

該合同約中鈐有朱印一方（1），印文為「白福之章」。

立祖（租）永遠空地基合同約人白福，今祖（租）到蒙古達木氣本市營坊道
馬道巷座（坐）西向東空地基壹塊。計地基尺寸，南边東西寬九丈，北边東西寬
壹拾壹丈，南北長壹拾叁丈柒尺，當中界東西寬四丈五尺，出路南北長壹
丈伍尺，西南角南北〔一〕長叁丈，南至馬姓，西至王、拜两姓，東至馬姓，北至韓姓，四
至分明，出入走路通至公巷至官街。央請中人說合，情願祖（租）與自己名
下永遠住佔為業。中人言明押地大洋拾肆元，其洋當交不欠。每年出地
增大洋肆角，秋後憑折收使，不許長支短欠。日後，栽樹打井、起盖楼
房，一切由其白福自便。倘有蒙民親族人等爭奪者，有蒙古達木氣一
力承當。情〔二〕两願，各無返（反）悔。恐口無憑，立祖（租）永遠空地基合同約存証後用。
成吉思汗七三四年陽曆六月十二号 陰曆四月廿五日 白福立〔 〕
立蒙古地增約两張，各執壹張〔三〕。
楊萬義十

13 中証人 麻　蒼十

14 王宜斋 筆

15 白　六十

注釋

〔一〕「北」字原寫於行間，附有表示增補插入的畫綫。

〔二〕「情」下疑缺「出」字。

〔三〕該行文字只存右半部分。

編　　號	民 69
題　　名	成紀七三四年（一九三九）白福租到蒙古達木氣空地基合同約
類　　别	租到空地基約
尺　　寸	55.3×54.2 釐米
保存狀態	完整
原 編 號	210
紅 白 契	白契
立 約 者	白福
理　　由	無
承 租 者	白福
出 租 者	蒙古達木氣
承 當 者	蒙古達木氣
地點坐落及四至	本市營坊道馬道巷坐西向東：南至馬姓，西至王、拜两姓，東至馬姓，北至韓姓，出入走路通至公巷至官街
面　　積	空地基壹塊，計地基尺寸，南边東西寬九丈，北边東西寬壹拾壹丈，南北長壹拾叁丈柒尺，當中界東西寬四丈五尺，出路南北長壹丈伍尺，西南角南北長叁丈
用　　途	永遠住佔為業，日後，栽樹打井、起盖楼房，一切由其白福自便
押 地 錢	大洋拾肆元，其洋當交不欠
地 增 錢	每年大洋肆角，秋後憑折收使
年　　限	永遠
印　　章	朱印一方
稅　　票	無
文　　字	漢
中 証 人	楊萬義、麻蒼、王宜斎、白六
書　　人	王宜斎
立約日期	成吉思汗七三四年陽曆六月十二号，陰曆四月廿五日
附　　注	

民70

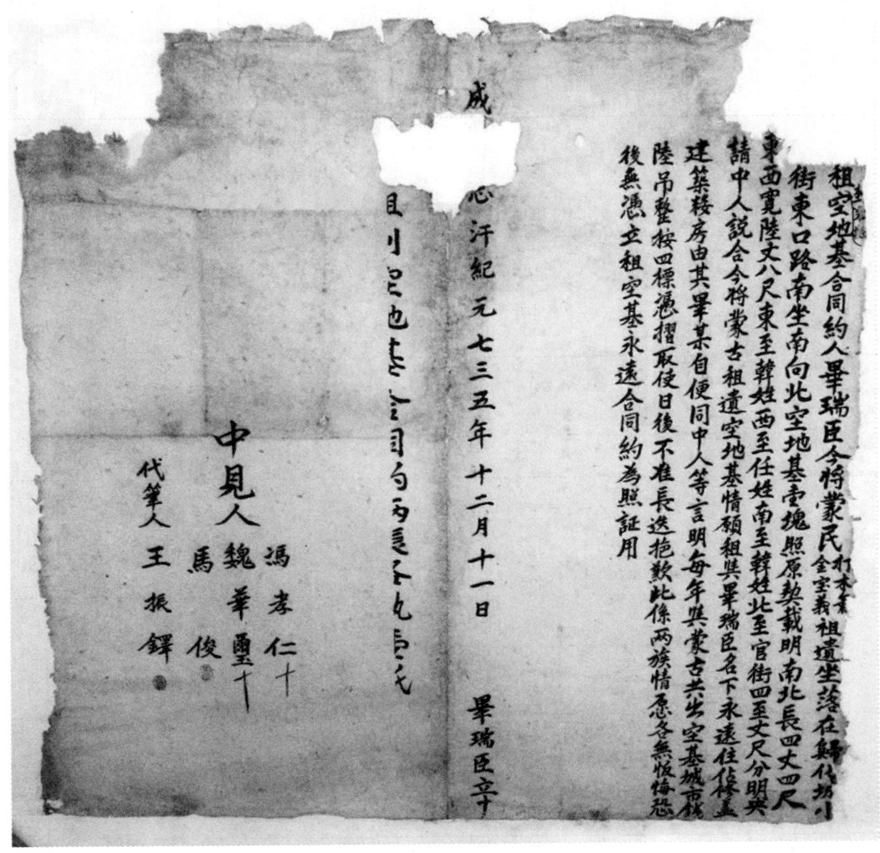

租空地基合同約人畢瑞臣今將蒙民打本素金室義祖遺坐落在歸化城小街東口路南坐南向北空地基壹塊照原契載明南北長四丈四尺東西寬陸丈八尺東至韓姓西至任姓南至韓姓北至官街四至丈尺分明與請中人説合今將蒙古祖遺空地基情願租與畢瑞臣名下永遠住佔修蓋建築樓房由其畢某自便同中人等言明每年與蒙古共出空基城市錢陸吊整按四標憑摺取使日後不准長迭拖欠此係兩族情愿各無悔恨恐後無憑立租空基永遠合同約為照証用

成□□汗紀元七三五年十二月十一日　畢瑞臣立十

中見人　馮孝仁十　魏華璽十　馬俊

代筆人　王振鐸

2

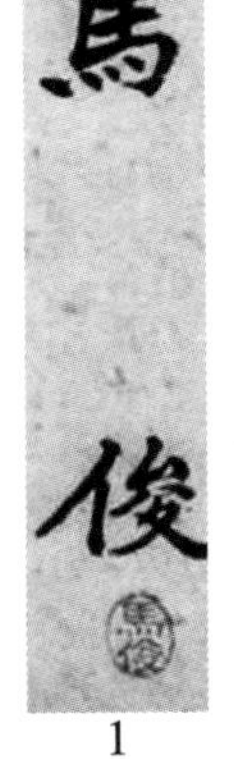

1

民70　成紀七三五年（一九四〇）畢瑞臣租到蒙民打木氣、金宝義空地基合同約

該合同約鈐有朱印兩方，印1為「馬俊」，印2為「王振鐸」。

1 □租到永遠〔一〕空地基合同約人畢瑞臣，今將蒙民打木氣金宝義祖遺坐落在歸化城小

2 □街東口路南坐南向北空地基壹塊。照原契載明，南北長四丈四尺，

3 東西寬陸丈八尺，東至韓姓，西至任姓，南至韓姓，北至官街，四至丈尺分明。央

4 請中人說合，今將蒙古租(祖)遺空地基情願租與畢瑞臣名下永遠住佔，修盖

5 建築楼房，由其畢某自便。同中人等言明，每年與蒙古共出空基城市錢

6 陸吊整，按四標憑摺取使，日後不准長迭(漲跌)拖歉(欠)。此係两族情愿，各無伮(反)悔。恐

7 後無憑，立租空基永遠合同約為照証用。

8 成吉思汗紀元七三五年十二月十一日　　畢瑞臣立十

9 □租到空地基合同約两張，各執壹紙〔二〕。

10 　　　　馮孝仁十

11 中見人　魏華璽十

12 　　　　馬　俊

13 代筆人　王振鐸

注釋

〔一〕「到永遠」三字原寫於行外，附有表示增補插入的劃綫。

〔二〕該行文字只存右半部分。

編　　號	民70
題　　名	成紀七三五年（一九四〇）畢瑞臣租到蒙民打木氣、金宝義空地基合同約
類　　别	租到空地基約
尺　　寸	54.5×56.5釐米
保存狀態	有破損，文字有殘缺
原編號	211
紅白契	白契
立約者	畢瑞臣
理　　由	無
承租者	畢瑞臣
出租者	蒙民打木氣、金宝義
承當者	無
地點坐落及四至	歸化城小……街東口路南坐南向北：東至韓姓，西至任姓，南至韓姓，北至官街
面　　積	祖遺空地基壹塊，照原契載明，南北長四丈四尺，東西寬陸丈八尺
用　　途	永遠住佔，修盖建築楼房，由其畢某自便
押地錢	無
空基錢	每年城市錢陸吊整，按四標憑摺取使
年　　限	永遠
印　　章	朱印二方
税　　票	無
文　　字	漢
中見人	馮孝仁、魏華璽、馬俊
代筆人	王振鐸
立約日期	成吉思汗紀元七三五年十二月十一日
附　　注	

民71

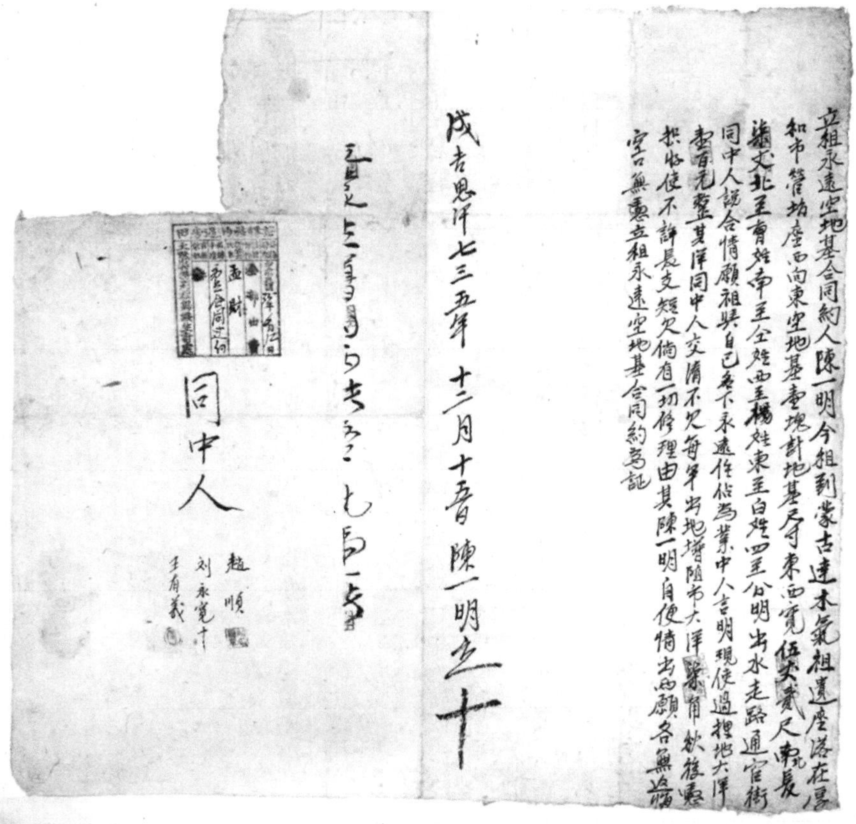

立租永遠空地基合同約人陳一明今租到蒙古達木氣祖遺座落在歸
和市管坊座西向東空地基壹塊計地基尺寸東西寬伍丈貳尺南北長
柒丈北至曹姓南至仝姓西至楊姓東至白姓四至分明出水走路通官街
同中人說合情願租與自己名下永遠住佔為業中人言明現使過押地大洋
壹百元整其洋同中人交清不欠每年出地增隨市大洋柒角欽錢憑
摺收使不許長支短欠倘有一切修理由其陳一明自便情出兩願各無返悔
空口無憑立租永遠空地基合同約為證

成吉思汗七三五年十二月十五日陳一明立十

同中人
趙順
刘永寬十
王有義

1－2

3－4

5－6

7－8

9

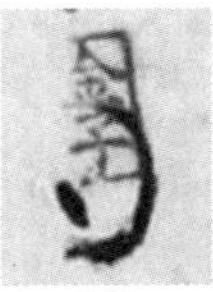
10

11

12

13

民71 成紀七三五年（一九四〇）陳一明租到蒙古達木氣空地基合同約

該合同約中鈐有朱印十三方，其中十一方（1—2、3—4、5—6、7—8、9、10、11）印文為「金子福章」，印12為「趙順圖章」，印13為「王有義」。約中附有中華民國35年6月12日「田房過約移轉證」，關於過約移轉具體內容，見民82《民國三十五年（一九四六）孟財租到達木氣空地基合同文約》。

1 立租永遠空地基合同約人陳一明，今租到蒙古達木氣祖遺座落在厚

2 和市營坊座西向東空地基壹塊。計地基尺寸東西寬伍丈貳尺，南北[一]長

3 柒丈，北至曹姓，南至仝姓，西至楊[二]姓，東至白姓，四至分明，出水走路通官街。

4 同中人說合，情願租與自己名下永遠住佔為業。中人言明，現使過押地大洋

5 壹百元整，其洋同中人交清不欠。每年出地增隨市大洋柒角，秋後憑

6 抧(折)收使，不許長支短欠。倘有一切修理，由其陳一明自便。情出兩願，各無返悔。

7 空口無憑，立租永遠空地基合同約為証。

8 成吉思汗七三五年 十二月十五日 陳一明 立十

9 立蒙古增約兩張，各執壹張[三]。

田房過約移轉證					
時期移轉	部分移轉	氏名新□主	手續移轉	蒙租有無	土默特特別旗歸綏生計處
中華民國35年6月12日	全部出賣	孟財	另立合同过约	無	

〔四〕

同中人 趙順［印］ 刘永寬十 王有義

注釋

〔一〕「北」字原寫於行間。

〔二〕「楊」字有塗改痕跡。

〔三〕該行文字只存右半部分。

〔四〕該表格為藍色，其中文字除「另立合同过约」「孟財」「35」「6」「12」是墨色外，餘者皆是藍色。

附表

編　　號	民 71
題　　名	成紀七三五年（一九四〇）陳一明租到蒙古達木氣空地基合同約
類　　別	租到空地基約
尺　　寸	46.7×47 釐米
保存狀態	有缺損，文字完整
原 編 號	212
紅 白 契	白契
立 約 者	陳一明
理　　由	無
承 租 者	陳一明
出 租 者	蒙古達木氣
承 當 者	無
地點坐落及四至	厚和市營坊座西向東：北至曹姓，南至仝姓，西至楊姓，東至白姓，出水走路通官街
面　　積	祖遺空地基壹塊，計地基尺寸東西寬伍丈貳尺，南北長柒丈
用　　途	永遠住佔為業，倘有一切修理，由其陳一明自便
押 地 錢	大洋壹百元整，其洋同中人交清不欠
地 增 錢	每年出隨市大洋柒角，秋後憑折收使
年　　限	永遠
印　　章	朱印十三方
稅　　票	無
文　　字	漢
同 中 人	趙順、刘永寬、王有義
書　　人	無
立約日期	成吉思汗七三五年十二月十五日
附　　注	附有中華民國 35 年 6 月 12 日 “田房過約移轉證”

民72

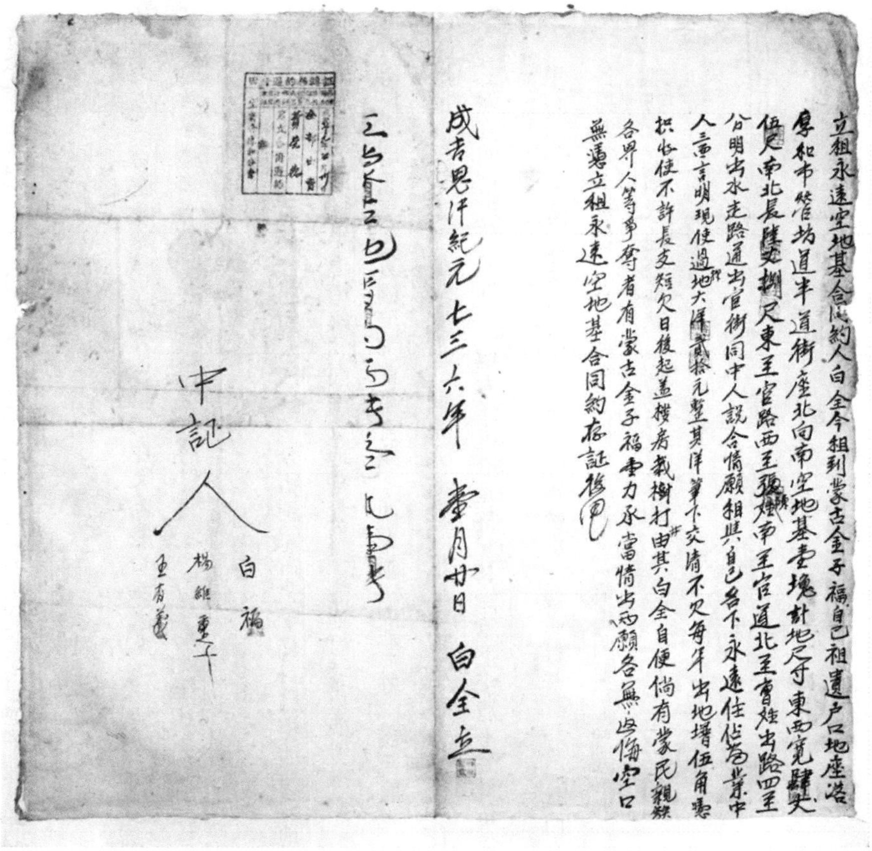

立租永遠空地基合同約人白全今租到蒙古金子福自己祖遺户口地座落厚和市營坊道半道街座北向南空地基壹塊計地尺寸東西寬肆丈、伍尺南北長陸丈捌尺東至官路西至張姓南至官道北至曹姓出路四至分明出水走路通出官街同中人說合情願租與自己名下永遠住佔為業中人當言明現使過地大洋貳拾元整其洋筆下交清不欠每年出地譜伍角憑摺收使不許長支短欠日後起蓋樓房栽樹打井由其白全自便倘有蒙民親族各界人等爭奪者有蒙古金子福壹力承當情出兩願各無返悔空口無憑立租永遠空地基合同約存証後用

成吉思汗紀元七三六年　壹月廿日　白全立

中証人　白福　楊維垣　王有義

1

2

3 – 5

6

7 – 8

9

10

11

12

13

14

民72　成紀七三六年（一九四一）白全租到蒙古金子福空地基合同約

該合同約中鈐有朱印十四方，其中十一方（1、2、3—5、6、7—8、10、11、12）印文為「金子福章」，一方（9）印文為「白泉圖章」，一方（13）印文為「白福之章」，一方（14）印文為「王有義」。約中附有成紀七三九年五月卅日「田房過約移轉証」，關於過約移轉具體內容，見民79《成紀七三九年（一九四四）費榮德租到達木欠地基合同文約》。

1 立租永遠空地基合同約人白全，今租到蒙古金子福自己祖遺户口地座落
2 厚和市營坊道半道街座北向南空地基壹塊。計地尺寸東西寬肆丈
3 伍尺，南北長陸丈捌尺，東至官路，西至張、陳[一]姓，南至官道，北至曹姓出路，四至
4 分明，出水走路通出官街。同中人説合，情願租與自己名下永遠住佔為業。中人
5 三面言明，現使過押[二]地大洋貳拾元整，其洋筆下交清不欠。每年出地増伍角，憑
6 扨（折）收使，不許長支短欠。日後，起盖楼房、栽樹打井[三]，由其白全自便。倘有蒙民親族
7 各界人等爭奪者，有蒙古金子福壹力承當。情出两願，各無返悔。空口
8 無憑。立租永遠空地基合同約存証後用。
9 成吉思汗紀元　七三六年　壹月廿日　白全　立
10 立蒙古地約两張，各執壹張[四]。

11 12 13

田房過約移轉証	
時期移轉	成紀七三九年五月卅日
部分移轉	全部出賣
氏名新□主	費榮德
手續移轉	另立合同過約
蒙租有無	無
生計會厚和分會	

〔五〕

中証人 白福 楊維璽十 王有義

注釋

〔一〕「陳」字原寫於行間，附有表示增補插入的畫綫，並鈐有「金子福章」之朱印。

〔二〕「押」字原寫於行間。

〔三〕「井」字原寫於行間。

〔四〕該行文字只存右半部分。

〔五〕該表格為藍色，其中文字除「費榮德」「七三九」「五」「卅」是墨色外，餘者皆是藍色。

編　　號	民 72
題　　名	成紀七三六年（一九四一）白全租到蒙古金子福空地基合同約
類　　別	租到空地基約
尺　　寸	52.3×52.3 釐米
保存狀態	完整
原 編 號	213
紅 白 契	白契
立 約 者	白全
理　　由	無
承 租 者	白全
出 租 者	蒙古金子福
承 當 者	蒙古金子福
地點坐落及四至	厚和市營坊道半道街座北向南：東至官路，西至張、陳姓，南至官道，北至曹姓出路，出水走路通出官街
面　　積	祖遺户口空地基壹塊，計地尺寸東西寬肆丈伍尺，南北長陸丈捌尺
用　　途	永遠住佔為業，日後，起盖楼房、栽樹打井，由其白全自便
押 地 錢	大洋貳拾元整，其洋筆下交清不欠
地 增 錢	每年伍角，憑折收使
年　　限	永遠
印　　章	朱印十四方
税　　票	無
文　　字	漢
中 証 人	白福、楊維璽、王有義
書　　人	無
立約日期	成吉思汗紀元七三六年壹月廿日
附　　注	附有成紀七三九年五月卅日“田房過約移轉証”

民73

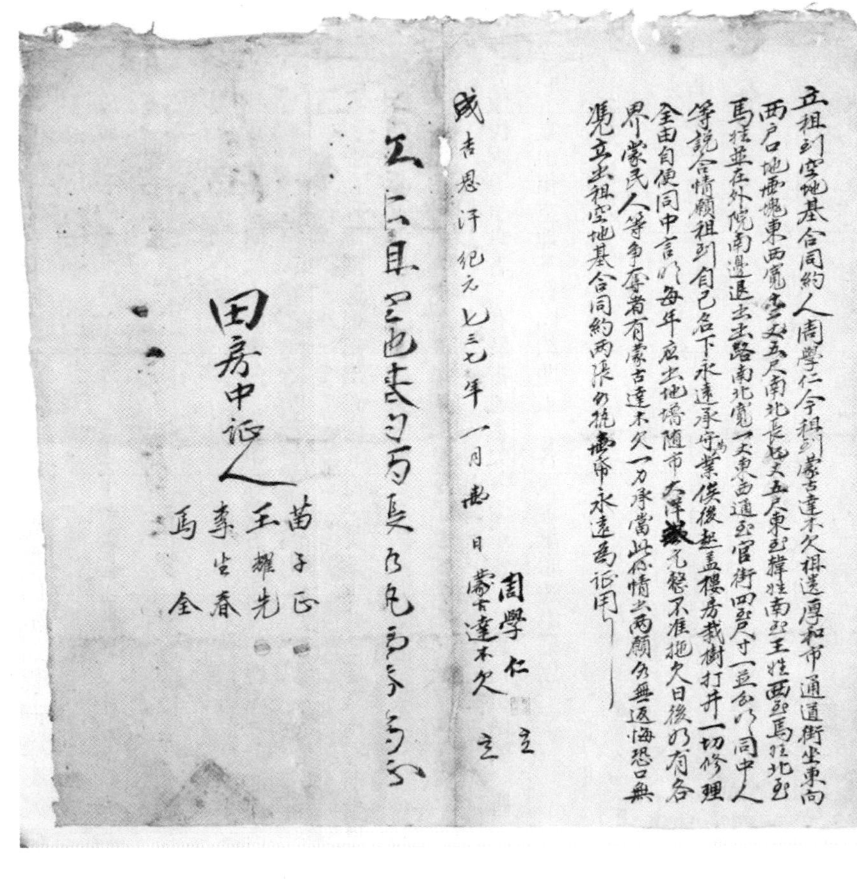

立租到空地基合同約人周學仁今租到蒙古達木欠祖遺厚和市通道街坐東向
西戶口地壹塊東西寬壹丈五尺南北長伍丈五尺東至韓姓南至王姓西至馬姓北至
馬姓並在外院南邊退出出路南北寬一丈東西通至官街四尺寸一並在內同中人
等說合情願租到自己名下永遠承守為業俟後起蓋樓房栽樹打井一切修理
全由自便同中言明每年應出地譜隨市大洋[illegible]元整不准拖欠日後如有各
界蒙民人等爭奪者有蒙古達木欠一力承當此係情出兩願各無返悔恐口無
憑立出租空地基合同約兩張各執壹張永遠為証用

成吉思汗紀元七三七年一月　日　周學仁　立
蒙古達木欠　立

立[illegible]

田房中証人　苗子正　王耀先　李呈春　馬全

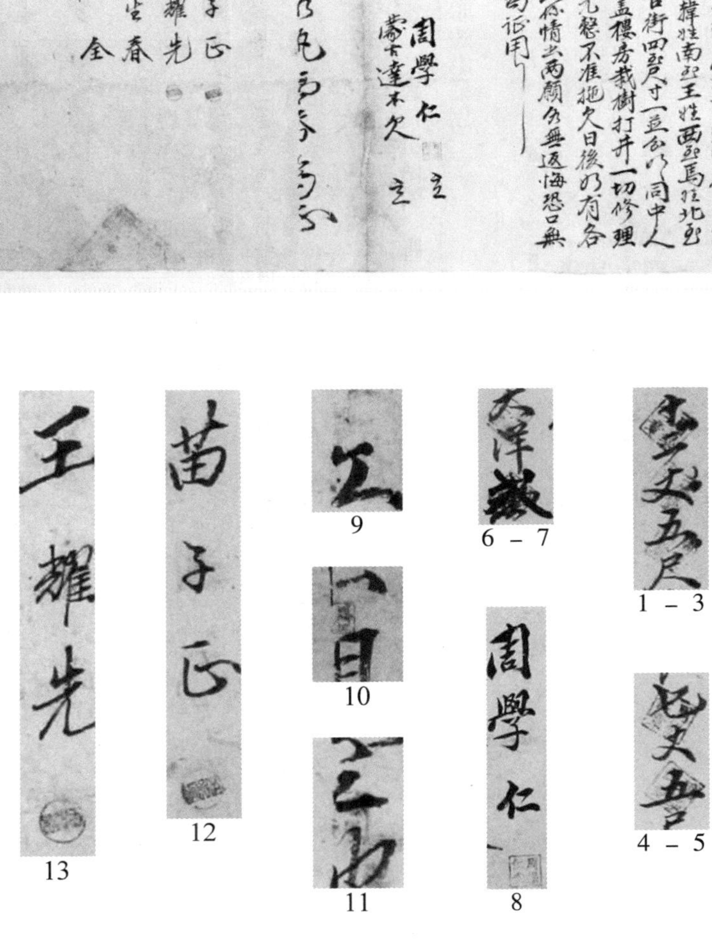

1－3　4－5　6－7　8　9　10　11　12　13

民73　成紀七三七年（一九四二）周學仁租到蒙古達木欠空地基合同約

該合同約中共鈐有朱印十三方，其中十一方（1—3、4—5、6—7、8、9、10、11）印文為「周學仁章」，一方（12）印文為「苗子正」，一方（13）印文為「王耀先」。另外，紙張左下方有藍印痕跡，當是其他合同約印跡反印而成。

立租到空地基合同約人周學仁，今租到蒙古達木欠祖遺厚和市通道街坐東向西户口地壹塊。東西寬十二丈五尺，南北長七丈五尺，東至韓姓，南至王姓，西至馬姓，北至馬姓，並在外院南邊退出出路南北寬一丈，東西通至官街，四至尺寸一並分明。同中人等說合，情願租到自己名下永遠承守為〔一〕業，俟後起盖樓房、栽樹打井，一切修理全由自便。同中言明，每年应出地增随市大洋弍〔二〕元整，不准拖欠。日後，如有各界蒙民人等争奪者，有蒙古達木欠一力承當。此係情出两願，各無返悔。恐口無憑，立出租空地基合同約两張，各執壹紙永遠為证用。

周學仁　立

成吉思汗纪元七三七年　一月壹日　蒙古達木欠　立

立出租空地基約两張，各執壹紙為证〔三〕。

田房中证人　苗子正　王耀先　李生春

14

馬全

注釋

〔一〕「為」字原寫於行間，附有表示增補插入的畫綫。

〔二〕「弍」字有塗改痕跡。

〔三〕該行文字只存右半部分。

編　號	民 73
題　名	成紀七三七年（一九四二）周學仁租到蒙古達木欠空地基合同約
類　別	租到空地基約
尺　寸	54.5×54.5 釐米
保存狀態	稍破損，文字完整
原編號	214
紅白契	白契
立約者	周學仁
理　由	無
承租者	周學仁
出租者	蒙古達木欠
承當者	蒙古達木欠
地點坐落及四至	厚和市通道街坐東向西：東至韓姓，南至王姓，西至馬姓，北至馬姓
面　積	祖遺户口地壹塊，東西寬十二丈五尺，南北長七丈五尺，並在外院南邊退出出路南北寬一丈，東西通至官街
用　途	永遠承守為業，俟後起盖樓房、栽樹打井，一切修理全由自便
押地錢	無
地增錢	每年随市大洋弍元整
年　限	無
印　章	朱印十三方，另有藍印反印一方
税　票	無
文　字	漢
田房中証人	苗子正、王耀先、李生春、馬全
書　人	無
立約日期	成吉思汗纪元七三七年一月壹日
附　注	

民
74

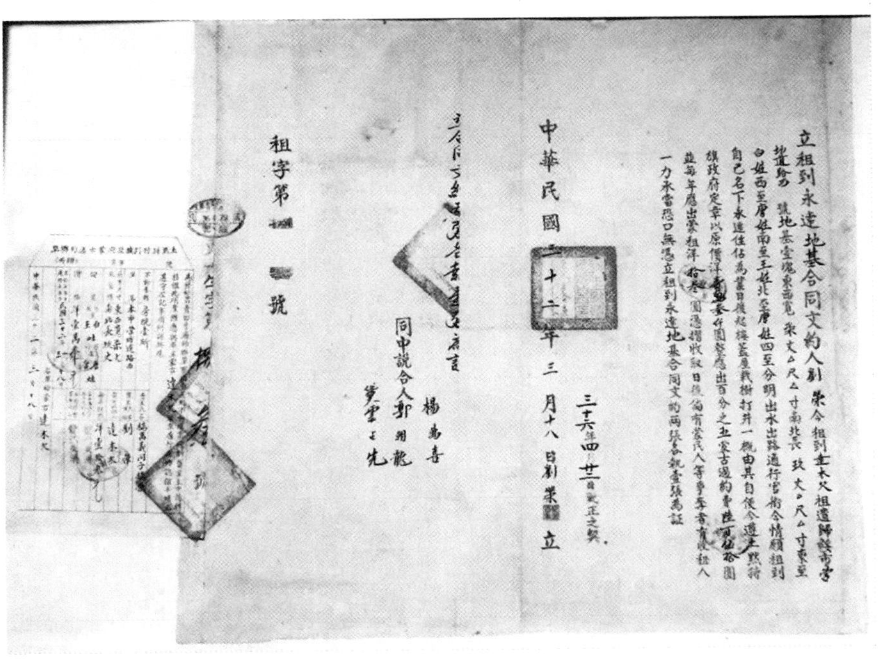

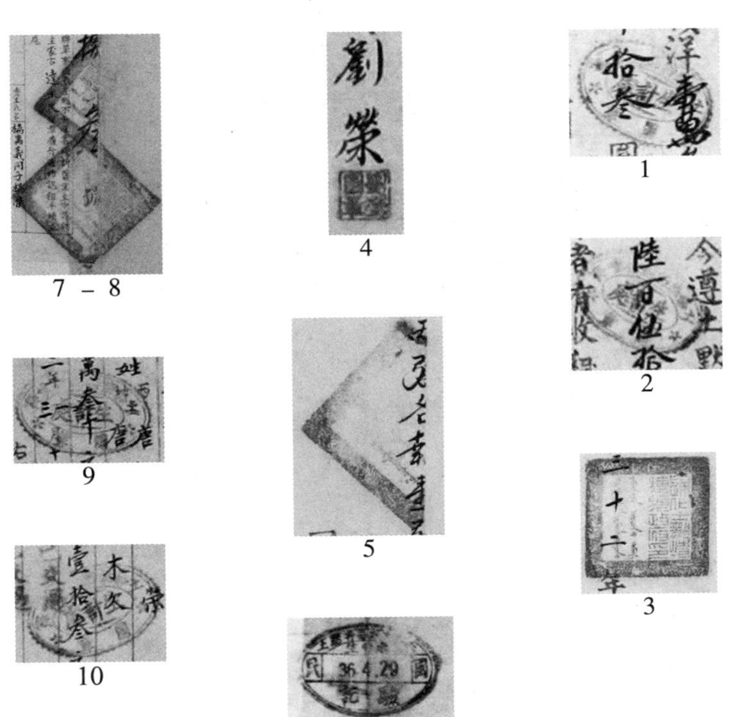

1 2 3 4 5 6 7–8 9 10

民74 民國三十二年（一九四三）劉榮租到達木欠地基合同文約

該合同約原編號是190，尺寸為51 ×49 釐米。約中粘有民國三十二年「土默特特別旗政府蒙古過約聯單」，合同約及聯單共鈐有朱印五方，其中四方（3、5、7—8）為漢蒙雙語印，印文為「歸化土默特旗旗政府印」，一方（4）印文為「劉榮圖章」。藍印五方，其中四方（1、2、9、10）印文為「土默特特別旗歸綏生計處圖章」，一方（6）印文為「土默特特別旗歸綏生計處民國36．4．29驗訖」。

立租到永遠地基合同文約人劉榮，今租到達木欠祖遺歸綏市營坊道路西　號地基壹塊。東西寬 柒丈△尺△寸，南北長玖丈△尺△寸，東至白姓，西至唐姓，南至王姓，北至唐姓，四至分明，出水出路通行官街。今情願租到自己名下永遠住佔為業，日後起樓蓋屋、栽樹打井，一概由其自便。今遵土默特旗政府定章，以原價洋壹萬叁仟圓整，應出百分之五蒙古過約費陸百伍拾圓，並每年應出蒙租洋拾叁圓，憑摺收取。日後，倘有蒙民人等爭奪者，有收租人一力承當。恐口無憑，立租到永遠地基合同文約两張，各執壹張為証。

三十六年四月廿二日更正之契〔一〕

中華民國三十二年三月十八日劉榮立

立合同文約两張，各執壹張為証〔二〕。

同中說合人 楊萬喜

郭朝龍

代筆人 雲占先

14 租字第捌零號

更生字第捌叁號（三）

土默特特別旗政府蒙古過約聯單

（丙聯）　字第　號

為發給買賣田房過約聯單事，兹查左列不動產業經新舊業主申請轉移，惟此項產權應與原主蒙古達木欠照章履行過約認租手續，並遵守左記事項附諸契尾。

不動產類	房院壹所
坐落	本市營坊道路西
長寬尺寸或面積	東西寬柒丈 南北長玖丈
四至	東至白姓西至唐姓 南至王姓北至唐姓
價格	洋壹萬叁千元
立約年月日	民國三十二年一月十八日
過約年月日	三月十八日
賣主氏名	楊萬義同子楊榮
買主氏名住址	劉榮
蒙古收租人	達木欠
每年租額	洋壹拾叁元
蒙古應得百分之五過約費	費已交過
本府經費百分之三	費已交過

右單給蒙古　達木欠

中華民國　三十二　年　三　月　十八　日

注釋

〔一〕參見民75文書注一。

〔二〕該行文字只存左半部分。

〔三〕該行文字只存左半部分。

民
75

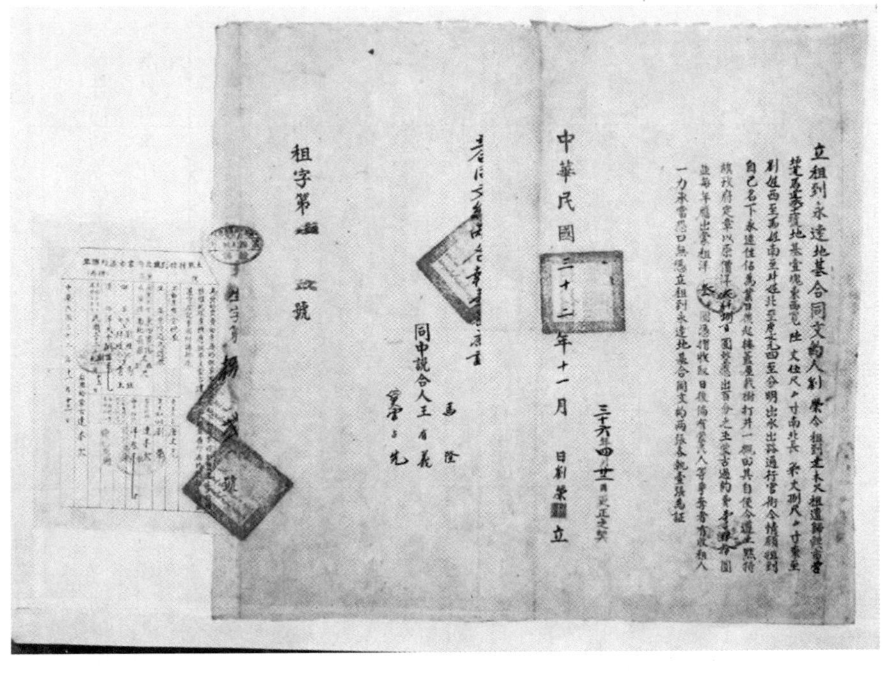

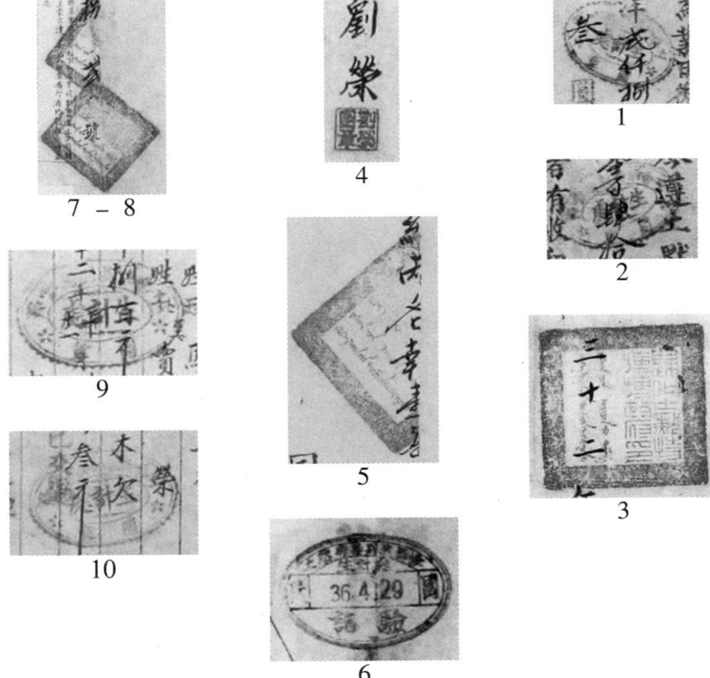

7 – 8　4　1　2　9　5　3　10　6

民75　民國三十二年（一九四三）劉榮租到達木欠地基合同文約

該合同約原編號是191，尺寸為50.2×49釐米。約中粘有民國三十二年「土默特特別旗政府蒙古過約聯單」，合同約及過約聯單共鈐有朱印五方，其中四方為漢蒙雙語印（3、5、7—8），印文為「歸化土默特旗政府印」，一方（4）印文為「劉榮圖章」。藍印五方，其中四方（1、2、9、10）印文為「土默特特別旗歸綏生計處圖章」，一方（6）印文為「土默特特別旗歸綏生計處民國36.4.29驗訖」。該地基原由唐宗義佃到，詳見光13《光緒十七年（一八九一）唐宗義佃到官應寶空地基約》。

1 立租到永遠地基合同文約人劉榮，今租到達木欠祖遺歸綏市營
2 坊道馬道巷十一號地基壹塊。東西寬陸丈伍尺△寸，南北長柒丈捌尺△寸，東至
3 劉姓，西至馬姓，南至拜姓，北至唐文元，四至分明，出水出路通行官街。今情願租到
4 自己名下永遠住佔為業，日後起樓蓋屋、栽樹打井，一概由其自便。今遵土默特
5 旗政府定章，以原價洋弍仟捌百圓整，應出百分之五蒙古過約費壹百肆拾圓，
6 並每年應出蒙租洋叁圓，憑摺收取。日後，倘有蒙民人等爭奪者，有收租人
7 一力承當。恐口無憑，立租到永遠地基合同文約兩張，各執壹張為証。
8 三十六年四月廿二日更正之契[一]
9 中華民國三十二年十一月　日　劉榮　立
10 立合同文約兩，各執壹張為証[二]。
11 馬隆
12 同中說合人王有義
13 代筆人雲占先

14

租字第柒玖號

更生字第捌弍號〔三〕

土默特特別旗政府蒙古過約聯單

（丙聯）　字第　號

為發給買賣田房過約聯單事，茲查左列不動產業經新舊業主申請轉移，惟此項產權應與原主蒙古達木欠照章履行過約認租手續，並遵守左記事項附諸契尾。

不動產類	坐落	長寬尺寸或面積	四至	價格	立約年月日過約年月日
空地基	營坊道馬道巷	東西寬陸丈五 南北長玖丈捌尺	東至劉姓 西至馬姓 南至拜姓 北至賣主	洋弍千捌百元	民國三十二年十一月十三日

賣主氏名	買主氏名住址	蒙古收租人	每年租額	蒙古應得百分之五過約費	本府經費百分之三
唐文元	劉榮	達木欠	洋叁元	費已交過	費已交過

右單給蒙古達木欠

中華民國三十二年十一月十三日

注釋

〔一〕根據光13《光緒十七年（一八九一）唐宗義佃到官應實空地基約》中成紀七三八年的「田房過約移轉証」，可知該地基實於成紀時期過約，這裏當特意標明於民國三十六四月廿二日换約更正。

〔二〕該行文字只存左半部分。

〔三〕該行文字只存左半部分。

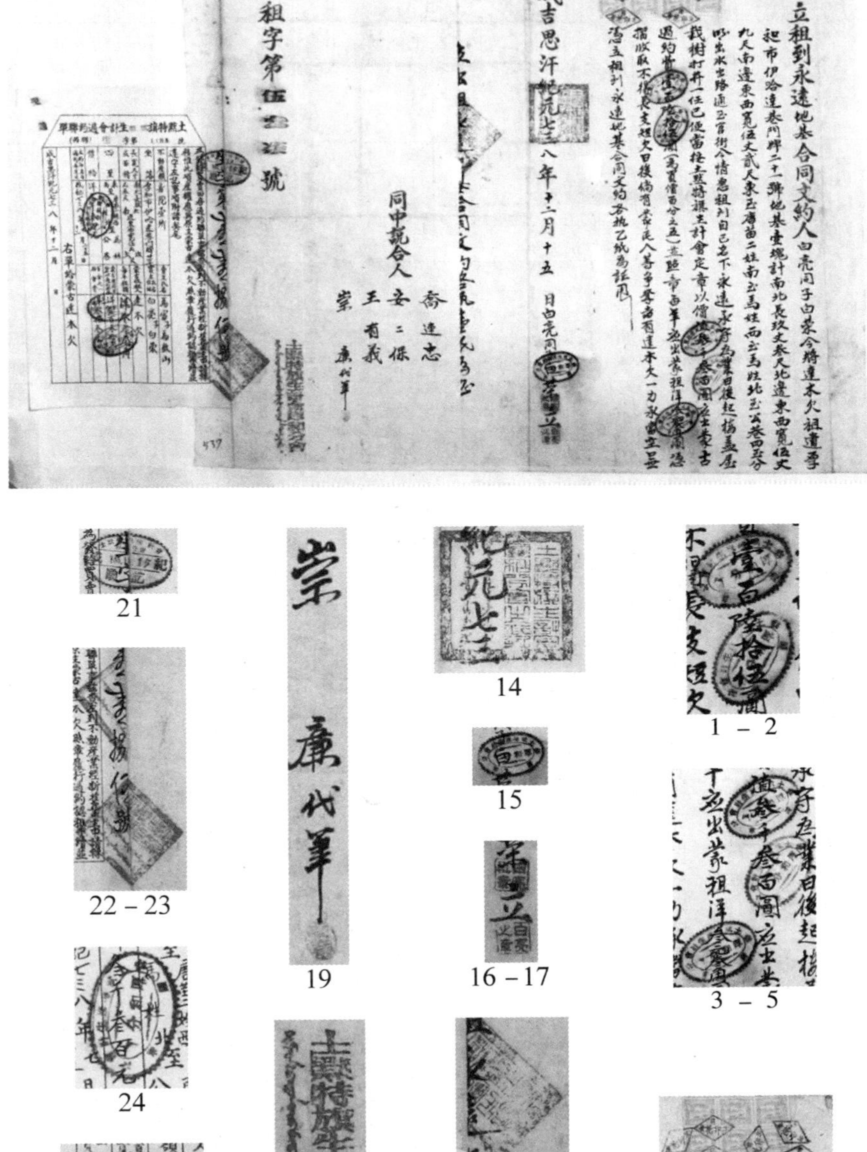

立租到永遠地基合同文約人白亮同子白蒙今將達木欠祖遺[illegible]
租市伊臘達巷門牌二十一號地基壹塊計南北長玖丈叁尺北邊東西寬伍丈
九尺南邊東西寬伍丈貳尺東至唐苗二姓南至馬姓西至馬姓北至公巷四至分
明出水出路通至官街今情愿租到自己名下永遠承[illegible]為業日後起蓋房屋
栽樹打井一任己便當日憑中說合共計會定章以價洋叁千叁百圓[illegible]
過約當交壹百陸拾伍圓（每年價洋分五）[illegible]市面每年地出蒙租洋叁拾圓[illegible]
租收取不得長支短欠日後倘有蒙民人等爭奪者有達木大一力承當空口無
憑立租到永遠地基合同文約各執乙紙為證用

成吉思汗紀元七三八年十二月十五日白亮同子白蒙立

同中說合人 喬達志 安二保 王有義

崇康代筆

租字第伍[illegible]號

21

22－23

24

25－26

19

20

14

15

16－17

18

1－2

3－5

6－13

民76 成紀七三八年（一九四三）白亮同子白荣租到達木欠地基合同文約

該合同約原編號是215，尺寸為51×42.8釐米。約中粘有「蒙古聯合自治政府收入印紙貳分」印花稅票十枚，另粘有成紀七三八年十二月過約聯單，共鈐有朱印八方，藍印十八方。其中兩方朱印（16—17）印文為「白亮之章」，一方朱印（19）印文為「崇廉」，另四方漢蒙雙語朱印（14、18、22—23）蒙文稍漫漶，印文應為「土默特旗生計會厚和分會之鈐記 [illegible]」，一方漢蒙雙語朱印（20）印文為「土默特旗生計會厚和分會 [illegible]」。藍印中，八方（6—13）鈐在印花稅票上面，印文為「生計會印花」，九方（1—2、3—5、15、24、25—26）印文為「土默特旗生計會厚和分會圖章」，一方（21）印文為「土默特旗生計會厚和分會成紀738.12.15驗訖」。另，關於合同過約中租佃地基的原買責事宜，見民53《民國二十四年（一九三五）馬汗宝過到空地約》。

（印花稅票十枚）

1 立租到永遠地基合同文約人白亮同子白荣，今將達木欠祖遺厚
2 和市伊哈達巷門牌二十一號地基壹塊，計南北長玖丈叁尺，北邊東西寬伍丈
3 九尺，南邊東西寬伍丈貳尺，東至唐、苗二姓，南至馬姓，西至馬姓，北至公巷，四至分
4 明，出水出路通至官街，今情願租到自己名下永遠承守為業。日後，起楼盖屋、
5 栽樹打井，一任己便。當按土默特生計會定章，以價值叁千叁百圓，應出蒙古
6 過約費壹百陸拾伍圓（為買價百分之五）。並照章每年应出蒙租洋叁元叁角圓，憑
7 摺收取，不得長支短欠。日後，倘有蒙民人等爭奪者，有達木欠一力承當。空口無
8 憑，立租到永遠地基合同文約，各執（壹）乙纸為証用。

成吉思汗紀元七三八年十二月十五日白亮同子白栄立

出租永遠地基合同文約，各執壹紙為証〔一〕。

喬連忠

同中説合人安二保

王有義

崇廉代筆

租字第伍叁柒號

土默特旗生計會厚和分會

現過

土默特旗厚和生計會過約聯單

（丙聯）　生字第1185號

為發給買賣田房過約聯單事，茲查左列不動產業經新舊業主申請轉移，惟此項產權應與原主蒙古達木欠照章履行過約認租手續，並遵守左記事項附諸契尾。

不動產類	坐落	長寬尺寸或面積		四至	價格	立約年月日 過約年月日
房院壹所	厚和市伊哈達巷门牌廿一号	南北長玖丈北丈叁尺　南边東西寬伍丈玖式尺		東至唐苗二姓　西至馬姓　南至馬姓　北至公巷	洋叁千叁百元	成紀七三八年七 十二月 二十五 日
賣主氏名	買主氏名住址	蒙古收租人	每年租額	蒙古應得百分之四過約費	百分之一助會費	
馬富　子　馬敬山	白亮　子　白榮	達木欠	洋叁元叁角	洋壹百叁拾式元	洋叁拾叁元	

右單給蒙古達木欠

成吉思汗紀元七三八年十二月　日

生字第壹壹捌伍號〔二〕

537〔三〕

注釋

〔一〕該行文字只存右半部分。

〔二〕該行文字只存左半部分。

〔三〕該數字寫於合同約紙左下角。

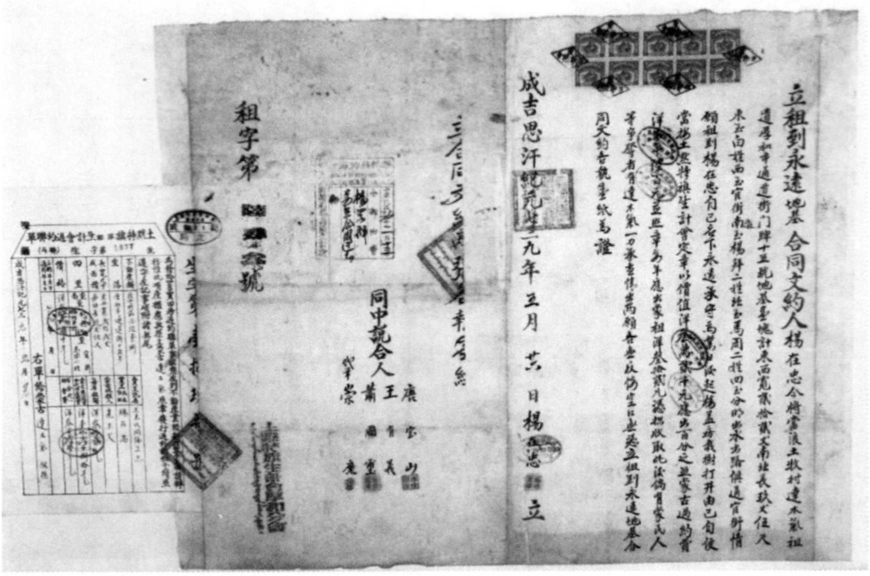

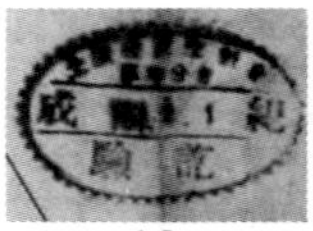

19

15

11

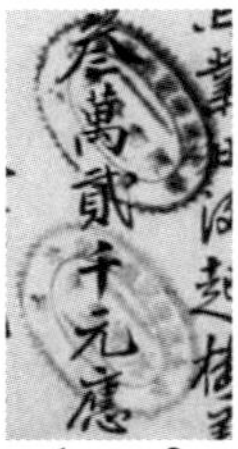

1 – 2

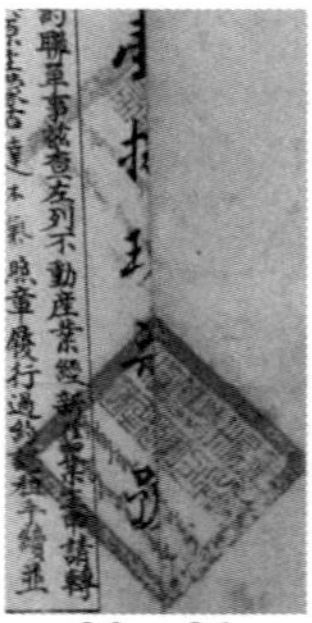

20 – 21

16

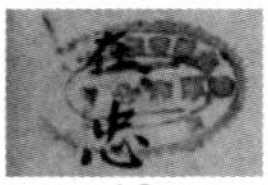

12

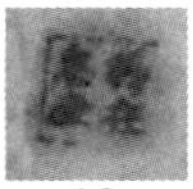

13

3 – 4

17

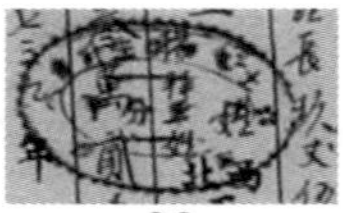

22

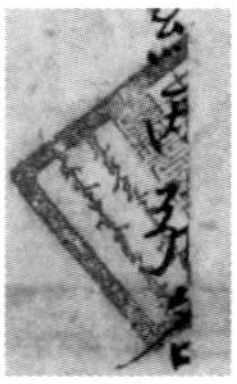

14

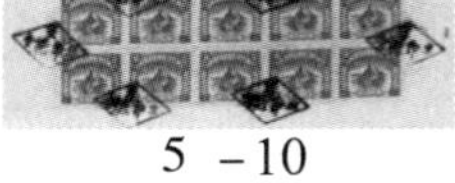

5 –10

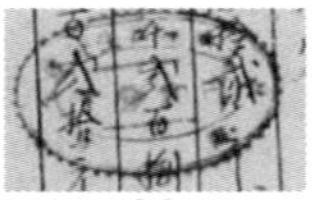

23

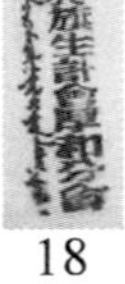

18

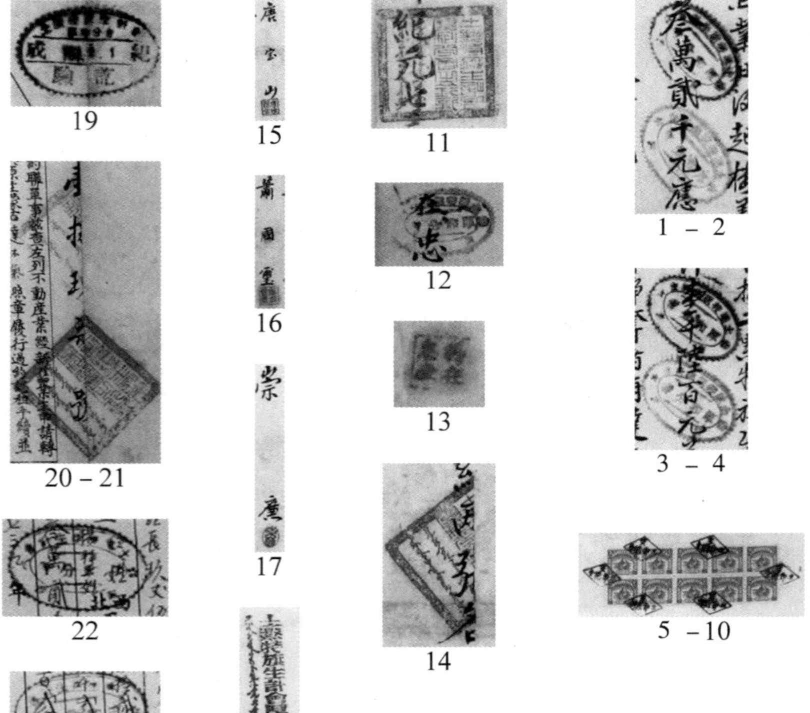

民77　成紀七三九年（一九四四）楊在忠租到達木氣地基合同文約

該合同約原編號是216，尺寸為51.5×42.9釐米。約中粘有「蒙古聯合自治政府收入印紙壹角」印花稅票十枚，另粘有成紀七三九年五月廿九日過約聯單，共鈐有九方朱印，十四方藍印。其中四方漢蒙雙語朱印（11、14、20—21），蒙文稍漫漶，印文應為「土默特旗生計會厚和分會之鈐記」，一方朱印（13）為「楊在忠章」，一方（15）為「唐珍圖章」，一方（16）為「蕭國璽章」，一方（17）為「崇廉」，一方漢蒙雙語朱印（18）為「土默特旗生計會厚和分會」。藍印中，六方（5—10）鈐在印花稅票上面，印文為「生計會印花」，七方（1—2、3—4、12、22、23）印文為「土默特旗生計會厚和分會圖章」，一方（19）印文是「土默特旗生計會厚和分會成紀……驗訖」。另，合同約中附有民國三十六年二月十三日「田房過約移轉證」，關於過約移轉的具體內容，見民86《民國三十六年（一九四七）楊學祥租到達木欠、㚢全地基合同文約》。

1 立租到永遠地基合同文約人楊在忠，今將當浪土牧村達木氣祖

2 遺厚和市通道街门牌十五號地基壹塊，計東西寬貳拾貳丈，南北長玖丈伍尺，

3 東至白姓，西至官街，南至楊、拜二姓，北至馬、周二姓，四至分明，出水出路俱通官街，情

4 願租到楊在忠自己名下永遠承守為業。日後，起楼盖房、栽樹打井，由己自便。

（印花稅票十枚）

5 當按土默特旗生計會定章，以價值洋叁萬貳千元，應出百分之五蒙古過約費

6 洋壹千陸百元。並照章每年應出蒙租洋叁拾貳元，憑折收取。此後，倘有蒙民人

7 等爭奪者，有達木氣一力承當。情出两願，各無反悔。空口無憑，立租到永遠地基合

8 同文约，各執壹纸為證。

成吉思汗紀元七三九年 五月 廿六 日 楊在忠 立

立合同文約两張，各執壹紙[一]。

田房過約移轉證				
時期移轉	部分移轉	新□主氏名	手續移轉	蒙租有無
中華民國36年二月十三日	全部出賣	楊学祥	另立合同过约	無

土默特特別旗歸綏生計處[二]

同中說合人

唐宝山

王有義

蕭國璽

代筆 崇 廉

租字第陸肆叁號

土默特旗生計會厚和分會

土默特旗厚和生計會過約聯單

生字第1897號（丙聯）

現過

生字第壹捌玖柒號〔三〕

為發給買賣田房過約聯單事，茲查左列不動產業經新舊業主申請轉移，惟此項產權應與原主蒙古達木氣照章履行過約認租手續，並遵守左記事項附諸契尾。

不動產類	坐落	長寬尺寸或面積	四至	價格	立約年月日 過約年月日
瓦土房前後院壹所	厚和市通道街十五号	東西寬弍拾弍丈 南北長玖丈伍尺	東至白姓 西至官街 南至楊拜二姓 北至馬周二姓	洋叁萬貳千元	七三九年 月 日

賣主氏名	買主氏名住址	蒙古收租人	每年租額	蒙古應得百分之四過約費	百分之一助會費
王馬氏同侄王忠	楊在忠	達木氣	洋叁拾貳元	洋壹千弍百捌拾元	洋叁百弍拾元

右單給蒙古達木氣收執

成吉思汗紀元七三九年五月廿九日

注釋

〔一〕該行文字只存左半部分。

〔二〕該表格為藍色，其中文字除「另立合同过约」「楊学祥」「36」「二」「十三」是墨色外，餘者皆是藍色。

〔三〕該行文字只存左半部分。

民
78

立租到永遠地基合同人唐實今將達木久祖遺李耶市營訪道馬道巷地基東北伙東靠三丈南北六丈靜人東㳂三面訪丈到性南㿞牆㮕東南情遠租到自己名下夫妻永守萬業以後起蓋房舍任己自便另議吉生對合之事以作值基百元之出入人之吾蒙古過刻起計合之定每以永年憑款收取日後倘有茨民八年算年有故租人夕永吉無異為立租到永遠地基合同文約各執忠成為証

成吉思汗紀元七一九年五月三十日 唐實立

同中説合人　張發榮
　　　　　　巴文萬代筆

租字第　號

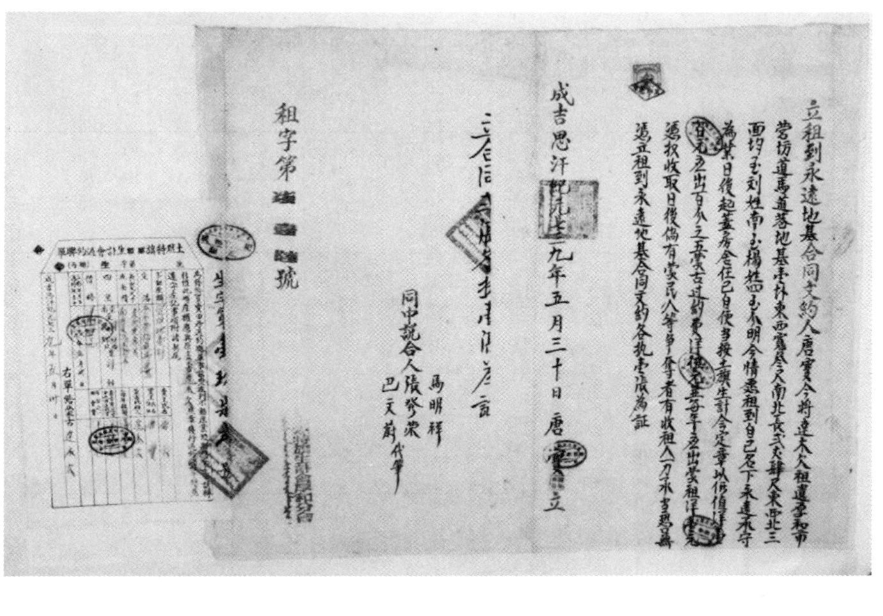

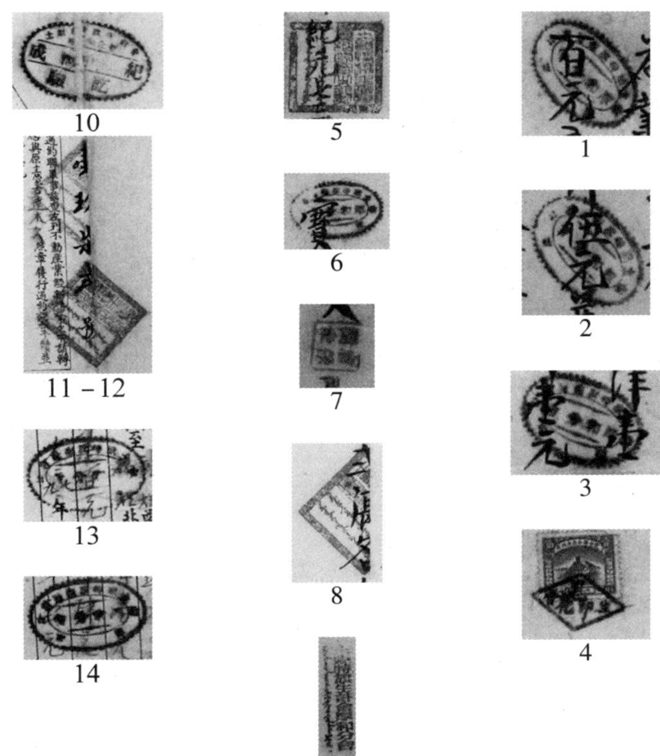

民78　成紀七三九年（一九四四）唐寶租到達木欠地基合同文約

該合同約原編號是218，尺寸為52×43釐米。約中粘有「蒙古聯合政府收入印紙壹角」印花稅票一枚，附有成紀七三九年五月卅日過約聯單，共鈐有朱印六方，藍印八方。其中四方漢蒙雙語朱印（5、8、11、12），蒙文稍漫漶，印文應為「土默特旗生計會厚和分會之鈐記」，一方朱印（7）印文是「唐保圖章」，一方漢蒙雙語印（9）印文為「土默特旗生計會厚和分會」。藍印中，一方（4）鈐在印花稅票上面，印文為「生計會印花」，六方（1、2、3、6、13、14）印文為「土默特旗生計會厚和分會圖章」，一方（10）印文是「厚和分會成紀……驗訖」。

1 立租到永遠地基合同文約人唐寶，今將達木欠祖遺厚和市
2 營坊道馬道巷地基壹塊，東西寬叁尺，南北長弍丈肆尺，東西北三
3 面均至刘姓，南至楊姓，四至分明，今情愿租到自己名下永遠承守
（印花稅票壹枚）
4 為業。日後起蓋房舍，任己自便。当按土旗生計会定章，以價值洋壹
5 百元，应出百分之五蒙古过約費洋伍元，並每年应出蒙租洋壹元，
6 憑折收取。日後，倘有蒙民人等争奪者，有收租人一力承当。恐口無
7 憑，立租到永遠地基合同文約，各執壹紙為証。
8 成吉思汗紀元七三九年五月　三十　日唐　寶　立
9 立合同弍張，各執壹張為証[一]。
10 同中說合人
11 馬明祥　張發荣
12 巴文蔚代筆

租字第 柒壹陸 號

土默特旗生計會厚和分會

生字第壹玖柒弍號
（二）

土默特旗厚和生計會過約聯單

現 過 （丙聯） 生字第 號

為發給買賣田房過約聯單事，茲查左列不動產業經新舊業主申請轉移，惟此項產權應與原主蒙古達木欠照章履行過約認租手續，並遵守左記事項附諸契尾。

不動產類	坐落	長寬尺寸或面積	四至	價格	立約年月日 過約年月日
空白地壹塊	本市营坊道馬道巷	東西寬叁尺 南北長弍丈肆尺	東至刘姓 西 南至揚姓 北至刘姓	洋壹百元	七三九年五月卅日

賣主氏名	買主氏名住址	蒙古收租人	每年租額	蒙古應得百分之四過約費	百分之一助會費
唐六	唐寶	達木欠	洋壹元	洋肆元	洋壹元

右單給蒙古達木欠

成吉思汗紀元七三九年五月卅日

注釋

〔一〕該行文字只存左半部分。

〔二〕該行文字只存左半部分。

民
79

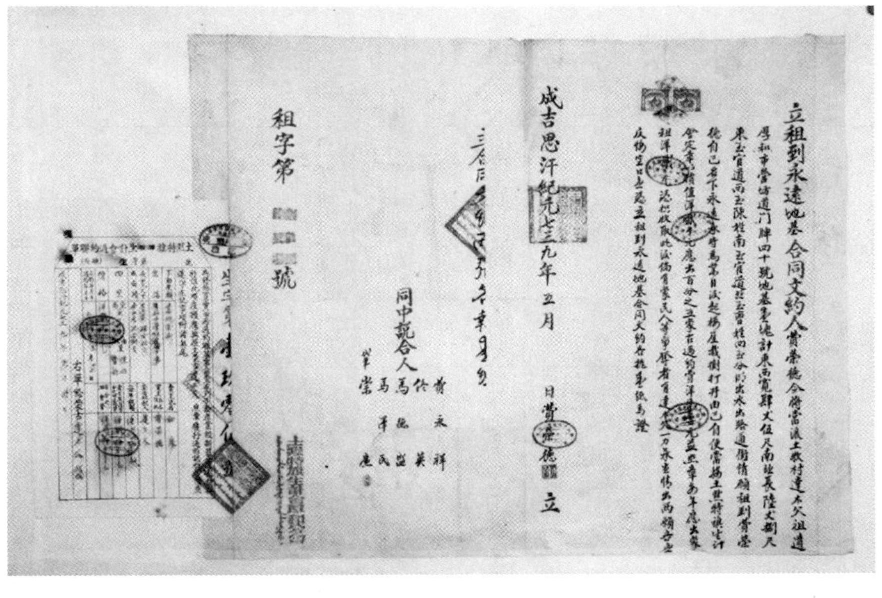

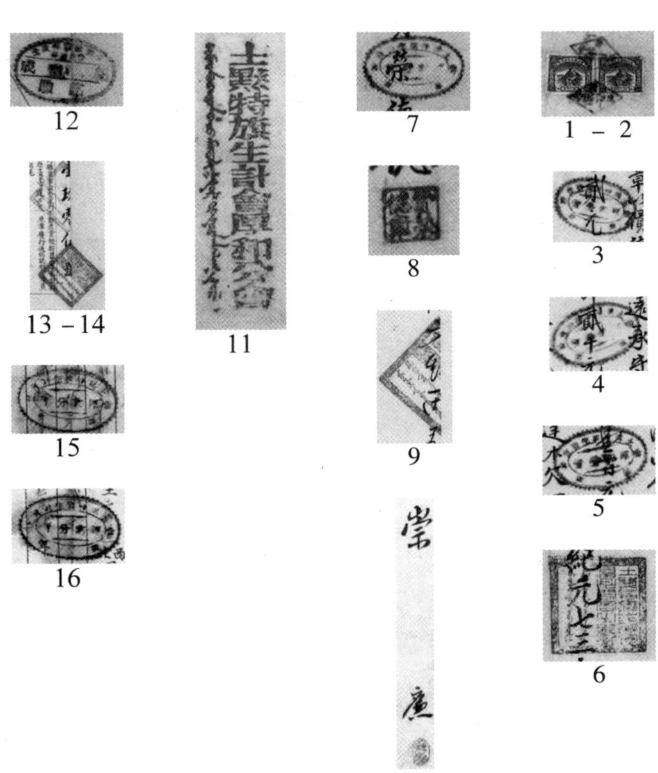

民79　成紀七三九年（一九四四）費榮德租到達木欠地基合同文約

該合同約原編號是217，尺寸為52×42.9釐米。約中粘有成紀七三九年五月卅日過約聯單，共鈐有朱印七方，藍印九方。其中四方漢蒙雙語朱印（6、9、13—14），蒙文稍漫漶，印文應為「土默特旗生計會厚和分會之鈐記 [蒙古文]」，一方朱印（8）印文為「費榮德章」，一方（10）為「崇廉」，一方漢蒙雙語印（11）印文為「土默特旗生計會厚和分會 [蒙古文]」。藍印中，兩方（1—2）鈐在印花稅票上面，印文為「生計會印花」，六方（3、4、5、7、15、16）印文為「土默特旗生計會厚和分會圖章」，一方（12）印文是「土默特旗生計會厚和分會成紀……驗訖」。另，合同約中地基原由白全買到，詳見民72《成紀七三六年（一九四一）白全租到蒙古金子福空地基合同約》。

1 立租到永遠地基合同文約人費榮德，今將當浪土牧村達木欠祖遺

2 厚和市營坊道門牌四十號地基壹塊，計東西寬肆丈伍尺，南北長陸丈捌尺，

3 東至官道，西至陳姓，南至官道，北至曹姓，四至分明，出水出路通街，情願租到費榮

4 德自己名下永遠承守為業。日後起楼屋、栽樹打井，由己自便。當按土默特旗生计

5 會定章，以價值洋貳千元，應出百分之五蒙古過约費洋壹百元，並照章每年應出蒙

（印花稅票兩枚）

6 租洋貳元，憑折收取。此後，倘有蒙民人等爭奪者，有達木欠一力承当。情出兩願，各無

7 反悔。空口無憑，立租到永遠地基合同文约，各執壹纸為證。

8 成吉思汗紀元七三九年　五月　日費榮德　立

9 立合同文约两張，各執壹纸[一]。

10 費永祥

11 佟英

12 同中說合人 馬德盛

13 馬澤民

14 代筆 崇廉

15 租字第**陸肆捌**號

土默特旗生計會厚和分會

生字第壹玖零伍號（二）

土默特旗厚和計生會過約聯單

過

現

生字第　號（丙聯）

為發給買賣田房過約聯單事，兹查左列不動產業經新舊業主申請轉移，惟此項產權應與原主蒙古達木欠照章履行過約認租手續，並遵守左記事項附諸契尾。

不動產類	坐落	長寬尺寸或面積	四至	價格	立約年月日 過約年月日
土房院壹所	厚和市營坊道四十号	東西寬肆丈伍尺 南北長陸丈捌尺	東西陳姓 南至官道北至曹姓	洋貳千元	七 七三九年九月十六日

賣主氏名	買主氏名住址	蒙古收租人	每年租額	蒙古應得百分之四過約費	百分之一助會費
白泉	費榮德	達木欠	洋弍元	洋捌拾元	洋貳拾元

右單給蒙古達木欠收執

成吉思汗紀元七三九年五月卅日

注釋

〔一〕該行文字只存左半部分。

〔二〕該行文字只存左半部分。

民80

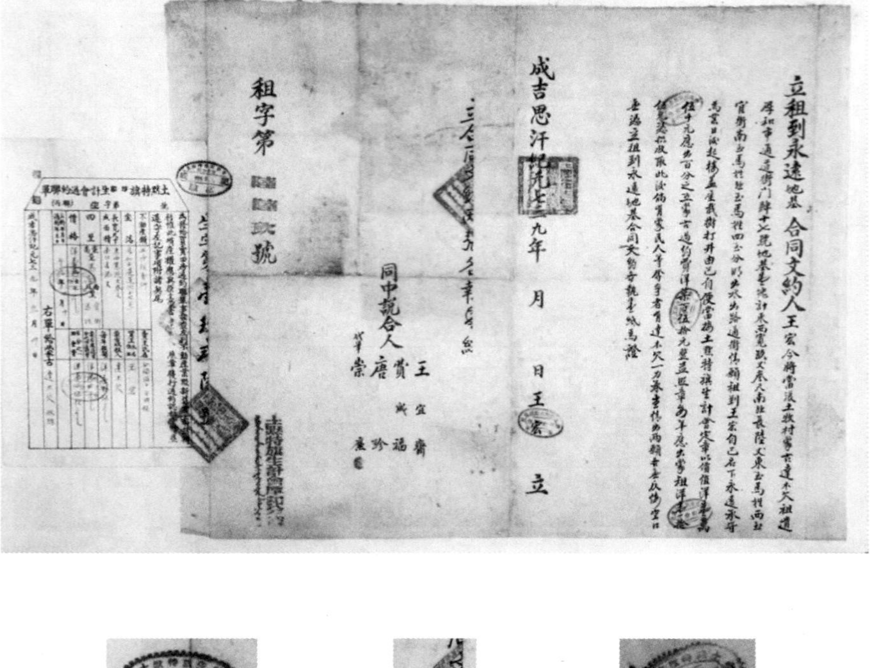

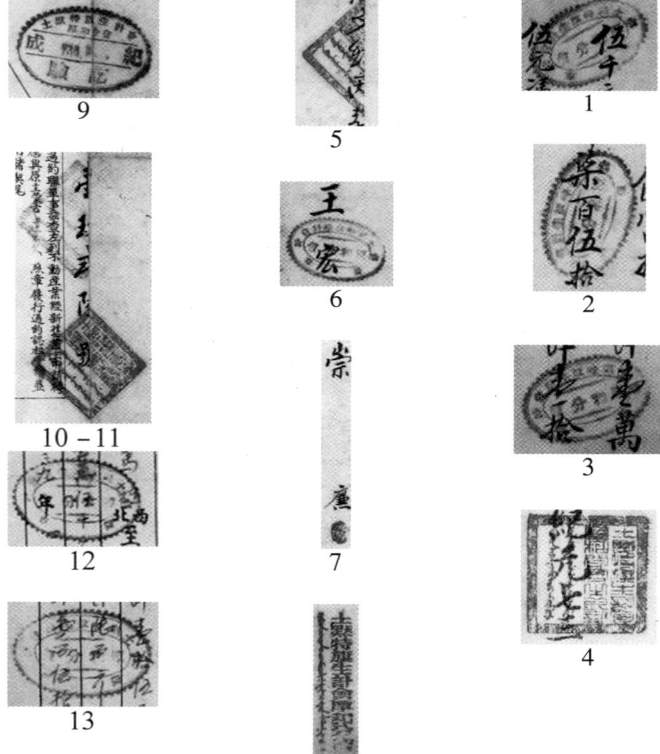

民80　成紀七三九年（一九四四）王宏租到蒙古達木欠地基合同文約

該合同約原編號是219，尺寸為51.9×42.6釐米。約中粘有成紀七三九年五月卅日過約聯單，共鈐有朱印六方，藍印七方。其中四方漢蒙雙語朱印（4、5、10—11），蒙文稍漫漶，印文應為「土默特旗生計會厚和分會之鈐記」，一方朱印（7）印文為「崇廉」，一方漢蒙雙語印（8）印文為「土默特旗生計會厚和分會」。藍印中，六方（1、2、3、6、12、13）印文為「土默特旗生計會厚和分會圖章」，一方（9）為「土默特旗生計會厚和分會成紀739．驗訖」。

立租到永遠地基合同文約人王宏，今將當浪土牧村達木欠祖遺厚和市通道街门牌十七號地基壹塊，計東西寬玖丈叁尺，南北長陸丈，東至馬姓，西至官街，南至馬姓，北至馬姓，四至分明，出水出路通街，情願租到王宏自己名下永遠承守為業。日後，起楼盖屋、栽樹打井，由己自便。當按土默特旗生計會定章，以價值洋壹萬伍千元，應出百分之五蒙古過約費洋柒百伍拾元整，並照章每年應出蒙租洋壹拾伍元，憑折收取。此後，倘有蒙民人等奪爭者，有達木欠一力承当。情出兩願，各無反悔。空口無憑，立租到永遠地基合同文约，各執壹紙為證。

成吉思汗紀元七三九年　月　日王宏　立

立合同文約两張，各執壹紙[一]。

同中說合人　王宜齋

費成福

唐珍

代筆　崇廉

14

租字第陸陸玖號

土默特旗生計會厚和分會

生字第壹玖弍陸號（二）

現過

土默特旗厚和生計會過約聯單

（丙聯）　　生字第　　號

為發給買賣田房過約聯單事，茲查左列不動產業經新舊業主申請轉移，惟此項產權應與原主蒙古達木欠照章履行過約認租手續，並遵守左記事項附諸契尾。

不動產類	坐落	長寬尺寸或面積	四至	價格	立約年月日 過約年月日
土房院壹所	厚和市通道街十七号	東西寬玖丈叁尺 南北長陸丈	東至馬姓 西至官街 南至馬姓 北至馬姓	洋壹萬伍千元	七三九年四月廿日

賣主氏名	買主氏名住址	蒙古收租人	每年租額	蒙古應得百分之四過約費	百分之一助會費
仝瑞同子仝丙恒	王宏	達木欠	洋壹拾伍元	洋陸百元	洋壹百伍拾元

右單給蒙古達木欠收执

成吉思汗紀元七三九年五月卅日

注釋

〔一〕該行文字只存左半部分。

〔二〕該行文字只存左半部分。

民81

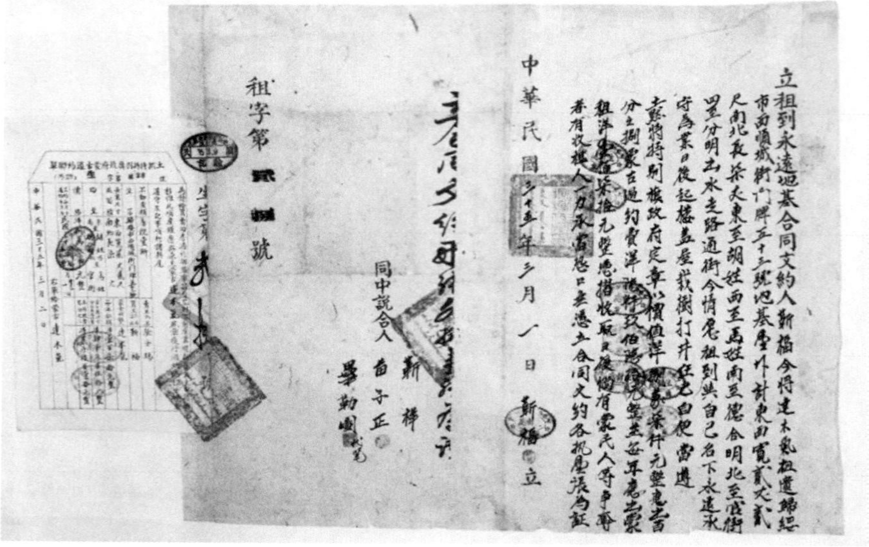

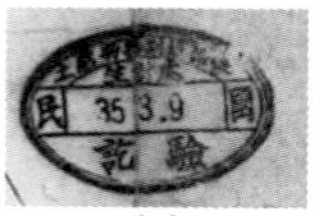

14

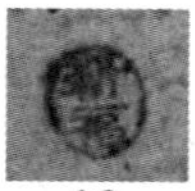
10

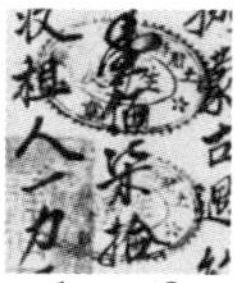
1－2

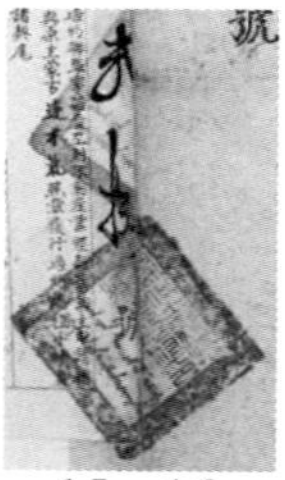
15－16

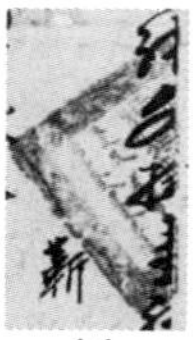
11

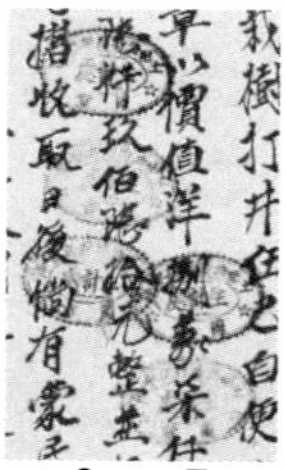
3－7

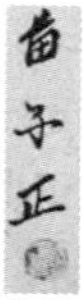

12

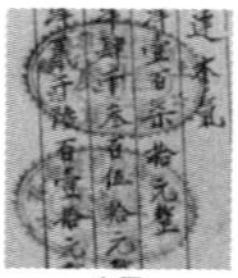
17

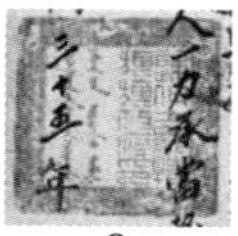
8

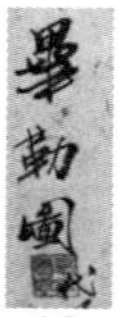

13

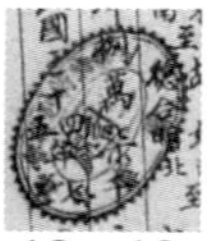
18－19

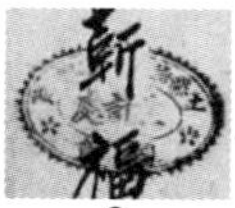

9

民81 民國三十五年（一九四六）靳福租到達木氣地基合同文約

該合同約原編號是192，尺寸為50.3×42.4釐米。約中粘有民國三十五年「土默特特別旗政府蒙古過約聯單」，合同約及聯單共鈐有朱印七方，其中四方漢蒙雙語印（8、11、15—16）印文為「歸化土默特旗旗政府印」，一方（10）印文為「靳福」，一方（12）漫漶，應為「苗子正章」，一方（13）為「畢勒圖章」。藍印十二方，其中十一方（1—2、3—7、9、17、18—19）印文為「土默特特別旗歸綏生計處圖章」，一方（14）印文為「土默特特別旗歸綏生計處民國35.3.9驗訖」。合同約右側邊緣有一藍印之反印痕跡。該合同約中的地基原由張福壽堂租到，具體內容見民55《民國二十四年（一九三五）张福壽堂租到達木氣空地基約》。

立租到永遠地基合同文約人靳福，今將達木氣祖遺歸綏
市西順城街门牌五十三號地基壹塊，計東西寬貳丈貳
尺，南北長柒丈，東至胡姓，西至馬姓，南至德合明，北至官街，
四至分明，出水走路通街。今情愿租到與自己名下永遠承
守為業。日後，起楼盖屋、栽樹打井，任己自便。当遵
土默特特別旗政府定章，以價值洋捌萬柒仟元整，應出百
分之捌蒙古過约費洋陸仟玖佰陸拾元整，並每年應出蒙
租洋壹佰柒拾元整，憑摺收取。日後，倘有蒙民人等争奪
者，有收租人一力承當。恐口無憑，立合同文約，各执壹張為証。
中華民國三十五年三月一日靳福（押）立
立合同文约兩張，各执壹張為証（一）。
靳祥
同中說合人苗子正（押）

15 14

租字第貳捌號

生字第弍捌號(一)

畢勒圖代笔

土默特特别旗政府蒙古過約聯單

（丙聯） 生字第28號

為發給買賣田房過約聯單事，茲查左列不動產業經新舊業主申請轉移，惟此項產權應與原主蒙古達木欠照章履行過約認租手續，並遵守左記事項附諸契尾。

不動產類	坐落	長寬尺寸或面積	四至	價格	立約年月日 過約年月日
房院壹所	歸綏市西順城街门牌五十三號	東西寬貳丈貳尺 南北長柒丈	東至胡姓 西至馬姓 南至德合明 北至官街	洋捌萬柒千元整	民國三十四年七月廿三日 民國三十五年三月一日

賣主氏名	買主氏名住址	蒙古收租人	每年租額	蒙古應得百分之五過約費	本府經費百分之三
張子瑞	靳福	達木氣	洋壹百柒拾元整	洋肆千叁百伍拾元整	洋貳千陸百壹拾元整

右單給蒙古達木氣

中華民國三十五年三月二日

注釋

〔一〕該行文字只存左半部分。

〔二〕該行文字只存左半部分。

民82

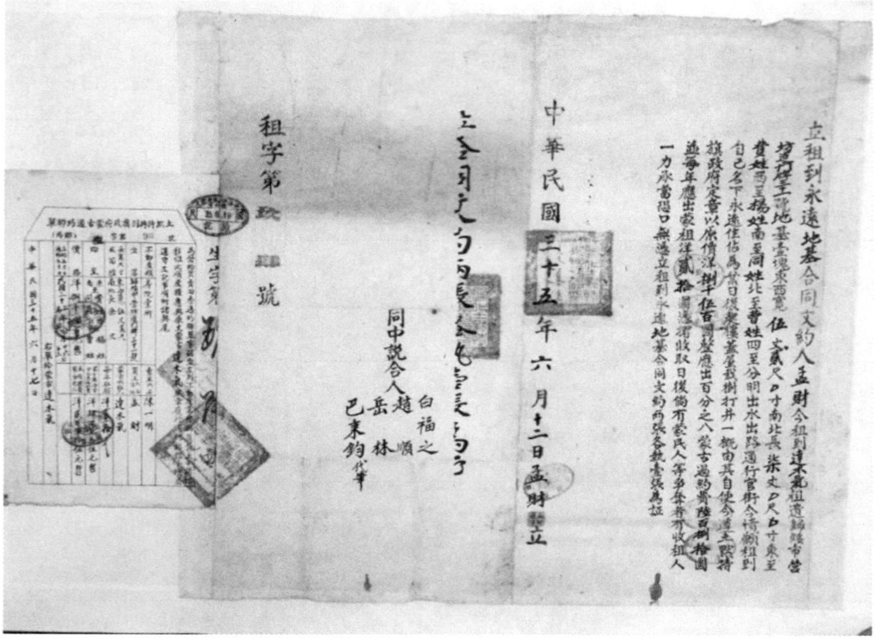
立租到永遠地基合同文約人孟財今租到達木氣祖遺歸綏市營坊道□□地基壹塊東西寬伍丈貳尺□寸南北長柒丈□尺□寸東至曹姓西至楊姓南至同姓北至曹姓四至分明出水出路通行官街今情願租到自己名下永遠住佔為業日後建蓋房屋栽樹打井一概由其自便今遵土默特旗政府定章以原價洋捌千伍百圓整應出百分之八蒙古過約費陸百捌拾圓並每年應出蒙租洋貳拾圓遂年收取日後倘有蒙民人等爭奪者有收租人一力承當恐口無憑立租到永遠地基合同文約兩張各執壹張爲証

中華民國三十五年六月十二日 孟財 立

同中說合人 白福之 趙順 岳林

巳來鈞代筆

租字第□□號

1 – 2

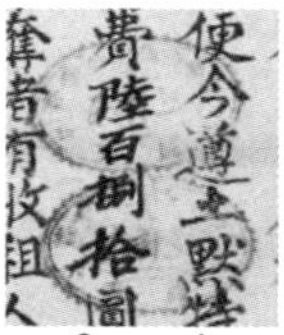
3 – 4

5

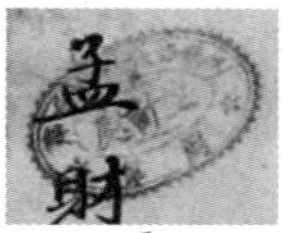
6

7

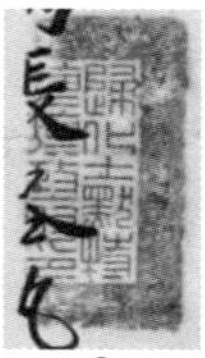
8

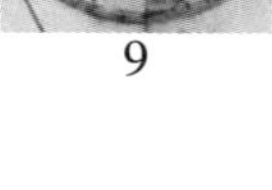
9

10 – 11

12

13

民82　民國三十五年（一九四六）孟財租到達木氣地基合同文約

該合同約原編號是193，尺寸為51 ×46.2釐米。約中粘有民國三十五年「土默特特別旗政府蒙古過約聯單」，合同約及過約聯單共鈐有朱印五方，其中四方漢蒙雙語印（5、8、10、11）印文是「歸化土默特旗旗政府印」，一方（7）印文為「孟財圖章」。藍印八方，其中七方（1—2、3—4、6、12、13）印文為「土默特特別旗歸綏生計處圖章」，一方（9）印文為「土默特特別旗歸綏生計處民國35．6．19驗訖」。合同約右側邊緣有一朱印之反印痕跡。該合同約中的地基原由陳一明租到，具體內容見民71《成紀七三五年（一九四〇）陳一明租到蒙古達木氣空地基合同約》。

立租到永遠地基合同文約人孟財，今租到達木氣祖遺歸綏市營
坊道门牌三十一號地基壹塊。東西寬伍丈貳尺△寸，南北長柒丈△尺△寸，東至
費姓，西至楊姓，南至同姓，北至曹姓，四至分明，出水出路通行官街。今情願租到
自己名下永遠住佔為業。日後，起樓蓋屋、栽樹打井，一概由其自便。今遵土默特
旗政府定章，以原價洋捌千伍百圓整，應出百分之八蒙古過約費陸佰捌拾圓，
並每年應出蒙租洋貳拾圓，憑摺收取。日後，倘有蒙民人等爭奪者，有收租人
一力承當。恐口無憑，立租到永遠地基合同文約兩張，各執壹張為証。

中華民國三十五年六月十二日　孟財立

立合同文約两張，各執壹張為証[一]。

同中說合人　白福之
趙順
岳林
巴秉鈞代筆

14

租字第玖肆號

生字第玖陸號(二)

土默特特別旗政府蒙古過約聯單

（丙聯）　　生字第96號

為發給買賣田房過約聯單事，茲查左列不動產業經新舊業主申請轉移，惟此項產權應與原主蒙古達木氣照章履行過約認租手續，並遵守左記事項附諸契尾。

不動產類	坐落	長寬尺寸或面積	四至	價格	立約年月日 過約年月日
房院壹所	歸綏市營坊道门牌三十一號	東西寬伍丈貳尺 南北長柒丈	東至費姓　西至楊姓 南至同姓　北至曹姓	洋捌千伍百元整	民國三十二年八月廿六日 民國三十五年六月十二日

賣主氏名	買主氏名住址	蒙古收租人	每年租額	蒙古應得百分之五過約費	本府經費百分之三	
陳一明	孟財	達木氣	洋貳拾元	洋肆百貳拾伍元	洋貳百伍拾伍元整	

右單給蒙古　達木氣

中華民國三十五年　六　月　十七　日

注釋

〔一〕該行文字只存右半部分。

〔二〕該行文字只存左半部分。

民83

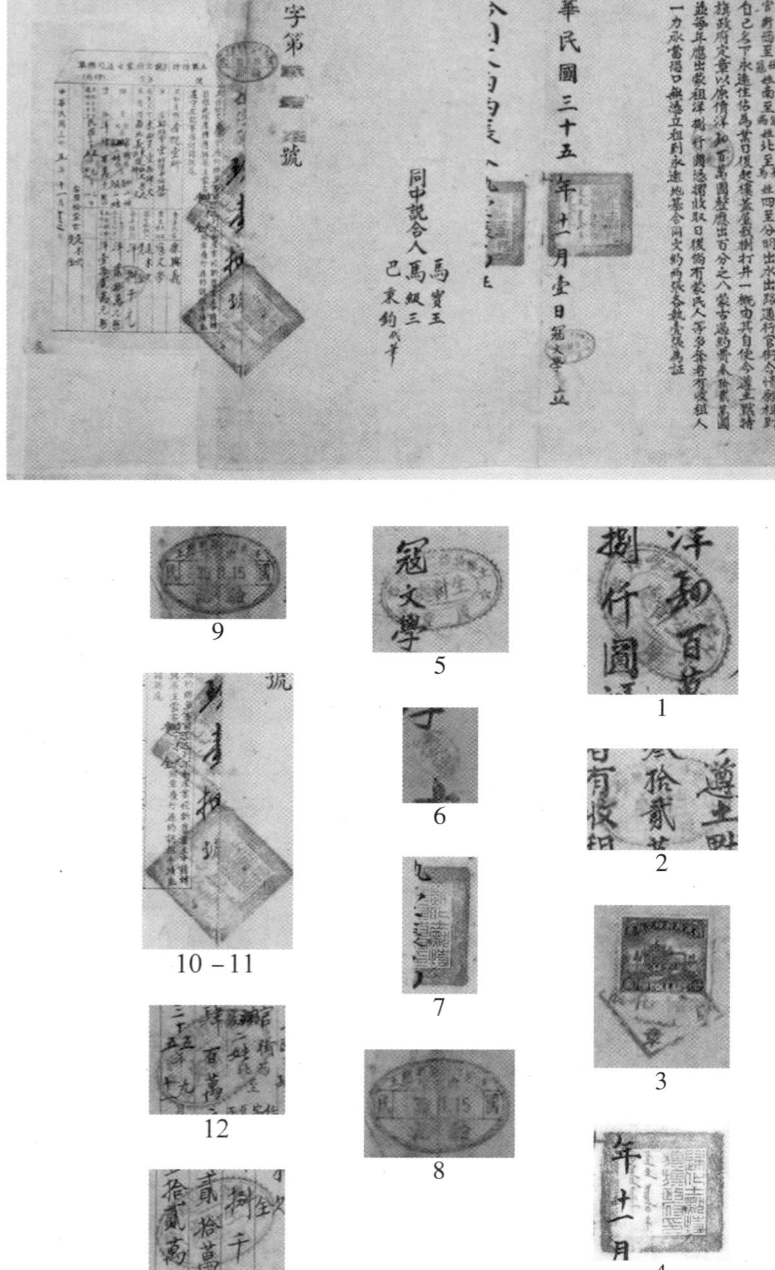

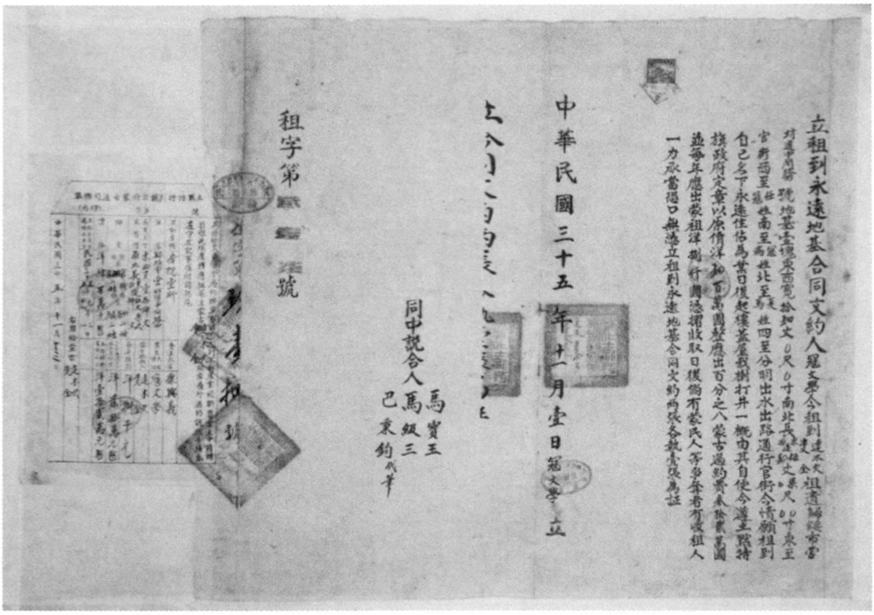

立租到永遠地基合同文約人羅文學今租到[illegible]祖遺歸綏市[illegible]號地基壹塊東西寬[illegible]丈〇尺〇寸南北長[illegible]丈〇尺〇寸東至官街西至[illegible]南至[illegible]北至[illegible]四至分明出水出路通行官街今情願租到自己名下永遠住佔為業日後起樣蓋房栽樹打井一概由其自使今遵土默特旗政府定章以原價洋[illegible]百萬圓整應出百分之八蒙古過約費本洋[illegible]萬圓整每年應出蒙租洋[illegible]行圓憑摺收取日後倘有蒙民人等争奪者有收租人一力承當恐口無憑立租到永遠地基合同文約兩張各執壹張為証

中華民國三十五年十一月壹日 羅文學 立

同中說合人 馬寶玉 馬級三

巴東鈞 代筆

租字第 號

9

5

1

10－11

6

2

7

3

12

8

4

13

民83　民國三十五年（一九四六）冠文學租到達木欠、雙全地基合同文約

該合同約原編號是195，尺寸為50.5×45.9釐米。約中粘有「國民政府印花稅票廿圓」一枚，附有民國三十五年「土默特特別旗政府蒙古過約聯單」，合同約及聯單共鈐有朱印五方，其中四方漢蒙雙語印（4、7、10—11）印文為「歸化土默特旗旗政府印」，一方（6）印文為「冠文學」。藍印八方，其中六方（1、2、5、8、12、13）印文為「土默特特別旗歸綏生計處圖章」，一方（9）印文為「土默特特別旗歸綏生計處民國35.11.15驗訖」，一方（3）鈐在印花稅票上面，印文為「生計處印花章」。

1 立租到永遠地基合同文約人冠文學，今租到達木欠、雙全祖遺歸綏市營

2 坊道中間路西　號地基壹塊。東西寬肆丈〇尺〇寸，南北長東邊伍丈柒尺〇寸、西邊肆丈〇尺〇寸，東至

3 官街，西至任冠姓，南至冠滿姓，北至夏馬姓，四至分明，出水出路通行官街。今情願租到

4 自己名下永遠住佔為業。日後，起樓蓋屋、栽樹打井，一概由其自便。今遵土默特

5 旗政府定章，以原價洋肆百萬圓整，應出百分之八蒙古過約費叁拾貳萬圓，

6 並每年應出蒙租洋捌仟圓，憑摺收取。日後，倘有蒙民人等爭奪者，有收租人

7 一力承當。恐口無憑，立租到永遠地基合同文約兩張，各執壹張為証。

（印花稅票壹枚）

8 中華民國　三十五　年　十一　月壹　日冠文學　立

9 立合同文約两張，各執壹張為証[一]。

10 馬寶玉

11 同中說合人 馬級三

12 巴秉鈞代筆

13 租字第**貳壹柒**號

生字第玖壹捌號 （二）

土默特特別旗政府蒙古過約聯單

（丙聯） 字第 號

為發給買賣田房過約聯單事，茲查左列不動產業經新舊業主申請轉移，惟此項產權應與原主蒙古達木欠/叟全照章履行過約認租手續，並遵守左記事項附諸契尾。

不動產類	坐落	長寬尺寸或面積	四至	價格	立約年月日 過約年月日
房院壹所	歸綏市營坊道中间路西	東西寬壹拾肆丈 南北長東邊伍丈柒尺 西邊肆丈	東至官街 西至任寇二姓 南至满寇二姓 北至夏馬二姓	洋肆百萬元整	民國三十五年九月二日 民國三十五年十一月一日

賣主氏名	買主氏名住址	蒙古收租人	每年租額	蒙古應得百分之五過約費	本府經費百分之三
康興義	寇文學	達木欠/叟全	洋捌千元	洋貳拾萬元整	洋壹拾貳萬元整

右單給蒙古達木欠/叟全

中華民國三十五年十一月十三日

注釋

〔一〕該行文字只存右半部分。

〔二〕該行文字只存左半部分。

民84

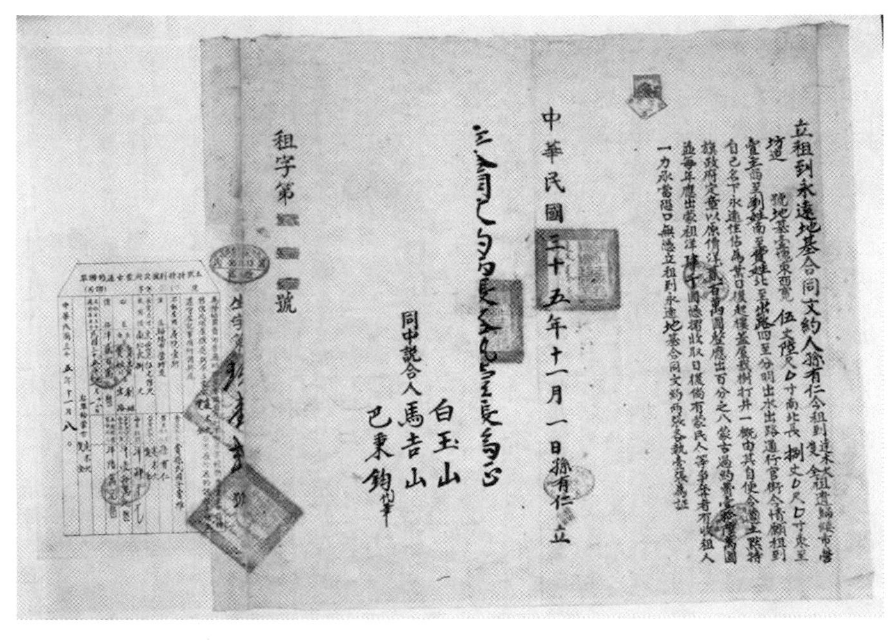

立租到永遠地基合同文約人孫有仁今租到達木大全租遺歸綏市營坊道 號地基壹塊東西寬伍丈陸尺□寸南北長捌丈□尺□寸東至實主西至劉姓南至賣姓北至出路四至分明出水出路通行官街今情願租到自己名下永遠住佔為業日後起樣蓋房栽樹打井一概由其自便今遵土默特旗政府定章以原價洋貳百萬圓整應出百分之八蒙古過約費壹拾陸萬圓並每年應出蒙租洋肆千圓憑摺收取日後倘有蒙民人等爭奪者有收租人一力承當恐口無憑立租到永遠地基合同文約兩張各執壹張為証

中華民國三十五年十一月一日 孫有仁立

同中說合人 白玉山 馬吉山 巴秉鈞代筆

租字第 號

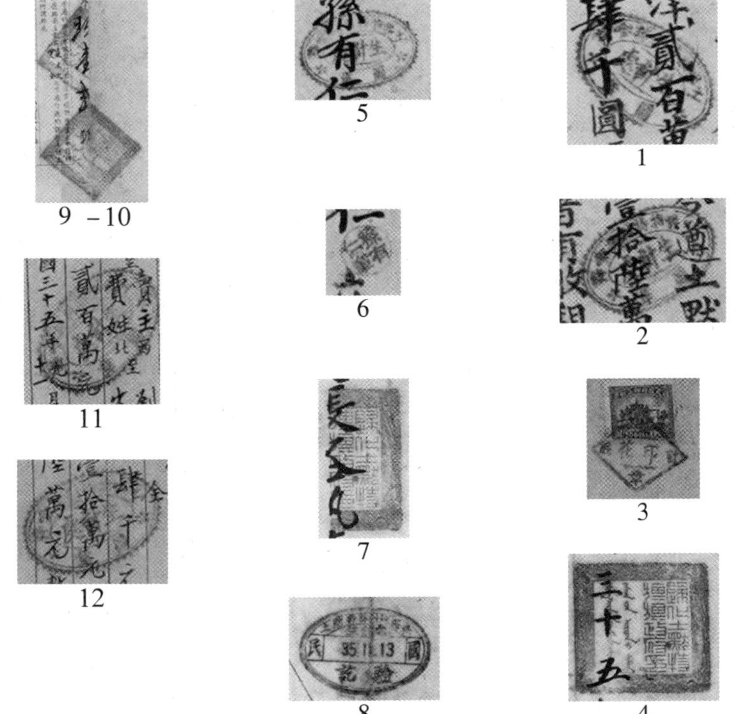

9 –10

5

1

6

2

11

7

3

12

8

4

民84　民國三十五年（一九四六）孫有仁租到達木欠、溲全地基合同文約

該合同約原編號是194，尺寸為50.5×46釐米。約中粘有「國民政府印花稅票叁圓」一枚，附有民國三十五年「土默特特別旗政府蒙古過約聯單」。合同約及聯單共鈐有朱印五方，其中四方漢蒙雙語印（4、7、9—10）印文為「歸化土默特旗旗政府印」，一方（6）印文為「孫有仁章」。藍印七方，其中五方（1、2、5、11、12）印文為「土默特特別旗歸綏生計處圖章」，一方（8）印文為「土默特特別旗歸綏生計處民國35·11·13驗訖」，一方（3）鈐在印花稅票上面，印文為「生計處印花章」。合同文約中的地基原由賁文玉賃到，詳見咸1《咸豐元年（一八五一）賁文玉賃到蒙古金貴同母空地基合約》。

1 立租到永遠地基合同文約人孫有仁，今租到達木欠、溲全祖遺歸綏市營

2 坊道　號地基壹塊。東西寬伍丈陸尺△寸，南北長捌丈△尺△寸，東至

3 賣主，西至劉姓，南至費姓，北至出路，四至分明，出水出路通行官街。今情願租到

4 自己名下永遠住佔為業。日後，起樓蓋屋、栽樹打井，一概由其自便。今遵土默特

5 旗政府定章，以原價洋貳百萬圓整，應出百分之八蒙古過約費壹拾陸萬圓，

6 並每年應出蒙租洋肆千圓，憑摺收取。日後，倘有蒙民人等爭奪者，有收租人

7 一力承當。恐口無憑，立租到永遠地基合同文約兩張，各執壹張為証。

（印花稅票壹枚）

8 中華民國三十五年十一月一日孫有仁（押）立

9 立合同文約兩張，各執壹張為証（一）。

10 白玉山

11 同中說合人　馬吉山

12 巴秉鈞代筆

13

租字第**貳壹壹**號

生字第玖壹弎號(二)

土默特特別旗政府蒙古過約聯單

(丙聯)　　字第212號

為發給買賣田房過約聯單事，茲查左列不動產業經新舊業主申請轉移，惟此項產權應與原主蒙古達木欠叟全照章履行過約認租手續，並遵守左記事項附諸契尾。

不動產類	坐落	長寬尺寸或面積	四至	價格	立約年月日 過約年月日
房院壹所	歸綏市營坊道	東西寬伍丈陸尺 南北長捌丈	東至賣主　西至劉姓 南至費姓　北至出路	洋貳百萬元整	民國三十五年尢十八日 民國三十五年十一月一日

賣主氏名	買主氏名住址	蒙古收租人	每年租額	蒙古應得百分之五過約費	本府經費百分之三
費孫氏同子費維	孫有仁	達木欠叟全	洋肆千元	洋壹拾萬元整	洋陸萬元整

右單給蒙古達木欠叟全

中華民國三十五年十一月八日

注釋

〔一〕該行文字只存右半部分。

〔二〕該行文字只存左半部分。

民
85

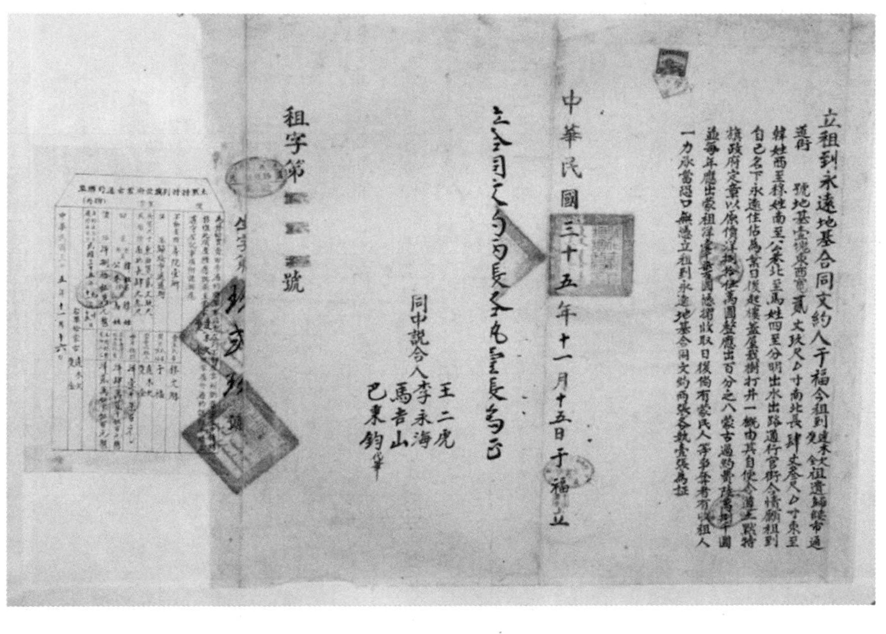

立租到永遠地基合同文約人于福今租到達木欽祖遺歸綏市通道街　號地基壹塊東西寬貳丈玖尺〇寸南北長肆丈叁尺〇寸東至韓姓西至穆姓南至公巷北至馬姓四至分明出水出路通行官街今情願租到自己名下永遠住佔為業日後起蓋房屋栽樹打井一概由其自便今遵土默特旗政府定章以價洋捌拾伍萬圓整應出百分之八蒙古過約費陸萬捌千圓並每年應出蒙租洋壹千柒百圓憑摺收取日後倘有蒙民人等爭奪者有出租人一力承當恐口無憑立租到永遠地基合同文約兩張各執壹張為証

中華民國三十五年十一月十五日　于福立

立合同文約兩張各執壹張為証

同中說合人　王二虎　李永海　馬君山　巴東鈞筆

租字第　號

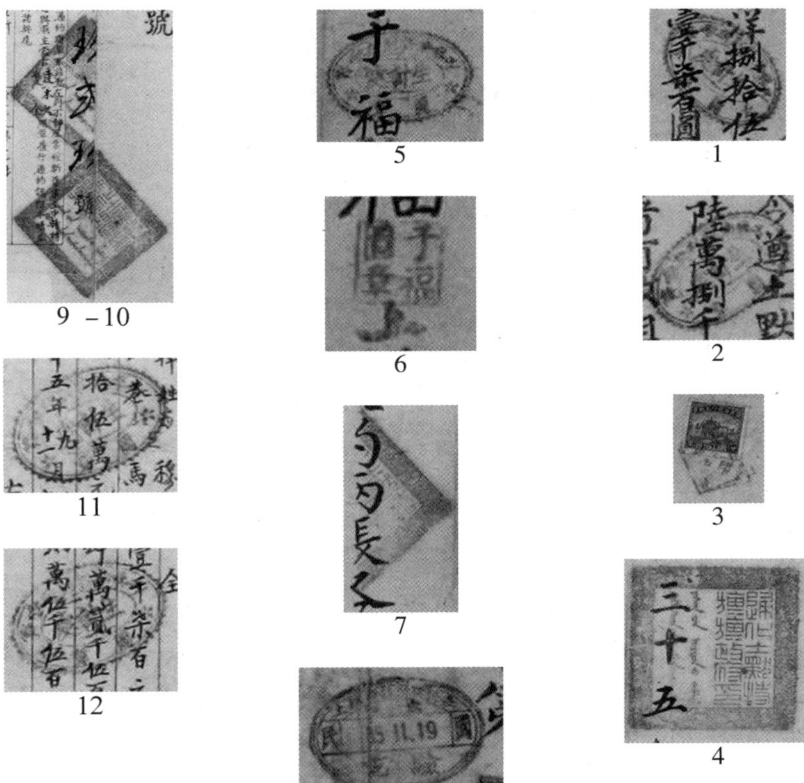

民85　民國三十五年（一九四六）于福租到達木欠、僂全地基合同文約

該合同約原編號是196，尺寸為50.7×45.8釐米。約中粘有「國民政府印花稅票廿圓」一枚，附有民國三十五年「土默特特別旗政府蒙古過約聯單」，合同約及聯單共鈐有朱印五方，其中四方漢蒙雙語印（4、7、9—10）印文是「歸化土默特旗旗政府印」，一方（6）印文為「于福圖章」。藍印七方，其中五方（1、2、5、11、12）印文為「土默特特別旗歸綏生計處圖章」，一方（8）印文為「土默特特別旗歸綏生計處民國35．11．19驗訖」，一方（3）鈐在印花稅票上面，印文為「生計處印花章」。

1 立租到永遠地基合同文約人于福，今租到達木欠、僂全祖遺歸綏市通

2 道街　號地基壹塊。東西寬貳丈玖尺△寸，南北長肆丈叁尺△寸，東至

3 韓姓，西至穆姓，南至公巷，北至馬姓，四至分明，出水出路通行官街。今情願租到

4 自己名下永遠住佔為業。日後，起樓蓋屋、栽樹打井，一概由其自便。今遵土默特

5 旗政府定章，以原價洋捌拾伍萬圓整，應出百分之八蒙古過約費陸萬捌千圓，

6 並每年應出蒙租洋壹千柒百圓，憑摺收取。日後，倘有蒙民人等爭奪者，有收租人

7 一力承當。恐口無憑，立租到永遠地基合同文約兩張，各執壹張為証。

（印花稅票壹枚）

8 中華民國三十五年十一月十五日于福立

9 立合同文約两張，各執壹張為証（一）。

同中說合人

10 王二虎

11 李永海

12 馬吉山

13 巴秉鈞代筆

14

租字第貳貳捌號

生字第玖弍玖號(二)

土默特特別旗政府蒙古過約聯單

(丙聯)　　字第　　號

為發給買賣田房過約聯單事，茲查左列不動產業經新舊業主申請轉移，惟此項產權應與原主蒙古達木欠雙全照章履行過約認租手續，並遵守左記事項附諸契尾。

不動產類	坐落	長寬尺寸或面積	四至	價格	立約年月日 過約年月日
房院壹所	歸綏市通道街	東西寬貳丈玖尺 南北長肆丈叁尺	東至韓姓　西至穆姓 南至公巷　北至馬姓	洋捌拾伍萬元整	民國三十五年九月廿一日 十一月十五日

賣主氏名	買主氏名住址	蒙古收租人	每年租額	蒙古應得百分之五過約費	本府經費百分之三
穆文魁	于福	達木欠雙全	洋壹千柒百元	洋肆萬貳千伍百元整	洋貳萬伍千伍百元整

右單給蒙古達木欠雙全

中華民國三十五年十一月十六日

注釋

〔一〕該行文字只存右半部分。

〔二〕該行文字只存左半部分。

民
86

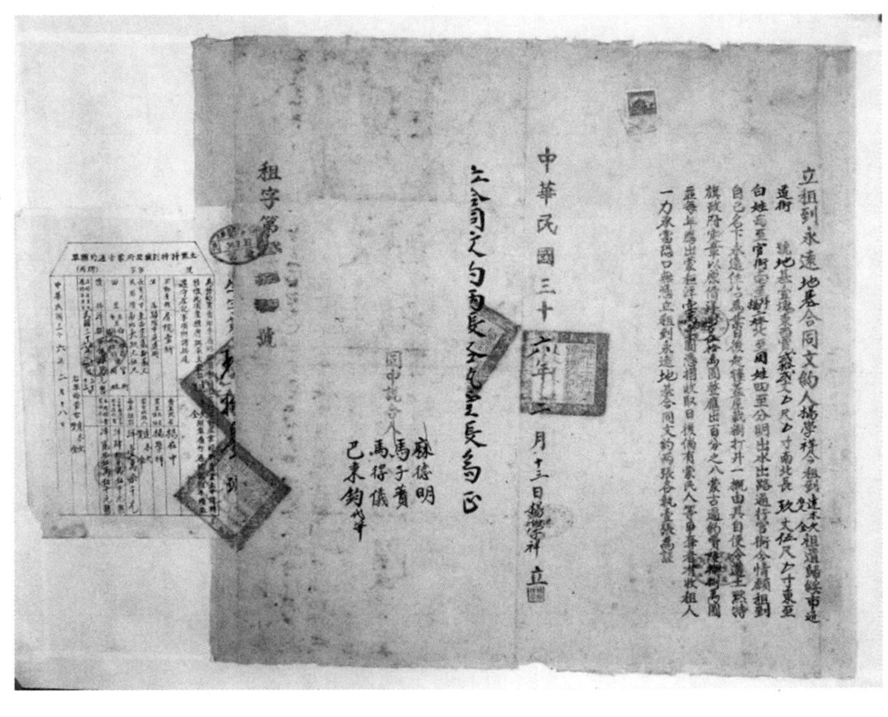

立租到永遠地基合同文約人楊學祥

中華民國三十六年二月十三日楊學祥立

同中說合人 蘇德明 馬子貴 馬得儀 巴東鈞

租字第 號

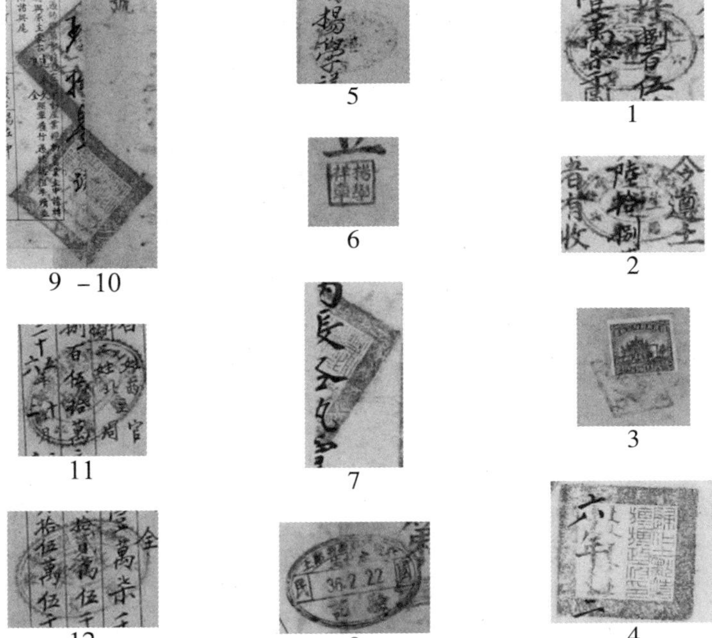

1 2 3 4 5 6 7 8 9 –10 11 12

民86　民國三十六年（一九四七）楊學祥租到達木欠、塿全地基合同文約

該合同約原編號是197，尺寸為48.9×48.9釐米。約中粘有「國民政府印花稅票叁圓」一枚，附有民國三十六年「土默特特別旗政府蒙古過約聯單」，合同約及聯單共鈐有朱印五方，其中四方漢蒙雙語印（4、7、9—10）印文為「歸化土默特旗政府印」，一方（6）印文為「楊學祥章」。藍印七方，其中五方（1、2、5、11、12）印文為「土默特特別旗歸綏生計處圖章」，一方（8）印文為「土默特特別旗歸綏生計處民國36．2．22驗訖」，一方（3）鈐在印花稅票上面，印文為「生計處印花章」。該合同約中的地基原由楊在忠租到，具體內容見民77《成紀七三九年（一九四四）楊在忠租到達木氣地基合同文約》。

立租到永遠地基合同文約人楊學祥，今租到達木欠、塿全祖遺歸綏市通道街　號地基壹塊。東西寬弍拾弍丈△尺△寸，南北長玖丈伍尺△寸，東至白姓，西至官街，南至楊、拜二姓，北至周姓，四至分明，出水出路通行官街。今情願租到自己名下永遠住佔為業。日後，起樓蓋屋、栽樹打井，一概由其自便。今遵土默特旗政府定章，以原價洋捌百伍拾萬圓整，應出百分之八蒙古過約費陸拾捌萬圓，並每年應出蒙租洋壹萬柒千圓，憑摺收取。日後，倘有蒙民人等爭奪者，有收租人一力承當。恐口無憑，立租到永遠地基合同文約兩張，各執壹張為証。

（印花稅票壹枚）

中華民國三十六年二月十三日楊學祥立

立合同文約两張，各執壹張為証[一]。

麻德明

馬子賁

同中說合人　馬得儀

巴秉鈞代筆

租字第**貳捌零**號

生字第玖捌壹號（二）

土默特特別旗政府蒙古過約聯單

字第　　號　（丙聯）

為發給買賣田房過約聯單事，茲查左列不動產業經新舊業主申請轉移，惟此項產權應與原主蒙古達木欠叟全照章履行過約認租手續，並遵守左記事項附諸契尾。

不動產類	坐落	長寬尺寸或面積	四至	價格	立約年月日 過約年月日
房院壹所	歸綏市通道街	東西寬貳拾貳丈 南北長玖丈伍尺	東至白姓　西至官街 南至楊二姓　北至周姓	洋捌百伍拾萬元整	民國三十五年十月三十日 民國三十六年二月十三日

賣主氏名	買主氏名住址	蒙古收租人	每年租額	蒙古應得百分之五過約費	本府經費百分之三	
楊在中	楊學祥	達木欠叟全	洋壹萬柒千元	洋肆萬貳萬伍千元整	洋貳拾伍萬伍千元整	

右單給蒙古達木欠叟全

中華民國三十六年二月十八日

注釋

〔一〕該行文字只存右半部分。

〔二〕該行文字只存左半部分。

民87

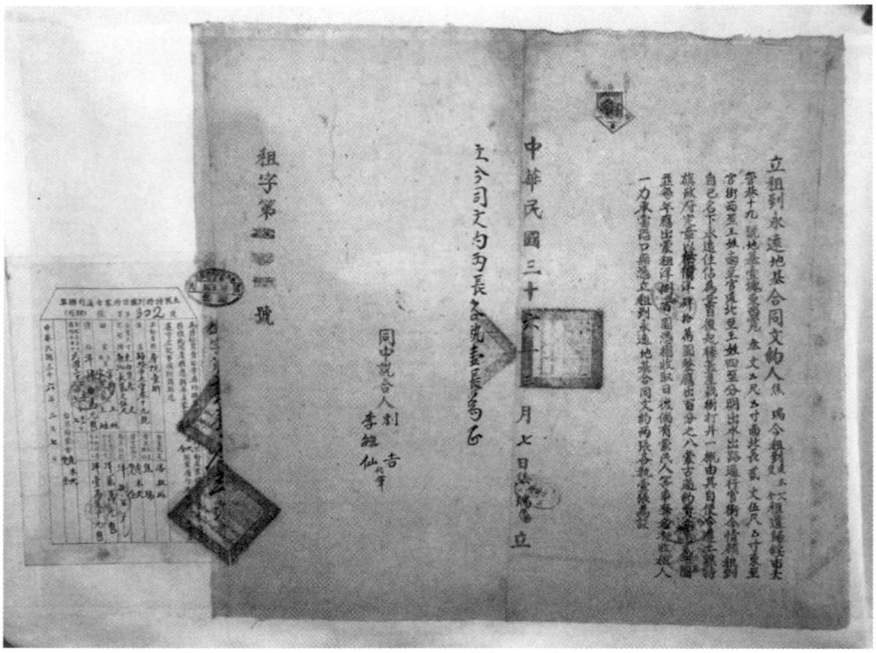

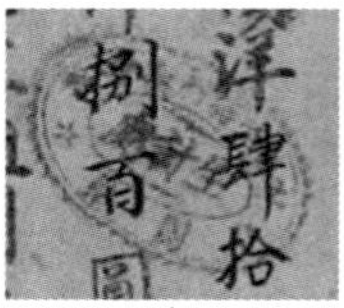
1

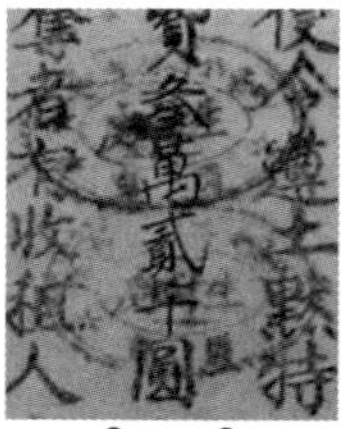
2 – 3

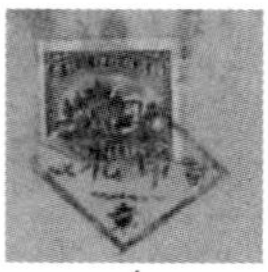
4

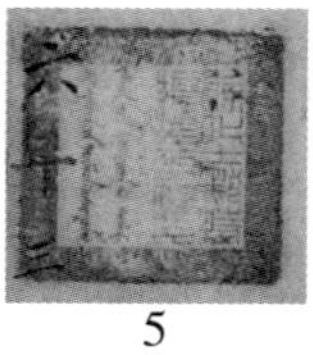
5

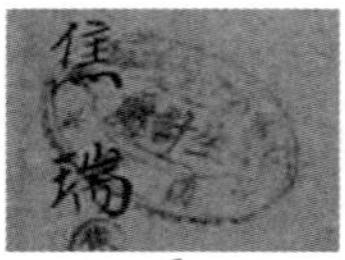
6

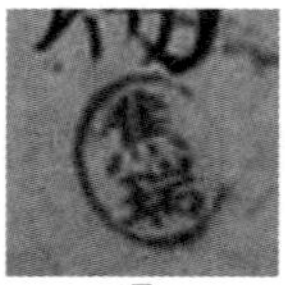
7

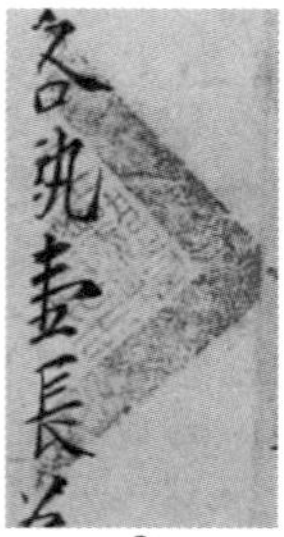
8

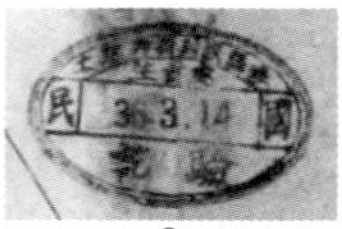

9

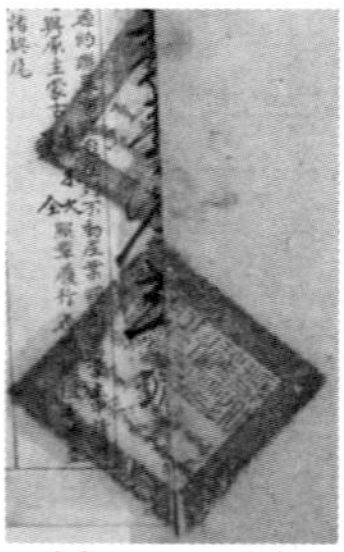
10 – 11

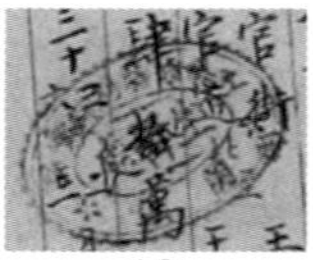
12

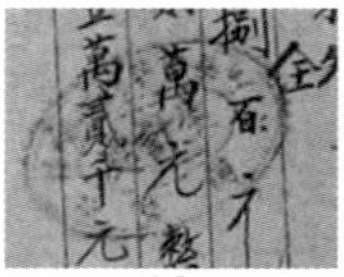
13

民87　民國三十六年（一九四七）焦瑞租到達木欠、蔞全地基合同文約

該合同約原編號是198，文書尺寸為51.5×50釐米。約中粘有「民國政府印花稅票叁圓」一枚，附有民國三十六年「土默特特別旗政府蒙古過約聯單」，合同約及聯單共鈐有朱印五方，其中四方漢蒙雙語印（5、8、10—11）印文為「歸化土默特旗政府[蒙文]印」，一方（7）印文為「焦瑞」。藍印八方，其中六方（1、2—3、6、12、13）印文為「土默特特別旗歸綏生計處圖章」，一方（9）印文為「土默特特別旗歸綏生計處　民國36．3．14驗訖」，一方（4）鈐在印花稅票上面，印文為「生計處印花章」。該合同約中的地基原由潘啟成賃到，具體內容見民66《民國二十六年（一九三七）潘啟成賃到蒙古達木且空地基約》。

立租到永遠地基合同文約人焦　瑞，今租到達木欠、蔞全祖遺歸綏市太
管巷十九號地基壹塊。東西寬叁丈△尺△寸，南北長貳丈伍尺△寸，東至
官街，西至王姓，南至官道，北至王姓，四至分明，出水出路通行官街。今情願租到
自己名下永遠住佔為業。日後，起樓蓋屋、栽樹打井，一概由其自便。今遵土默特
旗政府定章，以估價[一]洋肆拾萬圓整，應出百分之八蒙古過約費叁萬貳千圓，
並每年應出蒙租洋捌百圓，憑摺收取。日後，倘有蒙民人等爭奪者，有收租人
一力承當。恐口無憑，立租到永遠地基合同文約兩張，各執壹張為証。

（印花稅票一枚）

中華民國　三十六年　三　月七日焦　瑞　立

立合同文約两張，各執壹張為証[二]。

同中說合人　劉　吉
李毓仙代筆

12

租字第叁零貳號

生字第壹壹零弍號（三）

土默特特別旗政府蒙古過約聯單

（丙聯）　字第　302　號

為發給買賣田房過約聯單事，茲查左列不動產業經新舊業主申請轉移，惟此項產權應與原主蒙古達木欠雙全照章履行過約認租手續，並遵守左記事項附諸契尾。

不動產類	坐落	長寬尺寸或面積	四至	價格	立約年月日 過約年月日
房院壹所	歸綏市太管巷十九號	東西寬叁丈 南北長貳丈伍尺	東至官街　西至王姓 南至官道　北至王姓	洋肆拾萬元整	民國三十三年二月廿二日 三十六年三月七日

賣主氏名	買主氏名住址	蒙古收租人	每年租額	蒙古應得百分之五過約費	本府經費百分之三
潘啟成	焦瑞	達木欠雙全	洋捌百元	洋貳萬元整	洋壹萬貳千元整

右單給蒙古達木欠雙全

中華民國三十六年三月七日

注釋

〔一〕「估價」二字為朱色，寫於墨色「原價」二字之上。

〔二〕該行文字只存右半部分。

〔三〕該行文字只存左半部分。

民88

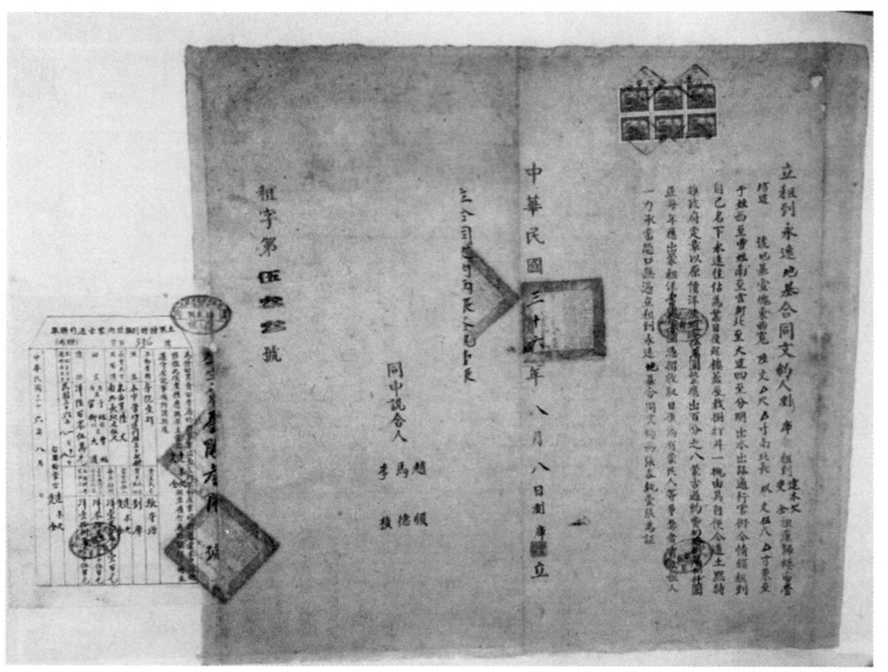

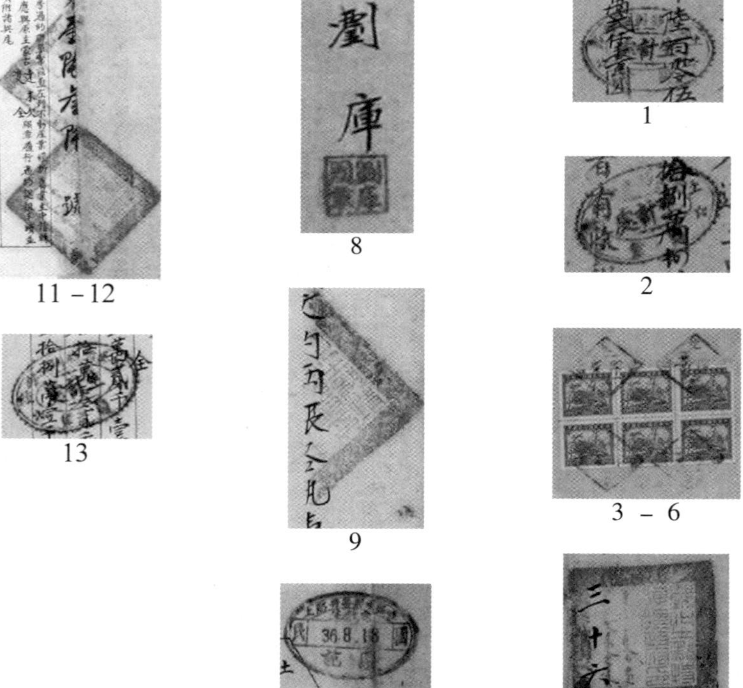

11－12

13

8

9

10

1

2

3 – 6

7

民88　民國三十六年（一九四七）劉庫租到達木欠、㥶全地基合同文約

該合同約原編號是199，尺寸為51.5×48.7釐米。約中粘有「中華民國印花稅票貳拾圓」六枚，附有民國三十六年「土默特特別旗政府蒙古過約聯單」，合同約及聯單共鈐有朱印五方，其中四方漢蒙雙語印（7、9、11—12）印文為「歸化土默特旗旗政府印[蒙文]」，一方（8）印文為「劉庫圖章」。藍印八方，其中三方（1、2、13）印文為「土默特特別旗歸綏生計處圖章」，一方（10）印文為「土默特特別旗歸綏生計處民國36．8．18驗訖」，四方（3—6）鈐在印花稅票上面，印文為「生計處印花章」。

1 立租到永遠地基合同文約人劉　庫，今租到達木欠、㥶　全祖遺歸綏市營

2 坊道　　號地基壹塊。東西寬　陸丈△尺△寸，南北長　玖　丈伍尺△寸，東至

3 于姓，西至曹姓，南至官街，北至大道，四至分明，出水出路通行官街。今情願租到

4 自己名下永遠住佔為業。日後，起樓蓋屋、栽樹打井，一概由其自便。今遵土默特

5 旗政府定章，以原價洋陸百零伍萬圓整，應出百分之八蒙古過約費肆拾捌萬肆仟圓，

6 並每年應出蒙租洋壹萬弍千壹百圓，憑摺收取。日後，倘有蒙民人等爭奪者，有收租人

7 一力承當。恐口無憑，立租到永遠地基合同文約兩張，各執壹張為証。

（印花稅票六枚）

8 中華民國　三十六　年　八　月八日劉　庫〔十〕立

9 立合同文約兩張，各執壹張為証〔一〕。

10 　　同中說合人　趙　順

11 　　　　　　　　馬　德

12 　　　　　　　　李　楨

13

租字第伍叁叁號

生字第壹陸叁陸號（二）

土默特特別旗政府蒙古過約聯單

（丙聯）　字第536號

為發給買賣田房過約聯單事，茲查左列不動產業經新舊業主申請轉移，惟此項產權應與原主蒙古達木欠叟全照章履行過約認租手續，並遵守左記事項附諸契尾。

不動產類	房院壹所
坐落	本市營坊道门牌三十七號
長寬尺寸或面積	東西寬陸丈，南北長玖丈伍尺
四至	東至于姓，西至曹姓，南至官街，北至大道
價格	洋陸百零伍萬元
立約年月日、過約年月日	民國三十六年一月十一日、八月八日
賣主氏名	張守源
買主氏名住址	劉庫
蒙古收租人	達木欠叟全
每年租額	洋壹萬貳千壹百元
蒙古應得過約費百分之五	洋叁拾萬零貳千伍百元
本府經費百分之三	洋壹拾捌萬壹千伍百元

右單給蒙古達木欠叟全

中華民國三十六年八月日

注釋

〔一〕該行文字只存右半部分。

〔二〕該行文字只存左半部分。

民89

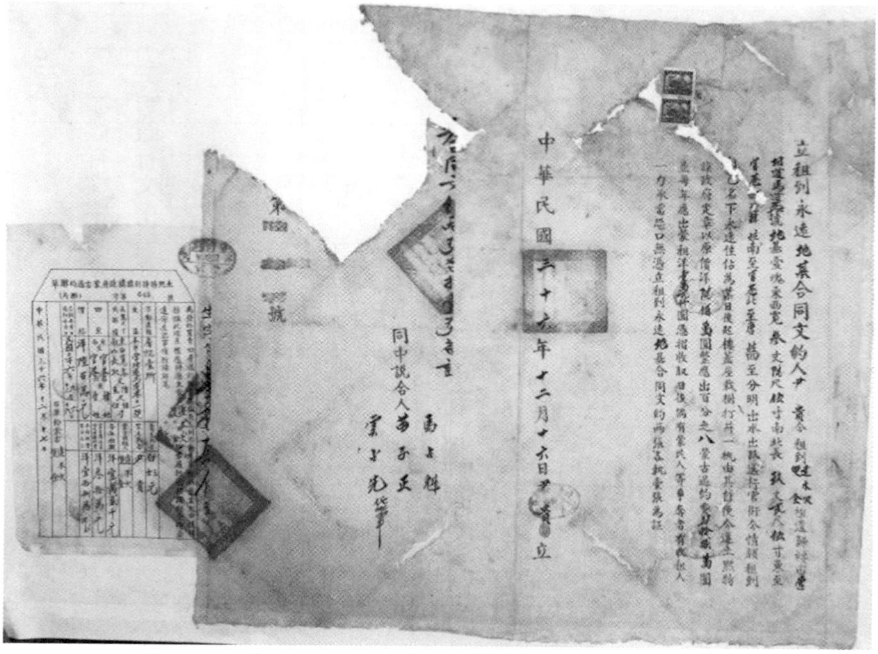

立租到永遠地基合同文約人尹貴今租到[illegible]
[illegible]地基壹塊東西寬叁丈陸尺伍寸南北長玖丈[illegible]尺伍寸東至[illegible]
[illegible]南至官巷北至唐[illegible]四至分明出水出路通行官街今情願租到
自己名下永遠住佔為業日後起樓蓋屋栽樹打井一概由其自便今遵土默特
旗政府更章以原價洋陸佰萬圓整應出百分之八蒙古過約費洋肆拾捌萬圓
整每年應出蒙租洋[illegible]圓[illegible]收取日後倘有蒙民人等爭奪者有收租人
一力承當恐口無憑立租到永遠地基合同文約兩張各執壹張為証

中華民國三十六年十二月十六日尹貴立

同中説合人 [illegible]

9－10

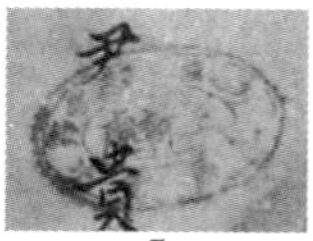

5

1

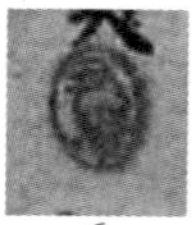

6

2

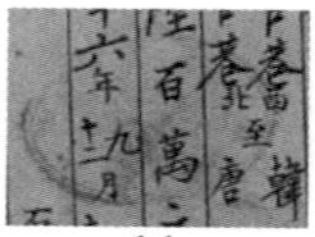

11

7

3

12

4

8

民89　民國三十六年（一九四七）尹貴租到達木欠、雙全地基合同文約

該合同約原編號是200，尺寸為51.3×48.6釐米。約中粘有「中華民國印花稅票伍拾圓」兩枚，附有民國三十六年「土默特特別旗旗政府蒙古過約聯單」，合同約及聯單共鈐有朱印十二方，其中四方漢蒙雙語印（4、7、9—10）印文為「歸化土默特旗旗政府印」，一方（6）印文為「尹貴」，五方（1、2、5、11、12）印文為「土默特特別旗歸綏生計處圖章」，一方（8）印文為「土默特特別旗歸綏生計處民國36·12·12驗訖」，一方（3）鈐在印花稅票上面，印文為「生計處印花章」。

立租到永遠地基合同文約人尹　貴，今租到達木欠、雙全祖遺歸綏市營坊道馬道巷　號地基壹塊。東西寬叁丈陸尺伍寸，南北長玖丈弍尺伍寸，東至官巷，西至韓姓，南至官巷，北至唐　姓，四至分明，出水出路通行官街。今情願租到自己名下永遠住佔為業。日後，起樓蓋屋、栽樹打井，一概由其自便。今遵土默特旗政府定章，以原價洋陸佰萬圓整，應出百分之八蒙古過約費肆拾捌萬圓，並每年應出蒙租洋壹萬弍仟圓，憑摺收取。日後，倘有蒙民人等爭奪者，有收租人一力承當。恐口無憑，立租到永遠地基合同文約兩張，各執壹張為証。

（印花稅票兩枚）

中華民國三十六年十二月十六日尹貴立

立合同文約两張，各执壹張為証（二）。

同中說合人　馬占魁　苗子正　雲占先代筆

第陸叁肆零號

生字第壹捌肆伍號（二）

土默特特別旗旗政府蒙古過約聯單

（丙聯）　字第　645　號

為發給買賣田房過約聯單事，茲查左列不動產業經新舊業主申請轉移，惟此項產權應與原主蒙古達木欠、雙全照章履行過約認租手續，並遵守左記事項附諸契尾。

不動產類	坐落	長寬尺寸或面積	四至	價格	立約年月日 過約年月日
房院壹所	本市營坊道馬道巷十一號	東西寬叁丈陸尺伍寸 南北長玖丈貳尺伍寸	東至官巷 西至韓姓 南至官巷 北至唐姓	洋陸百萬元	民國三十六年九月六日 十二月十六日

賣主氏名	買主氏名住址	蒙古收租人	每年租額	蒙古應得百分之五過約費	本府經費百分之三
白三士元	尹貴	達木欠、雙全	洋壹萬貳千元	洋叁拾萬元	洋壹拾捌萬元

右單給蒙古達木欠、雙全

中華民國三十六年十二月十七日

注釋

〔一〕該行文字只存左半部分。

〔二〕該行文字只存左半部分。

民90

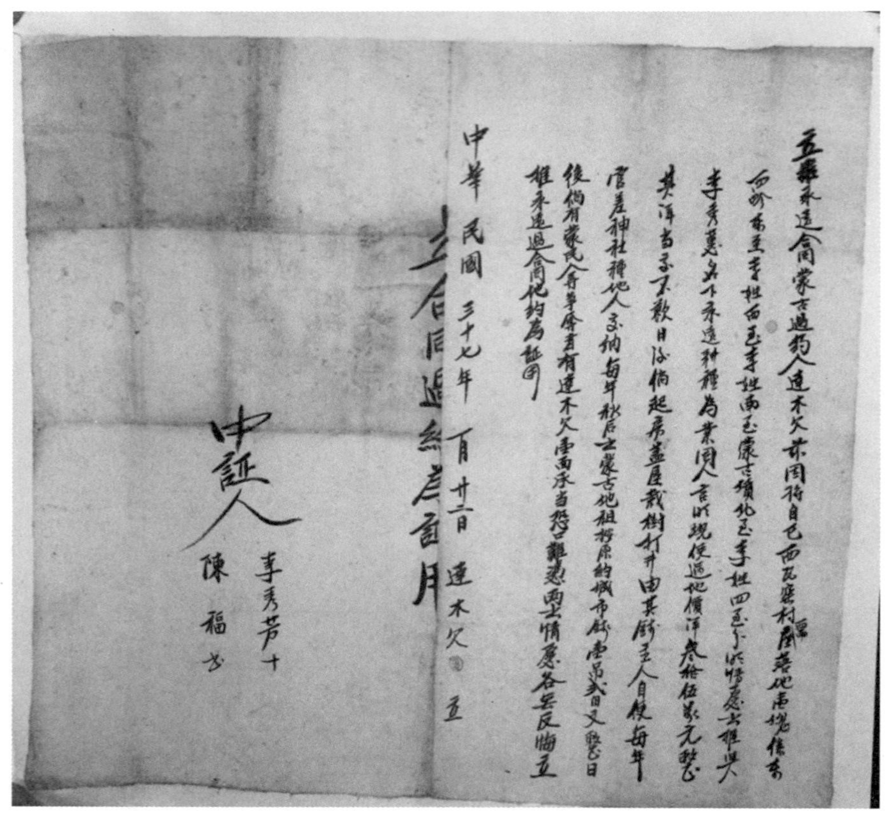

立絕永遠合同蒙古過約人達木欠，今因將自己西瓦窯村營房地壹塊，係東西畛，南至李姓，西至李姓，南至蒙古墳地，北至李姓，四至分明。情愿出推與人李秀英名下永遠耕種為業。同人言明，現使過地價洋叁拾伍萬元整，其洋當交不欠。日後倘起房蓋屋、栽樹打井，由其業主人自便。每年官差神社種地人交納，每年秋后出蒙古地租，按原納城市錢壹吊貳百文。日後倘有蒙民人等爭奪者，有達木欠壹面承當。恐口難憑，兩出情愿，各無反悔，立推永遠過合同地約為証用。

中華民國三十七年正月廿二日　達木欠　立

立合同過約存照

中証人　李秀芳十
陳福　書

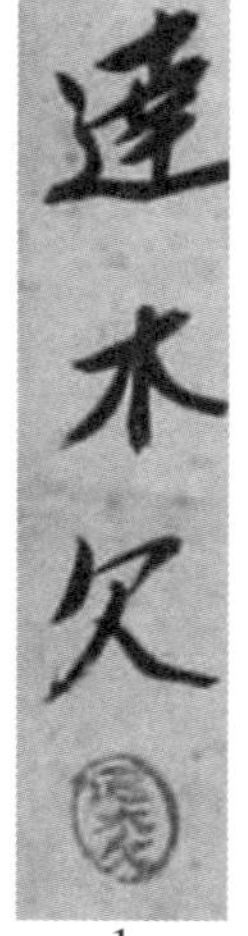

1

民90　民國三十七年（一九四八）達木欠出推與李秀蕙地合同約

該合同約中鈐有朱印一方（1），印文為「達木欠」。

立推永遠合同蒙古過约人達木欠，茲因將自己西瓦窑村西南〔一〕座落地壹塊，係东
西畛，东至李姓，西至李姓，南至蒙古墳，北至李姓，四至分明，情愿出推與
李秀蕙名下永遠耕種為業。同人言明，現使過地價洋叁拾伍萬元整，
其洋当交不歉（欠）。日後，倘起房盖屋、栽樹打井，由其錢主人自便。每年
官差神社種地人交纳，每年秋后出蒙古地租，按原約城市錢壹吊弍佰文整。日後，
倘有蒙民人等争奪者，有達木欠壹面承当。恐口難憑，两出情愿，各無返悔，立
推永遠過合同地约為証用。
中華　民國　三十七年　一月　廿二日　達木欠◌　立
立合同過約為証用〔二〕。
中証人　李秀芳十
陳　福书

注釋

〔一〕「西南」二字原寫於行外，附有表示增補插入的畫綫。

〔二〕該行文字只存左半部分。

附表

編　　號	民 90
題　　名	民國三十七年（一九四八）達木欠出推與李秀蕙地合同約
類　　别	出推地約
尺　　寸	55×53.5 釐米
保存狀態	完整
原 編 號	201
紅 白 契	白契
立 約 者	蒙古過约人達木欠
理　　由	無
承 推 者	李秀蕙
出 推 者	蒙古過约人達木欠
承 當 者	達木欠
地點坐落及四至	西瓦窑村西南：东至李姓，西至李姓，南至蒙古墳，北至李姓
面　　積	地壹塊，係东西畛
用　　途	永遠耕種為業，起房盖屋、栽樹打井，由其錢主人自便
地　　價	洋叁拾伍萬元整，其洋当交不欠
地 租 錢	每年秋后出，按原約城市錢壹吊弍佰文整，每年官差社種地人交纳
年　　限	永遠
印　　章	朱印一方
稅　　票	無
文　　字	漢
中 証 人	李秀芳、陳福
書　　人	陳福
立約日期	中華民國三十七年一月廿二日
附　　注	

民
91

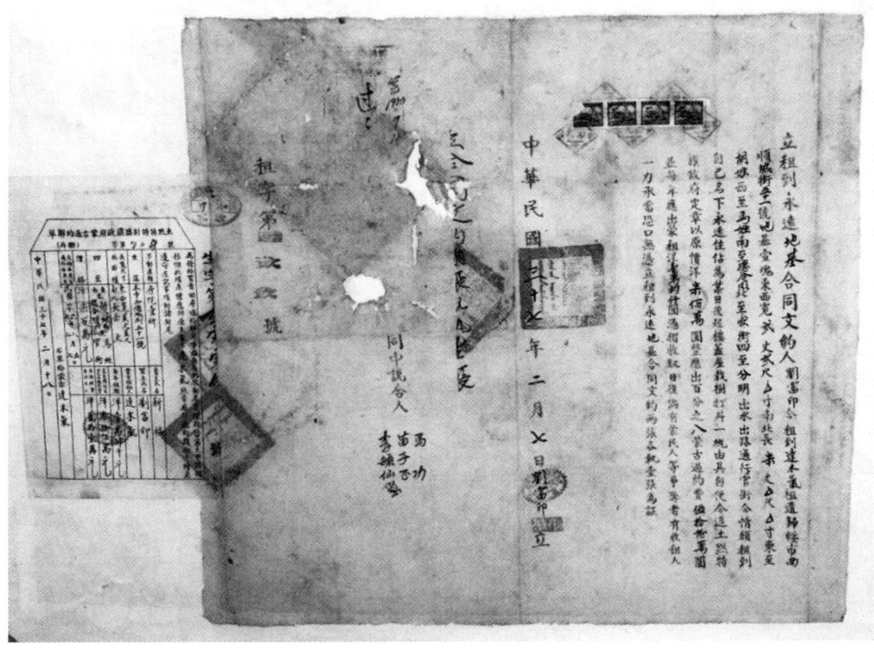

立租到永遠地基合同文約人劉富印今租到達木氣極道歸綏市西順城街第一號地基壹塊東西寬貳丈叁尺〇寸南北長柒丈〇尺〇寸東至胡姓西至馬姓南至胡姓北至官街四至分明出水出路通行官街今情願租到自己名下永遠住佔為業日後起樓蓋房栽樹打井一概由其自便今送土默特旗政府定章以原價洋柒佰萬圓照應出百分之八蒙古過約費伍拾陸萬圓另每年應出蒙租洋壹萬捌仟圓憑摺收取日後倘有蒙民人等爭奪者有收租人一力承當恐口無憑立租到永遠地基合同文約兩張各執壹張為証

中華民國三十七年二月七日　劉富印　立

同中說合人　馬功　苗子亭　李秋仙

14－15

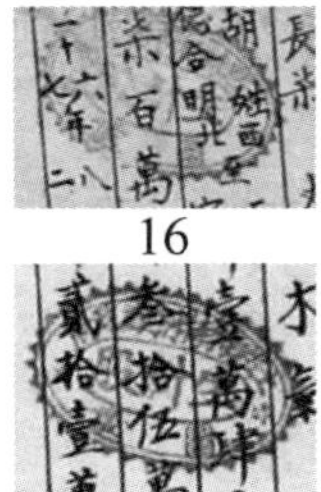
16
17

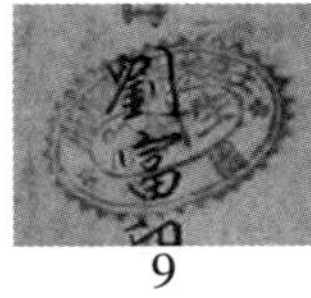
9

10－11

12

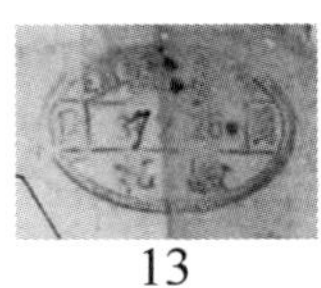
13

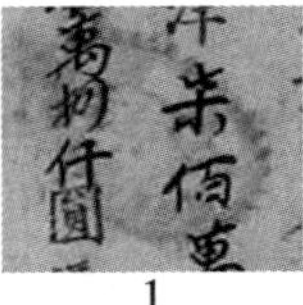
1

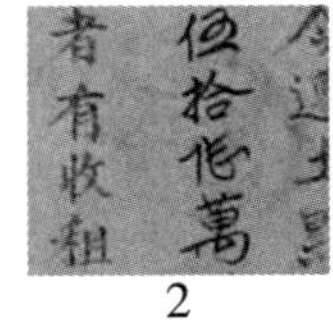
2

3－7

8

民91　民國三十七年（一九四八）劉富印租到達木氣地基合同文約

該合同約原編號是202，尺寸為50.5×48.5釐米。約中粘有「中華民國印花稅票拾圓」四枚，附有民國三十七年「土默特特別旗旗政府蒙古過約聯單」，合同約及聯單共鈐有朱印十一方，其中四方漢蒙雙語印（8、12、14—15）印文為「歸化土默特旗旗政府印」，兩方（10—11）印文為「劉富印章」，四方（3—7）鈐在印花稅票上面，印文為「生計處印花章」，另在合同紙右側邊緣有一朱印之反印痕跡。藍印六方，其中五方（1、2、9、16、17）印文為「土默特特別旗歸綏生計股圖章」，一方（13）為「土默特特別旗歸綏生計處民國37．2．26驗訖」。合同約中另附有公元1950年7月12日「田房過約移轉證」，文字多漫漶不清，根據殘存的過約移轉日期，可知其過約移轉的具體內容為新2《公元一九五〇年武守良租到達木欠地基合同文約》。約中地塊原由靳福租到，具體內容見民81《民國三十五年（一九四六）靳福租到達木氣地基合同文約》。

1 立租到永遠地基合同文約人劉富印，今租到達木氣祖遺歸綏市西
2 順城街五十一號地基壹塊。東西寬弍丈弍尺△寸，南北長柒丈△尺△寸，東至
3 胡姓，西至馬姓，南至德合明，北至官街，四至分明，出水出路通行官街。今情願租到
4 自己名下永遠住佔為業。日後，起樓蓋屋、栽樹打井，一概由其自便。今遵土默特
5 旗政府定章，以原價洋柒佰萬圓整，應出百分之八蒙古過約費伍拾陸萬圓，
6 並每年應出蒙租洋壹萬肆仟圓，憑摺收取。日後，倘有蒙民人等爭奪者，有收租人
7 一力承當。恐口無憑，立租到永遠地基合同文約兩張，各執壹張為証。

（印花稅票四枚）

8 中華民國三十七年二月七日劉富印立

立合同文約兩張，各執壹張〔一〕。

田房過約移轉證					
時期移轉	部分移轉	新□主氏名	手續移轉	蒙租有無	
公元1950年7月12日	過□				

〔二〕

同中說合人　馬功　苗子正　李毓仙代书

租字第**陸** **玖** **玖**號

生字第弍零零伍號（三）

土默特特別旗旗政府蒙古過約聯單

（丙聯）　字第　705　號

為發給買賣田房過約聯單事，茲查左列不動產業經新舊業主申請轉移，惟此項產權應與原主蒙古達木氣照章履行過約認租手續，並遵守左記事項附諸契尾。

不動產類	坐落	長寬尺寸或面積	四至	價格	立約年月日 過約年月日
房院壹所	本市西順城街五十一號	東西寬貳丈貳尺 南北長柒丈	東至胡姓　西至馬姓 南至德合明　北至官街	洋柒百萬元	民國三十六年八月五日 民國三十七年二月七日

賣主氏名	買主氏名住址	蒙古收租人	每年租額	蒙古應得百分之五過約費	本府經費百分之三
靳福	劉富印	達木氣	洋壹萬肆千元	洋叁拾伍萬元	洋貳拾壹萬元

右單給蒙古達木氣

中華民國三十七年二月十八日

注釋

〔一〕該行文字只存右半部分。

〔二〕該表格為藍色，殘存的文字中，「过□」「公元1950」「7」「12」是墨色，餘者為朱色。

〔三〕該行文字只存左半部分。

民92

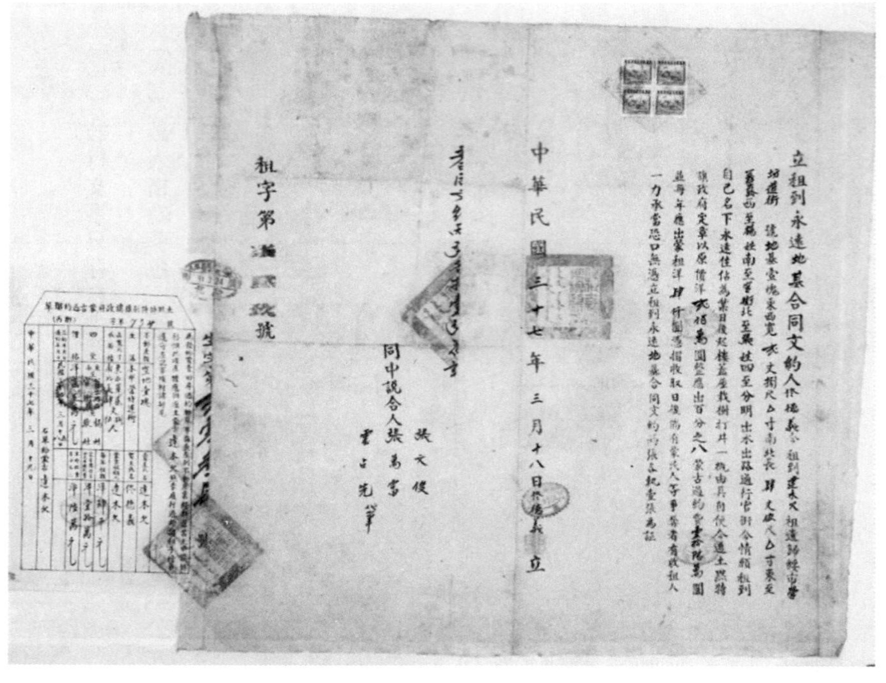

立租到永遠地基合同文約人佟德義今租到達木丈祖遺……
坳道街壹塊地基壹塊東西寬貳丈捌尺五寸南北長肆丈陸尺五寸東至
蕭姓西至楊姓南至官街北至張姓四至分明出水出路通行官街合情願租到
自己名下永遠住佔為業日後起樓蓋屋栽樹打井一概由其自便合遵土默特
旗政府定章以原價洋貳佰萬圓照應出百分之八蒙古過約費壹拾陸萬圓
並每年應出蒙租洋肆仟圓憑摺收取日後倘有蒙民人等爭奪者有收租人
一力承當恐口無憑立租到永遠地基合同文約兩張各執壹張為証

中華民國三十七年三月十八日佟德義立

同中說合人 張文俊 張萬富

書字人 先筆

租字第 號

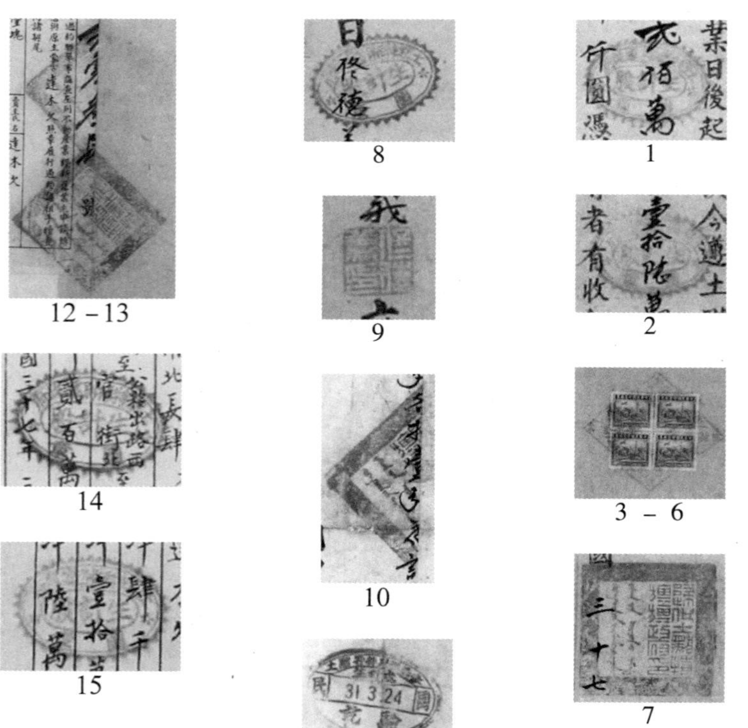

8 1 12－13 9 2 14 3－6 10 15 7 11

民92　民國三十七年（一九四八）佟德義租到達木欠地基合同文約

該合同約原編號是203，尺寸為51.3×48.7釐米。約中粘有「中華民國印花稅票壹佰圓」四枚，附有民國三十七年「土默特特別旗旗政府蒙古過約聯單」，合同約及聯單共鈐有朱印九方，其中四方漢蒙雙語印（7、10、12—13）印文為「歸化土默特旗旗政府印」，一方（9）印文為「佟德義印」，四方（3—6）鈐在印花稅票上面，印文為「生計處印花章」。藍印六方，其中五方（1、2、8、14、15）印文為「土默特特別旗歸綏生計股圖章」，一方（11）印文為「土默特特別旗歸綏生計處民國31．3．24驗訖」。

立租到永遠地基合同文約人佟德義，今租到達木欠祖遺歸綏市營坊道街　號地基壹塊。東西寬弍丈捌尺△寸，南北長　肆　丈伍尺△寸，東至公夥出路，西至楊姓，南至官街，北至張姓，四至分明，出水出路通行官街。今情願租到自己名下永遠住佔為業。日後，起樓蓋屋、栽樹打井，一概由其自便。今遵土默特旗政府定章，以原價洋弍佰萬圓整，應出百分之八蒙古過約費壹拾陸萬圓，並每年應出蒙租洋肆仟圓，憑摺收取。日後，倘有蒙民人等爭奪者，有收租人一力承當。恐口無憑，立租到永遠地基合同文約兩張，各執壹張為証。

（印花稅票四枚）

中華民國三十七年三月十八日佟德義立

立合同文約两張，各执壹張為証[一]。

同中說合人　張文俊　張萬富　雲占先代筆

13

租字第柒貳玖號

生字第貳零叁肆號（二）

土默特特別旗旗政府蒙古過約聯單

（丙聯）　　字第734號

為發給買賣田房過約聯單事，茲查左列不動產業經新舊業主申請轉移，惟此項產權應與原主蒙古達木欠照章履行過約認租手續，並遵守左記事項附諸契尾。

不動產類	坐落	長寬尺寸或面積	四至	價格	立約年月日 過約年月日
空地壹塊	本市營坊道街	東西寬貳丈捌尺 南北長肆丈伍尺	東至公夥出路　西至楊姓 南至官街　北至張姓	洋貳百萬元	民國三十七年三月五日 八日

賣主氏名	買主氏名住址	蒙古收租人	每年租額	蒙古應得百分之五過約費	本府經費百分之三	
達木欠	佟德義	達木欠	洋肆千元	洋壹拾萬元	洋陸萬元	

右單給蒙古達木欠

中華民國三十七年三月十九日

注釋

〔一〕該行文字只存左半部分。

〔二〕該行文字只存左半部分。

民93

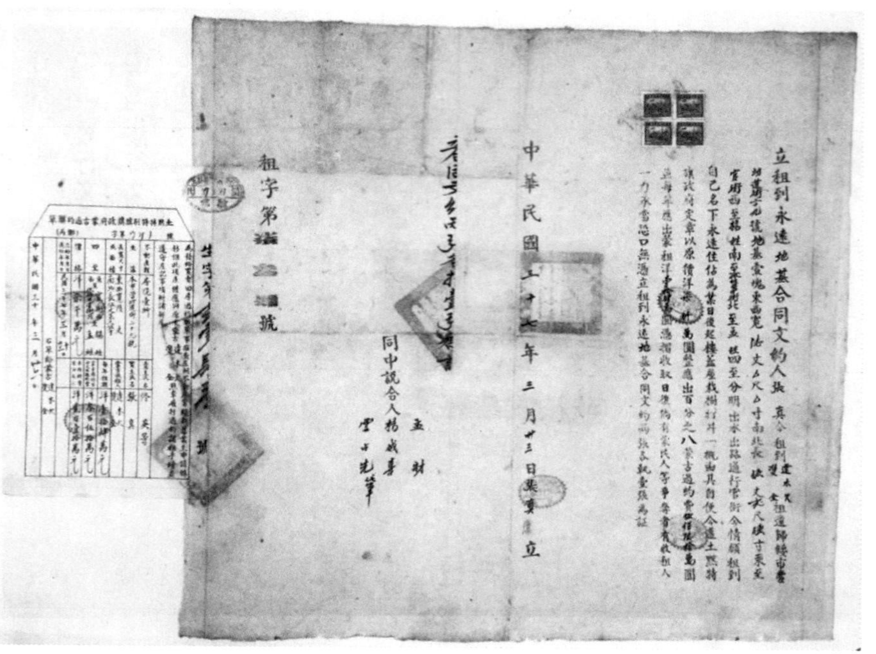

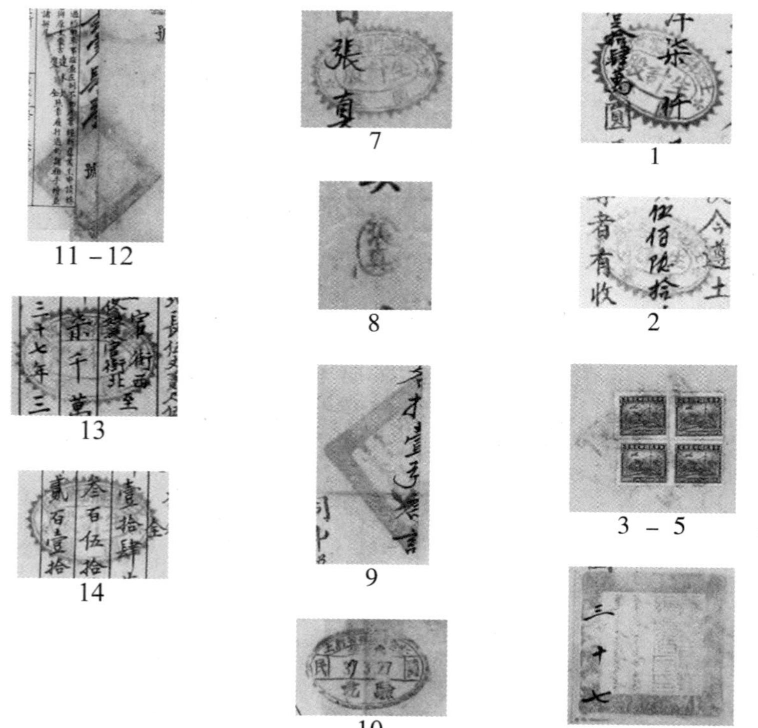

7 1 11－12 8 2 13 9 3－5 14 10 6

民93 民國三十七年（一九四八）張真租到達木欠、婁全地基合同文約

該合同約原編號是204，尺寸為51.2×49釐米。約中粘有「中華民國印花稅票壹仟圓」四枚，附有民國「土默特特別旗旗政府蒙古過約聯單」，合同約及聯單共鈐有朱印八方，其中四方漢蒙雙語印（6、9、11—12）印文為「歸化土默特旗政府印」，一方（8）印文為「張真」，三方（3—5）鈐在印花稅票上面，根據其他同時期合同約推測，印文為「生計處印花章」。五方藍印（1、2、7、13、14）印文為「土默特特別旗歸綏生計股圖章」，一方藍印（10）印文為「土默特特別旗歸綏生計處民國37．3．27驗訖」。

立租到永遠地基合同文約人張　真，今租到達木欠、婁　全祖遺歸綏市營
坊道街二十九號地基壹塊。東西寬陸　丈△尺△寸，南北長伍　丈弍尺伍寸，東至
官街，西至楊姓，南至佟姓及官街，北至孟　姓，四至分明，出水出路通行官街。今情願租到
自己名下永遠住佔為業。日後，起樓蓋屋、栽樹打井，一概由其自便。今遵土默特
旗政府定章，以原價洋柒仟　萬圓整，應出百分之八蒙古過約費伍佰陸拾萬圓，
並每年應出蒙租洋壹拾肆萬圓，憑摺收取。日後，倘有蒙民人等爭奪者，有收租人
一力承當。恐口無憑，立租到永遠地基合同文約两張，各執壹張為証。

（印花稅票四枚）

中華民國　三十七　年　三　月廿三日張　真（押）　立

立合同文约两張，各执壹張為証[一]。

同中說合人　孟　財
楊成喜
雲占先代筆

13

租字第柒叁肆號

生字第弍壹肆壹號（二）

土默特特別旗旗政府蒙古過約聯單

（丙聯）　字第741號

為發給買賣田房過約聯單事，茲查左列不動產業經新舊業主申請轉移，惟此項產權應與原主蒙古達木欠 塿全照章履行過約認租手續，並遵守左記事項附諸契尾。

不動產類	坐落	長寬尺寸或面積	四至	價格	立約年月日 過約年月日
房院壹所	本市營坊道街二十九號	東西寬叁陸丈 南北長伍丈貳尺伍寸	東至官街 西至楊姓 南至佟姓及官街 北至孟姓	洋柒千萬元	民國三十七年三月十 廿三日

賣主氏名	買主氏名住址	蒙古收租人	每年租額	蒙古應得百分之五過約費	本府經費百分之三
佟英等	張真	達木欠 塿全	洋壹拾肆萬元	洋叁百伍拾萬元	洋貳百壹拾萬元

右單給蒙古達木欠 塿全

中華民國三十年三月廿六日

注釋

〔一〕該行文字只存左半部分。

〔二〕該行文字只存左半部分。

民94

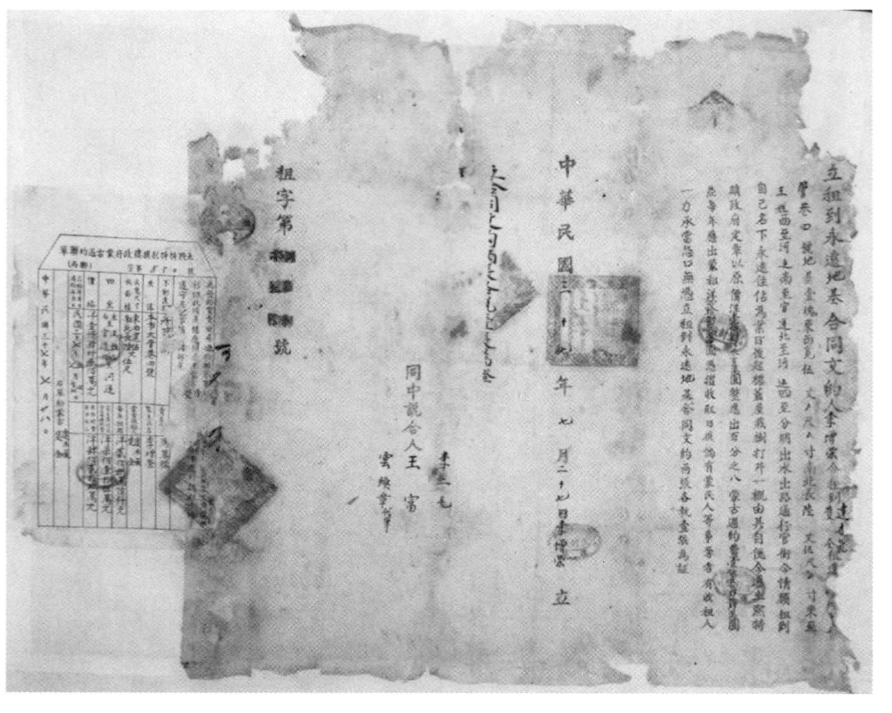

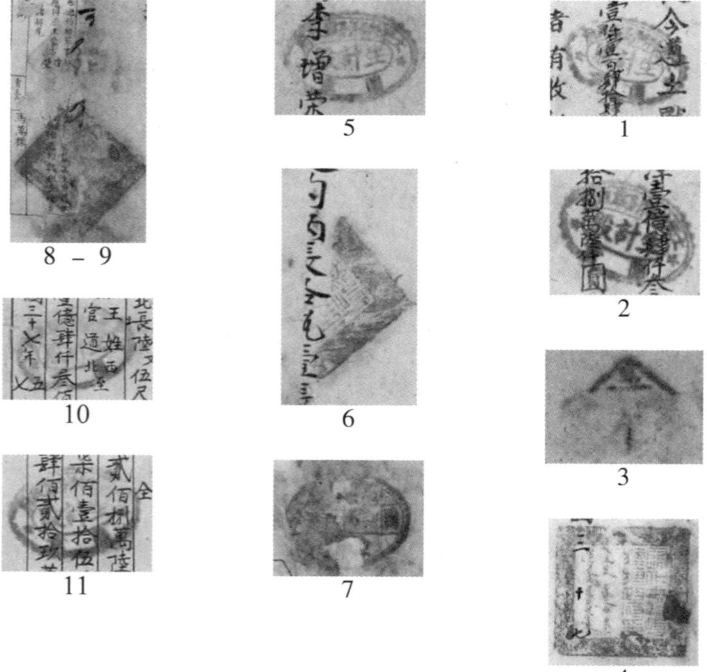

民94　民國三十七年（一九四八）李增荣租到達木氣、渂全地基合同文約

該合同約原編號是205，文書尺寸為48.5×48.5釐米。約中粘有民國三十七年「土默特特別旗旗政府蒙古過約聯單」，合同約及聯單共鈐有朱印四方（4、6、8—9），印文為漢蒙雙語「歸化土默特旗旗政府印」。五方藍印（1、2、5、10、11）印文為「土默特特別旗歸綏生計股圖章」，一方藍印（7）印文漫漶不清，根據同時期其他文書，可知其為「土默特特別旗歸綏生計處民國……驗訖」。另一方藍印（3）印文漫漶不識，但根據其他文書，知該印其應是印花章。

立租到永遠地基合同文約人李增荣，今租到達木氣、渂全祖遺歸綏市太
管巷四號地基壹塊。東西寬伍　丈△尺△寸，南北長陸　丈伍尺△寸，東至
王姓，西至河边，南至官道，北至河边，四至分明，出水出路通行官街。今情願租到
自己名下永遠住佔為業。日後，起樓蓋屋、栽樹打井，一概由其自便。今遵土默特
旗政府定章，以原價洋壹億肆仟叁百萬圓整，應出百分之八蒙古過約費壹仟壹百肆拾肆萬圓，
並每年應出蒙租洋弍拾捌萬陸仟圓，憑摺收取。日後，倘有蒙民人等爭奪者，有收租人
一力承當。恐口無憑，立租到永遠地基合同文約两張，各執壹張為証。

中華民國三十七年七月二十七日李增荣立

立合同文约两張，各执壹張為證（一）。

同中說合人　李二毛

王富

雲焕章代筆

13

租字第**捌肆陸**號

式□□□號（二）

土默特特別旗旗政府蒙古過約聯單

（丙聯）　字第　850　號

為發給買賣田房過約聯單事，茲查左列不動產業經新舊業主申請轉移，惟此項產權應與原主蒙古達木氣 叟全照章履行過約認租手續，並遵守左記事項附諸契尾。

不動產類	坐落	長寬尺寸或面積	四至	價格	立約年月日 過約年月日
房院壹所	本市太管巷四號	東西寬伍丈 南北長陸丈伍尺	東至王姓　西至河邊 南至官道　北	洋壹億四千三百萬元	民國三十七年五月四日 七月二十七日

賣主氏名	買主氏名住址	蒙古收租人	每年租額	蒙古應得百分之五過約費	本府經費百分之三	
馬萬祿	李增榮	達木氣 叟全	洋貳佰捌萬陸仟元	洋柒佰壹拾伍萬元	洋肆佰貳拾玖萬元	

右單給蒙古達木氣 叟全

中華民國三十七年七月廿八日

注釋

〔一〕該行文字只存右半部分。

〔二〕該行文字只存左半部分，且多有漫漶。

民95

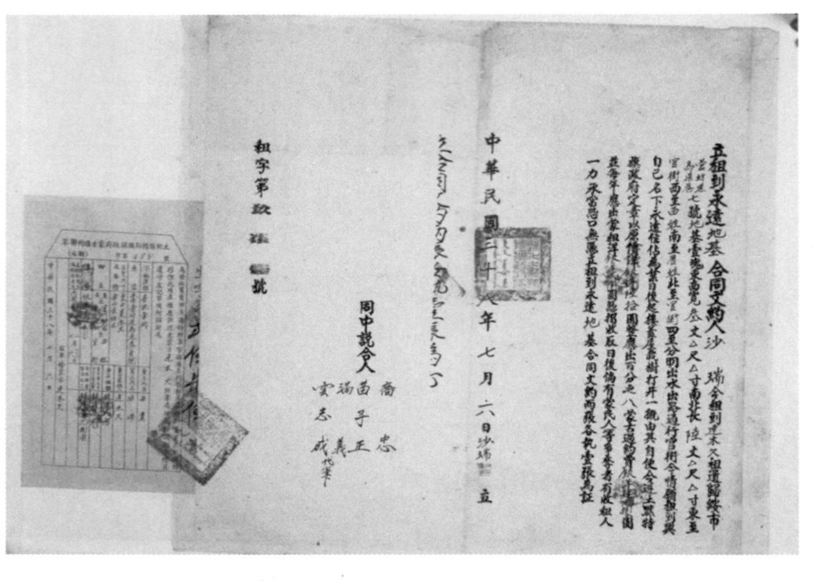

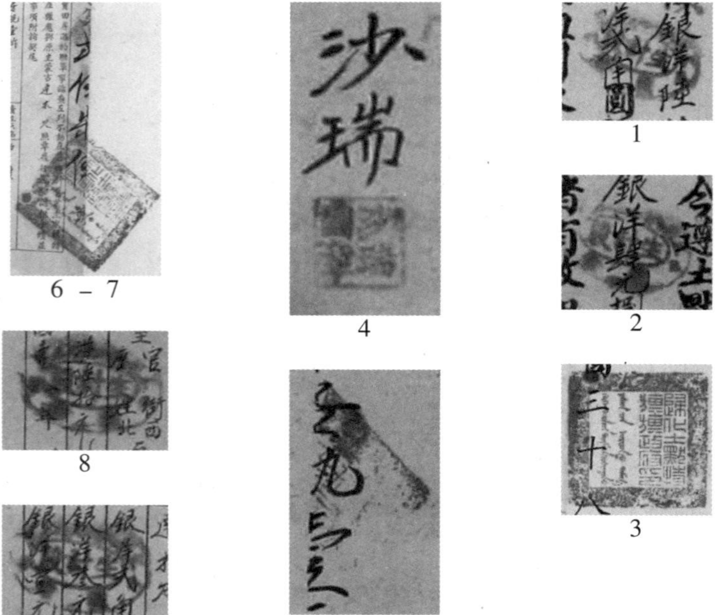

1 2 3 4 5 6－7 8 9

民95 民國三十八年（一九四九）沙瑞租到達木欠地基合同文約

該合同約原編號是206，文書尺寸為51 ×49.2 釐米。約中粘有民國三十八年「土默特特別旗旗政府蒙古過約聯單」，合同過約及聯單共鈐有四方漢蒙雙語朱印（3、5、6—7），印文為「歸化土默特旗旗政府印 [illegible]」，另一方朱印（4）印文為「沙瑞圖章」。四方藍印（1、2、8、9）印文為「土默特特別旗歸綏生計股圖章」。

1 立租到永遠地基合同文約人沙 瑞，今租到達木欠祖遺歸綏市

2 營坊道馬道巷七號地基壹塊。東西寬叁丈△尺△寸，南北長陸 丈△尺△寸，東至

3 官街，西至苗姓，南至唐姓，北至官街，四至分明，出水出路通行官街。今情願租到與

4 自己名下永遠住佔為業。日後，起樓蓋屋，栽樹打井，一概由其自便。今遵土默特

5 旗政府定章，以估價[一]銀洋陸拾圓整，應出百分之八蒙古過約費銀洋肆元捌角圓[二]，

6 並每年應出蒙租洋銀洋弍角圓，憑摺收取。日後，倘有蒙民人等爭奪者，有收租人

7 一力承當。恐口無憑，立租到永遠地基合同文約兩張，各執壹張為證。

8 中華民國三十八年七月六日沙瑞[ ]立

9 立合同文约两張，各执壹張為証[三]。

10 同中說合人 喬 忠

11 苗子正

12 滿 義

13 雲志成代筆

14

租字第玖柒壹號

土默特特別旗旗政府蒙古過約聯單

（丙聯）　字第975號

生字第弍伍柒伍號〔四〕

為發給買賣田房過約聯單事，茲查左列不動產業經新舊業主申請轉移，惟此項產權應與原主蒙古達木欠照章履行過約認租手續，並遵守左記事項附諸契尾。

不動產類	坐落	長寬尺寸或面積	四至	估價〔五〕	立約年月日 過約年月日
房院壹所	本市营坊道馬道巷柒號	東西寬叁丈 南北長陸丈	東至官街 西至苗姓 南至唐姓 北至官街	銀洋陸拾元	民國三十八年二月二十二日 七月六日

賣主氏名	買主氏名住址	蒙古收租人	每年租額	蒙古應得百分之五過約費	本府經費百分之三
苗貴	沙瑞	達木欠	銀洋弍角	銀洋叁元	銀洋壹元捌角

右單給蒙古達木欠

中華民國三十八年七月六日

注釋

〔一〕「估價」為朱色，寫於墨色「價洋」二字之上。

〔二〕「角」與「圓」字有重疊。

〔三〕該行文字只存右半部分。

〔四〕該行文字只存左半部分。

〔五〕「估價」為朱色，原為墨色「價格」二字。

民96

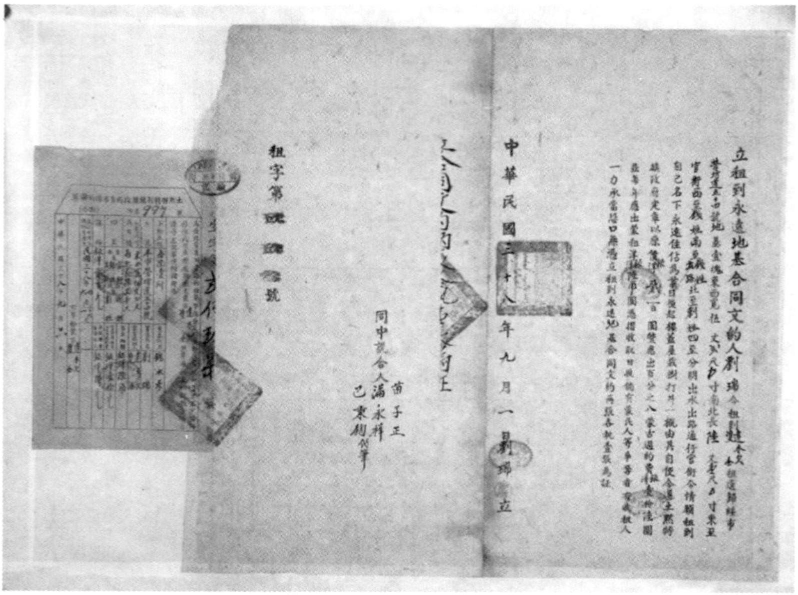

立租到永遠地基合同文約人劉瑞

中華民國三十八年九月一日 劉瑞立

同中說合人 苗子正 潘永祥 巳秉鈞 代筆

租字第 號

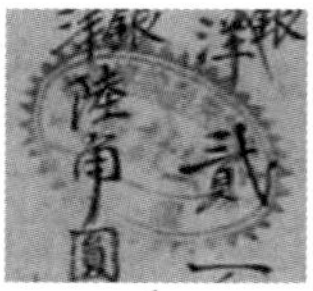

1

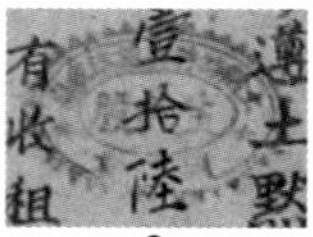

2

3

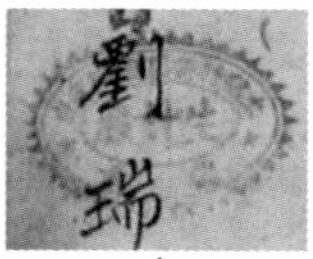

4

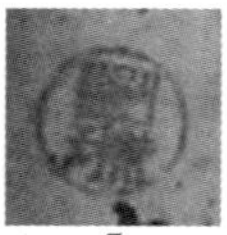

5

6

7

8 – 9

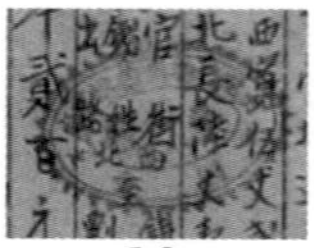

10

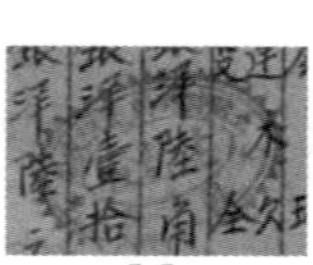

11

民96　民國三十八年（一九四九）劉瑞租到達木欠、叟全地基合同文約

該合同約原編號是207，尺寸為50.5×48.7釐米。約中粘有民國三十八年「土默特特別旗旗政府蒙古過約聯單」，合同過約及聯單共鈐有朱印五方，其中四方漢蒙雙語印（3、6、8—9）印文為「歸化土默特旗旗政府印 [illegible]」。一方（5）印文為「劉瑞」。五方藍印（1、2、4、10、11）印文為「土默特特別旗歸綏生計股圖章」，一方藍印（7）印文為「土默特特別旗歸綏生計處民國36．9．12驗訖」。合同約中的地基原由錢永孝租到，具體內容見民58《民國二十四年（一九三五）錢永孝租到蒙古達木氣空地基合同約》。

立租到永遠地基合同文約人劉　瑞，今租到達木欠 叟全祖遺歸綏市
營坊道五十四號地基壹塊。東西寬伍　丈弍尺△寸，南北長陸　丈壹尺△寸，東至
官街，西至錢　姓，南至錢姓 出路，北至劉　姓，四至分明，出水出路通行官街。今情願租到
自己名下永遠住佔為業。日後，起樓蓋屋，栽樹打井，一概由其自便。今遵土默特
旗政府定章，以原價銀(一)洋貳百圓整，應出百分之八蒙古過約費銀洋壹拾陸圓，
並每年應出蒙租銀洋陸角圓，憑摺收取。日後，倘有蒙民人等爭奪者，有收租人
一力承當。恐口無憑，立租到永遠地基合同文約兩張，各執壹張為證。
中華民國三十八年九月一日劉　瑞　立
立合同文约两張，各执壹張為証(二)。
同中說合人　苗子正
滿永祥
巴秉鈞代筆

13

租字第玖玖叁號

生字第弍伍玖柒號〔三〕

土默特特別旗政府蒙古過約聯單

（丙聯）　字第 997 號

為發給買賣田房過約聯單事，茲查左列不動產業經新舊業主申請轉移，惟此項產權應與原主蒙古達木欠叟全照章履行過約認租手續，並遵守左記事項附諸契尾。

不動產類	坐落	長寬尺寸或面積	四至	價格	立約年月日 過約年月日
房院壹所	本市營坊道五十四號	東西寬伍丈弍尺 南北長陸丈壹尺	東至官街 西至錢姓 南至錢姓出路 北至劉姓	銀洋貳百元	民國三十八年四月二十六日 九月一

賣主氏名	買主氏名住址	蒙古收租人	每年租額	蒙古應得百分之五過約費	本府經費百分之三
錢永孝	劉瑞	達木欠叟全	銀洋陸角	銀洋壹拾元	銀洋陸元

右單給蒙古達木欠叟全

中華民國三十八年九月六日

注釋

〔一〕「銀」字原寫於行間，附有表示增補插入的畫綫。

〔二〕該行文字只存右半部分。

〔三〕該行文字只存左半部分。

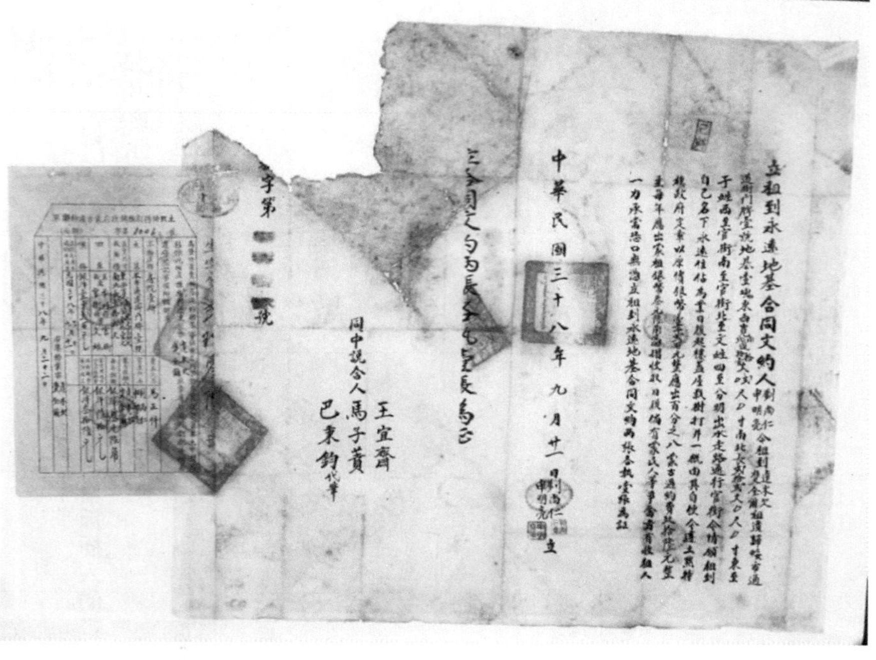

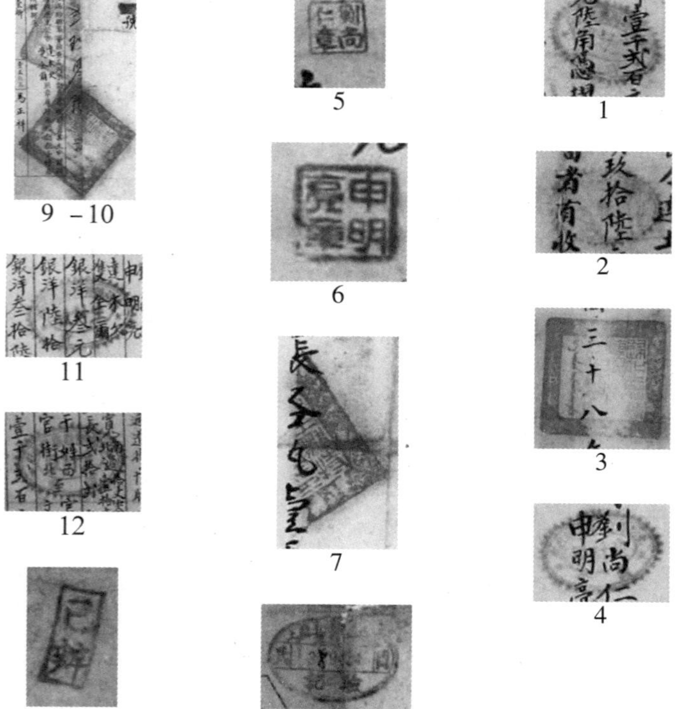

9 －10　5　1

11　6　2

12　7　3

13　8　4

民97 民國三十八年（一九四九）劉尚仁、申明亮租到達木欠、㙮全爾地基合同文約

該合同約原編號是208，尺寸為51.3×47.5釐米。約中粘有民國三十八年「土默特特別旗旗政府蒙古過約聯單」，合同過約及聯單鈐有朱印六方，其中四方漢蒙雙語印（3、7、9—10）印文為「歸化土默特旗旗政府印」，合同約右側邊緣的一方朱色印跡應是印10之反印。一方朱印（5）印文為「劉尚仁章」，一方（6）為「申明亮章」。五方藍印（1、2、4、11、12）印文為「土默特特別旗歸綏生計股圖章」，一方藍印（8）印文為「土默特特別旗歸綏生計處民國38．9．24驗訖」，印文中「8」由墨筆修改而成。另有一藍印（13）印文為「已辦」。

立租到永遠地基合同文約人劉尚仁、申明亮，今租到達木欠、㙮全爾祖遺歸綏市通
道街门牌壹號地基壹塊。東西寬南邊拾北邊拾壹丈弍△尺△寸，南北長弍拾弍丈△尺△寸，東至
于姓，西至官街，南至官街，北至文姓，四至分明，出水出路通行官街。今情願租到
自己名下永遠住佔為業。日後，起樓蓋屋、栽樹打井，一概由其自便。今遵土默特
旗政府定章，以原價銀幣壹千弍百元整，應出百分之八蒙古過約費玖拾陸元整，
並每年應出蒙租銀幣叁元陸角，憑摺收取。日後，倘有蒙民人等爭奮（奪）者，有收租人
一力承當。恐口無憑，立租到永遠地基合同文約兩張，各執壹張為証。

中華民國三十八年九月廿一日劉尚仁、申明亮立

立合同文約两張，各执壹張為証（一）。

同中說合人 王宜齋
馬子贇
巴秉鈞代筆

13

租字第壹零零貳號

生字第弍玖零陸號（二）

土默特特別旗旗政府蒙古過約聯單

（丙聯）　字第1006號

為發給買賣田房過約聯單事，茲查左列不動產業經新舊業主申請轉移，惟此項產權應與原主蒙古達木欠叟全爾照章履行過約認租手續，並遵守左記事項附諸契尾。

不動產類	房院壹所
坐落	本市通道街门牌壹號
長寬尺寸或面積	東西寬南拾丈零弍尺 北邊壹拾壹丈 南北長弍拾弍丈
四至	東至于姓 西至官街 南至官街 北至文姓
價格	銀洋壹千弍百元
立約年月日 過約年月日	民國三十八年三月十日 九月廿一日
賣主氏名	馬正祥
買主氏名住址	劉尚仁 申明亮
蒙古收租人	達木欠叟全爾
每年租額	銀洋叁元陸角
蒙古應得百分之五過約費	銀洋陸拾元
本府經費百分之三	銀洋叁拾陸元

右單給蒙古達木欠叟全爾

中華民國三十八年九月二十二日

注釋

〔一〕該行文字只存右半部分。

〔二〕該行文字只存左半部分。

新中國時期契約文書

該時期契約文書年代從一九五〇至一九五七年，共有21件。其中兩件是單獨的過約聯單（新20、新21）。這一時期的文書有六件是蒙漢雙語文書（新16、新17、新18、新19、新20、新21），餘者皆為漢文文書。除一份為法院判決書（新6）外，其他都是租賃房院地基合同約或過約聯單。

新
1

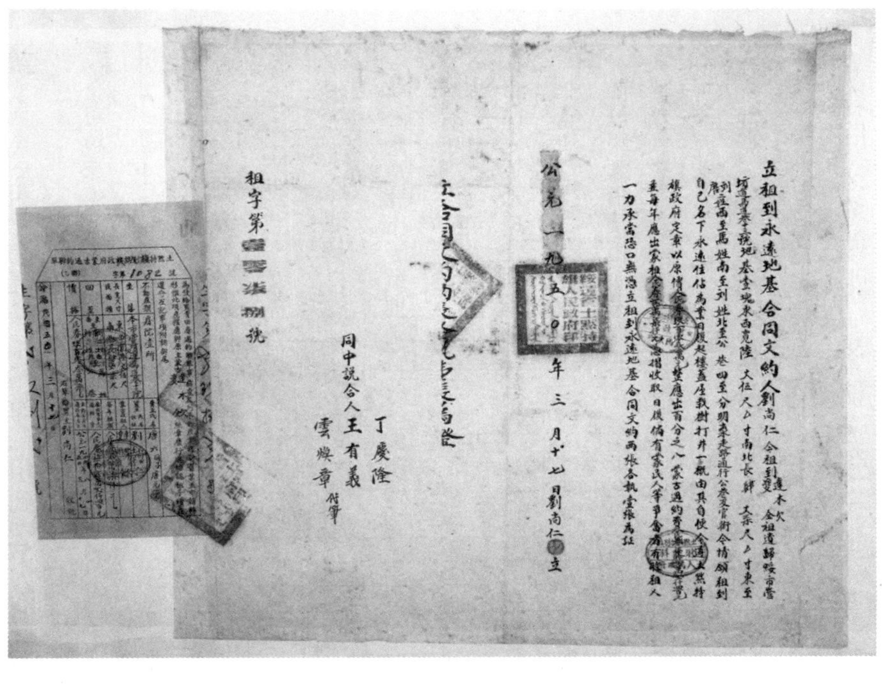

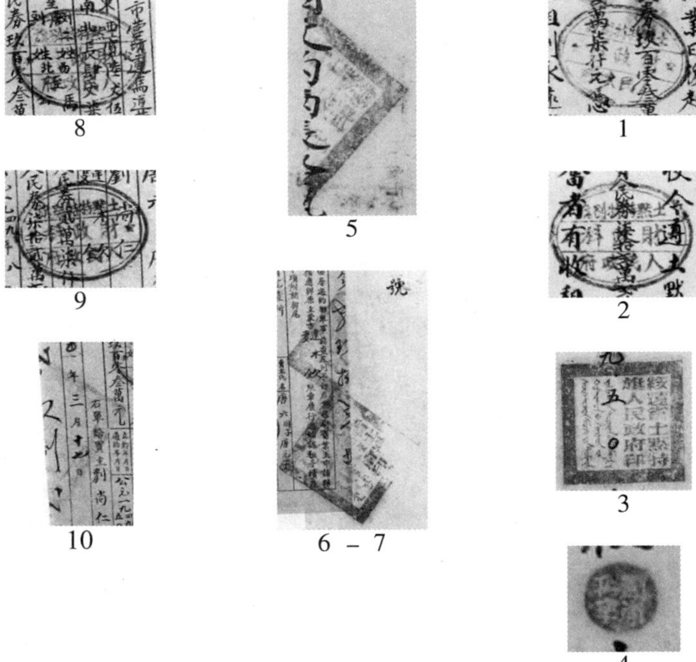

8 5 1

9 2

10 6－7 3

4

新1　公元一九五〇年劉尚仁租到達木欠、㚈全地基合同文約

該合同約原編號是222，文書尺寸為51.5×48.7釐米。約中粘有「土默特旗人民政府蒙古過約聯單」，合同約及聯單鈐有朱印六方，其中五方漢蒙雙語印（3、5、6—7、10）印文為「綏遠省土默特旗人民政府印」，一方（4）印文是「劉尚仁章」。四方藍印（1、2、8、9）印文為「土默特特別旗人民政府財政科」。合同約右側邊緣有一朱印之反印痕跡。

1 立租到永遠地基合同文約人劉尚仁，今租到達木欠㚈全祖遺歸綏市營

2 坊道馬道巷十三號地基壹塊。東西寬陸丈伍尺△寸，南北長肆丈柒尺△寸；東至

3 刘唐二姓，西至馬姓，南至刘姓，北至公巷，四至分明，出水走路通行公巷及官街。今情願租到

4 自己名下永遠住佔為業。日後，起樓蓋屋、栽樹打井，一概由其自便。今遵土默特

5 旗政府定章，以原價人民券〔一〕玖百零叁萬元整，應出百分之八蒙古過約費人民券柒拾弍萬弍仟四百元，

6 並每年應出蒙租人民券弍〔二〕萬柒仟元，憑摺收取。日後，倘有蒙民人等爭奮（奪）者，有收租人

7 一力承當。恐口無憑，立租到永遠地基合同文約兩張，各執壹張為証。

8 公元一九〔三〕五〇年三月十七日劉尚仁立

9 立合同文約两張，各執壹張為證〔四〕。

10 同中説合人　丁慶隆

11 王有義

13 12

租字第壹零柒捌號

生字第弍玖捌弍號〔五〕

雲焕章代筆

土默特旗人民政府蒙古過約聯單〔六〕

（乙聯）　字第　1082　號

為發給買賣田房過約聯單事，兹查左列不動產業經新舊業主申請轉移，惟此項產權應與原主蒙古達木欠全照章履行過約認租手續，並遵守左記事項附諸契尾。

不動產類	坐落	長寬尺寸或面積	四至	價格
房院壹所	本市營坊道馬道巷十三號	東西寬陸丈伍尺 南北長肆丈柒尺	東至唐二姓　西至馬姓 南至刘姓　北至公巷 刘姓	人民券玖百零叁萬元

賣主氏名	買主氏名住址	蒙古收租人	每年租額	應出百分之八過約費	立約年月日過約年月日
唐六同子唐元于	劉尚仁	達木欠全	人民券貳萬柒仟元	人民券柒拾貳萬弍仟四百元	公元一九四九年八月一 公元一九五〇年三月十七日

右單給買主劉尚仁收執

公元一九五〇年三月十七日〔七〕

生字第弍玖捌弍號〔八〕

注釋

〔一〕「人民券」三字在塗抹他字的痕跡上面寫就。

〔二〕「人民券式」四字在塗抹他字的痕跡上面寫就。

〔三〕「公元一九」四字在塗抹「中華民國」四字的痕跡上寫就。

〔四〕該行文字只存右半部分。

〔五〕該行文字只存左半部分。

〔六〕朱色「旗人民」三字直接改寫在墨色「特別旗旗」四字上面。

〔七〕朱色「公元一九」四字直接改寫在墨色「中華民國」四字上面，墨色「五〇」二字直接改寫在墨色「三十」二字上面。

〔八〕該行文字只存右半部分。

新2

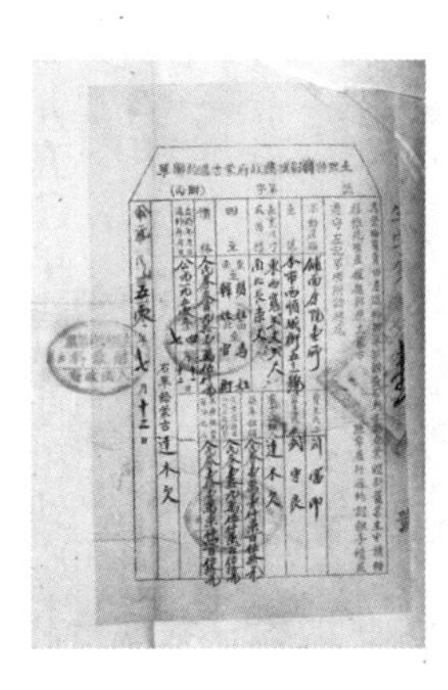

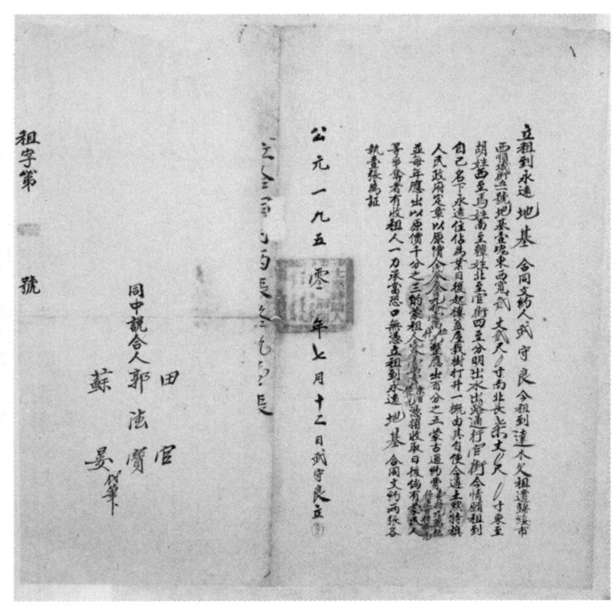

立租到永遠地基合同文約人武守良今租到達木欠祖遺歸綏市
西順城街三號地基壹塊東西寬貳丈貳尺八寸南北長柒丈八尺一寸東至
胡姓西至馬姓南至韓姓北至官街四至分明出水出路通行官街今情願租到
自己名下永遠住佔爲業日後起樓蓋房栽樹打井一概由其自便今達土默特旗
人民政府定章以原價人民幣叁拾九萬整應出百分之五蒙古還納費
並每年應出以原價千分之三的蒙租人民幣整按收取日後倘有蒙民人
等爭奪者有收租人一力承當恐口無憑立租到永遠地基合同文約兩紙各
執壹紙爲証

公元一九五零年七月十二日武守良立

同中說合人 田官 郭法賢 蘇晏代筆

租字第　號

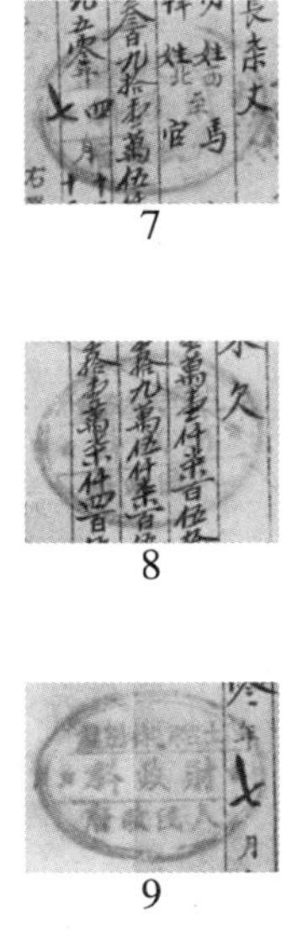

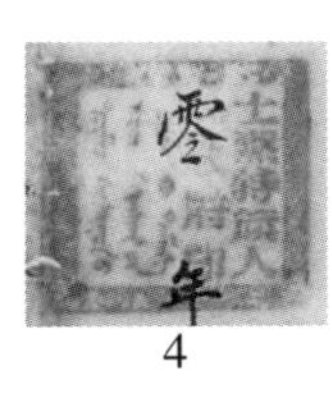

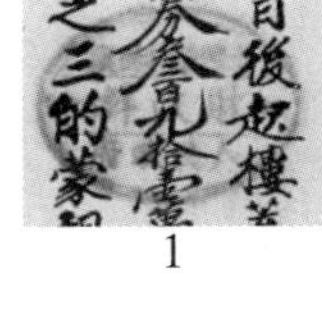

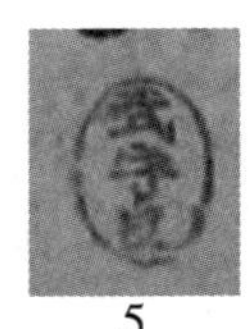

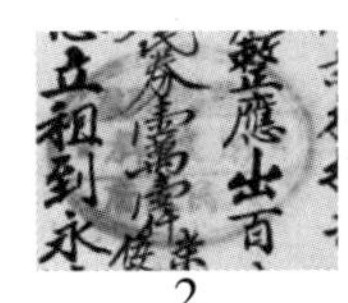

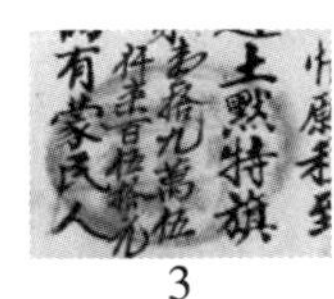

7 4 1

8 5 2

9 6 3

新2 公元一九五〇年武守良租到達木欠地基合同文約

該合同約原編號是223，文書長寬尺寸為46×46釐米。需要說明的是，合同約背面粘有一張空白紙張，另有過約聯單（原編號224）粘貼在白紙背面，位於合同約左側中間稍偏下方。此處為便於排版，特將過約聯單截出，與合同約並列放置，一起錄文。約中鈐有朱印九方，其中六方（1、2、3、7、8、9）印文為「土默特特別旗人民政府財政科」，兩方漢蒙雙語印（4、6）印文為「土默特旗人民政府印」，印4左側有一朱印之反印痕跡，一方（5）印文是「武守良」。由過約聯單可知，該約中的地基原由劉富印租到，其具體內容見民91《民國三十七年（一九四八）劉富印租到達木氣地基合同文約》。

1 立租到永遠地基 合同文約人武守良，今租到達木欠祖遺歸綏市
2 西順城街五一號地基壹塊。東西寬貳丈貳尺〇寸，南北長柒丈〇尺〇寸，東至
3 胡姓，西至馬姓，南至韓姓，北至官街，四至分明，出水出路通行官街。今情願租到
4 自己名下永遠住佔為業。日後，起樓蓋屋、栽樹打井，一概由其自便。今遵土默特旗
5 人民政府定章，以原價人民券叁百九拾壹萬伍仟元整，應出百分之五蒙古過約費壹拾九萬伍仟柒百伍拾元，
6 並每年應出以原價千分之三的蒙租人民券壹萬壹仟柒百伍拾元，憑摺收取。日後，倘有蒙民人
7 等爭奪者，有收租人一力承當。恐口無憑，立租到永遠 地 基 合同文約兩張，各
8 執壹張為証。
9 公元一九五零年七月十二日武守良立

10 立合同約两張，各執壹張〔一〕。

11 田官

12 同中說合人郭德寶

13 蘇晏代筆

14 租字第壹號

生字第壹號〔二〕

土默特旗人民政府蒙古過約聯單〔三〕

（丙聯）　字第　號

為發給買賣田房過約聯單事，茲查左列不動產業經新舊業主申請轉移，惟此項產權應與原主蒙古　照章履行過約認租手續，並遵守左記事項附諸契尾。

不動產類	坐落	長寬尺寸或面積	四至	價格	立約年月日 過約年月日
鋪面房院壹所	本市西順城街五十一號	東西寬弍丈弍尺 南北長柒丈	東至胡姓　西至馬姓 南至韓姓　北至官街	人民券叁百九拾壹萬伍仟元	公元一九五零年四月十一日 七月十二日

賣主氏名	買主氏名	蒙古收租人	每年租額	蒙古應得百分之五過約費	本府經費百分之三
刘富印	武守良	達木欠	人民券壹萬壹仟柒百伍拾元	人民券壹拾九萬伍仟柒百伍拾元	人民券壹拾壹萬柒千四百伍拾元

右單給蒙古達木欠

公元一九五零年七月十二日〔四〕

注釋

〔一〕該行文字只存右半部分。

〔二〕該行文字只存左半部分。

〔三〕朱色「旗人民」三字直接改寫在墨色「特別旗旗」四字上面。

〔四〕朱色「公元一九」四字直接改寫在墨色「中華民國」四字上面，墨色「五〇」二字直接改寫在墨色「三十」二字上面。

新3

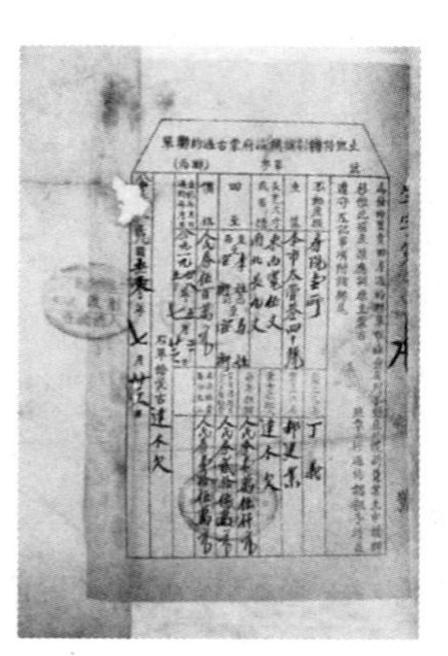

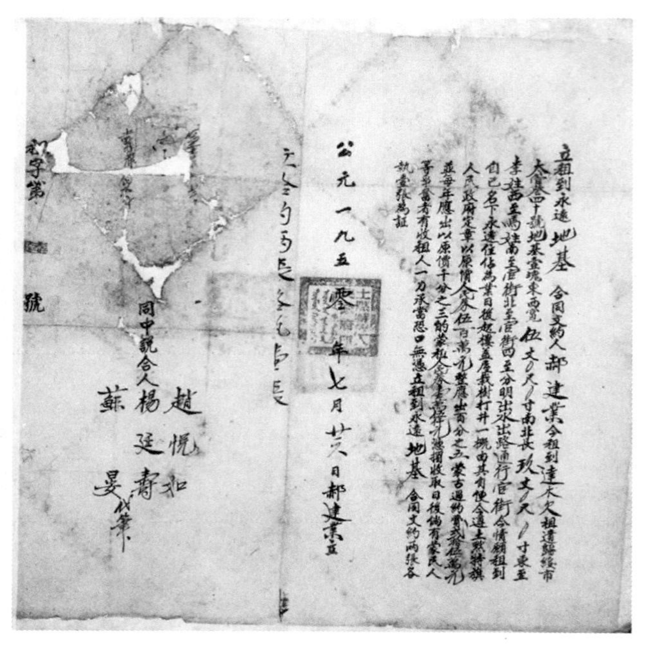

立租到永遠地基合同文約人郝建業，今租到達木欠祖遺歸綏市
大倉巷四十號地基壹塊，東西寬伍丈〇尺八寸，南北長玖丈〇尺八寸，東至
李娃，西至馬娃，南至官街，北至官街，四至分明，出水出路通行官街。今情願租到
自己名下永遠住佔為業，日後起樓蓋房、栽樹打井一概由其自便。今遵土默特旗
人民政府定章，以原價人民券伍佰萬元整，應出百分之五蒙古過約費弍拾伍萬元，
並每年應出以原價千分之三的蒙租人民券壹萬伍仟元，憑摺收取。日後倘有蒙民人
等爭奪者，有收租人一力承當。恐口無憑，立租到永遠地基合同文約兩張，各
執壹張為證。

公元一九五零年七月廿六日郝建業立

同中說合人 趙愰知 楊廷壽 蘇晏代筆

字第　號

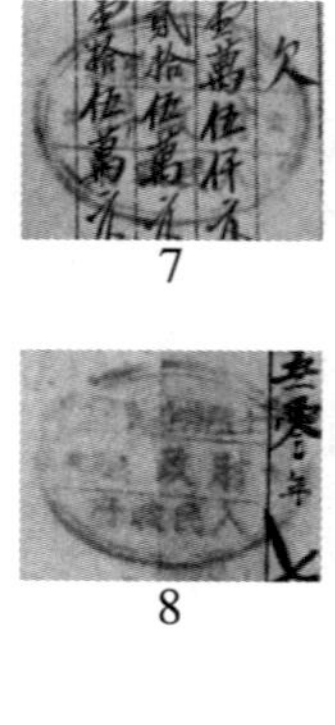

7

8

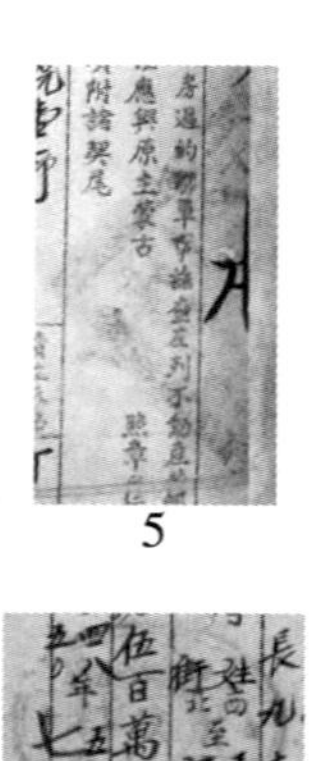

5

6

3

4

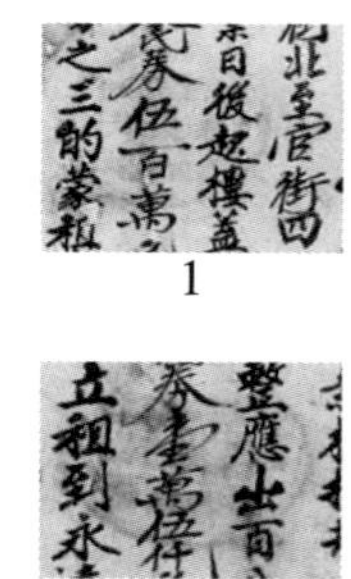

1

2

新3　公元一九五〇年郝建業租到達木欠地基合同文約

該合同約原編號是225，尺寸為45.5×46釐米。需要説明的是，合約背面粘有一張空白紙張，另有過約聯單（原編號226）粘貼在白紙背面，位於合同約左側中間偏下方。此處為便於排版，特將過約聯單截出，與合同約並列放置，一起錄文。約中共鈐有八方朱印，其中三方（1、2、3）印文雖然較模糊，但根據其他同時期文書可知印文與過約聯單的三方（6、7、8）印文皆為「土默特特別旗人民政府財政科」，另兩方漢蒙雙語印（4、5）印文為「土默特旗人民政府印」，印4下方和左方各有一朱印之反印痕跡。約中附有殘損的藍色表格，由內殘留藍色和墨色字跡，可推測其為「田房過約移轉證」，因文字漫漶過甚，在此只錄入能夠辨認出的文字。

1 立租到永遠 地 基 合同文約人郝 建業，今租到達木欠祖遺歸綏市

2 太管巷四十號地基壹塊。東西寬伍 丈〇尺〇寸，南北長玖 丈〇尺〇寸，東至

3 李姓，西至馬姓，南至官街，北至官街，四至分明，出水出路通行官街。今情願租到

4 自己名下永遠住佔為業。日後，起樓蓋屋、栽樹打井，一概由其自便。今遵土默特旗

5 人民政府定章，以原價人民券伍百萬元整，應出百分之五蒙古過約費弍拾伍萬元，

6 並每年應出以原價千分之三的蒙租人民券壹萬伍仟元，憑摺收取。日後，倘有蒙民人

7 等爭奮（奪）者，有收租人一力承當。恐口無憑，立租到永遠 地基 合同文約兩張，各

8 執壹張為証。

9 公 元 一 九 五 零 年 七 月 廿六 日 郝建業立

10 立合約两張，各執壹張[一]。

11 公元一九五〇年七月廿六日　趙悦如

12 同中説合人　楊延壽

13 土默特旗人民政府　蘇　晏代筆

14 租字第陸號

生字第　陸　號〔二〕

土默特旗人民政府蒙古過約聯單〔三〕

（丙聯）　字第　號

為發給買賣田房過約聯單事，茲查左列不動產業經新舊業主申請轉移，惟此項產權應與原主蒙古　照章履行過約認租手續，並遵守左記事項附諸契尾。

不動產類	坐落	長寬尺寸或面積	四至	價格	立約年月日 過約年月日
房院壹所	本市太管巷四十號	東西寬伍丈 南北長九丈	東至李姓 西至馬姓 南至官街 北至官街	人民券伍百萬元	公元一九四八年五月二十日 公元一九五〇年七月廿六日

賣主氏名	買主氏名	蒙古收租人	每年租額	蒙古應得百分之五過約費	本府經費百分之三	
丁義	郝建業	達木欠	人民券壹萬伍仟元	人民券貳拾伍萬元	人民券壹拾伍萬元	

右單給蒙古達木欠

公元一九五零年七月廿六日〔四〕

注釋

〔一〕該行文字只存右半部分。

〔二〕該行文字只存左半部分。

〔三〕朱色「旗人民」三字直接改寫在墨色「特別旗旗」四字上面。

〔四〕朱色「公元一九」四字直接改寫在墨色「中華民國」四字上面，墨色「五〇」二字直接改寫在墨色「三十」二字上面。

新
4

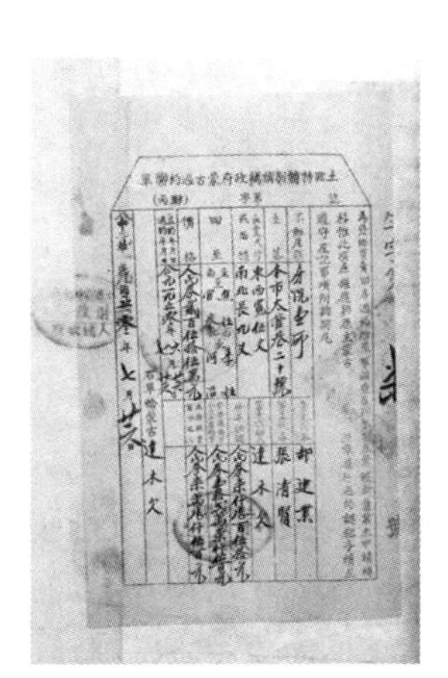

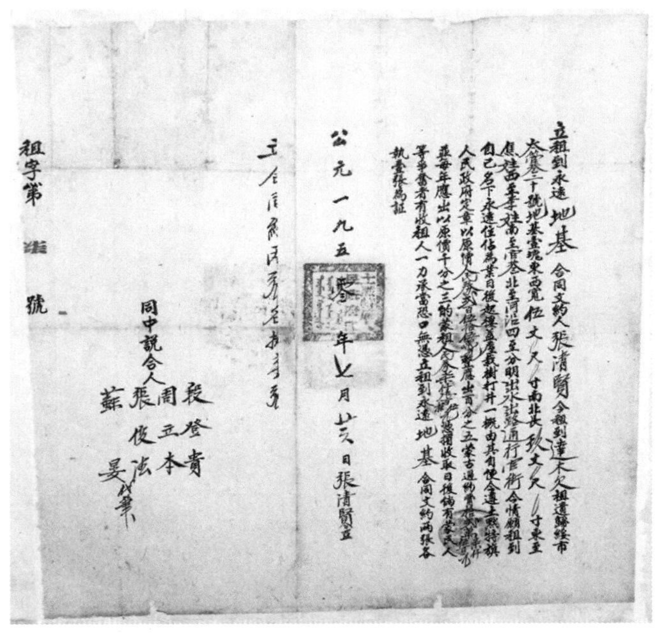

立租到永遠地基合同文約人張清賢今租到達木欠祖遺歸綏市太管巷二十號地基壹塊東西寬伍丈 尺 寸南北長玖丈 尺 寸東至樊姓西至李姓南至官巷北至河沿四至分明出水出路通行官街今情願租到自己名下永遠住佔為業日後起樓蓋房栽樹打井一概由其自便今達木欠土默特旗人民政府定章以原價[illegible]整應出百分之五蒙古過約費[illegible]並每年應出以原價千分之三的蒙租[illegible]按年收取日後倘有蒙民人等爭奪者有收租人一力承當恐口無憑立租到永遠地基合同文約兩張各執壹張為証

公元一九五叁年七月廿六日張清賢立

同中説合人 段登貴 周立本 張俊法 蘇晏代筆

租字第　號

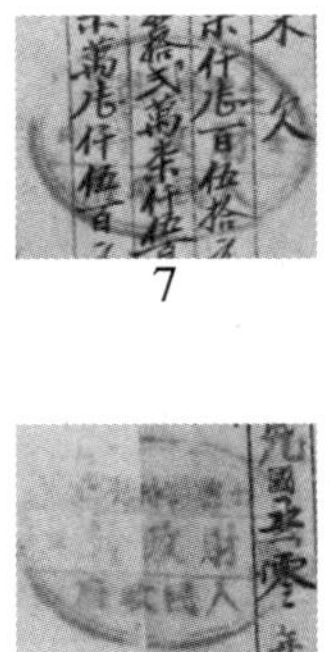

7

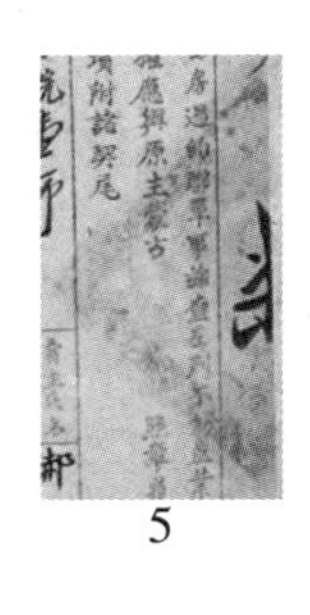

5

3

1

4

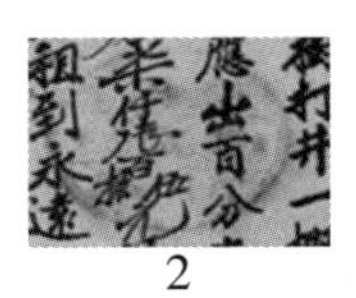

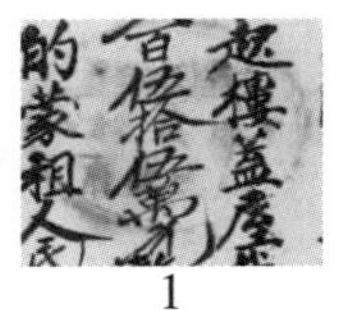

2

8

6

新4　公元一九五〇年张清賢租到達木欠地基合同文約

該合同約原編號是227，尺寸為35.7×46釐米。需要說明的是，合約背面粘有一張空白紙張，另有過約聯單（原編號228）粘貼在白紙背面，位於合同約左側中間稍偏下方。此處為便於排版，特將過約聯單截出，與合同約並列放置，一起錄文。約中共鈐有八方朱印，其中三方（1、2、3）印文雖然較模糊，但根據其他同時期文書，可知印文與過約聯單的三方朱印（6、7、8）印文皆為「土默特特別旗人民政府財政科」，另兩方漢蒙雙語印（4、5）印文為「土默特旗人民政府印」，印4下方和左側各有一朱印之反印痕跡。

立租到永遠 地基 合同文約人張清賢，今租到達木欠祖遺歸綏市太管巷二十號地基壹塊。東西寬伍 丈〇尺〇寸，南北長玖丈〇尺〇寸，東至焦姓，西至李姓，南至官巷，北至河沿，四至分明，出水出路通行官街。今情願租到自己名下永遠住佔為業。日後，起樓蓋屋、栽樹打井，一概由其自便。今遵土默特旗人民政府定章，以原價人民券弍百伍拾伍萬元整，應出百分之五蒙古過約費拾弍萬柒仟伍百元，並每年應出以原價千分之三的蒙租人民券柒仟陸百伍拾元，憑摺收取。日後，倘有蒙民人等爭奮（奪）者，有收租人一力承當。恐口無憑，立租到永遠 地 基 合同文約兩張，各執壹張為証。

公 元 一 九 五 零 年 七 月 廿六日 張清賢立

立合同約兩張，各执壹張[一]。

同中説合人
段登貴
周立本
張俊德
蘇　晏代筆

租字第柒號

生字第柒號〔二〕

土默特旗人民政府蒙古過約聯單〔三〕

字第　　號（丙聯）

為發給買賣田房過約聯單事，茲查左列不動產業經新舊業主申請轉移，惟此項產權應與原主蒙古　　照章履行過約認租手續，並遵守左記事項附諸契尾。

不動產類	坐落	長寬尺寸或面積	四至	價格	立約年月日 過約年月日
房院壹所	本市太管巷二十號	東西寬伍丈 南北長九丈	東至焦姓 西至李姓 南至官巷 北至河沿	人民券貳百伍拾伍萬元	公元一九五零年六月廿六日 七月廿六日

賣主氏名	買主氏名	蒙古收租人	每年租額	蒙古應得百分之五過約費	本府經費百分之三
郝建業	張清賢	達木欠	人民券柒仟陸百伍拾元	人民券壹拾弍萬柒仟伍百元	人民券柒萬陸仟伍百元

右單給蒙古達木欠

公元一九五零年七月廿六日〔四〕

注釋

〔一〕該行文字只存左半部分。

〔二〕該行文字只存左半部分。

〔三〕朱色「旗人民」三字直接改寫在墨色「特別旗旗」四字上面。

〔四〕朱色「公元一九」四字直接改寫在墨色「中華民國」四字上面，墨色「五〇」二字直接改寫在墨色「三十」二字上面。

新5

土默特蒙古金氏家族契約文書整理新編·下卷

立租到永遠地基合同文约人毛華冉,今祖遺下連木次
恩劳连二胞叔,於土默特旗東苏亥,臺壹院東院甘南北長
壹丈陸尺東西寬貳丈陸尺,松壹處甘南北長貳丈東西寬
壹丈叁尺,於西蘇辟萬業廣拾四至分朋北至通到官莭,
自己名下永遠住作為業,以租永遠得錢打十一佰,由其自便遠東蘇氏
人民政府登記,以租底抵以十分之三作家产按收,繳费用家戶
負担,其年應出以永價十分之二和蒙古遠到地基,限口無償五租到永遠地
基當日錢到家用两張各
执壹張為証

祖字第 肆拾肆 號

公元一九五零年拾月拾贰日毛華冉立

同中說合人 程俊廷
　　　　　尹兆祥
　　　　　雲惠戚 代筆

苗子正

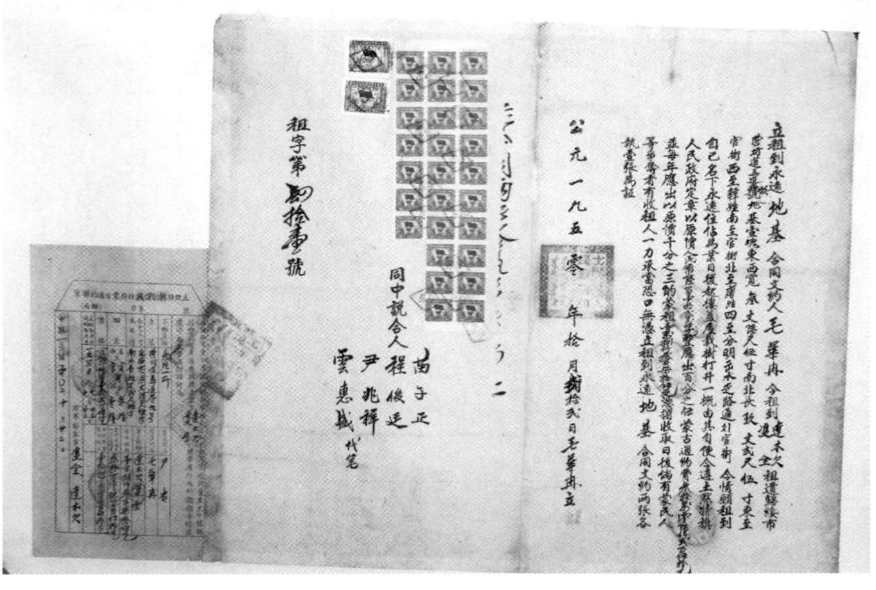

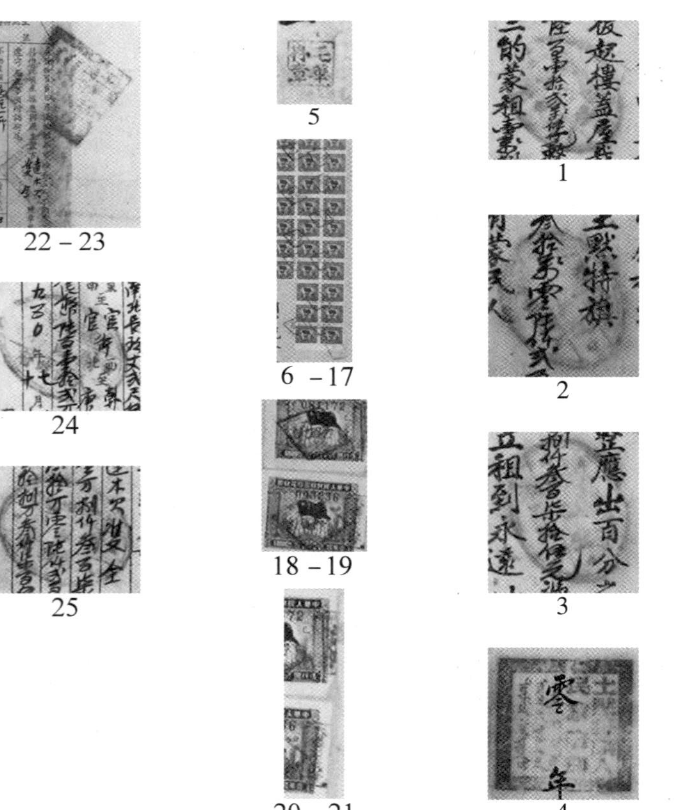

新5 公元一九五〇年毛華冉租到達木欠、隻全地基合同文約

該合同約原編號是229，文書尺寸為51.7×45.6釐米。約中粘有「中華人民共和國印花稅票壹百圓」二十七枚，「中華人民共和國印花稅票伍仟圓」一枚，「中華人民共和國印花稅票壹萬圓」一枚，附有「土默特旗人民政府蒙古過約聯單」。合同約及聯單鈐有朱印十一方，其中三方漢蒙雙語印（4、22—23）印文是「土默特旗人民政府印 [Mongolian script]」，一方（5）印文為「毛華冉章」，五方（1、2、3、24、25）印文為「土默特特別旗人民政府財政科」，兩方（20—21）鈐在印花稅票上面，印文漫漶不識。十四方（6—17、18—19）藍印鈐在印花稅票上面，印文為「印花」。該合同約地基原由尹貴租到，此地基的長寬尺寸及四至與民89《民國三十六年（一九四七）尹貴租到達木欠、雙全地基合同文約》的完全一致，皆坐落於歸綏市營坊道馬道巷，但該合同約中是九號，民89中是十一號，不排除兩合同過約中的地基所指相同，只是門牌號碼經歷變更的可能性。

1 立租到永遠地基合同文約人毛華冉，今租到達木欠、隻全祖遺歸綏市

2 營坊道馬道巷玖[一]號地基壹塊。東西寬叁丈陸尺伍寸，南北長玖丈弍尺伍寸，東至

3 官街，西至韓姓，南至官街，北至唐姓，四至分明，出水走路通行官街。今情願租到

4 自己名下永遠住佔為業。日後，起樓蓋屋、栽樹打井，一概由其自便。今遵土默特旗

5 人民政府定章，以原價人民幣陸百壹拾弍萬伍仟元整，應出百分之伍蒙古過約費叁拾萬零陸仟弍百伍拾元，

6 並每年應出以原價千分之三的蒙租壹萬捌仟叁百柒拾伍元，憑摺收取。日後，倘有蒙民人

7 等爭奪者，有收租人一力承當。恐口無憑，立租到永遠地基合同文約兩張，各

8 執壹張為証。

公元一九五零年拾月弍〔二〕拾弍日毛華冉立

立合同兩張，各執壹張為証〔三〕。

（印花稅票二十九枚）

苗子正

同中説合人程俊廷

尹兆祥

雲惠盛代笔

租字第肆拾壹號

〔四〕

土默特旗人民政府蒙古過約聯單〔五〕

（丙聯）　字第　號

為發給買賣田房過約聯單事，茲查左列不動產業經新舊業主申請轉移，惟此項產權應與原主蒙古達木欠、嫂全照章履行過約認租手續，並遵守左記事項附諸契尾。

不動產類	房院一所
坐落	營坊道馬道巷九號
長寬尺寸或面積	東西寬叁丈陸尺伍寸 南北長玖丈弍尺伍寸
四至	東至官 南至官街 西至韓姓 北至唐姓
價格	人民幣陸百壹拾弍万伍仟元
立約年月日	公元一九五〇年七月廿三日
過約年月日	公元一九五〇年十月廿二日
賣主氏名	尹贵
買主氏名	毛華冉
蒙古收租人	達木欠、嫂全
每年租額	壹万捌仟叁百柒拾伍元
蒙古應得百分之五過約費	叁拾万零陆仟弍百伍拾元
本府經費百分之三	壹拾捌万叁仟柒百伍拾元

右單給蒙古嫂全、達木欠

公元一九五〇年十月廿二日〔六〕

注釋

〔一〕「玖」字原寫於行間，附有表示增補插入的畫綫。

〔二〕「弍」字由他字塗改而成。

〔三〕該行文字只存右半部分。

〔四〕此騎縫處有墨色文字，但粘於合同過約紙下，漫漶不清。

〔五〕朱色「旗人民」三字直接改寫在墨色「特別旗旗」四字上面。

〔六〕朱色「公元一九」四字直接改寫在墨色「中華民國」四字上面，墨色「五〇」二字直接改寫在墨色「三十」二字上面。

新
6

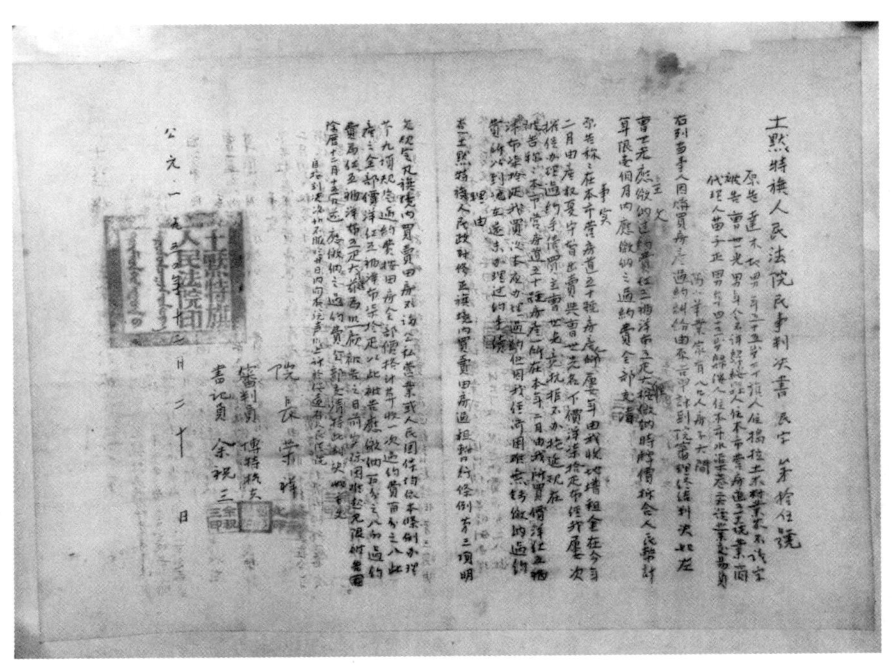

土默特旗人民法院民事判决書 民字第拾伍號

原告 達木扒 男 年三十五岁 [illegible] 住 [illegible] 業农 不識字

被告 曹世光 男 年 [illegible] 住本市營房道 [illegible] 業商

代理人 苗子正 男 年四十三岁 [illegible] 住本市水渠巷 [illegible]

[illegible]

右列當事人因倚買房產過約糾紛由原告 [illegible] 訴到院 審理終結判决如左

主文

曹世光應繳納過約費拾三捆洋布三疋大總繳納時按價折合人民幣計算限壹個月內應繳納之過約費全部交清

事实

原告称之在本市營房道五十號房產 [illegible] 二月由房权 [illegible] 出賣與曹世光名下 [illegible] 往我屢次 [illegible] 辦理過約手續 [illegible] 曹世光 [illegible] 抗拒不办 [illegible]

理由

[illegible] 土默特旗人民政府修正旗境内買賣田房過租暫行條例第三項明 [illegible]

公元一九五三年三月二十一日

院長 荣祥

審判員 傅特枚

書記員 余祝三

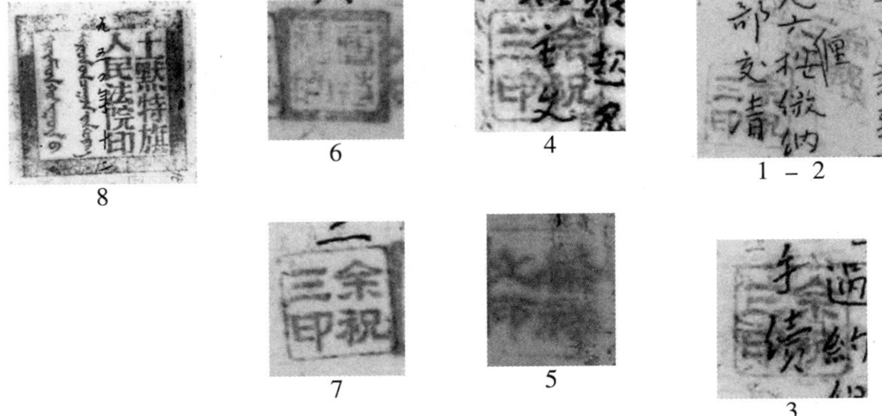

8　6　4　1－2　7　5　3

新6　公元一九五〇年土默特旗人民法院民事判決書

該文書原編號是230，尺寸為35.9×26.1釐米。判決書中共鈐有朱印八方，其中五方（1—2、3、4、7）印文為「余祝三印」，一方（5）印文為「榮祥之印」，一方（6）印文為「博特格其」，一方漢蒙雙語印（8）印文為「土默特旗人民法院印 [illegible]」。關於判決書提及的房產情況，參見新7《公元一九五一年曹世光租到達木欠、婁全爾地基合同文約》。

土默特旗人民法院民事判決書，民字第拾伍〔一〕號
　原告：達木切，男，年五十五岁，土十旗人，住撝拉土木村，業农，不識字。
　被告：曹世光，男，年令（齡）不详，歸綏縣人，住本市营房道五十號，業商。
　代理人：苗子正，男，年四十五岁，歸綏人，住本市水渠巷二六號，業交易員。
　　高小畢業，家有八口人，房子六間。
右列当事人因購買房產過約糾紛，由原告訴到院，審理終结判決如左：
　　主文
曹世光應缴纳过約费红五福洋布五疋六厘〔二〕，按缴纳時牌價拆（折）合人民幣計
算，限壹個月内應缴纳之過約費全部交清。
　　事实
原告称：在本市营房道五十號房產一〔三〕所，屢年由我收地增租金。在今年
二月，由產权夏守智出賣與曹世光名下，價洋柒拾疋布。經我屢次
摧（催）促办理過約手續，買主曹世光竟抗拒不办，拖延现在。

14 被告称：本市营房道五十號房產一所，在本年二月，由我所買，價洋红五福
15 洋布柒拾疋。我買後本应办理過約，但因我經济困难，无錢缴纳過约
16 費。所以，到现在还未办理过约手續。
17 理由
18 查土默特旗人民政府修正旗境内買賣田房過租暫行條例，第三項明
19 文規定：凡旗境内買賣田房，不論公私营業，或人民团体，均依本條例办理。
20 第九項規定：過約費按田房全部價格计算，收一次過约費百分之八。此
21 產之全部價洋红五福洋布柒拾疋，以此，被告應缴纳百分之八的過約
22 費，為红五福洋布五疋六厘〔四〕。茲為照顧被告之目前实际困难起见，限被告（在
23 陰曆十二月十五日前）應缴纳之過约费全部交清。特此判决如主文。
24 自接判决後，如不服，於廿日内向本院声明上诉於绥遠省人民法院。
25 院長　荣祥
26 審判員　博特格其
27 書记員　余祝三
28 公元一九五〇年十二月二十日

注釋

〔一〕「拾伍」二字為藍色。
〔二〕「厘」字原寫於行間，附有表示增補插入的符號。
〔三〕「一」字原寫於行間，附有表示增補插入的符號。
〔四〕「厘」字原寫於行間，附有表示增補插入的符號。

新
7

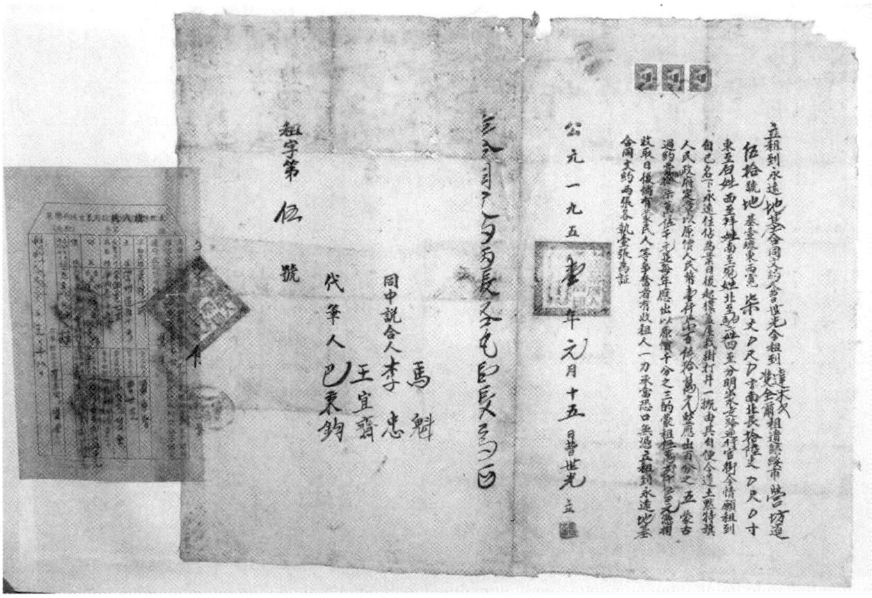

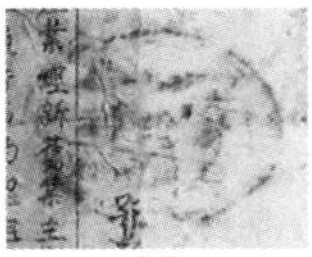

10

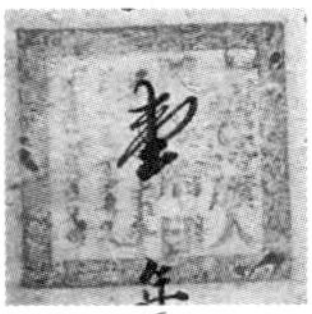

6

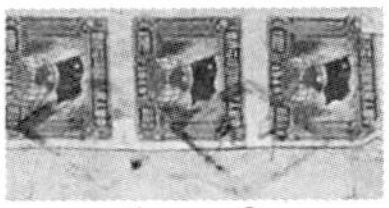

1 – 2

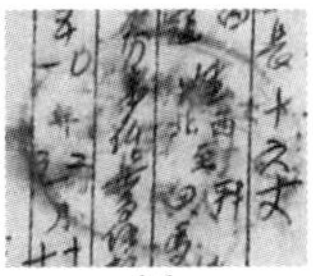

11

7

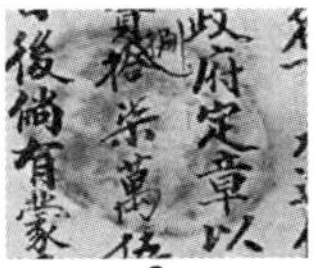

3

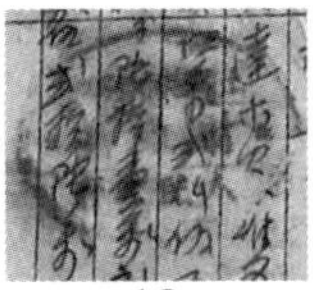

12

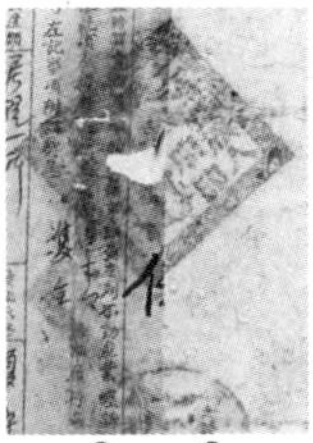

8 – 9

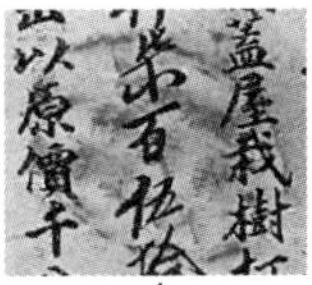

4

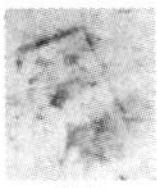

13

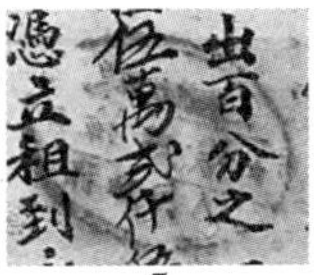

5

新7　公元一九五一年曹世光租到達木欠、雙全爾地基合同文約

該合同約原編號是231，文書尺寸為54.3×46.5釐米。約中粘有「中華人民共和國印花稅票壹百圓」三枚，附有「土默特旗人民政府蒙古過約聯單」。合同約及聯單鈐有朱印十一方，其中三方漢蒙雙語印（6、8—9）印文為「土默特旗人民政府印」，一方（7）印文為「曹世光章」，六方（3、4、5、10、11、12）印文為「土默特特別旗人民政府財政科」，印13鈐在印花稅左側空白處，印文為「註銷」，另在印6左側有一朱印之反印痕跡。兩方藍印（1—2）鈐在印花稅票上面，印文為「印花」。

1 立租到永遠地基合同文約人曹世光，今租到達木欠雙全爾祖遺歸綏市營坊道

2 伍拾號地基壹塊。東西寬柒丈△尺△寸，南北長拾陸丈△尺△寸，

3 東至白姓，西至拜姓，南至寇姓，北至白馬二姓，四至分明，出水走路通行官街。今情願租到

4 自己名下永遠住佔為業。日後，起樓蓋屋、栽樹打井，一概由其自便。今遵土默特旗

5 人民政府定章，以原價人民幣壹仟柒百伍拾萬元整，應出百分之五蒙古

6 過約費捌〔一〕拾柒萬伍千元，並每年應出以原價千分之三的蒙租伍萬弍仟伍百元，憑摺

7 收取。日後，倘有蒙民人等爭奮（奪）者，有收租人一力承當。恐口無憑，立租到永遠地基

（印花稅票三枚）

8 合同文約兩張，各執壹張為証。

9 公元一九五壹年元月十五日曹世光立

10 立合同文約两張，各執壹張為証[三]。

11 馬魁

12 同中説合人 李忠

13 王宜齋

14 代筆人 巴秉鈞

15 租字第 伍 號

生字第　伍　號〔三〕

土默特旗人民政府蒙古過約聯單〔四〕

（丙聯）　字　第　號

為發給買賣田房過約聯單事，兹查左列不動産業經新舊業主申請轉移，惟此項産權應與原主蒙古達木欠、叟全照章履行過約認租手續，並遵守左記事項附諸契尾。

不動産類	坐落	長寬尺寸或面積	四至	價格	立約年月日過約年月日
房院一所	營坊道五十号	東西寬七丈南北長十六丈	東至白姓　西至拜南至寇　北至白、馬	人民券壹仟柒百伍拾萬元	公元一九五〇年二月十五日公元一九五一年元月十五日

賣主氏名	買主氏名	蒙古收租人	每年租額	蒙古應得百分三分五過約費〔五〕	本府經費百分之一分伍〔六〕
夏守智	曹世光	達木欠、叟全、	伍萬弍仟伍百元	陸拾壹萬弍仟伍百元	弍拾陸萬弍仟伍百元

右單給蒙古達木欠、叟全

公元一九五一年元月十八日〔七〕

注釋

〔一〕「捌」字原寫於行間，附有表示增補插入的畫綫。

〔二〕該行文字只存右半部分。

〔三〕該行文字只存左半部分。

〔四〕朱色「旗人民」三字直接改寫在墨色「特別旗旗」四字上面。

〔五〕其中「分三」二字為後來補入，「五」字在「之五」二字上改成。

〔六〕「一分伍」三字在「三」字處改寫補入。

〔七〕朱色「公元一九五一」六字直接改印在墨色「中華民國三十」六字處。

新8

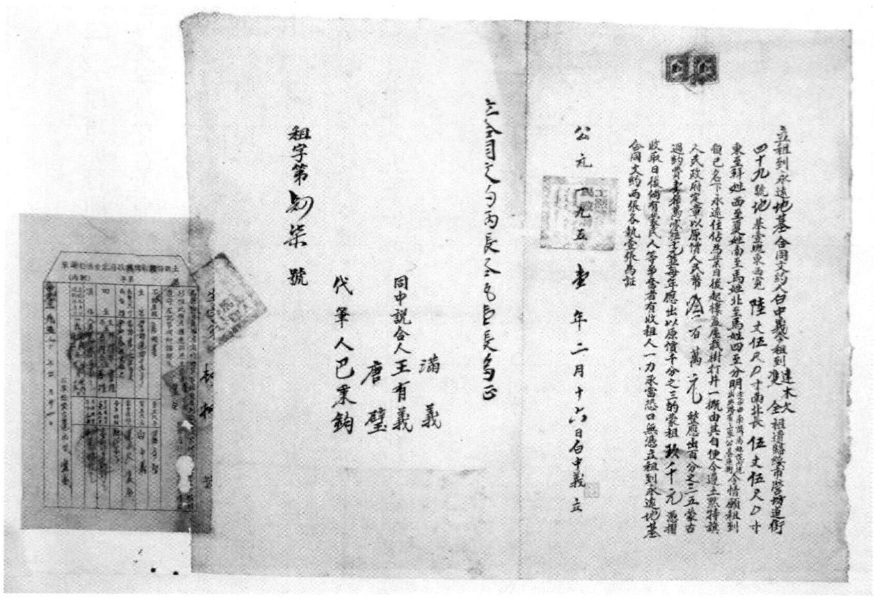

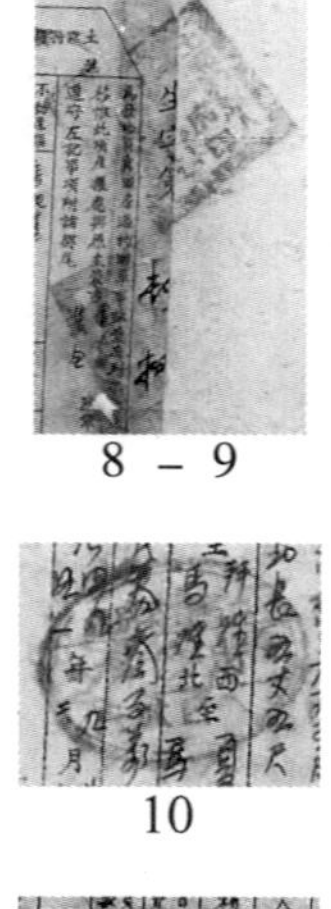

8 – 9

10

11

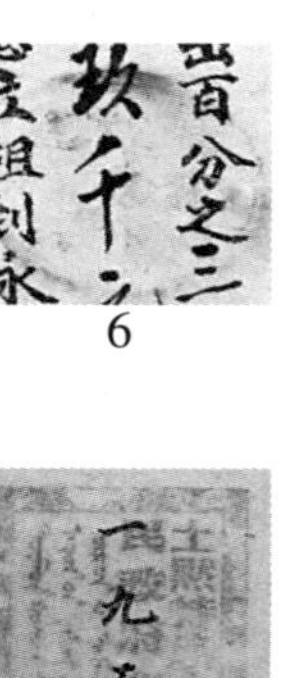

5

6

7

1 – 2

3

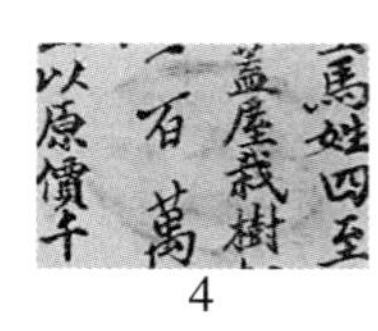

4

新8 公元一九五一年白中義租到達木欠、㥄全地基合同文約

該合同約原編號是232，文書尺寸為53 ×45.5 釐米。約中粘有「中華人民共和國印花稅票壹百圓」兩枚，附有「土默特旗人民政府蒙古過約聯單」。合同約及聯單鈐有朱印十一方，其中三方漢蒙雙語印（7、8—9）印文為「土默特旗人民政府印」，一方（5）印文為「白中義章」，五方（3、4、6、10、11）印文為「土默特特別旗人民政府財政科」，兩方（1—2）鈐在印花稅票上面，印文為「印花」。

1 立租到永遠地基合同文約人白中義，今租到達木欠、㥄全祖遺歸綏市營坊道街

2 四十九號地基壹塊。東西寬陸丈伍尺△寸，南北長伍丈伍尺△寸，

3 東至拜姓，西至夏姓，南至馬姓，北至馬姓，四至分明，走水由南鄰馬姓院內流出，出路有三家公巷通街。今情願租到

4 自己名下永遠住佔為業。日後，起樓蓋屋、栽樹打井，一概由其自便。今遵土默特旗

5 人民政府定章，以原價人民幣叁百萬元整，應出百分之三五蒙古

6 過約費壹拾萬零伍千元，並每年應出以原價千分之三的蒙租玖千元，憑摺

（印花稅票兩枚）

7 收取。日後，倘有蒙民人等爭奮（奪）者，有收租人一力承當。恐口無憑，立租到永遠地基

8 合同文約两張，各執壹張為証。

9 公元一九五壹年二月十六日白中義[印]立

10 立合同文約两張，各執壹張為証[一]。

滿　義

同中說合人　王有義

唐　璧

代筆人　巴秉鈞

租字第肆　柒　號

生字第　肆　捌　號〔二〕

土默特旗人民政府蒙古過約聯單〔三〕

（丙聯）　字第　號

為發給買賣田房過約聯單事，茲查左列不動產業經新舊業主申請轉移，惟此項產權應與原主蒙古達木欠、叟全照章履行過約認租手續，並遵守左記事項附諸契尾。

不動產類	房地基
坐落	营坊道四十九号
長寬尺寸或面積	东西宽六丈五尺　南北長五丈五尺
四至	東至拜姓　西至夏姓　南至馬姓　北至馬姓
價格	人民券叁百萬元
立約年月日	公元一九四九年九月廿四日
過約年月日	公元一九五一年二月十六日
賣主氏名	夏守智
買主氏名	白中義
蒙古收租人	達木欠、叟全
每年租額	玖千元
蒙古應得百分三、五過約費〔四〕	壹拾萬另伍仟元
本府經費百分之一五〔五〕	肆萬伍仟元

右單給蒙古達木欠、叟全

公元一九五一年二月廿一日〔六〕

注釋

〔一〕該行文字只存右半部分。
〔二〕該行文字只存左半部分。
〔三〕朱色「旗人民」三字直接改印在墨色「特別旗旗」四字上面。
〔四〕「三·五」直接改寫在「之五」二字上面。
〔五〕「一」字為後來補寫，「五」字由「三」字改寫而成。
〔六〕朱色「公元一九五一」六字直接改印在墨色「中華民國三十」六字處。

新9

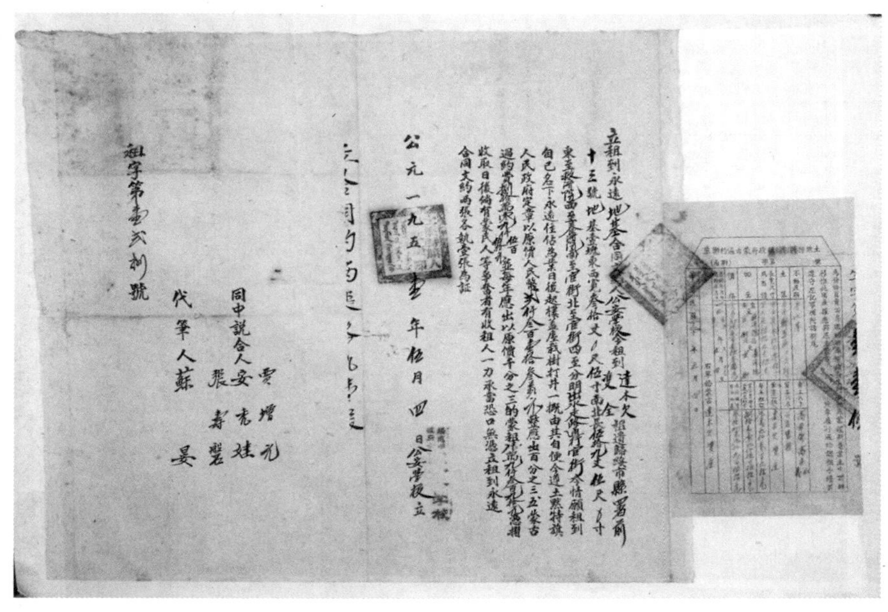

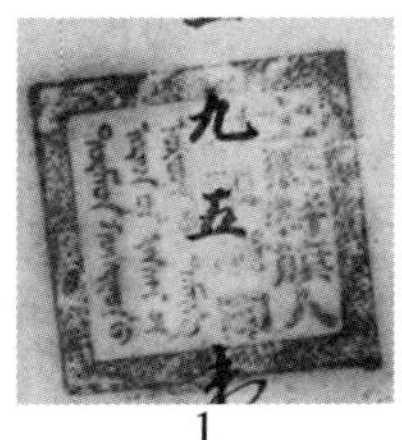

1

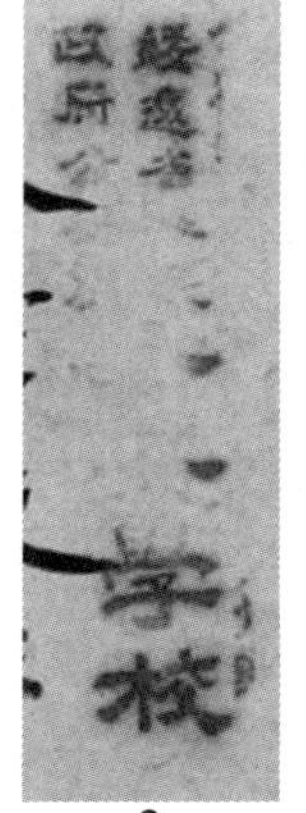

2

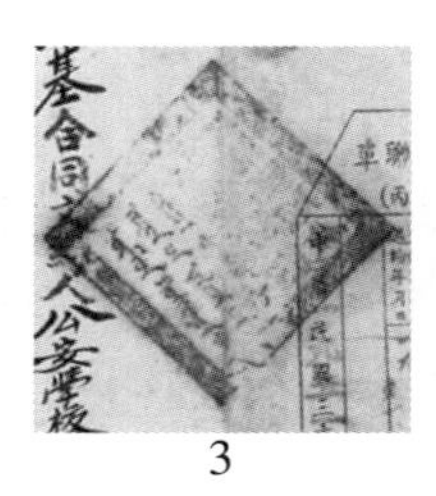

3

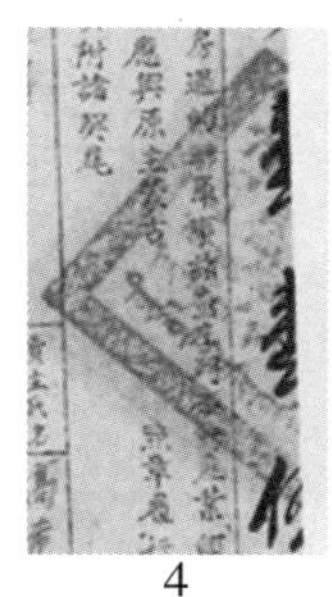

4

立租到永遠地基合同人公案叁號租到達本欠

租道路東葦連河本社西至會計科門北至會計科□東至教育科西至南社者各居其中四至分明現四至界均打計永遠使用凡遇重大特殊人民及政府臨時有一切公用承租人不得有以原情人不得異議倘有租人□等者有以原價出租人二刀承當恐口無憑□合同支約兩張各執壹張為證

公元一九五三年拾月四日公案校立

同中說合人 安亮娃
張壽堂
代筆人 蘇晏
雲增孔

租字第叁式制號

新9　公元一九五一年公安學校租到達木欠、漊全地基合同文約

該合同約原編號是233，尺寸為52.9×46.2釐米。約中粘有「土默特旗人民政府蒙古過約聯單」，合同約及聯單鈐有朱印四方，其中三方漢蒙雙語印（1、3、4）印文為「土默特旗人民政府印 ᠲᠦᠮᠡᠳ ᠬᠣᠰᠢᠭᠤᠨ ᠤ ᠠᠷᠠᠳ ᠤᠨ ᠵᠠᠰᠠᠭ ᠤᠨ ᠲᠠᠮᠠᠭ᠎ᠠ」，一方（2）印文為「綏遠省人民政府公安廳公安學校」。

生字第壹壹伍號〔一〕

土默特旗人民政府蒙古過約聯單〔二〕

（丙聯）　字第　號

為發給買賣田房過約聯單事，茲查左列不動產業經新舊業主申請轉移，惟此項產權應與原主蒙古　照章履行過約認租手續，並遵守左記事項附諸契尾。

不動產類	坐落	長寬尺寸或面積	四至	價格	立約年月日 過約年月日
房地基	本市縣署前十三號	東西寬叁拾丈零伍寸 南北長伍拾九丈伍尺	東至救済院 西至養済院 南至官街 北至官街	人民券弍仟叁百壹拾叁萬元	公元一九五〇年二月十三日 公元一九五一年五月四日

賣主氏名	買主氏名	蒙古收租人	每年租額	蒙古應得百分三.五過約費〔三〕	本府經費百分之一.五〔四〕	
高希柴 高守仁 義	公安學校	達木欠、叟全	陸萬九仟叁百九拾元	捌拾萬零九仟伍百伍拾元	叁拾捌萬陸仟九百伍拾元	

右單給蒙古達木欠、叟全

公元一九五一年五月四日〔五〕

立租到永遠地基合同文約人公安學校，今租到達木欠雙全祖遺歸綏市縣署前
十三號地基壹塊。東西寬叁拾丈〇尺伍寸，南北長伍拾九丈伍尺〇寸，
東至救济院，西至養济院，南至官街，北至官街，四至分明，出水走路通行官街。今情願租到
自己名下永遠住佔為業。日後，起樓蓋屋、栽樹打井，一概由其自便。今遵土默特旗
人民政府定章，以原價人民幣弍仟叁百壹拾叁萬元整，應出百分之三·五蒙古
過約費捌拾萬零九仟伍百伍拾元，並每年應出以原價千分之三的蒙租陸萬九仟叁百九拾元，憑摺
收取。日後，倘有蒙民人等爭奮（奪）者，有收租人一力承當。恐口無憑，立租到永遠地基
合同文約兩張，各執壹張為証。
公元一九五壹年伍月四日公安學校立
立合同約兩張，各執壹張[六]。
贾增元
同中説合人 安禿娃
張壽磬
代筆人 蘇晏
租字第壹弍捌號

注釋

〔一〕該行文字只存左半部分。

〔二〕朱色「旗人民」三字直接改印在墨色「特別旗旗」四字上面。

〔三〕「三·五」直接改寫在「之五」二字上面。

〔四〕「一·五」直接改寫在「之三」二字上面。

〔五〕朱色「公元一九五一」六字直接改印在墨色「中華民國三十」六字處。

〔六〕該行文字只存右半部分。

新10

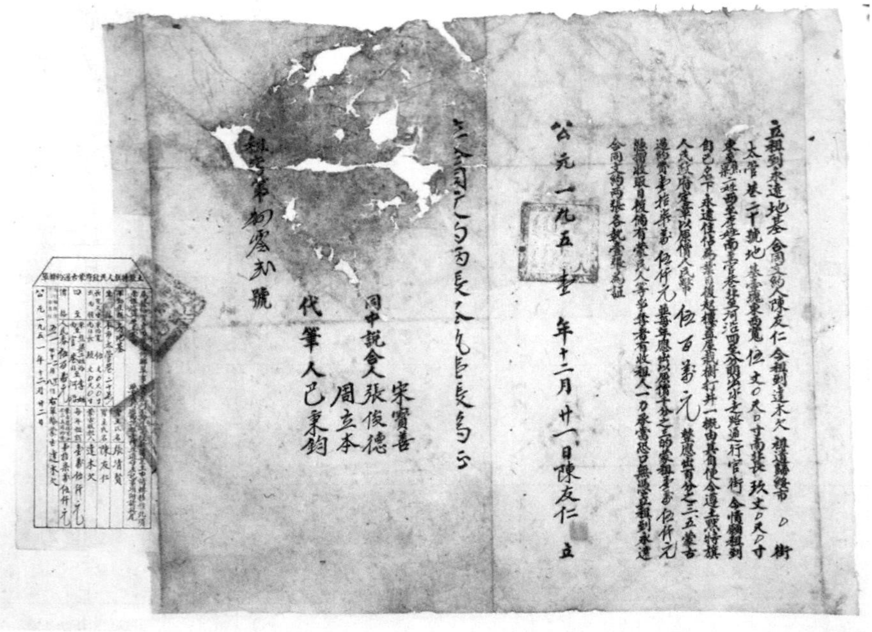

立租到永遠地基合同文約人陳友仁，今租到達木欠 租遣歸綏市 口 街
太管巷二十號地基壹塊，東西寬伍丈〇尺〇寸，南北長玖丈〇尺〇寸
……
公元一九五壹年十二月廿一日陳友仁 立

同中說合人 宋寶善 張俊德 周立本
代筆人 已秉鈞

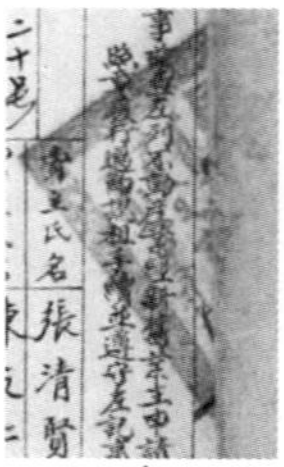

4

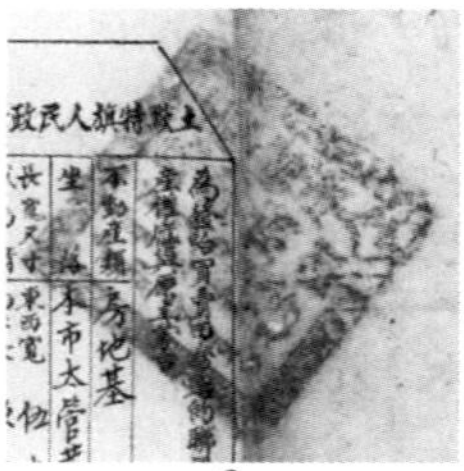

3

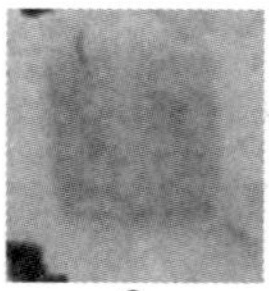

2

1

新10　公元一九五一年陳友仁租到達木欠地基合同文約

該合同約原編號是234，尺寸為54 ×47 釐米。約中粘有「土默特旗人民政府蒙古過約聯單」，合同約及聯單鈐有朱印四方，其中三方漢蒙雙語印（1、3、4）印文為「土默特旗人民政府印」，一方（2）印文為「陳友仁章」。合同約中地基原由張清賢租到，具體內容見新4《公元一九五〇年张清賢租到達木欠地基合同文約》。

立租到永遠地基合同文約人陳友仁，今租到達木欠祖遺歸綏市 △ 街
太管巷二十號地基壹塊。東西寬 伍 丈〇尺〇寸，南北長 玖 丈△尺△寸，
東至焦梁二姓，西至李姓，南至官巷，北至河沿，四至分明，出水走路通行官街。今情願租到
自己名下永遠住佔為業。日後，起樓蓋屋、栽樹打井，一概由其自便。今遵土默特旗
人民政府定章，以原價人民幣 伍 百 萬 元 整，應出百分之三·五蒙古
過約費壹拾柒萬伍千元，並每年應出以原價千分之三的蒙租壹萬伍仟元，
憑摺收取。日後，倘有蒙民人等爭奪者，有收租人一力承當。恐口無憑，立租到永遠
合同文約两張，各執壹張為証。
公 元 一 九 五 壹 年十二月廿一日陳友仁立
立合同文約两張，各執壹張為証〔一〕。
宋寶善

同中説合人 张俊德
周立本
代筆人 巴秉鈞
租字第肆零弍號

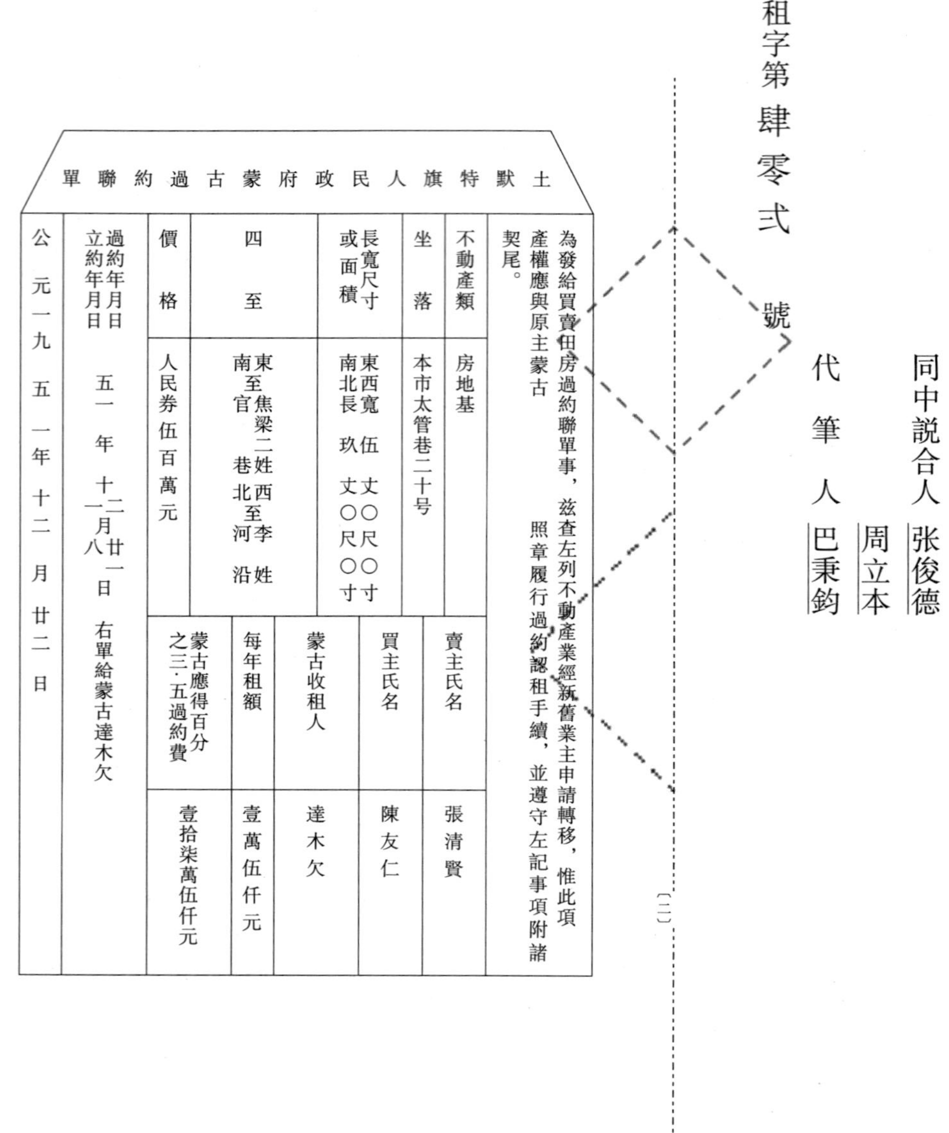

土默特旗人民政府蒙古過約聯單

為發給買賣田房過約聯單事，茲查左列不動產業經新舊業主申請轉移，惟此項產權應與原主蒙古照章履行過約認租手續，並遵守左記事項附諸契尾。

不動產類	房地基
坐落	本市太管巷二十号
長寬尺寸或面積	東西寬伍丈〇〇尺〇〇寸 南北長玖丈〇〇尺〇〇寸
四至	東至焦梁二姓 西至李姓 南至官巷 北至河沿
價格	人民券伍百萬元
過約年月日 立約年月日	五一年十二月廿一日 五一年十一月八日 右單給蒙古達木欠

賣主氏名	買主氏名	蒙古收租人	每年租額	蒙古應得百分之三.五過約費
張清賢	陳友仁	達木欠	壹萬伍仟元	壹拾柒萬伍仟元

公元一九五一年十二月廿二日

〔二〕

注釋

〔一〕該行文字只存右半部分。

〔二〕該騎縫綫處存有左半部分文字，但無法辨識。

新
11

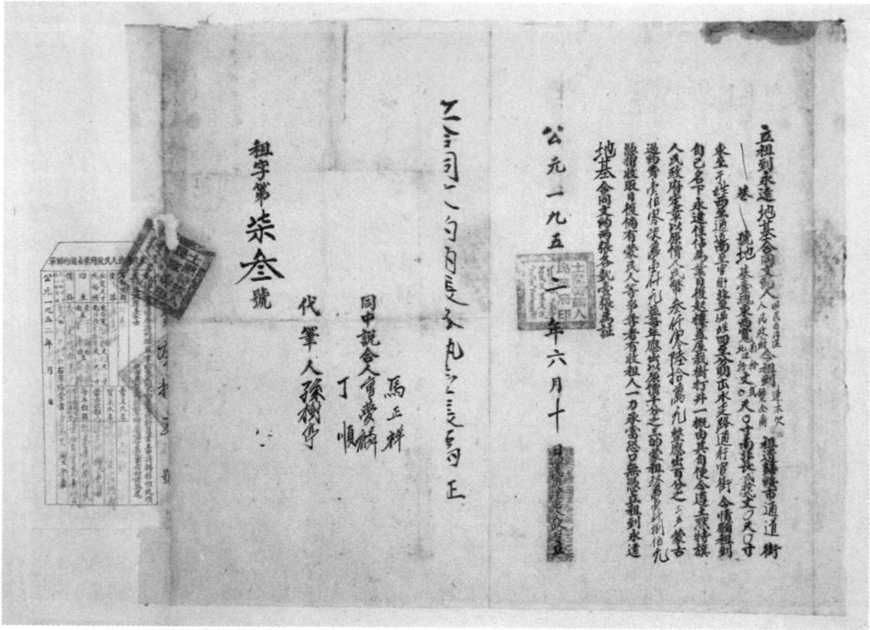

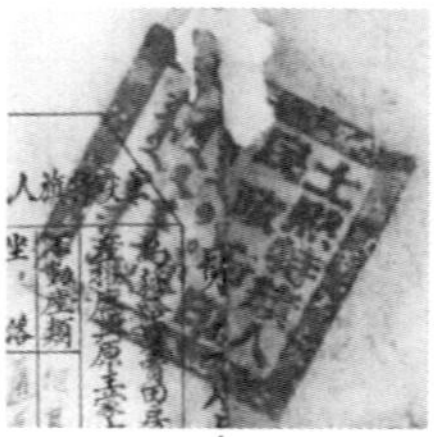

4

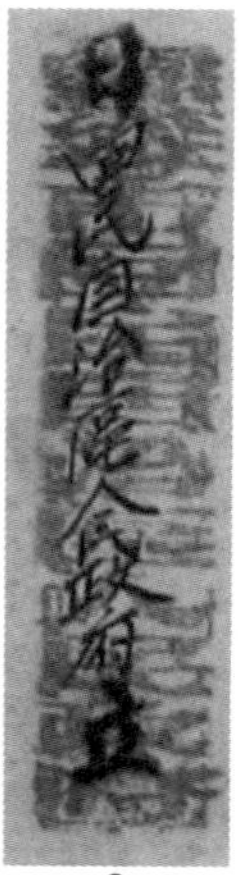

3

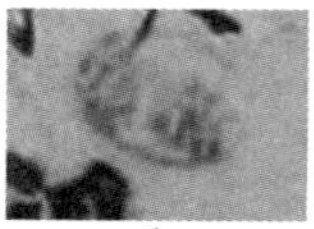

1

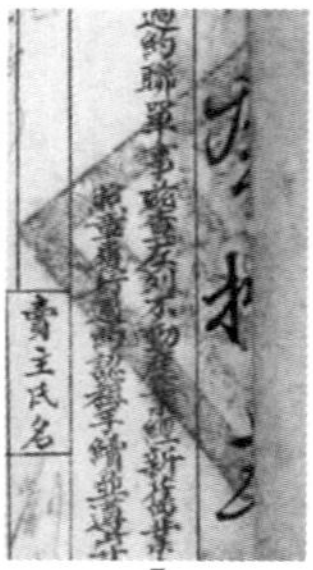

5

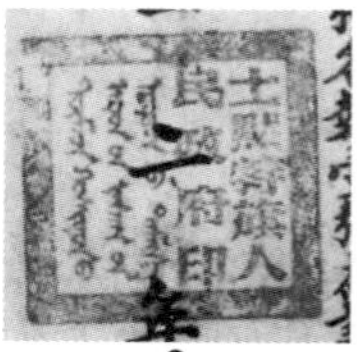

2

新11 公元一九五二年回民自治區人民政府租到達木欠、雙全爾地基合同文約

該合同約原編號是235，尺寸為54.7×46.5釐米。約中粘有「土默特旗人民政府蒙古過約聯單」，合同約及聯單鈐有朱印五方，其中三方漢蒙雙語印（2、4、5）印文為「土默特旗人民政府印[蒙古文]」，一方（3）印文為「歸綏市回民自治區人民政府」，一方（1）印文為「達木欠」。在合同約右側邊緣及印2左側各有一朱印之反印痕跡。過約聯單記錄地基原由劉尚仁租到，經比對可發現其與民97《民國三十八年（一九四九）劉尚仁、申明亮租到達木欠、雙全爾地基合同文約》中的地基大體相同，但兩約地基東西寬北邊的尺寸及四至中北至的記載稍有出入。

立租到永遠地基合同文約人回民自治區人民政府，今租到達木欠、雙全爾祖遺歸綏市通道街巷　號地基壹塊。東西寬南边拾弍、北边拾〇丈〇尺〇寸，南北長弍拾弍丈〇尺〇寸，東至于姓，西至通道，南至官街，北至温姓，四至分明，出水走路通行官街。今情願租到自己名下永遠住佔為業。日後，起樓蓋屋、栽樹打井，一概由其自便。今遵土默特旗人民政府定章，以原價人民幣叁仟零陸拾萬元整，應出百分之三·五蒙古過約費壹佰零柒萬壹仟元，並每年應出以原價千分之三的蒙租玖萬壹仟捌佰元，憑摺收取。日後，倘有蒙民人等爭奪者，有收租人一力承當。恐口無憑，立租到永遠地基合同文約兩張，各執壹張為証。

公元一九五二年六月十日回民自治區人民政府立

10 立合同文約兩張，各執壹張為証[一]。

11 馬正祥

12 同中說合人 曹夢麟

13 丁順

14 代筆人 孫樹亭

15 租字第柒叁號

財字第叁捌弍號[二]

土默特旗人民政府蒙古過約聯單

為發給買賣田房過約聯單事，茲查左列不動產業經新舊業主申請轉移，惟此項產權應與原主蒙古照章履行過約認租手續，並遵守左記事項附諸契尾。

不動產類	地基
坐落	通道街
長寬尺寸或面積	東西寬：南边拾丈弍尺〇寸，北边拾丈〇尺〇寸；南北長弍拾弍丈〇尺〇寸
四至	東至于姓，西至通道，南至官街，北至温姓
價格	叁仟零陸拾萬元
賣主氏名	劉尚仁
買主氏名	回民自治區人民政府
蒙古收租人	達木欠、雙全爾
每年租額	玖萬壹仟捌佰元
蒙古應得百分三·五過約費	壹佰另柒萬壹仟元

立約年月日 一九五一年二月廿二日

過約年月日 一九五二年六月十日　右單給蒙古達木欠、雙全爾

公元一九五二年六月十日

注釋

〔一〕該行文字只存右半部分。

〔二〕該行文字只存左半部分。

新12

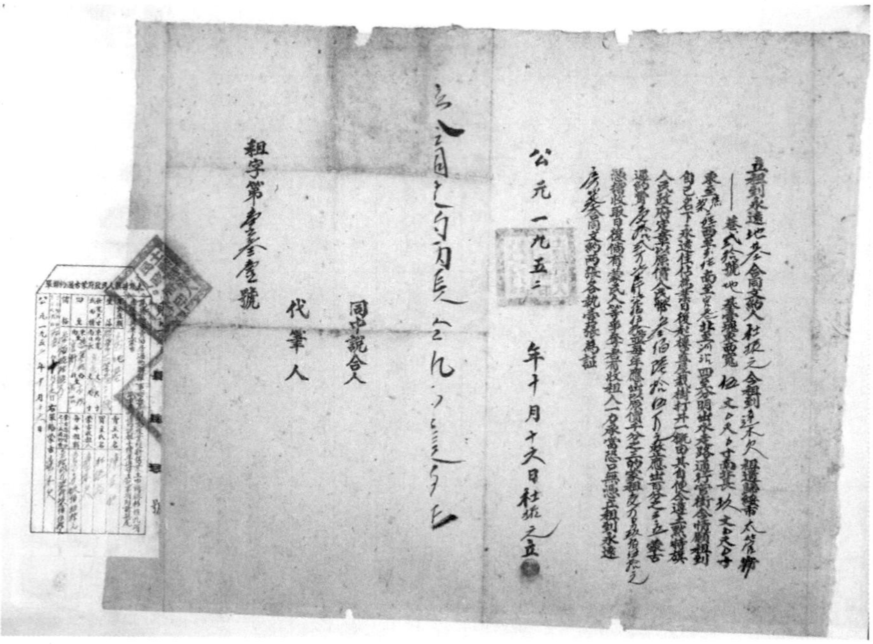

公元一九五二年十月十六日杜拔之立

同中説合人

代筆人

租字第[illegible]叁壹號

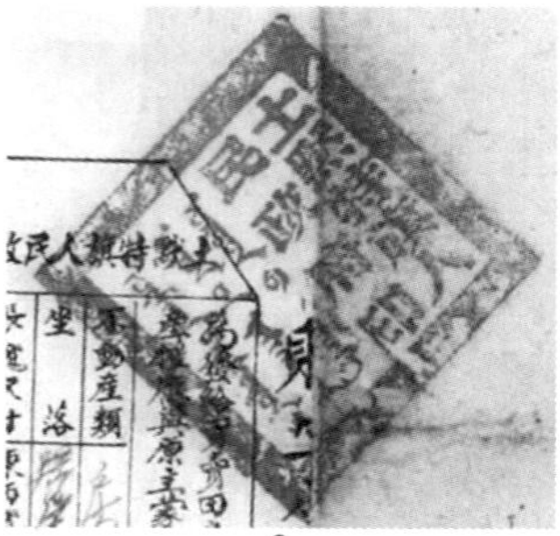

3

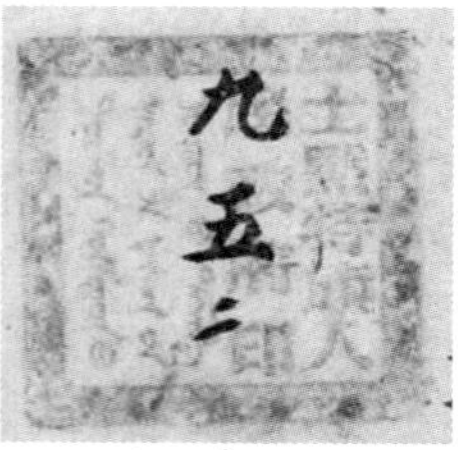

1

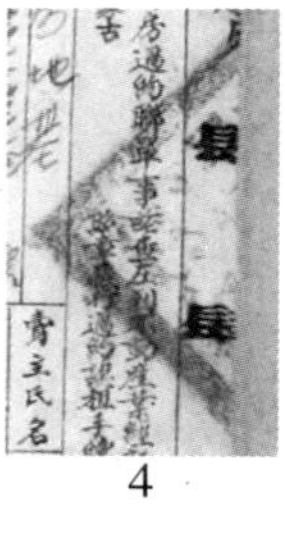

4

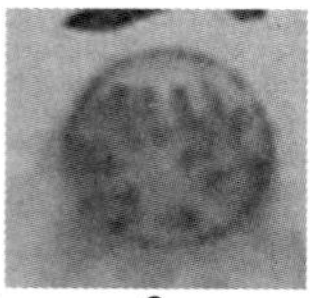

2

新12　公元一九五二年杜振元租到達木欠地基合同文約

該合同約原編號是236，尺寸為55.2×46.8釐米。約中粘有「土默特旗人民政府蒙古過約聯單」，合同約及聯單鈐有朱印四方，其中三方漢蒙雙語印（1、3、4）印文為「土默特旗人民政府印 [蒙古文]」，一方（2）印文為「杜振元」。合同約中的地基原由陳友仁租到，具體內容見新10《公元一九五一年陳友仁租到達木欠地基合同文約》。

1 立租到永遠地基合同文約人杜振元，今租到達木欠祖遺歸綏市太管[一]

2 ——巷弍拾號 地 基壹塊。東西寬 伍 丈△尺△寸，南北長 玖 丈△尺△寸，

3 東至焦梁二姓，西至李姓，南至官巷，北至河沿，四至分明，出水走路通行官街。今情願租到

4 自己名下永遠住佔為業。日後，起樓蓋屋、栽樹打井，一概由其自便。今遵土默特旗

5 人民政府定章，以原價人民幣叁佰陸拾伍万元整，應出百分之三·五蒙古

6 過約費壹拾弍万柒仟柒佰伍拾元，並每年應出以原價千分之三的蒙租壹万另玖佰伍拾元，

7 憑摺收取。日後，倘有蒙民人等爭奪者，有收租人一力承當。恐口無憑，立租到永遠

8 房地基合同文約兩張，各執壹張為証。

9 公元一九五二年十月十六日 杜振元立（印）

10 立合同文約兩張，各執壹張為証[二]。

11 同中説合人

12 代筆人

13 租字第壹叁壹號

財字第肆肆零號[三]

土默特旗人民政府蒙古過約聯單

為發給買賣田房過約聯單事，茲查左列不動產業經新舊業主申請轉移，惟此項產權應與原主蒙古照章履行過約認租手續，並遵守左記事項附諸契尾。

不動產類	房地基
坐落	歸綏市太管巷二十二號
長寬尺寸或面積	東西寬　丈　尺　寸 南北長　丈　尺　寸 另立合同
四至	東至焦梁二姓　西至李姓 南至官街　北至河沿
價格	叁佰陸拾伍万元
立約年月日 過約年月日	一九五二年十月十六日

賣主氏名	買主氏名	蒙古收租人	每年租額	蒙古應得百分之三·五過約費
陳友仁	杜振元	達木欠	壹万另玖佰伍拾元	壹拾弍万柒仟柒佰伍拾元

右單給蒙古達木欠

公元一九五二年十月十六日

注釋

〔一〕「太管」二字下原有「街」字被勾抹掉。

〔二〕該行文字只存右半部分。

〔三〕該行文字只存左半部分。

新13

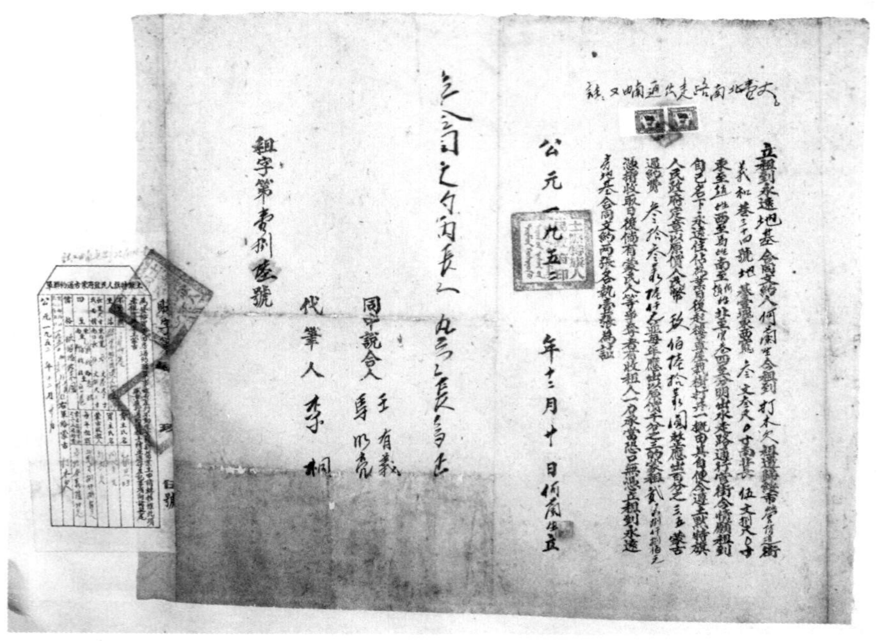

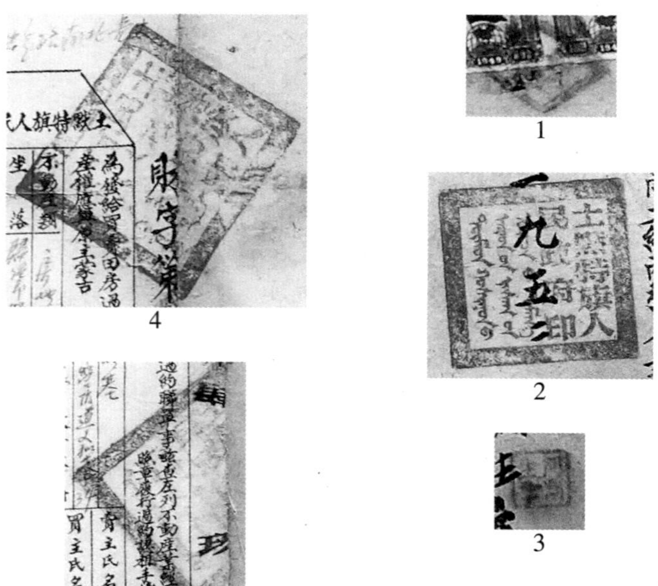

1

2

3

4

5

新13　公元一九五二年何蘭生租到打木欠地基合同文約

該合同約原編號是237，文書尺寸為55×46.5釐米。約中粘有「中華人民共和國印花稅票壹百圓」兩枚，附有「土默特旗人民政府蒙古過約聯單」。合同約及聯單鈐有朱印五方，其中三方漢蒙雙語印（2、4、5）印文為「土默特旗人民政府印 ᠲᠦᠮᠡᠳ ᠬᠣᠰᠢᠭᠤᠨ ᠤ ᠠᠷᠠᠳ ᠤᠨ ᠵᠠᠰᠠᠭ ᠤᠨ ᠲᠠᠮᠠᠭ᠎ᠠ」，一方（3）印文為「何蘭生章」，一方（1）鈐在印花稅票上面，印文為「印花」。

註：又由南通出路南北壹丈△

（印花稅票兩枚）

立租到永遠地基合同文約人何蘭生，今租到打木欠祖遺歸綏市營坊道街
義和巷三十四號地基壹塊。東西寬叁丈叁尺△寸，南北長伍丈捌尺△寸，
東至趙姓，西至馬姓，南至何（趙），北至官巷，四至分明，出水走路通行官街。今情願租到
自己名下永遠住佔為業。日後，起樓蓋屋、栽樹打井，一概由其自便。今遵土默特旗
人民政府定章，以原價人民幣玖佰陸拾萬圓整，應出百分之三·五蒙古
過約費叁拾叁萬陸仟元，並每年應出以原價千分之三的蒙租貳萬捌仟捌佰元，
憑摺收取。日後，倘有蒙民人等爭奪者，有收租人一力承當。恐口無憑，立租到永遠
房地基合同文約兩張，各執壹張為証。

公元一九五二年十二月廿日何蘭生立

立合同文約两張，各執壹張為証〔一〕。

王有義

同中說合人　馬明亮

代筆人　李桐

租字第壹捌陸號

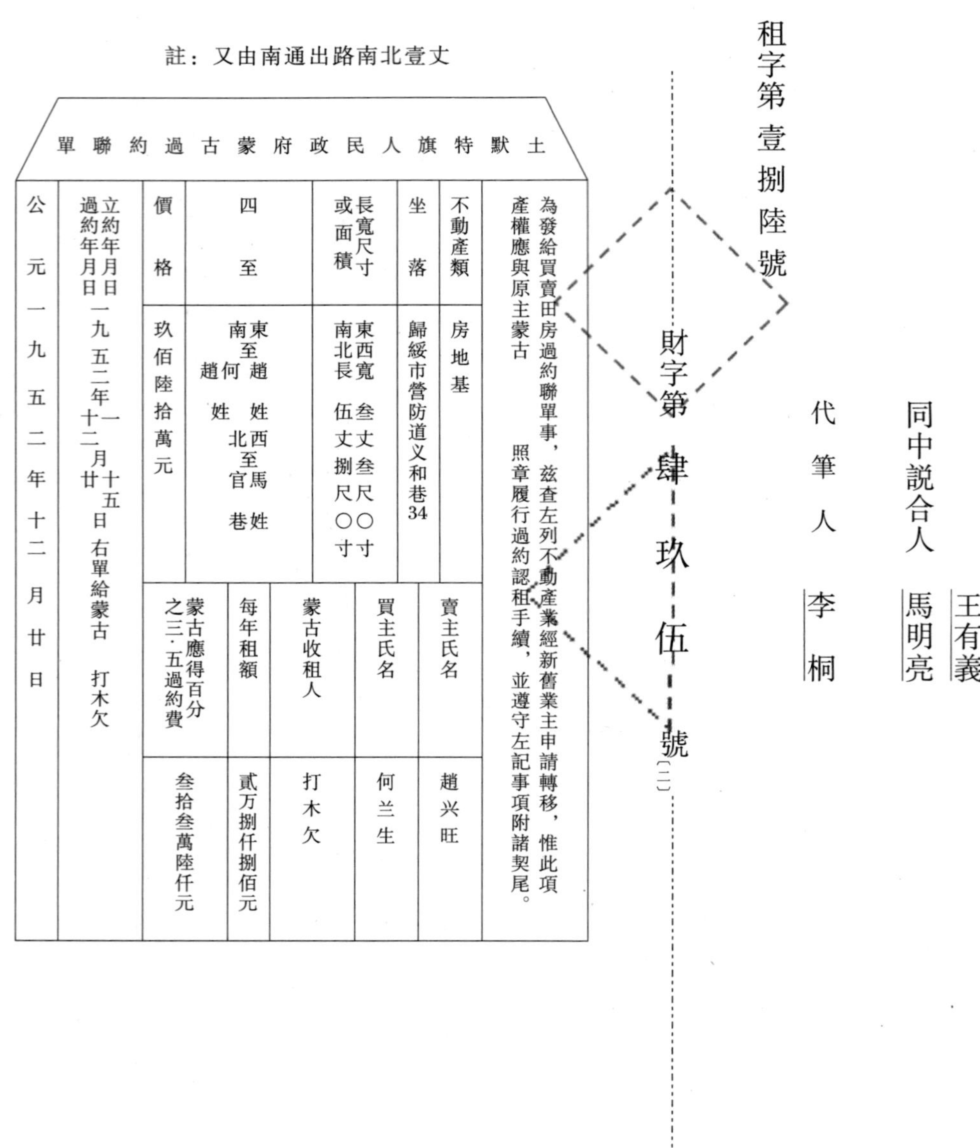

財字第肆玖伍號[二]

土默特旗人民政府蒙古過約聯單

為發給買賣田房過約聯單事，茲查左列不動產業經新舊業主申請轉移，惟此項產權應與原主蒙古照章履行過約認租手續，並遵守左記事項附諸契尾。

不動產類	坐落	長寬尺寸或面積	四至	價格
房地基	歸綏市營防道义和巷34	東西寬叁丈叁尺〇〇寸 南北長伍丈捌尺〇〇寸	東至趙姓 西至馬姓 南至趙何姓 北至官巷	玖佰陸拾萬元

賣主氏名	買主氏名	蒙古收租人	每年租額	蒙古應得百分之三·五過約費
趙兴旺	何兰生	打木欠	貳万捌仟捌佰元	叁拾叁萬陸仟元

立約年月日　一九五二年一月十五日

過約年月日　一九五二年十二月廿日　右單給蒙古　打木欠

公元一九五二年十二月廿日

註：又由南通出路南北壹丈

注釋

〔一〕該行文字只存右半部分。

〔二〕該行文字只存左半部分。

新14

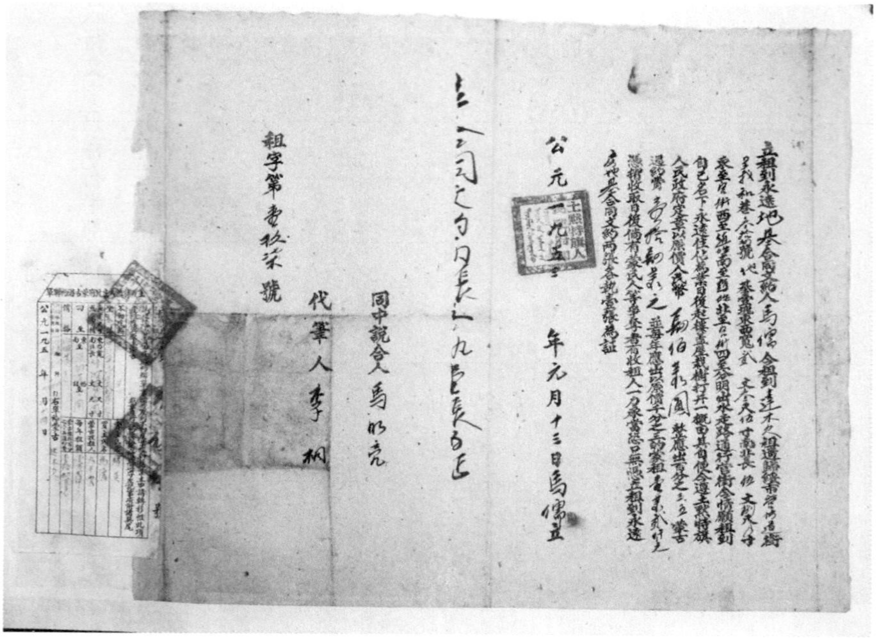

公元一九五三年九月十三日馬儒立

同中說合人 馬明亮

代筆人 李桐

租字第壹拾柒號

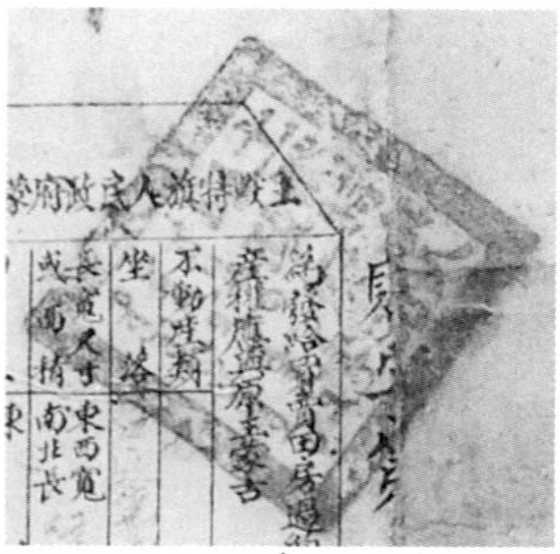
4

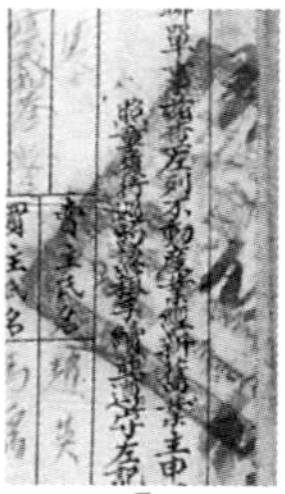
5

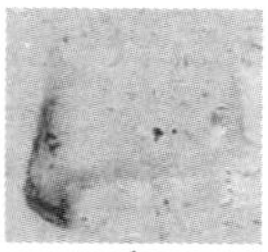
1

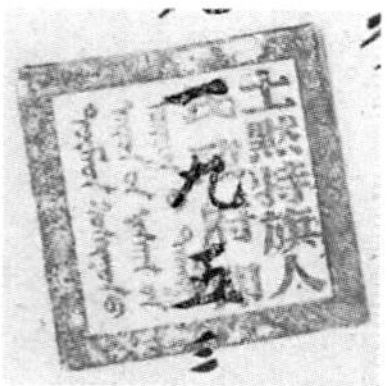
2

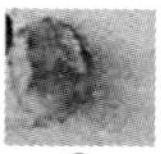
3

新14　公元一九五三年馬儒租到達木欠地基合同文約

該合同約原編號是238，文書尺寸為54.3×45.7釐米。約中粘有「土默特旗人民政府蒙古過約聯單」，合同約及聯單鈐有朱印五方，其中三方漢蒙雙語印（2、4、5）印文為「土默特旗人民政府印 [蒙古文]」，一方（3）印文為「馬儒」，一方（1）為殘存印跡，根據其所鈐位置及其他同時期文書，可知該印印文為「印花」。該合同約地基與新13《公元一九五二年何蘭生租到打木欠地基合同文約》地基坐落相同，東西寬不同，若不考慮通出走路尺寸，則南北長度相同，賣主姓名及四至不同。目前尚不能判斷兩地基的具體關係，但可能是同一門牌號中不同地塊。

1 立租到永遠地基合同文約人馬儒，今租到達木欠祖遺歸綏市營坊道街
2 義和巷叁拾肆號地基壹塊。東西寬貳丈叁尺伍寸，南北長伍丈捌尺〇寸，
3 東至官街，西至趙姓，南至趙姓，北至官街，四至分明，出水走路通行官街。今情願租到
4 自己名下永遠住佔為業。日後，起樓蓋屋、栽樹打井，一概由其自便。今遵土默特旗
5 人民政府定章，以原價人民幣肆佰萬圓整，應出百分之三·五蒙古
6 〔一〕過約費壹拾肆萬元，並每年應出以原價千分之三的蒙租壹萬貳仟元，
7 憑摺收取。日後，倘有蒙民人等爭奪者，有收租人一力承當。恐口無憑，立租到永遠
8 房地基合同文約兩張，各執壹張為証。
9 公元一九五三年元月十三日馬儒立
10 立合同文約两張，各執壹張為証〔二〕。

11 同中説合人　馬明亮

12 代筆人李桐

13 租字第壹玖柒號

財字第玖伍伍號〔三〕

土默特旗人民政府蒙古過約聯單

為發給買賣田房過約聯單事，茲查左列不動產業經新舊業主申請轉移，惟此項產權應與原主蒙古照章履行過約認租手續，並遵守左記事項附諸契尾。

不動產類	地基
坐落	绥远市营坊道義和巷34号
長寬尺寸或面積	東西寬　丈　尺　寸 南北長　丈　尺　寸 详细有合同
四至	東至　西至 南至　北至 详细有合同
價格	肆佰萬元

賣主氏名	買主氏名	蒙古收租人	每年租額	蒙古應得百分之三·五過約費
趙英	馬儒	大木欠	壹万弍仟元	壹拾肆万元

過約年月日　一九五一年一月八日

立約年月日〔四〕　一九五三年元月十四日　右單給蒙古　达木欠

公元一九五三年一月十四日

注釋

〔一〕此處有粘帖印花稅票的殘跡。

〔二〕該行文字只存右半部分。

〔三〕該行文字只存左半部分。

〔四〕此處「過約年月日」與「立約年月日」位置似顛倒。

新
15

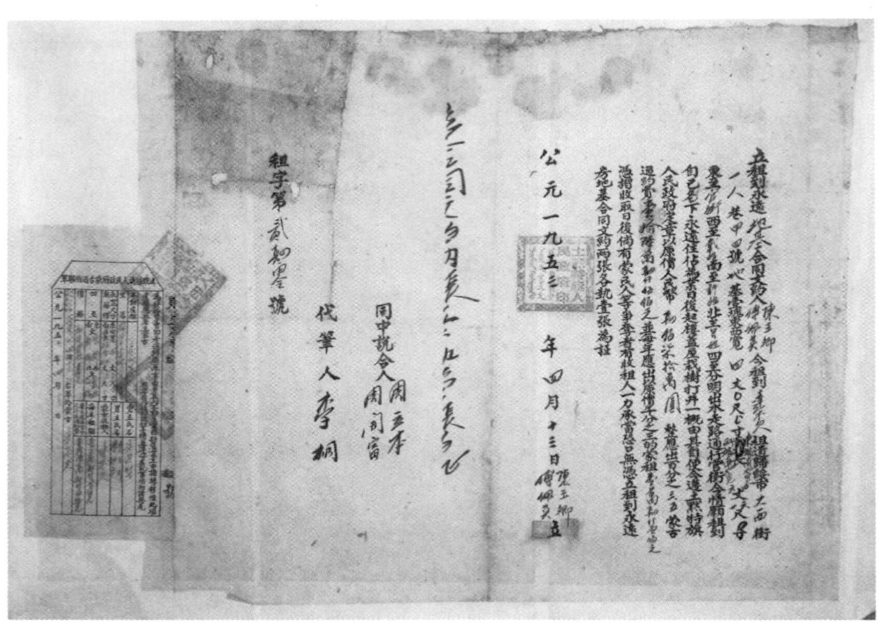

公元一九五三年四月十三日

同中說合人 周五本 周□富

代筆人 李桐

租字第 貳 □□ 號

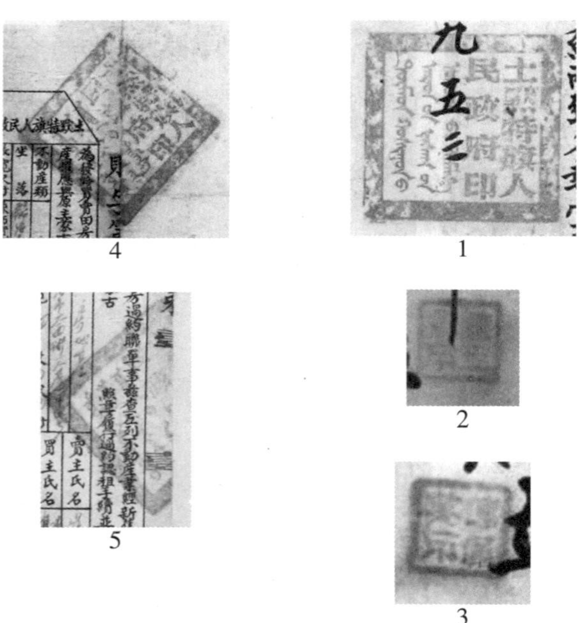

4

1

5

2

3

新15　公元一九五三年陳玉卿、傅佩英租到達木欠地基合同文約

該合同約原編號是239，尺寸為55.5×46.3釐米。約中粘有「土默特旗人民政府蒙古過約聯單」，合同約及聯單鈐有朱印五方，其中三方漢蒙雙語印（1、4、5）印文為「土默特旗人民政府印 ᠲᠦᠮᠡᠳ ᠬᠣᠰᠢᠭᠤᠨ ᠤ ᠠᠷᠠᠳ ᠤᠨ ᠵᠠᠰᠠᠭ ᠤᠨ ᠲᠠᠮᠠᠭ᠎ᠠ」，一方（2）印文為「陳玉卿章」，一方（3）印文為「傅佩英章」。

立租到永遠地基合同文約人陳玉卿、傅佩英，今租到達木欠祖遺歸綏市大西街
一人巷甲四號地基壹塊。東西寬四丈〇尺〇寸，東端南北寬四丈六尺〇寸，西端南北寬六[一]丈一尺〇寸，
東至官街，西至戴姓，南至許姓，北至呂姓，四至分明，出水走路通行官街。今情願租到
自己名下永遠住佔為業。日後，起樓蓋屋、栽樹打井，一概由其自便。今遵土默特旗
人民政府定章，以原價人民幣肆佰柒拾萬圓整，應出百分之三·五蒙古
過約費壹拾陸[二]萬肆仟伍佰元，並每年應出以原價千分之三的蒙租壹萬肆仟壹佰元，
憑摺收取。日後，倘有蒙民人等爭奪者，有收租人一力承當。恐口無憑，立租到永遠
房地基合同文約兩張，各執壹張為証。

公元一九五三年四月十三日　陳玉卿、傅佩英立

立合同文約两張，各執壹張為証[三]。

同中説合人　周立本　周㒒富

13

代筆人李桐

14

租字第貳肆零號

財字第壹壹捌號〔四〕

土默特旗人民政府蒙古過約聯單

為發給買賣田房過約聯單事，兹查左列不動產業經新舊業主申請轉移，惟此項產權應與原主蒙古照章履行過約認租手續，並遵守左記事項附諸契尾				
不動產類	坐落	長寬尺寸或面積	四至	價格
房地基	歸綏市大西街一人巷甲四号	東西寬四丈〇尺〇寸 南北長东端四丈六 西端六丈一尺〇寸	東至官街 西至戴姓 南至許姓 北至呂姓	肆佰柒拾萬元

賣主氏名	買主氏名	蒙古收租人	每年租額	蒙古應得百分之三·五過約費
崔進財	陳玉卿 傅佩英	達木欠	壹萬肆仟壹佰元	壹拾陸萬肆仟伍佰元

立約年月日 一九五三年四月十三日
過約年月日 右單給蒙古 達木欠

公元一九五三年四月十三日

注釋

〔一〕此處兩行文字間原有「南北長」三字被勾抹掉。

〔二〕「壹拾陸」三字在塗抹他字的痕跡上面寫就。

〔三〕該行文字只存右半部分。

〔四〕該行文字只存左半部分。

新16

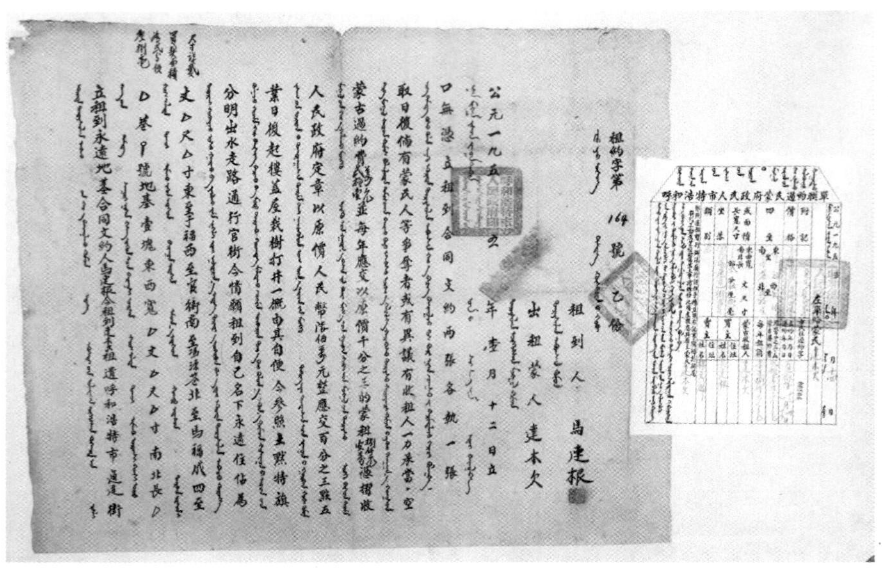

租約字第164號 乙份

租到人 馬建根

出租蒙人 達木欠

公元一九五五年壹月十二日立

口無憑立租到合同文約兩張各執一張

取日後倘有蒙民人等爭奪者或有異議有出租人一力承當，空

蒙古過約費人民幣……並每年應交以原價千分之三的蒙租……

人民政府定章以原價人民幣洛伯……元整應交百分之三點五

業日後起樸蓋房栽樹打井一概由其自便今參照土默特旗

分明出水走路通行官街今情願租到自己名下永遠住佔為

丈口尺口寸東至……西至官街南至……北至馬福成四至

口巷口號地基壹塊東西寬口丈口尺口寸南北長口

立租到永遠地基合同文約人馬建根今租到達木欠祖遺呼和浩特市……道……街

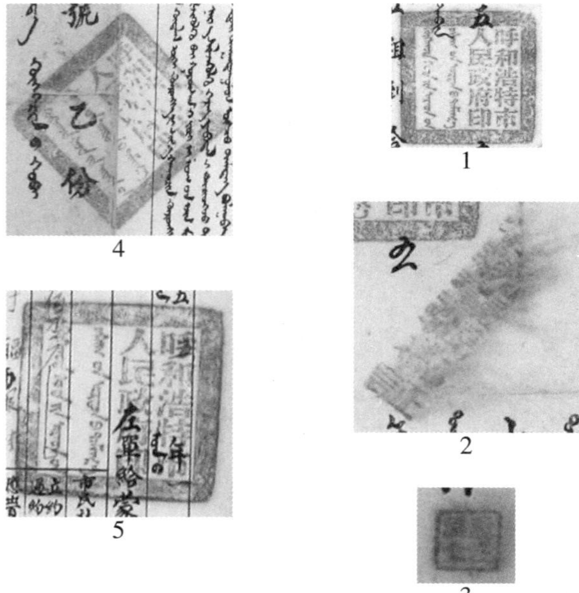

4

5

1

2

3

新16 公元一九五五年馬連根租到達木欠地基蒙漢雙語合同文約

該合同約原編號是240，尺寸為54.8×44.8釐米。約中粘有「呼和浩特市人民政府蒙民過約聯單」，合同約及聯單鈐有朱印五方，其中三方漢蒙雙語印（1、4、5）印文為「呼和浩特市人民政府印[illegible]」，一方（3）印文為「馬連根章」，一方（2）印文為「各執壹張為証」。需要說明的是，該合同約自左向右豎排寫起，過約聯單亦粘連在合同約右側，為便於排版及閱讀，此處錄文調整轉換為自右向左豎排的順序，過約聯單仍附於合同約契尾。

1 [illegible]

2 立租到永遠地基合同文約人馬連根，今租到達木欠祖遺呼和浩特市通道街

3 尺寸详載 [illegible]

4 買契。面積△巷9號地基壹塊。東西寬△丈△尺△寸，南北長△

5 為式分伍 [illegible]

6 厘捌毫。丈△尺△寸，東至于福，西至官街，南至馮源巷，北至馬福成，四至

7 [illegible]

8 分明，出水走路通行官街。今情願租到自己名下永遠住佔為

9 [illegible]

10 業。日後，起樓蓋屋、栽樹打井，一概由其自便。今參照土默特旗

11 [illegible]

12 人民政府定章，以原價人民幣陸佰萬元整，應交百分之三點五

13 [illegible]

蒙古過約費弍拾壹萬元，並每年應交以原價千分之三的蒙租壹萬捌仟元，憑摺收

取。日後，倘有蒙民人等爭奪者，或有異議，有收租人一力承當〔一〕。空

口無憑，立租到合同文約兩張，各執一張。

公元一九五五年壹月十二日立

出租蒙人 達木欠

租到人 馬連根

租約字第164號乙份

呼和浩特市人民政府蒙民過約聯單

依照過租暫行辦法履行認租手續，並照右計事項附於契尾。

右列不動產業經新舊業主申請轉移，此項產權應與原主蒙民達木欠

類別	房
坐落	回民區通道街九号
長寬尺寸或面積	東西寬　丈　尺　寸 南北長 ——畝式分伍厘捌毫
四至	東至于福　西至官街 南至馮源巷　北至馬福成
價格	陸佰万元
附記	

賣主	姓名	穆文魁
	住址	
買主	姓名	馬連根
	住址	
蒙古收租人		達木欠
每年租額		壹万捌仟元
應出百分之三.五蒙古過約費		式拾壹万元
立約年月日 過約年月日		一九五三年十二月卅日 一九五五年一月十四日
市民社過約字		00164

左單給蒙民達木欠

公元一九五五年一月十四日

注釋

〔一〕「當」字下面原有一類似於逗號的墨蹟。

新17

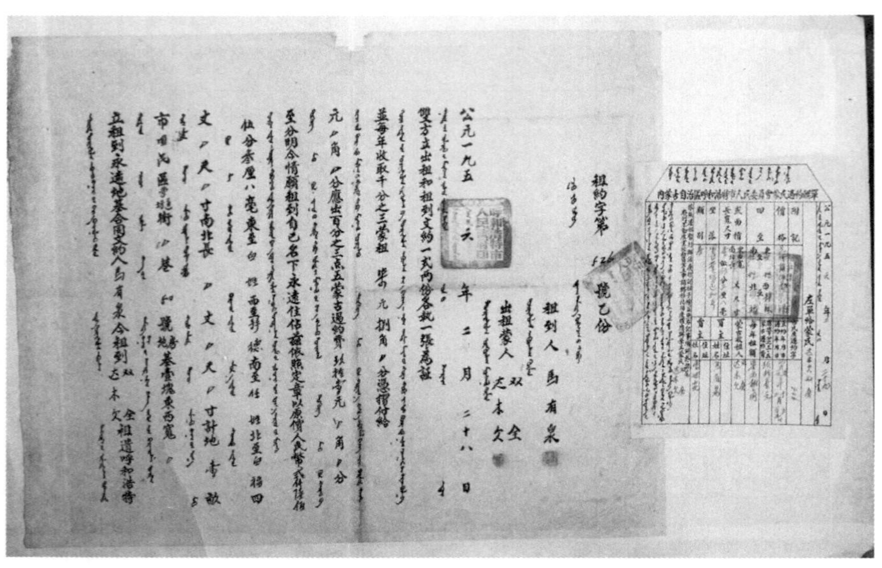

租約字第 526 號乙份

租到人 马有泉

出租蒙人 双全 之木欠

公元一九五六年二月二十八日

雙方立出租和租到文約一式兩份各執一張為証

並每年收取千分之三蒙租 柒 九 捌角 分憑摺付給

元 角 分應出百分之三點五蒙古過約費 玖拾壹元 角 分

至分明今情願租到自己名下永遠住佔當依照定章以原價人民幣

佔分叁厘八毫東至 白 姓 西至郭 姓 南至任 姓 北至白 福 四

丈 尺 寸南北長 丈 尺 寸計地 壹 畝

市 回民 區 街 巷 號地基壹塊東西寬

立租到永遠地基合同文約人马有泉今租到 双全 之木欠 全祖遺呼和浩特

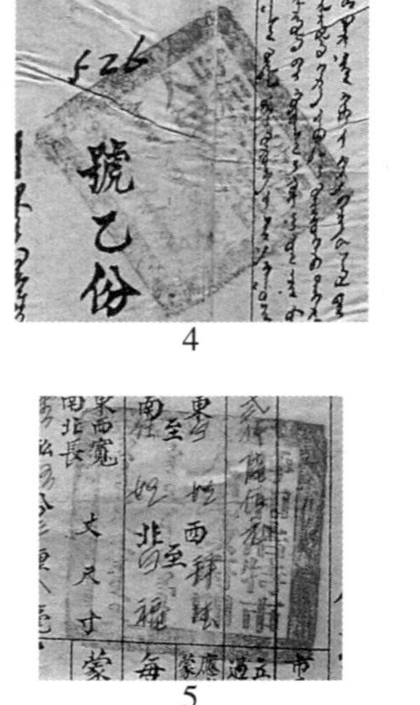

4

5

1

2

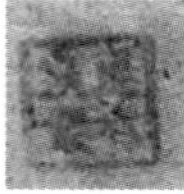

3

新17　公元一九五六年馬有泉租到达木欠、双全地基蒙漢雙語合同文約

該合同約原編號是241，文書尺寸為55×44.5釐米。約中粘有「内蒙古自治區呼和浩特市人民委員會蒙民過約聯單」，合同約及聯單鈐有朱印五方，其中三方漢蒙雙語印（1、4、5）印文為「呼和浩特市人民政府印」，一方（2）印文為「達木欠」，一方（3）印文為「馬有泉章」。需要説明的是，該合同約自左向右豎排寫起，過約聯單亦粘連在合同約右側，為便於排版及閲讀，此處錄文調整轉換為自右向左豎排的順序，過約聯單仍附於合同約契尾。合同約中的地基原由曹世光租到，見新7《公元一九五一年曹世光租到達木欠、雙全爾地基合同文約》。

1 [illegible]

2 立租到永遠地基合同文約人馬有泉，今租到达木欠、双全祖遺呼和浩特

3 [illegible]

4 市回民區營坊道街△巷50號房地基壹塊。東西寬△

5 [illegible]

6 丈△尺△寸，南北長△丈△尺△寸，計地　壹　畝

7 [illegible]

8 伍分叁厘八毫，東至白姓，西至拜德，南至任姓，北至白福，四

9 [illegible]

10 至分明。今情願租到自己名下永遠住佔。茲依照定章，以原價人民幣弍仟陸佰

11 [illegible]

12 元△角△分，應出百分之三点五蒙古過約費 玖拾壹元△角△分，

13 [illegible]

14 並每年收取千分之三蒙租 柒元 捌角△分，憑摺付給。

15 [illegible]

16 雙方立出租和租到文約一式兩份，各執一張為証。

17 [illegible]

18 公元一九五 六 年 二 月 二十八 日

19 [illegible]

20 出租蒙人 达木欠

21 双 全

22 [illegible]

23 租到人 馬有泉

24 [illegible]

25 租約字第526號乙份

內蒙古自治區呼和浩特市人民委員會蒙民過約聯單

依照過租暫行辦法履行認租手續，並照右計事項附於契尾。

右列不動產業經新舊業主申請轉移，此項產權應與原主蒙民 双全 达木欠

類別	坐落	或面積長寬尺寸	四至	價格	附記
房	回区营坊道50号	東西寬　丈　尺　寸 南北長 壹畝伍分三厘八毫	東至白姓　西至拜德 南至任姓　北至白福	弍仟陸佰元	

賣主姓名	賣主住址	買主姓名	買主住址	蒙古收租人	每年租額	應出百分之三.五蒙古過約費	立約年月日 過約年月日	市民社過約字
曹世光		馬有泉		双全 达木欠	柒元捌角	玖拾壹元	一九五六年二月二十九日 （旁行：五 十 三）	526

左單給蒙民 达木欠、双 全

公元一九五六年二月二十九日

新18

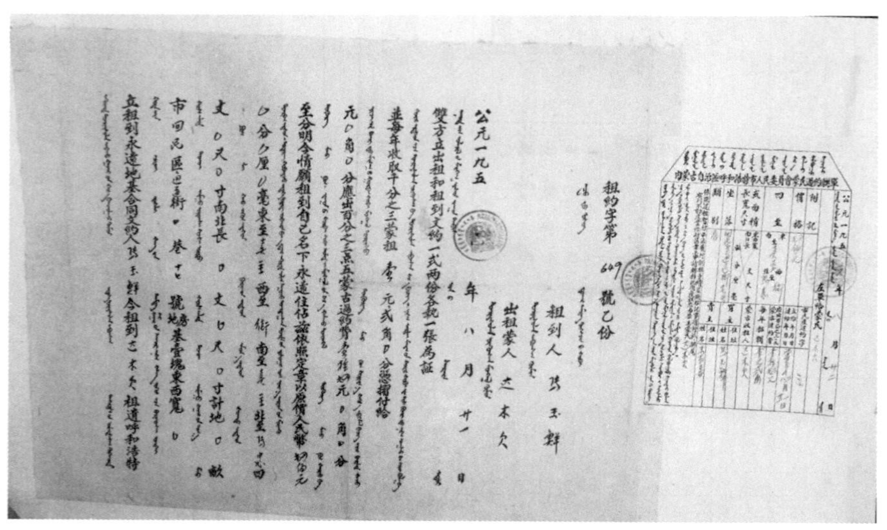

立租到永遠地基合同文約人張玉群今租到之木欠祖遺呼和浩特市回民區　街　巷　號地基壹塊東西寬　丈　尺　寸南北長　丈　尺　寸計地　畝　分　厘　毫東至　西至　街南至　北至　四至分明今情願租到自己名下永遠住佔並依照定章以原價人民幣　元　角　分應出百分之三點五蒙古過約費　元　角　分並每年收取千分之三蒙租　元貳角　分懸撥付給雙方立出租和租到文約一式兩份各執一張為証

公元一九五　年　八　月　廿一　日

出租蒙人　之木欠

租到人　張玉群

租約字第　649　號乙份

1

2

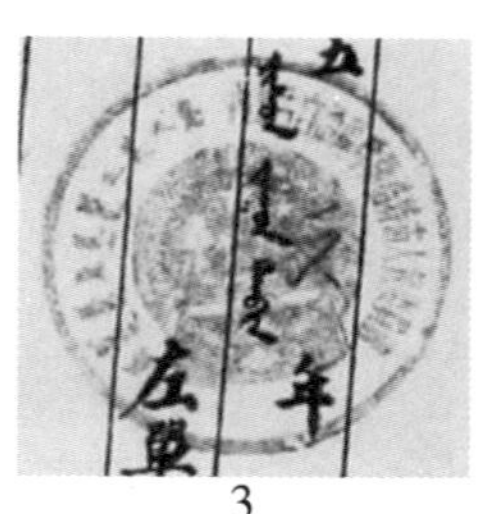

3

新18 公元一九五六年馬玉鮮租到达木欠地基蒙漢雙語合同文約

該合同約原編號是243，尺寸為54.8×43.8釐米。約中粘有「內蒙古自治區呼和浩特市人民委員會蒙民過約聯單」，合同約及聯單鈐有朱印三方漢蒙雙語印（1、2、3），印文為「[illegible]／內蒙古自治區呼和浩特市人民委員會」。需要說明的是，該合同約自左向右豎排寫起，過約聯單亦粘連在合同約右側，為便於排版及閱讀，此處錄文調整轉換為自右向左豎排的順序，過約聯單仍附於合同約契尾。

[illegible]
立租到永遠地基合同文約人馬玉鮮，今租到达木欠祖遺呼和浩特
[illegible]
市回民區通道街 ○ 巷十七號房地基壹塊。東西寬 ○
[illegible]
丈○尺○寸，南北長 ○ 丈 ○ 尺 ○ 寸，計地 ○ 畝
[illegible]
○分○厘○毫，東至卖主，西至 街，南至卖主，北至馬忠，四
[illegible]
至分明。今情願租到自己名下永遠住佔。兹依照定章，以原價人民幣肆佰元
[illegible]
元○角○分，應出百分之三点五蒙古過約費壹拾肆元○角○分，
[illegible]

並每年收取千分之三蒙租 壹元弍角〇分，憑摺付給。

雙方立出租和租到文約一式兩份，各執一張為証。

公元一九五六年八月廿一日

出租蒙人 达木欠

租到人 馬玉鮮

租約字第 649 號乙份

内蒙古自治區呼和浩特市人民委員會蒙民過約聯單

依照過租暫行辦法履行認租手續，並照右計事項附於契尾。

右列不動產業經新舊業主申請轉移，此項產權應與原主蒙民 达木欠

類別	坐落	或面積長寬尺寸	四至	價格	附記
房	回民区通道街十七号	東西寬 丈 尺 寸；南北長 畝 分 厘 毫	東至、南至 卖主；西至街；北至馬忠	肆佰元	

賣主姓名	賣主住址	買主姓名	買主住址	蒙古收租人	每年租額	應出百分之三.五蒙古過約費	立約年月日 過約年月日	市民社過約字
王有喜		馬玉鮮		达木欠	壹元弍角	壹拾肆元	一九五六年二月一日 一九五六年八月廿二日	649

左單給蒙民 達木欠

公元一九五六年八月廿二日

新19

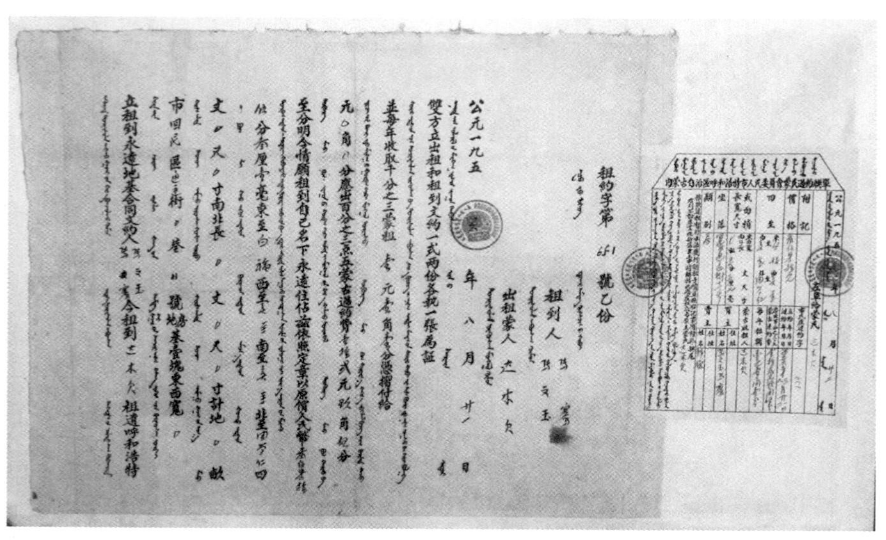

租約字第651號乙份

租到人

出租蒙人

公元一九五 年 八 月 廿一 日

雙方立出租和租到文約一式兩份各執一張爲証

並每年收取千分之三蒙租 元 角 分憑摺付給

元 角 分應出百分之三點五蒙古遷移費 式元玖角 分

至分明今情願租到自己名下永遠住佔論依照定章以原價入民幣[illegible]

佰 分 厘 毫東至 西至 南至 北至

丈 尺 寸南北長 丈 尺 寸計地 畝

市 區 街 巷 號地基壹塊東西寬

立租到永遠地基合同文約人 今租到 祖遺呼和浩特

4

3

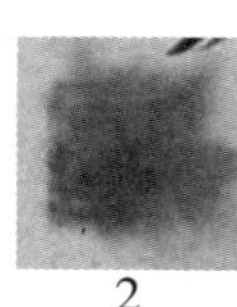

2

1

新19　公元一九五六年馬文玉、馬騫租到达木欠地基蒙漢雙語合同文約

該合同約原編號是242，尺寸為54.8×43.5釐米。約中粘有「内蒙古自治區呼和浩特市人民委員會蒙民過約聯單」，合同約及聯單鈐有朱印四方，其中三方漢蒙雙語印（1、3、4）印文為「[illegible] 内蒙古自治區呼和浩特市人民委員會」，一方（2）印文漫漶不清。需要説明的是，該合同約自左向右竪排寫起，過約聯單亦粘連在合同約右側，為便於排版及閲讀，此處錄文調整轉換為自右向左竪排的順序，過約聯單仍附於合同約契尾。

1 [illegible]

2 立租到永遠地基合同文約人馬文玉、馬騫，今租到达木欠祖遺呼和浩特

3 [illegible]

4 市回民區通道街〇巷11號房地基壹塊。東西寬〇

5 [illegible]

6 丈〇尺〇寸，南北長〇丈〇尺〇寸，計地〇畝

7 [illegible]

8 伍分叁厘壹毫，東至白福，西至卖主，南至卖主，北至周学仁，四

9 [illegible]

10 至分明。今情願租到自己名下永遠住佔。兹依照定章，以原價人民幣叁佰柒拾

11 [illegible]

元〇角〇分，應出百分之三点五蒙古過約費壹拾弍元玖角伍分，

並每年收取千分之三蒙租 壹元壹角壹分， 憑摺付給。

雙方立出租和租到文約，一式两份，各執一張為証。

公元一九五 六 年 八 月 廿一 日

出租蒙人 达木欠

租到人 馬 騫

馬文玉

租約字第651號乙份

內蒙古自治區呼和浩特市人民委員會蒙民過約聯單

依照過租暫行辦法履行認租手續，並照右計事項附於契尾。

右列不動產業經新舊業主申請轉移，此項產權應與原主蒙民达木欠

類別	房
坐落	回民区通道街十一号
或面積 長寬尺寸	東西寬　丈　尺　寸 南北長 ○畝五分三厘七毫
四至	東至白福　西至卖主 南至卖主　北至周学仁
價格	叁佰柒拾元
附記	

賣主 姓名	賣主 住址	買主 姓名	買主 住址	蒙古收租人	每年租額	應出百分之三·五蒙古過約費	立約年月日 過約年月日	市民社過約字
拜德		馬文玉、馬騫		达木欠	壹元壹角壹分	壹拾式元玖角伍分	一九五六年三月廿一日 一九五六年八月廿二日	651

左單給蒙民达木欠

公元一九五六年八月廿二日

新20

内蒙古自治区呼和浩特市人民委员会房地产管理处蒙民过约联单

公元一九五　年　三　月　八　日

存单给蒙民　打木欠

附記	
价格	捌百元
四至	东至[illegible]　西至[illegible]　南至王有义　北至街
面积长宽尺寸	东西宽　丈　尺　寸　南北长　[illegible]分[illegible]厘[illegible]毫
坐落	回民区[illegible]
类别	房
市民产过约字	832
立约年月日　过约年月日	一九五七年十二月廿八日
应出百分之三五蒙古过约费	贰拾捌元
每年租额	贰元捌角
蒙古收租人	打木欠
买主　姓名	李祥
买主　住址	
卖主　姓名	何兰生
卖主　住址	

右列不动产业经新旧业主申请转移此项产权应与原主蒙民　打木欠　依照过租暂行办法履行过租手续并照右记事项各发给过约联单

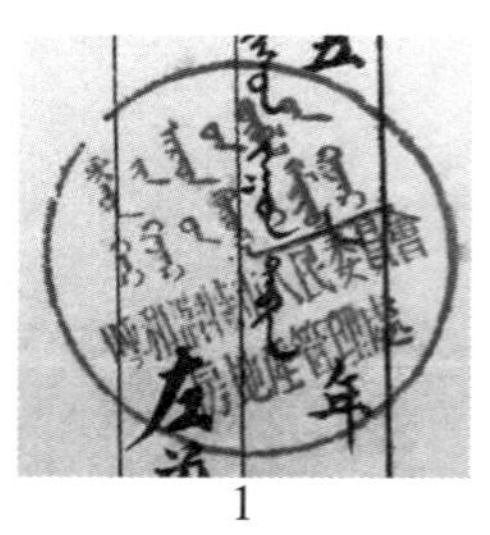

1

新20　公元一九五七年李祥租到打木欠地基蒙漢雙語過約聯單

該過約聯單原編號缺漏，尺寸為18.6×24.5釐米。聯單鈐有一方蒙漢雙語朱印（1），印文為「[illegible]呼和浩特市人民委員會房地產管理處」。過約聯單中的地基原由何蘭生租到，詳見新13《公元一九五二年何蘭生租到打木欠地基合同文約》。

公元一九五七年三月八日

左单給 蒙民 打木欠〔一〕

内蒙古自治区呼和浩特市人民委員会房地产管理处蒙民过约联单

附記	价格	四至	面积或长寬尺寸	坐落	类别
市民产过约字832	捌百元	东至赵兴旺 西至馬贵 南至王有义 北至街	東西寬 丈 尺 寸 南北長 ○畝叁分陸厘伍毫	回民区义和巷34号	房

立约年月日	过约年月日	应出百分之三·五蒙古过约費	每年租額	蒙古收租人	买主住址	买主姓名	卖主住址	卖主姓名
一九五六年十一月廿八日	一九五七年三月八日	弍拾捌元	弍元肆角	打木欠		李祥		何兰生

依照过租暂行办法履行認租手续，並照右记事項各发给过约联单。

右列不动产业经新旧业主申请转移，此項产权应与原主蒙民　打木欠

注釋

〔一〕「欠」字有塗改痕跡。

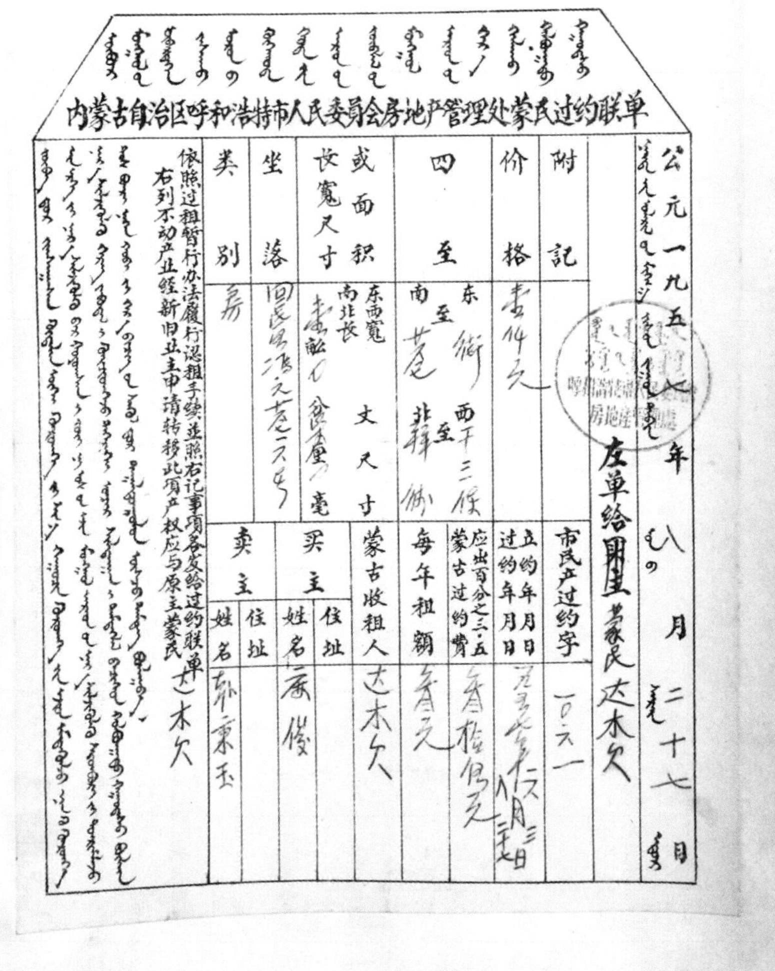

内蒙古自治区呼和浩特市人民委員会房地产管理处蒙民过约联單

公元一九五五年八月二十七日

左單給[illegible]蒙民达木欠

附記	价格	四至	或面积长寬尺寸	坐落	类别
	壹佰元	东至街 南至巷 西至[illegible]三保 北至韓[illegible]	东西寬 丈 尺 寸 南北长 壹畝[illegible]分[illegible]釐[illegible]毫	[illegible]一号	房

市民产过约字	立约年月日 过约年月日	应出百分之三·五蒙古过约費	每年租额	蒙古收租人	买主 姓名	买主 住址	卖主 姓名	卖主 住址
一百六一	[illegible]年八月三日	[illegible]元	[illegible]元	达木欠	康俊		郝秉玉	

依照过租暂行办法履行退租手续並照右记事项各发給过约联單
右列不动产业經新旧业主申请转移此项产权应与原主蒙民达木欠

1

新21　公元一九五七年麻俊租到达木欠地基蒙漢雙語過約聯單

該過約聯單原編號是244，尺寸為18.6×24釐米。聯單鈐有一方蒙漢雙語朱印（1），印文為「[illegible] 呼和浩特市人民委員會房地產管理處」。過約聯單中的地基原由韓興茂租到，詳見民62《民國二十五年（一九三六）韓興茂佃到蒙古達木欠空地基合同文約》。

内蒙古自治区呼和浩特市人民委員会房地产管理处蒙民过约联单

公元一九五七年八月二十七日

左单给[一]蒙民达木欠

类别	坐落	或面积长寬尺寸	四至	价格	附記
房	回民区馮元巷六号	東西寬 丈 尺 寸 南北长 壹畝〇分柒厘〇毫	东至街 西至干三保 南至巷 北至拜德	壹仟元	

卖主 姓名	卖主 住址	买主 姓名	买主 住址	蒙古收租人	每年租額	应出百分之三·五蒙古过约費	立约年月日 过约年月日	市民产过约字
韩秉玉		麻俊		达木欠	叁元	叁拾伍元	一九五七年六月二十三日 八月二十七日	一〇六一

依照过租暂行办法履行認租手续，並照右记事項各发给过约联单。

右列不动产业经新旧业主申请转移，此項产权应与原主蒙民达木欠

注釋

〔一〕「给」字下面原有「买主」二字被勾抹掉。

索引（人名、地名、官職名、族名、日期、印文）

索引凡例

1. 本索引依據《土默特蒙古金氏家族契約文書整理新編》編制，依次包括人名、地名、官職名、族名、日期、印文五部分。

2. 索引按人名、地名、官職名、族名、印文的音序排列。首字相同者，按第二個字音序排列，依次類推。

3. 人名、地名、官職名、族名、日期索引標示格式大體為：年號＋編號：年－月－日－行。成吉思汗紀元文書的相關索引中年號簡稱“成紀”。民國時期文書（含以成紀紀年者）日期陽曆、陰曆皆有者，陽曆年月日後面括號內數字為陰曆日期。文書中月、日本缺者，以“〇”表示，原有而殘缺者，以“?”表示。跨行者，以“～”連接行號。鑒於過約聯單和文書中的田房過約移轉證沒有行號，皆以“過約聯單”和“移轉證”代替標示格式中的“行”。同一名稱有多行出現者，在同一條下分列；同一名稱在同一行多次出現者，行號後面括注出現次數。印文索引基本與人名等索引格式相同，只是把人名等索引格式中的行改為印章專圖標號。同一印文在同一文書多次且連續出現者，只列首、末兩枚印章專圖標號，中間以“～”連接；若未連續出現，則將印章專圖標號全部列出，中間以“、”分隔。

如：光 62：32－3－21－12＝光緒時期第 62 號文書：光緒三十二年三月廿一日第 12 行。

乾 3：37－11－19－10＝乾隆時期第 3 號文書：乾隆三七年十一月十九日第 10 行。

民 7：3－10（9）－19（1）－10＝民國時期第 7 號文書：民國三年陽曆十月十九號，陰曆九月初一日，第 10 行。

民 76：成紀 738－12－15－過約聯單＝民國時期第 76 號文書：成紀七三八年十二月十五日過約聯單。

民 64：26－5－28－印 4＝民國時期第 64 號文書：民國二十六年國歷五月廿八日第四方印章。

4. 各人名索引條後面括注其在文書中的身份，在同一文書多次出現確定為同一人且身份相同者，只在首條括注其身份；若為同一人或不能明確為同一人者，且身份不同，則分別括注。同一條下多種身份者，身份名稱間以“／”分隔。身份名稱有殘缺者，以文書中常用名稱稱之。不明者，不括注。

5. 本索引只收錄文書中出現的人名、地名、官職名、族名、日期、印文，錄文前的解題及譯文、附表中的人名、地名、官職名、族名、日期等，不再收入。

6. 錄文中闕字和無法辨認的字作□，殘字按原樣收錄。

7. 人名、地名、官職名、族名、日期、印文前後是否缺字及所缺字數不明者，以▨表示；中間是否缺字及所缺字數不明者，以▭表示。若知其所缺字，以［］補之。

8. 人名、地名、官職名、族名省略稱呼者，單獨列條，括注全稱；使用簡、繁體字者，亦分別列條。

9. 關於人名，有姓無名者，後面帶有“姓”、“氏”或帶有身份如“老爺”者，照錄；若確知其全稱者，在身份後面注明。姓氏缺損不明者，列於人名索引最後面。印文不能辨認者或完全缺損者，列於“不識之印文”項下，附於印文索引最後面。

10. 蒙、滿文各項索引以漢譯名稱條列，與原漢文各項索引一同編制，只在漢譯後面以〈〉注明滿文或蒙文，不寫原文；蒙漢雙語對譯的，在漢文後面以〈〉注明蒙漢雙語。其他部分同於上述漢文索引格式。

人名索引

A

阿拉布坦〈蒙文〉　嘉 1：11－12－13－3（录典地租出借錢者）

阿拉坦扎布〈蒙文〉　嘉 2：14－11－3－2（立出租約人），嘉 2：14－11－3－3，嘉 2：14－11－3－7（承當者），嘉 3：15－11－2－8（承買者），嘉 3：15－11－2－11

阿木爾吉爾嘎勒〈蒙文〉　嘉 2：14－11－3－2（出租者人所屬佐領章京）

阿奇温貳賴　乾 1：20－1－17－4（承當者）

艾玉喜　光 53：31－5－1－16（中見人），光 54：31－5－1－12（中見人）

艾玉玺　民 3：2－5－8－13（清真寺鄉老／中見人），民 6：2－11（10）－21（24）－16（知見人／清真寺鄉老）

艾玉璽　民 12：6－3－25－19（中見人）

安二保　民 76：成紀 738－12－15－12（同中說合人）

安輔臣　民 34：18－4－20－9（中見人）

安宏　光 9：11－8－16－14（中見人/筆人）

安禄　民 13：6－10－20－9（中見人）

安慶元　民 24：13－2－11－10（同中人）

安偰全　宣 4：3－5－22－14（中人），民 1：1－7（6）－20（7）－15（中證人），民 21：10－7－30－16（中證人），民 22：10－7－30－14（中證人）

安秃娃　新 9：1951－5－4－12（同中說合人）

安文明　同 2：2－11－17－12（中見人）

安文永　同 7：8－11－15－14（中見人）

安姓　光 25：21－9－18－3（鄰地人）

安永興　同 2：2－11－17－11（中見人）

祆木楝　乾 2：乾 37－1－21－1（2）（立合夥開採煤窰約人／請領照票人），乾 2：37－1－21－2（收窰租人），乾 2：37－1－21－5（分利人）

B

八十六　嘉 5：25－1－7－14（中見人），道 2：13－新 1－15－2（2）（鄰地人）

巴秉鈞　民 82：35－6－12－13（同中說合人／代筆人），民 83：35－11－1－12（同中說合人／代筆人），民 84：35－11－1－12（同中說合人／代筆人），民 85：35－11－15－13（同中說合人／代筆人），民 86：36－2－13－13（同中說合人／代筆人），民 96：38－9－1－12（同中說合人／代筆人），民 97：38－9－21－12（同中說合人／代筆人），新 7：1951－1－15－14（代筆人），新 8：1951－2－16－14（代筆人），新 10：1951－12－21－14（代筆人）

巴老爺　光 8：8－5－23－2（出借錢人／承典地甫約人）

巴文蔚　民78：成紀739－5－30－12（同中說合人／代筆人）
把什把布　乾2：37－1－21－1（佐領）
巴圖〈蒙文〉　嘉1：11－12－13－10（知見人／學僧）
把圖　同4：5－12－20－10（中見人）
白成驥　民8：5－7－18－16（同中人），民9：5－7－19－17（同中人）
白成龍　光53：31－5－1－15（中見人）
白鳳鳴堂　民14：7－9－9－1（立佃地基約人），民14：7－9－9－11
白福　民24：13－2－11－11（同中人），民38：19－3－5－1（立租地基約人），民38：19－3－5－6，民38：19－3－5－10，民69：成紀734－6（4）－12（25）－1（立租地基約人），民69：成紀734－6（4）－12（25）－8，民69：成紀734－6（4）－12（25）－10，民72：成紀736－1－20－11（中証人），新17：1956－2－28－8（鄰地人），新17：1956－2－28－過約聯單，新19：1956－8－21－8（鄰地人），新19：1956－8－21－過約聯單
白福之　民82：35－6－12－10（同中說合人）
白富　光21：20－6－6－1（立佃地基約人），光21：20－6－6－9，民37：19－3－4－14（中證人）
白貴　民12：6－3－25－12（中見人）
白老美　光56：31－10－5－13（中見人）
白老三　民29：14－閏4－7－12（中証人）
白亮　民76：成紀738－12－15－1（立租地基約人），民76：成紀738－12－15－9，民76：成紀738－12－15－過約聯單（買主）
白六　民69：成紀734－6（4）－12（25）－15（中証人）
白起成　光43：27－6－2－1（立佃地基約人），光43：27－6－2－9
白起公　同5：6－4－29－12（中見人），同13：12－12－11－2（鄰地人），光53：31－5－1－3（退地人），光53：31－5－1－3（鄰地人），光54：31－5－1－3（鄰地人），光54：31－5－1－17（退地人）
白起功　光4：5－11－9－2（鄰地人），光4：5－11－9－14（同中），光5：5－11－9－2（鄰地人），光5：5－11－9－14（中見）
白祁公　光27：22－5－11－1（承典人），光27：22－5－11－2，光28：22－5－11－7（立佃地基約人），光28：22－5－11－10，光29：22－5－11－1（立典地基約人）
白慶子　光65：32－8－18－11（知見人）
白全　民63：26－4－5－12（中人），民72：成紀736－1－20－1（立租地基約人），民72：成紀736－1－20－9
白泉　民79：成紀739－5－〇－過約聯單（賣主）
白泉邨　咸3：1－閏8－28－13（中見人）
白荣　民53：24－5（4）－15（13）－田房過約移轉証（新承租人），民76：成紀738－12－15－1（立租地基約人），民76：成紀738－12－15－9（立租地基約人），民76：成紀738－12－15－過約聯單（買主）
白润　咸13：5－11－25－11（中人）
白三元　民89：36－12－16－過約聯單（賣主）
白士元　民89：36－12－16－過約聯單（賣

主）

白庭秀　光 53：31－5－1－19（中見人）

白姓　光 56：31－10－5－2（鄰地人），民 14：7－9－9－3（鄰地人），民 14：7－9－9－4（承佃人，白鳳鳴堂），民 14：7－9－9－5，民 40：20－3－10－2（鄰地人），民 48：21－11－27－3（鄰地人），民 67：27－5－10－3（鄰地人），民 68：成紀 733－6－19－3（鄰地人），民 68：成紀 733－6－19－過約聯單，民 71：成紀 735－12－15－3（鄰地人），民 74：32－3－18－3（鄰地人），民 74：32－3－18－4－過約聯單，民 77：成紀 739－5－26－3（鄰地人），民 77：成紀 739－5－26－過約聯單，民 86：36－2－13－3（鄰地人），民 86：36－2－13－過約聯單，新 7：1951－1－15－3（2）（鄰地人），新 7：1951－1－15－過約聯單（2），新 17：1956－2－28－8（鄰地人），新 17：1956－2－28－過約聯單

白玉山　民 62：25－10－24－12（中見人），民 84：35－11－1－10（同中說合人）

白玉喜　光 6：5－12－7－11（承典人）

白中義　新 8：1951－2－16－1（立租地基約人），新 8：1951－2－16－9，新 8：1951－2－16－過約聯單（買主）

白中元　光 44：28－6－27－16（在中人）

拜德　民 3：2－5－8－1（立佃地基約人），民 3：2－5－8－8，民 6：2－11（10）－21（24）－1（立重換合同約人），民 6：2－11（10）－21（24）－5，民 6：2－11（10）－21（24）－8，民 56：24－7－11－1（立續佃地基約人），民 56：24－7－11－10，新 17：1956－2－28－8（鄰地人），新 17：1956－2－28－過約聯單，新 19：1956－8－21－過約聯單（賣主），新 21：1957－8－27－過約聯單（鄰地人）

拜公　光 6：5－12－7－14（同中人）

拜寡婦　民 33：18－4－14－11（中見人）

拜榮　光 44：28－6－27－9（摘賣地基人），光 44：28－6－27－10（鄰地人），民 28：14－3－5－2（摘賣地基人），民 28：14－3－5－3（鄰地人）

拜壽山　宣 3：3－4－2－15（中見人），民 15：7－12－29－12（同中人），民 54：24－4－15－18（中見人）

拜寿山　民 33：18－4－14－10（中見人），民 57：24－7－5－15（中人）

拜姓　光 44：28－6－27－10（鄰地人），宣 1：1－3－25－1（承佃人），宣 1：1－3－25－4，宣 1：1－3－25－8，宣 1：1－3－25－3（鄰地人），民 3：2－5－8－2（鄰地人），民 12：6－3－25－2（鄰地人），民 15：7－12－29－3（鄰地人），民 15：7－12－29－4（鄰地人），民 20：9－6－15－2（2）（鄰地人），民 24：13－2－11－2（鄰地人），民 25：13－4－8－2（鄰地人），民 28：14－3－5－4（鄰地人），民 54：24－4－15－地基四至及尺寸圖，民 57：24－7－5－2（2）（鄰地人），民 60：25－8－20－3（2）（鄰地人），民 62：25－10－24－3（鄰地人），民 69：成紀 734－6（4）－12（25）－4（鄰地人），民 75：32－11－〇－3（鄰地人），民 75：32－11－〇－過約聯單，民 77：成紀 739－5－26－3（鄰地人），民 77：成紀 739－5－26－過約聯單，民 86：36－2－13－3（鄰地人），民 86：36－2－13－過約聯單，新

7：1951－1－15－3（鄰地人），新7：1951－1－15－過約聯單，新8：1951－2－16－3（鄰地人），新8：1951－2－16－過約聯單

拜印　光9：11－8－16－1（立佃地基約人），光9：11－8－16－4，光9：11－8－16－9，民6：2－11（10）－21（14）－1（承佃人之故祖）

拜應　光71：?－2－17－13（中見人）

拜永貴　光44：28－6－27－1（立佃地基約人），光44：28－6－27－4，光44：28－6－27－13

拜永禄　民55：25－5（4）－28（26）－10（中見人）

拜有才　民28：14－3－5－13（中見人）

拜有貴　民28：14－3－5－2（原承佃人，妥恩之外父）

拜有禄　民6：2－11（10）－21（24）－4（出推人），民28：14－3－5－14（中見人）

班永貴　光24：21－8－1－11（同中人）

寶布倒晃計　嘉4：17－11－?7－4（鄰地人）

北辰氏　光60：31－12－21－8（中見人）

北長成　同8：10－4－18－4（鄰地人）

畢勒圖　民81：35－3－1－14（同中說合人／代筆人）

畢某　民70：成紀735－12－11－5（承租人，畢瑞臣）

畢瑞臣　民70：成紀735－12－11－1（立租地基約人），民70：成紀735－12－11－4，民70：成紀735－12－11－8

边和旦　光51：29－11－27－11（中見人）

邊和旦　民10：5－12－25－9（中見人）

边林安　民42：21－1－18－12（中見人），民43：21－1－18－11（中見人）

边面換　民18：8－7－11－9（中見人）

邊四歜　民44：21－1－19－2～3（鄰地人），民45：21－1－19－3（鄰地人），民46：21－1－19－3（承過人）

边永寬　光48：29－1－13－4（承典人）

博特格其　新6：1950－12－20－26（審判員）

布顏岱〈蒙文〉　嘉2：14－11－3－3（承租者／隨丁），嘉2：14－11－3－5，嘉2：14－11－3－8

C

曹大儀　道8：24－3－9－9（知見人）

曹二保　民68：成紀733－6－19－過約聯單（賣主）

曹凤喜　咸13：5－11－25－14（中人），咸16：8－2－24－12（立佃地基約人）

曹鳳喜　咸16：8－2－24－1（立佃地基約人）

曹俊　咸6：2－12－26－2（鄰地人），咸13：5－11－25－1（立佃地基約人），咸13：5－11－25－4，咸13：5－11－25－15

曹禄　光3：4－6－25－1（立佃地基約人），光3：4－6－25－3，光3：4－6－25－7，光6：5－12－7－11（同中人），光6：5－12－7－13（同中人），光53：31－5－1－13（中見人），光54：31－5－1－14（中見人），光55：31－5－1－12（中見人），民3：2－5－8－15（清真寺鄉老／中見人），民6：2－11（10）－21（24）－14（知見人／清真寺鄉老），

曹馬氏　民68：成紀733－6－19－過約聯單（賣主）

曹門　同13：12－12－11－2（鄰地人）

曹夢麟　新11：1952－6－10－12（同中說合人）

曹三旺　民5：2－9－17－11（中見人）

曹世光　新6：1950－12－20－3（被告），新6：1950－12－20－8，新6：1950－12－20－12（承買人），新6：1950－12－20－13，新7：1951－1－15－1（立租地基約人），新7：1951－1－15－9，新7：1951－1－15－過約聯單（買主），新17：1956－2－28－過約聯單（賣主）

曹士英　咸11：4－3－27－12（中見人）

曹先生　咸10：4－3－23－12（中見人）

曹姓　同9：10－10－5－10（鄰地人），光3：4－6－25－2（鄰地人），光4：5－11－9－3（鄰地人），光5：5－11－9－3（鄰地人），光12：15－6－21－3（鄰地人），光43：27－6－2－2（鄰地人），宣3：3－4－2－2（鄰地人），民4：2－7－11－3（鄰地人），民29：14－閏4－7－2（鄰地人），民36：19－4－1－3（鄰地人），民38：19－3－5－3～4（鄰地人），民41：20－12－24－3（鄰地人），民48：21－11－27－3（鄰地人），民71：成紀735－12－15－3（鄰地人），民72：成紀736－1－20－3（鄰地人），民79：成紀739－5－〇－3（鄰地人），民79：成紀739－5－〇－過約聯單，民82：35－6－12－3（鄰地人），民82：35－6－12－過約聯單，民88：36－8－8－3（鄰地人），民88：36－8－8－過約聯單，

曹義昌　民7：3－10（9）－19（1）－16（同中人），民29：14－閏4－7－10（中證人）

曹占金　光15：19－3－25－2（鄰地人）

曹珍　同1：1－7－29－15（約見）

策旺道爾吉〈蒙文〉　乾4：47－11－29－1（立約者/質典者），乾4：47－11－29－6

查爾巴格〈蒙文〉　嘉2：14－11－3－9（知人）

查幹喇嘛〈蒙文〉　乾4：47－11－29－12（知見人）

常覺林　光4：5－11－9－16（同中／書人）

常覚林　光5：5－11－9－16（中見／筆人）

常汝茂　民29：14－閏4－7－13（中証人）

常雲澎　同6：6－10－21－10

陳保　光58：31－12－11－13（知見人）

陳保尔　光38：26－10－5－9（中見人），光40：26－10－8－9（知見人）

陳寶　民5：2－9－17－13（中見人）

陳寶尔　光61：32－3－5－12（中見人），光69：34－4－5－8（中見人），光70：34－4－5－8（中見人），清1:？－3－17－10（中見人）

陳菜園　光49：29－10－〇－3（2）（鄰地人）

陳長慶　民10：5－12－25－10（中見人）

陳德富　民42：21－1－18－11（中見人），民43：21－1－18－4（承過者），民44：21－1－19－9（中見人），民45：21－1－19－2（鄰地人），民45：21－1－19－3（承過者），民46：21－1－19－2（鄰地人），民46：21－1－19－8（中見人），民50：23－10－27－3（鄰地人）

陳德榮　光15：19－3－25－11（中見人）

陈[定][云]　道3：13－11－9－13（知見人）

陈定云　道4：13－11－22－12（知見人），道5：13－11－23－10（知見人）

陳發榮　光39：26－10－7－16（出借者），光49：29－10－〇－4（承租人），宣4：3－

5－22－3（2）（鄰地人），宣4：3－5－22－11（中人），民1：1－7（6）－20（7）－8（出借者），民1：1－7（6）－20（7）－9
陳福　民90：37－1－22－11（中証人／書人）
陳六十尔　民13：6－10－20－1（立質地增摺子約人），民13：6－10－20－12
陳門　光39：26－10－7－5（承買人，陳有）
陳如明　乾2：37－1－21－1（立合夥開採煤窑人），乾2：37－1－21－2（原建房屋置家具人），乾2：37－1－21－3，乾2：37－1－21－4（2），乾2：37－1－21－5（分利人）
陳天福　光14：19－2－13－12（同中人）
陳姓　光45：28－8－1－3（原承賃者），民65：26－9－3－2（鄰地人），民65：26－9－3－過約聯單（鄰地人），民72：成紀736－1－20－3（鄰地人），民79：成紀739－5－〇－3（鄰地人），民79：成紀739－5－〇－過約聯單
陳旭　道7：23－6－11－8（承租人）
陳一明　民71：成紀735－12－15－1（立租地基約人），民71：成紀735－12－15－6，民71：成紀735－12－15－8，民82：35－6－12－過約聯單（賣主）
陳有　光39：26－10－7－4（承買人），光39：26－10－7－23
陳友仁　新10：1951－12－21－1（立租地基約人），新10：1951－12－21－9，新10：1951－12－21－過約聯單（買主），新12：1952－10－16－過約聯單（賣主）
陳玉卿　新15：1953－4－13－1（立租地基約人），新15：1953－4－13－9，新15：1953－4－13－過約聯單（買主）
成寶　光54：31－5－1－11（中見人），宣5：3－8－25－16（同中人）
成保　光49：29－10－〇－11（中人），光68：34－3－13－12（知見人），宣4：3－5－22－12（中人），民1：1－7（6）－20（7）－14（中證人），民4：2－7－11－11（中見人），民7：3－10（9）－19（1）－17（同中人），民8：5－7－18－14（同中人），民9：5－7－19－15（同中人），民12：6－3－25－18（中見人），民21：10－7－30－17（中證人），民22：10－7－30－15（中證人）
成保尔　光63：32－3－25－11（知見人），宣2：1－9－18－13（中見人）
成保爾　宣1：1－3－25－12（中見人）
承保尔　民14：7－9－9－13（同中人）
承保表叔　光35：26－5－25－17（中見人）
程其德　乾5：51－后7－19－14（同中見人）
程俊廷　新5：1950－10－22－12（同中說合人）
池達　咸10：4－3－23－2（鄰地人），咸10：4－3－23－16（中見人）
池姓　咸9：4－3－18－2（鄰地人），咸9：4－3－18－3（鄰地人）
崇廉　民76：成紀738－12－15－17（代筆人），民77：成紀739－5－26－14（同中說合人／代筆人），民79：成紀739－5－〇－14（同中說合人／代筆人），民80：成紀739－〇－〇－14（同中說合人／代筆人）
崔儉　民42：21－1－18－4（鄰地人）
崔進財　新15：1953－4－13－過約聯單（賣主）
崔文　光46：28－11－15－2（鄰地人）
崔姓　民18：8－7－11－2（原承佃人）

崔義昌　民 18：8－7－11－10（中見人）

崔有太　光 32：23－12－17－2（2）（鄰地人），民 18：8－7－11－2（2）（鄰地人）

崔有泰　光 47：28－11－15－2（鄰地人）

崔長威　光 32：23－12－17－2～3（承租人）

D

答力汗　光 18：20－3－9－10（知見人／書人），光 19：20－3－13－13（知見人／書人）光 42：26－12－3－10（中見人／書人）

達木持啊　民 56：24－7－11－12（出佃主拿事人）

達木计　民 35：19－2－7－1（立過租約人）

達木齊　光 49：29－10－〇－1（立出佃地基約人），光 49：29－10－〇－9，民 1：1－7（6）－20（7）－1（出租人），民 1：1－7（6）－20（7）－6（承當者），民 1：1－7（6）－20（7）－18（借錢者），民 1：1－7（6）－20（7）－20，民 21：10－7－30－1（立推絕地增租資約人），民 21：10－7－30－8（承當者），民 21：10－7－30－12（立約人），民 22：10－7－30－1（推絕地增租資者），民 54：24－4－15－1（出佃人），民 54：24－4－15－13（承當者），民 64：26－5－28－1（出租人），民 64：26－5－28－7（承當者），民 64：26－5－28－過約聯單（3）（原地產主／收租人），民 67：27－5－10－1（出佃人），民 67：27－5－10－8（承當者）

達木氣　光 28：22－5－11－7（立出典地基約人），光 28：22－5－11－13（承當者），光 39：26－10－7－14（立借錢約人），光 44：28－6－27－11（承當者），光 45：28－8－1－1（質典地增借錢者），光 45：28－8－1－8～9（承當者），光 58：31－12－11－1（立推佃地約人），光 58：31－12－11－7（承當者），宣 1：1－3－25－1（出佃人），宣 1：1－3－25－7（承當者），宣 3：3－4－2－1（出租人），宣 3：3－4－2－6（承當者），宣 4：3－5－22－1（出租人），宣 4：3－5－22－5（承當者），宣 4：3－5－22－16，民 3：2－5－8－1（出佃人），民 3：2－5－8－6（承當者），民 4：2－7－11－1（出租人），民 4：2－7－11－7（承當者），民 6：2－11（10）－21（24）－1（出佃人），民 6：2－11（10）－21（24）－10（承當者），民 10：5－12－25－1（立典地約人），民 12：6－3－25－1（出租人），民 12：6－3－25－4（承當者），民 23：12－〇－〇－1（立粘單人），民 23：12－〇－〇－12，民 25：13－4－8－1（出租人），民 25：13－4－8－5（承當者），民 28：14－3－5－1（出佃人），民 28：14－3－5－8（承當者），民 29：14－閏 4－7－1（出賃者），民 29：14－閏 4－7－6（承當者），民 30：14－6－10－3（承墾人），民 30：14－6－10－13，民 36：19－4－1－1（立出典地基約人），民 38：19－3－5－8（承當者），民 41：20－12－24－2（出典者），民 44：21－1－19－1（立過地約人），民 45：21－1－19－1（立過地約人），民 46：21－1－19－1（立過地約人），民 47：21－1－24－1（出租人），民 47：21－1－24－7（承當者），民 48：21－11－27－7（承當者），民 52：21－2（1）－

18（25）－1（出過者），民52：21－2（1）－18（25）－6（承當者），民52：21－2（1）－18（25）－12（同中見人），民55：25－5（4）－28（26）－1（出租人），民55：25－5（4）－28（26）－4（使過押地錢人），民55：25－5（4）－28（26）－6（承當者），民56：24－7－11－2（出租人），民56：24－7－11－7（承當者），民57：24－7－5－1（出租人），民57：24－7－5－5（承當者），民60：25－8－20－1（出租人），民60：25－8－20－6（承當者），民63：26－4－5－7（承當者），民68：成紀733－6－19－1（出租人），民68：成紀733－6－19－7（承當者），民71：成紀735－12－15－1（出租人），民77：成紀739－5－26－1（出租人），民77：成紀739－5－26－7（承當者），民77：成紀739－5－26－過約聯單（3）（原地產主／收租人），民81：35－3－1－1（出租人），民91：37－2－7－1（出租人），民94：37－7－27－1（出租人），民94：37－7－27－過約聯單（2）（原地產主／收租人）

達[木]氣　民94：37－7－27－過約聯單（原地產主）

[達][木]氣　民36：19－4－1－7（承當者）

達木氣　光38：26－10－5－1（立出典地約人），光38：26－10－5－6（承當者），光40：26－10－8－1（立出典地約人），光40：26－10－8－6（承當者），光57：31－10－15－1（立出租地約人），光57：31－10－15－6（承當者），光60：31－12－21－1（立賣地約人），光60：31－12－21－6（承當者），光66：32－9－17－1（立賣地基約人），光66：32－9－17－8，光66：32－9－17－7（承當者），宣5：3－8－25－1（立出租地約人），宣5：3－8－25－7（承當者），民13：6－10－20－2（㞐典者），民20：9－6－15－1（出佃人），民20：9－6－15－7（承當者），民37：19－3－4－8（承當者），民42：21－1－18－1（立過地約人），民43：21－1－18－1（立過地約人），民48：21－11－27－1（出租人），民58：24－8（7）－8（10）－1（出租人），民58：24－8（7）－8（10）－8（承當者），民68：成紀733－6－19－過約聯單（3）（原地產主/收租人），民69：成紀734－6（4）－12（25）－1（出租人），民69：成紀734－6（4）－12（25）－8（承當者），民81：35－3－1－過約聯單（3）（原地產主/收租人），民82：35－6－12－1（出租人），民82：35－6－12－過約聯單（3）（原地產主/收租人），民91：37－2－7－過約聯單（3）（原地產主/收租人）

達木器　民51：23－12－3－1（立過地約人）

噠木氣　光53：31－5－1－1（出佃人），光53：31－5－1－6（承當者），光54：31－5－1－1（出佃人），光54：31－5－1－7（承當者），光55：31－5－1－1（出佃人），光55：31－5－1－6（承當者）

達木欠　光44：28－6－27－1（出佃人），光44：28－6－27－7（承當者），光48：29－1－13－1（立出典地約人），光50：29－11－3－3（承退者），光52：30－4－18－1（出佃人），光52：30－4－

人），民 18：8－7－11－1（立過圐圙地約人），民 18：8－7－11－5（承當者），民 24：13－2－11－1（出租人），民 24：13－2－11－6（承當者），民 26：13－4－11－1（出佃人），民 27：13－6－17－1（出租人），民 31：17－2－26－1（出佃人），民 31：17－2－26－6（承當者），民 32：17－3－25－1（出租人），民 32：17－3－25－5（承當者），民 33：18－4－14－1（出佃人），民 33：18－4－14－7（承當者），民 39：20－2－10－1（出租人），民 39：20－2－10－8（承當者），民 40：20－3－10－1（出租人），民 40：20－3－10－6（承當者），民 61：25－9－28－1（出租人），民 61：25－9－28－10（承當者），民 62：25－10－24－7（承當者），民 65：26－9－3－1（出租人），民 65：26－9－3－6（承當者），民 74：32－3－18－1（出租人），民 74：32－3－18－過約聯單（3），民 75：32－11－0－1（出租人），民 83：35－11－1－1（出租人），民 83：35－11－1－過約聯單（3）（原地產主/收租人），民 84：35－11－1－1（出租人），民 84：35－11－1－過約聯單（3）（原地產主/收租人），民 85：35－11－15（出租人），民 85：35－11－15－過約聯單（3）（原地產主/收租人），民 86：36－2－13－1（出租人），民 86：36－2－13－過約聯單（3）原地產主/收租人，民 87：36－3－7－過約聯單（3）（原地產主/收租人），民 88：36－8－8－過約聯單（3）（原地產主/收租人），民 89：36－12－12－過約聯單（3）（原地產主/收租人），民 90：37－1－22－1（立推地約人），民 90：37－1－22－8，民 90：37－1－22－6（承當者），民 92：37－3－18－過約聯單（4）（原地產主/收租人/賣主），民 93：37－3－23－過約聯單（3）（原地產主/收租人），民 95：38－7－6－1（出租人），民 95：38－7－6－過約聯單（3）（原地產主/收租人），新 11：1952－6－10－1（出租人），新 11：1952－6－10－過約聯單（2）（收租人），新 12：1952－10－16－1（出租人），新 12：1952－10－16－過約聯單（2）（收租人），新 14：1953－1－13－1（出租人），新 15：1953－4－13－1（出租人），新 15：1953－4－13－過約聯單（2）（收租人）

达木欠　光 64：32－4－13－1（立過地約人），新 14：1953－1－13－過約聯單（收租人），新 17：1956－2－28－2（出租人），新 17：1956－2－28－20，新 17：1956－2－28－過約聯單（3）（原地產主／收租人），新 18：1956－8－21－2（出租人），新 18：1956－8－21－20，新 18：1956－8－21－過約聯單（3）（原地產主／收租人），新 19：1956－8－21－2（出租人），新 19：1956－8－21－20，新 19：1956－8－21－過約聯單（3）（原地產主／收租人），新 21：1957－8－27－過約聯單（3）（原地產主／收租人）

達木歉　光 61：32－3－5－1（立佃賣清水奉約人），光 62：32－3－21－1（立出佃清水奉約人），光 68：34－3－13－1（立出佃地約人），光 69：34－4－5－1（立出佃清水奉約人），光 70：34－4－5－1（立出佃清水奉約人），清 1：？－3－17－1（立出佃地約人）

達木歉　光 63：32－3－25－1（立過水奉約人），民 8：5－7－18－1（出佃人），民 8：5－7－18－8（承當者），民 19：9－2－2－1（出租人）

達木且　民 66：26－10－1－4（出賃者），民 66：26－10－1－6（承當者）

達木且　民 16：8－3－10－1（出佃人），民 16：8－3－10－7（承當者），民 34：18－4－20－4（承當者）

達木切　新 6：1950－12－20－2（原告）

達子　乾 3：37－11－19－3（鄰地人），乾 3：37－11－19－9（中見人）

達旺林慶　嘉 4：17－11－？7－13（中見人）

打圪霸　道 7：23－6－11－12（同人）

打木氣　民 70：成紀 735－12－11－1（出租人）

打木欠　新 13：1952－12－20－1（出租人），新 13：1952－12－20－過約聯單（2）（收租人），新 20：1957－3－8－過約聯單（3）（原地產主／收租人）

大木欠　新 14：1953－1－13－過約聯單

代富　同 12：11－2－13－3（中見人）

戴姓　新 15：1953－4－13－3（鄰地人），新 15：1953－4－13－過約聯單

戴永盛　民 12：6－3－25－21（中見人）

丹巴爾扎布〈蒙文〉　嘉 3：15－11－2－8（承買者丈夫）

丹府老太太　咸 10：4－3－23－5（使過錢人）

丹府三太太　嘉 4：17－11－？7－1（立出賃地基約人），咸 10：4－3－23－1（立出典地約人），咸 10：4－3－23－6，咸 10：4－3－23－8（承當者）

丹津扎木蘇〈蒙文〉　嘉 3：15－11－2－2（賣房院者丈夫）

道布東〈蒙文〉　嘉 1：11－12－13－1（質典者所屬佐領官員）

道爾吉〈蒙文〉嘉 1：11－12－13－1（立約人/質典地租借錢者）

德合明　民 55：25－5（4）－28（26）－2（鄰地人），民 81：35－3－1－3（鄰地人），民 81：35－3－1－過約聯單，民 91：37－2－7－1（鄰地人），民 91：37－2－7－過約聯單

德利格爾〈蒙文〉　乾 4：47－11－29－12（知見人/學僧）

德力泌　咸 12：4－10－1－10（中見人）

德维子　光 68：34－3－13－4（鄰地人），光 68：34－3－13－11（知見人）

登高　光 62：32－3－21－15（知見人）

狄萬榮　光 4：5－11－9－1（立佃地基約人），光 4：5－11－9－9，光 5：5－11－9－1（立佃地基約人），光 5：5－11－9－10

狄姓　光 27：22－5－11－2（鄰地人），民 14：7－9－9－13（原承佃人）

邸光亲　民 60：25－8－20－11（中見人）

邸顯亮　民 20：9－6－15－12（同中人）

邸姓　光 13：17－3－2－3（鄰地人），光 54：31－5－1－3（鄰地人）

底姓　光 28：22－5－11－9（鄰地人）

丁不楞　道 1：12－12－29－12（中見人），道 4：13－11－22－9（知見人），道 5：13－11－23－2（鄰地人），道 5：13－11－23－11（知見人），道 6：14－2－16－11（知見人），

丁[不][楞]　道 3：13－11－9－12（知見人），

丁大禮　民 31：17－2－26－12（中見人）

丁大文　民 17：8－4－4－14（中見人／代筆人）

丁富貴　宣 3：3－4－2－12（中見人）
丁寡婦　民 20：9－6－15－1（立佃地基約人），民 20：9－6－15－9
丁貴　光 3：4－6－25－11（中見人）
丁老虎　民 65：26－9－3－過約聯單（交租人）
丁起龍　民 20：9－6－15－11（同中人），民 54：24－4－15－17（中見人），民 65：26－9－3－過約聯單（交租人）
丁起雲　民 20：9－6－15－1（立佃地基約人），民 20：9－6－15－9
丁慶隆　新 1：1950－3－17－10（同中說合人）
丁瑞　民 12：6－3－25－25（中見人）
丁順　新 11：1952－6－10－13（同中說合人）
丁维娃　民 11：6－2－19－10（中見人）
丁姓　光 14：19－2－13－2（鄰地人），光 26：22－2－12－2（鄰地人），民 6：2－11（10）－21（24）－2（鄰地人），民 20：9－6－15－5（承佃人，丁寡婦同子丁起雲），民 20：9－6－15－6
丁義　光 53：31－5－1－12（中見人），民 3：2－5－8－14（清真寺鄉老／中見人），民 6：2－11（10）－21（24）－23（知見人／清真寺鄉老），新 3：1950－7－26－過約聯單（賣主）
丁英　民 57：24－7－5－16（中人）
丁玉　光 3：4－6－25－13（中見人）
頂不楞　道 2：13－新 1－15－11（中見人）
董傳智　光 37：26－9－4－12（中見人）
董连昇　道 4：13－11－22－10（知見人），道 5：13－11－23－13（知見人）
董連昇　道 6：14－2－16－13（知見人）
董全福　咸 8：4－3－3－1（立租地基約人），咸 8：4－3－3－3，咸 8：4－3－3－8
董姓　同 3：4－4－18－2（鄰地人）
董永德　乾 1：20－1－17－5（同人）
杜福　同 7：8－11－15－9（中見人），同 9：10－10－5－11（承租人），同 13：12－12－11－10（中見人）
杜福〈蒙文〉同 9：10－10－5－7（承佃者）
杜海清　咸 3：1－閏 8－28－2（原承租人之子），咸 3：1－閏 8－28－4（受佃價錢者），咸 8：4－3－3－3（鄰地人），咸 11：4－3－27－16（中見人）
杜海旺　咸 6：2－12－26－11（中人），咸 7：2－12－26－10（中見人），咸 8：4－3－3－3（鄰地人），同 2：2－11－17－13（中見人），
杜海忠　咸 15：7－4－18－11（中見人）
杜老二　咸 2：1－4－23－2（鄰地人）
杜仁　乾 5：51－后 7－19－15（同中見人）
杜萬　同 9：10－10－5－11（承租人），同 13：12－12－11－16（中見人），光 12：15－6－21－14（同中人）
杜姓　咸 2：1－4－23－2（鄰地人），咸 3：1－閏 8－28－3（鄰地人），咸 3：1－閏 8－28－6（原承租人），咸 5：1－10－13－2（鄰地人），光 12：15－6－21－3（鄰地人），民 37：19－3－4－2～3（鄰地人）
杜赵官　民 51：23－12－3－8（知見人）
杜珍　咸 10：4－3－23－5（使過錢人），咸 10：4－3－23－6
杜振元　新 12：1952－10－16－1（立租地基約人），新 12：1952－10－16－9
段登貴　新 4：1950－7－26－11（同中說合人）

E

恩和扎布〈蒙文〉　嘉3：15－11－2－11（證人/扎蘭章京/扎蘭章京丹津扎木蘇之弟）

爾登畢力　光61：32－3－5－13（中見人）

尔林沁　民30：14－6－10－9（鄰地人）

耳根代　光27：22－5－11－8（中見人），光28：22－5－11－1（中見人），光29：22－5－11－9（中見人）

二旦　民52：21－2（1）－18（25）－11（同中見人）

二合義　光54：31－5－1－3（鄰地人）

二陽子　光41：26－11－25－9（中見人）

弍馬車　光40：26－10－8－10（知見人）

F

樊存荣　同4：5－12－20－1（立出轉地約人）

樊進成　乾3：37－11－19－10（中見人）

樊之南　同13：12－12－11－17（中見人/書人）

范玘维　咸14：7－2－17－11（在中人）

費成福　光54：31－5－1－15（中見人），宣5：3－8－25－13（同中人），民80：成紀739－〇－〇－11（同中說合人）

費福　光24：21－8－1－13（同中人），民7：3－10（9）－19（1）－2（鄰地人）

費门　民7：3－10（9）－19（1）－9（原立約人）

費荣德　民7：3－10（9）－19（1）－12（摘賣地基者），民67：27－5－10－13（同中人）

費榮德　民72：成紀736－1－20－田房過約移轉証（新承租人），民79：成紀739－5－〇－1（立租地基約人），民79：成紀739－5－〇－3～4，民79：成紀739－5－〇－8，民79：成紀739－5－〇－過約聯單（買主）

費孫氏　民84：35－11－1－過約聯單（賣主）

費廷喜　民7：3－10（9）－19（1）－2（鄰地人）

費維　民84：35－11－1－過約聯單（賣主）

费文玉　咸1：1－2－15－1（立賃地基約人），　咸1：1－2－15－7

費姓　光24：21－8－1－2（鄰地人），民7：3－10（9）－19（1）－13（摘賣地基者，費荣德），民58：24－8（7）－8（10）－3（鄰地人），民82：35－6－12－3（鄰地人），民82：35－6－12－過約聯單，民84：35－11－1－3（鄰地人），民84：35－11－1－過約聯單

費永福　光54：31－5－1－15（中見人）

費永祥　民79：成紀739－5－〇－10（同中說合人）

馮甫居　光41：26－11－25－11（中見人）

馮花　同12：11－2－13－2（中見人），光3：4－6－25－12（中見人）

馮華　同1：1－7－29－1（立租地基約人），同1：1－7－29－9

馮景隆　民18：8－7－11－11（中見人/書人）

馮景照　咸6：2－12－26－9（中人），咸7：2－12－26－8（中見人），

馮居駒　光41：26－11－25－2（鄰地人）

馮守[義]　民1：1－7（6）－20（7）－16（中證人）

馮孝仁　民70：成紀735－12－11－10（中見人）

馮智　光58：31－12－11－11（知見人）

馮忠　光35：26－5－25－3（鄰地人），光36：26－5－25－3（鄰地人），光37：26－9－4－2（鄰地人）

佛来喜　咸10：4－3－23－17（中見人）

福來　光62：32－3－21－12（知見人）

福如子　光20：20－3－27－2（鄰地人）

福寿子　光69：34－4－5－9（中見人），光70：34－4－5－9（中見人）

福壽子　清1:？－3－17－12（中見人）

福興景　民65：26－9－3－2（鄰地人）

傅俊　同13：12－12－11－2（鄰地人）

傅佩英　新15：1953－4－13－1（立租地基約人），新15：1953－4－13－9，新15：1953－4－13－過約聯單（買主）

傅興　民16：8－3－10－1（立佃地基約人），民16：8－3－10－4

傅姓　民17：8－4－4－2（鄰地人）

復興景　民65：26－9－3－過約聯單（鄰地人）

富亨元　民64：26－5－28－2（鄰地人），民64：26－5－28－過約聯單

富先斯　光61：32－3－5－11（中見人）

富先子　光69：34－4－5－10（中見人），光70：34－4－5－2（承佃人），清1：？－3－17－2（承佃人）

G

干三保　新21：1957－8－27－過約聯單（鄰地人）

高寶　民49：22－9－20－1（立推地約人），民49：22－9－20－8

高德元　光56：31－10－5－12（中見人）

高换　民49：22－9－20－1（立推地約人）

高人慶　民42：21－1－18－10（中見人），民43：21－1－18－9（中人）

高守仁　新9：1951－5－4－過約聯單（賣主）

高守義　新9：1951－5－4－過約聯單（賣主）

高雙牛　光34：25－12－9－2（鄰地人）

高騰云　民23：12－〇－〇－11（中見人／代筆人）

高希柴　新9：1951－5－4－過約聯單（賣主）

高芝俊　光60：31－12－21－10（中見人）

圪令　乾5：51－后7－19－1（立出租地約人）

格勒格加木素〈蒙文〉　乾4：47－11－29－2（承典地租出借錢者），乾4：47－11－29－5（收租人）

根换　同1：1－7－29－11（約見）

根焕子　同10：10－12－13－19（中見人），同11：10－12－13－12（知見人）

根片倒皃計　嘉4：17－11－？7－19（中見人）

公慶　乾6：55－7－25－1（立出租地約人），乾6：55－7－25－5（承當者）

公柱　咸15：7－4－18－2（鄰地人）

鞏永耀　光58：31－12－11－12（知見人）

貢嘎〈蒙文〉　嘉1：11－12－13－8（知見人／催領）

古天培　咸2：1－4－23－12（中見人），咸3：1－閏8－28－12（中見人）

顧　道2：13－新1－15－2（鄰地人）

顧板太　光64：32－4－13－2（鄰地人）

顧宝娃　同10：10－12－13－15（原置買

者），光 16：19－10－23－9（知見人）
顧保娃　光 18：20－3－9－2（鄰地人）
顧長世　光 40：26－10－8－3（承租者）
顧存綱　光 19：20－3－13－3（承買者）
顧存仁　同 10：10－12－13－3（顧潔之孫），同 11：10－12－13－2（承典者）
顧存信　清 1:? －3－17－9（中見人），民 11：6－2－19－2（鄰地人）
顧存姓　光 57：31－10－15－3（鄰地人）
顧二肉旦　民 51：23－12－3－9（知見人）
顧夥　同 10：10－12－13－3（原置買者）
顧家　同 10：10－12－13－16（原置買者）
顧潔　同 10：10－12－13－1（原置買者），同 10：10－12－13－3
顧金海　同 10：10－12－13－15（原置買者）
顧楞五　同 10：10－12－13－7（原置買者），同 10：10－12－13－8，光 63：32－3－25－2（出推者）
顧六六　同 10：10－12－13－11（退地者），光 18：20－3－9－9（知見人），光 19：20－3－13－10（知見人）
顧毛銀　民 51：23－12－3－2（鄰地人）
顧錢海　同 10：10－12－13－7（原置買者），同 10：10－12－13－8，光 63：32－3－25－2（出推者）
顧清　乾 6：55－7－25－3（承租人），嘉 5：25－1－7－13（中見人），道 1：12－12－29－2（鄰地人），道 2：13－新 1－15－2（鄰地人），道 2：13－新 1－15－3（鄰地人），道 4：13－11－22－11（知見人），道 5：13－11－23－2（鄰地人），道 5：13－11－23－12（知見人），道 6：14－2－16－2（鄰地人），同 10：10－12－13－1（原置買者），同 10：10－12－13－2，同 10：10－12－13－3，同 11：10－12－13－2（承典者）
顧三小　光 19：20－3－13－2（鄰地人）
顧四人厮　光 19：20－3－13－11（知見人）
顧維班　同 10：10－12－13－14（2）（原置買者）
顧維德　同 10：10－12－13－10（退地者），同 10：10－12－13－19（原置買者），同 10：10－12－13－20，同 10：10－12－13－21，同 10：10－12－13－22（原承租人），光 42：26－12－3－2（原承租人），光 42：26－12－3－8（中見人）
顧維巩　光 57：31－10－15－2（鄰地人）
顧維業　光 38：26－10－5－3（承租人），光 42：26－12－3－9（中見人）
顧維雲　同 10：10－12－13－14（2）（原置買者）
顧五子　光 50：29－11－3－2（鄰地人）
顧姓　同 10：10－12－13－2（原置買者），同 10：10－12－13－5（4），光 30：22－10－2－2（鄰地人），光 63：32－3－25－2（原承買人），光 63：32－3－25－2（出推者），光 63：32－3－25－6（3）（承買者）
顧銀德尔　同 10：10－12－13－7（原置買者），同 10：10－12－13－8，同 10：10－12－13－15，光 59：31－12－19－2（鄰地人），光 63：32－3－25－2（出推者）
顧銀海　光 68：34－3－13－2（鄰地人）
雇二小　民 35：19－2－7－8（知見人）
雇旺　民 35：19－2－7－2（鄰地人）
官星保　光 17：19－10－23－2（鄰地人）
官音保　光 22：20－7－29－2（出租人），光 22：20－7－29－7（承當者），光 24：21－8－1－1（出佃人），光 24：21－8－

1－7（承當者），光 25：21－9－18－1（出佃人），光 25：21－9－18－7（承當者）

官音寶　光 32：23－12－17－1（立出佃圐圙地約人），光 34：25－12－9－1（立出佃地約人），光 34：25－12－9－6（承當者）

官印保　光 8：8－5－23－1（立出典地甫約人），光 8：8－5－23－6（承當者），光 16：19－10－23－1（立賣地約人），光 17：19－10－23－1（立出租地約人），光 17：19－10－23－6（承當者），光 18：20－3－9－1（立出租約人），光 18：20－3－9－5（承當者），光 41：26－11－25－1（立出佃地基約人），

官印宝　光 33：24－12－15－1（出租人），光 33：24－12－15－6（承當者），光 38：26－10－5－1（立出典地約人之夫），光 40：26－10－8－1（立出典地約人之夫），光 42：26－12－3－1（立出租地約人），光 42：26－12－3－4（承當者），光 51：29－11－27－1（立約人），光 57：31－10－15－1（立出租地約人之夫）

官應寶　光 13：17－3－2－1（出佃人），光 13：17－3－2－8（承當者）

官應保　光 19：20－3－13－1（立賣房院約人），光 19：20－3－13－5（承當者）

观音保　光 15：19－3－25－1（立出佃地約人），光 27：22－5－11－1（立出典地基約人），光 27：22－5－11－4（承當者），光 29：22－5－11－2（出典人），光 29：22－5－11－5（承當者），光 39：26－10－7－5（立賣園地約人）

觀音保　光 20：20－3－27－1（立出租地約人），光 23：20－12－1－1（立賣地約人），光 23：20－12－1－7（承當者），光 35：26－5－25－2（出賣人），光 35：26－5－25－4，光 35：26－5－25－5，光 35：26－5－25－6（承當者），光 36：26－5－25－2（出典人），光 36：26－5－25－4，光 36：26－5－25－6（承當者），光 37：26－9－4－1（出佃人），光 37：26－9－4－3，光 37：26－9－4－5（承當者），光 39：26－10－7－7（承當者），光 39：26－10－7－9（立賣園地約人），光 56：31－10－5－1（出佃人），光 56：31－10－5－7（承當者）

觀音保　光 39：26－10－7－1（立賣園地約人），

郭朝龍　民 62：25－10－24－14（中見人），民 74：32－3－18－12（同中說和人）

郭成　民 36：19－4－1－4（承佃人）

郭德實　新 2：1950－7－12－12（同中說合人）

郭甫城　民 66：26－10－1－10（中見人）

郭根义　民 50：23－10－27－9（見人）

郭俊　民 36：19－4－1－11（中見人）

郭来福斯　同 9：10－10－5－1（中見人）

郭全　光 55：31－5－1－13（中見人）

郭維屏　宣 4：3－5－22－15（中人／書人）

郭智　同 5：6－4－29－15（中見人），同 7：8－11－15－15（中見人）

郭子南　民 49：22－9－20－11（代筆人）

H

哈不計　嘉 5：25－1－7－15（中見人）

哈福魁　宣 1：1－3－25－10（中見人）

哈立汗　民 35：19－2－7－11（知見人）

哈木楞　光63：32－3－25－10（知見人）
海蓮　民17：8－4－4－13（中見人）
海龍　同2：2－11－17－15（中見人）
海隆　同7：8－11－15－1（鄰地人），同7：8－11－15－13（中見人）
海天貴　光9：11－8－16－3（鄰地人）
海天瑞　民8：5－7－18－19（同中人），民9：5－7－19－20（同中人）
海姓　同2：2－11－17－2（鄰地人），民6：2－11（10）－21（24）－2（鄰地人）
寒三居　光41：26－11－25－10（中見人）
韩秉玉　新21：1957－8－27－過約聯單（賣主）
韓茂林　光47：28－11－15－3（承佃者）
韓茂竹　民18：8－7－11－2（承佃人）
韓青山　民52：21－2（1）－18（25）－1（立過地約人），民52：21－2（1）－18（25）－4，民52：21－2（1）－18（25）－8
韓先生　民53：24－5（4）－15（13）－12（代筆人、同中見人）
韓興茂　民62：25－10－24－1（立佃地基約人），民62：25－10－24－10
韓興旺　民3：2－5－8－12（清真寺鄉老／中見人）
韓姓　民61：25－9－28－2（鄰地人），民69：成紀734－6（4）－12（25）－4（鄰地人），民70：成紀735－12－11－3（2）（鄰地人），民73：成紀737－1－1－2（鄰地人），民85：35－11－15－3（鄰地人），民85：35－11－15－過約聯單，民89：36－12－16－3（鄰地人），民89：36－12－16－過約聯單，新2：1950－7－12－3（鄰地人），新2：1950－7－12－過約聯單，新5：1950－10－22－3（鄰地人），新5：1950－10－22－過約聯單
郝建業　新3：1950－7－26－1（立租地基約人），新3：1950－7－26－9，新3：1950－7－26－過約聯單（買主），新4：1950－7－26－過約聯單（賣主）
郝品润　咸14：7－2－17－1（立賃地基約人），咸14：7－2－17－9
郝全福　同10：10－12－13－20（知見人／書人），同11：10－12－13－13（知見人）
郝廷柱　咸4：1－10－13－17（中人），咸5：1－10－13－16（中人）
何蘭生　新13：1952－12－20－1（立租地基約人），新13：1952－12－20－9
何兰生　新13：1952－12－20－過約聯單（買主），新20：1957－3－8－過約聯單（賣主）
何姓　新13：1952－12－20－3（鄰地人），新13：1952－12－20－過約聯單
恒成永　嘉4：17－11－？7－3（鄰地人）
hou〈蒙文〉　咸1：1－2－15－13
侯義　同9：10－10－5－3（中見人）
胡本固　光15：19－3－25－3（承佃人）
胡长年　光33：24－12－15－10（中見人）
胡進國　民64：26－5－28－過約聯單（賣主）
胡俊　嘉4：17－11－？7－15（中見人）
胡天全　宣4：3－5－22－1（立租地基、買榆樹約人），宣4：3－5－22－5，宣4：3－5－22－8，民1：1－7（6）－20（7）－1（立租園地約人），民1：1－7（6）－20（7）－8（2），民1：1－7（6）－20（7）－11，民21：10－7－30－4（承推絕地增租資者），民22：10－7－30－1（立接收地增租資約人），民22：10－7－30－10

胡文富　光39：26－10－7－22（2）（承租人）

胡姓　光39：26－10－7－2（鄰地人），民81：35－3－1－3（鄰地人），民81：35－3－1－過約聯單，民91：37－2－7－3（鄰地人），民91：37－2－7－過約聯單，新2：1950－7－12－3（鄰地人），新2：1950－7－12－過約聯單

虎必泰　光30：22－10－2－1（立出租地約人），光31：22－10－2－1（立出租地約人）

虎登山　光21：20－6－6－1（出租人），光21：20－6－6－7（承當者），光65：32－8－18－1（出租人），光65：32－8－18－5（承當者），光67：33－3－19－1（立出佃地基約人），光67：33－3－19－6（承當者），光67：33－3－19－11（中見人），民2：2－3（1）－3（26）－1（出租人），民2：2－3（1）－3（26）－7（承當者），民23：12－〇－〇－3（立粘單人之族婿/原地租產收使人），民23：12－〇－〇－5，民55：25－5（4）－28（26）－4（使過押地錢人），民59：25－8－20－2（2）（出租人）

黄八兒　同12：11－2－13－4（中見人）

黄德成　同13：12－12－11－13（中見人）

霍姓　光1：2－閏5－11－2（鄰地人）

霍姓〈蒙文〉　光8：8－5－23－13（納地甫者）

霍掌櫃　光8：8－5－23－3（賃地者）

J

集成永　光60：31－12－21－2（鄰地人）

賈秉瑞　同10：10－12－13－8（承推者），光30：22－10－2－12（知見人），光31：22－10－2－11（知見人），光63：32－3－25－2（承推者），光63：32－3－25－3

賈從政　同10：10－12－13－8（承推者），光63：32－3－25－2（承推者），光63：32－3－25－3

賈存金　民43：21－1－18－3（鄰地人）

賈德善　光60：31－12－21－3（承買人）

賈登漢　同10：10－12－13－3（原典買者），同10：10－12－13－3～4，同10：10－12－13－4（2），同10：10－12－13－5

賈義　同10：10－12－13－15（承推者），光20：20－3－27－3（鄰地人），光23：20－12－1－3（鄰地人），光30：22－10－2－3（承租人），光31：22－10－2－2（2）（鄰地人），光59：31－12－19－3（承租人），光64：32－4－13－2（承過者）

賈富　光67：33－3－19－3（承佃人）

賈貴　同8：10－4－18－11（中人）

賈海亮　民42：21－1－18－3（鄰地人），民42：21－1－18－5（鄰地人）

賈晃　民42：21－1－18－4（鄰地人），民43：21－1－18－3（鄰地人），民50：23－10－27－4（承佃人）

賈吉善　光60：31－12－21－2（鄰地人），光60：31－12－21－3（承買人）

賈六八　光36：26－5－25－1（立典地約人，賈義）

賈茂　光30：22－10－2－2（鄰地人）

賈榮　民42：21－1－18－3（鄰地人）

賈鋭　光41：26－11－25－3（承佃人）

賈天鶴　光37：26－9－4－11（中見人），光

47：28－11－15－10（知見人）
贾天鶴　光46：28－11－15－10（知見人）
賈天瑞　光9：11－8－16－11（中見人）
賈威　光20：20－3－27－2（鄰地人），光23：20－12－1－4（承租人），光30：22－10－2－2（鄰地人），光30：22－10－2－3（3）（鄰地人），光31：22－10－2－3（承租人）
賈喜如　光30：22－10－2－11（知見人），光31：22－10－2－10（知見人）
賈憲文　民50：23－10－27－10（見人／書人）
賈姓　同10：10－12－13－6（原典買者，賈登漢）
賈秀　光63：32－3－25－13（知見人／書人）
賈彦亮　光32：23－12－17－8（知見人）
贾溢　光33：24－12－15－12（中見人／書人）
賈義　光34：25－12－9－3（鄰地人），光34：25－12－9－4（鄰地人），光34：25－12－9－4（承佃者），光35：26－5－25－3（2）（鄰地人），光36：26－5－25－1（立典地約人，賈六八），光37：26－9－4－1（立佃地約人）
贾義　光51：29－11－27－3（鄰地人）
賈銀巨　民43：21－1－18－10（中人）
賈玉珍　民50：23－10－27－3（鄰地人）
贾增元　新9：1951－5－4－11（同中說合人）
焦瑞　民66：26－10－1－田房過約移轉證（新承租人），民87：36－3－7－1（立租地基約人），民87：36－3－7－8，民87：36－3－7－過約聯單（買主）
焦姓　新4：1950－7－26－3（鄰地人），新4：1950－7－26－過約聯單，新10：1951－12－21－3（鄰地人），新10：1951－12－21－過約聯單，新12：1952－10－16－3（鄰地人），新12：1952－10－16－過約聯單
金寶　咸2：1－4－23－1（立出租地基約人），咸2：1－4－23－7，咸2：1－4－23－5（承當者），咸3：1－閏8－28－1（出租人），咸3：1－閏8－28－2，咸3：1－閏8－28－4（2），咸3：1－閏8－28－6（承當者），咸6：2－12－26－1（出佃人），咸6：2－12－26－5（承當者），咸7：2－12－26－1（出佃人），咸7：2－12－26－5（承當者），咸12：4－10－1－1（立出推地基約人，乳名五十四），咸12：4－10－1－8（承當者），同1：1－7－29－8（承當者），同10：10－12－13－1（立賣房地約人），同10：10－12－13－7（承當者），同11：10－12－13－1（立典清水約人），同11：10－12－13－5（承當者），同13：12－12－11－1（出佃人），同13：12－12－11－5（承當者），光63：32－3－25－1（立過水奉約人之祖父），光63：32－3－25－5（出賣人）
金宝　咸4：1－10－13－15（中人），咸5：1－10－13－14（中人），咸16：8－2－24－1（出佃人），咸16：8－2－24－6（承當者），同1：1－7－29－1（出租人），同9：10－10－5－9（立出佃地基約人），同9：10－10－5－14（承當者）
金宝義　民70：成紀735－12－11－1（出租人）
金保　同12：11－2－13－8（出典者），同12：11－2－13－13（承當者），光3：

4－6－25－1（出佃人），光3：4－6－25－5（承當者）

金貴　咸1：1－2－15－1（出賃者），咸1：1－2－15－3，咸1：1－2－15－5（承當者），咸4：1－10－13－1（立出租地基約人），咸4：1－10－13－7（承當者），咸5：1－10－13－1（出租人），咸5：1－10－13－6（承當者），咸14：7－2－17－2（出賃者），咸14：7－2－17－7（承當者），咸15：7－4－18－1（出租人），咸15：7－4－18－6（承當者），咸16：8－2－24－1（出佃人），咸16：8－2－24－6（承當者），同1：1－7－29－1（出租人），同5：6－4－29－1（出租人），同5：6－4－29－5（承當者），同13：12－12－11－1（出佃人），同13：12－12－11－5（承當者），光2：4－新1－28－1（立出賃地基約人），光2：4－新1－28－6（承當者），光4：5－11－9－2（出佃人），光4：5－11－9－5，光5：5－11－9－2（出佃人），光5：5－11－9－5，光6：5－12－7－1（出佃人），光6：5－12－7－6（承當者），光9：11－8－16－1（出佃人，乳名五十四），光9：11－8－16－7（承當者），光71:？－2－17－1（立出佃地基約人，乳名五十四），光71:？－2－17－6（承當者）

金滿庫　宣1：1－3－25－11（中見人）

金氏　咸16：8－2－24－1（出佃人），咸16：8－2－24－6（承當者）

金萬富　民49：22－9－20－2（承推者），民49：22－9－20－8，民50：23－10－27－1（立出佃地基約人）

金萬庫　光21：20－6－6－3（鄰地人），光21：20－6－6－12（同中人）

金姓　民36：19－4－1－3（鄰地人）

金印　同8：10－4－18－1（出租人），同8：10－4－18－7（承當者），同9：10－10－5－9（立出佃地基約人），同9：10－10－5－14（承當者），同10：10－12－13－1（立出賣房地約人），同10：10－12－13－7（承當者），同11：10－12－13－1（立典清水約人），同11：10－12－13－5（承當者），光1：2－閏5－11－1（出賃者），光1：2－閏5－11－6（承當者），光7：6－10－5－1（出推人），光7：6－10－5－5（承當者），光12：15－6－21－1（出佃人），光11：15－6－21－8（承當者），

金玉　咸4：1－10－13－13（中人），咸5：1－10－13－12（中人），咸16：8－2－24－1（出佃人），咸16：8－2－24－6（承當者），同9：10－10－3－9（立出佃地基約人），同9：10－10－3－14（承當者）

金子福　民72：成紀736－1－20－1（出租人），民72：成紀736－1－20－7（承當者）

靳福　民55：25－5（4）－28（26）－田房過約移轉證（新承租人），民81：35－3－1－1（立租地基約人），民81：35－3－1－10，民81：35－3－1－過約聯單（買主），民91：37－2－7－過約聯單（賣主）

靳祥　民81：35－3－1－12（同中說合人）

荊師竹　光26：22－2－12－12（中見人），宣5：3－8－25－17（代筆人）

井寶　咸8：4－3－3－1（出租人），咸8：4－3－3－6（承當者）

井宝　咸10：4－3－23－1（立出典地約人），咸10：4－3－23－6，咸10：4－3－23－8（承當者），咸11：4－3－27－13（中見人）

井貴　咸9：4－3－18－1（出租人），咸9：4－3－18－5（承當者），咸11：4－3－27－1（出租人），咸11：4－3－27－7（承當者），咸13：5－11－25－1（出佃人），咸13：5－11－25－7（承當者）

井三太太　咸8：4－3－3－1（出租人），咸9：4－3－18－1（出租人）

井玉　咸10：4－3－23－1（立出典地約人），咸10：4－3－23－6，咸10：4－3－23－8（承當者），咸11：4－3－27－13（中見人）

K

康德　光60：31－12－21－11（中見人）

康二香炉　同12：11－2－13－7（中見人）

康富貴　宣5：3－8－25－14（同中人），民4：2－7－11－12（中見人）

康吉玉　咸9：4－3－18－10（中見人）

康起寧　咸13：5－11－25－10（中人），同1：1－7－29－14（約見）

康興義　民8：5－7－18－17（同中人），民9：5－7－19－18（同中人），民13：6－10－20－10（中見人），民32：17－3－25－9（同中人），民83：35－11－1－過約聯單（賣主）

康兴義　民27：13－6－17－11（同中人）

康姓　光56：31－10－5－2（鄰地人），民8：5－7－18－2（鄰地人），民26：13－4－11－3（鄰地人），民32：17－3－25－2（鄰地人），民33：18－4－14－3（鄰地人）

康溢　光50：29－11－3－9（知見人/書人）

亢錫三　宣2：1－9－18－14（中見人／書人）

冦文學　民83：35－11－1－1（立租地基約人），民83：35－6－12－8

寇文學　民83：35－11－1－過約聯單（買主）

寇姓　民83：35－11－1－過約聯單（2），新7：1951－1－15－3（鄰地人），新7：1951－1－15－過約聯單

冦姓　民8：5－7－18－3（鄰地人），民9：5－7－19－4（鄰地人），民26：13－4－11－2（鄰地人），民33：18－4－14－2（鄰地人）

冦姓　民83：35－11－1－3（2）（鄰地人）

庫倉　同6：6－10－21－1（立佃地基約人），同6：6－10－21－6

庫成　民27：13－6－17－12（同中人），民32：17－3－25－8（同中人）

庫祥　同1：1－7－29－12（約見）

庫興旺　民3：2－5－8－18（清真寺鄉老／中見人），民6：2－11（10）－21（24）－20（知見人／清真寺鄉老），民14：7－9－9－17（同中人）

L

喇嘛章各　咸4：1－10－13－14（中人），咸5：1－10－13－13（中人）

兰花興　同7：8－11－15－12（中見人）

［蘭］懷喜　民64：26－5－28－1（立租地基約人）

蘭懷喜　民64：26－5－28－9（立租地基約人），民64：26－5－28－過約聯單（買

主）

老福寿　民 49：22 – 9 – 20 – 10（中見人）

老三〈蒙文〉　道 3：13 – 11 – 9 – 1（三黄宝?）

樗五厮　光 18：20 – 3 – 9 – 8（知見人）

李安　同 1：1 – 7 – 29 – 13（約見）

李伯莱　光 39：26 – 10 – 7 – 19（同中人/書人），光 49：29 – 10 – ○ – 12（中人/書人）

李伯莱　光 39：26 – 10 – 7 – 16（說和人）

李財　光 62：32 – 3 – 21 – 16（知見人）

李德泰　同 2：2 – 11 – 17 – 14（中見人）

李二毛　民 94：37 – 7 – 27 – 10（同中說合人）

李發貴　咸 1：1 – 2 – 15 – 11（中見人）

李福　光 7：6 – 10 – 5 – 11（知見人）

李海明　光 39：26 – 10 – 7 – 13（同中人）

李静菴　民 1：1 – 7（6） – 20（7） – 17（中證人），民 21：10 – 7 – 30 – 18（中證人），民 22：10 – 7 – 30 – 16（中證人）

李俊陞　光 2：4 – 1 – 28 – 13（中人）

李日富　民 10：5 – 12 – 25 – 8（中見人/書人）

李榮　光 67：33 – 3 – 19 – 10（中見人），民 19：9 – 2 – 2 – 10（同中人）

李生春　民 73：成紀 737 – 1 – 1 – 13（田房中証人）

李世榮　光 7：6 – 10 – 5 – 1（立承推地約人），光 7：6 – 10 – 5 – 2

李桐　新 13：1952 – 12 – 20 – 13（代筆人），新 14：1953 – 1 – 13 – 12（代筆人），新 15：1953 – 4 – 13 – 13（代筆人）

李文金　同 7：8 – 11 – 15 – 10（中見人）

李文錦　同 12：11 – 2 – 13 – 10（鄰地人）

李喜　光 65：32 – 8 – 18 – 10（知見人）

李祥　新 20：1957 – 3 – 8 – 過約聯單（買主）

李姓　同 2：2 – 11 – 17 – 2（鄰地人），光 71：? – 2 – 17 – 2（2）（鄰地人），民 90：37 – 1 – 22 – 2（3）（鄰地人），新 3：1950 – 7 – 26 – 3（鄰地人），新 3：1950 – 7 – 26 – 過約聯單，新 4：1950 – 7 – 26 – 3（鄰地人），新 4：1950 – 7 – 26 – 過約聯單，新 10：1951 – 12 – 21 – 3（鄰地人），新 10：1951 – 12 – 21 – 過約聯單，新 12：1952 – 10 – 16 – 3（鄰地人），新 12：1952 – 10 – 16 – 過約聯單

李秀芳　民 90：37 – 1 – 22 – 10（中証人）

李秀蕙　民 90：37 – 1 – 22 – 3（承推者）

李永海　民 85：35 – 11 – 15 – 11（同中說合人）

李玉　民 17：8 – 4 – 4 – 12（中見人）

李遇唐　光 65：32 – 8 – 18 – 13（官代書人）

李毓仙　民 87：36 – 3 – 7 – 11（同中說合人/代筆人），民 91：37 – 2 – 7 – 12（同中說合人/代筆人）

李增荣　民 94：37 – 7 – 27 – 1（立租地基約人），民 94：37 – 7 – 27 – 8

李增榮　民 94：37 – 7 – 27 – 過約聯單（買主）

李楨　民 88：36 – 8 – 8 – 12（同中說合人）

李忠　新 7：1951 – 1 – 15 – 12（同中說合人）

力圪登　咸 12：4 – 10 – 1 – 12（中見人）

瀲灧　光 62：32 – 3 – 21 – 17（知見人/書人）

梁禮　光 15：19 – 3 – 25 – 10（中見人）

梁欽　光 10：13 – 11 – 27 – 13（中見人），光 11：13 – 11 – 27 – 12（中見人）

梁姓　新 10：1951 – 12 – 21 – 3（鄰地人），新 10：1951 – 12 – 21 – 過約聯單，新 12：1952 – 10 – 16 – 1（鄰地人），新 12：

1952－10－16－過約聯單
梁耀龍　民44：21－1－19－10（中見人），民45：21－1－19－10（中見人），民46：21－1－19－9（中見人）
樑項　民49：22－9－20－2（2）（鄰地人）
林報　光26：22－2－12－1（賣地基者），光26：22－2－12－6（承當者）
林培考　光2：4－1－28－12（中人）
麦丹　道7：23－6－11－1（立約人三黄賓祖父）
麦六　道7：23－6－11－5（兑錢人）
刘班定　光30：22－10－2－10（知見人），光31：22－10－2－9（知見人）
劉長命　民61：25－9－28－13（中見人）
劉二仔　民16：8－3－10－11（中見人）
劉範中　咸2：1－4－23－2～3（承租人），咸3：1－閏8－28－1（立租地基約人），咸3：1－閏8－28－8，同5：6－4－29－6（使過錢者），
劉［範中］　咸2：1－4－23－3（承租人）
劉福　同8：10－4－18－13（中人）
刘福貞　道1：12－12－29－14（中見人），道2：13－新1－15－13（中見人）
劉富印　民91：37－2－7－1（立租地基約人），民91：37－2－7－8，民91：37－2－7－過約聯單（買主），新2：1950－7－12－過約聯單（賣主）
劉貴　宣3：3－4－2－11（中見人）
劉漢卿　民4：2－7－11－15（中見人／書人）
劉花荣　民12：6－3－25－1（立租地基約人），民12：6－3－25－10
劉華榮　民25：13－4－8－14（中見人），民68：成紀733－6－19－11（中見人）
劉吉　民87：36－3－7－10（同中說合人）
劉金　咸7：2－12－26－2（鄰地人），咸16：8－2－24－9（中見人）
刘進財　乾5：51－后7－19－10（后知見人）
劉巨德　光45：28－8－1－21（中見）
劉濬　光10：13－11－27－14（中見人），光11：13－11－27－13（中見人）
劉庫　民88：36－8－8－1（立出租地基約人），民88：36－8－8－8，民88：36－8－8－過約聯單（買主）
劉寬　光25：21－9－18－12（中見人），民12：6－3－25－24（中見人）
劉老二　咸16：8－2－24－3（鄰地人）
劉門　咸2：1－4－23－3（承租人，劉範中）
刘沛　民43：21－1－18－3（鄰地人）
刘七十　民47：21－1－24－11（中證人）
劉謙　咸8：4－3－3－12（中見人）
劉榮　光13：17－3－2－田房過約移轉証，民68：成紀733－6－19－15（中見人），民74：32－3－18－1（立租地基約人），民74：32－3－18－9，民74：32－3－18－4－過約聯單（買主），民75：32－11－〇－1（立租地基約人），民75：32－11－〇－9，民75：32－11－〇－過約聯單（買主）
劉瑞　民58：24－8（7）－8（10）－田房過約移轉證（新承租人），民96：38－9－1－1（立租地基約人），民96：38－9－1－8，民96：38－9－1－過約聯單（買主）
劉尚仁　光13：17－3－2－田房過約移轉證，民97：38－9－21－1（立租地基約人），民97：38－9－21－8，民97：38－9－21－過約聯單（買主），新1：1950－3－17－1（立租地基約人），新1：1950－3－17－8，新1：1950－3－17－過約聯單

（2）（買主），新 11：1952－6－10－過約聯單（賣主）

刘文元　民 47：21－1－24－13（中證人）

劉祥　宣 3：3－4－2－10（中見人）

劉笑英　民 55：25－5（4）－28（26）－11（中見人／代書人）

劉興寶　民 25：13－4－8－3（承租人），民 25：13－4－8－10（立約人）

劉興元　民 25：13－4－8－15（中見人）

劉姓　咸 2：1－4－23－2（鄰地人），光 14：19－2－13－3（鄰地人），民 7：3－10（9）－19（1）－12（鄰地人，劉永財），民 7：3－10（9）－19（1）－16（承買人，劉永財），民 12：6－3－25－3（承租人，劉花荣），民 29：14－閏4－7－3（鄰地人），民 58：24－8（7）－8（10）－3（鄰地人），民 68：成紀 733－6－19－2（鄰地人），民 68：成紀 733－6－19－過約聯單（鄰地人），民 75：32－11－○－3（鄰地人），民 75：32－11－○－過約聯單，民 84：35－11－1－3（鄰地人），民 84：35－11－1－過約聯單，民 96：38－9－1－3（鄰地人），民 96：38－9－1－過約聯單

刘姓　咸 11：4－3－27－3（鄰地人），咸 13：5－11－25－3（鄰地人），民 31：17－2－26－2（鄰地人），民 36：19－4－1－3（鄰地人），民 38：19－3－5－4（鄰地人），民 39：20－2－10－2（鄰地人），民 53：24－5（4）－15（13）－3（鄰地人），民 78：成紀 739－5－30－3（鄰地人），民 78：成紀739－5－30－過約聯單（2），新 1：1950－3－17－3（鄰地人）（2），新 1：1950－3－17－過約聯單

劉永財　民 7：3－10（9）－19（1）－1（立佃地基約人），民 7：3－10（9）－19（1）－10，民 7：3－10（9）－19（1）－14（承買人）

劉永貴　光 21：20－6－6－13（同中人），光 56：31－10－5－11（中見人）

刘永寛　民 71：成紀 735－12－15－11（同中人）

劉永盛　民 54：24－4－15－16（中見人）

劉永旺　光 53：31－5－1－18（中見人）

劉永祥　光 21：20－6－6－15（同中人）

劉有財　光 9：11－8－16－12（中見人）

劉玉祥　光 12：15－6－21－12（同中人）

劉玉珠　光 35：26－5－25－16（中見人／書人）

劉占鼇　民 36：19－4－1－10（中見人）

劉占義　民 40：20－3－10－10（中見人）

刘占元　民 47：21－1－24－1（立租地基約人），民 47：21－1－24－4，民 47：21－1－24－9

劉澤　光 51：29－11－27－3（承佃人）

劉禎　光 21：20－6－6－11（同中人），光 24：21－8－1－14（同中人）

劉振福　民 66：26－10－1－10（中見人）

劉滋　光 32：23－12－17－9（知見人），光 34：25－12－9－11（知見人／書人）

六九　光 68：34－3－13－3（2）（鄰地人）

六十九　咸 8：4－3－3－10（中見人）

六十五　光 8：8－5－23－9（知中人）

魯三毛　光 68：34－3－13－10（知見人）

路通海　光 48：29－1－13－3（鄰地人）

羅德威　光 10：13－11－27－4（承典者），光 11：13－11－27－4（承典者）

羅受福　光 47：28－11－15－9（知見人）

騾娃子　光 15：19－3－25－2（鄰地人）

呂姓　新 15：1953－4－13－3（鄰地人），新

M

15：7－12－29－14（同中人），民19：9－2－2－11（同中人），民59：25－8－20－13（中人）

馬贵　新20：1957－3－8－過約聯單（鄰地人）

馬汗宝　民53：24－5（4）－15（13）－1（立買空地約人），民53：24－5（4）－15（13）－5，民53：24－5（4）－15（13）－10（同中見人）

馬汗寶　民53：24－5（4）－15（13）－13（立約人）

馬和　咸13：5－11－25－3（2）（鄰地人），咸13：5－11－25－13（中人），咸15：7－4－18－1（立租地基約人），咸15：7－4－18－3～4

馬红撓　民24：13－2－11－1（立租地基約人），民24：13－2－11－8

馬花　光24：21－8－1－1（立佃到地基約人），光24：21－8－1－3，光24：21－8－1－9

馬花龍　同6：6－10－21－1（出佃人丈夫），同6：6－10－21－2（鄰地人）

馬華　宣5：3－8－25－11（同中人）

馬化隆　咸2：1－4－23－2（鄰地人），咸3：1－閏8－28－3（鄰地人），咸4：1－10－13－2（鄰地人），

馬吉　民31：17－2－26－13（中見人）

馬吉山　民84：35－11－1－11（同中說合人），民85：35－11－15－12（同中說合人）

馬级三　民27：13－6－17－13（同中人），民32：17－3－25－10（同中人），民62：25－10－24－13（中見人）

馬級三　民83：35－11－1－11（同中說合人）

馬紀　同12：11－2－13－6（中見人）

馬峧　光27：22－5－11－9（中見人），光28－22－5－11－2（中見人），光29：22－5－11－10（中見人）

馬金山　民61：25－9－28－16（中見人）

馬敬山　民76：成紀738－12－15－過約聯單（賣主）

馬俊　光4：5－11－9－3（鄰地人），光5：5－11－9－3（鄰地人），光13：17－3－2－15（同中人），光26：22－2－12－2（鄰地人），光44：28－6－27－3（鄰地人），光44：28－6－27－17（在中人），光52：30－4－18－13（中見人），宣5：3－8－25－15（同中人），民3：2－5－8－16（清真寺鄉老／中見人），民4：2－7－11－13（中見人），民6：2－11（10）－21（24）－21（知見人／清真寺鄉老），民8：5－7－18－18（同中人），民9：5－7－19－19（同中人），民12：6－3－25－17（中見人），民27：13－6－17－1（立租地基約人），民27：13－6－17－9，民32：17－3－25－1（立租地基約人），民32：17－3－25－3，民32：17－3－25－7，民53：24－5（4）－15（13）－11（同中見人），民70：成紀735－12－11－12（中見人）

馬葰　光17：19－10－23－11（知見人／書人）

馬魁　同6：6－10－21－2（鄰地人），新7：1951－1－15－11（同中說合人）

馬連根　新16：1955－1－12－2（立租地基約人），新16：1955－1－12－24（租到人），新16：1955－1－12－過約聯單（買主）

馬良俊　同12：11－2－13－8（立佃地基約

44：28－6－27－3（鄰地人），光44：28－6－27－10（鄰地人），光52：30－4－18－3，光55：31－5－1－3（鄰地人），光66：32－9－17－2（2）（鄰地人），宣1：1－3－25－3（鄰地人），宣5：3－8－25－2（鄰地人），民2：2－3（1）－3（26）－2（鄰地人），民3：2－5－8－2（鄰地人），民4：2－7－11－4（鄰地人），民6：2－11（10）－21（24）－2（鄰地人），民6：2－11（10）－21（24）－3（鄰地人），民15：7－12－29－2（2）（鄰地人），民15：7－12－29－4（鄰地人），民17：8－4－4－3（鄰地人），民19：9－2－2－2（鄰地人），民19：9－2－2－2～3（鄰地人），民19：9－2－2－4（承租人，馬萬財），民20：9－6－15－2（鄰地人），民24：13－2－11－3（承租人，馬红撓），民27：13－6－17－3（2）（鄰地人），民27：13－6－17－4（承租人，馬俊），民28：14－3－5－4（鄰地人），民31：17－2－26－2（鄰地人），民32：17－3－25－2（鄰地人／買主，馬俊），民32：17－3－25－2（鄰地人），民32：17－3－25－4（承買人，馬俊），民37：19－3－4－3（鄰地人），民38：19－3－5－3（2）（鄰地人），民39：20－2－10－2（鄰地人），民40：20－3－10－2（3）（鄰地人），民47：21－1－24－3（2）（鄰地人），民48：21－11－27－3（鄰地人），民53：24－5（4）－15（13）－3（鄰地人），民54：24－4－15－3（原承佃人，馬富、馬润），民55：25－5（4）－28（26）－2（鄰地人），民56：24－7－11－4（2）（鄰地人），民57：24－7－5－2（鄰地人），民61：25－9－28－3（3）（鄰地人），民61：25－9－28－7（2）（承租人，馬三元），民62：25－10－24－2（2）（鄰地人），民63：26－4－5－3（鄰地人），民69：成紀734－6（4）－12（25）－4（2）（鄰地人），民73：成紀737－1－1－3（鄰地人），民75：32－11－〇－3（鄰地人），民75：32－11－〇－過約聯單，民76：成紀738－12－15－3（2）（鄰地人），民76：成紀738－12－15－過約聯單（2），民77：成紀739－5－26－3（鄰地人），民77：成紀739－5－26－過約聯單，民80：成紀739－〇－〇－2（鄰地人），民80：成紀739－〇－〇－3（2），民80：成紀739－〇－〇－過約聯單（2），民81：35－3－1－3（鄰地人），民81：35－3－1－過約聯單，民83：35－11－1－3（鄰地人），民83：35－11－1－過約聯單，民85：35－11－15－3（鄰地人），民85：35－11－15－過約聯單，民91：37－2－7－3（鄰地人），民91：37－2－7－過約聯單，新1：1950－3－17－3（鄰地人），新1：1950－3－17－過約聯單，新2：1950－7－12－3（鄰地人），新2：1950－7－12－過約聯單，新3：1950－7－26－3（鄰地人），新3：1950－7－26－過約聯單，新7：1951－1－15－3（鄰地人），新7：1951－1－15－過約聯單，新8：1951－2－16－3（3）（鄰地人），新8：1951－2－16－過約聯單（2），新13：1952－12－20－3（鄰地人），新13：1952－12－20－過約聯單

馬銀　光6：5－12－7－12（同中人）

馬永福　民 25：13－4－8－16（中見人／筆人）

馬永禄　民 12：6－3－25－14（中見人）

馬有富　光 55：31－5－1－10（中見人）

馬有力　光 44：28－6－27－18（在中人）

馬有泉　新 17：1956－2－28－2（立租地基約人），新 17：1956－2－28－23（租到人），新 17：1956－2－28－過約聯單（買主）

馬玉鮮　新 18：1956－8－21－2（立租地基約人），新 18：1956－8－21－22（租到人），新 18：1956－8－21－過約聯單（買主）

馬元　咸 4：1－10－13－2（鄰地人），咸 5：1－10－13－1（立租地基約人），咸 6：2－12－26－1（立佃地基約人），咸 6：2－12－26－7，咸 7：2－12－26－2（鄰地人），咸 11：4－3－27－3（鄰地人），咸 11：4－3－27－14（中見人），咸 12：4－10－1－3（鄰地人），同 10：10－12－13－16（知見人），同 11：10－12－13－9（知見人），民 38：19－3－5－13（中證人）

馬泽民　民 67：27－5－10－14（同中人／代筆人）

馬澤民　民 79：成紀 739－5－〇－13（同中說合人）

馬占魁　民 89：36－12－16－10（同中說合人）

馬珍　光 9：11－8－16－4（鄰地人），光 71:？－2－17－3（承佃人），光 71:？－2－17－8

馬振充　民 13：6－10－20－11（中見人），民 15：7－12－29－13（同中人），民 19：9－2－2－12（同中人），民 24：13－2－11－12（同中人），民 26：13－4－11－13（同中人）

馬振華　民 59：25－8－20－14（中人）

馬正福　民 40：20－3－10－1（立租地基約人），民 40：20－3－10－4，民 40：20－3－10－13，民 61：25－9－28－17（中見人）

馬正海　民 53：24－5（4）－15（13）－6（承當者），民 61：25－9－28－14（中見人）

馬正奎　民 58：24－8（7）－8（10）－12（同中人）

馬正魁　民 63：26－4－5－1（立租地基約人），民 63：26－4－5－10

馬正清　民 53：24－5（4）－15（13）－6（承當者）

［馬正］清（？）　民 53：24－5（4）－15（13）－5（過賣者）

馬正祥　民 97：38－9－21－過約聯單（賣主），新 11：1952－6－10－11（同中說合人）

馬正元　民 40：20－3－10－11（中見人）

馬之文　咸 10：4－3－23－2（鄰地人）

馬忠　新 18：1956－8－21－8（鄰地人），新 18：1956－8－21－過約聯單

馬兹命　光 13：17－3－2－3（鄰地人）

馬子賁　民 7：3－10（9）－19（1）－19（代筆人），民 8：5－7－18－21（代筆人），民 9：5－7－19－22（代筆人），民 33：18－4－14－12（中見人），民 39：20－2－10－16（中見人／代筆人），民 86：36－2－13－11（同中說合人），民 97：38－9－21－11（同中說合人）

馬子文　咸 9：4－3－18－1（立租地基約人），咸 9：4－3－18－3，咸 9：4－3－

18－8，民40：20－3－10－12（中見人）
滿倉厮　光27：22－5－11－12（中見人），光28：22－5－11－5（中見人），光29：22－5－11－13（中見人）
滿姓　民26：13－4－11－4（承佃人，滿億），民33：18－4－14－4（承佃人，滿義）
滿姓　民83：35－11－1－3（鄰地人），民83：35－11－1－過約聯單
滿義　光56：31－10－5－11（承佃人），民33：18－4－14－1（立佃地基約人），民33：18－4－14－13，民95：38－7－6－12（同中說合人），新8：1951－2－16－11（同中說合人）
滿億　民26：13－4－11－1（立佃地基約人），民26：13－4－11－9
滿永祥　民96：38－9－1－11（同中說合人）
毛不陸　嘉5：25－1－7－12（中見人）
毛華冉　新5：1950－10－22－1（立租地基約人），新5：1950－10－22－9，新5：1950－10－22－過約聯單（買主）
毛毛　光40：26－10－8－11（知見人／書人）
猛克兒　乾5：51－后7－19－9（后知見人）
孟財　民71：成紀735－12－15－田房過約移轉證（新承租人），民82：35－6－12－1（立租地基約人），民82：35－6－12－8，民82：35－6－12－過約聯單，民93：37－3－23－10（同中說合人）
孟士孔　光7：6－10－5－10（知見人）
孟世魁　同8：10－4－18－14（中人）
孟書　光2：4－1－28－3（承賃者）
孟姓　民93：37－3－23－3（鄰地人），民93：37－3－23－過約聯單
苗大慶　宣5：3－8－25－1（立租地基約人），宣5：3－8－25－3，宣5：3－8－25－8，民2：2－3（1）－3（26）－1（立租地約人），民2：2－3（1）－3（26）－4，民2：2－3（1）－3（26）－9
苗貴　民95：38－7－6－過約聯單（賣主）
苗三慶　宣3：3－4－2－14（中見人）
苗順　光12：15－6－21－13（同中人），光13：17－3－2－14（同中人），光25：21－9－18－13（中見人）
苗萬福　光54：31－5－1－13（中見人）
苗姓　民47：21－1－24－3（鄰地人），民53：24－5（4）－15（13）－3（鄰地人），民76：成紀738－12－15－3（鄰地人），民76：成紀738－12－15－過約聯單，民95：38－7－6－3（鄰地人），民95：38－7－6－過約聯單
苗子正　民65：26－9－3－9（中証人），民73：成紀737－1－1－11（田房中証人），民81：35－3－1－12（同中說合人），民89：36－12－16－11（同中說合人），民91：37－2－7－11（同中說合人），民95：38－7－6－11（同中說合人），民96：38－9－1－10（同中說合人），新5：1950－10－22－11（同中說合人），新6：1950－12－20－4（代理人）
穆成林　民8：5－7－18－15（同中人），民9：5－7－19－16（同中人），民12：6－3－25－22（中見人／書人），民56：24－7－11－14（中見人），民60：25－8－20－12（中見人／書人）
穆二小　光52：30－4－18－12（中見人）
穆海元　同3：4－4－18－12（中見人）
穆文魁　民85：35－11－15－過約聯單（賣主），新16：1955－1－12－過約聯單（賣主）

穆萬林　同 2：2－11－17－1（立佃地基約人），同 2：2－11－17－3，同 2：2－11－17－9，同 7：8－11－15－1（立佃地基約人）
穆姓　光 9：11－8－16－2（鄰地人），民 6：2－11（10）－21（24）－3（鄰地人），民 15：7－12－29－2（鄰地人），民 24：13－2－11－2（鄰地人），民 62：25－10－24－2（鄰地人），民 85：35－11－15－3（鄰地人），民 85：35－11－15－過約聯單

N

那速兒　乾 5：51－后 7－19－11（后知見人）
纳旺尔林慶　光 39：26－10－7－22（立出租地約人）
納旺林慶　同 1：1－7－29－1（已故出租人）
纳音泰　嘉 4：17－11－？7－16（中見人）
南江海　光 66：32－9－17－12（中見人）
撓木氣　民 5：2－9－17－1（出佃人），民 5：2－9－17－7（承當者）
惱木七闹而喇嗼　嘉 4：17－11－？7－4（鄰地人）
惱旺林慶　嘉 4：17－11－？7－1（立出賃地基約人）
揑圪登　嘉 5：25－1－7－1（立出租地約人），嘉 5：25－1－7－9（承當者）
聂圪登　道 1：12－12－29－1（立出租地約人），道 1：12－12－29－7（承當者），道 2：13－新 1－15－1（立出租地约人），道 2：13－新 1－15－7（承當者），道 3：13－11－9－11（知見人），道 6：14－2－16－12（知見人），
牛姓　咸 15：7－4－18－2（鄰地人），同 9：10－10－5－10（鄰地人），光 12：15－6－21－3（鄰地人）

P

潘富　咸 4：1－10－13－11（中人），咸 5：1－10－13－11（中人）
潘啟成　民 66：26－10－1－1（立賃地基約人），民 66：26－10－1－8，民 87：36－3－7－過約聯單（賣主）
龎富　民 39：20－2－10－1（立租地基約人），民 39：20－2－10－11
龎姓　民 39：20－2－10－4（承租人，龎富），民 58：24－8（7）－8（10）－3（鄰地人）

Q

七老氣　咸 12：4－10－1－11（中見人）
七十三　光 50：29－11－3－7（知見人）
七十四　光 64：32－4－13－9（中見人），民 11：6－2－19－8（中見人）
祁有才　民 28：14－3－5－15（中見人）
銭姓　民 58：24－8（7）－8（10）－5（承租人，銭永孝），民 59：25－8－20－5（鄰地人）
錢姓　民 96：38－9－1－3（2）（鄰地人），民 96：38－9－1－過約聯單（2）
錢永孝　民 96：38－9－1－過約聯單（賣主）
銭永孝　民 58：24－8（7）－8（10）－1（立租地基約人），民 58：24－8（7）－8（10）－10
銭永忠　民 58：24－8（7）－8（10）－13（同中人）

喬魁　光 53：31 – 5 – 1 – 11（中見人）
喬連忠　民 76：成紀 738 – 12 – 15 – 11（同中說和人）
喬明　光 52：30 – 4 – 18 – 11（中見人）
喬順　光 55：31 – 5 – 1 – 11（中見人）
喬通　光 25：21 – 9 – 18 – 11（中見人）
喬忠　民 95：38 – 7 – 6 – 10（同中說合人）
欽達噶〈蒙文〉　嘉 2：14 – 11 – 3 – 10（知人）
秦鎖鎖　光 34：25 – 12 – 9 – 4（鄰地人）
秦祥　光 11：13 – 11 – 27 – 3（鄰地人）
邱忠　光 71：？ – 2 – 17 – 15（中見人）
屈三　乾 3：37 – 11 – 19 – 2（2）（鄰地人）
屈四　乾 3：37 – 11 – 19 – 2（鄰地人）
全亮　光 69：34 – 4 – 5 – 12（中見人），光 70：34 – 4 – 5 – 12（中見人），清 1：？ – 3 – 17 – 8（中見人）
泉姓　民 42：21 – 1 – 18 – 3（鄰地人）
卻丹巴〈蒙文〉　嘉 2：14 – 11 – 3 – 2（立出租約人/寡婦阿拉坦扎布子），嘉 2：14 – 11 – 3 – 4，嘉 2：14 – 11 – 3 – 7（承當者）

R

任富年　民 54：24 – 4 – 15 – 1（立佃地基約人），民 54：24 – 4 – 15 – 3，民 54：24 – 4 – 15 – 9，民 54：24 – 4 – 15 – 19
任继明　民 4：2 – 7 – 11 – 3（鄰地人）
任建堂　光 50：29 – 11 – 3 – 1（立退地約人）
任老喜　民 5：2 – 9 – 17 – 1（立佃地基約人），民 5：2 – 9 – 17 – 9
任三　民 28：14 – 3 – 5 – 16（中見人）
任萬福　同 5：6 – 4 – 29 – 14（中見人），同 6：6 – 10 – 21 – 8
任萬魁　光 3：4 – 6 – 25 – 10（中見人），光 6：5 – 12 – 7 – 17（同中人），光 14：19 – 2 – 13 – 13（同中人）
任萬龍　光 6：5 – 12 – 7 – 16（中見人）
任姓　光 3：4 – 6 – 25 – 2（鄰地人），民 8：5 – 7 – 18 – 3（鄰地人），民 8：5 – 7 – 18 – 5（承佃人，任状元），民 8：5 – 7 – 18 – 6，民 9：5 – 7 – 19 – 6（承佃人，任状元），民 32：17 – 3 – 25 – 2（鄰地人），民 54：24 – 4 – 15 – 4（鄰地人），民 54：24 – 4 – 15 – 5（鄰地人），民 54：24 – 4 – 15 – 7（鄰地人），民 54：24 – 4 – 15 – 地基四至及尺寸圖，民 56：24 – 7 – 11 – 4（鄰地人），民 70：成紀 735 – 12 – 11 – 3（鄰地人），民 83：35 – 11 – 1 – 3（鄰地人），民 83：35 – 11 – 1 – 過約聯單，新 17：1956 – 2 – 28 – 8（鄰地人），新 17：1956 – 2 – 28 – 過約聯單
任玉旺　同 5：6 – 4 – 29 – 1（立租地基約人），同 5：6 – 4 – 29 – 3
任茱　光 10：13 – 11 – 27 – 11（中見人），光 11：13 – 11 – 27 – 10（中見人）
任状元　民 8：5 – 7 – 18 – 1（立佃地基約人），民 8：5 – 7 – 18 – 12，民 9：5 – 7 – 19 – 1（立佃地基約人），民 9：5 – 7 – 19 – 6，民 9：5 – 7 – 19 – 13，民 54：24 – 4 – 15 – 5（鄰地人）
榮世德　光 44：28 – 6 – 27 – 15（在中人），光 60：31 – 12 – 21 – 9（中見人）
榮先生　光 61：32 – 3 – 5 – 14（中見人/書人）
荣祥　新 6：1950 – 12 – 20 – 25（院長）
润宏　宣 1：1 – 3 – 25 – 13（中見人）

S

薩楞氏　同 1：1 – 7 – 29 – 1（出租人）
三还宝　道 8：24 – 3 – 9 – 1（立典地租約人）
三黄宝　道 3：13 – 11 – 9 – 2（立出租地約人），道 4：13 – 11 – 22 – 1（立出租地約人），道 5：13 – 11 – 23 – 1（立出租地約人）
三皇寶　道 6：14 – 2 – 16 – 1（立出租地約人），道 7：23 – 6 – 11 – 1（立出租地基約人／驍騎校），道 7：23 – 6 – 11 – 4，道 7：23 – 6 – 11 – 7（承當者）
三老爺〈蒙文〉　道 7：23 – 6 – 1 – 14（文書主人，三皇寶?）
三台基　光 33：24 – 12 – 15 – 2（鄰地人）
三太太　咸 12：4 – 10 – 1 – 1（立出推地基約人），咸 12：4 – 10 – 1 – 7（承當者），同 3：4 – 4 – 18 – 1（出租人），同 3：4 – 4 – 18 – 5（承當者），同 12：11 – 2 – 13 – 8（出佃人），同 12：11 – 2 – 13 – 12 ~ 13（承當者）
三探　咸 14：7 – 2 – 17 – 13（在中人）
三喜　民 11：6 – 2 – 19 – 2（鄰地人）
色圪登　道 1：12 – 12 – 29 – 2（鄰地人），道 5：13 – 11 – 23 – 2（鄰地人）
色力圪楞　乾 5：51 – 后 7 – 19 – 13（同中見人）
沙红德　咸 6：2 – 12 – 26 – 2（鄰地人）
沙紅德　咸 7：2 – 12 – 26 – 1（立佃地基約人），咸 7：2 – 12 – 26 – 6
沙宏德　咸 13：5 – 11 – 25 – 12（中人）
沙亮　光 13：17 – 3 – 2 – 13（同中人），光 71：? – 2 – 17 – 14（中見人）
沙明　光 24：21 – 8 – 1 – 15（同中人）
沙瑞　民 95：38 – 7 – 6 – 1（立租地基約人），民 95：38 – 7 – 6 – 8，民 95：38 – 7 – 6 – 過約聯單（買主）
沙世隆　民 41：20 – 12 – 24 – 11（中見人），民 56：24 – 7 – 11 – 13（中見人）
善吉米杜〈蒙文〉　咸 6：2 – 12 – 26 – 12（漢文文書之主人），咸 8：4 – 3 – 3 – 15（文書主人）
善吉米杜布〈蒙文〉　咸 7：2 – 12 – 26 – 11（漢文舊約之主人）
設進　光 62：32 – 3 – 21 – 11（知見人）
申明經　光 2：4 – 1 – 28 – 14（中人／書人）
申明亮　民 97：38 – 9 – 21 – 1（立租地基約人），民 97：38 – 9 – 21 – 8，民 97：38 – 9 – 21 – 過約聯單（買主）
沈福成　宣 4：3 – 5 – 22 – 13（中人），民 1：1 – 7（6） – 20（7） – 13（中證人），民 21：10 – 7 – 30 – 15（中證人），民 22：10 – 7 – 30 – 13（中證人）
生娃子　光 68：34 – 3 – 13 – 2（鄰地人）
什全　光 38：26 – 10 – 5 – 11（中見人／書人），光 57：31 – 10 – 15 – 11（中見人／書人），光 59：31 – 12 – 19 – 10（中見人／書人），光 64：32 – 4 – 13 – 10（中見人／書人），民 11：6 – 2 – 19 – 11（中見人／書人）
石榴尔　光 14：19 – 2 – 13 – 1（出佃人），光 14：19 – 2 – 13 – 7（承當者）
時忠全　民 23：12 – ○ – ○ – 9（中見人）
史姓　民 55：25 – 5（4） – 28（26） – 2（鄰地人）
拴全尔　民 52：21 – 2（1） – 18（25） – 1（出過者），民 52：21 – 2（1） – 18（25） – 6（承當者），民 52：21 – 2（1） – 18（25） – 13（同中見人）

双泉　民 56：24－7－11－2（出租人），民 56：24－7－11－7（承當者）

雙全　民 89：36－12－16－1（出租人）

㙻全　民 12：6－3－25－1（出租人），民 12：6－3－25－4（承當者），民 18：8－7－11－1（立過佃園圖地約人），民 18：8－7－11－5（承當者），民 39：20－2－10－2（出租人），民 61：25－9－28－1（出租人），民 61：25－9－28－10（承當者），民 64：26－5－28－1（出租人），民 64：26－5－28－7（承當者），民 64：26－5－28－過約聯單（2）（原地產主），民 83：35－11－1－1（出租人），民 83：35－11－1－過約聯單（3）（原地產主／收租人），民 84：35－11－1－1（出租人），民 84：35－11－1－過約聯單（3）（原地產主／收租人），民 85：35－11－15－1（出租人），民 85：35－11－15－過約聯單（3）（原地產主／收租人），民 86：36－2－13－1（出租人），民 86：36－2－13－過約聯單（3）（原地產主／收租人），民 87：36－3－7－1（出租人），民 87：36－3－7－過約聯單（3）（原地產主／收租人），民 88：36－8－8－1（出租人），民 88：36－8－8－過約聯單（3）（原地產主／收租人），民 89：36－12－16－過約聯單（3）（原地產主／收租人），民 92：37－3－18－1（出租人），民 92：37－3－18－過約聯單（3）（原地產主／收租人），民 93：37－3－23－1（出租人），民 93：37－3－23－過約聯單（3）（原地產主／收租人），民 94：37－7－27－1（出租人），民 94：37－7－27－過約聯單（2）（原地產主／收租人），民 96：38－9－1－1（出租人），民 96：38－9－1－過約聯單（3）（原地產主／收租人），新 1：1950－3－17－1（出租人），新 1：1950－3－17－過約聯單（2）（原地產主／收租人），新 5：1950－10－22－1（出租人），新 5：1950－10－22－過約聯單（3）（原地產主／收租人），新 7：1951－1－15－（3）（原地產主／收租人），新 8：1951－2－16－1（出租人），新 8：1951－2－16－過約聯單（3）（原地產主／收租人），新 9：1951－5－4－1（出租人），新 9：1951－5－4－過約聯單（2）（收租人）

㙻全　民 94：37－7－27－過約聯單（原地產主）

双全　新 17：1956－2－28－2（出租人），新 17：1956－2－28－21，新 17：1956－2－28－過約聯單（3）（原地產主／收租人）

㙻全尔　民 14：7－9－9－1（出佃人），民 15：7－12－29－1（出佃人），民 19：9－2－2－1（出租人），民 20：9－6－15－1（出佃人），民 26：13－4－11－1（出佃人），民 27：13－6－17－2（出租人），民 32：17－3－25－1（出租人），民 55：25－5（4）－28（26）－6（承當者），民 57：24－7－5－1（出租人），民 57：24－7－5－5（承當者），民 60：25－8－20－1（出租人），民 60：25－8－20－6（承當者）

雙全尔　民 65：26－9－3－1（出租人），民 65：26－9－3－6（承當者），民 65：26－9－3－過約聯單（2）（收租人）

㙻全爾　民 21：10－7－30－1（立推絕地增租資約人），民 21：10－7－30－12，民 21：10－7－30－8（承當者），民 22：10－

7－30－1～2（推絕地增租資者），民 54：24－4－15－1（出佃人），民 54：24－4－15－13（承當者），民 97：38－9－21－1（出租人），民 97：38－9－21－過約聯單（3）（原地產主／收租人），新 7：1951－1－15－1（出租人）
雙全爾　新 11：1952－6－10－1（出租人），新 11：1952－6－10－過約聯單（2）（收租人）
双全尔　民 17：8－4－4－2（出佃人）
宋寶善　新 10：1951－12－21－11（同中說合人）
宋福伶　民 10：5－12－25－3（承典者）
宋慶長　光 46：28－11－15－8（知見人），光 47：28－11－15－8（知見人）
宋姓　同 2：2－11－17－3（鄰地人），同 2：2－11－17－5（使過押地錢人）
宋治公　光 10：13－11－27－3（鄰地人），光 11：13－11－27－3（鄰地人）
宋治國　光 10：13－11－27－1（立出典地約人），光 11：13－11－27－1（立出典地約人）
宋治正　光 10：13－11－27－3（鄰地人）
蘇木牙　光 62：32－3－21－13（知見人）
蘇木雅　光 61：32－3－5－3（承佃人）
蘇晏　新 2：1950－7－12－13（同中說合人／代筆人），新 3：1950－7－26－13（同中說合人／代筆人），新 4：1950－7－26－14（同中說合人／代筆人），新 9：1951－5－4－14（代筆人）
孫人棟　咸 14：7－2－17－12（在中人）
孫受娃子　光 59：31－12－19－9（中見人）
孫樹亭　新 11：1952－6－10－14（同中說合人）
孫姓　光 39：26－10－7－2（鄰地人），民 1：1－7（6）－20（7）－2（鄰地人），民 18：8－7－11－4（夥走出路者）
孫有仁　咸 1：1－2－15－田房過約移轉證（承租人），民 84：35－11－1－1（立租地基約人），民 84：35－11－1－8，民 84：35－11－1－過約聯單（買主）
孫有子　道 1：12－12－29－2（鄰地人）
孫玉林　同 12：11－2－13－5（中見人）
索义　民 30：14－6－10－9（鄰地人）

T

唐寶　民 67：27－5－10－3（鄰地人），民 78：成紀 739－5－30－1（立租地基約人），民 78：成紀 739－5－30－8，民 78：成紀 739－5－30－過約聯單（買主）
唐寶山　民 57：24－7－5－13（中人）
唐宝山　民 60：25－8－20－10（中見人），民 63：26－4－5－15（中人），民 77：成紀 739－5－26－11（同中說合人）
唐璧　新 8：1951－2－16－13（同中說合人）
唐貴　光 12：15－6－21－1（立佃地基約人），光 12：15－6－21－10
唐金　民 67：27－5－10－3（鄰地人）
唐魁吾　民 62：25－10－24－15（中見人／代筆人）
唐六　民 78：成紀 739－5－30－過約聯單（賣主），新 1：1950－3－17－過約聯單（賣主）
唐時兩　民 57：24－7－5－17（中人／書人）
唐文元　民 75：32－11－〇－3（鄰地人），民 75：32－11－〇－過約聯單（賣主）
唐姓　光 27：22－5－11－2（鄰地人），光 28：22－5－11－9（鄰地人），光 44：28－6－27－3（鄰地人），宣 5：3－8－

25－2（鄰地人），民2：2－3（1）－3（26）－3（鄰地人），民14：7－9－9－3（鄰地人），民53：24－5（4）－15（13）－3（鄰地人），民61：25－9－28－2（鄰地人），民74：32－3－18－3（鄰地人），民74：32－3－18－4－過約聯單（2），民76：成紀738－12－15－2（鄰地人），民76：成紀738－12－15－過約聯單，民89：36－12－16－3（鄰地人），民89：36－12－16－過約聯單，民95：38－7－6－3（鄰地人），民95：38－7－6－過約聯單，新1：1950－3－17－3（鄰地人），新1：1950－3－17－過約聯單，新5：1950－10－22－3（鄰地人），新5：1950－10－22－過約聯單

唐玉　民67：27－5－10－1（立佃地基約人），民67：27－5－10－4，民67：27－5－10－5，民67：27－5－10－10

唐元于　新1：1950－3－17－過約聯單（賣主）

唐禎　民12：6－3－25－11（中見人）

唐珍　民80：成紀739－〇－〇－12（同中說合人）

唐宗財　光55：31－5－1－1（立佃地基約人），光55：31－5－1－8

唐宗明　光25：21－9－18－1（立佃地基約人）

唐宗明　光25：21－9－18－4（承佃人），光25：21－9－18－9（立約人），光53：31－5－1－1（立佃地基約人），光53：31－5－1－8，光54：31－5－1－1（立佃地基約人），光54：31－5－1－9

唐宗義　光13：17－3－2－1（立佃地基約人），光13：17－3－2－4，光13：17－3－2－10

陶克陶穆勒〈蒙文〉　乾4：47－11－29－11（知見人）

讨圪司　乾6：55－7－25－3（鄰地人）

討合氣　咸10：4－3－23－14（中見人）

田官　新2：1950－7－12－11（同中說合人）

田彥　同3：4－4－18－11（中見人）

鐵花　民7：3－10（9）－19（1）－15（同中人）

鉄鉓　咸16：8－2－24－10（中見人）

佟德義　民92：37－3－18－1（立租地基約人），民92：37－3－18－8，民92：37－3－18－過約聯單（買主）

佟瑞　民61：25－9－28－15（中見人）

佟姓　民41：20－12－24－3（鄰地人），民61：25－9－28－3（鄰地人），民93：37－3－23－31（鄰地人），民93：37－3－23－過約聯單

佟英　民79：成紀739－5－〇－11（同中說合人），民93：37－3－23－過約聯單（賣主）

仝瑞　民80：成紀739－〇－〇－過約聯單（賣主）

仝兴恒　民80：成紀739－〇－〇－過約聯單（賣主）

仝姓　民71：成紀735－12－15－3（鄰地人）

同姓　民82：35－6－12－3（鄰地人），民82：35－6－12－過約聯單

圖格吉〈蒙文〉　嘉1：11－12－13－9（知見人／催領）

陀合氣　咸9：4－3－18－13（中見人）

妥恩　民28：14－3－5－1（立佃地基約人），民28：14－3－5－6，民28：14－3－5－11

W

王阿訇　光 53：31－5－1－14（中見人）

王安臣　光 39：26－10－7－17（同中人）

王安臣　光 39：26－10－7－16（說合人）

王宝成　民 35：19－2－7－2（鄰地人）

王炳元　民 21：10－7－30－14（中證人），民 22：10－7－30－12（中證人）

王承德　同 1：1－7－29－3（原承租人）

王德　咸 10：4－3－23－15（中見人）

王德義　光 6：5－12－7－11（同中人）

王得宜　民 37：19－3－4－15（中證人），民 38：19－3－5－14（中證人）

王二虎　民 85：35－11－15－10（同中說合人）

王福　民 4：2－7－11－1（立租地基約人），民 4：2－7－11－4，民 4：2－7－11－9，民 5：2－9－17－3（鄰地人），民 5：2－9－17－12（中見人），民 23：12－〇－〇－10（中見人），民 25：13－4－8－13（中見人），民 26：13－4－11－11（同中人），民 29：14－閏 4－7－11（中証人）

王富　民 94：37－7－27－11（同中說合人）

王富明子　同 10：10－12－13－15（原置買者）

王宏　民 80：成紀 739－〇－〇－1（立租地基約人），民 80：成紀 739－〇－〇－3，民 80：成紀 739－〇－〇－8，民 80：成紀 739－〇－〇－過約聯單（買主）

王吉　民 34：18－4－20－8（中見人）

王継善　光 22：20－7－29－14（中見人）

王家　同 10：10－12－13－16（原置買者）

王進財　民 64：26－5－28－2（鄰地人）

王俊偉　光 71：？－2－17－16（中見人／代筆人）

王老爺　乾 1：20－1－17－2（出賃者）

王老正　光 56：31－10－5－14（中見人）

王禄　民 14：7－9－9－16（同中人）

王騾駒　光 23：20－12－1－11（中見人）

王馬氏　民 77：成紀 739－5－26－過約聯單（賣主）

王门　同 1：1－7－29－3（原承租人）

王慶　咸 1：1－2－15－2（2）（鄰地人）

王慶榮　光 15：19－3－25－12（中見人）

王荣　光 53：31－5－1－17（中見人），光 54：31－5－1－16（中見人）

王善文　民 64：26－5－28－11（中証人）

王昇　光 58：31－12－11－3（承佃人）

王生桂　民 39：20－2－10－14（同中人）

王泰公　同 13：12－12－11－1（立佃地基約人），同 13：12－12－11－9

王泰兴　光 71：？－2－17－11（中見人）

王喜　光 65：32－8－18－12（知見人）

王姓　同 8：10－4－18－4（鄰地人），光 1：2－閏 5－11－2（鄰地人），宣 1：1－3－25－3（鄰地人），民 3：2－5－8－2～3（鄰地人），民 12：6－3－25－2（鄰地人），民 16：8－3－10－3（鄰地人），民 16：8－3－10－3～4（鄰地人），民 20：9－6－15－2（鄰地人），民 25：13－4－8－2（鄰地人），民 26：13－4－11－2（鄰地人），民 31：17－2－26－3（承佃人，王志周），民 34：18－4－20－2（2）（鄰地人），民 39：20－2－10－3（鄰地人），民 40：20－3－10－3（鄰地人），民 48：21－11－27－3（鄰地人），民 57：24－7－5－2（鄰地人），民 60：25－8－20－3（鄰地人），民 66：26－10－1－3

（2）（鄰地人），民 68：成紀 733－6－19－2（鄰地人），民 68：成紀 733－6－19－過約聯單，民 69：成紀 734－6（4）－12（25）－4（鄰地人），民 73：成紀 737－1－1－2（鄰地人），民 74：32－3－18－3（鄰地人），民 74：32－3－18－4－過約聯單，民 87：36－3－7－3（2）（鄰地人），民 87：36－3－7－過約聯單（2），民 94：37－7－27－3（鄰地人），民 94：37－7－27－過約聯單

王耀先　民 37：19－3－4－13（中證人），民 38：19－3－5－12（中證人），民 48：21－11－27－13（□證人），民 65：26－9－3－10（中証人），民 68：成紀 733－6－19－12（中見人），民 73：成紀 737－1－1－12（田房中証人）

王貽玖　光 37：26－9－4－13（中見人／書人），宣 2：1－9－18－12（中見人）

王宜齋　民 68：成紀 733－6－19－14（中見人），民 80：成紀 739－〇－〇－10（同中說合人），民 97：38－9－21－10（同中說合人），新 7：1951－1－15－13（同中說合人）

王宜斋　民 69：成紀 734－6（4）－12（25）－14（中証人／筆人）

王應忠　光 1：2－閏 5－11－10（中見人）

王永福　同 10：10－12－13－17（知見人），同 11：10－12－13－10（知見人），光 53：31－5－1－10（中見人），光 56：31－10－5－1（立佃地基約人），光 56：31－10－5－5，光 56：31－10－5－9，民 3：2－5－8－11（清真寺鄉老／中見人），民 6：2－11（10）－21（24）－17（知見人／清真寺鄉老）

王有　光 62：32－3－21－14（知見人）

王有財　光 16：19－10－23－2（鄰地人），光 19：20－3－13－12（知見人），民 14：7－9－9－14（同中人）

王有才　光 68：34－3－13－3（鄰地人）

王有恒　光 65：32－8－18－8（承租人）

王有林　宣 1：1－3－25－14（中見人）

王有仁　光 68：34－3－13－5（承佃人）

王有喜　新 18：1956－8－21－過約聯單（賣主）

王有義　民 47：21－1－24－12（中證人），民 48：21－11－27－14（□證人／代筆人），民 67：27－5－10－12（同中人），民 71：成紀 735－12－15－12（同中人），民 72：成紀 736－1－20－13（中証人），民 75：32－11－〇－12（同中說合人），民 76：成紀 738－12－15－13（同中說合人），民 77：成紀 739－5－26－12（同中說合人），新 1：1950－3－17－11（同中說合人），新 8：1951－2－16－12（同中說合人），新 13：1952－12－20－11（同中說合人）

王有义　新 20：1957－3－8－過約聯單（鄰地人）

王有智　同 10：10－12－13－11（2）（承推者），光 18：20－3－9－3（承租人），光 68：34－3－13－4（鄰地人）

王玉堂　民 17：8－4－4－1（立租地基約人），民 17：8－4－4－9

王元　光 71：？－2－17－12（中見人）

王在山　嘉 4：17－11－？7－17（中見人）

王振鐸　民 70：成紀 735－12－11－13（代筆人）

王振基　咸 14：7－2－17－3（鄰地人）

王芝蘭　光 58：31－12－11－15（知見人／書人）

王之中　民58：24－8（7）－8（10）－14（同中人／代筆人）
王植　光17：19－10－23－2（鄰地人）
王植槐　同10：10－12－13－14（承推者），光17：19－10－23－2（鄰地人），光17：19－10－23－3（承租人）
王志周　民31：17－2－26－1（立佃地基約人），民31：17－2－26－9，民59：25－8－20－12（中人）
王忠　民77：成紀739－5－26－過約聯單（賣主）
王子礼　咸12：4－10－1－13（中見人）
威風子　光60：31－12－21－3（鄰地人）
衛二芽　光51：29－11－27－10（中見人）
魏華璽　民70：成紀735－12－11－11（中見人）
魏太保　光51：29－11－27－3（鄰地人），民50：23－10－27－8（見人）
温德維　光52：30－4－18－3（鄰地人）
温光照　道8：24－3－9－2（承典人）
温世雄　咸2：1－4－23－9（中見人）
温泰和　咸10：4－3－23－3（承租人）
温姓　咸9：4－3－18－3（鄰地人），光24：21－8－1－3（鄰地人），新11：1952－6－10－3（鄰地人），新11：1952－6－10－過約聯單
文姓　光65：32－8－18－2（鄰地人），民39：20－2－10－3（鄰地人），民97：38－9－21－3（鄰地人），民97：38－9－21－過約聯單
文玉祥　同8：10－4－18－12（中人），光1：2－閏5－11－1（立賃地基約人），光1：2－閏5－11－8
烏尔貢布　同10：10－12－13－18（知見人），同11：10－12－13－11（知見人）
吾胡宅　民1：1－7（6）－20（7）－2（鄰地人）
吳二旦　光51：29－11－27－12（中見人）
吳生榮　民15：7－12－29－1（立佃地基約人），民15：7－12－29－15
吳姓　民15：7－12－29－5（承佃人，吳生榮），民15：7－12－29－6，民24：13－2－11－2（鄰地人）
吴姓　民54：24－4－15－4（鄰地人），民54：24－4－15－地基四至及尺寸圖
吳羊羊　民44：21－1－19－3（鄰地人）
吳元　光10：13－11－27－15（中見人／書人），光11：13－11－27－14（中見人／書人）
五把什　乾6：55－7－25－2（鄰地人）
五福　咸4：1－10－13－12（中人），咸5：1－10－13－10（中人）
五虎斯　民45：21－1－19－9（中見人）
五十八　咸8：4－3－3－11（中見人），咸9：4－3－18－14（中見人），咸10：4－3－23－13（中見人）
五十四　咸12：4－10－1－1（立出推地基約人，金寶之乳名），同2：2－11－17－2（出佃人），同2：2－11－17－7（承當者），同3：4－4－18－1（出租人），同3：4－4－18－5（承當者），同7：8－11－15－2（出佃人），同7：8－11－15－5（承當者），光30：22－10－2－1（立出租地約人之夫），光31：22－10－2－1（立出租地約人之夫），光71：?－2－17－1（立出佃地基約人，金貴之乳名）
五塔納素　嘉4：17－11－？7－3（鄰地人）
武成智　同3：4－4－18－13（中見人）
武禄德　光45：28－8－1－18（中見）

武守良　新2：1950－7－12－1（立租地基約人），新2：1950－7－12－9，新2：1950－7－12－過約聯單（買主）

舞林子　光68：34－3－13－3（鄰地人）

X

喜如子　光20：20－3－27－2（鄰地人）

夏富貴　民12：6－3－25－23（中見人）

夏全　同9：10－10－5－2（中見人）

夏守智　新6：1950－12－20－12（出賣人），新7：1951－1－15－過約聯單（賣主），新8：1951－2－16－過約聯單（賣主）

夏姓　光67：33－3－19－3（鄰地人），民83：35－11－1－3（鄰地人），民83：35－11－1－過約聯單，新8：1951－2－16－3（鄰地人），新8：1951－2－16－過約聯單

香香　光39：26－10－7－14（立借錢約人），光43：27－6－2－1（出佃人），光43：27－6－2－6（承當者），光45：28－8－1－1（質典地增借錢者），光45：28－8－1－7，光45：28－8－1－8，光45：28－8－1－8（承當者），光49：29－10－〇－1（立出租地基約人），光49：29－10－〇－9，宣4：3－5－22－1（出租人），民1：1－7（6）－20（7）－1（出租人），民1：1－7（6）－20（7）－6（承當者），民1：1－7（6）－20（7）－17（借錢者），民1：1－7（6）－20（7）－19，民1：1－7（6）－20（7）－20，民1：1－7（6）－20（7）－22，民21：10－7－30－1（立推絕地增租資約人），民21：10－7－30－6，民21：10－7－30－7（承當者），民21：10－7－30－12（立約人），民22：10－7－30－1（推絕地增租資者），民22：10－7－30－4

祥祥　宣1：1－3－25－1（出佃人），宣1：1－3－25－7（承當者），民3：2－5－8－1（出佃人），民3：2－5－8－6（承當者），民7：3－10（9）－19（1）－1（出佃人），民17：8－4－4－1（出佃人），民17：8－4－4－7（承當者）

蕭國璽　民77：成紀739－5－26－13（同中說合人）

辛作　道1：12－12－29－13（中見人），道2：13－新1－15－12（中見人）

𠔥陽　光30：22－10－2－1（立出租地約人）

興陽　光31：22－10－2－1（立出租地約人）

邢怀明　光10：13－11－27－12（中見人），光11：13－11－27－11（中見人）

邢兆明　光39：26－10－7－22（2）（承租人）

徐恩慶　光21：20－6－6－16（同中人／寫人），光54：31－5－1－17（中見人），光55：31－5－1－15（中見人），民5：2－9－17－14（中見人／書人）

徐国義　光39：26－10－7－15（同中人）

徐向榮　民65：26－9－3－1（立佃地基約人），民65：26－9－3－4，民65：26－9－3－11

徐向荣　民65：26－9－3－過約聯單（承租人）

徐姓　同1：1－7－29－5（鄰地人）

徐澤普　光12：15－6－21－15（同中人／書寫人），光13：17－3－2－16（同中人），光14：19－2－13－15（同中人），光24：21－8－1－16（同中人）

許旺　咸8：4－3－3－14（中見人）

許姓　新 15：1953 – 4 – 13 – 3（鄰地人），新 15：1953 – 4 – 13 – 過約聯單
薛存義　民 3：2 – 5 – 8 – 19（清真寺鄉老／中見人），民 6：2 – 11（10）– 21（24）– 15（知見人／清真寺鄉老），
薛亮　民 68：成紀 733 – 6 – 19 – 13（中見人）
薛太　咸 4：1 – 10 – 13 – 16（中人），咸 5：1 – 10 – 13 – 15（中人）
薛珍　民 68：成紀 733 – 6 – 19 – 16（代筆人）

Y

燕福安　民 34：18 – 4 – 20 – 1（立買地基約人）
閆全德　光 27：22 – 5 – 11 – 13（中見人／書人）
闫全德　光 28：22 – 5 – 11 – 6（中見人），光 29：22 – 5 – 11 – 14（中見人／書人）
閆生厚　光 58：31 – 12 – 11 – 14（知見人）
閆順　光 15：19 – 3 – 25 – 13（中見人／代筆人）
楊班小　光 64：32 – 4 – 13 – 8（中見人）
楊成喜　民 93：37 – 3 – 23 – 11（同中說合人）
楊德旺　光 16：19 – 10 – 23 – 11（知見人／書人），光 17：19 – 10 – 23 – 10（知見人），光 68：34 – 3 – 13 – 13（知見人/書人）
楊德政　光 23：20 – 12 – 1 – 2（鄰地人）
楊二保　道 2：13 – 新 1 – 15 – 3（2）（鄰地人）
楊二馬車　光 30：22 – 10 – 2 – 3（鄰地人），光 31：22 – 10 – 2 – 2（鄰地人）
楊方樹　光 19：20 – 3 – 13 – 3（鄰地人）
楊方正　民 35：19 – 2 – 7 – 2（鄰地人），民 35：19 – 2 – 7 – 9（知見人）
楊鳳翔　民 12：6 – 3 – 25 – 27（中見人）
楊福　光 4：5 – 11 – 9 – 11（承佃人），光 22：20 – 7 – 29 – 12（中見人）
楊福玉　光 4：5 – 11 – 9 – 15（同中），光 5：5 – 11 – 9 – 15（中見）
杨光仁　道 3：13 – 11 – 9 – 3（鄰地人）
楊光世　光 45：28 – 8 – 1 – 23（中見）
楊光彦　嘉 5：25 – 1 – 7 – 4（承租人）
楊贵何　光 57：31 – 10 – 15 – 10（中見人）
楊罕卜　民 35：19 – 2 – 7 – 3（承佃人）
楊繼金　同 10：10 – 12 – 13 – 14（承推者）
楊继金　光 16：19 – 10 – 23 – 3（承租人）
楊計金　光 18：20 – 3 – 9 – 2（鄰地人）
楊杰　光 23：20 – 12 – 1 – 10（中見人）
楊老五　光 58：31 – 12 – 11 – 2（鄰地人）
楊林　光 14：19 – 2 – 13 – 11（同中人）
楊片尔　同 4：5 – 12 – 20 – 3 ~ 4（承轉者）
楊榮　民 74：32 – 3 – 18 – 過約聯單（賣主）
楊瑞　光 26：22 – 2 – 12 – 3（鄰地人）
楊润　光 11：13 – 11 – 27 – 2 ~ 3（鄰地人）
楊三毛　光 57：31 – 10 – 15 – 9（中見人）
楊生財　光 17：19 – 10 – 23 – 3（鄰地人）
楊生桂　同 10：10 – 12 – 13 – 19（承推者）
楊生貴　民 11：6 – 2 – 19 – 3（承佃人）
楊生華　民 11：6 – 2 – 19 – 3（承佃人）
楊生盛　民 51：23 – 12 – 3 – 10（知見人）
楊生娃　同 10：10 – 12 – 13 – 21（承推者），光 42：26 – 12 – 3 – 2（承租人）
楊生喜　光 56：31 – 10 – 5 – 15（中見人）
楊生義　民 15：7 – 12 – 29 – 14（新立約者），民 20：9 – 6 – 15 – 14（新立約人），民 57：24 – 7 – 5 – 1（立佃地基約人），民 57：24 – 7 – 5 – 10
楊拴娃　光 59：31 – 12 – 19 – 2（鄰地人）

楊四旦　民 35：19－2－7－10（知見人）

楊四璽　民 37：19－3－4－1（立租地基約人）

楊萬福　民 57：24－7－5－8（新立約人），民 60：25－8－20－1（立租地基約人），民 60：25－8－20－8

楊萬喜　民 74：32－3－18－11（同中說合人）

楊萬義　民 57：24－7－5－12（中人），民 63：26－4－5－13（中人），民 69：成紀 734－6（4）－12（25）－12（中証人），民 74：32－3－18－過約聯單（賣主）

楊维壽　民 63：26－4－5－14（中人）

楊維璽　民 72：成紀 736－1－20－12（中証人）

楊位壽　民 41：20－12－24－1（立典地基約人），民 41：20－12－24－8

楊文明　民 57：24－7－5－14（中人）

楊舞林　光 68：34－3－13－2（鄰地人）

楊喜鳳　同 10：10－12－13－2（承典者），同 11：10－12－13－4（承典者）

楊喜連　道 1：12－12－29－11（中見人），道 2：13－新 1－15－10（中見人）

楊向荣　民 3：2－5－8－10（清真寺鄉老／中見人），民 6：2－11（10）－21（24）－19（知見人／清真寺鄉老）

楊向勇　民 4：2－7－11－14（中見人）

楊姓　同 1：1－7－29－5（鄰地人），光 6：5－12－7－3（鄰地人），光 22：20－7－29－3（鄰地人），光 44：28－6－27－3（鄰地人），光 58：31－12－11－2（鄰地人），民 6：2－11（10）－21（24）－2（鄰地人），民 14：7－9－9－2（2）（鄰地人），民 37：19－3－4－5（承租人，楊四璽），民 41：20－12－24－3（鄰地人），民 63：26－4－5－2～3（鄰地人），民 63：26－4－5－5（原承租人，楊四璽），民 67：27－5－10－3（鄰地人），民 71：成紀 735－12－15－3（鄰地人），民 77：成紀 739－5－26－3（鄰地人），民 77：成紀 739－5－26－過約聯單，民 78：成紀 739－5－30－3（鄰地人），民 78：成紀 739－5－30－過約聯單，民 82：35－6－12－3（鄰地人），民 82：35－6－12－過約聯單，民 86：36－2－13－3（鄰地人），民 86：36－2－13－過約聯單，民 92：37－3－18－3（鄰地人），民 92：37－3－18－過約聯單，民 93：37－3－23－3（鄰地人），民 93：37－3－23－過約聯單

楊贝元　民 51：23－12－3－4（承過者）

楊学祥　民 77：成紀 739－5－26－田房過約移轉證

楊學祥　民 86：36－2－13－1（立租地基約人），民 86：36－2－13－8，民 86：36－2－13－過約聯單（買主）

楊延壽　新 3：1950－7－26－12（同中說合人）

楊彦盛　民 11：6－2－19－9（中見人）

楊在忠　民 77：成紀 739－5－26－1（立租地基約人），民 77：成紀 739－5－26－4，民 77：成紀 739－5－26－9，民 77：成紀 739－5－26－過約聯單（買主）

楊在中　民 86：36－2－13－過約聯單（賣主）

楊忠　咸 2：1－4－23－10（中見人），咸 3：1－閏 8－28－10（中見人）

要桂根　光 45：28－8－1－22（中見）

姚汝功　光 45：28－8－1－20（中見）

伊特格勒〈蒙文〉　嘉 2：14－11－3－11

（知人）
益力圖　光70：34－4－5－10（中見人）
益羅圖　光69：34－4－5－2（承佃人）
銀保　同12：11－2－13－8（出佃人），同12：11－2－13－13（承當者）
銀旺瑞先生　民26：13－4－11－12（同中人）
尹貴　民89：36－12－16－1（立租地基約人），民89：36－12－16－8，民89：36－12－16－過約聯單（買主）
尹贵　新5：1950－10－22－過約聯單（賣主）
尹萬福　民12：6－3－25－26（中見人）
尹萬禄　民12：6－3－25－15（中見人）
尹萬義　民3：2－5－8－17（清真寺鄉老/中見人），民6：2－11（10）－21（24）－18（知見人/清真寺鄉老）
尹萬玉　民6：2－11（10）－21（24）－22（知見人/清真寺鄉老）
尹兆祥　新5：1950－10－22－13（同中說合人）
Ying〈蒙文〉　咸1：1－2－15－13
ying huwang tao〈蒙文〉　咸1：1－2－15－13
永世昌　光39：26－10－7－12（同中人）
永世得　光26：22－2－12－11（中見人）
永世德　光34：25－12－9－9（知見人），光66：32－9－17－10（中見人）
尤鎖　同2：2－11－17－17（中見人）
有有　光69：34－4－5－11（中見人），光70：34－4－5－11（中見人），清1：？－3－17－10（中見人）
于炳　光4：5－11－9－11（同中）
于炳　光5：5－11－9－12（中見）
于都統　乾2：37－1－21－1～2（發放照票人）
于福　民85：35－11－15－1（立租地基約人），民85：35－11－15－8，民85：35－11－15－過約聯單（買主），新16：1955－1－12－6（鄰地人），新16：1955－1－12－過約聯單
于茂英　民59：25－8－20－1（立重過地基約人），民59：25－8－20－7，民59：25－8－20－15
于明　光14：19－2－13－1（立佃地基約人），光14：19－2－13－9，光43：27－6－2－2（鄰地人），光65：32－8－18－1（立租地基約人），光65：32－8－18－9，民23：12－〇－〇－1（承租人）
于山虎　咸15：7－4－18－10（中見人）
于文遠　道8：24－3－9－2（承租人）
于姓　光65：32－8－18－2（鄰地人），民58：24－8（7）－8（10）－3（鄰地人），民59：25－8－20－4（承租人，于茂英），民59：25－8－20－5（鄰地人），民88：36－8－8－3（鄰地人），民88：36－8－8－過約聯單，民97：38－9－21－3（鄰地人），民97：38－9－21－過約聯單，新11：1952－6－10－3（鄰地人），新11：1952－6－10－過約聯單
余祝三　新6：1950－12－20－27（書記員）
玉成山　道1：12－12－29－3（承租人），道2：13－新1－15－3（承租人），道3：13－11－9－3（2）（鄰地人/承租人），道3：13－11－9－4，道4：13－11－22－2（鄰地人），道4：13－11－22－3（承租人），道5：13－11－23－2（鄰地人），道5：13－11－23－3（承租人），道6：14－2－16－2（鄰地人），道6：14－2－16－3（承租人）
玉成永　光23：20－12－1－2（鄰地人）

玉娃仔　民 16：8－3－10－12（中見人）

袁喜　乾 5：51－后 7－19－3（承租人）

袁喜〈蒙文〉　乾 5：51－7－19－17（漢文文書主人）

岳林　民 82：35－6－12－12（同中說合人）

岳起嵐　道 7：23－6－11－11（同人）

岳秀　光 33：24－12－15－11（中見人）

雲煥章　民 94：37－7－27－12（同中說合人），新 1：1950－3－17－12（同中說合人/代筆人）

雲惠盛　新 5：1950－10－22－14（代筆人）

雲祥　光 69：34－4－5－13（中見人/書人），光 70：34－4－5－13（中見人/書人），清 1:？－3－17－13（中見人/書人）

雲占先　民 74：32－3－18－13（同中說和人/代筆人），民 75：32－11－〇－13（同中說和人/代筆人），民 89：36－12－16－12（同中說合人/代筆人），民 92：37－3－18－12（同中說合人/代筆人），民 93：37－3－23－12（同中說合人/代筆人）

雲志成　民 95：38－7－6－13（代筆人）

Z

張白娃　光 41：26－11－25－2（鄰地人）

张白娃　光 46：28－11－15－2（鄰地人）

張保　咸 16：8－2－24－11（中見人）

張炳　光 45：28－8－1－19（中見）

[张]成玉　光 71：？－2－17－10（中見人）

张德[祿]　光 50：29－11－3－8（知見人）

張德三　民 64：26－5－28－13（中証人）

張發榮　民 68：成紀 733－6－19－1（立租地基約人），民 68：成紀 733－6－19－9，民 68：成紀 733－6－19－過約聯單（買主），民 78：成紀 739－5－30－11（同中說合人）

張鳳山　同 3：4－4－18－10（中見人）

张福壽堂　民 55：25－5（4）－28（26）－1（立租地基約人），民 55：25－5（4）－28（26）－8

張拱辰　咸 12：4－10－1－4（承租人），咸 12：4－10－1－5

張桂芬　民 17：8－4－4－11（中見人）

張汗汗　光 59：31－12－19－8（中見人）

張湖　光 1：2－閏 5－11－11（中見人）

張健　道 8：24－3－9－10（知見人）

張俊　民 52：21－2（1）－18（25）－10（同中見人）

張俊德　新 4：1950－7－26－13（同中說合人），新 10：1951－12－21－12（同中說合人）

張闬運　乾 5：51－后 7－19－12（后知見人）

張老有　光 20：20－3－27－10（中見人）

張亮　道 7：23－6－11－13（同人）

张门俸　光 47：28－11－15－3（鄰地人）

張明　光 35：26－5－25－18（中見人），光 55：31－5－1－14（中見人）

張清賢　新 4：1950－7－26－1（立租地基約人），新 4：1950－7－26－9，新 4：1950－7－26－過約聯單（買主），新 10：1951－12－21－過約聯單（賣主）

张三小　光 46：28－11－15－9（知見人）

张善　光 46：28－11－15－3（承典者）

張绍先　咸 1：1－2－15－9（中見人）

張世讓　光 1：2－閏 5－11－9（中見人）

張守源：民 88：36－8－8－過約聯單（賣主）

張壽磐　新 9：1951－5－4－13（同中說合人）

張萬富　民 92：37－3－18－11（同中說合人）

張萬年　同 12：11－2－13－10（鄰地人）

張萬太　光 20：20－3－27－9（中見人）

張文俊　民 92：37－3－18－10（同中說合人）

張玡珠　光 62：32－3－21－3（承佃人）

張五虎　民 44：21－1－19－4（鄰地人），民 46：21－1－19－2（鄰地人）

張姓　咸 15：7－4－18－2（鄰地人），光 67：33－3－19－2～3（鄰地人），民 72：成紀 736－1－20－3（鄰地人），民 92：37－3－18－3（鄰地人），民 92：37－3－18－過約聯單

張學寬　同 13：12－12－11－15（中見人）

張耀庭　民 41：20－12－24－10（中見人）

張瑛　民 44：21－1－19－11（中見人／書人），民 45：21－1－19－11（中見人／書人），民 46：21－1－19－10（中見人）

張有　宣 3：3－4－2－13（中見人）

張有德　民 11：6－2－19－7（中見人）

張元中　民 3：2－5－8－20（官代書人），民 6：2－11（10）－21（24）－24（官代書人）

張真　民 92：37－3－18－1（立租地基約人），民 92：37－3－18－8，民 92：37－3－18－過約聯單，民 93：37－3－23－1（立租地基約人），民 93：37－3－23－8，民 93：37－3－23－過約聯單（買主）

張智　宣 5：3－8－25－10（同中人）

張子瑞　民 81：35－3－1－過約聯單（賣主）

章噶　咸 11：4－3－27－10（中見人）

章幹　咸 2：1－4－23－11（中見人）

章格　咸 3：1－閏 8－28－11（中見人）

章格喇嘛　咸 1：1－2－15－12（中見人）

章扛　咸 6：2－12－26－10（中人），咸 7：2－12－26－9（中見人）

章慶　嘉 4：17－11－？7－14（中見人）

長海　光 8：8－5－23－10（知中人）

長騾子　光 15：19－3－25－2（鄰地人）

長命厮　咸 10：4－3－23－18（中見人／書人）

長荣厮　光 9：11－8－16－3（鄰地人），光 71：？－2－17－2（鄰地人）

趙成美　光 38：26－10－5－10（中見人），光 57：31－10－15－3（承租人）

趙富堂　光 7：6－10－5－9（知見人）

趙貴　民 64：26－5－28－12（中証人）

趙国君　乾 1：20－1－17－6（同人）

趙亮　同 8：10－4－18－1（立佃地基約人），同 8：10－4－18－8

赵明　同 13：12－12－11－2（鄰地人）

趙明　同 13：12－12－11－11（中見人），光 4：5－11－9－3（鄰地人），光 5：5－11－9－3（鄰地人）

趙明月　咸 7：2－12－26－2（鄰地人）

趙琦　民 39：20－2－10－15（同中人）

趙全娃　光 16：19－10－23－10（知見人），光 17：19－10－23－9（知見人）

趙順　民 71：成紀 735－12－15－10（同中人），民 82：35－6－12－11（同中說合人），民 88：36－8－8－10（同中說合人）

趙廷貴　光 2：4－1－28－11（中人）

趙喜　乾 1：20－1－17－1（立賃房約人），光 24：21－8－1－12（同中人）

趙相昇　咸 12：4－10－1－2（鄰地人）

趙祥臣　民 36：19－4－1－12（中見人／書人）

趙興旺　民48：21－11－27－1（立租地基約人），民48：21－11－27－11

趙兴旺　新13：1952－12－20－過約聯單（賣主）

赵兴旺　新20：1957－3－8－過約聯單（鄰地人）

趙姓〈滿文〉　乾1：20－1－17－13（立賃房約人）

趙姓　光1：2－閏5－11－2（鄰地人），光24：21－8－1－2～3（鄰地人），光39：26－10－7－2（鄰地人），光49：29－10－〇－3（鄰地人），光58：31－12－11－2（鄰地人），民1：1－7（6）－20（7）－2（鄰地人），民7：3－10（9）－19（1）－2（鄰地人），民31：17－2－26－2（鄰地人），民48：21－11－27－5（承租人，趙興旺），民58：24－8（7）－8（10）－3（鄰地人），民68：成紀733－6－19－3（鄰地人），民68：成紀733－6－19－過約聯單，新13：1952－12－20－3（2）（鄰地人），新13：1952－12－20－過約聯單（2），新14：1953－1－13－3（2）（鄰地人）

趙宣　民49：22－9－20－9（中見人）

趙義（趙記?）〈蒙文〉　嘉1：11－12－13－1（承租者），嘉1：11－12－13－4

趙英　新14：1953－1－13－過約聯單（買主）

趙永安　咸8：4－3－3－13（中見人）

趙悦如　新3：1950－7－26－11（同中説合人）

趙珍　民39：20－2－10－13（同中人）

智惠　光23：20－12－1－12（中見人）

周存禮　同8：10－4－18－15（中人）

周存良　民42：21－1－18－5（承過者）

周建基　光35：26－5－25－1（立奉斷買地約），光36：26－5－25－3（鄰地人），光37：26－9－4－2（鄰地人），宣2：1－9－18－3（承推者）

周闬富　新15：1953－4－13－12（同中説合人）

周立本　新4：1950－7－26－12（同中説合人），新10：1951－12－21－13（同中説合人），新15：1953－4－13－11（同中説合人）

周門　光35：26－5－25－12（承買者），宣2：1－9－18－10（承推者）

周明珠　光46：28－11－15－2（鄰地人）

周啓明　光45：28－8－1－1（立典地增、出借錢約人），光45：28－8－1－4，光45：28－8－1－7

周廷模　嘉4：17－11－？7－18（中見人）

周姓　光41：26－11－25－2（鄰地人），民77：成紀739－5－26－3（鄰地人），民77：成紀739－5－26－過約聯單，民86：36－2－13－3（鄰地人），民86：36－2－13－過約聯單

周學仁　民73：成紀737－1－1－1（立租地基約人），民73：成紀737－1－1－8

周学仁　新19：1956－8－21－8（鄰地人），新19：1956－8－21－過約聯單

周鈺光　道6：14－2－16－14（書人）

朱德粮　光32：23－12－17－7（知見人），光34：25－12－9－10（知見人）

朱國斌　咸12：4－10－1－3（鄰地人）

朱海子　光68：34－3－13－4（鄰地人）

朱老三　光47：28－11－15－2（鄰地人）

朱天福　同9：10－10－5－4（中見人）

朱友程　光20：20－3－27－11（中見人），光23：20－12－1－13（中見人／書人）

子禄　民64：26－5－28－14（中証人／代筆人）

亖喜　光8：8－5－23－12（知中人）

左錦先　光33：24－12－15－1（立租地買樹約人），光33：24－12－15－3，宣4：3－5－22－10（原立約者）

左姓　光39：26－10－7－2（鄰地人）

左子昌　民56：24－7－11－15（代筆人）

都老爺　乾3：37－11－19－2（出租地人）

□寶　同6：6－10－21－9

□六　光63：32－3－25－12（知見人）

地名索引

B

巴克什板升〈蒙文〉　嘉 2：14－11－3－3
把栅村　乾 5：51－后 7－19－1
半道　同 6：6－10－21－2
半道街　光 4：5－11－9－2，光 5：5－11－9－2，民 72：成紀 736－1－20－2
北柵　咸 9：4－3－18－2，同 12：11－2－13－9，光 12：15－6－21－1～2，光 24：21－8－1－2
比克齊村　光 58：31－12－11－1
畢克齊村　光 15：19－3－25－1
畢克氣村　道 8：24－3－9－2

C

財政部　民 30：14－6－10－執照名稱，民 30：14－6－10－2
察素齊嘎查〈蒙文〉　嘉 2：14－11－3－2
察素斉街　嘉 4：17－11－？7－1
崇福堂　宣 1：1－3－25－1，宣 1：1－3－25－4，宣 1：1－3－25－8
慈壽寺〈蒙文〉　嘉 1：11－12－13－3

D

大東巷　民 53：24－5（4）－15（13）－1
大太和館巷　民 17：8－4－4－3
大同縣〈满文〉　乾 1：20－1－17－13
大西街　道 7：23－6－11－1，光 45：28－8－1－2，民 65：26－9－3－2，民 65：26－9－3－過約聯單，新 15：1953－4－13－1，新 15：1953－4－13－過約聯單
大照壁　光 49：29－10－〇－2，民 1：1－7（6）－20（7）－1～2，民 64：26－5－28－2，民 64：26－5－28－過約聯單
丹府　嘉 4：17－11－？7－1，嘉 4：17－11－？7－7，咸 10：4－3－23－1，咸 10：4－3－23－5，咸 10：4－3－23－6，咸 10：4－3－23－8
當浪土牧村　民 77：成紀 739－5－26－1，民 79：成紀 739－5－〇－1，民 80：成紀 739－〇－〇－1
倒拉土默村　道 7：23－6－11－5
搗拉土木村　民 60：25－8－20－1，新 6：1950－12－20－2
道不東之蘇木〈蒙文〉嘉 1：11－12－13－1
德義堂　民 13：6－10－20－1
東梨樹溝　乾 2：37－1－21－1

E

二道羅門口　道 7：23－6－11－1～2
二道巷　民 65：26－9－3－2，民 65：26－9－3－過約聯單
二路　同 10：10－12－13－15
弍路　光 16：19－10－23－2

F

馮源巷　民 54：24－4－15－2，民 56：24－7－11－2，民 62：25－10－24－2，新 16：1955－1－12－6，新 16：1955－1－12－過約聯單

馮元巷　新 21：1957－8－27－過約聯單

富香園　光 45：28－8－1－2（原承賃者）

G

公安學校　新 9：1951－5－4－1，新 9：1951－5－4－9，新 9：1951－5－4－過約聯單

公主道　咸 10：4－3－23－1

公主府半道　咸 9：4－3－18－2，光 24：21－8－1－2

公主府道　光 71：？－2－17－1

公主府路　同 12：11－2－13－9，光 9：11－8－16－1～2，民 6：2－11（10）－21（24）－1，民 20：9－6－15－2，民 57：24－7－5－1～2

宮主府道　同 2：2－11－17－1，同 7：8－11－15－1

歸化　民 20：9－6－15－2，民 26：13－4－11－2，民 31：17－2－26－1，民 32：17－3－25－1，民 33：18－4－14－2，民 65：26－9－3－1，民 65：26－9－3－過約聯單

歸化城　嘉 4：17－11－？7－1，道 7：23－6－11－1，咸 12：4－10－1－1，咸 14：7－2－17－2，同 6：6－10－21－1，同 11：10－12－13－1，同 11：10－12－13－5，光 4：5－11－9－2，光 5：5－11－9－2，光 39：26－10－7－1，光 49：29－10－〇－2，光 63：32－3－25－1，民 6：2－11（10）－21（24）－1，民 27：13－6－17－2，民 28：14－3－5－1～2，民 56：24－7－11－2，民 70：成紀 735－12－11－1

［歸］化城　光 56：31－10－5－2，民 3：2－5－8－1

归化城　同 10：10－12－13－1，民 17：8－4－4－2

歸化城縣署　民 64：26－5－28－1～2

［歸化城］縣署　民 64：26－5－28－過約聯單

歸化府　光 35：26－5－25－18

[歸]化府　光 36：26－5－25－14

歸化署　民 1：1－7（6）－20（7）－1

歸綏　民 37：19－3－4－1，民 39：20－2－10－2，民 47：21－1－24－1，民 48：21－11－27－1，民 57：24－7－5－1，民 58：24－8（7）－8（10）－1，新 6：1950－12－20－4

歸綏市　民 38：19－3－5－1，民 54：24－4－15－2，民 74：32－3－18－1，民 75：32－11－〇－1，民 81：35－3－1－1～2，民 81：35－3－1－過約聯單，民 82：35－6－12－1，民 82：35－6－12－過約聯單，民 83：35－11－1－1，民 83：35－11－1－過約聯單，民 84：35－11－1－1，民 84：35－11－1－過約聯單，民 85：35－11－15－1，民 85：35－11－15－過約聯單，民 86：36－2－13－1，民 86：36－2－13－過約聯單，民 87：36－3－7－1，民 87：36－3－7－過約聯單，民 88：36－8－8－1，民 89：36－12－

16－1，民 91：37－2－7－1，民 92：37－3－18－1，民 93：37－3－23－1，民 94：37－7－27－1，民 95：38－7－6－1，民 96：38－9－1－1，民 97：38－9－21－1，新 1：1950－3－17－1，新 2：1950－7－12－1，新 3：1950－7－26－1，新 4：1950－7－26－1，新 5：1950－10－22－1，新 7：1951－1－15－1，新 8：1951－2－16－1，新 10：1951－12－21－1，新 11：1952－6－10－1，新 12：1952－10－16－1，新 12：1952－10－16－過約聯單，新 13：1952－12－20－1，新 13：1952－12－20－過約聯單，新 14：1953－1－13－1，新 15：1953－4－13－1，新 15：1953－4－13－過約聯單

歸綏市 民 94：37－7－27－1

归绥市 民 60：25－8－20－3，民 63：26－4－5－1

歸綏市縣署 新 9：1951－5－4－1

［歸綏市］縣署 新 9：1951－5－4－過約聯單

歸綏縣 民 30：14－6－10－3，新 6：1950－12－20－3

櫃房溝 乾 2：37－1－21－1

H

和合局 咸 14：7－2－17－3

和盛碾房 道 7：23－6－11－3，道 7：23－6－11－5

和盛碾房〈蒙文〉 道 7：23－6－1－14

黑山子村 民 49：22－9－20－1

厚和市 民 71：成紀 735－12－15－1～2，民 72：成紀 736－1－20－2，民 73：成紀 737－1－1－1，民 76：成紀 738－12－15－1～2，民 76：成紀 738－12－15－過約聯單，民 77：成紀 739－5－26－2，民 77：成紀 739－5－26－過約聯單，民 78：成紀 739－5－30－1，民 79：成紀 739－5－〇－2，民 79：成紀 739－5－〇－過約聯單，民 80：成紀 739－〇－〇－2，民 80：成紀 739－〇－〇－過約聯單

呼和浩特市 新 16：1955－1－12－2，新 17：1956－2－28－2～4，新 18：1956－8－21－2～4，新 19：1956－8－21－2～4

呼和浩特市〈蒙文〉 新 16：1955－1－12－1，新 17：1956－2－28－1～3，新 18：1956－8－21－1～3，新 19：1956－8－21－1～3

呼和浩特市人民政府 新 16：1955－1－12－過約聯單

呼和浩特市人民政府〈蒙文〉 新 16：1955－1－12－過約聯單

花城 光 33：24－12－15－1

回民區 新 16：1955－1－12－過約聯單，新 17：1956－2－28－4，新 18：1956－8－21－4，新 19：1956－8－21－4

回民区 新 18：1956－8－21－過約聯單，新 19：1956－8－21－過約聯單，新 20：1957－3－8－過約聯單，新 21：1957－8－27－過約聯單

回民自治區人民政府 新 11：1952－6－10－1，新 11：1952－6－10－9，新 11：1952－6－10－過約聯單，

回区 新 17：1956－2－28－過約聯單

J

甲拉扳村 民 42：21－1－18－2

甲拉扳申　光 46：28－11－15－11，光 47：28－11－15－11
甲拉扳申村　光 41：26－11－25－1
［甲拉］扳申村　光 48：29－1－13－1～2
甲拉板申村　光 51：29－11－27－1～2，民 10：5－12－25－1，民 44：21－1－19－2，民 45：21－1－19－2，民 46：21－1－19－1～2，民 50：23－10－27－2
甲拉板村　民 43：21－1－18－2
甲喇板申村　光 32：23－12－17－1
甲喇板申村　光 34：25－12－9－1～2
甲藍板申村　光 35：26－5－25－2，光 36：26－5－25－2，光 37：26－9－4－1
甲藍板申村　宣 2：1－9－18－1～2
京都　光 53：31－5－1－14
救济院　新 9：1951－5－4－3，新 9：1951－5－4－過約聯單

K

寬巷　宣 5：3－8－25－3，民 2：2－3（1）－3（26）－3

L

蘭隆興堂　民 64：26－5－28－1
禮噶蘭達蘇木　咸 12：4－10－1－1
隆記　道 7：23－6－11－8
隆興堂　民 64：26－5－28－9

M

馬道巷　民 38：19－3－5－1，民 68：成紀 733－6－19－過約聯單，民 69：成紀 734－6（4）－12（25）－2，民 75：32－11－〇－2，民 75：32－11－〇－過約聯單，民 78：成紀 739－5－30－2，民 78：成紀 739－5－30－過約聯單，民 89：36－12－16－2，民 89：36－12－16－過約聯單，民 95：38－7－6－2，民 95：38－7－6－過約聯單，新 1：1950－3－17－2，新 1：1950－3－17－過約聯單，新 5：1950－10－22－2，新 5：1950－10－22－過約聯單
馬道巷子　民 52：21－2（1）－18（25）－1
買代兒路　乾 5：51－后 7－19－1
蒙旗　民 30：14－6－10－4

N

内蒙古自治區呼和浩特市人民委員會　新 17：1956－2－28－過約聯單，新 18：1956－8－21－過約聯單，新 19：1956－8－21－過約聯單
内蒙古自治區呼和浩特市人民委員會〈蒙文〉　新 17：1956－2－28－過約聯單，新 18：1956－8－21－過約聯單，新 19：1956－8－21－過約聯單，新 20：1957－3－8－過約聯單，新 21：1957－8－27－過約聯單
内蒙古自治区呼和浩特市人民委員会房地产管理处　新 20：1957－3－8－過約聯單，新 21：1957－8－27－過約聯單
牛橋　同 1：1－7－29－2

Q

喬石營子　光 30：22－10－2－1～2

清水堂　同 1：1 – 7 – 29 – 5

S

薩府　同 10：10 – 12 – 13 – 4
三間房村　民 30：14 – 6 – 10 – 4
三澗房村　同 4：5 – 12 – 20 – 1 ~ 2
生計會　民 65：26 – 9 – 3 – 過約聯單
生計會厚和分會　光 13：17 – 3 – 2 – 田房過約移轉証，民 53：24 – 5（4） – 15（13） – 田房過約移轉証，民 72：成紀 736 – 1 – 20 – 田房過約移轉証
十間房　咸 12：4 – 10 – 1 – 2，同 8：10 – 4 – 18 – 1，光 1：2 – 閏 5 – 11 – 1，民 47：21 – 1 – 24 – 1
十间房　同 12：11 – 2 – 13 – 9，光 52：30 – 4 – 18 – 1，民 4：2 – 7 – 11 – 3，民 8：5 – 7 – 18 – 3，民 9：5 – 7 – 19 – 5，民 27：13 – 6 – 17 – 2
十间房尔　民 31：17 – 2 – 26 – 1，民 40：20 – 3 – 10 – 1 ~ 2
什间房　民 39：20 – 2 – 10 – 2，民 53：24 – 5（4） – 15（13） – 1
水渠巷　新 6：1950 – 12 – 20 – 4
綏遠區墾務總局　民 30：14 – 6 – 10 – 3
綏遠省人民法院　新 6：1950 – 12 – 20 – 24
绥远市　新 14：1953 – 1 – 13 – 過約聯單

T

太管巷　民 87：36 – 3 – 7 – 1 ~ 2，民 87：36 – 3 – 7 – 過約聯單，民 94：37 – 7 – 27 – 過約聯單，新 3：1950 – 7 – 26 – 2，新 3：1950 – 7 – 26 – 過約聯單，新 4：1950 – 7 – 26 – 2，新 4：1950 – 7 – 26 – 過約聯單，新 10：1951 – 12 – 21 – 2，新 10：1951 – 12 – 21 – 過約聯單，新 12：1952 – 10 – 16 – 1 ~ 2，新 12：1952 – 10 – 16 – 過約聯單
[太]管巷　民 94：37 – 7 – 27 – 1 ~ 2
太和館巷　光 2：4 – 新 1 – 28 – 1，光 67：33 – 3 – 19 – 1，民 16：8 – 3 – 10 – 1 ~ 2，民 17：8 – 4 – 4 – 2，民 34：18 – 4 – 20 – 1，民 66：26 – 10 – 1 – 1
太虎光行〈蒙文〉　嘉 3：15 – 11 – 2 – 3
天亨店　嘉 4：17 – 11 – ？7 – 5
通道街　民 24：13 – 2 – 11 – 1 ~ 2，民 60：25 – 8 – 20 – 2，民 61：25 – 9 – 28 – 2，民 73：成紀 737 – 1 – 1 – 1，民 77：成紀 739 – 5 – 26 – 2，民 77：成紀 739 – 5 – 26 – 過約聯單，民 80：成紀 739 – 〇 – 〇 – 2，民 80：成紀 739 – 〇 – 〇 – 通道街，民 85：35 – 11 – 15 – 1 ~ 2，民 85：35 – 11 – 15 – 過約聯單，民 86：36 – 2 – 13 – 1 ~ 2，民 86：36 – 2 – 13 – 過約聯單，民 97：38 – 9 – 21 – 1 ~ 2，民 97：38 – 9 – 21 – 過約聯單，新 11：1952 – 6 – 10 – 1，新 11：1952 – 6 – 10 – 過約聯單，新 16：1955 – 1 – 12 – 2，新 16：1955 – 1 – 12 – 過約聯單，新 18：1956 – 8 – 21 – 4，新 18：1956 – 8 – 21 – 過約聯單，新 19：1956 – 8 – 21 – 4，新 19：1956 – 8 – 21 – 過約聯單
同和園　光 45：28 – 8 – 1 – 3 ~ 4，光 45：28 – 8 – 1 – 6，光 45：28 – 8 – 1 – 14
土默特　民 23：12 – 〇 – 〇 – 4
土默特旗厚和生計會　民 64：26 – 5 – 28 – 過約聯單，民 68：成紀 733 – 6 – 19 – 過約聯單，民 76：成紀 738 – 12 – 15 – 過約聯

單，民 77：成紀 739 – 5 – 26 – 過約聯單，民 78：成紀 739 – 5 – 30 – 過約聯單，民 79：成紀 739 – 5 – 0 – 過約聯單，民 80：成紀 739 – 0 – 0 – 過約聯單

土默特旗人民法院　新 6：1950 – 12 – 20 – 1

土默特旗人民政府　新 1：1950 – 3 – 17 – 過約聯單，新 2：1950 – 7 – 12 – 4 ~ 5，新 2：1950 – 7 – 12 – 過約聯單，新 3：1950 – 7 – 26 – 4 ~ 5，新 3：1950 – 7 – 26 – 田房過約移轉證，新 3：1950 – 7 – 26 – 過約聯單，新 4：1950 – 7 – 26 – 4 ~ 5，新 4：1950 – 7 – 26 – 過約聯單，新 5：1950 – 10 – 22 – 4 ~ 5，新 5：1950 – 10 – 22 – 過約聯單，新 6：1950 – 12 – 20 – 18，新 7：1951 – 1 – 15 – 4 ~ 5，新 7：1951 – 1 – 15 – 過約聯單，新 8：1951 – 2 – 16 – 4 ~ 5，新 8：1951 – 2 – 16 – 過約聯單，新 9：1951 – 5 – 4 – 4 ~ 5，新 9：1951 – 5 – 4 – 過約聯單，新 10：1951 – 12 – 21 – 4 ~ 5，新 10：1951 – 12 – 21 – 過約聯單，新 11：1952 – 6 – 10 – 4 ~ 5，新 11：1952 – 6 – 10 – 過約聯單，新 12：1952 – 10 – 16 – 4 ~ 5，新 12：1952 – 10 – 16 – 過約聯單，新 13：1952 – 12 – 20 – 4 ~ 5，新 13：1952 – 12 – 20 – 過約聯單，新 14：1953 – 1 – 13 – 4 ~ 5，新 14：1953 – 1 – 13 – 過約聯單，新 15：1953 – 4 – 13 – 4 ~ 5，新 15：1953 – 4 – 13 – 過約聯單，新 16：1955 – 1 – 12 – 10 ~ 12

土默特旗人民政府〈蒙文〉　新 16：55 – 1 – 12 – 9 ~ 11

土默特旗生計會　民 77：成紀 739 – 5 – 26 – 5，民 80：成紀 739 – ○ – ○ – 4

土默特旗生计會　民 79：成紀 739 – 5 – 0 – 4 ~ 5

土默特［旗］生計會　民 76：成紀 738 – 12 – 15 – 5

土［默特］旗生計會　民 78：成紀 739 – 5 – 30 – 4

土默特旗▨　光 13：17 – 3 – 2 – 田房過約移轉證

土默特特別旗公署　民 65：26 – 9 – 3 – 過約聯單

土默特特別旗歸綏生計　民 58：24 – 8（7） – 8（10） – 田房過約移轉證

土默特特別旗歸綏生計處　民 55：25 – 5（4） – 28（26） – 田房過約移轉證，民 66：26 – 10 – 1 – 田房過約移轉證，民 71：成紀 735 – 12 – 15 – 田房過約移轉證，民 77：成紀 739 – 5 – 26 – 田房過約移轉證

土默特特別旗旗政府　民 89：36 – 12 – 16 – 過約聯單，民 91：37 – 2 – 7 – 過約聯單，民 92：37 – 3 – 18 – 過約聯單，民 93：37 – 3 – 23 – 過約聯單，民 94：37 – 7 – 27 – 過約聯單，民 95：38 – 7 – 6 – 過約聯單，民 96：38 – 9 – 1 – 過約聯單，民 97：38 – 9 – 21 – 過約聯單

土默特特別旗政府　民 74：32 – 3 – 18 – 過約聯單，民 75：32 – 11 – ○ – 過約聯單，民 81：35 – 3 – 1 – 6，民 81：35 – 3 – 1 – 過約聯單，民 82：35 – 6 – 12 – 過約聯單，民 83：35 – 11 – 1 – 過約聯單，民 84：35 – 11 – 1 – 過約聯單，民 85：35 – 11 – 15 – 過約聯單，民 86：36 – 2 – 13 – 過約聯單，民 87：36 – 3 – 7 – 過約聯單，民 88：36 – 8 – 8 – 過約聯單

土默特旗政府　民 74：32 – 3 – 18 – 4 ~ 5，民 75：32 – 11 – ○ – 4 ~ 5，民 82：35 – 6 – 12 – 4 ~ 5，民 83：35 – 11 – 1 – 4 ~ 5，民 84：35 – 11 – 1 – 4 ~ 5，民 85：35 – 11 –

15－4～5，民 86：36－2－13－4～5，民 87：36－3－7－4～5，民 88：36－8－8－4～5，民 89：36－12－16－4～5，民 91：37－2－7－4～5，民 92：37－3－18－4～5，民 93：37－3－23－4～5，民 94：37－7－27－4～5，民 95：38－7－6－4～5，民 96：38－9－1－4～5，民 97：38－9－21－4～5，新 1：1950－3－17－4～5

土十旗　新 6：1950－12－20－2

W

萬家溝　光 63：32－3－25－1

無量寺〈蒙文〉　乾 4：47－11－29－2

X

西府衙门　宣 4：3－5－22－1

西付门　光 33：24－12－15－1

西河上村　光 60：31－12－21－1～2

西順城街　同 1：1－7－29－2，民 81：35－3－1－2，民 81：35－3－1－過約聯單，民 91：37－2－7－1～2，民 91：37－2－7－過約聯單，新 2：1950－7－12－2，新 2：1950－7－12－過約聯單

西瓦窑村　光 7：6－10－5－1，民 90：37－1－22－1

小北巷　宣 5：3－8－25－1，民 2：2－3（1）－3（26）－1

小西街　咸 14：7－2－17－2

小□街　民 70：成紀 735－12－11－1～2

新城道　乾 3：37－11－19－3

Y

延壽寺〈蒙文〉　乾 4：47－11－29－11

養濟院　光 39：26－10－7－2，民 1：1－7（6）－20（7）－2，民 64：26－5－28－2，民 64：26－5－28－過約聯單

養济院　新 9：1951－5－4－3，新 9：1951－5－4－過約聯單

伊哈達巷　民 76：成紀 738－12－15－2，民 76：成紀 738－12－15－過約聯單

伊牛橋西　同 1：1－7－29－2

一人巷　新 15：1953－4－13－2，新 15：1953－4－13－過約聯單

頤盛景〈蒙文〉　嘉 3：15－11－2－4，嘉 3：15－11－2－15

義和巷　新 13：1952－12－20－2，新 14：1953－1－13－2，新 14：1953－1－13－過約聯單

义和巷　新 13：1952－12－20－過約聯單，新 20：1957－3－8－過約聯單

营坊　同 6：6－10－21－1～2

營坊　光 4：5－11－9－2，光 5：5－11－9－2，民 71：成紀 735－12－15－2

营坊半道　光 53：31－5－1－2，光 55：31－5－1－2

营坊半道街　光 54：31－5－1－2

营坊道　咸 8：4－3－3－1，咸 13：5－11－25－1，光 3：4－6－25－1，光 12：15－6－21－2，光 14：19－2－13－2，光 25：21－9－18－1～2，光 43：27－6－2－2，民 4：2－7－11－1～2，民 4：2－7－11－3，民 8：5－7－18－1～2，民 8：5－7－18－3，民 9：5－7－19－1，民 9：5－7－19－5，民 12：6－3－25－1，民

26：13－4－11－2，民29：14－閏4－7－1，民33：18－4－14－2，民37：19－3－4－1，民41：20－12－24－2，民52：21－2（1）－18（25）－1，民68：成紀733－6－19－過約聯單，民74：32－3－18－1～2，民75：32－11－〇－1～2，民78：成紀739－5－30－2，民78：成紀739－5－30－過約聯單，民95：38－7－6－2，民95：38－7－6－過約聯單，新1：1950－3－17－過約聯單，新5：1950－10－22－2，新5：1950－10－22－過約聯單，新7：1951－1－15－過約聯單，新8：1951－2－16－過約聯單，新14：1953－1－13－過約聯單，新17：1956－2－28－過約聯單

營坊道　咸11：4－3－27－2，同13：12－12－11－1，光6：5－12－7－1，光56：31－10－5－2，宣5：3－8－25－1，民2：2－3（1）－3（26）－1，民3：2－5－8－1，民5：2－9－17－2，民7：3－10（9）－19（1）－1，民7：3－10（9）－19（1）－5，民14：7－9－9－2，民15：7－12－29－2，民23：12－〇－〇－1，民25：13－4－8－1～2，民32：17－3－25－1，民38：19－3－5－1，民48：21－11－27－1～2，民58：24－8（7）－8（10）－2，民62：25－10－24－1～2，民63：26－4－5－1，民67：27－5－10－1，民68：成紀733－6－19－2，民69：成紀734－6（4）－12（25）－1，民72：成紀736－1－20－2，民74：32－3－18－過約聯單，民75：32－11－〇－過約聯單，民79：成紀739－5－〇－2，民79：成紀739－5－〇－過約聯單，民82：35－6－12－1～2，民82：35－6－12－過約聯單，民83：35－11－1－1～2，民83：35－11－1－過約聯單，民84：35－11－1－1～2，民84：35－11－1－過約聯單，民88：36－8－8－1～2，民88：36－8－8－過約聯單，民89：36－12－16－1～2，民89：36－12－16－過約聯單，民94：37－7－27－2，民94：37－7－27－過約聯單，民96：38－9－1－2，民96：38－9－1－過約聯單，新1：1950－3－17－1～2，新7：1951－1－15－1

營坊道街　民92：37－3－18－1～2，民92：37－3－18－過約聯單，民93：37－3－23－1～2，民93：37－3－23－過約聯單，新8：1951－2－16－1，新13：1952－12－20－1，新14：1953－1－13－1，新17：1956－2－28－4

营坊路　咸1：1－2－15－1，咸6：2－12－26－1，光8：8－5－23－2，民56：24－7－11－2

營坊路　光26：22－2－12－1，光65：32－8－18－1

營芳路　同3：4－4－18－1

营房▨　民36：19－4－1－1～2

营房大道　咸3：1－閏8－28－1

营房道　咸2：1－4－23－1，咸4：1－10－13－2，咸5：1－10－13－2，咸7：2－12－26－1，咸15：7－4－18－1，同5：6－4－29－1，光13：17－3－2－2，光22：20－7－29－2，光27：22－5－11－1，光44：28－6－27－2，光66：32－9－17－1，新6：1950－12－20－3，新6：1950－12－20－11，新6：1950－12－20－14

營房道　光21：20－6－6－2，光28：22－

5－11－7，光 29：22－5－11－2，宣 1：1－3－25－2

营房路　咸 7：2－12－26－1，咸 16：8－2－24－2，同 9：10－10－5－9

營防道　宣 3：3－4－2－1，民 28：14－3－5－2，民 54：24－4－15－2，新 13：1952－12－20－過約聯單

永成煤窰　乾 2：37－1－21－1

雲社堡　民 51：23－12－3－2

雲社堡村　乾 6：55－7－25－1，嘉 5：25－1－7－2，道 1：12－12－29－1，道 2：13－新 1－15－1，道 3：13－11－9－2，道 4：13－11－22－1、2，道 5：13－11－23－1，光 17：19－10－23－1～2，光 18：20－3－9－1，光 19：20－3－13－2，光 20：20－3－27－1，光 38：26－10－5－2，光 40：26－10－8－2，光 57：31－10－15－1～2，光 59：31－12－19－1，光 61：32－3－5－1，光 62：32－3－21－2，光 63：32－3－25－2，光 64：32－4－13－1，光 69：34－4－5－1，光 70：34－4－5－1～2，民 11：6－2－19－1

云社堡村　道 6：14－2－16－1，同 10：10－12－13－15，光 16：19－10－23－1，光 42：26－12－3－1，光 50：29－11－3－1，光 68：34－3－13－1～2，民 35：19－2－7－1

雲社堡〼　清 1：?－3－17－1～2

Z

召內　咸 14：7－2－17－7

照把什召　乾 6：55－7－25－10

官職名索引

G

嘎蘭達　道 7：23 - 6 - 11 - 1

格贵管家〈蒙文〉　嘉 1：11 - 12 - 13 - 3

Q

清真寺鄉老　民 3：2 - 5 - 8 - 15，民 6：2 - 11（10） - 21（24） - 4，民 6：2 - 11（10） - 21（24） - 19

S

審判員　新 6：1950 - 12 - 20 - 26

書記員　新 6：1950 - 12 - 20 - 27

水頭　光 69：34 - 4 - 5 - 11，光 70：34 - 4 - 5 - 11，清 1：? - 3 - 17 - 11

水頭尔　光 63：32 - 3 - 25 - 10

T

台吉　道 7：23 - 6 - 11 - 1

X

先鋒〈蒙文〉嘉 1：11 - 12 - 13 - 1

驍騎校　道 7：23 - 6 - 11 - 1

校騎蔚（尉）　嘉 4：17 - 11 - ? 7 - 14

Y

院長　新 6：1950 - 12 - 20 - 25

Z

扎蘭章京　嘉 3：15 - 11 - 2 - 2，嘉 3：15 - 11 - 2 - 8，嘉 3：15 - 11 - 2 - 11

章京〈蒙文〉　嘉 2：14 - 11 - 3 - 2

佐領　乾 2：37 - 1 - 21 - 1，嘉 4：17 - 11 - ? 7 - 13

左領　咸 9：4 - 3 - 18 - 13

族名索引

H

漢　民67：27－5－10－7

漢人〈满文〉　乾1：20－1－17－13

漢人〈蒙文〉　嘉1：11－12－13－1　嘉1：11－12－13－4

回民　咸1：1－2－15－1

M

蒙　咸7：2－12－26－1，光35：26－5－25－2，光43：27－6－2－1，光43：27－6－2－6，光45：28－8－1－1，民1：1－7（6）－20（7）－1，民1：1－7（6）－20（7）－17，民3：2－5－8－6，民22：10－7－30－1，民30：14－6－10－13，民67：27－5－10－7，民74：32－3－18－6，民76：成紀738－12－15－6，民77：成紀739－5－26－6，民78：成紀739－5－30－5，民79：成紀739－5－0－5，民80：成紀739－0－0－5，民81：35－3－1－7，民82：35－6－12－6，民83：35－11－1－6，民84：35－11－1－6，民85：35－11－15－6，民86：36－2－13－6，民87：36－3－7－6，民88：36－8－8－6，民89：36－12－16－6，民91：37－2－7－6，民92：37－3－18－6，民93：37－3－23－6，民94：37－7－27－6，民95：38－7－6－6，民96：38－9－1－6，民97：38－9－21－6，新1：1950－3－17－6，新2：1950－7－12，新3：1950－7－26－6，新4：1950－7－26－6，新5：1950－10－22－6，新7：1951－1－15－6，新8：1951－2－16－6，新9：1951－5－4－6，新10：1951－12－21－6，新11：1952－6－10－6，新12：1952－10－16－6，新13：1952－12－20－6，新14：1953－1－13－6，新15：1953－4－13－6，新16：1955－1－12－14，新17：1956－2－28－14，新18：1956－8－21－14，新19：1956－8－21－14

蒙古　乾2：37－1－21－1，乾2：37－1－21－2，乾5：51－后7－19－2，道1：12－12－29－5，道2：13－新1－15－5，道3：13－11－9－6，道4：13－11－22－4，道4：13－11－22－5，道4：13－11－22－6，道5：13－11－23－4，道5：13－11－23－5，道5：13－11－23－7，道6：14－2－16－5，道7：23－6－11－4，道7：23－6－11－5，道7：23－6－11－7，咸1：1－2－15－1，咸3：1－閏8－28－1，咸3：1－閏8－28－5，咸3：1－閏8－28－6，咸4：1－10－13－1，咸5：1－10－13－1，咸7：2－12－26－4，咸8：4－3－3－10～11，咸9：4－3－18－14，咸10：4－3－23－1，

咸 10：4－3－23－7，咸 11：4－3－27－1，咸 12：4－10－1－3，咸 12：4－10－1－6，咸 12：4－10－1－7，咸 15：7－4－18－5，咸 16：8－2－24－1，咸 16：8－2－24－5，咸 16：8－2－24－6，同 1：1－7－29－1，同 1：1－7－29－7，同 2：2－11－17－6，同 7：8－11－15－5，同 9：10－10－5－13，同 10：10－12－13－1，同 10：10－12－13－4，同 10：10－12－13－7，同 10：10－12－13－8，同 10：10－12－13－14（2），同 10：10－12－13－15，同 10：10－12－13－19，同 10：10－12－13－21，同 11：10－12－13－1，同 12：11－2－13－8，同 13：12－12－11－1，光 1：2－閏 5－11－1，光 1：2－閏 5－11－6，光 3：4－6－25－6，光 4：5－11－9－1，光 5：5－11－9－1，光 6：5－12－7－7，光 12：15－6－21－6，光 14：19－2－13－1，光 14：19－2－13－5，光 14：19－2－13－7，光 20：20－3－27－5，光 20：20－3－27－6，光 21：20－6－6－1，光 21：20－6－6－5，光 21：20－6－6－7，光 24：21－8－1－5，光 25：21－9－18－1，光 25：21－9－18－6，光 28：22－5－11－11，光 29：22－5－11－2，光 29：22－5－11－5，光 32：23－12－17－1，光 33：24－12－15－5，光 33：24－12－15－7，光 34：25－12－9－1，光 34：25－12－9－6，光 35：26－5－25－2，光 35：26－5－25－4，光 35：26－5－25－5，光 35：26－5－25－13，光 36：26－5－25－2，光 36：26－5－25－3～4，光 37：26－9－4－1，光 39：26－10－7－1，光 39：26－10－7－5，光 39：26－10－7－6，光 39：26－10－7－8，光 39：26－10－7－11，光 39：26－10－7－14，光 39：26－10－7－20，光 39：26－10－7－22（4），光 39：26－10－7－23，光 44：28－6－27－1，光 44：28－6－27－7，光 45：28－8－1－21，光 49：29－10－〇－1，光 49：29－10－〇－7，光 49：29－10－0－9，光 49：29－10－〇－11，光 50：29－11－3－3，光 51：29－11－27－5，光 52：30－4－18－1，光 53：31－5－1－1，光 53：31－5－1－5，光 54：31－5－1－1，光 54：31－5－1－6，光 54：31－5－1－7，光 55：31－5－1－1，光 55：31－5－1－5，光 56：31－10－5－1，光 56：31－10－5－7，光 56：32－3－25－1，光 56：32－3－25－2，光 56：32－3－25－5，光 56：32－3－25－6，光 56：32－3－25－7，光 56：32－3－25－11～12，光 58：31－12－11－13，光 60：31－12－21－9，光 63：32－3－25－1，光 63：32－3－25－2，光 63：32－3－25－5，光 63：32－3－25－6，光 63：32－3－25－7，光 63：32－3－25－11～12，光 64：32－4－13－9，光 65：32－8－18－1，光 65：32－8－18－5，光 67：33－3－19－1，宣 1：1－3－25－1，宣 1：1－3－25－7，宣 1：1－3－25－12，宣 2：1－9－18－11，宣 4：3－5－22－1，宣 4：3－5－22－5，宣 4：3－5－22－12，宣 4：3－5－22－16，民 1：1－7（6）－20（7）－5，民 1：1－7（6）－20（7）－9，民 3：2－5－8－1，民 5：2－9－17－6，民 7：3－10（9）－19（1）－1，民 7：3－10（9）－19（1）－6，民 7：3－10（9）－

19（1）－7，民7：3－10（9）－19（1）－15，民8：5－7－18－1，民9：5－7－19－1，民9：5－7－19－2，民12：6－3－25－1，民12：6－3－25－4，民13：6－10－20－2，民14：7－9－9－1，民14：7－9－9－6，民14：7－9－9－13，民15：7－12－29－1，民15：7－12－29－2，民15：7－12－29－4，民15：7－12－29－7，民17：8－4－4－1，民19：9－2－2－1，民20：9－6－15－1，民20：9－6－15－4，民21：10－7－30－1，民21：10－7－30－12，民24：13－2－11－1，民25：13－4－8－1，民25：13－4－8－5，民26：13－4－11－1，民34：18－4－20－4，民37：19－3－4－7，民38：19－3－5－8，民39：20－2－10－1，民42：21－1－18－1，民43：21－1－18－1，民44：21－1－19－1，民45：21－1－19－1，民46：21－1－19－1，民47：21－1－24－1，民47：21－1－24－7，民48：21－11－27－1，民48：21－11－27－7，民48：21－11－27－12，民50：23－10－27－1，民52：21－2（1）－18（25）－1，民52：21－2（1）－18（25）－11，民54：24－4－15－1，民54：24－4－15－3，民54：24－4－15－5（2），民54：24－4－15－地基四至及尺寸圖，民56：24－7－11－1，民57：24－7－5－1，民57：24－7－5－5，民58：24－8（7）－8（10）－1，民58：24－8（7）－8（10）－8，民59：25－8－20－9，民60：25－8－20－1，民62：25－10－24－1，民62：25－10－24－2，民64：26－5－28－1，民64：26－5－28－6，民64：26－5－28－7，民64：26－5－28－過約聯單（4），民65：26－9－3－1，民65：26－9－3－8，民65：26－9－3－過約聯單（2），民66：26－10－1－3，民67：27－5－10－1，民67：27－5－10－8，民68：成紀733－6－19－1，民68：成紀733－6－19－過約聯單（4），民69：成紀734－6（4）－12（25）－1，民70：成紀735－12－11－4，民70：成紀735－12－11－5，民71：成紀735－12－15－1，民71：成紀735－12－15－9，民72：成紀736－1－20－1，民72：成紀736－1－20－7，民72：成紀736－1－20－10，民73：成紀737－1－1－1，民73：成紀737－1－1－6，民73：成紀737－1－1－9，民74：32－3－18－5，民74：32－3－18－過約聯單（5），民75：32－11－〇－5，民75：32－11－〇－過約聯單（5），民76：成紀738－12－15－5，民76：成紀738－12－15－過約聯單（4），民77：成紀739－5－26－5，民77：成紀739－5－26－過約聯單（4），民78：成紀739－5－30－5，民78：成紀739－5－30－過約聯單（4），民79：成紀739－5－〇－5，民79：成紀739－5－〇－過約聯單（4），民80：成紀739－〇－〇－5，民80：成紀739－〇－〇－過約聯單（4），民81：35－3－1－7，民81：35－3－1－過約聯單（5），民82：35－6－12－5，民82：35－6－12－過約聯單（5），民83：35－11－1－5，民83：35－11－1－過約聯單（5），民84：35－11－1－5，民84：35－11－1－過約聯單（5），民85：35－11－15－5，民85：35－11－15－過約聯單（5），民86：36－2－13－

新16：1955－1－12－過約聯單（3），新17：1956－2－28－過約聯單（3），新18：1956－8－21－過約聯單（3），新19：1956－8－21－過約聯單（3），新20：1957－3－8－過約聯單（3），新21：1957－8－27－過約聯單（3）

蒙民人　道1：12－12－29－7，道2：13－新1－15－6，道3：13－11－9－7，道4：13－11－22－6，道5：13－11－23－6，道7：23－6－11－7，咸2：1－4－23－5，咸4：1－10－13－7，咸5：1－10－13－6，咸6：2－12－26－4～5，咸7：2－12－26－5，咸9：4－3－18－5，咸11：4－3－27－6，咸13：5－11－25－7，咸15：7－4－18－6，咸16：8－2－24－6，同3：4－4－18－6，同8：10－4－18－6～7，同11：10－12－13－5，同13：12－12－11－5，光1：2－閏5－11－5，光2：4－新1－28－6，光3：4－6－25－5，光6：5－12－7－6，光7：6－10－5－5，光8：8－5－23－5～6，光13：17－3－2－8，光14：19－2－13－6～7，光15：19－3－25－6，光17：19－10－23－6，光18：20－3－9－4，光19：20－3－13－5，光21：20－6－6－7，光22：20－7－29－7，光23：20－12－1－7，光24：21－8－1－6，光25：21－9－18－7，光26：22－2－12－6，光27：22－5－11－3，光28：22－5－11－12，光30：22－10－2－6，光31：22－10－2－6，光32：23－12－17－4，光37：26－9－4－5，光38：26－10－5－5，光40：26－10－8－6，光42：26－12－3－4，光43：27－6－2－6，光44：28－6－27－7，光52：30－4－18－6，光53：31－5－1－6，光54：31－5－1－7，光55：31－5－1－6，光56：31－10－5－7，光57：31－10－15－5，光58：31－12－11－7，光59：31－12－19－5，光60：31－12－21－5～6，光61：32－3－5－5，光62：32－3－21－6，光65：32－8－18－5，光66：32－9－17－6，光67：33－3－19－6，光69：34－4－5－4，光70：34－4－5－4，宣3：3－4－2－6，宣5：3－8－25－6～7，清1：?－3－17－4，民2：2－3（1）－3（26）－6，民3：2－5－8－6，民4：2－7－11－7，民5：2－9－17－7，民6：2－11（10）－21（24）－10，民7：3－10（9）－19（1）－7，民14：7－9－9－5～6，民15：7－12－29－6，民16：8－3－10－7，民17：8－4－4－7，民19：9－2－2－6，民20：9－6－15－6，民24：13－2－11－5，民25：13－4－8－5，民31：17－2－26－6，民34：18－4－20－4，民36：19－4－1－6，民50：23－10－27－5，民55：25－5（4）－28（26）－6，民59：25－8－20－9，民63：26－4－5－7，民64：26－5－28－7，民65：26－9－3－5，民66：26－10－1－6，民68：成紀733－6－19－6，民73：成紀737－1－1－6，民74：32－3－18－6，民75：32－11－○－6，民76：成紀738－12－15－7，民77：成紀739－5－26－6，民78：成紀739－5－30－6，民79：成紀739－5－○－6，民80：成紀739－○－○－6，民81：35－3－1－8，民82：35－6－12－6，民83：35－11－1－6，民84：35－11－1－6，民85：35－11－15－6，民86：36－2－13－6，民87：36－3－7－6，民

88：36－8－8－6，民89：36－12－16－6，民90：37－1－22－6，民91：37－2－7－6，民92：37－3－18－6，民93：37－3－23－6，民94：37－7－27－6，民95：38－7－6－6，民96：38－9－1－6，民97：38－9－21－6，新1：1950－3－17－6，新2：1950－7－12－6，新3：1950－7－26－6，新4：1950－7－26－6，新5：1950－10－22－6，新7：1951－1－15－7，新8：1951－2－16－7，新9：1951－5－4－7，新10：1951－12－21－7，新11：1952－6－10－7，新12：1952－10－16－7，新13：1952－12－20－7，新14：1953－1－13－7，新15：1953－4－13－7，新16：1955－1－12－16

蒙人　同5：6－4－29－5，民29：14－闰4－7－5，新16：1955－1－12－22，新17：1956－2－28－20～21，新18：1956－8－21－20，新19：1956－8－21－20

蒙族　民1：1－7（6）－20（7）－6，民21：10－7－30－7

民人　乾2：37－1－21－1，乾2：37－1－21－2，咸10：4－3－23－5，咸10：4－3－23－6，咸10：4－3－23－7，咸12：4－10－1－7，同2：2－11－17－6，同7：8－11－15－5，同9：10－10－5－13，光20：20－3－27－6，光33：24－12－15－5，光34：25－12－9－6，光39：26－10－7－7，光51：29－11－27－5，宣4：3－5－22－5

民人〈蒙文〉　乾5：51－7－19－17，咸1：1－2－15－13，同9：10－10－5－7，光8：8－5－23－13，光8：8－5－23－12

日期索引

乾隆時期

乾隆二十年正月十七日〈满文〉　乾 1：20 – 1 – 17 – 8

乾隆二▨　乾 1：20 – 1 – 17 – 7

乾隆三十七年正月廿一日　乾 2：37 – 1 – 21 – 6

乾隆三十七年十一月十九日　乾 3：37 – 11 – 19 – 7

乾隆四十七年冬仲月二十九日〈蒙文〉　乾 4：47 – 11 – 29 – 10

乾隆伍拾年　光 45：28 – 8 – 1 – 11

乾隆伍拾壹年后七月十九日　乾 5：51 – 后 7 – 19 – 8

[乾隆] 伍拾式年　乾 5：51 – 后 7 – 19 – 4

乾隆五十三年〈蒙文〉　同 9：10 – 10 – 5 – 6

乾隆五十五年七月廿五日　乾 6：55 – 7 – 25 – 9

[乾隆] 伍拾伍年　乾 5：51 – 后 7 – 19 – 4

乾隆五十五年　同 10：10 – 12 – 13 – 1

[乾隆] 陸拾陸年　乾 5：51 – 7 – 19 – 4

乾隆年間　咸 3：1 – 閏 8 – 28 – 1，光 63：32 – 3 – 25 – 5

嘉慶時期

嘉慶八年　咸 10：4 – 3 – 23 – 5

嘉慶九年　咸 10：4 – 3 – 23 – 5

嘉慶十一年十二月十三日〈蒙文〉　嘉 1：11 – 12 – 13 – 7

嘉慶十四年仲冬月初三日〈蒙文〉　嘉 2：14 – 11 – 3 – 12

嘉慶十五年冬首月二十六日〈蒙文〉　嘉 3：15 – 11 – 2 – 1 ~ 2

嘉慶十五年冬首（改：仲）月初二日〈蒙文〉　嘉 3：15 – 11 – 2 – 17

嘉慶拾柒年十一月□十七日　嘉 4：17 – 11 – ? 7 – 10

嘉慶十七年　光 39：26 – 10 – 7 – 22

嘉慶二十二年　同 10：10 – 12 – 13 – 2

嘉慶弍拾伍年正月初七日　嘉 5：25 – 1 – 7 – 11

道光時期

道光伍年　道 7：23 – 6 – 11 – 3

道光伍年間　同 1：1 – 7 – 29 – 2

道光拾弍年十二月廿九日　道 1：12 – 12 – 29 – 9

道光拾叁年新正月十五日　道 2：13 – 新 1 – 15 – 8

道光十三年十一月初九日　道 3：13 – 11 – 9 – 9

道光十三年十一月廿二日　道 4：13 – 11 – 22 – 8

道光十三年十一月廿三日　道 5：13 – 11 – 23 – 8

道光拾肆年貳月拾六日　道6：14－2－16－9
道光拾陸年　咸10：4－3－23－4
道光十七年同10：10－12－13－3
道光貳拾叁年陸月拾壹日　道7：23－6－11－9
［道光］貳拾叁年　道7：23－6－11－3
道光廿四年三月初九日　道8：24－3－9－7

咸豐時期

咸豐元年二月十五日　咸1：1－2－25－7
大清咸豐元年四月廿三日　咸2：1－4－23－7
咸豐元年閏八月二十八日　咸3：1－閏8－28－8
咸豐元年十月十三日　咸4：1－10－13－9，咸5：1－10－13－9
咸豐弍年十二月二十六日　咸6：2－12－26－7
咸豐二年十二月二十六日　咸7：2－12－26－6
大清咸豐四年三月初三日　咸8：4－3－3－8
大清咸豐四年三月十八日　咸9：4－3－18－8
大清咸豐肆年三月廿三日　咸10：4－3－23－10
大清咸豐四年三月二十七日　咸11：4－3－27－9
大清咸豐四年十月初一日　咸12：4－10－1－9
咸豐四年　咸10：4－3－23－6
咸豐伍年十一月廿五日　咸13：5－11－25－15
咸豐五年　同10：10－12－13－3
大清咸豐七年二月十七日　咸14：7－2－17－9
咸豐七年四月十八日　咸15：7－4－18－8
咸豐八年二月廿四日　咸16：8－2－24－12
咸豐年間　民9：5－7－19－10～11

同治時期

同治元年七月廿九日　同1：1－7－29－9
同治弍年五月二十四日　咸15：7－4－18－12
同治二年十一月十七日　同2：2－11－17－9
同治四年四月十八日　同3：4－4－18－8
大清同治伍年十二月廿日　同4：5－12－20－8
同治六年春季　同4：5－12－20－5
大清同治六年四月二十九日　同5：6－4－29－8
同治六年十月廿一日　同6：6－10－21－6
同治八年十一月十五日　同7：8－11－15－7
大清同治十年四月十八日　同8：10－4－18－8
同治拾年十月初五日　同9：10－10－5－15
同治十年十月初五〈蒙文〉　同9：10－10－5－7
大清同治十年十二月十三日　同10：10－12－13－9
大清同治[十]年十二月十三日　同11：10－12－13－7
同治十年　同10：10－12－13－5
同治十一年二月十三日　同12：11－2－13－15
同治十一年二月间　同12：11－2－13－8
同治拾弍年拾弍月拾壹日　同13：12－12－11－9
同治十三年十二月廿九日　同8：10－4－18－10
同治年間　光63：32－3－25－6

光緒時期

大清光緒貳年閏五月拾壹日　光1：2－閏5－11－8

大清光緒四年新正月二十八日　光2：4－1－28－10

光緒四年六月廿五日　光3：4－6－25－7

光緒伍年十一月初九日　光4：5－11－9－10

光绪五年十一月初九日　光5：5－11－9－10

光緒五年十二月初七日　光6：5－12－7－9

大清光緒六年十月初五日　光7：6－10－5－7

大清光緒八年伍月二十三日　光8：8－5－23－7

大清光绪十一年八月十六日　光9：11－8－16－9

光緒十一年　民6：2－11（10）－21（24）－5

光绪十三年十一月廿七日　光10：13－11－27－9，光11：13－11－27－8

大清光緒十五年六月二十一日　光12：15－6－21－10

大清光緒拾七年三月初二日　光13：17－3－2－10

大清光緒十九年二月十三日　光14：19－2－13－9

大清光緒十九年三月廿五日　光15：19－3－25－8

大清光緒拾玖年十月廿三日　光16：19－10－23－7

光緒拾玖年十月二十三日　同10：10－12－13－14

大清光緒拾玖年十月二十三日　光17：19－10－23－8

［光緒］十九年　民6：2－11（10）－21（24）－5

大清光緒二十年三月初九日　光18：20－3－9－7

大清光緒二拾年三月十三日　光19：20－3－13－8

光绪二拾年三月廿七日　光20：20－3－27－7

光緒二十年六月初六日　光21：20－6－6－9

光緒二十年七月廿九日　光22：20－7－29－9

光绪二十年十二月初一日　光23：20－12－1－8

大清光緒弍拾年　同10：10－12－13－11

大清光緒二十一年八月初一日　光24：21－8－1－9

大清光緒弍拾壹年九月十八日　光25：21－9－18－9

光緒二十二年二月十二日　光26：22－2－12－8

大清光緒弍拾弍年五月十一日　光27：22－5－11－6

大清光緒廿弍年五月十一日　光28：22－5－11－14

大清光緒弍拾弍年五月十一日　光29：22－5－11－7

大清光緒弍拾弍年十月初二日　光30：22－10－2－9

大清光緒弍拾弍年十月初二日　光31：22－10－2－8

光緒二十三年四月初五日　光4：5－11－9－10，

大清光緒廿三年十二月十七日　光32：23－12－17－6

大清光緒廿四年十二月十五日　光33：24－

12－15－8
大清光緒弍拾五年十二月初九日　光 34：25－12－9－8
［光緒］廿𝛿年　同 10：10－12－13－10
光緒貳拾陸年伍月貳拾伍日　光 35：26－5－25－10
［光緒］庚子五月二五　光 35：26－5－25－16，光 36：26－5－25－13
大清光緒貳拾陸年伍月貳拾伍日　光 36：26－5－25－10
大清光緒貳拾陸年玖月初肆日　光 37：26－9－4－9
光绪弍拾陸年十月初五日　光 38：26－10－5－7
大清光绪貳拾陆年拾月初柒日　光 39：26－10－7－9
大清光緒弍拾陸年十月初八日　光 40：26－10－8－8
光緒二十六年十一月二十五日　光 41：26－11－25－6，光 41：26－11－25－7
光緒二十陸年十二月初三日　同 10：10－12－13－19，同 10：10－12－13－21
大清光绪二十陸年十二月初三日　光 42：26－12－3－7
［光緒］貳拾六年　宣 2：1－9－18－2
□光緒二十七年六月初二日　光 43：27－6－2－9
光緒二十七年　光 45：28－8－1－3
光緒二十八年六月二十七日　光 44：28－6－27－13
大清光緒貳拾捌年捌月初壹日　光 45：28－8－1－16
光緒二十八年九月间　民 59：25－8－20－1
光緒廿八年十一月十五日　光 46：28－11－15－7，光 47：28－11－15－7
光绪廿九年正月十三日　光 48：29－1－13－8
大清光绪貳拾玖年十月　光 49：29－10－○－9
大清光緒弍拾九年十一月初三日　光 50：29－11－3－6
大清光緒廿九年十一月廿七日　光 51：29－11－27－8
光緒弍拾□四月十七日　光 39：26－10－7－16～18
大清光緒叁拾年四月十八日　光 52：30－4－18－8
光緒三十年　民 6：2－11（10）－21（24）－6
大清光緒三十一年五月初一日　光 53：31－5－1－8，光 54：31－5－1－9，光 55：31－5－1－8
光緒叁拾壹年十月初五日　光 56：31－10－5－9
光緒叁拾壹年十月十五日　光 57：31－10－15－8
［光緒］川十一年十月十六日　光 35：26－5－25－14
大清光緒叁拾壹年拾弍月十壹日　光 58：31－12－11－9
大清光緒三十壹年十二月十九日　光 59：31－12－19－7
大清光绪卅一年十二月廿一日　光 60：31－12－21－7
［光緒］叁拾壹年　宣 2：1－9－18－3
大清光緒叁拾貳年三月初五日　光 61：32－3－5－9
大清光緒三十弍年三月廿一日　光 62：32－3－21－9
［光緒］三十二年三月廿一日　光 62：32－

3－21－5～6

光緒叁拾弍年叁月廿三日　同 10：10－12－13－7

大清光緒叁拾弍年叁月弍十五日　光 63：32－3－25－8

大清光绪叁拾弍年四月十三日　光 64：32－4－13－6

光绪叁拾貳年前四月二十二日　同 10：10－12－13－15

光緒叁拾貳年陸月初叁日　光 45：28－8－1－15

光緒三十二年八月十八日　光 65：32－8－18－9

光緒叁拾貳年九月十七日　光 66：32－9－17－8

大清光绪三十三年三月十九日　光 67：33－3－19－8

大清光绪三十四年三月十三日　光 68：34－3－13－8

大清光緒三十四年四月初五日　光 69：34－4－5－7，光 70：34－4－5－7

大清[光][緒]□年二月十七日　光 71：?－2－17－8

［光緒八年?］十一月二十五日〈蒙文〉　光 8：8－5－23－14

宣統時期

宣統元年三月二十五日　宣 1：1－3－25－8

大清宣統元年九月十八日　宣 2：1－9－18－8

宣統元年　宣 2：1－9－18－4～5，民 3：2－5－8－4，民 6：2－11（10）－21（24）－6

宣統三年四月初二日　宣 3：3－4－2－8

宣統三年五月二十二日　宣 4：3－5－22－8

清宣统三年五月　民 21：10－7－30－9，民 22：10－7－30－7

大清宣統三年八月二十五日　宣 5：3－8－25－8

▨三月十七日　清 1：?－3－17－7

中華民國時期（含成吉思汗紀元）

民國元年四月　民 21：10－7－30－10，民 22：10－7－30－8

民國元年七月一日　民 21：10－7－30－2

中華民國元年七月二十日即壬子六月初七日　民 1：1－7（6）－20（7）－11

民國元年七月　民 21：10－7－30－11，民 22：10－7－30－9

中華民國貳年三月三號陰曆癸丑正月廿六日　民 2：2－3（1）－3（26）－9

民國弍年癸丑五月初八日　民 3：2－5－8－8

中華民國貳年陰曆七月十一日　民 4：2－7－11－9

中華民國弍年九月十七日　民 5：2－9－17－9

民國貳年十一月二十一号即癸丑拾月弍拾四日　民 6：2－11（10）－21（24）－12

民國三年即甲寅年五月初三日　民 1：1－7（6）－20（7）－17

［民國］三年五月初三日　民 1：1－7（6）－20（7）－21

民國三年八月二十二日　民 23：12－〇－〇－3～4

中華民國叁年陽曆十月十九號即陰曆九月初一日　民 7：3－10（9）－19（1）－10

民國三年間　民 20：9－6－15－3～4

［民國四］年五月初三日　民 1：1－7（6）－

20（7） -21～22
民国五年五月十九日　光6：5-12-7-10
中華民國五年陰曆七月十八日　民8：5-7-18-12
中華民國五年陰曆七月十九日　民9：5-7-19-13
中華民國五年九月初八日　道7：23-6-11-8
民國伍年十二月廿伍日　民10：5-12-25-7
中華民國六年二月十九日　民11：6-2-19-6
中華民國六年陰曆三月二十五日　民12：6-3-25-10
民國六年陰曆十月廿日　民13：6-10-20-12
民國七年陰曆九月初九日　民14：7-9-9-11
民國七年陰曆十二月廿九日　民15：7-12-29-15
民國八年三月初十日　民16：8-3-10-9
中華民國八年陰曆四月初四日　民17：8-4-4-9
民國捌年七月十一日　民18：8-7-11-8
民國九年弍月初二日　民19：9-2-2-8
民國九年陰曆六月拾五日　民20：9-6-15-9
中華民國十年七月卅日　民21：10-7-30-12
中華民國十年七月卅日　民22：10-7-30-10
民國十年七月底　民21：10-7-30-2
民國十二年 月 日　民23：12-〇-〇-12
中華民國十三年二月十一日　民24：13-2-11-8
民國十三年四月初八日　民12：6-3-25-9
中華民國十三年陰曆四月初八日　民25：13-4-8-10
中華民國拾叁年陰曆四月十一日　民26：13-4-11-9
中華民國十三年六月十七日　民27：13-6-17-9
□民國十四年二月间　光44：28-6-27-9
中華民國十四年陰曆三月初五日　民28：14-3-5-11
中華民國十四年闰四月初七日　民29：14-閏4-7-8
民國十四年六月十日　民30：14-6-10-14
中華民國十七年二月二十六日　民31：17-2-26-9
中華民國拾柒年叁月弍拾五日　民32：17-3-25-7
中華民國十八年四月十四日　民33：18-4-14-13
中華民國十八年四月二十日　民34：18-4-20-6
民國十九年二月初七日　民35：19-2-7-7
中華民國十九年四月一日　民36：19-4-1-8
中華民國拾九年三月初四日　民37：19-3-4-11
中華民國拾九年三月初五日　民38：19-3-5-10
中華民國二十年二月十日　民39：20-2-10-11
中華民國式拾年叁月拾日　民40：20-3-10-13
中華民國二十年舊歷臘月廿四日　民41：20-12-24-8

民國二十壹年正月十八日　民 42：21－1－18－8

民國二十一年正月十八日　民 43：21－1－18－7

中華民國弍拾壹年正月十九日　民 44：21－1－19－7，民 45：21－1－19－7，民 46：21－1－19－6

中華民國廿一年陰曆正月廿四日　民 47：21－1－24－9

中華民國貳拾壹年陰曆十一月廿七日　民 48：21－11－27－11

中華民國二十二年旧曆九月二十日　民 49：22－9－20－7

［民國］二十三年八月底　民 49：22－9－20－4

中華民國二十三年國曆十月廿七日　民 50：23－10－27－12

民國二十三年十二月初三日　民 51：23－12－3－11

中華民國弍拾四年旧曆正月廿五日國曆弍月十八號　民 52：21－2（1）－18（25）－8

中華民國二十四年舊曆四月拾叁日國曆五月拾五號　民 53：24－5（4）－15（13）－13

中華民國二十四年舊歷四月十五日　民 54：24－4－15－19

中華民國二十四年五月廿八日即舊曆四月廿六日　民 55：25－5（4）－28（26）－8

中華民國廿四年七月十一日　民 56：24－7－11－10

民國〢十〤年七月初五日　民 20：9－6－15－14

中華民国二十四年七月初五日　民 57：24－7－5－10

華民國二十四年陰曆七月初十日陽曆八月八號　民 58：24－8（7）－8（10）－10

民國二十四年间　民 59：25－8－20－2

［民國］二十四年　民 49：22－9－20－4

民國廿五年八月廿日　民 57：24－7－5－8

中華民國二十五年八月二十日　民 59：25－8－20－15

民國弍拾伍年八月廿日　民 60：25－8－20－8

中華民國二十五年九月二十八日　民 61：25－9－28－18

中華民國弍十伍年十月二十四日　民 62：25－10－24－10

民國廿五年十月廿四日　民 15：7－12－29－12

民國二十五年　民 59：25－8－20－3

中華民國二十六年四月五号　民 63：26－4－5－10

［民國］〢十丄年四月五［日］　民 37：19－3－4－10

中華民國二十六年國曆五月廿八日　民 64：26－5－28－9

民國二十六年五月二十八日　民 64：26－5－28－過約聯單

中華民國弍拾陸年國曆玖月叁日　民 65：26－9－3－11

民國二十六年十月一日　民 66：26－10－1－8

中華民國二十七年伍月初十日　民 67：27－5－10－10

成吉思汗纪元七三三年六月十九日　民 68：成紀 733－6－19－9

［成吉思汗紀元］七三三年六月十九日　民 68：成紀 733－6－19－過約聯單

成吉思汗七三四年陽曆六月十二号陰曆四月廿五日　民 69：成紀 734－6（4）－12（25）－10

成纪七三五年三月十号　光 65：32－8－18－8

成[吉][思]汗紀元七三五年十二月十一日　民70：成紀735－12－11－8
成吉思汗七三五年十二月十五日　民71：成紀735－12－15－8
成吉思汗紀元七三六年壹月廿日　民72：成紀736－1－20－9
中華民國三十年三月廿六日　民93：37－3－23－過約聯單
成吉思汗紀元七三六年十月廿二日　民65：26－9－3－過約聯單
成吉思汗紀元七三七年一月壹日　民73：成紀737－1－1－9
成吉思汗紀元七三七年一月十四日　民64：26－5－28－過約聯單
［成吉思汗紀元］七三七年五月卅日　民78：成紀739－5－30－過約聯單
［成吉思汗紀元］七三七年九月十六日　民79：成紀739－5－〇－過約聯單
民國三十二年一月十八日　民74：32－3－18－4－過約聯單
中華民國三十二年三月十八日　民74：32－3－18－9，民74：32－3－18－過約聯單
民國三十二年三月十八日　民74：32－3－18－4－過約聯單
成紀七三八年七月二十五日　民76：成紀738－12－15－過約聯單
民國三十二年八月廿六日　民82：35－6－12－過約聯單
民國三十二年十月十三日　民75：32－11－〇－過約聯單
中華民國三十二年十一月十三日　民75：32－11－〇－過約聯單
中華民國三十二年十一月 日　民75：32－11－〇－9
民國三十二年十一月日　民75：32－11－〇－過約聯單
民國三十三年二月廿二日　民87：36－3－7－過約聯單
成紀七三八年十一月十三日　光13：17－3－2－田房過約移轉証
成紀七三八年十二月十五日　民53：24－5（4）－15（13）－田房過約移轉証
成吉思汗紀元七三八年十二月十五日　民76：成紀738－12－15－9
成紀七三八年十二月日　民76：成紀738－12－15－過約聯單
成吉思汗紀元七三八年十二月 日　民76：成紀738－12－15－過約聯單
［成吉思汗紀元］七三九四月廿日　民80：成紀739－〇－〇－過約聯單
成吉思汗紀元七三九年五月廿六日 民77：成紀739－5－26－9
成吉思汗紀元七三九年五月廿九日　民77：成紀739－5－26－過約聯單
成紀七三九年五月卅日　民72：成紀736－1－20－田房過約移轉証
成吉思汗紀元七三九年五月三十日 民78：成紀739－5－30－8
成吉思汗紀元七三九年五月卅日　民78：成紀739－5－30－過約聯單，民79：成紀739－5－〇－過約聯單，民80：成紀739－〇－〇－過約聯單
［成吉思汗紀元］七三九年五月卅日　民78：成紀739－5－30－過約聯單
成吉思汗紀元七三九年五月　民79：成紀739－5－〇－8
民國三十四年七月廿三日　民81：35－3－1－過約聯單
成吉思汗紀元七三九年十一月四日　民68：成紀733－6－19－過約聯單

［成吉思汗紀元］七三九年十一月四日　民68：成紀733－6－19－過約聯單

［成吉思汗紀元］七三九年 月 日　民77：成紀739－5－26－過約聯單，民79：成紀739－5－〇－過約聯單

成吉思汗紀元七三九年 月 日　民80：成紀739－〇－〇－8

中華民國35年3月1日　民55：25－5（4）－28（26）－田房過約移轉證

中華民國三十五年三月一日　民81：35－3－1－10

民國三十五年三月一日　民81：35－3－1－過約聯單

中華民國三十五年三月二日　民81：35－3－1－過約聯單

中華民國35年6月12日　民71：成紀735－12－15－田房過約移轉証

中華民國三十五年六月十二日　民82：35－6－12－8

民國三十五年六月十二日　民82：35－6－12－過約聯單

中華民國三十五年六月十七日　民82：35－6－12－過約聯單

民國三十五年九月二日　民83：35－11－1－過約聯單

民國三十五年九月十八日　民84：35－11－1－過約聯單

民國三十五年九月廿日　民85：35－11－15－過約聯單

民國三十五年十月三十日　民86：36－2－13－過約聯單

民國卅五年十一月一日　咸1：1－2－15－田房過約移轉證

中華民國三十五年十一月壹日　民83：35－11－1－8

民國三十五年十一月一日　民83：35－11－1－過約聯單，民84：35－11－1－過約聯單

中華民國三十五年十一月一日　民84：35－11－1－8

中華民國三十五年十一月八日　民84：35－11－1－過約聯單

中華民國三十五年十一月十三日　民83：35－11－1－過約聯單

中華民國三十五年十一月十五日　民85：35－11－15－8

民國三十五年十一月十五日　民85：35－11－15－過約聯單

中華民國三十五年十一月十六日　民85：35－11－15－過約聯單

民國三十六年一月十一日　民88：36－8－8－過約聯單

中華民國36年二月十三日　民77：成紀739－5－26－田房過約移轉證

中華民國三十六年二月十三日　民86：36－2－13－8

民國三十六年二月十三日　民86：36－2－13－過約聯單

中華民國三十六年二月十八日　民86：36－2－13－過約聯單

中華民國36年三月七日　民66：26－10－1－田房過約移轉證

中華民國三十六年三月七日　民87：36－3－7－8，民87：36－3－7－過約聯單

民國三十六年三月七日　民87：36－3－7－過約聯單

［中華民國］三十六年四月廿二日　民74：32－3－18－8，民75：32－11－〇－8

民國三十六年八月五日　民91：37－2－7－過約聯單

中華民國三十八年九月二十二日　民 97：38－9－21－過約聯單

公元一九四九年九月廿四日　新 8：1951－2－16－過約聯單

民國　年　民 30：14－6－10－12

新中國時期

公元一九五〇年二月十三日　新 9：1951－5－4－過約聯單

公元一九五〇年二月十五日　新 7：1951－1－15－過約聯單

[公元一九五〇年] 二月　新 6：1950－12－20－11～12，新 6：1950－12－20－14

公元一九五〇年三月十七日　光 13：17－3－2－田房過約移轉證，新 1：1950－3－17－8，新 1：1950－3－17－過約聯單（2）

公元一九五零年四月十一日　新 2：1950－7－12－過約聯單

公元一九五零年六月廿六日　新 4：1950－7－26－過約聯單

公元 1950 年 7 月 12 日　民 91：37－2－7－田房過約移轉證

公元一九五零年七月十二日　新 2：1950－7－12－9，新 2：1950－7－12－過約聯單（2）

公元一九五〇年七月廿三日　新 5：1950－10－22－過約聯單

公元一九五零年七月廿六日　新 3：1950－7－26－9，新 3：1950－7－26－過約聯單，新 4：1950－7－26－9，新 4：1950－7－26－過約聯單（2）

公元一九五〇年七月廿六日　新 3：1950－7－26－過約聯單

公元一九五〇[年]七[月]廿六[日]　新 3：1950－7－26－田房過約移轉證

公元一九五零年拾月弍拾弍日　新 5：1950－10－22－9

公元一九五〇年十月廿二日　新 5：1950－10－22－過約聯單（2）

公元一九五〇年十二月二十日　新 6：1950－12－20－28

一九五一年一月八日　新 14：1953－1－13－過約聯單

公元一九五壹年元月十五日　新 7：1951－1－15－9

公元一九五一年元月十五日　新 7：1951－1－15－過約聯單

公元一九五一年元月十八日　新 7：1951－1－15－過約聯單

[一九五〇年] 陰曆十二月十二日　新 6：1950－12－20－23

公元一九五壹年二月十六日　新 8：1951－2－16－9

公元一九五一年二月十六日　新 8：1951－2－16－過約聯單

公元一九五一年二月廿一日　新 8：1951－2－16－過約聯單

公元一九五一年一月廿二日　新 11：1952－6－10－過約聯單

公元一九五壹年伍月四日　新 9：1951－5－4－9

公元一九五一年五月四日　新 9：1951－5－4－過約聯單（2）

[一九] 五一年十一月八日　新 10：1951－12－21－過約聯單

公元一九五壹年十二月廿一日　新 10：1951－12－21－9

[一九] 五一年十二月廿一日　新 10：1951－

一九五七年八月二十七日　新 21：1957 – 8 – 27 – 過約聯單

未知

? 年? 月十五日　嘉 4：17 – 11 – ? 7 – 11

印文索引

B

白福之章　民 69：成紀 734 – 6（4） – 12（25） – 印 1，民 72：成紀 736 – 1 – 20 – 印 13
白亮之章　民 76：成紀 738 – 12 – 15 – 印 16 ~ 17
白泉圖章　民 72：成紀 736 – 1 – 20 – 印 9
白中義章　新 8：1951 – 2 – 16 – 印 5
畢勒圖章　民 81：35 – 3 – 1 – 印 13
博特格其　新 6：1950 – 12 – 20 – 印 6

C

財政部印　民 30：14 – 6 – 10 – 印 1 ~ 2
曹世光章　新 7：1951 – 1 – 15 – 印 7
陳友仁章　新 10：1951 – 12 – 21 – 印 2
陳玉卿章　新 15：1953 – 4 – 13 – 印 2
崇廉　民 76：成紀 738 – 12 – 15 – 印 19，民 77：成紀 739 – 5 – 26 – 印 17，民 79：成紀 739 – 5 – 〇 – 印 10，民 80：成紀 739 – 〇 – 〇 – 印 7

D

達木欠　民 67：27 – 5 – 10 – 印 1 ~ 2，民 90：37 – 1 – 22 – 印 1，新 11：1952 – 6 – 10 – 印 1，新 17：1956 – 2 – 28 – 印 2
得宜　民 37：19 – 3 – 4 – 印 2，民 38：19 – 3 – 5 – 印 1 ~ 4、印 6
杜振元　新 12：1952 – 10 – 16 – 印 2

F

費榮德章　民 67：27 – 5 – 10 – 印 5，民 79：成紀 739 – 5 – 〇 – 印 8
傅佩英章　新 15：1953 – 4 – 13 – 印 3

G

各執一張為証　新 16：1955 – 1 – 12 – 印 2
歸化土默特旗旗政府印〈漢蒙〉　民 74：32 – 3 – 18 – 印 3、印 5、印 7 ~ 8，民 75：32 – 11 – 〇 – 印 3、印 5、印 7 ~ 8，民 81：35 – 3 – 1 – 印 8、印 11、印 15 ~ 16，民 82：35 – 6 – 12 – 印 5、印 8、印 10 ~ 11，民 83：35 – 11 – 1 – 印 4、印 7、印 10 ~ 11，民 84：35 – 11 – 1 – 印 4、印 7、印 9 ~ 10，民 85：35 – 11 – 15 – 印 4、印 7、印 9、印 11 ~ 12，民 86：36 – 2 – 13 – 印 4、印 7、印 9 ~ 10，民 87：36 – 3 – 7 – 印 5、印 8、印 10 ~ 11，民 88：36 – 8 – 8 – 印 7、印 9 ~ 11，民 89：36 – 12 – 16 – 印 4、印 7、印 9 ~ 10，民 91：37 – 2 – 7 – 印 8、印 12、印 14 ~ 15，民 92：37 – 3 – 18 – 印 7、印 10、印 12 ~ 13，民 93：37 – 3 – 23 – 印 6、印 9、印 11 ~ 12，民 94：

37－7－27－印4、印6、印8～9，民95：38－7－6－印3、印5、印6～7，民96：38－9－1－印3、印6、印8～9，民97：38－9－21－印3、印7、印9～10

歸綏市回民自治區人民政府　新11：1952－6－10－印3

歸綏縣知事之實印　咸11：4－3－27－印1～2，光13：17－3－2－印1，光14：19－2－13－印1～2，光54：31－5－1－印1，光55：31－5－1－印1～3，光56：31－10－5－印1～2，光65：32－8－18－印1～2，光71：? －2－17－印1～2，民7：3－10（9）－19（1）－印1

H

何蘭生章　新13：1952－12－20－印3

呼和浩特市人民委員會房地產管理處〈蒙漢〉新20：1957－3－8－印1，新21：1957－8－27－印1

呼和浩特市人民政府印〈漢蒙〉　新16：1955－1－12－印1、印4～5，新17：1956－2－28－印1、印4～5

胡天全章　民22：10－7－30－印1～4

J

焦瑞　民87：36－3－7－印7

金子福章　民71：成紀735－12－15－印1～8、印10～12，民72：成紀736－1－20－印1～8、印10～12

謹慎　民14：7－9－9－1～6

靳福　民81：35－3－1－印10

K

冦文學　民83：35－11－1－印6

L

劉長命印　民61：25－9－28－印1

劉富印章　民91：37－2－7－印10～11

劉庫圖章　民88：36－8－8－印8

劉榮圖章　民74：32－3－18－印4，民75：32－11－〇－印4

劉瑞　民96：38－9－1－印5

劉尚仁章　民97：38－9－21－印5，新1：1950－3－17－印4

M

馬貴圖記　民15：7－12－29－印3

馬金山印　民61：25－9－28－印4

馬俊　民70：成紀735－12－11－印1

馬連根章　新16：1955－1－12－印3

馬儒　新14：1953－1－13－印3

馬三元章　民61：25－9－28－印6

馬文仕振充圖　民15：7－12－29－印2

馬有泉章　新17：1956－2－28－印3

馬澤民　民67：27－5－10－印6

馬正福章　民61：25－9－28－印5

馬正海章　民61：25－9－28－印2

毛華冉章　新5：1950－10－22－印5

孟財圖章　民82：35－6－12－印7

苗文征章　民65：26－9－3－印6

苗子正　民73：成紀737－1－1－印12

苗子正章　民81：35－3－1－印12

民國印花　民 25：13 – 4 – 8 – 印 1

N

內蒙古自治區呼和浩特市人民委員會〈蒙漢〉 新 18：1956 – 8 – 21 – 印 1 ~ 3，新 19：1956 – 8 – 21 – 印 1、印 3 ~ 4

R

榮祥　新 6：1950 – 12 – 20 – 印 5

瑞和堂章　民 64：26 – 5 – 28 – 印 4

S

沙瑞圖章　民 95：38 – 7 – 6 – 印 4

沙翁欽章　民 41：20 – 12 – 24 – 印 1，民 56：24 – 7 – 11 – 印 1

申明亮章　民 97：38 – 9 – 21 – 印 6

慎行　民 21：10 – 7 – 30 – 印 3，民 22：10 – 7 – 30 – 印 6

生計處印花章　民 83：35 – 11 – 1 – 印 3，民 84：35 – 11 – 1 – 印 3，民 85：35 – 11 – 15 – 印 3，民 86：36 – 2 – 13 – 印 3，民 87：36 – 3 – 7 – 印 4，民 88：36 – 8 – 8 – 印 3 ~ 6，民 89：36 – 12 – 16 – 印 3，民 91：37 – 2 – 7 – 印 3 ~ 7，民 92：37 – 3 – 18 – 印 3 ~ 6，民 93：37 – 3 – 23 – 印 3 ~ 5

生計會印花　民 76：成紀 738 – 12 – 15 – 印 6 ~ 13，民 77：成紀 739 – 5 – 26 – 印 5 ~ 10，民 78：成紀 739 – 5 – 30 – 印 4，民 79：成紀 739 – 5 – ○ – 印 1 ~ 2

壽山□□□　民 15：7 – 12 – 29 – 印 1

綏遠局　民 30：14 – 6 – 10 – 印 3

綏遠省人民政府公安廳公安學校　新 9：1951 – 5 – 4 – 印 2

綏遠省土默特旗人民政府印〈漢蒙〉　新 1：1950 – 3 – 17 – 印 3、印 5 ~ 7、印 10

綏遠張如松　民 55：25 – 5（4）– 28（26）– 印 1

孫有仁章　民 84：35 – 11 – 1 – 印 6

T

唐寶山印　民 57：24 – 7 – 5 – 印 4

唐保圖章　民 78：成紀 739 – 5 – 30 – 印 12

唐玉　民 67：27 – 5 – 10 – 印 3

唐珍圖章　民 77：成紀 739 – 5 – 26 – 印 15

佟德義印　民 92：37 – 3 – 18 – 印 9

佟瑞　民 61：25 – 9 – 28 – 印 3

土默特旗人民法院印〈漢蒙〉　新 6：1950 – 12 – 20 – 印 8

土默特旗人民政府印〈漢蒙〉　新 2：1950 – 7 – 12 – 印 4、印 6，新 3：1950 – 7 – 26 – 印 4 ~ 5，新 4：1950 – 7 – 26 – 印 4 ~ 5，新 5：1950 – 10 – 22 – 印 4、印 22 ~ 23，新 7：1951 – 1 – 15 – 印 6、印 8 ~ 9，新 8：1951 – 2 – 16 – 印 7、印 8 ~ 9，新 9：1951 – 5 – 4 – 印 1、印 3 ~ 4，新 10：1951 – 12 – 21 – 印 1、印 3 ~ 4，新 11：1952 – 6 – 10 – 印 2、印 4 ~ 5，新 12：1952 – 10 – 16 – 印 1、印 3 ~ 4，新 13：1952 – 12 – 20 – 印 2、印 4 ~ 5，新 14：1953 – 1 – 13 – 印 2、印 4 ~ 5，新 15：1953 – 4 – 13 – 印 1、印 4 ~ 5

土默特旗生計會厚和分會〈漢蒙〉　民 76：成紀 738 – 12 – 15 – 印 20，民 77：成紀 739 – 5 – 26 – 印 18，民 78：成紀 739 – 5 – 30 – 印 9，民 79：成紀 739 – 5 – ○ –

印 11，民 80：成紀 739－〇－〇－印 8

土默特旗生計會厚和分會成紀 738. 12. 15 驗訖 民 76：成紀 738－12－15－印 21

土默特旗生計會厚和分會成紀 739.　. 驗訖 民 80：成紀 739－〇－〇－印 9

土默特旗生計會厚和分會成紀……驗訖 民 64：26－5－28－印 8，民 65：26－9－3－印 8，民 68：成紀 733－6－19－印 2，民 77：成紀 739－5－26－印 19，民 78：成紀 739－5－30－印 10，民 79：成紀 739－5－〇－印 12

土默特旗生計會厚和分會圖章　民 68：成紀 733－6－19－印 5～7，民 76：成紀738－12－15－印 1～5、印 15、印 24～26，民 77：成紀 739－5－26－印 1～4、印 12、印 22～23，民 78：成紀 739－5－30－印 1～3、印 6、印 13～14，民 79：成紀 739－5－〇－印 3～5、印 7、印 15～16，民 80：成紀 739－〇－〇－印1～3、印 6、印 12～13

土默特旗生計會厚和分會之鈐記〈漢蒙〉 民 64：26－5－28－印 10，民 65：26－9－3－印 10，民 68：成紀 733－6－19－印 3～4，民 76：成紀 738－12－15－印 14、印 18、印 22～23，民 77：成紀 739－5－26－印 11、印 14、印 20～21，民 78：成紀 739－5－30－印 5、印 8、印 11～12，民 79：成紀 739－5－〇－印 6、印 9、印 13～14，民 80：成紀 739－〇－〇－印 4～5、印 10～11

土默特旗……厚和生計會圖章　民 64：26－5－28－印 11～12，民 65：26－9－3－印 11～12

土默特特別旗公署▨〈漢蒙〉　民 64：26－5－28－印 9，民 65：26－9－3－印 9

土默特特別旗歸綏生計處民國 31. 3. 24 驗訖 民 92：37－3－18－印 11

土默特特別旗歸綏生計處民國 35. 3. 9 驗訖 民 81：35－3－1－印 14

土默特特別旗歸綏生計處民國 35. 6. 19 驗訖 民 82：35－6－12－印 9

土默特特別旗歸綏生計處民國 35. 11. 13 驗訖 民 84：35－11－1－印 8

土默特特別旗歸綏生計處民國 35. 11. 15 驗訖 民 83：35－11－1－印 9

土默特特別旗歸綏生計處民國 35. 11. 19 驗訖 民 85：35－11－15－印 8

土默特特別旗歸綏生計處民國 36. 2. 22 驗訖 民 86：36－2－13－印 8

土默特特別旗歸綏生計處民國 36. 3. 14 驗訖 民 87：36－3－7－印 9

土默特特別旗歸綏生計處民國 36. 4. 29 驗訖 民 74：32－3－18－印 6，民 75：32－11－〇－印 6

土默特特別旗歸綏生計處民國 36. 8. 18 驗訖 民 88：36－8－8－印 10

土默特特別旗歸綏生計處民國 36. 9. 12 驗訖 民 96：38－9－1－印 7

土默特特別旗歸綏生計處民國 36. 12. 12 驗訖 民 89：36－12－16－印 8

土默特特別旗歸綏生計處民國 37. 2. 26 驗訖 民 91：37－2－7－印 13

土默特特別旗歸綏生計處民國 37. 3. 27 驗訖 民 93：37－3－23－印 10

土默特特別旗歸綏生計處民國 38. 9. 24 驗訖 民 97：38－9－21－印 8

土默特特別旗歸綏生計處民國……驗訖　民 94：37－7－27－印 7

土默特特別旗歸綏生計處圖章　民 74：32－3－18－印 1～2、印 9～10，民 75：32－

11－〇－印1～2、印8～9，民81：35－3－1－印1～7、印9、印17～19，民82：35－6－12－印1～4、印6、印12～13，民83：35－11－1－印1～2、印5、印8、印12～13，民84：35－11－1－印1～2、印5、印11～12，民85：35－11－15－印1～2、印5、印11～12，民86：36－2－13－印1～2、印5、印11～12，民87：36－3－7－印1～3、印6、印12～13，民88：36－8－8－印1～2、印13，民89：36－12－16－印1～2、印5、印11～12

土默特特别旗歸綏生計股圖章　民91：37－2－7－印1～2、印9、印16～17，民92：37－3－18－印1～2、印8、印14～15，民93：37－3－23－印1～2、印7、印13～14，民94：37－7－27－印1～2、印5、印10～11，民95：38－7－6－印1～2、印8～9，民96：38－9－1－印1～2、印4、印10～11，民97：38－9－21－印1～2、印4、印11～12

土默特特別旗人民政府財政科　新1：1950－3－17－印1～2、印8～9，新2：1950－7－12－印1～3、印7～9，新3：1950－7－26－印1～3、印6～8，新4：1950－7－26－印1～3、印6～8，新5：1950－10－22－印1～3、印24～25，新7：1951－1－15－印3～5、印10～12，新8：1951－2－16－印3～4、印6、印10～11，

W

王炳元章　民21：10－7－30－印2，民22：10－7－30－印5

王耀先　民73：成紀737－1－1－印13

王有義　民71：成紀735－12－15－印13，民72：成紀736－1－20－印14

王有義章　民34：18－4－20－印1～4，民48：21－11－27－印1、印3～6，民58：24－8（7）－8（10）－印1～3，民67：27－5－10－印4

王振鐸　民70：成紀735－12－11－印2

王志周印　民59：25－8－20－印1

王□□章　民68：成紀733－6－19－印1

武川縣第八區上禿亥村長圖記　民49：22－9－20－印1

武守良　新2：1950－7－12－印5

X

蕭國璽章　民77：成紀739－5－26－印16

徐本立章　民65：26－9－3－印1～5、印7

Y

楊生義印　民57：24－7－5－印1～3

楊學祥章　民86：36－2－13－印6

楊在忠章　民77：成紀739－5－26－印13

已辦　民97：38－9－21－印13

尹貴　民89：36－12－16－印6

印花　新5：1950－10－22－印6～19，新7：1951－1－15－印1～2，新8：1951－2－16－印1～2，新13：1952－12－20－印1，新14：1953－1－13－印1

于福圖章　民85：35－11－15－印6

于茂英章　民59：25－8－20－印3

余祝三印　新6：1950－12－20－印1～4、印7

Z

張真　民93：37－3－23－印8

趙順圖章　民 71：成紀 735－12－15－印 12
周學仁章　民 73：成紀 737－1－1－印 1～11
註銷　同 7：8－11－15－印 1，民 62：25－10－24－印 1，新 7：1951－1－15－印 13
子禄　民 64：26－5－28－印 7
□□園收訖　民 20：9－6－15－印 1
□□書　光 39：26－10－7－印 2

漫漶不識之印文

光 39：26－10－7－印 1
民 1：1－7（6）－20（7）－印 1～7
民 7：3－10（9）－19（1）－印 2
民 14：7－9－9－印 7
民 21：10－7－30－印 1～2
民 37：19－3－4－印 1，民 38：19－3－5－印 5
民 48：21－11－27－印 2
民 54：24－4－15－印 1
民 59：25－8－20－印 2
民 62：25－10－24－印 2～4
民 63：26－4－5－印 1
民 64：26－5－28－印 1～3、印 5
民 64：26－5－28－印 6
民 94：37－7－27－印 3
新 5：1950－10－22－印 20～21
新 19：1956－8－21－印 2

附　土默特蒙古文書中金氏家族譜系梳理

李艷玲

土默特蒙古金氏家族文書是金氏後人收藏的本家族文書，共二百四十二件，年代從清代乾隆二十年（一七五五）至新中國一九五七年八月二十七日。① 文書內容主要記載了該家族在今呼和浩特地區的田地、房產、牧場等土地不動產類的租賃、典押、買賣經營情況，另有極少數的墾地執照、法律判決類文書。該家族或屬於黃金家族後裔，② 本文將對文書中出現的這一家族人物譜系加以梳理。

一

文書出現的首位可能屬於金氏家族成員的名字是阿奇溫貳賴。在乾隆二十年趙喜賃到王老爺房屋的漢滿雙語約中，趙喜從王老爺手中租賃到房屋，而承當者姓名寫作「阿奇溫貳賴」，滿文部分提到房東，但沒有寫明其姓名。由其他文書中承當者為土地、房屋類不動產所有者，推知趙喜租到的房屋所有權歸屬於阿奇溫貳賴，「王老爺」可能是轉賃人，也可能正是以阿奇溫貳賴意譯首字加以稱呼。③ 第二個人名是祆木楝，乾隆二十七年的文書寫明蒙古祆木楝是把什把布佐領的下人，其為出租人，與民人陳如明合

---

① 這批文書的圖版已出版，即鐵木爾主編《內蒙古土默特金氏蒙古家族契約文書彙集》，中央民族大學出版社二〇一一年版（以下簡稱《彙集》）。文中所引該家族文書，主要出自此書。因為該書基本按時間順序排印圖版，根據時間易找到文書所在頁碼，所以本文引用文書內容時一般標明時間，不一一注出頁碼。本文引用的滿文、蒙文文書內容，以及蒙古人名的轉寫與含義，皆賴青格力先生告知，在此深表謝意，一切可能出現的錯誤，均由筆者承擔。

② 金鳳、金晨光：《土默特蒙古金姓考》，《蒙古學資訊》二〇〇三年第一期。

③ 清代歸化城土默特右旗六甲地區（今屬包頭）的土地契約中，任職驍騎尉和前鋒校的富興被稱為「富老爺」就是一例。見黃時鑒《清代包頭地區土地問題上的租與典——包頭契約的研究之一》，《內蒙古大學學報》一九七八年第一期。這批金氏家族文書中，任職驍騎校的三還賓亦曾被稱呼為「三還賓老爺」，見鐵木爾主編《彙集》，第一七頁。

夥開採煤窑。因文書殘缺，第三個金氏家族人物名字不全，作為出租土地者仍被稱作老爺，即「都老爺」，詳見乾隆三十七年十一月十九日寫立的契約。① 蒙文文書記載第四個人名是策旺道爾吉，來自藏語tshe-dbang-rdo-rje，意為「壽自在金剛」。此人在乾隆四十七年立約以自己的土地租金償還借款，在嘉慶十一年（一八〇六）「因手頭不寬裕」，又立約以土地租金償還借款，以「道布丹蘇木先鋒道爾吉」的稱呼出現。第五個人名是圪令，出現在乾隆五十一年出租把柵村土地的契約中，該名字單獨似乎與藏語「dge-slong」（比丘）相似，但獨作人名的可能性不大，或是蒙古語「色力圪楞」（sergüleng聰慧）之「圪楞」，是人名的半部。在同一文書中，同中見人即包括色力圪楞。乾隆五十五年文書中出現第六位人物公慶，他出租雲社堡村水地、白旱地、空地基與顧清，同治十年（一八七一）金寶、金印同母重立出賣房地的合同再次提到了這次出租事宜，但未透露公慶與後人金寶等人的關係。限於資料，以上金氏家族六位人物的相互關係及與以下後人的具體關係尚無從得知。

按見於文書寫立時間的先後順序，出現在公慶之後的是丹巴爾扎布，其任職扎蘭章京。這一名字來自藏文bsdan-par-skyabs，意為「護教」。嘉慶十五年冬首月蒙文文書記「扎蘭章京丹津扎木蘇寡婦」自願以三十萬文錢將城西門外房院一部分賣給「扎蘭章京丹巴爾扎布妻阿拉坦扎布」，「供其敬奉佛法之用」。另由嘉慶十四年仲冬月蒙文契約中「立契約之人章京阿木爾吉爾嘎勒蘇木所屬寡婦阿拉坦扎布、子卻丹巴，正將自己於查素齊嘎查之房屋土地佃租與巴克什板升之隨丁布顏岱」，可知阿拉坦扎布為丹巴爾扎布妻子，卻丹巴是丹巴爾扎布之子，丹巴爾扎布在嘉慶十四年仲冬月已經去世，但具體時間不明。卻丹巴即藏文chos-dam-pa，意為「善教」，指佛教。

在丹巴爾扎布、卻丹巴父子之後出現的人名是納旺爾林慶，又寫作惱王林慶、納旺林慶。「林慶」是rin-chen無疑，來自藏語的「珍寶」，「惱旺」可能是ngag-wang，「語自在」的意思。光緒二十六年（一九〇〇）觀音保出賣祖遺空園地與陳有合同約的批注中提到嘉慶十七年「納旺爾林慶」將地出租與邢兆明、胡文富。同治元年馮華租到空地基約中記載，「情因蒙古金宝、金貴同母薩楞氏之故父納旺林慶生前於道光伍年間，將伊牛橋西順成街路南空地壹塊寫立四至合約，每年交納地鋪錢貳千文，租與王承德修盖鋪房，永遠為業」。由此可以確定納旺林慶與金寶、金貴為父子關係，其妻為薩楞氏。惱王林慶出現在一份清某十七年的文書

① 鐵木爾主編《彙集》，第三頁。「老爺」二字前面的一字只殘留左半部分「者」，右半部分缺損，以「□」表示。

裏，文書記載：「立出賃空地基约人歸化城丹府三太太暨子惱王林慶，今將租（祖）遺察素齊街中路北空地基壹塊……情愿出賃與天亨店永遠修理住坐為業。」① 從文書殘存的紀年筆劃及上面提到的光緒二十六年約，推測該賃地約寫立於嘉慶十七年。那麼，納旺林慶的母親被稱為丹府三太太。咸豐四年（一八五四）出典屋地合同約第一行提到「丹府三太太同子三人井玉、宝」，井玉、井宝又可分別寫作金玉、金寶，其母親即薩楞氏亦被稱為丹府三太太。文書記載看起來相矛盾，這裏不排除因收繼婚，納旺林慶母親與薩楞氏是同一人。但若是同一人，其出現於文書的時間從嘉慶十七年至同治十一年，長達六十年，尚未計入其育子前的年齡，如此長壽之人在當時應較為罕見。另，我們通讀上引咸豐四年出典屋地合同約，發現其中還提到丹府老太太，即「又有嘉慶九年约，丹府老太太使過錢柒千文」。所以這兩位丹府三太太可能並非同一人，被稱為丹府三太太的納旺林慶之母或即後來的丹府老太太，而納旺林慶之妻薩楞氏僅此一次被稱呼為丹府三太太，當時納旺林慶的母親應已不在世，其他文書中多稱呼納旺林慶妻子為「三太太、井三太太」（詳後）。根據咸豐二年十二月二十六日沙紅德佃到「蒙孀婦同子金寶」營房路西空地基合同約，可知當時納旺林慶已經去世。此處的丹府不知是否與扎蘭章京丹巴爾扎布的名字有關，若由該名字得來，則納旺林慶是丹巴爾扎布之子，與卻丹巴為兄弟關係。

嘉慶二十五年的文書中出現揑圪登一名，文書記曰：「立出租地文約人揑圪登，今因差事緊急，無處輾轉，今將自己雲社堡村祖遺户口白地壹頃，隨水壹俸弍厘五毫，情愿出租與楊光彦名下耕種為業。」② 在道光十二年（一八三二）、十三年又因「使用不足」出租祖遺雲社堡村土地，寫作聶圪登。另外，道光十三年十一月初九日和道光十四年二月十六日，三黄寶因「手中空乏」出租祖遺雲社堡村土地的合同約中，聶圪登一名以知見人的身份出現。道光二十三年合同約中提到，「立租空地基约人驍騎校三皇寶，今因祖父台吉麦丹嘎蘭達新移歸化城，大西街二道羅門口東南角空地基壹塊……同人講明，情願租與和盛碾房建盖房屋，永遠住佔。道光伍年使過押地錢伍千。於貳拾叁年……三皇寶实乃困乏，央人又使過押地錢拾伍千」。聶圪登或揑圪登、麦丹，即藏文legs-ldan，意為「具善」。又，清代土默特蒙古人俗稱參領（章京）為「嘎蘭達」。③ 可知，擁有台吉爵位的聶圪登早在道光五

① 該文書不見於鐵木爾主編《彙集》，應是誤漏。這裡依據文書保存者提供的照片。在此，對金氏後人鐵木爾先生慨然提供文書照片謹致謝忱。

② 鐵木爾主編《彙集》，第八頁。文書中「名下」二字原本殘缺不全，根據其他文書和文意可知是此二字，所以補全並在字外加「□」。下文補字亦同樣處理。

③ 金鳳、金晨光：《土默特蒙古金姓考》，注一。

年移至歸化城，任職章京，與三黃寶是祖孫關係；其在道光二十三年或已經過世。聶圪登出租的土地集中在雲社堡村，另有大西街土地。咸豐四年三太太同子金寶出推空地基合同約的中見人姓名包括力圪登，力圪登也是legs-ldan的一種異寫方式。蒙古人名無姓氏，不輕易使用近鄰或家族之人名，所以此力圪登與出租土地的聶圪登可能是同一人。但如是，又與上引道光二十三年聶圪登已去世的推測相矛盾，所以也不排除力圪登與聶圪登非同一人的可能性。

三黃寶，又寫作三皇寶、三還寶，除出現在上面三份文書外，還是道光十三年十一月廿二日、廿三日和道光二十四年三月初九日出租土地的立約人。道光十三年十一月初九日的合同約首行蒙文是「老三」，而在道光二十三年合同約的蒙文中三皇寶被稱為「三老爺」、二十四年的合同約中是三還寶老爺，當與其已擔任驍騎校職務有關。從這些稱呼及三黃寶出現的時間看，前文提到的三太太應是三皇寶之妻。那麼，三皇寶與納旺林慶是同一人，扎蘭章京丹巴爾扎布就是三皇寶父親，也是聶圪登之子，丹巴爾扎布先於聶圪登去世。三黃寶出租的土地坐落於雲社堡村、一塊在歸化城大西街。

二

由前文可知，三太太（薩楞氏）是金貴、金寶、金玉的母親。同治十年金寶、金印同母出典清水的合同約，以及同治十一年馬良俊佃到三太太同子金保、銀保祖遺空地基合同約，表明三太太的兒子還包括金印、銀保。咸豐四年董全福租到井寶同母井三太太祖遺空地基合同約，咸豐八年曹鳳喜佃到金氏同子金玉、金寶、金貴空地基合同約，顯示三太太又被稱為金氏、井三太太。三太太首見於咸豐元年二月十五日的文書中，文書云：「立賃空地基合约人回民費文玉，今賃到蒙古金貴同母祖遺營坊路西空地基壹塊。」這也是該家族人員首次以金氏為姓出現在文書中。其最後一次出現是在同治十一年二月十三日馬良俊的佃空地基約。有三太太出現的共十八份文書中，她皆是同子一起作為出佃土地的立約人。

金貴，又寫作井貴，共出現在十九份文書中，身份都是土地出租者。金貴首次出現在上述咸豐元年同母出賃給費文玉空地基的文書中，最後見於光緒十一年合同約中，即「立佃空地基约人拜印，今佃到金貴，乳名五十四，自己祖遺户口地公主府路東白地基壹段」。光緒九年文書亦記載「立佃空地基約人金貴乳名五十四」，① 由此透露出金貴乳名是五十四。十九份文書中的八件，即咸豐元年（同母）、四年（同母）、五年（同母）、七年（同母）、八年（同母、金玉、金寶），同治元年（同母、金寶）、十二年（同金寶）的文書中，金貴並非唯一的土地出租人，其餘咸豐元年（兩份）、四年、七年，同治六年，光緒四年、五年（三份）、九年、十一年等十一件文書內金貴是獨立的土地出租者。

金寶，又寫作井寶、金保，共出現在二十份文書中。其中在光緒三十二年達穆歎同孀母過租祖遺水倖約中，衹是明確金寶與出租人達穆歎的祖孫關係時被提及，即「立過永遠水奉約人歸化城蒙古金寶之孫達穆歎同孀母」。剩餘的十九份文書，金寶之名首見於咸豐元年金寶同母出租祖遺空地基約，最後見於光緒四年曹祿佃金保祖遺空地基約。咸豐二年金寶同母出佃地基的兩份合同約末尾分別批有蒙文「善吉米杜之個人漢文張」、「善吉米杜布有個人漢文之舊約」，咸豐四年董全福租到井寶同母井三太太空地基約批注蒙文「次子善吉米杜布之個人文書」，可知金寶又名「善吉米杜（布）」，且是三黃寶的次子。金寶的身份除出租人外，還曾充當中見人。但僅在光緒四年的合同約和咸豐元年劉範中租到蒙古金寶祖遺空地基約，金寶是唯一的土地出租人，而後一份合同約的承當者寫明是「金寶母子」，所以實際衹有一份合同約是金寶獨自訂立。金寶作為中見人先後出現在咸豐元年金貴出租地基合同（兩份）、咸豐四年金貴出租地基合同、同治六年庫倉佃到馬花龍之妻馬氏地基合同。② 其他十四份合同約，金寶皆是同母親或弟兄一同作為祖遺土地的出租人，包括咸豐元年（同母）、二年（兩份皆同母）、四年（兩份同母，一份同母與金玉）、八年（同母與金玉、金貴）和同治元年（同母與金貴）、十年（一份同金印，兩份同母與金印）、十一年（同母與銀保）、十二年（同金貴）等合同約。金寶、金貴母子出租賃賣的土地位置一般在營坊道西、公主府路，還有小西街、十間房道東、牛橋西順城街路南等地區。

需注意的是，咸豐四年十月初一日訂立的出推空地基約記載，「立出推空地基文約人歸化城禮噶蘭達蘇木下三太太同子金寶，乳名五十四」，這與前述金貴乳名五十四相矛盾。五十四之名還見於同治二年穆萬林佃到五十四同母祖遺空地基、同治四年馬萬義

① 鐵木爾主編《彙集》，第一一四頁。原文書紀年殘缺，從殘存字跡推測應是光緒九年（一八八三）。
② 同治六年出佃地基的馬花龍之妻馬氏與金氏家族是何種關係，現有文書內容沒有說明，不排除馬氏原是金氏家族地基的承佃者，在此作為轉佃人出現。

佃到三太太同子五十四空地基、同治八年穆萬林佃到五十四同母空地基等合同約。這幾份文書都未透露五十四到底是金貴還是金寶的乳名。但綜合現有文書資料，五十四應是金貴乳名（詳見後面論述）。

金玉，又寫作井玉，共出現在五份文書中。首見於咸豐元年金貴出租祖遺空地基、馬元租到蒙古金貴空地基的合同約，其身份都是中人。咸豐四年馬登亮租到蒙古井貴祖遺空地基合約中，金玉也是中人。另在咸豐四年三太太同子井玉、井寶出典屋地、咸豐八年曹鳳喜佃金氏同子金玉、金寶、金貴空地基的合同約，金玉與他人一同作為土地出租人而不是獨立出租人出現。

金印，首見於同治十年四月十八日趙亮佃金印空地基的文書中。同年又與金寶出佃空地基，與金寶同母親三人一起出典清水以及重立出賣房地合同。另在光緒二年金印出賃祖遺空地基給文玉祥，①光緒六年金印同妻出推地與李世榮。②金印之名最後見於光緒十五年唐貴佃到金印祖遺空地基合同約。其出佃賃賣土地坐落在十間房路東、營房路西、西瓦窑村。

銀保，僅見於同治十一年馬良俊佃三太太同子金保、銀保祖遺空地基合同約。

三

前面提到金寶的孫子是達穆歉，又，光緒二十六年十月初五日出典地合同約記載「立出典永遠地约人官印寶寡夫（婦）同子達木氣」，可知官印寶是達木氣之父，金寶之子，其時已經去世。官印寶，又寫作官應寶、觀音保、官印保、官音保、官音寶。其首見於光緒八年官印保出典地鋪合同約，隨後又出現在光緒十七年、十九年（三份）、二十年（五份）、二十一年（兩份）、二十二年（兩份）、二十三年、二十四年、二十五年、二十六（六份）、二十九年、三十一年的佃賣土地合同約。在這些文書中，官印寶都是唯一的佃賣人和承當人，但光緒二十六年合同約中的三份和二十九年、三十一年的合約訂立時間是在官印寶離世之後，目前尚無法解釋清楚這種現象，不知是否乃官印寶家人以其名義補立的過租約。官印寶出典賃賣的土地主要位於營坊道路西、甲喇板申村、雲社堡村，另有少量在北柵外公主府半道、花城西付門西、畢克齊村、歸化城府署西南。

① 鐵木爾主编《彙集》，第一一三頁。該合同約年號缺失，查賃地雙方均在同治十年趙亮佃金印空地基合同約出現，其中文玉祥為中人；出賃人金印均出現在同治、光緒年間的合同約。另結合本文書殘存年月有「貳年閏五月」，可推知其年代為光緒二年。

② 該文書不見於鐵木爾主编《彙集》，應是誤漏。這裏依據文書保存者提供的照片。

至於官印寶之妻，由光緒二十六年觀音保出賣祖遺空園地合同約內附記「蒙古寡婦香々同幼子達木氣，情因吾母子度費無支」，知其名香香。宣統元年（一九〇九）崇福堂拜姓佃到空地基約又寫作祥祥。香香最先以達木氣母親名義出現，即在光緒二十二年達木氣出佃空地基與白祁公合同中，承當者為「達木氣同母」；最後見於民國十三年（一九二四）滿億佃到空地基約，文書云：「今同中佃到蒙古寡婦同伊子達木欠、雙全爾等祖遺歸化營坊道路西坐北空地基壹塊。」從而亦可知官印寶之子除達木欠外，還有雙全尒。民國十三年馬俊租到空地基合同約提到「達木欠同伊弟雙全尒」，明確了達木切與雙全爾的兄弟關係。除光緒二十七年，香香獨自出佃土地給白起成外，其皆是同子達木氣一起作為土地出佃賃賣或質押租資的立約人。

達木切，又寫作達木欠、達木齊、噠木氣、達木歉、達穆歉、撓木氣、達木計、達木器、達木且、達木氣、打木欠，等等，來自藏語的dam-chos，即「妙法」。他的漢名是金萬富。① 另外，成紀七三五年（一九四〇）陳一明租到蒙古達木氣祖遺空地基合同約，鈐有「金子福章」，卻無金子福人名。但成紀七三六年白全租到的土地是「蒙古金子福自己祖遺户口空地基」，並鈐有「金子福章」，由此或可推斷金子福亦是達木切的名字。根據一九五〇年十二月二十日土默特旗人民法院民事判決書記載「達木切，男，年五十五歲，土十旗人，住搗拉土木村」，以及達木切後人回憶，其生於一八九六年，亡於一九六〇年。② 達木切同母親一樣首見於光緒二十二年出佃空地基與白祁公的合同約，其作為唯一的土地出佃人，卻與母親同為承當人，或與達木切當時幼小有關。除卻前面提及的成紀七三六年白全租到土地約外，現有的一百四十五份文書中，七十六份（含一份承犂執照）是達木切作為獨立的立約人，二十九份同母親（含達木切為獨立立約人而與母親一起為承當者的文書）、十份同母親和弟弟、二十九份同雙全、一份同金寶義作為一方共同的立約人。按達木切母親不再見於文書之後，與達木切作為一方立約人的皆是雙全，所以金寶義可能是雙全爾的另一名字。

雙全，又寫作雙全爾、雙泉、拴全爾，最早見於民國六年劉花榮租到達木氣、雙全爾母子祖遺空地基約。凡有雙全出現的契約，他都是同達木欠一同作為立約人，而沒有獨自出現在文書中。有達木切、雙全爾參與交易的土地主要位於營房路西、雲社堡村、甲藍板申村，另有位於十間房路、公主府路東、大西街、通道街、西順城街、大照壁東、營坊半道路西、西府衙門西面、營

① 鐵木爾主編《彙集》「我的親人和家傳契約（代序言）」，第一頁。
② 鐵木爾主編《彙集》「我的親人和家傳契約（代序言）」第二、五頁；楊道爾吉：《等待被喚醒的真實》，鐵木爾主編《彙集》，第二頁。

坊道路北、太和館巷、太管巷、西河上村、黑山子村、伊哈達巷、西瓦窑村等。

與達木切、雙全同輩的還有興陽。光緒二十二年十月初二日的兩份契約記載，「興陽同祖母五十四寡婦、婿親虎必泰，自因差事緊急，別無輾轉」，分別一次性出租祖遺戶口沙地七塊、五塊。此處表明興陽為五十四之孫，虎必泰是五十四的女婿。光緒二十二年官印寶尚在世，且未見他同母親一起擔當立約人的文書。鑒於前面梳理的家族人物，如若寡母在，母子一同作為土地交易一方立約人的情況較普遍，那麼，五十四寡婦應不是官印寶的母親，五十四也就不是金寶，而是金貴。

民國十二年達木切寫立的收使地租粘單提到，「因有自己祖遺營坊道于明名下地租產每年城錢四吊文，原係本族人收使，後因自己年幼本族無後，歸於族婿虎登山收使。嗣以自己長大成人能以自立，於民國三年八月二十二日稟奉土默特旗下長官，將本族此項遺產奪回自收」。查于明租到土地是在光緒三十二年，文書云：「立租空地基合同約人于明，今同中人說合，租到蒙古虎登山岳父家祖遺營坊路西空地基壹塊……倘有蒙民人等争端者，有蒙古虎登山一面承當。」可見當時該家族除金寶一支有達木切和雙全兩子嗣外，金貴、金玉、金印、銀保等都已無男性繼承人，前述金貴之孫興陽也應已離世。

上述虎必泰與虎登山是何種關係，以及虎登山岳父是誰，文書沒有寫明。但達木切既稱虎登山為族婿，可知其並非官印寶女婿。光緒二十年文書記載「立佃到空地基約人白富……佃到蒙古虎登山名下祖遺營房道路西座北向南空地基壹塊」，另外，民國二十五年于茂英與達木欠訂立的合同約提到「于茂英，情因自己於前清光緒二十八年九月间租到虎登山名下空地壹塊永遠為業，不向於民國二十四年间虎登山夫婦全以病故。查此地原係達木欠祖遺原產」。從而可推知光緒二十年虎登山出租的空地基也是其岳父家的，出租土地時，虎登山之妻仍在世，但並未參與母家土地交易事宜。當時官印寶在世，不大可能由金寶的婿親插手自家土地交易，所以虎登山也不應是金寶女婿。民國二年三月三日文書云：「苗大慶，今租到虎登山名下經守營坊道西巷内小北巷内坐西向東空地基壹塊。」進一步表明虎登山實為其岳父家土地的經守人，而非歸其所有，結合前文可知虎登山是在其岳父自家無子嗣的情況下經守岳父家土地的。前述虎必泰不是獨自出租岳父家土地，而是與興陽及其岳母作為共同立約人，不知是否緣於興陽年幼。這說明家族内有無子嗣，都存在婿親經守或參與經營女方家田產的現象，但是否有一定的限制條件，尚不明晰。達木切作為本族子嗣，對於虎登山岳父家屬於旁支，旗長判定他有權收回虎登山經守的土地，可見當時已明確土地繼承限於本家族内部。

另外，光緒十九年于明佃到空地基約記載「佃到蒙古孀婦石榴尔名下祖遺營坊道路西坐北向南空地基壹塊」，作為獨立立約人的石榴尔為誰之孀婦，不明，但從時間上推算，或與官印寶同輩，也不排除與金寶同輩的可能性。

以上二十位金氏家族人物（不含嫁入的女性）中，策旺道爾吉、圪令、丹巴爾扎布、卻丹巴、聶圪登、納旺林慶、善吉米杜（布）、達木切都是藏語名字。咸豐元年，該家族人員已使用金姓，但有時又寫作井。金貴兄弟五人，除銀保外，在文書中皆用金姓。由此可見藏傳佛教和漢文化先後對土默特地區的深刻影響。最晚自嘉慶十四年至道光二十四年，該家族先後有兩人任職章京、一人擔任驍騎校。① 早在道光五年，金氏家族已有成員遷至歸化城，但民國二十五年楊萬福租到空地基的合同中，已指明該家族僅有的兩位子嗣屬於城西搗拉土木村。由城區遷回村莊的原因是「父親早亡，家境貧困」。② 現有文書中，金氏成員進行土地交易的原因也多是「差事緊急，別無輾轉」「使用不足」「手中空乏」，反映出該家族日漸衰落。③ 金氏家族作為土地所有者，交易的土地主要位於歸化城的營坊道、公主府路、十間房路、西順城街、太和館巷、府署西南等地，另外集中在雲社堡村、甲喇板申村，還有少量分佈在察素齊、把柵村、畢克齊村、西河上村、西瓦窑村等地區。參與家族土地交易的人員，既有本家族成員，也有婿親。本家族成員，有男性（含成年和幼兒）、寡婦（含有子和無子者）獨自立約者，也有夫妻、母子或兄弟共同立約、承當者，不見未婚女性參與。有子寡婦多與子共同立約，同時存在其獨自立約的情況。其他歸化城土默特蒙古家族也有這種寡母獨自立約的現象。④ 至於婿親，在岳父家族有無子嗣的境況下都曾參與，或獨立立約，或與岳父家子嗣共同立約。這與徽州文書反映的明清漢族寡妻處分田產時受諸多限制，以及女婿一般充當中見人或代書人有所不同。⑤ 但最終官府判定，本族子嗣有權從族婿手中收回族產，體現出土默特蒙古在傳承本民族習俗的同時，受到漢族遺產繼承制度的浸染。

① 任職章京的丹巴爾扎布、聶圪登和驍騎校三黃賓的名字皆不見於光緒《綏遠省土默特志》卷九《職官·職官表》，（《中國方志叢書》，成文出版社一九六八年影印本，第一五七—一六七頁），不知是否正是「職官表」所缺人員。

② 楊道爾吉：《等待被喚醒的真實》，鐵木爾主編《彙集》，第四頁。

③ 參見鍾佳倩《蒙古金氏家族契約文書初探——以光緒年間土默特地區契約文書為例》，碩士學位論文，中國社會科學院研究生院，二〇一二年，第四六—四七頁。

④ 如內蒙古大學圖書館藏、曉克藏《清代至民國時期歸化城土默特土地契約（第一冊）》，內蒙古大學出版社二〇一一年版，第七七頁提到金木倒爾計的妻子狄計（得計）曾與子一同出租地基。此外，得計更多次獨自作為立約人進行土地交易，或訂立借錢合同。

⑤ 參見阿風《明清時代婦女的地位與權利——以明清契約文書、訴訟檔案為中心》，社會科學文獻出版社二〇〇九年版，第八六—一三四頁。

根據上述內容，現將文書中出現的且可以明確關係的金氏家族人物譜系簡單條列如下（「？」表示不完全確定。同輩兄弟排列無長次之分）：

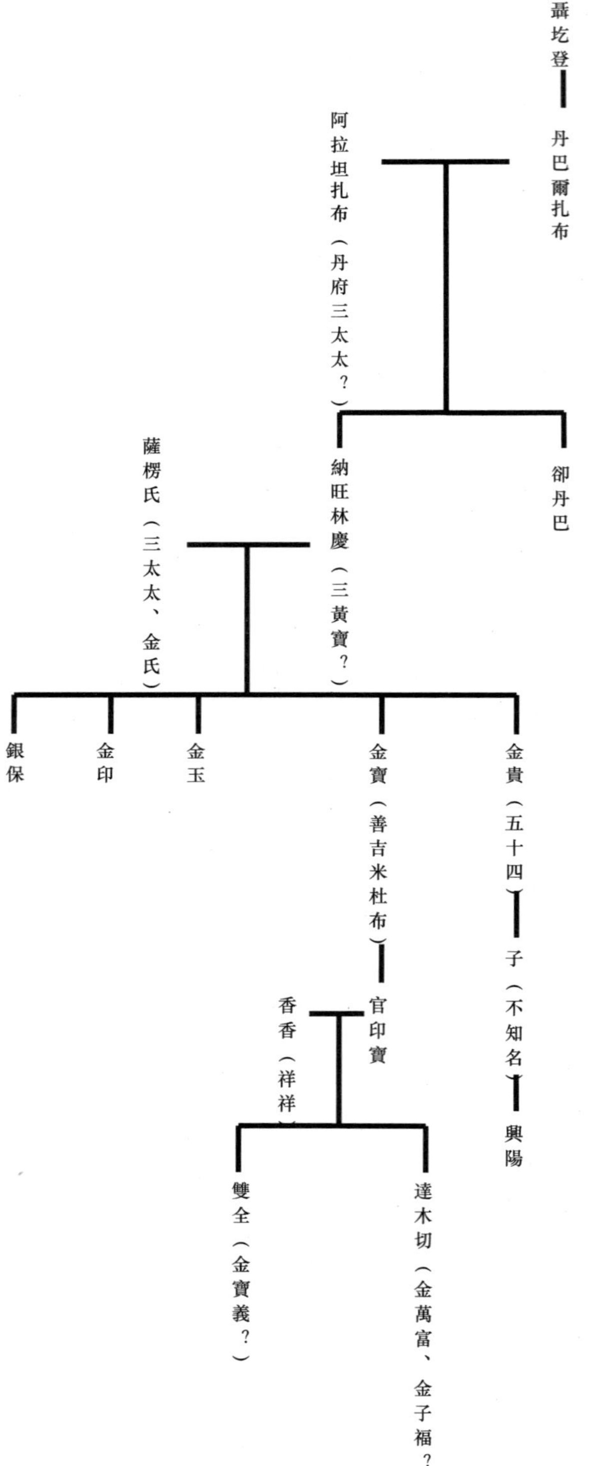

（本文原刊於《史林》二〇一五年第四期，收入本書有所修訂）

後　記

二〇〇八年秋，本人在原國家民族事務委員會政法司司長鐵木爾先生家第一次看到這批保存完好的珍貴史料。這批文書是鐵木爾先生本人的家傳契約文書，涉及土默特金姓蒙古貴族家族自清乾隆年間至新中國成立初期的土地、房產經營等經濟活動，內容豐富，頗具地區和民族特色。作為一個家族遺存契約文書，其數量相當可觀，在北方地區十分鮮見，是了解內蒙古土默特地區農業發展和土地關係變化，以及土默特部族社會秩序和經濟生活的第一手資料，具有很高的研究價值。於是，我與鐵木爾先生初步探討了保護和整理研究這批契約文書的問題。二〇〇九年秋，我與新招收的碩士研究生，商定以這些資料為論文選題。但契約研究有難度，對於碩士研究生來說全盤考察這些未曾整理過的資料更是不現實，便將其選題範圍限定在光緒年間部分。二〇一〇年春，李艷玲博士加入，開始我們的整理工作。不久，經鐵木爾先生聯繫，國家新聞出版總署有意資助出版這批資料，於是我們進行學術論證，提出文獻學整理研究方案，獲得批准。但承擔出版任務的出版社一方，在二〇一一年十月出版了鐵木爾先生主編的《內蒙古土默特金氏蒙古家族契約文書彙集》。該書以彩色圖版形式第一次將這批契約文書公之於衆，一定程度上也達到了保護或保存的目的。遺憾的是，文獻學整理研究方案未得以實施，書中也遺漏了幾件契約文書資料。

出於這批珍貴契約文書本身的吸引力，我們決定在工作之餘，將整理工作繼續下去。在對國內外契約文書整理研究方法考察借鑒基礎上，我們確定了編排、標點、還原型錄文、附表以及索引這些整理編纂體例，目的是以合理方式梳理每件契約文書結構和具體內容，整理出便於利用的版本。其中，「附表」是我們受後期契約之聯單格式啟發，力圖將契約文書分析結果以較簡潔方式顯示的一個新嘗試。

這一整理工作斷斷續續持續了六年，之所以能够延續下來，完全得益於李艷玲博士的堅持，她承擔了大部分繁重的工作和研究，沒有她的執著就沒有這部整理著作。在此期間，她的唐代西域農業史研究被迫中斷，我感到很內疚。令人欣慰的是，總算有了這樣一個結果，雖然只是對契約文書的初步整理，但基本達到了我們最初設想的目標。在整理研究過程中，中國社會科學院歷史研究所中外關係史研究室的李錦繡先生自始至終給予鼓勵和指導；在對原件資料進行反復調查時，鐵木爾先生不厭其煩，親自進行拍照等，給予大力支持。申請中國社會科學院創新工程學術出版資助項目時，歷史研究所的專家和領導給予積極肯定和支持。中國社會科學出版社的編輯人員在出版此書過程中付出了艱辛努力，在此一併表示感謝！

青格力

二〇一七年一月